カロリーナ刑事法典の研究

上口　裕

Tractatus Constitutionis Criminalis Carolinae

成文堂

はしがき

　本書は，正式名称「カール5世及び神聖ローマ帝国刑事裁判令」，ラテン語名「カロリーナ刑事法典」，通称「カロリーナ」と呼ばれる法典の全訳及び逐条註解である。1532年神聖ローマ帝国法として制定された本法典は，「ドイツ法史全体の中で超時代的な意義」を有すると称されるドイツ刑事法史の中で重要な地位を占める立法である。今日においても，ドイツ刑事法研究はむろんのこと，ドイツ法史及び社会史研究においても言及され参照されることが多い。

　14世紀以降のドイツにおいて，犯罪鎮圧の必要を充たすため実務の中から拷問を伴う糾問訴訟が生成するが，この刑事手続は，都市部外者としての「ラント有害者」をその本来のターゲットとするものであった。しかし，15世紀以降，その適用対象が「ラント有害者」から都市市民自身にまで拡大され，その結果として糾問訴訟及び拷問手続の問題性が先鋭化し，15世紀末，刑事司法改革は神聖ローマ帝国議会においても喫緊の課題となった。帝国議会における問題提起は立法作業に直結しなかったが，1521年帝国議会に上程された第1次草案に始まる10年を超える立法作業を経て，1532年帝国刑事裁判令として結実した。これは，先行立法としてのバンベルゲンシス（1508年バンベルク司教領刑事裁判令）に範をとりながら，当時のドイツにとって先端的内容を有するローマ・カノン法を継受するものであった。カロリーナの立法意図は，訴訟法として整備されたローマ・カノン法に規範を求め，従来実務において無秩序に運用されてきた糾問訴訟及び拷問手続に規制を加えこれを整序することにあった。しかし，拷問手続を伴う糾問訴訟は後に，魔女裁判に象徴される濫用の時代を経て啓蒙主義によって克服される歴史を辿ったことは周知の通りである。

　カロリーナにおける拷問手続を伴う糾問訴訟は，確かに現代人の反発と反

ii

感を呼び起こすものである。しかし，カロリーナ制定時に立ち返って見るならなば，カロリーナの立法過程において，従来の慣習・特権に基づく裁量的な刑事司法に慣れ親しんだ帝国都市は，法案に危機感を表明し，「まさに帝国都市の不利益となるものであり，犯罪者を保護し繁殖させる以外何らの意味も有しない」，「古来の慣習及び特権に反し公開及び長期の訴訟手続が必要となり，これにより悪徳と悪性に対する刑罰の多くが阻止，回避され，帝国自由都市にとって負担となろう」として，カロリーナの制定に抵抗を示した，という事実が確認される。これは，ローマ・カノン法を継受したカロリーナの歴史的先進性・革新性の一端を物語るものである。カロリーナに包含された先進的・革新的要素は，歴史的な紆余曲折を経ながら，現在に至るドイツ法にも引き継がれている。カロリーナが，「ドイツ法史全体の中で超時代的な意義」を有すると称される所以でもある。

　わが国の刑事法は，19世以降，風土・宗教・歴史を異にするフランス，ドイツそしてアメリカがそれぞれ生み出した法技術を継受しあるいはその影響を受けてきているが，就中ドイツ法からの影響は顕著である。本書の法史研究がいわば母法たるドイツ刑事法の理解の一助となれば幸いである。

　私事にわたるが，解釈法学を専門とする著者にとって刑事法史はいわば副専攻である。刑事法史に対する関心は，博士課程進学の春，故勝田有恒先生が主宰されたエーベルハルト・シュミット『ドイツ刑事司法史入門』（1965年）の輪読会に参加する機会を得た時期に遡る。刑事法史の泰斗の手になる難解なテキストを何ほども理解しえなかったが，現代法から見れば異形ともいえる骨格を備えたゲルマン法が古代の霧の向こうに揺曳するという印象が残った。以来，専門分野の基本原則を歴史的に辿るというかたちでドイツ中近世刑事法史に関心を持ってきた。カロリーナの翻訳及び註解を終えて，ドイツ刑事法史の輪郭が少し明瞭になってきたというのが昨今の状況である。

　現下の厳しい出版事情の中，本書のような性格の著書の刊行をお引き受けいただいた成文堂社長阿部成一氏に心から謝意と敬意を表したいと思いま

す。また，前著に引き続き煩瑣な編集作業を手際よく処理していただいた飯村晃弘氏に深謝いたします。

2019 年 9 月

上口　裕

目　次

はしがき ……………………………………………………………… *i*

解　題 ………………………………………………………………… *1*

刑事裁判令序文 …………………………………………………… *53*

条文目次 …………………………………………………………… *59*

最も栄光輝き最も偉大にして不滅なるカール5世
　皇帝及び神聖ローマ帝国刑事裁判令 ………………………… *69*

訳　注 ……………………………………………………………… *511*

文　献 ……………………………………………………………… *581*

事項索引 …………………………………………………………… *591*

解　題　*1*

解　題

I	はじめに	1
II	糺問訴訟	4
	1　糺問訴訟の成立	4
	2　カノン法における糺問訴訟	11
III	カロリーナ	19
	1　カロリーナ制定に至る経緯	19
	2　カロリーナの制定	25
	3　カロリーナの意義	28
	4　カロリーナの法的性格	31
	5　カロリーナの構成	36
IV	カロリーナのテキスト	44
	1　カロリーナの文体	44
	2　翻訳・注解の方針	50

I　はじめに

　(1)　カール5世及び神聖ローマ帝国刑事裁判令（Die Peinliche Gerichtsordnung Kaiser Karls V. und des Heiligen Römischen Reichs, 1532），いわゆるカロリーナ刑事法典（Constitutio Criminalis Carolina）又はカロリーナは，ドイツにおけるローマ法継受を代表する帝国立法である[1]。制定後250年の間に大小23点のコンメンタールが刊行された事実が示すように[2]，その後のドイツにおける刑事実体法及び手続法の理論と実務に深い影響を与えた重要な立法でもある[3]。現在のドイツ刑事法の歴史研究においてもドイツ刑事法の淵源の一つとして言及される資料であり，ときに「ドイツ法史全体の中で超時代的な意義」を有するとも称される[4]。

1　v. Hippel, S. 213 は，「中世から近世への転換期に位置するローマ法継受期ドイツにおける無比かつ巨大なる画期的立法事業」と評する。
2　Rüping, S. 163 ff. の列挙するところによれば，カロリーナに関するコンメンタールは23点に及ぶ。
3　Kleinheyer, *Tradition und Reform*, S. 7；ミッタイス＝リーベリッヒ451頁。
4　Schmidt, *Die Carolina*, S. 51.

2

　条文翻訳[5]及び逐条註解を行うに先立ち，カロリーナのテキスト及び内容について若干触れておきたい。

　(2)　カロリーナは，訳註及び註解において示すように，言語的な点において解釈困難な箇所，法典編纂及び刊行上の過誤又はその疑いのある箇所が相当数に上る。

　カロリーナのテキストは，現代ドイツ人にとっても「理解困難となっているだけでなく，かなりの部分で理解不能である」[6]といわれる初期新高ドイツ語（Frühneuhochdeutsch）であり、以下に挙げる各種訳におけるテキスト解釈もまた一致を見ないことが少なくない。既に16世紀にヨーロッパ共通語としてのラテン語への翻訳が行われ，ゴブラー訳（1543年），レームス訳（1594年）が現れている。前者はテキストと良く対応した概ね正確な訳であるが（文献註9参照），後者はパラフレーズとなる部分を含み，必ずしもテキストに対応した訳ではない。近代語訳としてはフォーゲルの仏訳（1734年）がある。内容的には比較的正確な訳であるが，意訳ないし要約的な訳に傾く場合が少なくない。現代語訳として塙訳（1968年）[7]及びラングビーンの英訳（1974年）がある。塙訳ではどのような資料が用いられたかは明らかでない。時代的に見て参照しうる資料について種々の制約があったことが想像されるが，意味の通達しにくい箇所が少なくない。ラングビーン訳は，手続法規に限定した抄訳である。ドイツのゲルマニストの協力を受けたようであるが[8]，同意しがたい訳が少なくない。

　19世紀後半，シュレッター及びギュータボックによるカロリーナのテキスト校訂が公刊されているが，塙訳及びラングビーン訳では，いずれも考慮されていない。19世紀中葉カロリーナ校訂を行ったシュレッターは，法的遺産の中でカロリーナほどテキストの不正確性が問題となった例を他に見ないと評したが[9]，確かに，カロリーナにおける法典編纂及び刊行上の過誤の

5　条文訳は「カール5世刑事裁判令（1532年）試訳(1)-(3・完)」南山法学37巻1・2号-38巻1号（2014年）を一部訂正及び改訳したものである。

6　Schroeder, S. 143. また，Schroeder, S. 145によれば，既に18世紀末には理解困難となり，ラテン語によるカロリーナ語彙辞典が刊行されたようである。

7　著者は，『近世ドイツの刑事訴訟』（2012年）においてカロリーナの一部を邦訳する機会があり，塙訳を参看した。先行訳を深く多とするものである。

8　Langbein, p. 260.

問題は小さくない（その一端はⅣ参照）。シュレッター以降も，ギュータボックの綿密な校訂によって多くの過誤が新たに指摘されている[10]。加えて，ギュータボック校訂においても看過された過誤が17世紀及び18世紀のコンメンタールから確認される。原典は尊重されなければならないが，明らかな過誤を訂正しなければ意味が通達しない場合，正誤を明らかにした上で訳解を示すことも必要であると思われる[11]。

　今日，カロリーナに関する主要なコンメンタールが復刻され，加えて，カロリーナのテキストを読み解く上で不可欠なグリム『ドイツ語辞典』及びレクサー『中高ドイツ語辞典』が，浩瀚なブック版と比較し卓越した至便性を備えるデジタル版として利用可能となるなど，カロリーナを邦訳する上で有利な条件が整えられている。本書の条文訳は，これらの資料を基礎として新訳を試みたものである。

　(3)　カロリーナは，現代の法文化・法制度から大きく隔たるほぼ500年前の近世初頭ドイツの法令であり，今日においてその内容と意義を正確に理解することは必ずしも容易ではない。

　たとえば，①正当防衛に関する140条の末尾には，「それが成文法及び慣習の命ずるところに反するか否かを問わず，被侵害者は打撃を受けるまで反撃を思いとどまるべき責めを負わざるものとする」という規定が見える。趣旨明白とはいえないやや奇異な規定であるが，カロリーナ以前には，バンベルク都市法のように，衣服ではなく身体に一撃を受けた後でなければ反撃行為は正当防衛として免責されないとする法令・慣習法が存在した。カロリーナ140条はこれを不合理な法令・慣習法として廃棄する趣旨の規定である。したがって，法案立案者から見て当然明文として挿入すべき重要な文言であったのである。また，②「再度の窃盗（ander diebstahl）」に関する161条は，「初回の窃盗が再度の窃盗の加重事由となる」と定める。現代の累犯加

9　Schletter, S. 5.

10　Güterbock, S. 216-253.

11　邦訳の底本とした Fr.-Chr. Schroeder (Hrsg.), *Die Peinliche Gerichtsordnung Kaiser Karls V. und des Heiligen Römischen Reichs von 1532*, 2000 は，1533年の初版本（editio princeps）を基礎としたテキストである。したがってシュレッター，ギュータボックによる校訂は反映されていない。

重と同趣旨の制度を定める規定と理解されそうである。しかし，本条は初回の窃盗について既に裁判を経た場合ではなく，単純に2個の窃盗が明らかになった場合を想定した規定であり，現代の累犯加重規定には当たらない。同じく，③「偽証する証人（falsche Zeugen）」に関する68条は，現代的意義での「偽証する証人」に関する規定ではなく，誣告を含む他人の刑事責任に関わる虚偽供述を対象とするものである。宣誓の上偽証する者については，別途偽誓に関する107条がおかれている。

　これらの例が示すように，カロリーナを資料として利用するには，たんなる現代語訳では不十分であり一定の註解が必須である。このような趣旨から，17世紀及び18世紀に公刊されたコンメンタール等の著書及び近現代のカロリーナ研究を参照し，逐条的に註解を付した。カロリーナには3種の主要なラテン語コンメンタールが存在するが，そのいずれもが800頁を超える大著である。したがって，本書の註解はもとより十分なものではないが，各条文が有する法史的及び規範的意義を明らかにし，カロリーナを理解する上で必要と思われる註解を付すことに努めた。

II　糺問訴訟

1　糺問訴訟の成立

　(1)　カロリーナの主たる歴史的意義は，犯罪訴追制度として欠陥を露呈しつつあったゲルマン法固有の弾劾訴訟を補完する新たな訴訟手続として，既に実務的に受容されつつあった糺問訴訟の生成期にあって，ローマ・カノン法の本格的な継受を通し，糺問訴訟に明確な法律的形式を付与した点に求められる。カロリーナにおける糺問訴訟を考える上でまず問題となるのは，糺問訴訟の意義である。

　E・シュミットは，糺問訴訟の本質を「訴訟追行全体が官憲のイニシァティヴに委ねられ」，「証明もまた同様に官憲の活動に基づき，直ちに有罪・無罪を決する形式的証明方法ではなく，過去の事実を認識するための合理的手段により行われる」こと，すなわち，職権主義（Offizialmaxime）及び実体的真実主義（Instruktionsmaxime）という二つの要素の結合に求め，「この二つ

の要素が併存するならば糾問訴訟が成立する」という[12]。これに対し，トゥルーゼンは，「〔糾問訴訟の起源に関する〕誤解を避けるためには，糾問訴訟の名称の下 13 世紀初頭以降教会及び世俗の領域において形成され，かつ近世に至るまで普通法として適用された手続のみを『糾問訴訟（Inquisitionsprozeß)』と呼ぶべきである」とした上で，「いわゆる職権主義及び実体的真実主義の発露としての糾問訴訟的諸要素は，本来の糾問訴訟として法律的に完成されることはなかったにせよ，異なる時代及び相当多数の法域においても存在した」とする[13]。

糾問訴訟概念をめぐるシュミット説とトゥルーゼン説の違いは，シュミットが専ら職権主義及び実体的真実主義という訴訟手続の原理・原則を以て糾問訴訟の成立を論ずるのに対し[14]，トゥルーゼンは，このような原理・原則に加えて，ここから敷衍される具体的な手続的諸規範を備えかつ完結した「独自の特別な種類の訴訟手続」のみを糾問訴訟と呼ぶべきだとする点にある。トゥルーゼンに従うならば，「概念上，訴訟とは何らかの明確に定まった可視的な（äußer）形式に従って行われるものでなければならない」からである[15]。

　(2)　トゥルーゼによれば，①糾問訴訟の淵源として挙げられることのあるローマ法[16]，ゲルマン法[17]，イタリア都市法[18]等において糾問訴訟が存在した

12　Schmidt, *Einführung*, S. 86 f.

13　Trusen, *Der Inquisitionsprozeß*, S. 171.

14　したがって，Schmidt, *Inquisitionsprozess*, S. 11 は，「刑事訴訟史の枠を手続形式及び規則の展開過程に限定し，犯罪訴追における非形式的・不規則的な要素を『訴訟法外的』と看做す」ことは歴史認識として正しくないとする。その上で，Schmidt, *Einführung*, S. 134 は，ローマ・カノン法を継受し手続規範を明確化したバンベルゲンシス及びカロリーナの意義を，「慎重かつ良心的な手続を強制するために，定式化された規範を以て裁判官を拘束する」ことを目的として「（最終裁判期日の類の形式とは異なる）新たな種類の形式」を導入した点にあるとする。

15　Trusen, *Strafprozeß*, S. 78.　トゥルーゼンはこのような訴訟概念に立って，たとえば風評手続は訴訟手続ではなく警察的処分であったとする。註 31 参照。

16　以下のロフレドスの所説を参照。

17　Schmidt, *Die Herkunft* は，①「イノケンティウス 3 世の一見革新的な新制度」は，「フランク王国の責問手続（Rügeverfahren）を始点，1250 年頃の普通イタリア法における慣習法的手続を終点とする，数百年にわたって継続した比類なき巨大な歴史的展開」において「比較的短期の中間期」を占めるにすぎず，この間重罪に関する職権主義的手続という原則は一貫して維持され，証拠法の変化が具体的訴訟形式の違いをもたらしたにとどまる（S. 94），②イノケンティウス 3 世の糾問訴訟は，直接的にはノルマン・シチリア法に継受された責問手続に倣ったものである（S. 109)，という認識を示す。

6

ことは確認されない[19]，②「糺問訴訟は特定の世俗法をモデルとして成立したものではない。確かに，いわゆる公的犯罪に対する職権による犯罪鎮圧が，北イタリア諸都市の実務において既に行われていたことが確認される。しかし，教会法において新たに制定された手続〔＝糺問訴訟〕を構成する諸要素を法律として〔世俗法に〕導入したのは，フリートリヒ２世のメルフィ勅令を以て嚆矢とする」[20]のである。

　既に19世紀初頭ビーナーは，糺問訴訟は教会内部の統制・監督を目的としてイノケンティウス３世によって風評手続から創出されたものであり[21]，カノン法の糺問訴訟が，ローマ法にも糺問訴訟が存在したというローマ法学者ロフレドスの所説を媒介として，シチリア王国その他の世俗法に強い影響を与えたことを指摘している[22]。トゥルーゼン説は，ビーナーのカノン法起源説を洗練し強化したものと位置づけられる[23]。

　13世紀シチリア法における糺問訴訟の採用に強い影響を与えたロフレドス[24]は，糺問訴訟をめぐるローマ法とカノン法との関係について，「糺問訴訟はローマ法の創出に係るものである。したがって，糺問訴訟はカノン法上の創出に係るというカノン法学者の広言は誤りである。しかし私は，糺問訴訟の方式及び形式，すなわち糺問訴訟がいかなる場合においていかなる方法により行われるかは，カノン法の創出に係り，かつローマ法よりもカノン法においてより明瞭であることを承認するものである」と述べている[25, 26]。ト

18　Schoetensack, S. 94 f. は，糺問訴訟はカノン法の創造物ではなく，イタリア都市法に由来するものであり，「ノルマン法思想に基づきイノケンティウス３世によって創り出された訴訟形式が，ジェノヴァ出身のイノケンティウス４世によって，北イタリア都市法を模範として精緻化されたため，イタリア外の諸国においても糺問訴訟が刑事訴訟を支配することが可能になった」という。

19　Trusen, *Der Inquisitionsprozeß*, S. 171 ff., 219, 220.

20　Trusen, *Der Inquisitionsprozeß*, S. 230.

21　Biener, S. 40, 54.

22　Biener, S. 42, 90 f.
　　これに対し，Oehler, S. 855 は，メルフィ勅令における糺問訴訟は，①カノン法におけるほど整備されていない，②カノン法にはない一般糺問をおいている，③裁判官が裁判官及び弾劾人の役割を果たすことに対する懸念を示していないことを指摘し，カノン法のメルフィ勅令に対する影響に疑問を呈している。

23　Ignor, S. 47; Burret, S. 21.

24　Biener, S. 91; Trusen, *Der Inquisitionsprozeß*, S. 220.

25　"...in iure civili inventa sit inquisitio. Frustra ergo insultant dicentes docentes in iure canonico, quod de ipsorum jure inquisitio sit inventa: verum fateor, quod modus et forma et qualiet et

解題　7

ゥルーゼンの表現に従うならば，ローマ法上，「職権主義及び実体的真実主義の発露としての糾問訴訟的諸要素」は存在したが，「本来の糾問訴訟として法律的に完成されることはなかった」のである。

　(3)　トゥルーゼンのいう「職権主義及び実体的真実主義の発露としての糾問訴訟的諸要素」の生成は，ゲルマン法における犯罪訴追制度の変遷の中にも確認することができる。シュミットは，職権主義と実体的真実主義の統合は「特に都市裁判所の日々の実務」の中において「形も定かならぬ法慣習」を通して行われたという[27]。

　「物理的強制権力の正当な独占者」としての国家も国家権力も共に存在せず，かかる権力が「完全な自衛権と武装権を有するすべての人々によって分有されていた」[28]中世世界の統治構造に相応するゲルマン法において，訴訟によらない自力救済すなわちフェーデもまた，公認された紛争解決の手段であった。しかし，中世後期における商業復活・都市成立等の社会的・政治的な時代環境の変化にともない，フェーデがもたらす治安悪化が耐えがたい社会不安となり，その解消が公的課題となった。フェーデを制限・禁止する国家的・地域的な立法としてのラント平和令が，1103 年帝国ラント平和令を嚆矢として，1495 年永久ラント平和令に至るまで繰り返し発布された。平和令は，殺人・窃盗・放火等に対し，贖罪金によって請け戻すことを許さない苦痛刑（peinliche Strafe）として死刑・身体刑を定め，刑法の公刑罰化（Kriminalisierung des Strafrechts）をもたらした[29]。公刑罰の執行の観点から見るならば，犯罪訴追のイニシャティブを被害者たる私人の意思に委ね，しかも，被告人による雪冤宣誓を認め，現行犯の場合を除いて身柄拘束を許さない旧来の犯罪訴追制度は合理性を欠くものとなり，刑罰の公刑罰化を実現

---

　　quando procedatur in inquisitione, sint inventa in iure canocnico et evidentius quam in iure civili"
　（Roffredus von Benevent, *Libelli super iure pontificio*, 1234, zitiert bei: Biener, S. 83）.

26　ロフレドスが挙げるローマ法における糾問訴訟の諸例については，Trusen, *Der Inquisitionsprozeß*, S. 221 参照。Gandinus, Quomodo de maleficiis cognoscatur per inquisitionem, S. 38 [3] et seq. は，奴隷による主殺し，買収された弾劾人による放免申立て，売春周旋，後見人の背任，瀆神等を挙げる。

27　Schmidt, *Einführung*, S. 87.

28　堀米庸三『ヨーロッパ中世世界の構造』（1976 年）220 頁。

29　His, Teil 1, S. 14; Hirsch, S. 151.

8

したラント平和令は，公的イニシャティブによる犯罪鎮圧，すなわち職権による犯罪訴追制度の成立を促すこととなった。特にフリートリヒ２世の1235年マインツ帝国ラント平和令以降，殺人・強盗・放火等の刑罰法規は「普通法」として既知のものと看做され，刑罰法規に代えて断罪のための手続法規が平和令の主たる内容となった[30]。

公的イニシャティブに基づく犯罪訴追の必要性は，農業生産力の頭打ちに伴う経済停滞・廃村，14世紀初頭の大飢饉，14世紀中葉の黒死病等によってもたらされた，「中世の危機」と呼ばれる社会的混乱と不安を背景とした犯罪の多発によっても高められた。このような社会的混乱の中から発生した徘徊・流浪する犯罪者群は，「ラント有害者（landschädliche Leute; nocivi terrae）」と呼ばれた。上記のような旧来の犯罪訴追手続はこれらの犯罪者群に対し無力であり，犯罪闘争のための新たな断罪手続が登場した。

新たな断罪手続として，職権による犯人の身柄拘束ないし訴追という職権主義を共通の前提としながら，①7名による断罪宣誓という形式的証拠法を維持する7名断罪手続（Übersiebungsverfahren），②7名による断罪宣誓に代えて，被逮捕者の有害性の証明として都市参事会による裁量的な証拠評価を許容する風評手続（Leumunsdverfahren）[31]，さらに，③風評手続における証明方法を補充・補完するため，有罪証拠の獲得方法として拷問による自白強要を許容する拷問手続が現れた[32]。

1281年ルドルフ１世バイエルン・ラント平和令に初めて現れた7名断罪

---

30 His, Teil 1, S. 14 f.; Hirsch, S. 155; Schmidt, *Einführung*, S. 87.

31 Zallinger, S. 219によれば，7名断罪手続から風評手続への変化は，一方的かつ形式的な証明手続から非形式的かつ糺問的な証明手続への変化であった。

   Biener, S. 140は，風評手続は強い嫌疑すなわち判決人の確信に基づいて死刑を科す手続であり，この点で古代ゲルマン法と異なるドイツ法起源の制度であると評価し，Schmidt, *Inquisitionsprozess*, S. 45は，風評手続では被告人のラント有害性のみならず個々の犯罪の立証が問題とされた点に，糺問訴訟の萌芽を見るべきだとする。同じく，Jerouschek, S. 357 f.は，風評は被疑者が犯罪的な人間であるという風評では不十分であり，特定の犯行の犯人であるという風評でなければならなかったとした上で，帝国都市の風評手続において嫌疑又は犯行に関する慎重な手続が行われた例を指摘する。

   これに対し，Trusen, Strafprozeß, S. 77 f.は，風評手続は都市裁判所とは別個の参事会によって恣意的に適用された警察的・行政的手続であり訴訟手続ではないとする（その具体例は，Zallinger, S. 204参照）。Schünke, S. 160; Sellert/Rüping, S. 109, Fn. 166; Jerouschek, S. 354, Fn. 89はこのような評価を非歴史的と看做している。

32 以上については，上口328頁以下参照。

手続[33]は，ゲルマン法における従来の現行犯手続が現行犯の場合に限って身柄拘束を許し，かつ，被告人の雪冤宣誓の途を封じ，原告側の宣誓による断罪を認めるものであったのに対し，ラント有害者に対する身柄拘束を現行犯の場合に限らない点で，「ドイツ刑事手続における完全な革命」であったとされる[34]。

風評手続は，既に1224年ハインリッヒ7世平和令，いわゆるハインリッヒの平和令（Treuga Heinrici）に現れている[35]。これは，車輪刑を科される謀殺犯人が逃亡し風評がある場合について，封の差押えと犯人蔵匿に対する処罰を命ずるものである。この規定については，風評を端緒とする糺問訴訟を採用した1215年ラテラノ公会議決議が影響を与えた可能性が指摘されている[36]。1258年ケルン大司教とケルン市との間に生じた紛争をめぐる調停の結果として，ケルン大司教が「悪行の公然たる風評のある者に対し，原告の現れない場合においても，糺問を行い裁判を行う（inquirere et judicare）」権限を有し，他方，市長及び参事会もまた「尊敬され名誉ある人々の許で悪評のある」者に対し糺問を行う権限を有することが確認された事実は，「尊敬され名誉ある人々の許で悪評のある」ことを要件とすることから見ても，明ら

---

33 Loening, S. 72, Fn. 66. バイエルン・ラント平和令第13条は，「有害なる者又は窃盗犯を捕縛し裁判所に引致する者あるときは，この者又は裁判官が，被引致者が著しく有害であり判決を下すべき旨を宣誓し，次いで6名の者が，宣誓が真実である旨を宣誓しなければならない。しかる後，いかなる判決が下されるべきかが問われなければならない（Swer einen schedlichen man oder einen diup für gerihte gefangen bringet, derselbe oder der rihter sol swern, daz er ein so schedlich man si, daz man ze reht über in rihten sol; und süln dann sehs swern, daz der aid war si. Darnach sol man fragen, wi man über in rihten sül)」と定める（zitiert bei: Loening, ibidem）。

34 Loening, S. 69.

35 平和令第9条は，「謀殺と称される秘密裡の殺人を犯した者は車輪刑を以て罰せられなければならない。犯人が逃亡し，世上『ロイムント』と呼ばれる公然たる風評があり，かつ財と封を有するときは，直上の授封者は9日間の間にこれらを差し押さえなければならない。…犯人を受け入れ便宜を図る者は〔事情を〕確知した日より犯人と共に刑及び判決を受けなければならない（Qui alium clam occiderit, quod mord dicitur, in rota punietur. Si aufugit, et fama publica, que vulgo loimunt dicitur, exstiterit, et reus proprietates et feoda habuerit, primi sui domini, a quibus feoda tenuit, se de illis infra XIIII dies intromittent…Is autem, qui reum receperit et foverit, a die certe sciencie cum reo pari pene et sentencie subiacebit)」（abgedruckt in: Zeumer, S. 48）と定める。
　　また，同第16条は，「風評のある者が雪冤宣誓を行う場合，裁判官はその裁量に基づき要件を加重することができる（quorum tamen expurgationem iudex secundum suum arbitrium potest aggravare)」と定め，被告人の雪冤宣誓権を許容しており，なお形式的証拠法が維持されている。

36 Trusen, *Strafprozeß*, S. 72; Jerouschek, S. 352 f.

10

かにカノン法の糺問訴訟の影響を推測させる[37]。

　また，拷問については，14世紀前半に司教都市等において拷問が許容された記録が現れる[38]。拷問の最も初期[39]の記録が14世紀ドイツの各司教都市のものであること，また，教会と教会に有害な異端者との関係が，都市と都市外のラント有害者との関係に相似であったことから，ドイツにおける拷問手続に対するローマ・カノン法の影響が指摘されている[40]。実体的真実主義を徴憑する拷問手続[41]がドイツにおいて独自に生成したとするシュミット説[42]は，今日では疑問視されている[43]。

　以上から，ドイツにおける糺問訴訟は13世紀から15世紀の間，外国法の影響によることなく，法実務及び法締約（Rechtssatzung）を通して独自に生成したものであり[44]，近世初頭におけるローマ・カノン法の継受は，自然

37　Biener, S. 139; Trusen, *Strafprozeß*, S. 76.

38　世俗法では，1228年ヴェローナ市条令が初めて決闘その他の神判と並んで拷問を許容し，フリートリヒ2世治下の1231年シチリア王国勅令（メルフィ勅令）は，夜間若しくは秘密裡に行われた殺人等の強い嫌疑のある身分低き者に対する拷問を定め，裁判上の決闘を制限するほかその他の神判を廃止した（Fiorelli, vol, 1, pag. 85 e seg.）。

　カノン法では，イノケンティウス4世の1252年教勅 "Ad extirpanda" 第25法文が，異端者を「いわば魂を奪い殺す者，神及びキリスト信仰の秘蹟を盗む者として（tanquam vere latorones et homicidas animarum et fures sacramentorum Dei et fidei Christianae）」，「この世の物を盗み奪う者が共犯者を告発し犯行を自白することを強制されると同様に（sicut coguntur fures et latorones rerum temporalium accusare suos complices, et fateri maleficia quae fecerunt）」拷問すべきことを世俗官憲に命じている（referito dal: Fiorelli, vol. 1, pag. 80）。世俗法における拷問に擬する点が注目される。

39　ただし，Jerouschek, S. 349 ff. によれば，拷問適用を示す最初のドイツ語文献は13世紀末に成立したシュヴァーベン・シュピーゲルである。

40　Trusen, *Strafprozeß*, S. 57. この点に関連して，①世俗的な都市領主でもあった司教は，異端審問を行う都市官憲に拷問を行う権限を与え，その結果として都市官憲は刑事訴訟においても拷問の特許状なしに拷問を行うようになった（Jerouschek, S. 351 f.），②ローマ・カノン法の有識者として採用された都市書記が，都市参事会に対する法律助言に際し，拷問手続の導入につながるローマ・カノン法の知識を用いなかったとは考えにくい（Schünke, S. 167），という指摘がある。今日においてはローマ・カノン法の影響を認める見解が一般的である（Rüping/Jerouschek, S. 42）。なお，註91参照。

41　カノン法における糺問訴訟が示すように，拷問は糺問訴訟の不可欠の構成要素ではない。なお，ドイツにおける拷問適用の初期段階では，内容の真実性を問わない「実体判決要件としての自白」の獲得が目的とされたのであり，拷問は実体的真実主義の徴憑ではないとする見解について，54条註5参照。

42　Schmidt, *Inquisitionsprozess*, S. 76; Schmidt, *Einführung*, S. 91 ff.

43　Trusen, *Strafprozeß*, S. 42.

44　Schmidt, *Inquisitionsprozess*, S. 56, 61; Schmidt, *Einführung*, S. 114.「締約」については，註159参照。

発生的に生成した糺問訴訟の弊害を克服修正するために行われた「糺問訴訟の整序」としての糺問訴訟法学の継受にほかならない[45]，とするかつて通説であったシュミット説は今日支持しがたいといえよう[46]。

2　カノン法における糺問訴訟

ドイツにおける糺問訴訟の生成に対しローマ・カノン法が与えた影響についてはなお議論と検証の余地があるが[47]，糺問実務の是正と改革を目的として成立したカロリーナがローマ・カノン法の本格的継受であり[48]，かつ，ローマ・カノン法における糺問訴訟の起源がカノン法にあったことに鑑み，カノン法における糺問訴訟の成立を簡単に整理しておきたい。

(1)　教会における規律・統制　　(a)　訴訟は，キリスト教会における規律・統制の手段の一つであった。聖書に現れる訴訟手続は弾劾訴訟であり[49]，キリスト教会がローマ帝国から公認され教会裁判権を付与されるに当たり採用された訴訟手続もまた，当然の流れとしてローマ法における弾劾訴訟であった[50]。弾劾訴訟を聖職者に対する規律・統制の手段として見た場合，訴訟開始及び訴訟追行を個人のイニシァティヴに俟つ点で必ずしも有効適切なものではなかった。聖職者が聖職者を弾劾することに対する同僚意識から来る心理的制約，弾劾人の挙証責任，弾劾に失敗した場合にタリオ刑（同害報復刑）を受忍する旨の訴追登録（inscriptio）等の負担に照らし[51]，聖

45　Schmidt, *Inquisitionsprozess*, S. 76; Sellert/Rüping, S. 205.

46　Oehler, S. 487; Jerouschek, S. 347; Ignor, S. 47; Rüping/Jerouschek, S. 65; Burret. S. 21; Langbein, p. 154.
　　Trusen, *Strafprozeß*, S. 59 ff., 67 ff. は，シュミットが説くよりも早い時期に，学識法書である都市書記・裁判所書記によってローマ・カノン法の継受が開始されていたことを示す例として，14世紀中葉都市書記ヨハネスによって著された『ブリュン市参審人の書（*Brünner Schöffenbuch*）』及びニュールンベルク市の裁判記録を挙げる。

47　Rüping/Jerouschek, S. 65 は，糺問訴訟の起源は外国法又はドイツ法のいずれかという問題設定自体に誤りがあるのではないかという疑問を提起する。

48　Brunnenmeister, S. 214 は，カノン法の糺問訴訟は，ローマ法から罪体概念，拷問手続，上訴制度を取り入れるなど，「ローマ法化」を経たかたちでドイツに継受されたとする。

49　Gandinus, Quid est accusatio et quando accusator sit necessarius, S. 3［2］は，ヨハネ伝第8章第10-11節を根拠に，「汝を訴える者なきときは，我も汝を罪せじ（si nemo te accusat, nec ergo te condemno）」が主の言葉であると解した。一般に，神法における訴訟手続は弾劾訴訟であると観念されたのである（Carpzov, q. 107, n. 16）。

50　Trusen, *Der Inquisitionsprozeß*, S. 174. 弾劾訴訟に類する手続として，弾劾人が負うべき危険と負担を負わない告発人による告発を前提とする告発手続が存在した（注56参照）。

51　Tancredus Bononiensis, *Ordo iudiciarius* (hrsg. von F. Bergmann, 1842), S. 157 によれば，「弾

12

職者が弾劾に及ぶことは容易ではなく，弾劾訴訟は聖職者に対する規律・統制の手段として必ずしも有効ではなかったとするのが通説である[52]。これに対し，糾問訴訟が確立を見るイノケンティウス3世時代においても多数の弾劾訴訟が行われたという事実に照らし，弾劾人に課される負担が克服困難な障碍となった，あるいは高位聖職者に対し聖職者が不利益証言を行うことが困難であった，とはいえないという指摘もある[53]。いずれにせよ，教会改革を志したイノケンティウス3世の在位時代，聖職者に対する規律・統制の手続として新たに糾問訴訟が登場せざるをえなかったのであり[54]，通説を批判する論者もまた，糾問訴訟は聖職者に対する規律・統制の手続として導入されたものと位置づけている[55]。

(b) 聖職者に対する規律・統制の手段として，弾劾訴訟と並んで公知犯・明白犯に対する職権手続（16条註3参照），告発手続（denunciatio）[56] があったほか，さらに，不正の風評（fama mala）のある聖職者に雪冤宣誓を命じ，これを行わない聖職者の職務を停止する職権手続として風評手続（Infamationsverfahren）が存在した[57]。これは，創世記第18章第21節に現れる，「我

劾の場合は，刑事訴訟であるがゆえに訴追登録が必要であり，弾劾人はタリオ刑を受ける義務があり，弾劾事実を証明しないときは，〔被告人に〕加えようとした刑罰を受けなければならない（in hoc casu, quia criminaliter agitur, est inscriptio necessaria, et accusator se obligare tenetur ad poenam talionis…si non probaverit, quod obiicit, poenam, quam intulerit, pati debet）」。

52　Biener, S. 41; Trusen, *Der Inquisitionsprozeß*, S. 184, 188; Jerouschek, S. 334; Ignor, S. 48.

53　Hirte, S. 82 f. ヒルテは，聖職者身分内部において多くの衝突と反目が存在し，これが弾劾訴訟につながったとする。Hirte, S. 182 によれば，弾劾訴訟は十分に機能しえたが，糾問訴訟はこれを補充するものとして用いられたのである。

54　Fraher, *IV Lateran's Revolution*, p. 110 f. は，グレゴリウス改革以降，非行に対し不寛容な社会（prosecuting society）が成立したという歴史認識に立って，教会における訴訟手続の改革を位置づける。

55　Hirte, S. 186.

56　告発がある場合において裁判官が職権で取調べを行うほかに，告発人が証明を行うことも可能であった（Biener, S. 58）。これは，"inquisitio cum promovente" と呼ばれたが，実質的には訴追登録の要件をはずされた，緩和された弾劾訴訟であったとされる（Biener, S. 59 f.; Esmein, p. 76）。告発を俟って職権手続が開始されるという点において，Jerouschek, S. 343 の指摘するように，告発手続は，公知犯・明白犯に対する手続，風評手続，異端審問手続と同様，糾問訴訟の成立に先立ち13世紀初頭既に糾問原理がカノン法に浸透していたことを示す例と位置づけられる。

57　Rufinus von Bologna, *Summa decretorum* (hrsg. von H. Singer, 1902), S. 243 [causa 2, q. 2] によれば，「聖職者に犯罪の風聞があるときは，有罪の証明がなくかつ自白のない場合においても，司教は，しかるべき雪冤を行うまで聖職者の職務を停止しかつ職務に復させないことができる」手続である。

　風評手続が教会に導入された時期はフランク時代である（Trusen, *Der Inquisitionsprozeß*, S.

今下りて其號呼の我に至れる如くかれら全く行ひたりしやを見んとす」という章句を根拠に掲げ[58]，①信頼すべき人々に由来する風評あるいは何らかの徴憑に基づく風評が持続し，②自白がある，明白犯である等通常の証明方法により不正を証明することが不可能であり，かつ，③弾劾人がいる場合は弾劾人が敗訴した等の要件を課した上で，ゲルマン法由来の共同宣誓者を伴う雪冤宣誓を行うことを命ずる手続である[59]。

しかし，風評手続においては，非行の真相の糾明（inquisitio veritatis）は行われることなく，専ら風評の存否の糾明（inquisitio famae）が行われるにとどまった[60]。風評手続は，聖職者の規律違反それ自体の解明を目的とするというよりは，むしろ教会及び教会制度が世人に与える印象（Erscheinungsbild）の維持を目的とする制度であり，特定聖職者に対する手続が開始されるに先立ち，風評が広がっている事実が慎重に調査され，聖職者に疑念を抱く者の範囲が限られる場合は，風評の存否に関する職権調査は行われることなく，聖職者の名誉の維持が優先された[61]。「教会は隠された罪を裁かない（Ecclesia de occultis non iudicat）」という格言が示すように，教会は聖職者の処罰に必ずしも積極的ではなく，著しい非行を処罰すれば足りるとするのが伝統的な立場であった[62]。

さらに，風評手続が開始され雪冤宣誓が命ぜられた場合においても，特に

---

180 f.）。

58 X. 5. 3. 31; X. 5. 1. 17.

59 Jacobi, S. 322; Lévy, p. 142 ff〔上口訳・南山法学 13 巻 2・3 号 206 頁以下〕．なお，6 条註 2 参照。

　ゲルマン法における雪冤宣誓は，宣誓適格のある被告人が特段の要件を前提とすることなく行う証明方法であったのに対し，カノン法における雪冤宣誓は，他の証拠方法による証明が不可能であること，一定の不利益証拠が存在すること等の要件を前提としたという差異がある。

60 Jacobi, S. 327. 非行事実に関する証拠調べとしての証人尋問自体が不適法とされたのである（Trusen, *Der Inquisitionsprozeß*, S. 192, 194）。

61 Jerouschek, S. 341.

　Jacobi, S. 328 は，専ら風評を除去し，これが成功しない場合においては職務停止の制裁を聖職者に課すことによって公憤（öffentliches Ärgernis）を回避することを目指す風評手続が孕む制度的不十分性，倫理的脆弱性が，糾問訴訟が風評手続に取って代わる結果を招いたとする。これに対し，Hirte, S. 133 は，他に真相証明の手続が存在し，かつ，風評手続が風評の除去を目的とするものであったのであるから，風評手続において真相究明が行われなかったことは何らかの欠損（Defizit）を意味するものではないと評価する。

62 Fraher, *The Theoretical Justification*, p. 594.

14

共同宣誓者を容易に見出しうる高位聖職者にとって，これは必ずしも困難な雪冤方法ではなかった[63]。

(2) 糾問訴訟 (a) 聖職者に対する規律・統制のための既存の手続が必ずしも十分なものではないという状況の下で，以下に述べるように，教会改革を目指したイノケンティウス3世の教皇在位時代において，新たな訴訟手続として糾問訴訟が確立した。イノケンティウス3世が糾問訴訟成立に際し果たした役割については，イノケンティウス3世のイニシァティヴに負うところが大であり[64]，糾問訴訟の淵源はイノケンティウス3世の教皇在位第8年（1206年）の教勅"Qualis et quando"(X. 5. 1. 17) に求められると解するのが，トゥルーゼン説[65]以来の通説である[66]。

イノケンティウス3世は，ヴェルチェッリ司教等宛発したこの1206年教勅において，ルカ伝第16章第1-2節及び創世記第18章第21節を援用し，非行の風評があるときは，「事件の性質が必要とする場合において教会裁判が犯人の罪（culpa）を明らかにしうるよう，教会の長老の面前において真相（veritas）が糾明されなければならない」[67]旨を指令し，かつ，「非行が重罪で

---

63 Trusen, *Der Inquisitionsprozeß*, S. 184; Ignor, S. 48. これに対し，Hirte, S. 135. は，偽誓に対する恐れを軽視する考え方は，現代の世俗的思考に偏し，中世人の来世志向（Jenseitsbezug）を過小評価するものであり，また，同僚意識や買収によって共同宣誓者を見出すことは困難ではなかったとする見解は同様の理由から再考すべきであるとする。

64 Jerouschek, S. 339 は，イノケンティウス3世はローマ法に言及していないが，カノン法がローマ法に倣うことは古来知られており，ローマ法を援用することは何ら不名誉ではなかったのである，したがって，ローマ法への言及がないことはイノケンティウス3世にとってローマ法が典拠ではなかったことの証拠である，とする。

65 Trusen, *Der Inquisitionsprozeß*, S. 208, 210 f.

66 Schmoeckel, S. 244; Ignor, S. 47; Hirte, S. 166.

　Hirte, S. 175 ff. は，糾問訴訟はイノケンティウス3世による改革として初めて登場したものではなく，司教区レヴェルにおいて既に適用されていた手続であるとして，イノケンティウス3世の役割を重視するトゥルーゼン説に疑問を提起する（Rüping/Jerouschek, S. 18参照）。ここではとりあえずトゥルーゼン説に従う。少なくとも，糾問訴訟は，一連のイノケンティウス3世教勅，これを採用した第4回ラテラノ公会議決議を通し世俗法のモデルとなりうるようなかたちにまで整備された訴訟手続となったといえるであろう。

　ちなみに，ラテラノ公会議参加者が「次いで教皇聖下の法令が朗読された（Deinde leguntur constitutiones domini pape)」という報告を残しているように，ラテラノ公会議はイノケンティウス3世の提案を異議なく採択し，決議は教皇自身の立法と看做されたようである（Fraher, *IV Lateran's Revolution*, p. 97)。

67 "debet coram ecclesiae senioribus veritas diligentius perscrutari, ut si rei poposcerit qualitas, canonica districtio culpam ferat delinquentis."

ある」と認定される場合について職務停止を命じた（以下の(d)参照）。同じく
風評を手続の端緒とする風評手続が、風評が存在する事実を確認するにとど
まったのに対し、糺問訴訟は、風評を端緒として非行事実の解明（inquisitio
veritatis）を目的とする革新的な手続であった[68]。

　(b)　1206年教勅"Qualis et quando"（X. 5. 1. 17）には、「弾劾人と裁判官は
同一人であってはならない。しかし、〔風評があるときは〕いわば風評が〔犯人
を〕訴追し、非難の声が〔犯人を〕告発しているのであるから、弾劾人におい
てなすべき事柄は果たされていることになる」[69]という文言が見える。これ
は、「訴えなければ裁判なし」という、神法及びローマ法における訴訟形式
であった弾劾訴訟と異なる原理に立脚する糺問訴訟を、風聞を弾劾人と看做
すことにより正当化することを試みたものである。

　1212年教勅"Inquisitionis negotium"（X. 5. 1. 21）は、「何びとも、何ら風
評もない、あるいは、何ら非難の声が挙がっていない犯罪について、そのよ
うな〔目撃証人の宣誓〕供述に基づいて処罰されるべきではない。むしろ、こ
のような犯罪に関する不利益供述は受け入れられてはならない。糺問は、既
に何らかの非難の声が挙がっている犯罪についてのみ行われるべきだからで
ある」[70]と定め、糺問訴訟の開始要件を風評に限り、これに反する手続の無
効を宣言する。糺問訴訟は弾劾原則を損うものではないというかたちで正統
化を必要としたという歴史的経緯を考えるならば、これは当然の帰結であ
る。

　(c)　1215年のラテラノ公会議決議の第8法文（X. 5. 1. 24）は、教勅"Qualis
et quando"（X. 5. 1. 17）とほぼ同一の文言を以て、「〔教父らは、〕高位聖職者が
不当に訴えられることのないよう、また、恣に罪を犯すことを避けるよう、

68　Trusen, *Der Inquisitionsprozeß*, S. 208.

69　"non tamen sit idem actor et iudex, sed, quasi deferente fama vel denunciante clamore, officium
　　sui debitum exsequatur."なお、風評を弾劾人による弾劾と位置づけることによって糺問訴訟を正
　　統化する手法は、既にイノケンティウス3世在位第2年（1199年）の教勅"Licet Heli"（X. 5, 3,
　　31）にも見出される。

70　"nullum esse pro crimine, super quo aliqua non laborat infamia, seu clamosa insinuatio non
　　processerit, propter dicta huiusmodi puniendum, quin immo super hoc depositiones contra eum
　　recipi non debere, quum inquisitio fieri debeat solummodo super illis, de quibus clamores aliqui
　　praecesserunt."

16

そのいずれの病にも相応しい薬を見出し，高位聖職者のために配慮した。換言するならば，頭格刑すなわち位階剥奪（diminutio capitis, i. e. degradatio）を目的とする刑事弾劾（criminalis accusatio）は，予め適法なる訴追登録がなされなければ許容されないよう配慮した。しかし，ある聖職者に対し非行の風評があり，もはや一般の憤激（scandalum）を招くことなく無視しえない，あるいは危険を招くことなく放置しえないほど，一般の非難の声が高まるならば，逡巡することなく，憎悪ではなくキリスト教的愛の心を以て非行に対する糺問及び処罰が行われなければならない」[71]と定め，糺問訴訟が弾劾訴訟と並ぶ訴訟手続であることを確認した。これは，教皇権限に基づき，教皇又は教皇使節の面前において行われるべき訴訟手続として成立した糺問訴訟が，ラテラノ公会議決議によって一般教会法における訴訟手続として承認されたことを意味する[72]。

ラテラノ公会議決議第 8 法文（X. 5. 1. 24）では，風評に基づく糺問訴訟の手続内容として，被告人の出頭，防禦を行わせるための糺問項目（capitula）の開示，証人の供述及び氏名の開示，これに対し抗弁を提出する機会の保障が定められている（証拠開示については，73 条註 1 参照）。これは，弾劾訴訟の証拠法の重要部分が新たな糺問訴訟に適用されたことを意味する[73]。

また，ラテラノ公会議決議第 38 法文（X. 2. 19. 11）は，「事物の本性上，事実を否定する者による直接的証明はなしえないがゆえに，無辜の訴訟人が不公正なる裁判官の誤った判断に対し否認の真実性を証明することは不可能である。したがって，虚偽が真実を損ない不正が正義に打ち克つことのないよう，裁判官の行った訴訟手続に関し争いが生じたる場合において訴訟記録から真実を明らかになしうべく，裁判官は正規及び非正規訴訟のいずれにお

---

71 "Verum ita voluerunt providere prælatis ne criminarentur iniuste ut tamen caverent ne delinquerent insolenter contra morbum utrumque invenientes congruam medicinam videlicet ut criminalis accusatio quæ ad diminutionem capitis id est degradationem inditur nisi legitima præcedat inscriptio nullatenus admittatur.

Sed cum super excessibus suis quisquam fuerit infamatus ita ut iam clamor ascendat qui diutius sine scandalo dissimulari non possit vel sine periculo tolerari absque dubitationis scrupulo ad inquirendum et puniendum eius excessus non ex odii fomite sed caritatis procedatur affectu."

72 Schmidt, *Die Herkunft*, S. 85; Trusen, *Der Inquisitionsprozeß*, S. 211, 214. ただし, Hirte, S. 175 f. 参照。

73 Trusen, *Der Inquisitionsprozeß*, S. 214.

いても常に1名又はできうれば2名の適格なる公証人を立ち会わせ，…すべての訴訟行為を記録させるべきことを命ずる」[74]と定める。これにより，上級審による真実解明及び無辜の救済を確実にする訴訟記録の作成・保管が制度化され，糺問訴訟は一層整備されたものとなっている。

(d) 第8法文（X. 5. 1. 24）はまた，上に見たように，頭格刑すなわち位階剥奪は刑事弾劾によらなければならないとするが，糺問訴訟の結果，「重罪であるときは，位階を剥奪されることはないが，職務は全く停止されなければならない」[75]と定めている。正規の訴訟手続（ordo iuris; ordo iudiciarius）[76]に従って行われる弾劾訴訟においては重い制裁として位階剥奪を科しうるが[77]，糺問訴訟においてはより軽い職務剥奪を科しうるにとどまるものとされたのである[78]。

しかし，イノケンティウス3世は1212年教勅"Inquisitionis negotium"（X. 5. 1. 21）において，「刑事弾劾を受け有罪を証明された者ならば位階剥奪となるような犯罪が糺問訴訟によって証明された」場合の判決の如何に関する請訓に対し，「かかる場合は，たとえば殺人を犯し又は品級若しくは職録をシモニアによって得た場合のように，犯罪が，贖罪を行った後においても聖務執行又は職録保持を妨げるようなものであるか否かにより区別すべきもの

---

74 "Quoniam contra falsam assertionem iniqui iudicis innocens litigator quandoque non potest veram negationem probare cum negantis factum per rerum naturam nulla sit directa probatio ne falsitas veritati præiudicet aut iniquitas prævaleat æquitati statuimus ut tam in ordinario iudicio quam extraordinario iudex semper adhibeat aut publicam si potest habere personam aut duos viros idoneos qui fideliter universa iudicii acta conscribant...ut si super processu iudicis fuerit suborta contentio per hæc possit veritas declarari."

75 "si fuerit gravis excessus etsi non degradetur ab ordine ab administratione tamen amoveratur omnino."

76 J. A. Brundage, *Full and Partial Proof in Classical Canonical Procedure*, The Jurist: Studies in Church Law and Ministry, 67（2007），p. 59 によれば，Ordo iuris は，デュー・プロセス思想，無罪推定の原則，自己負罪拒否特権，正しい社会においては万人が，すなわち被支配者のみならず支配者もまた法に服すべきだとする信念という，西洋思想の骨格を形成することになったともいわれる基本的観念である。

77 1204 年教勅（X. 5, 3, 32）には，「これは，位階剥奪を目的とする刑事訴訟ではなく，不適格かつ有害なることを理由とする職務剥奪を目的とする民事訴訟であり，したがって，厳格なる訴訟手続ではなく衡平に基づく判断に従い…（non secundum rigorem iuris, sed secundum temperantiam aequitatis, cum ageretur non criminaliter, ut deponeretur ab ordine, sed civiliter, ut ab administratione amoveretur, tanquam immeritus et damnosus）」という文言が見える。

78 Trusen, *Der Inquisitionsprozeß*, S. 208.

と思料する。かかる場合は，弾劾訴訟の場合と同様に手続を行うべきである」[79]という指示を与えている。この教勅は，一定の重罪に関する限り，糺問訴訟においても，刑事弾劾訴訟によるべきものとされていた聖職者にとって「死刑」に当たる位階剥奪を科すことを可能とし，風評を契機として職権によって発動される糺問訴訟の適用範囲を拡大するものである[80]。糺問訴訟の適用範囲の拡大は，糺問訴訟が教会改革を推進すべき効率的手段として構想されたという経緯に照らし当然の帰結であったともいえる[81]。

　(3)　神判禁止と糺問訴訟　　旧約聖書民数紀略第5章第11節以下には「苦水（aquae amarissimae）」による神判の例が見える。しかし，グラティアヌス教令集第2部第2事例第5設問には，神判を許容する法文（Nobilis C. 2 q. 5 c. 15）と神判を禁止するする法文（Consuluisti C. 2 q. 5 c. 20）とが混在し，従前のカノン法における神判の扱いは必ずしも一義的ではなかった[82]。しかし，ラテラノ公会議決議の第18法文（X. 3. 50. 9）は，「いかなる聖職者も，冷水若しくは熱湯又は熱鉄による雪冤に祝福又は聖別の儀式を執り行ってはならない。決闘禁止は従前の例に従う」[83]として神判禁止を明文化した。この法文は，神判の成立に不可欠であった聖職者の神判関与を禁ずるにとどまるが，実質的には立証方法としての神判を禁止するものであった[84]。

79　"In quo quidem duximus distinguendum, utrum sit tale videlicet crimen, quod ordinis exsecutionem suscepti aut retentionem beneficii etiam post peractam poenitentiam impediret, puta si homicidium commisisset, vel adeptus esset ordinem aut beneficium vitio simoniae. Quo casu erit, sicut in accusationis iudicio procedendum."

80　Trusen, *Der Inquisitionsprozeß*, S. 209; Hirte, S. 216.

81　殺人や異端の罪により位階を剥奪された聖職者は，世俗裁判所にその身柄を引き渡され流血刑を科された（Trusen, *Der Inquisitionsprozeß*, S. 230）。

82　Caenegem, *The Birth of the English Common Law*, p. 69によれば，カノン法学者は，12世紀の間第4回ラテラノ公会議が決定を下すまで，神判の是非について逡巡・躊躇し，他方，ローマ法学者は，ローマ法が神判に言及していないという理由で神判を黙殺し，王侯は，国家が犯罪訴追に乗り出した時代であるにもかかわらず神判によって犯罪者が罪を免れているとして神判に反対した。
　　ちなみに，13世紀のハンガリーの裁判記録（Regestrum Varadiense）には，1208-1235年の間，389件の神判が行われ，その結果が判明している308件中，無罪130，有罪78，和解75，弾劾取下げ25であったという数値が残されている（Caenegem, *La preuve dans le droit*, p. 700）。

83　"nec quisquam purgationi aquæ ferventis vel frigidæ seu ferri candentis ritum cuiuslibet benedictionis aut consecrationis impendat salvis nihilominus prohibitionibus de monomachiis sive duellis antea promulgatis."

84　Fiorelli, vol. 1, pag. 68.

その結果，世俗法において神判禁止によって生じた証拠法の手詰まりを克服する手段として採用されたのは，カノン法の影響下にあった大陸法においては糺問訴訟，イギリス法においては起訴陪審を先駆者とする審理陪審制度[85]であった[86]。ラテラノ公会議決議は，糺問訴訟による真相解明という新たな手続を準備しつつ，神判禁止という革新を明文化したことになる。

実体的真実に定位する糺問訴訟の成立は，証明方法としての神判を否定する「新たな合理的な精神的態度によってもたらされた論理的かつ必然的な帰結」であった[87]と同時に，教会改革という観点から見るならば，神判関与の禁止，糺問訴訟，書面主義に立脚する上訴制度は，イノケンティウス3世が目指した刑事訴訟の効率化と刑事訴訟運営に対する教皇による排他的支配・監督を実現するために不可欠な手段でもあった[88]。

Ⅲ　カロリーナ

カロリーナは，カロリーナ序文が指摘する「多くの地においてしばしば法及び良き理性に反し訴訟手続が行われ，無辜が拷問され，死刑に処せられ，あるいは，有責の者が違法，不正かつ長期の訴訟手続により猶予され，先送りされかつ処罰を免れ，刑事弾劾人及び公共の利益に多大なる害をもたらしている」という15世紀末の刑事司法の状況を背景に成立した。同時に，先鋭化する等族間の対立，帝国統一と領邦国家自立との相克，宗教的対立等，帝国による立法を困難にする分裂と対立の時代を背景として成立した帝国立法であった[89]。

1　カロリーナ制定に至る経緯

(1)　帝国議会における刑事司法改革の提案とその挫折

1495年ウォルムス帝国議会において，帝国改造計画の一環として，同年

85　Caenegem, *The Birth of the English Common Law*, p. 80.
86　Caenegem, *La preuve dans le droit*, p. 728. カネヘムは，陪審制度を，地域を代表する非専門的な集団に有罪・無罪の判断を委ね（民の声），その判断が神判（神の声）に代わるものとして裁判官を拘束する制度であると位置づけ，7名断罪手続もこの種の手続に属することを指摘する。
87　Trusen, *Der Inquisitionsprozeß*, S. 210.
88　Fraher, *IV Lateran's Revolution*, p. 109.
89　Schmidt, *Die Carolina*, S. 52.

20

制定された永久ラント平和令の適用実現を任務とする帝室裁判所（Reichs-kammergericht）が設置された。帝室裁判所は，帝国の最高裁判所として，刑事事件における領邦君主及び官憲による恣意と濫用に対する不服申立てを受理するだけではなく，法律事項に関わる濫用・欠陥を指摘しその是正に要する方策の立案に協力すべき任務を担った[90]。帝室裁判所には，領邦君主及び官憲によって日々多くの無辜が「不法に正当なる理由なく」有罪とされ処刑されている，という刑事司法の惨状を訴える声が多数寄せられた。これは，既に実務において行われていた拷問を伴う糺問訴訟の対象が，都市部外者である「ラント有害者」のみならず都市市民にまで拡大された結果，官憲の裁量に委ねられた拷問[91]を伴う糺問訴訟の問題性が15世紀に先鋭化したという事情を反映するものであった[92]。

　従来の刑事手続の問題性は，無規律に実施された拷問にとどまらなかった。1493年ミュンヘン領邦会議においてバイエルン等族は大公に対し，罰金に対する裁判官及び廷吏の取り分と称して犯罪と財産に見合わない刑罰が科されている旨を申し立てている[93]。また，カロリーナ第1次草案が帝国議会を通過することに失敗した後，フランケン地方の騎士・領主が，領邦裁判所の実情を訴え救済を求めるべく帝国統治院に提出した陳情書は，「年老いた兵士その他法律の経験のない無知な卑しい人物」からなる裁判所，裁判官による恣意的な罰金と報酬の取立て，雪冤宣誓の濫用，真偽の確認を経ない拷問による自白に基づく有罪判決等の問題を指摘している[94]。この陳情は，

---

[90]　Güterbock, S. 18.

[91]　ドイツにおける拷問手続の成立過程に関し，Schmidt, *Einführung*, S. 93 は，拷問はローマ法の影響を受けることなくドイツにおいて発生したという立場から，拷問がローマ法継受の結果だとする見解に対し，ローマ法継受の結果であるならば，1300年頃にイタリアで既に完成していた拷問要件論としての徴憑理論を継受しなかったのはなぜか，という疑問を提起する。
　　これに対し，Schünke, S. 168 は，ローマ法の影響を肯定する立場から，①学識法曹たる都市顧問や書記を通していち早く拷問手続を導入したこの時期の都市参事会は自立・自治を求めており，拷問手続を法律によって規律することに関心を有せず，また，②拷問はラント有害者の断罪に最適な手段であり，これに制約を加える必要性を認めなかったという理由を挙げ，15世紀において市民自身に拷問が拡大適用されるまで拷問手続は問題視されなかった，とする。

[92]　Güterbock, S. 18; Schünke, S. 168; Schmidt, *Sinn und Bedeutung*, S. 186. なお，Rüping/Jerouschek, S. 51 は，ラント有害者を対象として形成された「敵対刑法（Feindstrafrecht）」が本来の標的の枠を超えて適用されたために，糺問訴訟のあり方が問題視されるに至ったと位置づける。

[93]　Stobbe, S. 246, Fn. 39.

第 1 次草案の廃案とともに後退した帝国議会における司法改革の機運が再度高まる契機ともなった[95]。

　帝室裁判所は，1496 年のリンダウ帝国議会に対し，刑事司法の現状に関する報告を行い，被害者の親族による救済申立てに対し取るべき処置の指示を求めた[96]。本来不服申立てに関し何らかの改善策を提示すべき職責を負う帝室裁判所が帝国議会に判断を委ねた背景には，ローマ法継受と社会関係の変動を通して新たな訴訟形式，慣習が成立し，何が法であるかについて深刻な混乱が生じていた 15 世紀末，帝室裁判所もまた，刑事司法の惨状に対して取るべき処置すなわち何が法であるかについて判断に苦しむという事情があった[97]。これを承けて 1497 年フライブルク帝国議会において，帝室裁判所の提起に係る問題が取り上げられ，問題を審議すべく委員会が構成された。委員会は，領邦裁判所に見られる個々の弊害・弊風の是正にとどまることなく，刑事手続に関する一般帝国法による根本的な改革に着手すべきであるとの提案を行い，帝国立法による刑事司法改革に着手すべきことが帝国議会において決議された[98]。1500 年アウグスブルク帝国議会において，同帝国議会において設置が決定された帝国統治院（Reichsregiment）に対し，帝室裁判所の協力と助言を受け，領邦慣習・慣行の調査を行った上で刑事司法改革法案を作成すべきことが付託された。この決議は，領邦慣習法に考慮することを前提とすると同時に，構成員にローマ法修学者を含む帝室裁判所が改革法案作成に関与することを認める点で，ローマ法及び普通法学説の継受を前提とする刑事司法改革を予定しており，ドイツ法とローマ法とを融合する改革の方向性を示すものであった[99]。

　このようにして刑事司法改革を目指す帝国立法への第一歩が踏み出された。しかし，帝権を制約する諸改革を厭う皇帝マキシミリアン 1 世の抵抗等の政治的理由によって，帝制改革を付託された帝国統治院はその機能を果た

94　Güterbock, S. 78 f.
95　Güterbock, S. 79.
96　Güterbock, S. 18.
97　v. Weber, S. 169.
98　Güterbock, S. 19.
99　Güterbock, S. 21; v. Hippel, S. 165.

22

すことなく 1502 年に廃止され，同時に刑事司法改革もまた頓挫するに至った[100]。

(2) 都市・領邦における刑事司法改革

　帝国議会における刑事司法改革の頓挫と前後し，領邦レヴェルにおいて改革立法が進展を見た。刑事立法におけるローマ法継受の先駆けとなったウォルムス市のウォルムス改革法典（1498 年）及びバンベルク司教領のバンベルク刑事裁判令（1507 年）がそれである。

　(i) 1498 年ウォルムス改革法典（Die Wormser Reformation）は，糾問訴訟の弊害が先鋭化するという事情の下で改革運動が結実した最初の立法例であり[101]，15 世紀及び 16 世紀の法源としては，「実務慣行に基づく固有法を克服し，ローマ法そのものではなく法学者の著作に依りながらではあるが，ほぼ専ら普通法に倣う」最初の法源となった[102]。伝統志向が支配的な時代において専ら外国法に倣うという大胆な改革が行われた背景として，上に述べたように，犯罪鎮圧との関係において市民及び非市民の区別が徐々に消滅し市民もまた外部者たるラント有害者に適用される迅速かつ略式の手続の対象とされるに至ったという情勢の中で，個人の保護，官憲の権力行使に対する制約，手続の規律化・定式化という思想が勃興したことが指摘されている[103]。このような思想は，改革法典において，実体的真実主義によって合理化された弾劾訴訟を維持し，弾劾訴訟及び糾問訴訟のいずれにおいても適用されうる拷問の要件を明示し，被告人の身体生命を損なうことのない節度ある拷問を命ずる規定として結実している。

　シュミットによれば，改革法典は，イタリア法学の影響の下に，①私人による弾劾訴訟と並んで官憲による糾問訴訟を定め，②有罪判決に要する証拠と拷問に要する徴憑とを区別し，③拷問手続について詳細な規定を設けた最初の法典である[104]。

100　Güterbock, S. 22.

101　Schmidt, *Sinn und Bedeutung*, S. 188; Trusen, *Strafprozeß*, S. 90. なお，ウォルムス改革法典は刑事法のほか私法を含む。

102　Stobbe, S. 334.

103　Schmidt, *Inquisitionsprozess*, S. 74 f.

104　Schmidt, *Einführung*, S. 123 ff.

法典は，一般の風評，強い推定又は信ずべき徴憑が認められる場合に市長及び参事会によって行われるべき糾問訴訟（第6書第2部第1章），弾劾が真実である旨の宣誓及び保証を提出して行う私人による弾劾訴訟（第6書第2部第8章）を定める。法典は，①有罪判決の証拠は自発的自白，拷問に対する自白，証言，被告人が被害者と和解し有罪であることを自白した事実等に限られる（第6書第2部第10章），②証言は抗弁事由を帯びない何ら疑いのない複数証人による明確かつ疑いのない完全なる証言でなければならない（第3書第3部第3章），③「単なる推定（schlecht vermutung），徴憑又は疑問のある徴憑」によって有罪とされてはならない（第6書第2部第2章），④「強い推定及び信ずべき徴憑」は拷問を行いうるにとどまる（第6書第2部第1章），という原則を明示する[105]。したがって，改革法典における弾劾訴訟の証拠法は，形式的証拠法に立脚するゲルマン法の弾劾訴訟とは異なり，実体的真実主義を前提とする新たな弾劾訴訟である[106]。また，拷問の要件として被告人の許での盗品の発見，犯行の誇示又は殺害の脅迫，一定要件を充たす風聞，逃亡等の徴憑を列挙し，いわゆる徴憑理論によって拷問の適用を規制し（第6書第2部第2章）[107]，拷問の適用について，被告人の身体生命を損なうことのない節度ある拷問，証人に対する拷問，拷問を免除される者の範囲，被告人が複数ある場合の拷問の順序（第6書第2部第3-6章）等，詳細な規定を設けている。一部不明確であり完結した法典とはなっていないとされるが[108]，広汎にイタリア法学を摂取した法典としてバンベルゲンシス及びカロリーナに並ぶものと称される[109]。

(ii) 1508年バンベルク司教領刑事裁判令（Die Bambergische Halsgeichts-ordnug; Constitutio Criminalis Bambergensis）の制定は，バンベルク司教領の宮宰であったシュヴァルツェンベルクのイニシァティヴに負うところが大きいといわれ，この点が常に強調されるが，近時異論が提起されている[110]。ブ

---

105 Brunnenmeister, S. 105.

106 Schmidt, *Inquisitionsprozess*, S. 70.

107 個々の徴憑については，Brunnenmeister, S. 118 参照。

108 Trusen, *Strafprozeß*, S. 90. たとえば，17 条註3参照。

109 Schmidt, *Inquisitionsprozess*, S. 73.

110 バンベルゲンシスがシュヴァルツェンベルク単独の手になるものであるか否かについて，Trusen, *Strafprozeß*, S. 90 ff., 96 ff. が疑問を提起し，バンベルゲンシスが宮廷顧問官等多数の学識

ルネンマイスターによれば，バンベルゲンシスの訴訟手続は，ローマ法を概説した最初のドイツ語法書である 15 世紀前半の『訴訟法鑑（Klagspiegel）』（1425 年）[111] において記述され，ウォルムス改革法典によって採用された糾問訴訟の基本原理を明確化しかつ徹底化することを目指し，イタリア法学の成果を利用しつつ糾問訴訟手続を整序し完成させたものであり，イタリア法という素材を十分に咀嚼選択しドイツ法との有機的な結合を図った点において独創的であったとされる[112]。バンベルゲンシス 273 条は，「皇帝法及び本裁判令に反する 7 名断罪手続（besiben）及びその他の悪弊（missprewch），並びに全ての旧刑事裁判令は，その新旧を問わず，これを以て廃止するものとする」と定め[113, 114]，上に述べたウォルムス改革法典に現れた訴訟形式，証拠，拷問に関する諸規定をより整序されたかたちで取り入れたものとなっている。

バンベルゲンシスは，「素人の理解に合わせ，非識字層のため木版画と格言を付された法律入門」[115] として版を重ね，バンベルク司教領以外においても多数の裁判官が購入者となったが[116]，同時にバンベルク司教領内では「無条件の法律（absolutes Gesetz）」としての効力を有した[117]。バンベルゲンシスの影響はバンベルク領外にも及び，ブランデンブルク参審人会が鑑定の基礎として援用し，ブレスラウ市裁判所が同じくバンベルゲンシスを利用したことが確認されるほか[118]，1516 年には，ホーヘンツォレルン家の系統に属する領邦アンスバッハ及びバイロイトにおいて，バンベルゲンシスがブラン

法曹の関与を経て成立したことを明らかにしている。

[111] 著者不詳。ガンディヌスに依拠し，刑法部分はその逐語訳であった（Ignor, S. 46. なお，B. Koehler, *"Klagspiegel"*, in: HRG, Bd. II, Sp. 855 参照）。

[112] Brunnenmeister, S. 238.

[113] 「その他の悪弊」には，7 名断罪手続と並ぶ風評手続が含まれよう。なお，米山 172 頁以下参照。

[114] Biener, S. 155 は，カロリーナはバンベルゲンシス 273 条に対応する規定を欠くが，証明手続に関する一般的な規定として，法定証拠主義を明文化することを通して，7 名断罪手続及び風評手続を廃止したものと解される，とする。22 条註 6 参照。

[115] v. Weber, 164; Schmidt, *Die Carolina*, S. 195.

[116] Biener, S. 149.

[117] Güterbock, S. 177. v. Hippel, S. 211 は，「法典でありかつ同時に参審人のための教科書」と位置づける。

[118] Schmidt, *Einführung*, S. 131.

デンブルク刑事裁判令として導入されている[119]。地方的な立法であるバンベルゲンシスがバンベルク司教領外において受容された事実は，帝国各地においてローマ・カノン法の継受による刑事司法改革の必要性が大きかったことを示している[120]。

2 カロリーナの制定

(1) 1521年ウォルムス帝国議会第1次草案

1519年，マキシミリアン1世の逝去にともないカール5世が神聖ローマ帝国皇帝として即位した。1521年ウォルムス帝国議会において帝国等族は，ルターによる宗教改革運動の開始に伴う政治情勢の逼迫にもかかわらず，懸案の刑事司法改革問題を取上げた。帝国等族は，問題の重大性に鑑み，帝室裁判所に常設される委員会とは別個に法有識者から構成される専門委員会を設置し，これに刑事裁判令の立案を委託した[121]。刑事裁判令は前例のない帝国立法作業であるため，専門委員会は，ローマ・カノン法とドイツ法との結合により刑事司法改革の要請を充たし，かつ，既に二つの領邦において採用された周知の立法例として，バンベルゲンシスを第1次草案のモデルとすることに決した[122, 123]。後に成立するカロリーナは，バンベルゲンシスの規定との異同はあるが，バンベルゲンシスの主要規定を引き継いでおり，「バンベルゲンシスの改訂新版」[124]ともいわれる。

第1次草案は，帝国等族に提示され帝国議会の審議に付された。しかし，議会会期が残り少なく，かつ，帝国等族及び皇帝顧問官が草案は慎重審議を要すると判断したため，第1次草案は可決に至らず，草案を完成させ法律と

---

119 Biener, S. 150.

120 Schmidt, *Einführung*, S. 130.

121 Güterbock, S. 39 f. ギュータボックは，この専門委員会の設置を以てカロリーナ立法作業が開始されたとする。

122 Güterbock, S. 43 f.; Trusen, *Strafprozeß*, S. 108.
　　なお，バンベルゲンシスが第1次草案の基礎となるについては，バンベルク司教代理として専門委員会委員となったシュヴァルツェンベルクの主唱があったと推測する見解（v. Hippel, S.172, Fn. 4; R. Lieberwirth, "*Carolina*", in: HRG, Bd. 1, Sp. 594）と，これを疑問視する見解（Güterbock, S. 71 ff.; Trusen, *Strafprozeß*, S. 108）とがある。

123 Güterbock, S. 55 f. ギュータボックによれば，専門委員会の意図は，帝国法を新たに創造するのではなく，有用なものと実証済みの模範に依拠しながら帝国法を起草することにあり，第1次草案はバンベルゲンシスの引写しとなった。

124 v. Hippel, S. 175.

して公布する任務が帝国統治院に付託された[125]。

(2) 1524年ニュールンベルク帝国議会第2次草案

上記付託を受けた帝国統治院は，帝国等族の了解を俟たず法律を公布することに躊躇し，上記権限を行使することなく[126]，1524年ニュールンベルク帝国議会に改めて修正案を提出した。これが第2次草案と呼ばれるものである。しかし，ニュールンベルク帝国議会において，皇帝及び帝国等族の代理者から構成され政治的に不安定な組織であった帝国統治院の存続自体が危ぶまれるとともに，政治問題の激化により法案審議の環境が失われ，草案は審議日程からも外された[127]。

なお，法案は帝国議会による正式審議又は帝国議会の決議に基づいて帝国等族による検討に付されない限り帝国等族の手に渡らないという制度であったために，かかる手続がとられなかった第2次草案の稿本は長らく発見されず，ギュータボックによって初めてケーニヒスベルク写本が発見された[128]。この発見前に刊行されたツェプルの『カロリーナ及びカロリーナ草案』では，1529年シュパイエル草案が第2次草案とされていたが，現在ではニュールンベルク草案が第2次草案，シュパイエル草案が第3次草案と呼ばれている[129]。

(3) 1529年シュパイエル帝国議会第3次草案

シュパイエル帝国議会において，帝国等族は審議案件調整のための大委員会を設置した。大委員会は，停滞する刑事司法改革に関連し，帝国統治院が草案作成に当たり，草案の審議には，処理の迅速を図るため帝国等族から選出された法有識者によって構成される専門委員会が当たるべきことを決議した[130]。これを承けて，帝国統治院は第3次草案を提出するが，専門委員会は，宗教的対立の激化という政治的緊張の下，審議時間の制約及び検討資料の不足等を理由に責任ある草案審議をなしえない旨の報告を大委員会に対し

---

125 Güterbock, S. 45 f. 帝国統治院は1521年に再度設置された。
126 Güterbock, S. 82.
127 Güterbock, S. 84.
128 Güterbock, S. 85 f.
129 Güterbock, S. 92. 文献註3参照。
130 Güterbock, S. 105.
131 Güterbock, S. 107, 110.

行った[131]。

　報告を受けた大委員会は，従来の草案が帝国等族の関与抜きで作成されたことに鑑み，制定されるべき刑事裁判令に関し地方的利害を主張する機会を帝国等族に与えることが妥当であると判断した[132]。これは，第3次草案序文に含まれた，「これ〔＝刑事裁判令〕に反する慣習及び朕の祖先又は朕により付与され又は付与されたる特権は効力を有しない」という文言（序文註6参照）が帝国等族の抵抗を惹起した結果にほかならない[133]。このような経緯から，領邦法を草案に反映させる措置として，地方的利害を代表する機関たる各帝国クライスから選出された法有識者が，帝国統治院の参加を得て刑事裁判令について審議し，合意を形成すべきことが，帝国議会最終決議となった[134]。

　(4)　1530年アウグスブルク帝国議会第4次草案

　シュパイエル帝国議会後，上記の最終決議は結局実現されなかった。アウグスブルク帝国議会召集に際し帝国統治院は，刑事裁判令に関する協議を行うため早急に代理者をアウグスブルクに派遣することを帝国等族に対し要請するが，これも実現を見なかった。アウグスブルク帝国議会において，刑事裁判令の審議は専ら帝国等族の中から指名された専門委員会のイニシァティヴに委ねられ，専門委員会は第3次草案を基礎として審議することとなった[135]。専門委員会審議は短期間で確定案に到達するが，ザクセンが領邦法の尊重を序文に明記すべきことを主張し，他の帝国等族もこれに倣った。専門委員会は領邦法の尊重をどのように草案に盛り込むかについて合意に達せず，序文を欠く草案を帝国等族の判断に委ねることになった[136]。しかし，こ

132　Güterbock, S. 107, 111.

133　v. Weber, S. 172.

134　Güterbock, S. 112 ff.

135　Güterbock, S. 132 ff. 委員会は，6名の選帝侯，6名の帝国諸侯，2名の帝国都市代表，1名の帝国グラーフから構成されたが，法有識者である代理者が出席した（Güterbock, S. 137 f.）。

136　Güterbock, S. 139, 188 f.

137　Schmidt, *Einführung*, S. 132によれば，ザクセンは，刑事裁判令は「ザクセン法を害しない（salvo jure Saxonum）」ものでなければならない，ブランデンブルクは，「ブランデンブルク法は概ねザクセン法に準ずる」，ファルツは「ファルツは他の領邦よりも特権を与えられなければならない」と主張した。

138　Güterbock, S. 140 f., 189; Schmidt, *Einführung*, S. 132.

の問題をめぐる帝国等族間の調停は成功することなく[137]，決議は見送られるに至った[138]。領邦法，特に長い伝統を有するドイツ固有法として特段の敬意を払われていたザクセン法の法域では，固有法が一般人の法意識に深く根ざしており，裁判官及び参審人もまた伝統的な制度への愛好と畏敬の念を抱き，ザクセン法を維持し帝国法を拒む傾向が強かった[139]。

1530年アウグスブルク帝国議会において，ザクセン選帝侯等有力諸侯の抵抗によって法案は成立しなかったが，上述のアウグスブルク帝国議会の専門委員会は，少なくとも領邦法に一定の独自性を認める点では一致を見た。しかし，他方において，帝国刑事裁判令を制定する趣旨・意義に抵触するがゆえに存続を認めがたい領邦法における悪弊を刑事裁判令において明示的に禁止することも不可欠であると判断した。「若干の地になお残る悪弊及び悪しき不合理なる慣習」の廃棄を命ずるカロリーナ218条に該当する規定は，このような事情を背景にアウグスブルク草案に採用された[140]。

(5)　1532年レーゲンスブルク帝国議会

1532年レーゲンスブルク帝国議会では，経緯は不明とされるが，領邦法尊重の要求に関する調停案として，刑事裁判令序文に「諸侯及び諸等族の古き伝来の適法かつ公正なる慣習」の保持を認める留保条項を設けることが提案された。皇帝がこれを承認したため，帝国等族が刑事裁判令に対し抵抗する根拠が失われることになった。この結果，若干の字句修正を除きアウグスブルク草案と全く同一のテキストを有する刑事裁判令が可決されるに至った[141]。

3　カロリーナの意義

(1)　カロリーナの意義は，ローマ・カノン法において形成された「真実及び正義の確保を目的として合理的に組み立てられた手続」を継受することにより，実務において恣意的に運用されてきた刑事手続を整序することにあった[142]。カロリーナ以前の刑事手続の無形式性・恣意性を理由にこれを糺問

139　Güterbock, S. 183 f. たとえばザクセンでは重罪についても贖罪金制度を維持していた。

140　Güterbock, S. 189. ただし，v. Weber, S. 173 による経緯説明はやや異なる。

141　Güterbock, S. 168 f., 193.

142　Schmidt, *Einführung*, S. 130; v. Kries, S. 246.

「訴訟」とは解さないトゥルーゼンのような立場からは，カロリーナ及びバンベルゲンシスは，「先立つ数世紀におけるドイツ法に根ざした法思想の統合」を表象する終章というよりは，ドイツにおける糾問訴訟の導入となる序章と位置づけられている[143]。

　カロリーナは，犯罪鎮圧のため「法的安全性よりも警察的合目的性」を優先させ[144]，明確な手続要件による制約を受けることなく風評手続や拷問手続を適用する特権を行使してきた帝国都市による抵抗に遭遇した。1522年エスリンゲン諸都市会議（Städtetag zu Eßlingen）において，第1次草案に対する評価として，「刑事裁判令は，まさに帝国都市の不利益となるものであり，犯罪者を保護し繁殖させる以外何らの意味も有しないと思料する。刑事裁判令は帝国都市の諸特権に抵触し，帝国都市にとって受け入れがたい」という意見が表明された[145]。また，1530年アウグスブルク帝国議会におけるフランクフルト市代表は，「刑事裁判令が成立するならば，古来の慣習及び特権に反し公開及び長期の訴訟手続が必要となり，これにより悪徳と悪性に対する多くの刑罰が阻止，回避され，自由帝国都市にとって負担となろう」という報告をフランクフルト市へ送っている[146]。

　(2)　このような抵抗は，少なくとも成立時の時代背景に照らすならば，カロリーナの先進性を示すものである。その一端は，シュミットが法継受がもたらした「最も美しく最も好ましい成果（Das Schönste und Feinste）」と呼ぶカロリーナの「裁判官論」に示される[147]。弾劾訴訟であるか糾問訴訟であるか，訴訟形式の如何を問わず，審判者としての裁判官の役割は決定的な重みをもつ。カロリーナは裁判官の職責について以下のように定める。①「貧しき者富める者に等しく正義を行い，裁判かつ判決すること，情愛，敵意，報

143　Trusen, *Strafprozeß*, S. 112.
144　Schmidt, *Strafrechtspflege*, S. 114.
145　Schmidt, *Einführung*, S. 131. この文書は，ウルム市が市代表に与えた指令である（Stobbe, S. 248)。
　　　Güterbock, S. 35, 181 によれば，領邦諸侯が強い権限を行使する帝国議会における帝国都市の地位・権限は弱体であり，自治と独立の維持に懸念を抱く帝国都市は改革一般に対し抵抗を示した。
146　Güterbock, S. 182.
147　Schmidt, *Einführung*, S. 137.

30

酬，贈与その他の理由によりこれを怠らざることを宣誓する」義務を裁判官に課し（3条），②被告人に有利な事情について「被拘禁者の記憶を喚起しなければならない」として，裁判官の実質的弁護義務を定め（47条），③違法に拷問を行った裁判官に，「徴憑の証明なくして違法に拷問された者に対し，恥辱，苦痛，費用及び損害をしかるべく賠償しなければならない」として賠償責任を課し（20条），④「拷問により又は拷問によらずして行われた自白」のいずれであるかを問わず「自白に係る犯行に関し被尋問者が供述した諸事情につき，上に定める諸事情に関する自白が真実であるか否かを入念に糾明させなければならない」として，任意自白についてもその真実性の検証を命じ（54条），⑤貧困の被告人が主張する無罪証拠について，「悪が処罰を免れ，無辜が不法に有罪とされることのないよう，官憲又は裁判所による費用負担の下，裁判官において手続を行わなければならない」として，被告人の無罪主張に関わる取調べ及び費用負担を命じ（47条。154条参照），⑥裁判官は犯人の処罰に関し特別の報酬を得てはならないと命じ（205条），⑦裁量刑の言渡しは「正義の尊重及び公益の配慮に基づき」行うべきことを定めている（104条）。これらの規定は，「真実及び正義に対する裁判官の義務」[148]と集約される。刑事司法が，領邦君主及び官憲によって日々多くの無辜が「不法に正当なる理由なく」有罪とされ処刑される惨状を呈する時代において，カロリーナが，「真実及び正義に対する裁判官の義務」という時代を超えて妥当する理念を掲げ，この理念から帰結する個々の具体的要請を初めて法典化したことの意味は重い。

　同じく，カロリーナの先進性は証拠開示制度においても顕著である。証拠開示に関するバンベルゲンシスの規定は，「証言が聴取されるときは，証言聴取者は当事者のために証言開示の期日を定め，かつ，証人の人物及び供述に対する抗弁をしかるべく口頭で述べさせなければならない」（84条）と定めるにとどまる。これに対し，カロリーナもまたローマ・カノン法の証拠開示制度を引き継ぎ（73条註1参照），「証言の聴取がなされるときは，証言の開示が行われなければならない。…裁判官は当該証言の開示期日を定め，以下に定める形式及び方法に従い，抗弁書及び再抗弁書を提出することを許さ

148　Schmidt, *Sinn und Bedeutung*, S. 204.

なければならない」,「証言記録の写し〔の内容〕を代理人,とりわけ被告人に知悉せしめるため必要と判断するしかるべき猶予を与えなければならない。また,被拘禁者の代理人が被拘禁者の許に赴くことが許されなければならない」(73条)と定める。書面による証拠開示に加え,抗弁提出権,防禦準備のための猶予,弁護人の関与,接見交通権にまで配慮した詳細な規定振りである。カロリーナの証拠開示制度の先進性は,カロリーナ制定の1世紀後,カロリーナの明文を無視し,証言記録の写しの交付は迅速に進められるべき糺問訴訟の本質に抵触すると主張するカルプツォフの抵抗を惹き起こすが(73条註1参照),カロリーナの証拠開示制度は現代においてもなお瞠目すべきものがある[149, 150]。

4　カロリーナの法的性格

(1)　帝国法の性格

上述したように,1497年フライブルク帝国議会において,領邦裁判所に見られる個々の弊害の是正にとどまることなく,刑事手続に関する一般帝国法による根本的な改革に着手すべきであるとの提案が行われ,帝国立法による刑事司法改革に着手すべきことが決議されたという経緯に照らすならば,当初は,「巨細を問わずその採用,遵守,変更を帝国等族の裁量に委ねない」,「すべての領邦法に優先して妥当する帝国共通法」の制定が意図されたと考えられる[151]。第1次及び第2次草案序文に帝国法と領邦法との関係に何ら言及されていない事実がこれを裏づけるともいえるが[152],さらに,第3次草案序文中の「本令に含まれる締約は,朕及び帝国の法としてすべての等族によって遵守されなければならない。これに反する慣習及び朕の祖先又は朕により付与され又は付与されたる特権は効力を有しない」という文言(序文

149　近時においても,Ignor, S. 81 f. がカロリーナの証拠開示制度の先進性を指摘している。

150　中世イタリア法に関し,「法学が法実務に対し決定的な役割を果たしていた」時代において,拷問は法学によって厳格に制約されその「人間化」が図られていたと論ずるウルマンは,「16及び17世紀に拷問の適用が苛酷化し野蛮化した理由の大半は,法学教育の水準が低下したこと,大学が人間らしい法曹を養成する力を喪ったこと,道徳原則が軽視されるとともに被告人の利益に対する配慮が消失したことに求められる」という (Ullmann, p. 136)。中世イタリア法学を継受したカロリーナ刑事法典と実務との関係を考える上で示唆的な観点である。

151　Güterbock, S. 177.

152　Güterbock, S. 178.

32

註 6 参照）は上のような立法意図を推測させるのに十分である。

　しかし上述のように，1532 年帝国議会において，「選帝侯，諸侯及び諸等族の古き伝来の適法かつ公正なる慣習」の維持を容認する留保条項が序文中に新設された。近世初頭における帝国と領邦との政治的権力関係を反映し，帝国法と領邦法との関係は一義的ではなく，立法事項ごとにその関係が定められた。多くの帝国立法において，帝国最終決議に皇帝及び帝国等族が相互に誠実に決議を遵守執行することを誓約する文言及び現実には実効性を欠く罰則を付加する方法，あるいは，帝国法が原則を定め細則は領邦法に委ねる方法がとられた。カロリーナ序文に現れる「留保条項」もこのような帝国法と領邦法の調停方法の一つであった[153]。

　(2)　カロリーナの拘束力

　以上のような留保条項を序文に含むため，カロリーナが帝国法として拘束力を有するか否かが問題とされてきた。肯定説[154]の根拠としては，①領邦は「古き伝来の適法かつ公正なる慣習」ならばこれを維持する自由を有するが，領邦法によって新たな法を創造する余地がないこと[155]，②カロリーナには強行法規性を疑う余地のない規定が見られること（61 条，104 条，105 条，135 条，140 条，205 条，207 条，215 条，218 条等），③ 3 条以下の条文が裁判官，参審人，書記にカロリーナを遵守する旨の宣誓を命じ，104 条が裁判官及び参審人が皇帝法に反して科刑することを禁止していること[156]等が挙げられよう。肯定説によれば，留保条項は，カロリーナを領邦法・都市法として採用するか否かを領邦・帝国都市に委ねる趣旨ではなく，個々の点においてカロリーナと異なるが適法なる慣習を維持することを許容しつつ，他方では，カロリーナが絶対的なものとして定める規範を遵守し，かつカロリーナが是認するところではない悪習をすべて廃棄すべきことを求める立法であっ

153　Güterbock, S. 173 ff.

154　Güterbock, S. 196; v. Hippel, S. 211; Schmidt, *Einführung*, S. 133.

155　Blankenhorn, S. 6 ff. v. Hippel, S. 211; Schroeder, *Die peinliche Gerichtsordnung*, S. 319 は，カロリーナの領邦法に対する補充性は，古き良き法にのみ妥当し，新たな法には妥当しないとする。ただし，v. Weber, S. 178 の反対説がある（Schroeder, *Die peinliche Gerichtsordnung*, S. 319, Fn. 19 はこれを疑問視する）。

156　v. Hippel, S. 212.

157　Stobbe, S. 252.

たことになる[157]。これに対し,「カロリーナは,普通法,衡平及び古き良き慣習に従う刑事司法のための指針を提示しようとするものであり,帝国全体に妥当する一般的拘束力のある法律を以て個々の領邦法に代えようとするものではない」[158],「内容に照らし,刑事司法に関する諸条令(Ordnung)は刑事司法改良のための経験に裏打ちされた諸提案に他ならない」[159]という拘束力否定論がある。

カロリーナには,名宛人に対し無条件に拘束力を有する法律という絶対主義以降に成立した法律概念が当てはまらないことは明らかであり,かつ,帝国が帝国法を執行する十分な権力と制度を有しなかった以上,その拘束力を問題にすることはあまり意味がないともいえるが,立法者意思及び法理論のいずれの点から見ても拘束力は肯定されよう。

(3) カルプツォフにおける拘束力論

「カロリーナを基礎として先例を見ない精密さを以て現行法の学術的叙述を行い」[160],刊行後1世紀にわたって絶対的な権威としての地位を占めることになったといわれる[161]カルプツォフの『帝国ザクセン刑事新実務』(1632年)は,カロリーナ制定のほぼ1世紀後,カロリーナの拘束力を肯定し,「犯罪及び刑罰を論ずるときは,ローマ法の規定よりもカロリーナ刑事法典に注目しなければならない。帝国の全等族の同意によって裁可され公布された刑事法典は,普通法に変更を加えたものであり,神聖ローマ帝国におけるローマ法として全帝国臣民を拘束するものだからである」[162]と述べている。

---

158 Laufs, S. 139. この他,Schaffstein, S. 20; Sellert/Rüping, S. 193; Ignor, S. 42, 62 も拘束力に否定的である。

159 Schmidt, *Sinn und Bedeutung*, S. 200.
　シュミットは,「条令(Ordnung)」を「締約(Satzung)」と同義語として使用しているようである。カロリーナにも「朕の本令及び締約(dise unsere ordnung vnd satzung)」(83条),「朕の本締約に基づく条令(die ordnung diser vnser satzung)」(88条)という用例があり,類義語と解される。
　「締約」とは,判決によって「発見」されるべき「法(Recht)」や,君主・官憲により命ぜられた「法命令(Rechtsgebot)」とは区別されるべき,法共同体構成員の「合意,誓定」による規範制定を指す(エーベル9頁,25頁参照)。

160 v. Hippel, S. 228.

161 Stintzing/Landsberg, 2. Abt., S. 72. また,Malblank, S. 222 は,カルプツォフの『帝国ザクセン刑事新実務』は「法律としての敬意」を受けたとする。

162 Carpzov, q. 20, n. 32.

具体例として，通貨偽造に関する 111 条について，「かかる法範は，明文を
もって通貨偽造犯に対する焚刑を定めているカール 5 世皇帝刑事裁判令 111
条の明確な規定に照らし，何びとによっても容易に疑われえないものであ
る」[163]と述べ，また，一件記録送付制度を定める 219 条について，「カール 5
世皇帝が十分なる根拠に基づき，刑事事件が法有識者団に送付され，法有識
者団によって判断されるべきことを命じたことは明らかである。したがっ
て，この規定は当然ながら厳格に遵守されるべきであり，刑罰の決定及び刑
事事件の判決に際し，何ごとも，下級官憲及び裁判官の独自の裁量に委ねら
れてはならない」[164]と言及している[165]。

　(4)　カロリーナの受容

　カロリーナ成立後，カロリーナに対する領邦の対応は分かれた。①ヘッセ
ン（フィリッピナ刑事法典，1535 年），ケルン（改革法典，1538 年），ポメルン
（宮廷裁判令，1566 年）において，カロリーナをほぼそのまま取り入れた内容
の法典が公布された。②メクレンブルク（1570 年），ミュンスター（1571
年），ブッツヴァッハ（1578 年）においては，カロリーナの適用を命ずる一
般的指令が発せられた。③ブランデンブルクでは，1535 年以降カロリーナ
が適用された事実が確認され，1540 年選帝侯によってブランデンブルク参
審人会に対し帝国法に従って鑑定を行うことが命じられている。④ザクセン
法の伝統があり，留保条項の主唱者であったザクセンにおいてもカロリーナ
の実体法に依拠した勅令が制定され（1572 年），ウィッテンベルク及びライ
プツィッヒ大学法学部の鑑定の基礎とされた。⑤バーデン法（1588 年，1622
年），プファルツ法（1582 年），ハンブルク法（1603 年）もカロリーナの強い
影響を受けた。⑥ 1620 年のプロイセン法も部分的にカロリーナに依拠する
ものであった。これに対し，オーストリア法はカロリーナの影響を受けてい

163　Carpzov, q. 42, n. 32.

164　Carpzov, q. 116, n. 23.

165　他方，カルプツォフは，帝国法は領邦法に対し補充的な地位にとどまるとして，次のように
　　いう。「すなわち，この点については，選帝侯勅令に定めがない場合において根拠とされるべき
　　帝国刑事裁判令が解決を与えている」（Carpzov, q. 25, n. 10），「ザクセンの裁判所において皇帝
　　コンスタンティヌス〔ユスティニアヌス？〕及びカール 5 世の制定法がこの場合妥当することは
　　疑いがない，また，ザクセン法に欠ける事項は普通法及び刑事裁判令によって補充されなければ
　　ならない」（Carpzov, q. 42, n. 25）。序文註 7 参照。

解題 *35*

ない。バイエルン地方の法制もまた 16 世紀の間ローマ・カノン法の影響を示していない。17 世紀初頭の立法において初めてカロリーナの影響を示すが，その刑事手続は特に節度ある注意深い拷問を命じたカロリーナとの径庭が大きいものであった[166]。

このように，カロリーナの内容を引き継いだ法典を公布し，あるいは，カロリーナの適用を命ずる一般的指令を発した領邦・帝国都市が存在するが，上述の拘束力否定説は，このようなカロリーナの受容はローマ法継受の精神に従い刑事司法を自己の責任において改革するという領邦・帝国都市の姿勢の現れであり，カロリーナを帝国法として承認し刑事司法の基礎としたことを意味しない[167]，あるいは，「カロリーナが広汎に浸透しえたのは，その高邁なる精神と質の高い内容に負っている」[168]とする。確かに帝国と領邦との政治的権力関係の下でカロリーナはその拘束力を十分に発揮しえなかったとしても，カロリーナは先進的な司法改革法として領邦・帝国都市の司法改革を先導したといえよう[169]。

カロリーナの与えた影響は，法典が 16 世紀に 38 版，17 世紀に 10 版以上，18 世紀に 12 版が刊行された事実が示す法典に対する需要の大きさ，16 世紀から 18 世紀にかけて多数のコンメンタールが出版された事実が示すカロリーナに対する実務的・学術的関心の大きさにも現れている[170]。さらに，19 世紀初頭においても常にカロリーナが「普通刑法の法源」の第 1 順位に挙げられ[171]，カロリーナが「ドイツ国民の神聖ローマ帝国がますます弱体化し分裂しかつ次第に消滅していく時代においてもなお刑法及び刑事訴訟法学

---

[166] Schmidt, *Einführung*, S. 142 f. カロリーナが影響を与えたその他の領邦，帝国都市の例については，Stobbe, S. 253 ff., 外国法への影響については，Rüping/Jerouschek, S. 57 参照。

[167] Schmidt, *Sinn und Bedeutung*, S. 197.

[168] Laufs, S. 139 f.

[169] Vgl. Stobbe, S. 253.

[170] v. Hippel, S. 221.
　　v. Weber, S. 175; Schmidt, *Sinn und Bedeutung*, S. 203 は，①カロリーナ成立後の 16 世紀においては，法律家は必要があれば端的に普通法を参照すれば足り，カロリーナという迂路を経る必要がなかったため，カロリーナにほとんど重きをおかなかったが，②17 世紀に至って初めて，絶対主義興隆に伴う法律概念の変化を反映し，カルプツォフがカロリーナをしばしば援用し，従うべき有権的な法律と看做した，という。

[171] Ignor, S. 42.

[172] Schmidt, *Sinn und Bedeutung*, S. 203.

36

の共通の基礎」となったことにも示される[172]。

5 カロリーナの構成

(1) カロリーナにおける実体法と手続法

裁判所構成，糺問訴訟及び弾劾訴訟における被告人の身柄拘束，拷問，拷問要件としての徴憑等の規定を以て始まるカロリーナは，基本的に手続法法典であるとされることが多い[173]。しかし，類推処罰，責任能力，免責事由，共犯，未遂，刑罰等の若干の刑法総則規定がおかれ，一部犯罪類型の構成要件も記述されている。もっとも，殺人，強盗，窃盗，放火のような主要犯罪の構成要件は記述されておらず，また，殺人に関連して正当防衛の証明及び認定に関わる詳細な訴訟法的規定が多数設けられている。したがって，カロリーナにおいて訴訟法的規定が優位であるといえるが，訴訟法関係条文は技術的な細則が多いことを考慮するならば手続法と実体法の扱いは同等であるとする見解もある[174]。いずれにしても手続法及び実体法に関するカロリーナの諸規定は包括的なものではなく断片的である。その間隙を埋めるのは慣習法及びローマ・カノン法であり，ローマ・カノン法有識者への鑑定依頼制度であった。

(2) 実体法規定

刑法に関する規定は104条以下180条におかれている。①その中には殺人に関連する正当防衛の証明等に関わる訴訟法的規定が混在し，また，②若干の刑法総則規定が，刑法各則規定と混在するかたちでおかれている。刑法総則はイタリア法学の影響を受け，従来のゲルマン法に此し長足の進歩を遂げているとされる[175]。

(i) 類推処罰 明文を欠く犯罪については法有識者の鑑定を経て行う類推処罰が許容される（105条）。

(ii) 責任主義 ①弁識能力のない者による殺人は不可罰的とされ（150条2項），若年窃盗についても責任能力が配慮されている（164条）。責任無

---

[173] Schmidt, *Die Carolina*, S. 59; Langbein, *Die Carolina*, S. 231; Schroeder, *Die peinliche Gerichtsordnung*, S. 329; Ignor, S. 42.

[174] v. Hippel, S. 175 f.

[175] Schmidt, *Einführung*, S. 117. v. Hippel, S. 208 は，イタリアの影響は責任論の部分において顕著であるとする。

能力については法有識者の鑑定が必要的である（179条）。②原則として故意犯のみが処罰される。③過失致死は，「故意によらず，軽率又は不注意から行為者の意図に反して行われた」殺人と定義され，過失致死の成否については，困難な判断が要求されるため求鑑定が命じられている（146条。136条参照）。過失のない事故としての殺人は不可罰的である（146条）。過失概念はイタリア法の影響の下で成立したものである[176]。飢餓窃盗の不可罰性を想定する規定（166条）は非難可能性の減少としての緊急避難と解される[177]。

　(iii)　免責事由　　①正当防衛の要件が明確に定められ，その証明・認定に関し詳細な規定がある（139-145条）。②防衛行為時の錯誤は免責される（145条）。③正当防衛以外の免責事由として，姦通者の殺害，第三者のための正当防衛としての殺人，責任無能力者による殺人，逮捕に抵抗する者の殺害，夜間の住居侵入者の殺害等が列挙され，類似事例については求鑑定が命じられている（150条）。

　(iv)　共犯　　①共犯行為は，「それがいかなる名称を以て呼ばれるかを問わず，〔犯人に対する〕何らかの幇助，援助又は支援」をいう（177条）。これは，現代法的意義での幇助犯規定ではなく，共同正犯，教唆犯をも含む共犯一般に関する規定である。したがって，具体的な罪責判断は法有識者の鑑定に委ねることが不可欠となる（177条）。②謀殺及び喧嘩闘争の場合の共同正犯，喧嘩闘争の場合の同時犯（148条），偽誓の教唆犯（107条）については，別途定めがある。

　(v)　未遂　　障碍未遂の要件が定められているが（178条），中止未遂については定めがない（178条註1，3参照）。強姦未遂の可罰性については明文がある（119条）。

　(vi)　刑罰[178]　　①死刑は皇帝法が定める範囲に限定されるが，身体刑は良き慣習又は裁判官の裁量により科すことができる（104条）。②類推処罰の場合の刑罰もまた裁量刑である（裁量刑について，22条註8，104条註7参照）。

176　v. Hippel, S. 205 f.

177　Schmidt, *Einführung*, S. 119.

178　v. Hippel, S. 200 は，カロリーナにおける刑罰目的は，応報，威嚇，無害化という伝統的な思想に立脚するという。もっとも，158条は初回窃盗に対する量刑に際し被告人の改善可能性を考慮する。

③刑種は，死刑として焚刑・斬首刑・引裂刑・車輪刑・絞首刑・溺死刑・生埋め刑，身体刑として舌の切断・指の切断・耳の切断・笞打ちが定められている（192条，198条）。身体刑には追放刑が併科される（198条）。④短期拘禁が初回窃盗に対し（157条），保安処分としての拘禁が虞犯性のある者に対し定められている（176条）。刑罰として永久拘禁があるが（10条），対象となる犯罪類型の定めはない。このほか，⑤永久及び有期の追放刑及び限度額の定めのない罰金刑が若干の犯罪について法定されている（113条，115条，123条，127条，158条，161条）。

(vii) 犯罪類型　主な犯罪類型の条文配列は，①公共の秩序に対する犯罪として，瀆神，偽誓，魔術，誹毀，偽造，背叛，放火，強盗，フェーデ予告等（106-115条，124-129条），②性犯罪等（116-123条），③殺人等（130-137条，146条，148条，150条），④窃盗等（157-175条）となっている。偽誓（107条），誹毀（110条），通貨偽造（111条），強姦（119条），騒擾（127条），敵対的退去（128条），横領（170条）は構成要件が記述されているが，背叛（124条），放火（125条），強盗（126条），フェーデ予告（129条），窃盗（157条），殺人（137条）は罪名のみが掲げられている（ただし，謀殺は「予謀に基づく殺人」と記述されている〔137条〕）。これらの重罪の意義は，裁判官及び参審人の体験に照らし直感的に理解しうるものである，という趣旨であろう。

(3) 手続法規定

手続法に関する条文構成は錯綜し，規定内容も不十分である。たとえば，正当防衛の要件を定める規定と正当防衛の証明に関わる規定が交錯し，「職権による弾劾訴訟」は一個の訴訟形式として言及されているが，既知のものとして前提とされているにとどまる。訴訟費用を定める204条の規定も不完全である。本条は，裁判所に訴訟費用規則の制定を委ねている。しかし，些細なその他の費目に詳細に言及するものの，証人尋問・事実の取調べ等の重要な訴訟行為の訴訟費用については定めを欠く。

(i) 裁判所構成　カロリーナ制定の契機の一つともなった裁判所構成について，生命・身体・名誉・財産に関わる刑事裁判を行う裁判所は，事情が許す限り最も適切なる人物によって構成すべきことが命じられているが，伝

統を考慮し必ずしも学識法曹の資格は要求されない（1-2条）。裁判官及び参審人は，正義と公正に適った裁判を行い，刑事裁判令を遵守する旨宣誓しなければならない（3-4条）。

(ii) 訴訟形式　　職権による被疑者の拘禁を以て始まる糺問訴訟（6条），私人たる弾劾人の申立てに基づく弾劾訴訟（11条），職権による弾劾訴訟（188条）がある。①弾劾訴訟において身柄拘束に先立ち被疑者が無罪を主張するときは，両当事者を召喚の上両当事者の主張・立証が行われるが，被告人には身柄保障が付与される（156条。身柄保障については，76条註1参照）。②糺問訴訟における拷問と有罪証明には弾劾訴訟に関する規定が準用される（8-9条）。③職権による弾劾訴訟は明文を欠くが，弾劾訴訟に準ずる（188条註2参照）。

弾劾人は，有罪の証明又は拷問に足る徴憑の証明に失敗した場合において被告人に対して行うべき賠償について保証を提出し，提出しないときは身柄を留置される（12条，14条）。被告人の主張する免責事由を争う場合も同様である（13条）。ただし，犯行が明白であるか，拷問に足る徴憑を弾劾人が証明した場合は，かかる保証の義務を負わない（15条）。

訴訟は，費用節減のため迅速に行われなければならない（77条）。

(iii) 法定証拠主義　　有罪判決は「自白又は証人による証明」によらなければならない（22条）。自白及び証人（証言）による証明の要件は別途定めがある（以下参照）。証明方法としての拷問は証人による証明に対し補充的であるというローマ法に見える原則に立つか否かは明文上明らかでない（11条註4参照）。

(iv) 拷問の要件　　職権又は弾劾人の申立てにより行われる（6条,45条）。

拷問を控制する制度として，カロリーナの革新性の一端を担う徴憑理論は，詳細な総則規定（16条，18-32条）と個々の犯罪類型の徴憑を具体例に即して記述する各則規定（33-44条）とに分かれる。総則規定として，以下のようなものがある。①徴憑に基づいて有罪判決をすることができない（22条）。②徴憑がない場合の拷問は違法であり，違法な拷問による自白は有罪証拠とはならない。違法に拷問を行った裁判官は民事責任を負う（20条）。③公然たる平和侵害，現行犯逮捕，免責事由のない盗品所持，その他

疑いのない犯行の場合において被告人が否認するときは，直ちに拷問することができる（16条）。④徴憑は「2名の良き証人」によって証明されなければならないが，主要事実の場合は1名の証人で足りる（23条，30条）。⑤犯罪類型に共通する単独で拷問に足る徴憑として，犯行現場での被告人所有物の発見（29条），各種の事情に照らし措信しうる共犯者の自白（31条），裁判外の自白（32条）がある。

各則規定として，謀殺，喧嘩闘争中の殺人，嬰児殺，毒殺，強盗，強盗幇助，放火，背叛，窃盗，魔術に関する徴憑が具体的に記述されている（33-44条）。

(v) 拷問の執行　　拷問には判決が必要的である（7条，45条）。

①判決がある場合においても直ちに拷問を行うことなく，言葉を以て自白を求め，その後拷問の威嚇を以て自白を促す（46条）。誘導尋問は不適法である（56条）。②否認する被告人にはアリバイ等の主張を促し，その主張があるときは本人の費用（貧困のときは裁判所の費用）において速やかに取調べを行い，主張が証明されない場合に拷問に着手する（47条）。③拷問の程度は，徴憑の強さに応じ「良き賢明なる裁判官の裁量」に委ねられる（58条）。④適法に拷問が行われた場合は，被告人が無罪となるときにおいても裁判官及び弾劾人は賠償責任を負わない（61条）。

(vi) 自白に基づく有罪判決　　①自白した場合は，拷問の数日後裁判官及び2名の参審人の面前において自白を被告人に読み聞かせ自白を維持するか否かを質し，再度否認するときはさらに拷問を行う。②自白を維持する場合（自白の認証）においては，真相解明に資する諸事情（具体例は48-52条）につきさらに尋問する（53条）。③特に「秘密の暴露」の観点から自白に係る諸事情の存否の取調べ（自白の検認）を行う。任意自白についても同様に検認が必要とされる（54条）。自白が裏づけられない場合は再度拷問を行う（55条）。④特に「秘密の暴露」の観点から自白の真実性が確認された場合に初めて有罪とすることができる（60条）。

(vii) 証人による証明　　①弾劾人（62条）及び無罪を主張する被告人（74条）は証人尋問を申し立てることができる（モルト・アハトを宣せられた被告人にも無罪証明が許される〔155条〕）。なお，糺問訴訟における証人尋問につ

いては，弾刻訴訟における証人尋問の規定が準用される（9条）。②自白に係る行為につき被告人が免責事由を証明しようする場合は，免責事由の関連性が要求され，疑義あるときは鑑定が必要的である（74条，151-152条）。③防禦のための証人尋問を行うに当たり，被告人は，防禦の失敗により弾劾人が蒙りうる損害を賠償する旨の保証を行わなければならない（153条。貧困の場合については，154条参照）。

正当防衛の証明については特段の定めがある。④正当防衛の挙証責任は被告人が負う（141条。証明の程度については，141条註3参照）。被害者が最初の侵害行為を行ったことが認定され，被告人が正当防衛を主張するときは，弾劾人は侵害行為の適法性について挙証責任を負う。後者については，具体例を挙げた詳細な定めがある（142条）。⑤目撃者のいない正当防衛の証明は情況証拠による（143-144条）。

証人尋問の手続について以下のような定めがある。①身許不詳の者，報酬を受ける者，風評のある者，その他不適格事由のある者は証人適格がない（63-64条，66条）。②証人は自ら得た知識に基づき，その根拠を示して供述を行う。伝聞証言は十分なる証言とはならない（65条）。③証人尋問は，裁判官及び若干名の参審人又は（証人尋問を行いうる裁判所構成員が欠けるときは）受任裁判官によって行われる（71-73条）。④「無用，無益，偽罔的なる尋問」は許されない（100条）。⑤証人尋問記録は当事者に証拠開示され，抗弁提出の機会が与えられる。その準備のため弁護人との接見交通が許される（73条）。

証人尋問のほかに，死因に関する鑑定（147条），死体の検証（149条）の定めがある。

(ⅷ) 証人による証明に基づく有罪判決　少なくとも2名の「信用すべき良き証人」による「十分明白かつ適法」な証言が必要とされる（2名証人の原則）（67条，70条）。

(ⅸ) 判決　最終裁判期日に先立ち，訴訟記録に基づき裁判官及び参審人の評議・評決を経て決定され，訴訟記録に記録される（81条）。①定足数は，身体刑については4名の参審人（196条），死刑については7名ないし8名の参審人（84条）である。②判決様式は，死刑（190-192条），身体刑

（196-198 条），虞犯性のある者に対する保安拘禁（195 条），無罪（199-201 条）についてそれぞれ定めがある。③無罪判決について，「無罪を言い渡されるときは，無罪判決が判示するところが，しかるべく遵守されなければならない」と定められている（99 条）。この規定が仮放免を含むか否かは判然としない（99 条註 2, 3 参照）。

　(x)　最終裁判期日　　弾劾人の申立て又は職権により指定される（78 条。無罪判決の場合の最終裁判期日については，199 条註 1 参照）。①最終裁判期日は予め被告人に告知され（79 条。死刑判決を受けた被告人に対する配慮については，79 条，102-103 条参照），一般に対しては，慣習の方法により最終裁判期日が告知される（82 条）。②最終裁判期日において，申立てにより弾劾人及び被告人のために代弁人が参審人の中から選任される（88 条）。弾劾人の代弁人は既に提出された弁論及び書面に基づき有罪である旨，被告人の代弁人は，被告人が有罪であるときは慈悲を乞い，無罪であるときは既に提出された答弁及び証拠に基づき無罪である旨を申し立てる（89-90 条）。③「両当事者による全ての主張立証及び事件に関する最終弁論」の後，裁判官が参審人に対し判決内容を問い質し，参審人が判決は適切であると答弁するときは，既に作成されている判決が朗読される（92-94 条）。④裁判官は裁判杖を折り，「刑吏の平和」を宣し判決を執行させる（96-98 条）。

　　ただし，⑤最終裁判期日に被告人が自白を撤回する場合において，裁判官が自白撤回を手続遷延のためと判断するときは，自白認証に立ち会った 2 名の参審人に対し，自白を聴取したか否かを問い質し，参審人が然りと答弁するときは，法有識者の鑑定を得なければならない（91 条。自白撤回の効果については，91 条註 6 参照）。

　(xi)　書記の職責　　精密な記録に基づく確実なる判決，必要に応じた法有識者に対する求鑑定を可能とするため（189 条），裁判所書記は，裁判官又はその代理及び 2 名の参審人の面前において「全ての審理」を正確かつ整然と録取しなければならない（181-189 条）。

　(xii)　鑑定依頼　　①「刑事訴訟，法廷慣行及び判決について疑義が生ずる場合」は上級裁判所の許に鑑定依頼を行う。ただし，②「裁判所が上級裁判所を有せず，かつ，刑事弾劾人の申立てに基づき訴訟手続が行われる場合」

に疑義が生ずるときは，裁判所の上級官憲の許にこれを行い，また，③「官憲が職権に基づき犯人に対し刑事の弾劾又は手続を行う場合」に疑義が生ずるときは，「直近の大学，都市，自治都市又はその他の法有識者」の許にこれを行う（219条）。

　⒀　訴訟費用　①裁判所は訴訟費用に関する適正な規則を定めなければならない（204条）。②弾劾人が負担すべき「被告人の糧食費及び属吏の看守料」は一定額を超えてはならない。「裁判所の召集，参審人又は判決人の賄い料，裁判所書記，属吏，門衛，刑吏及びその徒弟のために要する費用」は，裁判所又は上級官憲が負担する（204条）。本条の射程は明確でない（204条註1参照）。③適法に拷問に付された被告人が無罪となった場合は，弾劾人は「その負担すべき費用」（61条註4参照），被告人は拘禁中の糧食費，官憲は「刑吏その他の裁判所属吏及び獄舎に関するその他の費用」を負担する（61条）。④不復讐宣誓違反等により虞犯性のある者の保安拘禁に要する費用は被拘禁者が負担する（176条）。⑤証拠開示のための証言記録の写しは有償である（73条）。⑥鑑定依頼を申し立てる当事者又はその親族等はその費用を負担するが，貧困でありかつ鑑定依頼申立てに不当な意図が認められないときは，官憲がこれを負担する（219条）。

　⒁　損害賠償　①弾劾人は，犯行それ自体の証明又は拷問に足る徴憑の証明に失敗し，又はその他の理由により敗訴した場合，被告人が蒙る損害を賠償しなければならない。管轄裁判所は，被告人の選択により当該刑事裁判所又は弾劾人の裁判籍のある裁判所のいずれかとなる（12条）。②防禦のための証人尋問を行うに際し，被告人は，防禦が失敗したために弾劾人が蒙る損害を賠償しなければならない（153条）。③違法に拷問を行った裁判官は被告人に対し賠償する責めを負う。管轄裁判所は最寄りの上級官憲である（20条，61条）。

　⒂　その他　①犯人が逃亡し，当該裁判区に犯人の財があるときは，裁判官は，犯人の親族及び参審人の立会いの下「裁判所書記をして精確に登録せしめ，かつ，そのいかなる部分をも犯人の処分に委ねてはならない」（206条）。②犯人の逃亡中，裁判所が盗品の引渡しを受けこれを保管する場合において，所有権を主張する者が被害事実を証明するときはこれを返還しなけ

44

ればならない。所有権を主張して訴えを提起する者は，敗訴する場合におい
て相手方が蒙る損害を賠償する旨の保証を行わなければならない（207-209
条）。当該裁判区において盗品が発見された場合も同様である（213条）。③
当該裁判区に居住する大工・石工は，罰金の制裁の下，絞首架・斬首場の建
設・補修に従事する義務を負う。これに従事した大工・石工の名誉を毀損す
る者は罰金を科される（215-217条）。④盗品・難破船・死亡事故を起こした
馬車の没収，被収容者に苦痛を与える環境劣悪なる獄舎の設置，十分なる嫌
疑に基づくことのない捕縛・投獄，刑吏による判決宣告，財産没収刑の定め
のない事件における財産没収を認める悪習は廃止される（218条）。

Ⅳ　カロリーナのテキスト

1　カロリーナの文体

(1)　テキストの変則性

19世紀中葉カロリーナのテキスト校訂を行ったシュレッターは，16世紀
の諸立法における言語表現の稚拙さについて，「詳細なる研究抜きにしては
ほとんど理解しえない，我々に馴染みのない表現と統語法を伴う16世紀の
諸法令の言語は，無規律かつ無教養なお喋り（regel-und bildungsloses Gere-
de）以外の何ものでもない」とする見解がかつては支配的であった，と述べ
ている[179]。「16世紀の諸法令」の典型がカロリーナである。しかし後には，
カロリーナに対する評価として，「同一の思想，類似の章句，不快かつ悪趣
味な同種の表現」を特徴とする従前の多数の平和令，警察令その他諸法令と
比較するならば，バンベルゲンシスという優れた模範の存在と有能なる立案
者の関与によって，「内容のオリジナリティと形式の純粋性（Reinheit）を備
えた法令となっている」と評する見解[180]，カロリーナを「卓越せる法律的遺

179　Schletter, S. 6.

180　Güterbock, S. 37.

181　J. Kohler/W. Scheel, *Die Carolina und ihre Vergängerinnen*, Bd. 1, 1900, LXXVIII. ちなみに，
　　　コーラーのシュヴァルツェンベルク評については，「超人的」と位置づける等過大評価の傾向が
　　　指摘されており（Trusen, *Strafprozeß*, S. 105），このようなカロリーナ評にもゲルマニステン的
　　　な偏りが考えられる。

産であり，ドイツ文学の傑作」と呼ぶ見解[181] も登場した。法典としての内容のオリジナリティの点はともかくとして，形式面から見る限り「無規律かつ無教養なお喋り」という極論・誇張を招く原因となった何らかの瑕疵があることは否定できない。

　英訳を試みたラングビーンは次のように述べている。「難解な語彙は通例克服しうるとしても，古拙（archaic）な構文という根本問題の方はおそらく克服できないであろう。カロリーナは，初期新高ドイツ語の混沌・不規則の好例である。一個のセンテンスが，不十分かつ恣意的な句読法のまま，一パラグラフあるいは一頁途切れることなく続くことも稀ではない。…したがって，この英訳は原典に忠実な準逐語訳ではない。おそらくそのような作業は不可能であろうと考える」[182]。また，財産没収に関する 218 条は「悪名高い解釈者殺し（crux interpretum）」と呼ばれるが（218 条註 7 参照），同条については，「後に全く恣意的に行われた，意味を改変する句読法，甚だしくは語の置換え，核心をなす否定詞の削除あるいは移動によって 218 条の当初案が歪められた結果，近時に至るまでその趣旨について論争が続いている」という指摘もなされている[183]。

　詳細は訳註又は註解に譲るが，以下に挙げる具体例に徴しても，現代の読者にとって，カロリーナのテキストは「混じりけのない，純なるもの」という修飾からほど遠いものといわなければならない。

　(i)　句読法に顕著な不規則性が現れる例として，

　"Item sollen sonderlich Richter vnd vrtheyler ermant sein, *wo eyn miß-thatt* ausserhalb redlicher ursach die von peinlicher straff rechtlich entschuldigt, offenlich vnd vnzweiffenlich ist oder gemacht würde, als so eyner one recht messig vnnd getrungen vrsach eyn offentlicher mutwilliger feindt oder friedbrecher wer, oder so man eynen an warer übelthat betriett *Auch so* einer den gethanen raube oder diebstall, wissentlich bey jm hett, vnnd das mit keynem grundt widersprechen, oder rechtlichen ver-

---

[182]　Langbein, p. 259. もっとも，語彙自体にも後代の解釈者をミスリードする場合が散見される。たとえば，72 条註 7，144 条訳註 a，146 条訳註 a 参照。

[183]　Helbing/Bauer, S. 186.

ursachen oder verlegen möge, als hernach bei jeder gesatzter peinlichen straff（wann die entschuldigung hat）funden *wirdt. Inn solchen* vnnd dergleichen offentlichen vnzweiffenlichen übelthatten, vnd so der thetter die offen vnzweiuelichen übelthat freuentlich widersprechen wolt, So soll jn der Richter mit peinlicher ernstlicher frage zu bekantnuß der warheyt halten, damit inn solchen offentlichen vnzweiffenlichen mißthatten, die entlich vrtheyl vnd straff mit dem wenigsten kosten, als gesein kan, gefürdert vnd volntzogen werde."

と定める16条のテキストがある。*"Auch so"* の前には，カンマがあるべきだと考えられる。また，*"wirdt."* として，ここにピリオドがあるため，*"wo eyn mißthatt"* で始まる副文節は完結していない。このピリオドは，具体的事例の列挙が長くなったため，「恣意的に」打たれたように思われる。そして，新たなセンテンスが起こされ，*"Inn solchen"* として，具体的事例に関する記述が追加されることなったと考えられる（なお，バンベルゲンシス23条参照）。

(ii) 同じく，不適切な統語法の例として，

"niemant auff eynicherley anzeigung...entlich zu peinlicher straff soll verurtheylt werden, sonder alleyn peinlich mag man darauff fragen, *so die anzeygung（als hernach funden wirdet）genugsam ist, dann soll jemant entlich zu peinlicher straff verurteylt werden*, das muß auß eygen bekennen, oder beweisung（wie an andern enden inn diser ordnung klerlich funden wirdt）beschehen, vnd nit auff vermutung oder anzeygung"

と定める22条のテキストがある。Langbein, art. 22 は，イタリック部分を *"when the indications are sufficient（as will be found below）, then the person shall be finally condemned to penal sanction"* とする（塙22条訳も同旨）。しかし，6条が「十分なる徴憑」を拷問の適法要件と位置づけ，本条が「何びとも，何らかの徴憑，疑惑，指標又は嫌疑に基づき刑事罰の最終有罪判決を受けることがあってはならない」と定めているのであるから，「徴憑が十分ならば，刑事罰を科されなければならない」というラングビーン訳は他の規定との整合性を欠く。このような解釈が生じる原因は句読法にある。*"dann"* の前のカンマの存在が，イタリック部分の *"so〔＝wenn〕"* と *"dann"* との間の対

応関係を想定させやすいが，明晰なテキスト表現としては，*"dann"* の前の
カンマはピリオドでなければならない（"dann" は "denn" の別綴りである）。

　(iii)　統語法の曖昧さが条文解釈の対立を招く例として，

　　"so eyner, wie vor von gantzer weisung gesagt ist, gnugsam überwiesen
　　wirdet, daß er von jm selbs rums oder andere weiß, vngenötter ding gesagt
　　hett, daß er die beklagten oder verdachte missethat gethan, oder solche mis-
　　sethat vor der geschicht zuthun gedrohen hett, vnd die thatt auch darauff in
　　kurtzer zeit eruolgt wer"

と定める 32 条がある。本条が定める法廷外自白と脅迫の関係については解
釈の対立がある。Clasen, art. 32〔p. 172〕は，「自白に係る犯罪を実行すると
いう脅迫が自白前に行われた」ことを，Kress, art. 32, §1 は，「脅迫が公言
された後間もなく脅迫に係る犯罪が行われた」ことを，法廷外自白が拷問に
十分な近接徴憑となるための要件と解する。これに対し，Böhmer, art. 32,
§2; Carpzov, q. 121, n. 41 et 50 は，法廷外自白と脅迫を別個の近接徴憑と
解する。テキストの曖昧な構成に起因する対立と思われる。

　(iv)　単純なテキストであるが，解釈が分かれる例として，

　　"bekantnuß, die auß oder on mater geschicht"

という 54 条の文言がある。これは，バンベルゲンシス 66 条の *"bekentnuss,*
die auss mater geschciht" というテキストに *"oder on"* という文言が付加され
たものである。イタリック部分を，Clasen, art. 54, argumentum は *"sub tor-*
tura"，Böhmer, art. 54 §1 は *"sub tormentis"* と解するが（いずれも「拷問の下
で」），*"oder on*〔=ohne〕" という重要な文言が考慮されていない。これに対し，
Gobler, art 53〔=54〕の *"extra torturam"*，Vogel, art. 54 の *"hors de la ques-*
tion"，塙 54 条の「拷問を受けざる状態にて」という反対の趣旨の訳は，*"auß"*
を "außerhalb" の趣旨と解し，*"oder on"* をその言換えと解するのであろう（し
かし，グリム・ドイツ語辞典によれば，*"auß"* は "außerhalb" ないし "ohne" に類し
た語義を有しない）。いずれの訳も疑問であり，Remus. cap. 54 の *"seu tortus,*
seu vltroneus"（「拷問を受け又は自発的に」）という羅訳，Langbein, art. 54 の
"with or without torture" という英訳が適切である。なお，9 条には *"one oder*
durch peinlice frag nit bekenntlich" という表記が見える。

48

(v) ラテン語の絶対奪格句の用法を類推して解釈すべき例として，

"auch durch dieselben oberkeyt deshalb kundtschafft verhörer vnd anders verordnet gehalten vnd gehandelt werden, wie vor imm zwen vnnd sechtzigsten artickel anfahend, Item wo der beklagt etc. vnd etlichen artickeln darnach von form vnd mas der weisung gesatzt ist, *sampt etlichen hernachuolgenden artickeln*, so es zu schulden kompt *angesehen vnd darnach gehandelt*"

と定める 151 条がある。"kompt *angesehen*"の中間にカンマがないために判読が困難であるが，イタリック部分の「絶対奪格句」の間に条件節"so es zu schulden kompt"が挿入されるという複雑な構文となっているものと考えられる[184]。

(vi) 副文節の動詞（"abschaffen"）の目的語が主文節の文頭におかれる例として，

"vnd *die vnd dergleichen gewonheyt, Wollen wir, daß eyn jede oberkeyt abschaffen* vnd daran sein soll, daß sie hinfürther nit geübt, gebraucht oder gehalten werden, als wir dann auß Keyserlicher macht die selben hiemit auffheben, vernichtigen vnnd abthun, vnd hinfürter nit eingefürt werden sollen"

と定める 218 条のテキストがある。副文節の目的語を強調するための倒置法と解されるが，破格の構文であるように思われる。

(2) 編纂・刊行上の過誤

上に述べたように，シュレッター及びギュータボックによって多くの過誤が指摘されており，カロリーナにおける法典編纂及び刊行上の過誤の問題は少なくない。

(i) ギュータボックが，テキストの誤りは明白であり訂正例を示すまでもないとする例として，

"Aber die jhenen, durch welcher verkundtschafftung richter oder oberkeyt die übelthetter zu gebürender straff bringen möchten, *das mag on*

---

[184] 151 条訳註 f 参照。類似例として，178 条訳註 a。

verwirckung eynicher straff geschehen"

と定める 124 条がある。イタリック部分に先行する部分は全体として名詞句であるが，イタリック部分との関係が判然とせず，全体としては意味をなさないテキストである。バンベルゲンシス 149 条のテキスト *"haben domit kein straff verwürckt"* の転記ミス又は構文の誤解があったと解するならば，意味が通達する（124 条註 4 参照）。

(ii)　ギュータボックによる綿密な校訂から洩れるが，既に 18 世紀のコンメンタールにおいて指摘されているテキストの誤りの例として，

"Item so der verdacht heliger vngewonlicher vnd geferlicher weiß, *bei denjhenigen, denen er verraten zu haben inn verdacht steht, gesehen worden,* vnd sich doch stellet, als sei er vor denselben vnsicher, vnd ist eyn person darzu man sich solchs versehen mag, ist ein anzeygung zu peinlicher frag"

と定める 42 条がある。イタリック部分は「被告人が背叛を働いたと疑われている者〔＝背叛の被害者〕と同席するところを目撃された」という趣旨であるが，このような事実は背叛罪の徴憑とはなりえないので，第 1 次草案 43 条の規定内容を勘案し，「被告人の背叛行為により助力を受けたと疑われている者と同席するところをしばしば目撃された（apud eos, quibus in prodendo operam suam locasse dicitur, saepius observatur）」と読み替えられるべきである，と指摘されている。条文の趣旨に照らし，読替えをしなければ趣旨不明の規定となる場合である（42 条註 2 参照）。

(iii)　同じくテキストの誤りの例として，

"das mit keynem grundt widersprechen, oder rechtlichen verursachen oder verlegen möge"

と定める 16 条がある。構文が判然としないが，Gobler, art. 16 は，"id'que nulla ratione inficiari aut legitimè causari seu excusare posset"（「理由を挙げ否認し若しくは適法に責めを免れることができない」），Vogel, art. 16 は，"ne peut fournier aucune raison ni défense légitime pour s'excuser"（「責を免れうる適法なる理由も抗弁も提出することができない」）とする。前後のテキストに照らし妥当な訳解である。テキストは，"das mit keynem grundt widerspre-

chen, oder *mit keynen* rechtlichen verursachen verlegen möge"の趣旨である
と思われる。

(iv)　同じくテキストの誤りの例として，

"so er der überwunden sein *leib vnd gut verwürckt* hett"

という文言が現れる 135 条がある。イタリック部分を，文字通り「身体刑
及び財産刑を受ける」と解する見解，「身体刑及び死刑を受ける」あるいは
「死刑及び財産刑を受ける」と読み替える見解がある。財産没収制度の趣旨
等を考慮するならば，「死刑及び財産刑を受ける」という読替えが妥当であ
ると考えられる（135 条註 1，訳註 a 参照）。

(v)　テキストの脱落の例として，

"*Inn solchen vnnd dergleichen offentlichen vnzweiffenlichen übelthatten*,
vnd so der thetter die offen vnzweiuelichen übelthat freuentlich wi-
dersprechen wolt, So soll jn der Richter mit peinlicher ernstlicher frage
zu bekantnuß der warheyt halten"

と定める 16 条がある。イタリック部分と後続の "vnd so der thetter... wider-
sprechen wolt, So soll jn der Richter...halten"という条件文との関係が明確
でない。このテキストには脱落があり，イタリック部分の後に，

"sol man alle Rechtliche verlengerung, so sunst in dieser ordnung allein zu
erfarung der warheit vnd nit, die vnzweiffenlichen mysstetter domit zu
fristen, gesaczt sein, abschneiden."

という，バンベルゲンシス 23 条の文言と同趣旨の文言が付加されるべき場
合である（16 条注 4 参照）。

2　翻訳・注解の方針

(1)　翻訳の方針

　以上のように，カロリーナのテキストは総じて直訳には適しておらず，ま
た直訳が可能なテキストでもない。直訳では意味が通達しにくい場合は次の
ような方針に従う。カロリーナの立法者の意図は合理的に了解しうるはずで
あるが，当時のドイツ語表記の不統一・不整合などの事情から，表記におい
て，少なくとも現代の読者から見て不合理又は非論理的な場合がありうる。
このような場合は，コンメンタールによる註解等を参看しその背後にある立

法者の合理的な意図を探り，それに適合する訳を採用する。

　上述のように，カロリーナのテキストは，語彙表記や統語上の顕著な不規則性に加え編纂・印刷上の過誤があり，各種訳及び条文解釈が分かれることが少なくない。このような事情に鑑み，翻訳上疑義がある場合は，訳註として，カロリーナのテキストを掲げ当該訳を採用した根拠を示した。慎重な読み解きを必要とするテキストの特殊性や，訳解の対立が少なくないという事情に照らし，当該訳に至る筋道を示すことはカロリーナ研究にとって無意味ではないと思われる。また，編纂・印刷上の過誤を指摘されている箇所やその疑いのある箇所については，その旨を指摘し訂正されたテキストに従って邦訳した。

　なお，条文中の丸括弧は原文通りであるが，亀甲括弧は著者による補足である。たとえば，1頁半に及ぶ法文が改行なしで連続し，かつ，1頁を超える長大なセンテンスを含む142条の場合は，文節の区切りを示すため亀甲括弧内に数字を挿入し，あるいは，「殺人者」というやや意表を突く表示には亀甲括弧内で「被告人」であることを示す等補足を行った。法文テキストの翻訳として異例であるが，カロリーナのテキストの特異性を考慮し，理解の便を図る趣旨である。

　(2)　註解の方針

　既に述べたように，正確な訳解を前提としても，カロリーナの少なくない条文は趣旨明快とはいいがたい。条文の趣旨を明確にするために必要と思われる箇所，現代の研究者から見てその意義が問題となるような箇所を中心に註解を付した。当然のことながら，著者の問題意識という枠組に制約された註解であるため，各条文の註解はもとより十分なものではない。このような註解にとどまるが，ドイツ刑事法の歴史研究において避けて通ることのできないカロリーナの理解に益することがあれば幸いである。

刑事裁判令[*1] 序文

朕，カール5世，神の恩寵によりて常に至高なるローマ帝国皇帝，ドイ
ツ，カスティーリャ，アラゴン，レオン，両シチリア，イエルサレム，ハン
ガリー，ダルマティア，クロアティア，ナヴァラ，グラナダ，トレド，ヴァ
レンシア，ガリシア，マヨルカ，セヴィリア，サルディーニア，コルドバ，
コルシカ，ムルシア，ハエン，アルガルビア，アルジェシラス，ジブラルタ
ル，カナリー諸島，インド諸島，大陸，大洋，その他の国王，オーストリア
大公 (Ertzherzog)，ブルグンド，ロートリンゲン，ブラバンド，シュタイエ
ル，ケルンテン，クライン，リンブルク，ゲルデルン，ヴュルテンベルク，
カラブリア，アテネ，ネオパトリアの公 (Hertzog)，ハプスブルク，フラン
ドル，チロル，ゲルツ，バルセロナ，アルトワ，ブルグンドの伯 (Graue)，
ヘネガウ，オランダ，ジーランド，フェレッタ，キブルク，ナムル，ロッシ
リオン，ケルティアン，ズトフェンの宮中伯 (Pfalzgraff)，アルザスの方伯
(Landtgraff)，ブルガウ，オリスターニ，ゴティアニの辺境伯 (Marggraf)，
シュヴァーベン，カタロニア，アストリアその他の神聖ローマ帝国の侯 (des
heyligen Römischen Reichs Fürst)，フリースラント，ヴィンディッシェ・マル
ク，ポルデノーネ，ビスカイア，モリン，サラン，トリポリ，メヘルンの領
主 (Herr) は，朕及び神聖帝国の選帝侯，諸侯及びその他の等族を通し，正
式に (stattlich)[*a] 朕の聴聞に達せるところに従い，〔遺憾ながら〕以下の事実
を公に認めんとする (bekennen) ものである。すなわち，ドイツ人のローマ
帝国 (das Römische Reich teutscher Nation) において，古き慣習及び伝統に従
い，大多数の刑事裁判所が朕の皇帝法 (die vnsere Keyserliche recht)[*2] を学ば
ず，知らず，あるいは習熟せざる者により構成され，それゆえ，多くの地に
おいてしばしば法及び良き理性に反し訴訟手続が行われ，無辜が拷問され
(gepeinigt)[*b]，死刑に処せられ，あるいは，有責の者が違法，不正かつ長期
の訴訟手続により猶予され，先送りされかつ処罰を免れ，刑事弾劾人及び公

54

共の利益に多大なる害をもたらしている事実，また，これに加えて，ドイツ国の現状の下においては，これら全てに関わる古き長き慣習及び伝統のゆえに，多くの地における刑事裁判所に法の知識を有し経験を備えかつ法に習熟せる者を充当すること能わざる[*c]事実を公に認めんとするものである[*3]。

ゆえに，朕は慈悲と温情とを以て，選帝侯，諸侯及び諸等族とともに，学識及び経験ある卓越せる若干の者に対し，刑事事件及び訴訟において法及び衡平に最も忠実なる手続を行いうる方法及び形式に関する要綱（begrieff）を作成し，かつ法案（form）にまとめるべく命じたのである。朕はまた，朕及び帝国の全ての臣民が向後，刑事事件において事の重大さと危うさとに想いを致し，何びとも自己のためならば疑いもなく行うがごとく，その行いを通して全能の神による報償が得られるがごとく，今ここに示す要綱，普通法，衡平及び誉むべき伝来の慣習を遵守することを可能ならしめるため，これを上梓すべく命じたのである[*4]。ただし，選帝侯，諸侯及び諸等族の古き伝来の適法かつ公正なる慣習[*5]を廃絶することは，慈悲に発する本訓令（erinnerung）において，およそ朕の意図せざるところである[*6*7]。

1　法令名　"das peinliche halsgericht"の訳である。カロリーナは，通例"die peinliche Halsgerichtsordnung"と引用される。"ordnung"の語句が欠けるものと解した。

"peinliche Gerichtsordnung"を「刑事裁判令」と訳出したが，「刑事裁判所令」とする訳も考えられる。しかし内容は，一部裁判所構成に関する部分もあるが，主要部分は裁判手続に関するものであること，またこの時代における"Gericht"は「裁判」そのものを意味しえたことを考慮し「裁判令」とした。これに対し，「カロリーナ刑事法典」は，ラテン語法令名"Constitutio Criminalis Carolina"の訳である。

Clasen, Ad prooemium, de verbo. peinlich Gericht/und peinlich Halsgericht〔p. 36 et seq.〕によれば，"peinlich"は，死刑又は身体刑を意味し，"das peinliche Gericht"ないし"das peinlich Hals-gericht"は，死刑又は身体刑を科すことのできる裁判であり，「刑事訴訟（judicium criminale）」と同義である。類語に"das hoch-not-peinlich Hals-Gericht"があるが，これは死刑執行前に行

われる最終裁判期日（73条以下参照）を意味する。

2 皇帝法・普通法・諸法 「皇帝法」という用語は，104条，105条，106条，108条，117条，118条，120条，121条，126条，135条に見える。また，序文，18条，72条，104条，122条，165条には「普通法（das gemeine recht）」，61条，110条，111条，142条には「諸法（die rechte）」，61条，62条には「法（recht）」という用語が見える。その中でも，「皇帝法（Kayserlich recht）」，「成文普通法（gemeyne geschribene rechte）」及び「諸法（die recht）」の用語が互換的に用いられる104条が最も顕著な例であるが，これらの用語はほぼ同義と解される（Stobbe, S. 324は，三者が互換的に使用された例を挙げる）。また，v. Weber, S. 174は，61条の"wie recht ist"について「普通法に従い」の趣旨であると注解するので，「法（recht）」も，「普通法」及び「諸法」と同義と解される。

3 学識法曹の地位 (1) Clasen, Ad prooemium, II〔p. 29〕は，「法有識者〔＝学識法曹〕が憎悪の対象とされ，公務に就くことが認められず，裁判を主宰し又は裁判に陪席する適格を欠くとさえ看做された」という事情を挙げ，学識法曹が不要とされた思想的背景として，「神は人間に，正しき理性という根本（principium rectae rationis）すなわち自然法の光明に基づき正・不正を分別すべき方法を知るに足る十分なる叡智を与えた。ジャン・ボダンが正しく判断したように，かかる命題が正しければ，あらゆる学術は絶滅されなければならないことになる」と述べる。さらに，「法発見には法律的学識が無条件に必要とされるわけではないという古いドイツ的観念」（Döhring, S. 37）の存在が指摘されよう。

(2) 学識法曹は，しばしば領邦出身ではないにもかかわらず領邦君主の顧問官の地位を占め，専門知識を用いて機敏に領邦君主の権力行使を支える役割を担ったため領邦等族の反感を買っただけでなく，世上学識法曹は諸悪の根源，「悪しきキリスト教徒」であるとされる傾向が顕著であった（Schmidt, *Einführung*, S. 136 f.; Stobbe, S. 44 ff.）。また，Blankenhorn, S. 26によれば，この時代においては，学識法曹の関与によって訴訟費用が高額化することに対する不満が根強く，1514年ヴュルテンベルクの領邦等族は，臣民の事件に関し法学博士の意見を求めることの停止と，宮廷裁判所が専ら名誉ある賢

明なる貴族及び都市代表によって構成されるべきことを要求した。

4　公布の目的　Clasen, Ad prooemium, III〔p. 31〕によれば,「公布の目的は次の通りである。①義務づけのため。法は公布されなければ臣民を義務づけるものとはならないからである。②公用に供するため。講堂において講読, 教授, 解説され, 法廷において適用され, 判決するに当たり不可侵のものとして遵守されなければならないからである」。

5　慣習法の効力　Güterbock, S. 195 によれば, ここにいう「慣習」は成文法及び非成文法をともに含む。

(1)　固有の慣習法に関し, Clasen, art. 104, I〔p. 380〕は, 訴訟における慣習を尊重することの法的根拠として,「州長官は, その都市において同種の争訟につき通例遵守されている慣習が証明されるときは, 事件の審理を経てそれに従い判決しなければならない。なぜならば, 従前の慣習及びその慣習を生み出した理由は尊重されるべく, 州長官は, 古来の習慣に反して事が行われざるよう配慮すべきものだからである (Praeses provinciae probatis his, quae in oppido frequenter in eodem genere controversiarum servata sunt, causa cognita statuet. Nam et consuetudo praecedens et ratio quae consuetudinem suasit custodienda est, et ne quid contra longam consuetudinem fiat, ad sollicitudinem suam revocabit praeses provinciae)」と定める勅法彙纂 (C. 8, 52, 1) を引用し, Clasen, art. 104, III〔p. 381〕は,「慣習は, 良き慣習でありかつ理性に反しない場合において, 法と看做される」と註解する。

(2)　カルプツォフによれば, 慣習法はローマ法及びザクセンシュピーゲルに代表されるザクセン法を変更する効力を有する。カルプツォフは, ローマ法について,「〔近親殺の未遂に正規刑を科さない〕見解は, ほぼすべての法学者によって確認されているが, これは, 結果が生じない未遂に正規刑を科すことを認めない一般的慣習を根拠としている」,「近親殺に関しては, ローマ法からは反対の結論を引き出しうるかもしれないが, これに従うべきではなく, 一般的な慣習に従うのが安全である」(Carpzov, q. 17, n. 5 ff.), また, ザクセン法について,「人命金に関しては, 慣習において受容されているザクセン法 (usus & obersevantia Juris Saxinici) がむしろ遵守されなければならない。なぜならば, ザクセン法の文言に合致しない多くのことが慣習となっ

ており，ザクセン法は，慣習によって受容されている限度においてのみ法と
しての効力を有するからである」（Carpzov, q. 24, n. 5）と述べている。

(3) Clasen, Ad prooemium, V〔p. 34〕は，カロリーナと新たな慣習法の生
成との関係について，「本刑事法典に反する新たな慣習が生成することは可
能である。普通法に反する慣習が生成しうることと同様である」，「本法典に
は，将来において本法典に反する新たな慣習が生成することを禁ずる規定が
含まれていない。仮にかかる規定が含まれていたとしても，特に新たな根拠
があるならば本法典に反する慣習が生成しうるのである。禁止規定は，その
禁止が妥当する時代に向けられたものであり，新たな根拠に基づき新たな慣
習が生成すること又はその可能性を妨げるものとは解されない」と註解する
（なお，解題III 4 参照）。

6 留保条項 (1) この部分は，「留保条項（salvatorische Klausel）」と
呼ばれる規定である。カロリーナと領邦法との関係については，解題III 4 参
照。

Schmidt, *Sinn und Bedeutung*, S. 196 は，「古き伝来の適法かつ公正なる
慣習」とは，拷問の危険性に留意する刑事司法の諸原則に適応する慣習を指
すとするが，種々の悪習・弊風の廃絶を定める 218 条に照らし必ずしもし
かく限定的に解する必要はないであろう。

(2) 第 3 次草案序文には，「本令に含まれる締約は，朕及び帝国の法とし
てすべての等族によって遵守されなければならない。これに反する慣習及び
朕の祖先又は朕により付与され又は付与されたる特権は効力を有しない（an
der hier Inn begriffene sazung sollen von allen Stendenn, als vnsere vnd des hei-
ligen Reichs Recht gehalten werden, vnnd darwider kein gewonheit noch freihait So
durch vnnsere vorfarn, oder vnns, gegeben werden oder furo gegeben wurden stadt
〔=statt〕haben)」（亀甲括弧内—引用者）という文言が含まれる。v. Weber, S.
172 は，「カロリーナの条文が明示的に許容していない限り，地方法は廃止
されたのである。カロリーナにおいて言及されていない地方的な締約及び慣
習は，それが良き慣習であっても，廃止されたのである」と註解する。ウ
ェーバーの註解が適切であるか疑問があるが，帝国法の法的拘束力を強い調
子で表明する第 3 次草案序文とカロリーナ序文との違いは，地方分権的な勢

力との拮抗の中で，帝国の刑事裁判令の適用範囲が第3次草案から大幅に後退することを余儀なくされたことを示している（立法過程については，解題Ⅲ2参照）。

なお，第3次草案序文にいう「特権」とは，皇帝が帝国都市等に授与した7名断罪手続（Übersiebungsverfahren），風評手続（Leumundsverfahren）等を行う特権を指す（7名断罪手続，風評手続については，上口337頁以下参照）。

7　適用法源の優先関係　　適用されるべき法源の序列について，Clasen, Ad prooemium, III〔p. 31 et seq.〕は次のように註解する。①合理的な慣習がある場合はこれに従う。地方又は都市において犯罪の糺問及び処罰に関し遵守されてきた慣習がある場合は，これに従う。慣習は成文法（jus scriptum）を廃止するからである。②都市又は領邦の地方的制定法（statutum）がある場合はこれに従う。「全ての法において属〔＝一般法〕は種〔＝特別法〕によって廃止され，種に関する事項〔＝特別法の規定〕が優先される（In toto iure generi per speciem derogatur et illud potissimum habetur, quod ad speciem directum est）。したがって，地方制定法があるときは，これが普通法を廃止する」（引用法文は，D. 50, 17, 80 に見える法範である。法範については28条註1参照）。③地方的制定法がない場合は，カロリーナ法典が遵守されなければならない。カロリーナ法典は，新法かつ後法として，ローマ法大全に含まれる刑事に関する諸皇帝の伝承，法令，勅令（traditus, lex, constitutio）を廃止するからである。④カロリーナ法典に欠けるところがある場合は，普通法から借用されなければならない。制定法に定めのない事項は普通法の規定に従うからである。⑤衡平法（aequitas）が考慮されなければならない。法の欠缺を補充するものは衡平法だからである。法律に全てを定めることは不可能であり，衡平法の介入は不可欠である。カール5世皇帝自身が，明示的な規定をおかなかった事項が争われる多くの場合を，法有識者の裁量及び判断に委ねているのはそのためである。

条文目次

第 1 条　裁判官，参審人，裁判所構成員について

第 2 条　所領のために裁判所を主宰すべき者について

第 3 条　流血裁判に関する裁判官の宣誓

第 4 条　参審人又は判決人の宣誓

第 5 条　書記の宣誓

第 6 -10条　犯人とされる者の官憲による職権に基づく拘禁[1]

第11条　弾劾人が裁判を求める場合において名指しされた犯人の拘禁について

第12条　保証提出までの弾劾人の留置について

第13条　犯行を自白する被告人が犯行につき適法なる免責事由を主張する場合において弾劾人がなすべき保証について

第14条　弾劾人が保証をなしえざるとき，代替留置はいかに行われるか

第15条　弾劾人が犯行の疑惑を証明する場合，又は，その他犯行が明白なる場合におけるその他の保証について

第16条　疑いのない犯行について

第17条　被告人の拘禁後，弾劾人は裁判所への召喚を送達すべき場所を指定した後でなければ退去してはならないことについて

第18条　犯行に関する適法なる徴憑を覚知しうる根拠について

第19条　徴憑の概念について

第20条　何びとも適法なる徴憑なくして拷問されてはならない

第21条　魔術を以て占うと称する者が占った徴憑について

第22条　犯行の徴憑に基づき科しうるものは拷問に限られ，刑罰を科してはならない

第23条　犯行の十分なる徴憑はいかに証明されるべきか

第24条　本裁判令に明示されざる犯行の徴憑は，以下に定める徴憑に基づき類推しうべきものである

1　1個の見出しが若干の条文に共通に使用される場合がある。

60

第25条　全ての犯行に関わる一般的疑惑及び徴憑について

第26条　第8に[2]

第27条　上に定める疑惑を生ずる断片的事実が，いかなる場合に併存し又は単独
　　　　で拷問を行うに十分なる徴憑を構成するかに関する規則

第28条　上に定める事項に関するさらなる規則

第29-32条　それぞれ単独で拷問を行うに十分なる一般的徴憑

個々の犯行に関する徴憑について。〔以下の〕**各条**〔に定める徴憑〕**は，当該犯行の適法なる徴憑として，拷問を行うに十分なる理由となる**[3]

第33条　密かに行われる謀殺の十分なる徴憑

第34条　多衆による喧嘩闘争中に行われ，かつ何びとも犯行を認めざる場合の公
　　　　然たる故殺の十分なる徴憑

第35条-36条　密かなる出産及び母親による嬰児殺の十分なる徴憑

第37条　密かなる毒殺の十分なる徴憑

第38条-39条　強盗犯の嫌疑に関する十分なる徴憑

第40条　強盗犯又は窃盗犯を幇助する者に関する十分なる徴憑

第41条　密かなる放火の十分なる徴憑

第42条　背叛の十分なる徴憑

第43条　窃盗の十分なる徴憑

第44条　魔術の十分なる徴憑

第45-46条　拷問について

第47条　拷問に先立ち無罪の陳述を促すこと，及びそれに基づくさらなる手続

拷問により自白した者は，その後拷問を受けることなく，事実解明のためいかなる尋問を受けるべきか

第48条　まず謀殺について

第49条　被尋問者が背叛を自白するとき

2　26条註1参照。

3　以下7個の大見出しが使用されている。ほぼ「章」に相当するがその内容は整理されていない。
　ただし，192条及び198条については大見出しが変則的に使用されている。

第50条　毒殺の自白について

第51条　被尋問者が放火を自白するとき

第52条　被尋問者が魔術を自白するとき

第53条　拷問による自白に関するその他の一般的尋問項目

第54条　自白に係る犯行の諸事情に関する照会及び取調べ

第55条　自白に係る犯行の諸事情が取調べにより真実にあらざることが判明するとき

第56条　犯行の諸事情は，被拘禁者に予め告げることなく，その全てを被拘禁者自身に供述させるべきこと

第57条　被拘禁者が先に自白した犯行を再び否認するとき

第58条　拷問の程度について

第59条　尋問を受ける憐れなる者が重傷を負っているとき

第60条　拷問による自白はいかなる場合に最終的に措信されるべきかの判断

第61条　被拘禁者が適法なる嫌疑に基づき拷問された場合において，有罪であることが判明せざるとき，又は，有罪であることの証明がないとき

第62条　犯行の証明について

第63条　身許不詳の証人について

第64条　報酬を受ける証人について

第65条　証人はいかに供述すべきか

第66条　十分なる証人について

第67条　十分なる証言について

第68条　偽証する証人について

第69条　証明がなされた後においても被告人が自白を拒むとき

第70条　証人の提出及び尋問について

第71条　裁判所の証言聴取者について

第72条　裁判所構成員以外の証言聴取者について

第73条　証言の開示について

第74条　被告人の無罪主張のための証言

第75条　証人費用について

第76条　証人は刑事訴訟からの身柄保障を付与されない

第77条　訴訟は迅速に行われるべきこと

第78条　最終裁判期日の指定

第79条　裁判期日が被告人に告知されなければならない

第80条　裁判所の召集

第81条　裁判期日前に行われるべき参審人の評議

第82条　最終裁判所の構成及び鐘による告知

第83条　朕及び神聖帝国の本令を所持し，必要なるときは当事者に示すべきこと

第84条　裁判所の構成が適法であるか否かに関する裁判官の問いについて

第85条　被告人はいかなる場合に公然と晒し台に晒されるべきか

第86条　被告人は裁判所に引致されなければならない

第87条　被告人の呼出しについて

第88条　代弁人について

第89条　職権又はその他の権限に基づき弾劾を行う代弁人の申立て

第90条　被告人は代弁人をして何をいかに申し立てさせることができるか

第91条　自白に係る犯行の否認について

第92条　裁判官及び参審人又は判決人は当事者の主張立証及び最終弁論の後いかに判決を作成すべきか，また，その後参審人又は判決人は裁判官によりいかに問われなければならないか

第93条　これに対し参審人及び判決人は厳粛に以下のように答えなければならない

第94-95条　裁判官はいかに判決を宣告すべきか

第96条　裁判官はいつ杖を折ることができるか

第97条　刑吏の平和を宣告すること

第98条　執行後の問答

第99条　被告人が判決により無罪を言い渡されるとき

第100条　裁判所において行われる無用，無益，欺罔的なる尋問について

第101条　職権に基づき科される死刑又は永久拘禁に至らざる刑罰について

第102条　有罪判決後の悔悛及び訓戒

第103条　聴罪師は憐れむべき者に対し，自白に係る事実を否認するよう促してはならない

犯行はいかに刑事罰を以て処罰されるべきかについての序文

第104条　〔条文見出し欠〕

第105条　明文を欠く刑事事件及び刑事罰

第106条　瀆神はいかに処罰されるべきか

第107条　裁判官及び裁判所の面前において，指示される宣誓を行うことにより偽
　　　　　誓を犯す者に対する刑罰

第108条　不復讐宣誓に違背する者に対する刑罰

第109条　魔術に対する刑罰

第110条　違法かつ刑事罰を招来する誹毀文書に対する刑罰

第111条　通貨偽造者又は通貨鋳造権を有せず通貨を鋳造する者に対する刑罰

第112条　印章，文書，領主権益簿，地代簿，貢納簿又は登録簿を偽造する者に対
　　　　　する刑罰

第113条　度量衡器及び商品を偽る者に対する刑罰

第114条　界標，畔，目印又は境界石を欺罔の意図を以て移動する者に対する刑罰

第115条　故意を以て依頼人たる当事者の不利益かつ反対当事者の利益に行為する
　　　　　代弁人に対する刑罰

第116条　反自然的なる淫行に対する刑罰

第117条　近親者との淫行に対する刑罰

第118条　既婚又は未婚の女子を略取する者に対する刑罰

第119条　強姦に対する刑罰

第120条　姦通に対する刑罰

第121条　重婚の形式において行われる罪に対する刑罰

第122条　卑しき利欲から自ら妻又は子を淫行のため売り渡す者に対する刑罰

第123条　売春周旋及び姦通幇助に対する刑罰

第124条　背叛に対する刑罰

第125条　放火犯に対する刑罰

第126条　強盗犯に対する刑罰

第127条　民衆の騒擾を惹起する者に対する刑罰

第128条　敵対的退去を行う者に対する刑罰

第129条　違法にフェーデを予告する者に対する刑罰

以下，若干の故意の殺人及び殺人犯に対する刑罰について定める

第130条　始めに，密かに毒殺する者に対する刑罰について

第131条　嬰児殺を行う女に対する刑罰

第132条　子を遺棄し危険に曝した場合において，子が拾われ養われるときの女に
対する刑罰

第133条　懐胎中の女に堕胎を行う者に対する刑罰

第134条　医師が薬物を以て人を死に至らしめる場合の刑罰

第135条　自殺に対する刑罰

第136条　ある者が有害なる獣を飼育し，その獣が何びとかを殺すとき

第137条　十分なる免責事由を有せざる謀殺犯及び故殺犯に対する刑罰

第138条　刑罰免責事由のある否認の余地のない故殺について

第139条　始めに，正当防衛について。正当防衛による免責

第140条　正当防衛とは何か

第141条　正当防衛は証明されなければならない

第142条　正当防衛事件において，いかなる場合にいかなる挙証責任が弾劾人に生
ずるか

第143条　目撃者を欠きかつ正当防衛が主張されている殺人について

第144条　女に対する正当防衛の主張について

第145条　ある者が正当防衛に際し自己すなわち行為者の意図に反し無辜を殺害す
るとき

第146条　正当防衛に当たらざる場合において，行為者の意図に反して行われた故
意によらざる殺人について

第147条　殴打され死亡した場合において，受傷が死因であるかについて疑いがあ
るとき

第148条　謀殺及び喧嘩闘争において予謀に基づき又は予謀によることなく相互に
援助する者に対する刑罰

第149条　殺害された者の埋葬前の検視について

第150条　以下，適切に行われるならば免責されうる若干の殺人に関する一般的説
示

第151条　自白に係る行為の免責のため主張された事由はいかに証明されるべきか

第152条　行為者の提出する証明項目が免責に有益ならざるとき

第153条　上に定める証明に要する糧食費を負担すべき者について

第154条　上に定める方法により免責事由を証明せんとする者の著しい貧困について

第155条　モルト・アハトの状態にある者が拘禁され無罪を証明しようとするとき

第156条　拘禁に先立ち被告人が行う，弾劾に係る刑事罰相当の犯罪に関する免責の証明について

以下窃盗に関する数箇条が続く

第157条　始めに，最も軽微なる非公然窃盗

第158条　初回の公然窃盗について。叫喚を受けた窃盗は重罪である

第159条　侵入又は破壊を伴う危険なる窃盗。これは一層の重罪である

第160条　5グルデン又はそれを超える初回の窃盗の場合において，その他の加重事由を欠くときは鑑定を求めなければならない

第161条　再度の窃盗について

第162条　3度目の窃盗について

第163条　窃盗につき複数の加重事由が判明するとき

第164条　若年窃盗犯について

第165条　ある者が自己が第1位相続人たる財物から窃取するとき

第166条　真の飢餓による困窮状態における窃盗

第167条　田園の穀物及び果実について。いかにいかなる場合に穀物及び果実に対する窃盗が行われるか

第168条　森林窃盗又は禁止された伐採について

第169条　魚を盗む者に対する刑罰

第170条　委託された財物に関し信義に反する扱いを行う者に対する刑罰

第171条　聖別された場所又は聖別されざる場所における聖なる物又は聖別された物の窃盗

第172-175条　前条に定める窃盗に対する刑罰について

第176条　証明された事由に基づき危害及び犯罪を行うことが危惧される者に対する刑罰又は処分

第177条　犯人に対する支援，幇助及び援助に対する刑罰

第178条　未遂の犯行に対する刑罰

第179条　若年その他の理由により分別を欠く犯人について

第180条　獄舎の典獄が被拘禁者の逃亡を幇助するとき

第181-189条　裁判所書記はいかに刑事訴訟記録を完全かつ整然と記録すべきかに
　　　　　　関する一般的説示。次条以下の数箇条に続く

第190-191条　裁判所書記は死刑の最終判決をいかに作成すべきかに関する指示及
　　　　　　び教示

第192条　死刑又は永久拘禁刑判決の前書き

各判決の以下のごとき結びに注意せよ

　　　　　　焚刑につき

　　　　　　斬首刑につき

　　　　　　引裂刑につき

　　　　　　車輪刑につき

　　　　　　絞首刑につき

　　　　　　溺死刑につき

　　　　　　生埋め刑につき

第193条　曳摺りについて

第194条　焼けた鉗子による引裂き

第195条　危険なる者に対する拘禁判決の作成

第196条　上のごとき死刑又は拘禁に至らざる身体刑について

第197条　死刑に至らざる上のごとき身体刑の判決の前書きについて

各判決の以下のごとき結びに注意せよ

第198条　舌の切断

　　　　　　指の切断

　　　　　　耳の切断

　　　　　　笞打ち

第199-201条　被告人に対する無罪判決の形式について

第202-203条　〔条文見出し欠〕

第204条　刑事裁判所における訴訟費用について

第205条　裁判官が犯人の処罰に関し特段の報酬を取得すべからざる理由

第206条　逃亡中の犯人の財はいかに処置されるべきか

第207-210条　裁判所にある窃取又は強取された財について

第211-214条　〔条文見出し欠〕

第215-217条　職人は刑事裁判所に必要となる絞首架をいかに建設し補修すべきか

第218条　若干の地になお残る悪弊及び悪しき不合理なる慣習について

第219条　何びとの許に，かつ，いかなるところに鑑定を求めるべきかに関する説
　　　　示

最も栄光輝き最も偉大にして不滅なるカール5世皇帝及び神聖ローマ帝国刑事裁判令

裁判官，参審人，裁判所構成員について

第1条　同じく第1に[*a]，朕は，それぞれの地の事情の下で求めうる，信仰厚く名誉ある，賢明かつ経験ある者[*1]，すなわち，最も有徳かつ最良なる者が，全ての刑事裁判所[*2]の裁判官[*3]，参審人[*4]，裁判所書記に任ぜられるべき[*b]ことを定め，命じかつ欲する。選任に当たり，貴族及び学識者もまた，これに充当しうるものとする[*5]。以上を行うに当たり，全ての官憲（oberkeyt）[*6]は，刑事裁判所が適切に構成され，かつ，何びとにも不正が行われざるよう，しかるべく努めなければならない[*7]。しかして，人の名誉，身体，生命及び財産に関わる重大なる〔刑事〕事件には，熟慮の上の大いなる慎重さ（dapffer vnd wol bedachter fleiß）が相応しく，これを懈怠する場合においては，何びとも，適法かつ相当なる理由があるものとしてその過誤及び懈怠の責めを免れることなく，この法令に従いしかるべく処罰（strafen）されなければならない[*8]。この点につき，刑事裁判権（gericht）を有する全ての官憲は厳粛なる警告を受けるものとする。

しかるに，時として若干の地において，貴族，及び，職務若しくはその他の事由に基づきかかる裁判所を自ら主宰（besitzen）すべきその他の者[*c]の中に，かかる裁判所に臨席（sitzen）することを拒み，かつその身分を理由にこれを厭う者があるため[*9]，しばしば罪（das übel）が罰を免れることがある。刑事裁判所を主宰することは，その名誉及び身分に何らの不利益をもたらすべきもの又はもたらしうるものではなく，むしろ，正義の実現及び増進，犯罪者（boßhafftter）の処罰，並びに貴族及び官吏（ämpter）たる者の名誉に益しかつ資するものである[*d]。ゆえに，これらの者は，事件の態様（gestalt）に鑑み有益かつ必要と思料するときは，〔名誉を損なうことなく〕自ら裁判官及び参審人として刑事裁判所を主宰し，審理を行い（handeln），かつ，朕の裁判令に従い相応しくかつしかるべきところを行いうるのである。

ただし，貴族及びその他の者が古き伝統に基づき今日まで刑事裁判所を自ら
主宰しきたる場合においては，朕は，その者等が向後これを拒むことなく刑
事裁判所を主宰すること，かつ，かかる伝統及び慣習が効力を保持し存続す
ることを欲する。

1 裁判官の適格 Clasen, art. 1, I は，裁判官に求められる資格の一
つとして，「叡智及び法的知識」を挙げ，「法律の知識を有せず裁判の経験の
ない者は，裁判官職に相応しくないと看做される。このような者は，何が正
義であるかを自ら知ることはできず，正しく裁くこと（honestas judicandi），
すなわち，他人の目で見，他人の耳で聴くことを何びとからか学ばなければ
ならない。カール5世皇帝は，それぞれの地及び事情を考慮し得られる最善
の者が〔裁判官として〕任命されるべきことを付言する」と註解しており，本
条は裁判官に経験，修養を通して法律的識見を身につけることを可能にする
叡智を求めている，という趣旨であろう。

これに対し，Schoetensack, S. 13 は，本条において，裁判官職に法律的
素養も書記能力も要求されていないとする。しかし，「大多数の刑事裁判所
が朕の皇帝法を学ばず，知らず，又は習熟せざる者により構成されている」
ことを遺憾とする序文，死刑及び身体刑の科刑に関し「法に精通せる良き裁
判官」による裁量に委ねることを定める 104 条，さらには上のクラーセン
の註解に照らし，シェーテンザックの指摘が妥当であるか疑問がある。

2 刑事裁判所・刑事罰 (1) 刑事罰相当事件の管轄裁判所が刑事裁判
所であり，民事罰相当事件の管轄裁判所が民事裁判所（207 条参照）である。
現実には，裁判所の科刑権の範囲が相当多様なものであったことについて
は，Döhring, S. 14 ff.; Brunnemann, cap. 3, n. 1. 25〔上口訳 23 頁，31 頁〕。管
轄については，187 条註 1 参照。

(2) また，Clasen, Ad prooemium, de verbo. peinlich Gericht/und peinlich
Halsgericht〔p. 37 et seq.〕によれば，本来，刑事罰（peinliche Strafe; poena cri-
minalis）は死刑，身体刑（断手刑，笞刑等）を，民事罰（bürgerliche Strafe;
poena civilis）は拘禁刑，追放刑，罰金刑を意味した。カロリーナの用語はこ
れとやや異なり，104 条に「朕の皇帝法が生命，名誉，身体に対する刑事罰

を定めず又は科さざる事件」という文言が見え，生命，身体及び名誉に対する刑罰が刑事罰と位置づけられている（Carpzov, q. 130, n. 41 は漕役刑・鉱山労働刑・公労役刑を身体刑とする）。また，158条，167条は，小窃盗に対する罰金を民事罰とする。カロリーナ法典は，法令名が「刑事裁判令」であるが，例外的に刑事罰相当でない犯罪をも対象としていることになる。

　用語の問題であるが，①"poena capitalis"（頭格刑）は，"poena mortis naturalis"（「死刑」）のほか，"poena infamae"（「名誉刑」）を含み（Clasen, Ad prooemium, de verbo. peinlich Gericht/und peinlich Halsgericht〔p. 38〕），永久拘禁も頭格刑に属する（Clasen, art. 101, II〔p. 373〕; Böhmer, *Elementa*, sect. 2, cap. 2, §4）。しかし，正確には"poena capitalis"は死刑を意味する。また，名誉刑とは鉱山労働刑，流刑及び追放刑のように自由及び市民権を奪う刑罰をいう（Clasen, art. 101, I）。②追放刑，拘禁刑は，名誉を毀損するが，身体に直接苦痛を加える刑ではないので身体刑とは看做されず，民事罰と呼ばれる（Clasen, art. 101, I）。

　なお，名誉喪失は，明文を以て偽誓（107条）及び売春周旋（122条）に対する刑罰とされているが，有罪判決において言い渡すべき各種刑罰を規定する198条には挙げられていない。Böhmer, art. 107, §3 は，107条は偽誓に対し名誉喪失，公職剥奪，損害賠償，指の切断という4種の懲罰を科しているが，「（公的犯罪に固有の）名誉喪失の懲罰はそれ自体随伴的なものであるから，懲罰の種類は3種となる」と註解する。198条が名誉喪失刑について明文をおかない理由はこれによって説明されよう。また，107条及び122条が名誉喪失を特に明記すべき理由は必ずしもないことになろう。

3　裁判官の職務　　(1) 雪冤宣誓，決闘，神判等の論理的証明力を欠く証拠方法に立脚する形式的証拠法を前提とするゲルマン法の訴訟手続（上ロ328頁以下参照）において，判決を下すのは参審人の役割であり，裁判官の役割は裁判所を設営し判決の執行を確保することにとどまった（次註参照）。これに対し，ローマ・カノン法の職権主義及び証人等の論理的証明力を有する証拠方法に立脚する実質的証拠法を前提とするカロリーナにおいては，裁判官は証人尋問（71条），拷問を含む被告人尋問（46条，47条，56条）等の訴訟手続を自ら指揮し，判決の評議，評決に参加する（81条）等，審判に実

72

質的に関わる役割を付与されている。3条が「貧しき者富める者に等しく正義を行い，裁判かつ判決する」旨の宣誓を裁判官に求めるのはこのような事情を反映している。

(2)　領邦国家の裁判官には，①領邦君主及び都市参事会が任命する裁判官と，②領主裁判権者でもある裁判官（又は領主裁判権者が任命する裁判官）がある。領主裁判所については，2条に定めがある。なお，Blankenhorn, S. 15参照。

4　参審人の職務　(1)　参審人は，判決人とも呼ばれる。ゲルマン法における参審人と裁判官の関係について，Meckbach, art. 1 は，①参審人は，刑事事件において裁判官の出席なしでは開廷することができず，むろん判決を評決することもできない，他方，②裁判官は，自ら判決するのではなく，参審人に判決作成を命じ，かつ，訴訟手続が適正に行われるよう配慮する，と註解する。

Schmoeckel, S. 249 f. は，中世ドイツの都市裁判所について，①規則に縛られず裁量によって判断する素人（富裕市民，小売商，職人）が判決を下したが，法的知識の欠如は，事件が複雑でない限り商人としての専門知識によって補われた，②法的知識の欠如が当然であった参審人を法規を以て拘束することはできなかったが，この点は参審人が有する強固な社会的紐帯によって埋め合わせられた，と指摘する。

(2)　前注に述べたように，裁判官の伝統的な役割に変化が生ずるとともに，参審人の役割もまた変化した。カロリーナにおいても，裁判官とともに判決の評議を行い（81条），最終裁判期日（82条，84条参照）において参審人は旧来の「判決発見人」としての役割を担うものとされているが（92条，93条），その役割は縮小ないし形式化している。むしろ，196条の規定は，裁判官が参審人に対し優越的な立場を占めることを示している。

なお，Clasen, art. 3〔p. 51〕は，「かつての参審人の権限は今日よりも大きく，合議体を構成し彼ら自身が法について答弁する権限を有していた」と，過去における参審人の役割を指摘し，「古い時代においては，参審人は裁判官の役割を果たした。しかし今日においても，若干の都市及び農村において裁判のために参審人が用いられており，参審人の宣誓の効用は失われていな

い」と述べる。カロリーナにおいても既にその役割が形骸化していた参審人制度それ自体，クラーセンの時代すなわち17世紀には消滅しつつあったという趣旨であろう。

5　本条は，学識法曹の選任の可能性について注意的に言及しているが，Clasen, art. 1, II は，「法有識者を尊大であるとして容認しない者があるが，ユスティニアヌス帝新勅法彙纂第82法文前文はこれを是認していない。すなわち，法文は，『どのように処理すべきかを自ら知れる者に訴訟を委ねず，どのように判決すべきか教示を乞うべき第三者を必要とする者を〔裁判官として〕許容することは，国家にとって重大なる損失である（Quomodo non maximum vitium erit reipublicae non eis qui ex se quod agendum sit sciant lites tradere, sed sinere eos quaerere alios, a quibus liceat discere quae ipsos in iudicando eloqui decet?)』と定めているのである」と註解する。序文註2に述べたような学識法曹に対する時代の評価を反映する註解である。

6　Schmidt, *Inqusitionsprozess*, S. 78 は「君主及び都市官憲」，Schoetensack, S. 13 は「領邦君主」と解している。

7　**裁判権者の任命責任**　Clasen, art. 1, III〔p. 44〕によれば，その地の事情に照らし最良の者を裁判官として用いなかった貴族及びその他農村において刑事裁判権を有する者は裁判権を剥奪され，「各嗇のため経験者を用いず，経験を欠く又は愚かなる裁判官に裁判をなさしめた官憲は非正規刑を以て処罰されなければならない」。

8　官憲の懈怠に対する処罰を定める本条は，普通法における査問手続（syndicatum）を採用する趣旨であろう（20条註3参照）。

9　Clasen, art. 1, III〔p. 45〕は，ローマにおいては貴族及び有産階級が法的素養を身につけ，共和政盛期には最良の貴族市民（flos civium nobilium）の中から選ばれた最上級官吏に最高命令権及びローマ人の生死を裁く権限が付与されたのに対し，ドイツでは刑事裁判への関与は貴族の名誉を損なうものと看做されたという歴史的背景の差異を指摘する。

所領のために裁判所を主宰すべき者について

第2条　同じく，その所領（güter）のために刑事裁判所を主宰すべき

者が[*1]，心身の虚弱，若齢，老齢その他の障碍[*2]により，刑事裁判所を主宰しえざる場合において，その必要あるときは，上級裁判官（oberrichter）〔＝領邦君主〕の了解及び承諾の下に，代わるべき適切なる者を刑事裁判所主宰のために任命し，配置しなければならない[*3]。

1　領主裁判権　Clasen, art. 2〔p. 47〕は，①ローマ法において，裁判権は官憲としての権限及び職務（potestas & officium magistratus）に付属し，かつ，精勤（industria）を基準に裁判官が選任されたため，官吏に故障のない限りこれを第三者に移譲することができないものとされたが，②ドイツの慣習法はこれと異なり，領邦君主によって多くの臣下が裁判官に任ぜられるが，職務ではなく所領を根拠として裁判権が取得され，しばしば城砦，所領，農村が死刑科刑権を含む包括的裁判権とともに臣下に付与されている，と註解する。領主裁判権を行使するものが領主裁判所又は家産裁判所（Patrimonialgericht）である。

領主裁判権は，今日の立法権・行政権をも含み，裁判手数料以外の種々の収益権を伴うものであり（A. Stölzel, *Brandenburg-Preussens Rechtsverwaltung und Rechtsverfassung*, Bd. 1, 1888, S. 26 f.），売却・質入れ等の経済的取引の対象ともなった（F. J. Kühns, *Geschichte der Gerichtsverfassung und des Prozesses in der Mark Brandenburg*, Bd. 1, 1865, S. 284 ff.）。これは，「刑事裁判官の多くは，残虐とはいわないまでも過酷であり，貧困の被告人をはなはだ厳しく扱い，法による制約，承認された慣行，慣習に反して，ある者を滅ぼし，ある者を屠り，ある者を不具にする」，また他方において，「裁判官はしばしば貧欲であり，何らかの利得，利益を期待して，残酷さではなく温情を示すことを好む」（Carpzov, q, 116, n. 11 et seqq.）等の非難を生む背景となった。

2　裁判権の移譲　Kress, art. 2, §6は，「今日，移譲の〔正当なる〕理由が存在しない場合であっても，領主裁判権を売却し質入し，したがって移譲することも可能である。…ゆえに〔2条にいう〕『その他の障碍』という文言に，いかなる事由が含まれるかを論ずることは無意味である」と註解する。Clasen, art. 2〔p. 49〕によれば，①女性が領主である場合は，公職適格のない女性は裁判権を行使しえないために移譲の正当な理由があり，②司教

領の司教は，叙品不適格（irregularitas）の原因となる流血裁判への関与を避けるため，聖職者ではない顧問官への裁判権の移譲を行っている。

3　領主裁判所と国家的統制　本条は，カロリーナにおいて領主裁判権に対する国家的統制に言及する唯一の規定である（Blankenhorn, S. 16）。

本条にいう「上級裁判官」とは領邦君主を指すと解される。Kress, art. 72, §4 は，上級裁判官の承諾という要件は実務では遵守されていないと註解する。

流血裁判に関する裁判官の宣誓[*a]

第3条　「私 N は，刑事事件（peinliche sachen）において，貧しき者富める者に等しく正義を行い，裁判かつ判決すること，情愛，敵意，報酬，贈与その他の理由によりこれを怠らざることを宣誓する[*1]。また，とりわけ，カール 5 世皇帝及び神聖帝国刑事裁判令を遵守し，かつ，能力（vermögen）の及ぶ限り全て誠実かつ欺くことなく，これを保持し擁護することを宣誓する[*2]。それゆえ願わくは，神と聖なる福音書の我を助けたまわらんことを」[*3]。

1　Clasen, art. 3〔p. 51〕は，「人間の判断を狂わせる四つのものがある。恐怖―権力を恐れて真実を語らない。貧欲―贈与によって心を堕落させる。憎悪―敵の不利益を謀る。情愛―友人，肉親の利を謀る」と戒めるグラティアヌス教令集第 2 部第 11 事例第 3 設問第 78 法文（Quator C. 11. q. 3. c. 78）を引き，「裁判官は怒り，憎悪，懇願，情愛によって心を枉げられることなくかつ自己の願望に従うことなく，法に従わなければならない」という黄金律（aurea regula）を掲げる。また，恩顧，懇願に対し何ごとも与えないという宣誓に関連し，「十分に聴聞せずに有罪としてはならない」，「判決を急いではならず，朝に訴えを受け夕に断案を下してはならない」と説く（77 条註 1 参照）。

2　Kress, art. 3, §2 は，「裁判官が法律に従って裁判することを宣誓するのは，裁判官は，罪に関する自己の見解を述べることではなく，立法者の見解を事実に適用することを求められているからである」と註解する。

76

3　皇帝がキリスト教への改宗を命じて以来，最も神聖と看做される福音書にかけて宣誓するのが慣習である（Clasen, art. 3〔p. 52〕）。

参審人又は判決人の宣誓

第4条　　同じく，刑事裁判所の各参審人又は各判決人（Schöpff oder vrtheylsprecher）[*1] は，刑事裁判所の裁判官に対し，読聞けの後復唱し，以下の義務を遵守することを誓約し宣誓しなければならない。

「私 N は，刑事事件において，貧しき者富める者に等しく正しき判決を与え，裁判を行うこと，情愛，敵意，報酬，贈与その他の理由によりこれを怠らざることを宣誓する。また，とりわけ，カール5世皇帝及び神聖帝国刑事裁判令を遵守し，かつ，知力（verstentnuß）の及ぶ限り全て誠実かつ欺くことなく，これを保持し擁護することを宣誓する。それゆえ願わくは，神と聖なる福音書の我を助けたまわらんことを」。

1　参審人については，1条註4参照。

書記の宣誓

第5条　　「私 N は，刑事事件において，入念なる注意を払い，訴え及び答弁，徴憑，疑惑，嫌疑（anzeygung, argkwon, verdacht）[*1]，又は証言（beweisung），被拘禁者の認証に係る自白（vrgicht des gefangen）[*2]，審理内容を忠実に録取保管し，もし必要あるときはこれらを朗読すること，以上を行うに当り欺罔を企てずかつ用いざることを宣誓する [*3]。また，とりわけ，カール5世皇帝及び神聖帝国刑事裁判令及び裁判令に有益なる全てを誠実に推進し，私の関知する限りこれを遵守することを宣誓する。それゆえ願わくは，神と聖なる福音書の我を助けたまわらんことを」。

1　これらの語が同義であることについては，19条参照。徴憑の意義については，18条註3参照。

2　Clasen, art. 5〔p. 55〕によれば，"vrgicht"は「認証された自白（ratificata confessio）」を意味する。グリム・ドイツ語辞典によれば，「記録され

た自白」の語義がある。認証された自白とは，拷問に対する自白が記録され，これを被告人が維持，認証し，結果的に記録として残された法的に有効な自白を意味する。なお，次註③参照。

3　Clasen, art. 5〔p. 55〕によれば，①「訴訟記録が完全なる証明力を有し，反対の事実の証明があるまで訴訟記録が真実と看做される」のは，書記のかかる宣誓による。②書記が記録すべき事項は，「15 条及び 181 条が詳細に定めるように，弾劾，証言，犯罪の証明，身柄保障，担保，供述された言葉通りの答弁，対面，供述の態度，一貫性又は動揺，決定，その他類似の事項」である。③拷問に対する自白の場合は，「拷問中は，尋問項目について尋問するのではなく自白するか否かのみを問い，自白すると述べるときは，拷問を中止し，個々の尋問項目についてしかるべくかつ詳細に尋問し」，これが録取されなければならない。

犯人（übelthetter）とされる者の官憲による職権に基づく拘禁

第 6 条[*1]　　同じく，ある者が，犯行について一般の風評があり（durch gemeynen leumut, berüchtigt[*a]）[*2]，又は，その他の信ずべき徴憑（glaubwirdige anzeygung）[*3*4]により犯行を疑われ（verdacht vnd argkwonig），それがため，職権に基づき官憲により拘禁される場合において[*5]，かかる者は，当該犯行に関する適法かつゆえに十分なる徴憑及び推定根拠（redlich, vnd deshalb genugsame anzeygung vnnd vermutung）があると予め信ずべきときを除き，拷問に付されてはならない。ゆえに，これら重大事件において[*b]拷問を行うに先立ち，各裁判官は，能う限り，すなわち，各事件の態様及び状況（gestalt vnd gelegenheyt）の許す限り，朕の裁判令において以下に定めるごとく，被拘禁者を犯人とする風評及び嫌疑のある犯罪が現に行われたか否かを，探知しかつ入念に取り調べなければならない[*6*7]。

1　**一般糺問・特別糺問**　　(1)　糺問訴訟は，一般糺問と特別糺問とに区別される。「一般糺問は，専ら風評の出所，風評のある犯罪が実際に行われたか否かを知るために，裁判官による証拠収集として行われる。他方，特別

糺問は，犯罪が行われたことが確定した後，その犯罪に対し正当なる刑罰を科すため，誰が犯人であるかを明らかにする目的で行われる」(Brunnemann, cap. 2, n. 4〔上口訳 19 頁〕)。カロリーナは両者を区別して規定していないが，カロリーナ以降の学説においては両者が区別された。本条の定める被疑者の拘禁は特別糺問の開始に該当する。

(2)　一般糺問・糺問訴訟の区別はイタリア法に由来する。既に 13 世紀末，Gandinus, Quomodo de maleficiis cognoscatur per inquisitionem, S. 39 [5] は，「裁判官が，犯罪に関し氏名の挙げられた個々の特定人に対して糺問を行うのか，あるいは，犯罪に関し誰がそれを行ったかを一般的に糺問するのかを区別することが重要であり」，「特定人に対し糺問を行う場合は，Extra de accusationibus c. qualiter et quando〔＝X. 5. 1. 17〕から導かれる手続が遵守されなければならず，氏名を挙げられた者を召喚し，糺問項目書を示し，証人の氏名を交付しなければならない。また，証人が虚偽を述べる機会を封ずるために，証人の人物及びその供述に対し抗弁を述べ反駁する機会が奪われてはならない」と述べ，一般糺問・特別糺問を区別している。

本条は，身柄拘束された被告人の性急な拷問を禁じるが，ガンディヌスの言及する特別糺問開始時においてなされる被疑事実の告知，不利益証人及び不利益供述の開示を明示していない。確かに 73 条は証拠開示を定めるが，弾劾人又は職権によって行われる有罪証明のための証人尋問に関する証拠開示であり，特別糺問開始時又は身柄拘束時に行われる被疑事実の告知，証拠開示ではない。この意味では，カロリーナによるローマ・カノン法の継受は必ずしも徹底したものではなかったといえる（19 世紀初頭 Biener, S. 55, Fn. 42 は，カノン法は第 1 回被告人尋問に当たり被疑事実を告知すべきではないとする現代の実務家をして恥じ入らせるものであると述べた）。

2　糺問の端緒としての風評　(1)　カノン法上の糺問訴訟は，その正統化根拠が風評にあったため，開始要件を風評に限るものであった（解題 II 2 参照）。

Gandinus, Quomodo de maleficiis cognoscatur per inquisitionem は，カノン法上の風評要件が整うならばいかなる犯罪についても糺問が可能であるとして，次のような糺問開始要件を挙げる。①風評の存在，②糺問対象者が裁

判権に服する者（subditus）であること，③風評が裁判官の耳に達すること，④一度ではなく数度，裁判官の耳に達すること，⑤風評が，悪意のある者ではなく，聡明かつ慎重なる者に発すること，⑥悪意ではなく正義を求める意思に基づき，特定の者に対し風評が生ずることを挙げ（S. 38〔3〕），その証明について，「2名又は3名の良き評判の証人で足りる。当該の者がしかじかの罪を犯したとの風評があると供述すれば足る。そして，誰がその風評を口にしているかを尋問されるときはこれに対し答えなければならない。これに答えざるときは，証人〔の供述〕は十分なる根拠を欠くものと看做される」と述べている（S. 41〔8〕）。

(2)　本条が，「被拘禁者を犯人とする風評…を，探知しかつ入念に取り調べなければならない」と定めるのは，糾問開始要件の存否，糾問開始の適法性を確認することの重要性を強調する趣旨と解され，本来糾問訴訟は風評を開始要件として成立したという歴史的経緯を反映するものである。

3　糾問の端緒としての徴憑　(1)　糾問の端緒となるのは，「信ずべき徴憑」である。これに対し，拷問要件としての徴憑は，「適法かつゆえに十分なる徴憑及び推定根拠」であり，これは端的に「適法なる徴憑」（8条，18条，20条）と呼ばれる（8条註1参照）。

(2)　バンベルゲンシス10条は，「弾劾人がない場合」における「風評のある事件（beruchtig vbeltat）」について逮捕拘禁を定めるにとどまる。これは，糾問の端緒を風評に限ったカノン法及びこれに従うガンディヌスの学説（本条註2参照）に倣ったものである。これに対しカロリーナは本条において，「信ずべき徴憑」一般にまで糾問の端緒を拡大している（なお，イタリア法学における糾問の端緒の拡大について，Biener, S. 92 f.; Brunnenmeister, S. 218 ff.）。「信ずべき徴憑」は，たとえば，被害者であるが，弾劾人となって弾劾訴訟に伴う危険を負担する意思のない者又は弾劾人となりうる適格を欠く者による告発（denunciatio）を契機に生ずることも可能であった（Böhmer, art. 6, §4; Carpzov, q. 108, n. 54）。

(3)　Clasen, art. 19, II は，徴憑を「糾問，拘禁，拷問又は有罪判決を行う上で，端的に又は何らかのかたちでかつ蓋然的に，犯罪が行われた事実を裁判官をして確信させる（certus reddere）ことのできる証拠」と定義する。

80

糺問の端緒全般については，Brunnemann, cap. 4, n. 2 et seqq.〔上口訳44頁以下〕。

なお，25条において，徴憑としての風評の証拠価値は，「〔単独では〕拷問を行う根拠となる適法なる徴憑としては十分ではない」とされる「疑惑を生ずる断片的事実」と位置づけられている。

4　徴憑の証明　(1)　拷問を行うための「十分〔＝適法〕なる徴憑」の証明は２名証人の原則に従うが（23条），身柄拘束のための「信ずべき徴憑」については証明方法の定めがない。Clasen, art. 6, I (4)〔p. 59 et seq.〕は，①「拘禁のための徴憑は拷問のための徴憑よりも軽微なものであり」，②「徴憑が拘禁のために十分であるか否かは裁判官の裁量に委ねられる」が，③「先行する諸徴憑が欠け，かつ諸事情の考量を経ることなく人を拘禁することは重大なる不法侵害である」，④逃亡の危険があり，事後的に身柄を確保しえない虞がある場合は，「風評のある者に対し，裁判官が犯罪の嫌疑があると判断しうるような推定・推認根拠が存在するときは，裁判官は罪体が十分に確定されない場合においてもこの者を身柄拘束することができる」とする。これは，身柄拘束のための徴憑については，２名証人の原則は適用されず，以下に述べる罪体を含む複数の徴憑の考量に基づいて行われるという趣旨であろう。

(2)　Clasen, art. 6, I (2)は，徴憑は，死刑又は身体刑相当の犯罪の徴憑でなければならないが（身分卑しい放浪者については，死刑又は身体刑相当の犯罪であるか不明の場合は例外となる），有罪とされても罰金刑で済む者を拘禁し身体的な苦痛を甘受させるのは不合理である，と註解する。これは，拷問は死刑又は身体刑相当事件の場合に限って用いられた（8条註参照）ということとも関連するであろう。

Carpzov, q. 108, n. 51 et seqq. は，糺問開始のための徴憑として，風評のほかに，被害者の告発（denunciatio），共犯者による告発（inculpatio），犯行の明白性（明白犯については，16条参照）を挙げる。

5　被告人の召喚　文書又は口頭で被告人を召喚することも可能である。Brunnemann, cap. 8, memb. 1, n. 4〔上口訳83頁〕は，「召喚には，強制召喚及び文書又は口頭による召喚があり，裁判官は，たんに文書又は口頭に

よる召喚にとどめるか，あるいは身柄拘束を行うべきかを慎重に判断しなければならない」と述べる。召喚に当たっては，76条が定める「暴力からの身柄保障」が問題となる。

なお，弾劾訴訟における身柄拘束については，11条註2参照。

6　罪体確認　(1)　罪体の意義　(a)　Clasen, art. 6, I〔p. 57〕は，罪体を，「犯罪が行われたという事実及びその真実性（substantia & veritas commissi delicti）」と定義し，ローマ法の根拠として，「何びとかが殺害されたことが確認されていない場合は，奴隷を拷問してはならない。すなわち，何びとかが犯罪によって死亡したことが明らかでなければならない（Item illud sciendum est, nisi constet aliquem esse occisum, non haberi de familia quaestionem: liquere igitur debet scelere interemptum）」というウルピアヌス法文（D. 29, 5, 1, 24）を挙げる（Hall, S. 1によれば，罪体概念のローマ法上の根拠を上のウルピアヌス法文に求めるのが一般的である）。

(b)　Clasen, art. 6, I〔p. 57〕は，①「五官による検証又は徴憑，推測及び推定に基づき犯行が確認される」という意味での一般的な罪体確認と，②「犯行が確認されこれに基づき特定の者に対し糺問を行いうる」という意味での特殊的な罪体確認とを区別する。これによれば，「罪体」はたんに犯罪の客観的部分を指すのではなく，被疑者の犯人性をも意味することになる。

したがって，①罪体確認は必ずしも犯罪の客観的部分の確認を意味しない（この点は，「五官による検証又は徴憑，推測及び推定に基づき犯行が確認される」とするクラーセンの註解が示している）。他方，以下に述べるように，②犯罪の客観的部分の確認自体が必要的とされない場合がある。

(2)　罪体確認の必要性　罪体確認は，①糺問開始，②拷問判決，③有罪判決の要件として必要であり，確認の程度も異なる（Carpzov, q. 108, n. 8 et seq.; Kress, art. 6, §8; Brunnemann, cap. 7, n. 3 et seqq.〔上口訳72頁以下〕）。

Clasen, art. 6, I〔p. 58〕は，「罪体が確認されていること。犯罪が行われたことが少なくとも蓋然的でなければ，身柄拘束を行ってはならない」とする。また，Carpzov, q. 108, n. 10 et seq. は，糺問開始のための罪体確認について，①特定人に対し糺問を開始するための罪体確認は，「犯行の蓋然的な徴憑で足りる。すなわち，糺問開始のためにはたんなる告訴，風評，告発

で足りる」が，②「犯罪の客観的部分（copia corporis delicti）を確認しうる場合は，裁判官はそれを行うべきである。しかし，結果犯においてさえ，たとえば死体が水に投げ込まれ，密かに埋められ，焼却される…等により罪体の視認が妨げられることがあるように，裁判官が罪体を検視することができない場合においては」，「風聞，告訴その他の有力なる徴憑又は推定根拠に基づいて犯行を知った裁判官は犯人に対し糺問を行うことができる」と述べている。①は特定人に対する徴憑収集に着手するために必要な罪体確認，②は身柄拘束に必要な罪体確認という趣旨であろう。

Clarus, q. 4 は，イタリア法における糺問の着手に関し，異端，姦通，名誉毀損（iniuria verbalis）等のように犯罪の痕跡を残さない挙動犯（delictum facti transeuntis）の場合は，犯罪事実の確認は必要ではなく，告訴・告発があるときは直ちに糺問を開始して証拠収集を行い，徴憑があるならば被疑者を拘禁又は召喚することができるが（versi. Scias tamen），殺人，放火等のように犯罪の痕跡を残す結果犯（delictum facti permanentis）の場合は，告訴・告発があった場合においても，裁判官が検視によって死体，放火現場を確認しなければ適法に犯罪事実が確認されたとはいえない（versi. Quando vero），と述べている（罪体確認の内容を結果犯・挙動犯の区別に対応させる考え方はクラールスに由来するようである。Vgl. Hall, S. 34 f.; Heitsch, S. 4）。

拷問のための罪体確認については 45 条註 2，有罪判決のための罪体確認については 60 条註 4 参照。

7　糺問訴訟　（1）　糺問訴訟と職権による弾劾訴訟　　本条は糺問訴訟を定めるが，214 条も，財産犯の被害者が弾劾に及ばない場合について，糺問訴訟が可能なことを特に定めている。これに対し，118 条（女子略取），119 条（強姦），120 条（姦通），165 条（相続財産からの窃盗）の場合は，専ら弾劾訴訟のみが可能であり，糺問訴訟は許されない場合である（Schoetensack, S. 23）。同じく職権による犯罪訴追であるが，職権による弾劾訴訟（88 条，89 条，165 条，201 条，219 条）は，糺問訴訟とは区別される（vgl. Radbruch/Kaufmann, S. 137）。職権による弾劾訴訟については，188 条参照。

（2）　糺問訴訟の比重　　弾劾訴訟に関する規定を糺問訴訟に準用することを定める 8 条以下は，カロリーナにおいては弾劾訴訟が主，糺問訴訟が従，

という位置づけを与えられていたことを示す（この点を強調するものとして，Trusen, *Strafprozeß*, S. 115）。Biener, S. 158 は，糺問訴訟に関するカロリーナの規定の乏しさは，職権による弾劾訴訟が可能であったため糺問訴訟の実務的必要性が高くなかったからであるとした上で，カロリーナは糺問訴訟を承認した点で重要ではあるが，既に糺問訴訟がドイツにおいて占めていた地位よりもさらに高い又は重要なる地位を糺問訴訟に付与したものではない，とする。Schoetensack, S. 95 は，カロリーナ制定の頃，「弾劾訴訟と糺問訴訟との間の戦い」はまだ決着がついておらず，カロリーナはこのような状況を前提として二つの訴訟形式を設けたと指摘する。

　Brunnenmeister, S. 216 f. は，カロリーナと同じく糺問訴訟に関する規定が乏しいバンベルゲンシスについて，シュヴァルツェンベルクには全く新規な制度を創出する意図はなく，伝統的な弾劾訴訟の形式を維持しつつ効率的犯罪鎮圧の要請を充たす制度として，11 世紀中葉以来バンベルク領において行われた職権による弾劾訴訟を採用した，とする（バンベルクにおける職権による弾劾訴訟については，若曽根・告訴手続と糺問手続 96 頁以下参照）。もっとも，バンベルゲンシス 56 条及び 57 条は弾劾人（職権による弾劾訴訟の場合を含む）の請求に基づく拷問を定めるにすぎないが，カロリーナ 46 条は職権及び請求に基づく拷問を規定する。Sellert/Rüping, S. 207 はこの違いを，訴訟手続の重点を弾劾訴訟から糺問訴訟に移行させようとするカロリーナの意図を示すものと解している。

　第 7 条　　同じく，上にいう裁判官（die gemelten urteyler）[*1]が，提出された疑惑，嫌疑[*a]が拷問に十分であるか否かに関する判決（erkanntnuß）[*b]に当たり疑義を抱くときは[*2]，その地に対し刑事裁判権を直接に有する官憲[*c]，又は，朕の裁判令の末尾〔=219 条〕に定めるその他のところ（ende vnnd orte）に，鑑定（radt）[*3]を求めなければならない。鑑定を求めるに当たり，当該官憲[*4]に対し，嫌疑に関し知りえたる全ての事情及び状況（vmstende vnd gelegenheyt）を書面により正確に報告しなければならない[*5][*6]。

　1　拷問判決の主体　　(1)　"urteyler"の字義は「判決人」である。しか

し，「上にいう判決人」に該当するのは，前条において「拷問を行うに先立ち…被拘禁者を犯人とする風評及び嫌疑のある犯罪が現に行われたか否かを，探知しかつ入念に取り調べ」るべきものとされている「各裁判官（ein jeder richter）」であろう。ここでいう"urteyler"は裁判官の趣旨と解する。本条の"urteyler"を，Gobler, art. 7 は"iudices"，（「裁判官」），Vogel, art. 7 は"les juges"（「裁判官」）と訳するほか，Clasen, art. 7; Kress, art. 7 は，本条の見出しを「裁判官（iudices）は，疑問のある事件においては，法有識者の鑑定を求めなければならない」と羅訳している。

　(2)　しかし，この規定は拷問判決の主体を裁判官に限る趣旨ではあるまい。18条の規定は，徴憑の存否の判断に裁判官及び参審人（richter vnnd vrtheiler）が関与することを前提とする規定振りとなっているほか，Clasen, art. 7, argumentum は，本条は徴憑の十分性について「裁判官と参審人との間で意見が一致しない場合」に関する規定である，Kress, art. 7, §1 は，拷問の徴憑の十分性は「裁判官及び参審人（iudices & scabini）」の判断に委ねられている，と註解している（もっとも，20条は，違法な拷問を行ったことの責任は「官憲又は裁判官」が負うものと定める）。

　2　徴憑に対する防禦　本条は「提出された疑惑，嫌疑」としているが，これは，15条の「弾劾人が疑惑及び嫌疑を証明した場合」と対応する。

　徴憑が証明された場合においても，直ちに拷問を行ってはならず，「証明の結果は被告人に対し告知され，反証のための防禦期日が与えられなければならない。防禦側の証拠によって犯罪の推定を除去しうるような推定がなされることがありうる」（Clasen, art. 6, I (4)）〔p. 61〕）。防禦の成否の判断においては，「疑いのあるときは寛大な方向に推定されなければならない（In dubio semper in mitiorem patrtem est praesumendum）」という原則に従わなければならない（Carpzov, q. 123, n. 69; Clasen, art. 6, I (4)〔p. 61〕）。

　3　"radt"は，"consilium"と羅訳され，「助言」の訳語を与えられることが多い（共犯者が犯行について謀議に与ることも"consilium"と呼ばれる）。ここでの助言は専門的知識に基づく助言であるので，「鑑定」とした。ちなみに，Kantorowicz, *Albertus Gandinus*, S. 118 もまた「鑑定（Gutachten）」の訳語を与える。

刑事裁判令　第7-8条　　*85*

4　「官憲」は，文脈に照らし「官憲，又は，朕の裁判令の末尾に定めるその他のところ」の趣旨であろう。

5　一件記録送付と弁護側意見　　Kress, art. 47, §5 は，「〔求鑑定に際し，〕貧者に対する糾問訴訟において，多くの裁判官が事を急ぎ，無罪主張（defensio）を添付せず記録を送付し，法有識者団（collegium）が無罪主張を検討することを望まないことは遺憾である。法有識者団は，疑問を抱くときは，裁判官の怒りや咎簪が想定される場合においても，被告人に弁護人が付されるべきことをまず判決するのがより妥当な対応である」と註解する。

6　**一件記録送付・鑑定依頼**　　(1)　本条が一件記録送付による鑑定依頼（219条参照）先として挙げる，①「その地に対して刑事裁判権を直接に有する官憲」とは，領邦君主又はその顧問官を指し（Clasen, art. 7, (1); Remus, cap. 7），②「本条令の末尾に示されたその他のところ」とは，「法学部，都市，自治都市又はその他の法有識者（rechtuerstendige）」を意味する。これらは「法有識者団（collegium juridicum）」とも呼ばれる。

(2)　1条註3に述べたように，領邦国家の裁判官には，①領邦君主の任命する裁判官，都市参事会が任命する裁判官と，②領主裁判権者でもある裁判官（又は領主裁判権者が任命する裁判官）がある。219条は，上級裁判所（Oberhof）がある場合は，原則として上級裁判所に鑑定依頼すべきことを定める。しかし，領邦国家の整備とともに，①の領邦君主の裁判官は領邦君主又はその司法官房に，②の裁判官はその他の法有識者団に鑑定を求めることが一般的となる（Blankenhorn, S. 48 ff.; Hegler, S. 2 f.）。なお，求鑑定先の問題について，219条註4以下参照。

(3)　鑑定結果は，「全て，裁判官の独自の判断ではなく法有識者の鑑定に基づいて行われていることを示すために」被告人に示されなければならない」（Clasen, art. 7, (2)〔p. 63 et seq.〕）。鑑定の拘束力については，219条註3参照。

第8条[*1]　　同じく，死刑相当の犯行が公知であるか[*2]，又は，上〔=6条〕に定めるごとく，死刑相当の犯行[*3]に関する適法なる徴憑[*4]が発見される場合においては，真実発見に資する拷問及び全ての取調べ（erkundigung），並

びに，行為者の自白に基づく判決（rechtfertigung auff des thetter bekennen）については，〔弾劾人の〕訴えに基づき拘禁された者に関し以下〔＝11条以下〕に明確に定めかつ命じられる方式[*5]が遵守されなければならない[*a]。

1　本条は，拷問対象犯罪に対する糺問訴訟においてなされる拷問に，弾劾訴訟関係規定が準用されることを定める（6条註7参照）。

2　公知犯・明白犯については特に，徴憑の証明を俟つことなく拷問を行うことを認める16条が適用されるという趣旨である。

3　**拷問対象犯罪**　(1) 22条は拷問を必ずしも死刑事件に限っていないが，本条は拷問を死刑事件に限るようにも解される。しかし，Carpzov, q. 119, n. 7 et seqq.; Clasen, art. 8, I; Kress, art.8, § 1; Böhmer, art. 8, § 2; Brunnemann, cap. 8, memb. 5, n. 20〔上口訳203頁〕は，拷問は身体刑事件においても可能であると述べる。カルプツォフは，拷問は死よりも苛酷であるから，追放刑，罰金刑，拘禁刑のような非身体刑事件における拷問は矛盾であり不合理だとする。クラーセンは，真実発見手段の苦痛が刑罰以上に重くなるのは不当だとし，クレス及びベーマーは，身体刑事件における拷問の程度を軽減すべきだとする。

なお，拷問対象犯罪とされない軽罪に対する嫌疑刑については，22条註7参照。

(2) Clarus, q. 58, versi. Præterea によれば，イタリアでは，拷問は身体刑と同様の苦痛を与えるから身体刑事件以上の重罪に限られるとする見解もあったが，非身体刑事件である軽罪についても拷問を許すのが共通意見（opinio communis）であった。

4　**適法なる徴憑**　「適法なる徴憑（redlich anzeygung）」は，拷問の適法要件として以下においてもしばしば言及される。「確たる徴憑」（塙8条），「適法なる徴憑（legitima indicia）」（Gobler, art. 8），「十分なる徴憑，適法確実かつ疑いのない徴憑」（Clasen, art. 8, argumentum），「法的に十分なる徴憑」（Langbein, art. 8），「合理的なる徴憑」（Vogel, art. 8）等の訳がある。Clasen, art. 18, (3)は，「徴憑が『適法なる徴憑（legitima indicia）』と呼ばれるのは妥当である。徴憑は，法律又は最良の法学者の意見によって是認されたもので

あり，端的かつ単純に裁判官の裁量及び私的見解に従うものではないからである」と述べる。以下の条文には，「適法かつ十分なる（redlich vnnd genugsam）徴憑及び推定根拠」（12条），「十分なる（genugsam）徴憑」（23条，27条，33条，34条以下等）という表現も見える。

なお，「犯行が公知である」場合には，直ちに拷問を行うことができる（16条）。

5　Clasen, art. 8, II は，拷問を行うに際し，裁判官は自己の裁量ではなく，以下に弾劾訴訟に関する規則及び法有識者の鑑定に従わなければならないというのが本条の趣旨である，と註解する。

第9条[*1]　同じく，犯行の疑いのある被拘禁者が，拷問によらず又は拷問によるも，疑いのある犯行を自白せざる場合において，その犯行につき有罪を証明（überwisen）しうるときは[*2]，犯行の証明及びこれに基づく死刑の判決を行うについては，訴えに基づき拘禁された者に関し以下〔＝11条以下〕に明確に定める方式が遵守されなければならない。

1　本条は，死刑事件に関する糾問訴訟においてなされる証人による証明に，弾劾訴訟関係規定が準用されることを定める。前条に対応する規定である。

2　**証明方法としての拷問の補充性**　この法文は，証人による有罪証明に先立って拷問が行われる場合のあることを前提とする。拷問は証明方法として証人による証明に対し補充的であるとする原則（11条註4参照）との整合性が問題となる。16条は，明白犯に関し例外的に，徴憑の立証を待つことなく拷問を行うことを許しているので，本条は必ずしも，拷問は証明方法として補充的であるという原則を否定する根拠とはならない。

また，クレスは，「犯人が正規の証明によって有罪を証明されたときは，一旦証明された事実を，拷問という特別のかつ疑わしい補助手段によってさらに解明するまでもない」として，拷問を「特別のかつ疑わしい補助手段」と位置づけ（Kress, art. 69〔p. 207〕），このような立場から，本条の「又は拷問によるも」という箇所は，「証人がいないために行われた拷問では自白が

88

得られなかったが，その後新たな証人が現れた場合には，先の拷問にかかわらず新たな有罪証明が行われる」という例外的な場合に関する規定である，と註解する（Kress, art. 9〔p. 45〕）。

Clasen, art. 9〔p. 67〕の本条註解は，「被糺問者が拷問において犯行を否認する場合においても，証言すなわち適法な証明により有罪が証明されるならば有罪判決をすることができる」とするにとどまるが，Clasen, art. 186〔p. 775〕は，186条註解においてクレスのような理解を示している（なお，11条註 4(4)参照）。

第 10 条 [*1]　同じく，ある者が，十分かつ疑いもなく有罪を証明され認定されたる（überwunden vnnd erfunden）犯行につき，朕及び神聖帝国裁判令に従い，職権に基づき官憲により，終局的に身体又は四肢に対する刑罰を受けるべきとき，すなわち，刑罰が死刑又は永久拘禁（ewig gefencknuß）[*2*3]に至らざるときは，この種の刑罰の判決を行うに当たり，特に「同じく，ある者が，（朕の本令に従い行われたる）云々」を以て始まる 196 条の規定が遵守されなければならない[*a*4]。

　1　8条及び 9 条が，死刑事件に関する糺問訴訟においてなされる拷問及び証人による証明に弾劾訴訟関係規定の準用を定めるのに対し，本条は，身体刑に関する糺問訴訟について専ら 196 条の適用を定める。バンベルゲンシス 16 条由来の規定内容であるが，弾劾訴訟関係規定の準用されるべきことは自明という趣旨であろうか。
　2　**永久拘禁**　(1)「永久拘禁」については，本条のほか 101 条にも規定がある。本条は永久拘禁を刑罰と位置づけていると解される。しかし，Schoetensack, S. 82, Fn. 1; Schroeder, S. 150 は，この「永久拘禁」は担保提供までの保安拘禁にすぎず，176 条及び 195 条のように「拘禁」とするのが正しいとする。176 条及び 195 条が保安処分としての「拘禁」を定めるものであることは明らかであるが，このような理解によれば，本条にいう「永久拘禁」もまた，「拘禁」と同様，性質は保安処分となる。
　(2)　しかし，往時の学説は，本条のいう「永久拘禁」を真正の刑罰と解し

ている。すなわち，Clasen, art. 10, (1)〔p. 69 et seq.〕は，①刑罰としての永久拘禁は奴隷状態（serivitus）も同然であり死刑に比すべきものであるが，ローマ法において永久拘禁が禁止されたのは自由人を奴隷とすることが許されなかったからである，②カノン法は，重罪を犯した聖職者に対する刑罰としてパンと水のみを給する永久拘禁を容認した，③制定法（statutum）に定めがあるならば永久拘禁刑を科しうることは疑問の余地がない，と註解する。さらに，Clasen, art. 10, (1)〔p. 71〕は，刑罰としての「永久拘禁（perpetus carcer）」と，侵害行為を行わない旨の保証を提出しない者に対して行う公共の安全のための「永久監置（perpetua custodia）」とは区別さるべきであるとし，後者について，保安拘禁を定める 176 条を援用する。ただし，Clasen, art. 195, I〔p. 790〕は，刑罰としての永久拘禁と保安処分としての拘禁の関係について，「後者の場合は保証人を得ることははなはだ困難であるから，保証を提供することができないために，監置（custodia）は結果的には永久拘禁刑（poena perpetui carceris）ともなりうる」とする。

Carpzov, q. 111, n. 58 は，刑罰としての永久拘禁は許されないという見解は誤りであって，刑罰としての永久拘禁を定める制定法（lex vel statutum）があるならば許されると述べ，カロリーナ 101 条がこれを示しているとする。なお，101 条に関しても，クラーセン，ベーマーは同条にいう永久拘禁を刑罰と解している。

His, Teil 1, S. 557 ff. によれば，中世において，拘禁は贖罪金や追放刑を被告人に強制するための手段として使用されたほか，代替刑や裁量刑としても用いられ，終身拘禁刑も行われたようである。

(3) これらの学説及び本条及び 101 条が死刑と永久拘禁を併置しこれを身体刑と対比しているという規定振りに鑑みると，本条及び 101 条の永久拘禁は刑罰と解すべきであろう。

しかし，死刑及び身体刑並びに保安処分としての拘禁については 192 条以下に刑罰内容が定められているが，永久拘禁刑の刑罰内容は定められていない（名称のみ 192 条見出しに見える）。身体刑よりも重い永久拘禁の刑罰内容について定めがないのは，規定のたんなる不備と解すべきなのであろうか。あるいは，カロリーナにおいて刑罰として永久拘禁を科される犯罪類型

90

がない（v. Hippel, S. 198）ためなのであろうか。

3　有期拘禁刑　　Clasen, art. 10, (2)は，裁判官は犯罪に応じ，日，月又は年を限って有期拘禁刑（temporalis incarceratio）を科すことができるとする。

4　身体刑を言い渡すべき場合の定足数等について定める 196 条の適用を求める趣旨である。

弾劾人が裁判（recht）を求める場合において名指しされた犯人の拘禁（annemen）について

第 11 条　　同じく，弾劾人（kläger）[*1]が，ある者を峻厳なる刑事訴訟に付し，拘禁[*2]すべきことを官憲又は裁判官に申し立てるときは，弾劾人が権利として被告人（angekalgter）の拘禁を申し立てるか，又は，被告人と同じく拘禁されることを申し立てるかに関わりなく[*a]，弾劾人は，まず以て，被告人に対し刑事罰[*3] を科す根拠となるべき犯行並びに犯行の適法なる疑惑及び嫌疑を陳述（ansagen）しなければならない[*4]。弾劾人がこれを行うときは，被告人は拘禁され[*5*6]，弾劾人の陳述は正確に録取されなければならない[*7]。拘禁に際し，獄舎は，被拘禁者の身柄を保全するために設営されなければならず，被拘禁者に重大かつ意図的なる苦痛を加えることを目的として設営されてはならないことに，特に留意しなければならない[*8]。被拘禁者が 1 名を超えるときは，口裏を合わせ，犯行を隠蔽すべく謀議することを防ぐため，獄舎がそれを許す限り，被拘禁者は相互に隔離されなければならない[*9]。

1　弾劾訴訟　　(1)　本条以下 17 条まで，弾劾訴訟（＝正規訴訟）の手続の一端を定める。Clasen, art. 88, I〔p. 344〕は，弾劾訴訟を「弾劾人が，特定の犯罪に関し被告人を裁判に付しかつ訴訟全体を追行し，以て公共の秩序の維持又は自己若しくは親族に対する不法行為の問責を実現しようとするものである」と定義し，特段の法的障碍がない限り何びとも行うことができる，ただし，「自己の親族」とは直系尊属及び卑属のみならず第 6 等親の傍系親族を含む，と註解する。

(2) 8条註3に述べたように，カロリーナは，「弾劾訴訟と糺問訴訟との間の戦い」に決着がついていない時代状況を前提として二つの訴訟形式を設けたとされる。将来的には，犯罪鎮圧手続として効率的な糺問訴訟が弾劾訴訟に取って代わることになるが，その変革が必ずしも平坦な道筋ではなかったことは，弾劾訴訟を積極的に支持する社会的階層の存在したことからも説明される。

(a) Brunnemann, cap. 8, memb. 3, n. 1. 43〔上口訳185頁〕によれば，1602年ブランデンブルク選帝侯が，等族会議の申立てに基づき，領邦等族及び官吏が国庫官による略式の糺問に不服があり正規訴訟を申し立てる場合において，「国庫官が訴えを裁判所に提起し，これについて被告人が聴聞され，本証及び反証が行われ，かつ必要なる取調べが行われ，これに基づき終局判決が下されかつ執行されるという方法により，公正なる裁判が行われる」べきことを承認し，さらに，1611年の最終決議においても同様の手続が行われている。正規訴訟請求権は領邦国家における等族身分の特権であった (Schmidt, *Einführung*, S. 199)。

(b) 弾劾訴訟においては，①「無辜の被告人が濫訴の暴力に曝されることのないよう (ne innocentia accusati vim calumniae patiatur)」，弾劾人は，敗訴の場合に備え訴訟費用及び被告人に対する損害賠償のための保証を提出しなければならない (Carpzov, q. 106, n. 39)，②一定の方式が要求される訴状に瑕疵があるときは，反対当事者の異議の有無にかかわらず訴状は却下される (Carpzov, q. 106, n. 9)，③糺問訴訟においては証拠開示後においても被告人に不利益な新たな立証が許されるが，弾劾訴訟においては猶予期間内に原告が立証しなければ新たな立証は許容されない (Carpzov, q. 106, n. 89 et seq.) 等の制約があり，さらに，④糺問訴訟では許容されない上訴が可能であった (Carpzov, q. 139, n. 22, 31, 35)。弾劾訴訟が訴追官の職権によるものである (188条参照) 場合においても，「全面的に通例の弾劾訴訟の諸規則に従って行われるべきものとされた」(Biener, S. 142)。等族身分が弾劾訴訟による訴追を権利として主張したことは，弾劾訴訟が与える手続的保障の観点から理解される。

領邦等族への譲歩でもあった弾劾訴訟は，プロイセン王国成立後の1724

年,「糺問訴訟の迅速化及び濫用根絶に関する勅令」によって廃止される (Schmidt, *Einführung*, S. 202)。これは，絶対主義に向かいつつあった領邦国家体制が，特権的階層の訴訟法的権利を廃棄しうるまで強化されたことを示している。

2　被告人の身柄拘束　(1)　弾劾訴訟における被告人の身柄拘束の要件は，弾劾人において「犯行並びに犯行の適法なる疑惑及び嫌疑」を陳述することである。立証ではなく陳述で足りるのは，12条が定めるように，弾劾人は保証を提出しなければならないからであろう。

(2)　Clasen, art. 11, II〔p. 76 et seq.〕によれば，①死刑・身体刑相当事件では身柄拘束がなされるが，追放刑・罰金刑相当事件では，被告人の不在が刑の執行に支障とならないため，裁判官は身柄拘束を免じ又は保証を提供させ釈放することができる。②ローマ法上，顕官は宣誓を以て，低い官職者の場合は保証人（fidejussor）を立て身柄拘束を免れたが，今日では重罪の場合は何びとも身柄拘束しうるのが慣習である。③「その者の犯行であると推定することが容易でない」場合，良き世評のある者が非重罪事件において保証人を立て保証を行うときは釈放される。④資産所有者は逃亡の虞がなく身柄拘束されない。⑤死刑・身体刑相当事件では，保証人，担保物又は宣誓による保証があっても釈放は行われない。

3　刑事裁判所の事物管轄　Schoetensack, S. 29 は，「刑事罰」を求める弾劾を定める本条は刑事裁判所の事物管轄を示す規定であり，カロリーナの刑事手続が刑事罰を科される事件に限って適用されること，民事罰を科される事件に対する手続は領邦法・都市法に委ねられることを示していると註解する。刑事罰については，1条註3参照。

4　証明方法としての拷問の補充性　(1)　11条のこの規定について，Schoetensack, S. 46 mit Fn. 1 は，「11条は徴憑に言及するが，証人による有罪証明について言及していない。カロリーナは，弾劾人が有罪証明に足る証人を掲げて弾劾することを認めていないのである。62条が，被告人が自白しない場合において原告が有罪立証を申し立てるときはこれを許さなければならないと定めているのは，そのためである」と述べ，「他の方法により真実を発見しうる場合は拷問してはならない」というローマ法の命題はカロ

リーナには受容されなかった，という。なお，9条註2参照。

Schroeder, S. 160 は，62条，70条及び186条は証明方法としての拷問の補充性を否定しているとする（なお，70条註2及び186条註1参照）。これに対し，Schmidt, *Einführung*, S. 126; Trusen, *Strafprozeß*, S. 113 は，弾劾人による拷問の申立てを定める45条を根拠に，弾劾人が証人による有罪証明を行うことができない場合に初めて拷問が可能になると解している。

(2) ローマ法には，「拷問は全ての事件及び人に等しく用いられるべきものであると思料するものではない。ただし，死刑及び重大事件が奴隷の拷問によるほか解明しえざる場合においては，拷問は真実解明に有効であり，ゆえに用いられるべきものと思料する（Quaestiones neque semper in omni causa et persona desiderari debere arbitror, et, cum capitalia et atrociora maleficia non aliter explorari et investigari possunt quam per servorum quaestiones, efficacissimas eas esse ad requirendam veritatem existimo et habendas censeo)」（D. 48, 18, 8）というアウグスティヌス帝勅答（類似法文として，D. 48, 18, 1, pr.），「奴隷の所有権が争われる場合において，他の証拠により事実を解明しえざるときは，拷問を用いて奴隷を尋問しうることは法学者の是認するところである（Quotiens de dominio mancipiorum tractatur, si aliis probationibus veritas illuminari non possit, de se ipsa esse cum tormentis interroganda iuris auctores probant)」（C. 9, 41, 12）という法文が見える。

Gandinus, De questionibus et tormentis, S. 156 [pr.] は，ローマ法を根拠に，「何びとかを拷問しようとするすべての裁判官は，なによりもまず法及び人間性（humanitas）に配慮しなければならない。すなわち，いかに多数の徴憑が存在する場合においても，訴追に係る犯罪の真相をより簡易なる他の方法により発見しうるときは，安易かつ卒然と拷問に及んではならない」として，証明方法としての拷問の補充性（Burret, S. 153 は最終手段の原則〔ultima ratio-Regel〕という）を説いていた。

(3) 拷問を，Carpzov, q. 119, n. 66 は「他の証明方法を補充するもの」，Kress, art. 69 〔p. 207〕は「特別のかつ疑わしい補助手段」と位置づける。しかし，Clasen, art. 62, (1) 〔p. 256〕は，① 「皇帝は証明を行うべき時期について特に定めていないが，弾劾人は拷問前と同様，拷問後にも証明を行う

ことができるというのが裁判実務である。もっとも，証明が困難で手間取る場合又は徴憑が強力であり拷問を加えても被告人に対する不当なる侵害とならない場合を除いて，裁判官は，可能な限り拷問の前に証明が行われるよう配慮しなければならない」，②「弾劾された犯罪の証明が拷問前に行われることが，法及び衡平に一層適うのであり，証明が拷問に先行すべきことを明示する 69 条がこれを裏づける」，③「拷問執行後に，被告人が否認する犯行を証明する新たな徴憑を弾劾人が発見した場合は事情が異なり，弾劾人に立証が許されなければならない」（この点については，186 条註 1 参照）と註解しており，裁判実務上は拷問の補充性は必ずしも厳守されたわけではないようである。

(4)　拷問の補充性の原則に従うならば，「11 条は徴憑に言及するが，証人による有罪証明について言及していない」のは，ここでは，被告人の有罪証明や拷問要件の証明が問題となっているのではなく，弾劾人が被告人の身柄拘束に必要な最小限の嫌疑を陳述しうるか否かが問題とされているからであろう。

また，この原則に従うならば，被告人が自白しない場合の弾劾人による証明を定める 62 条は，被告人尋問ないし争点決定（13 条註 1 参照）に際して被告人が否認した場合を前提にするにとどまり，被告人が拷問に否認する場合を前提にするものではないことになろう。

5　76 条は，当事者に対し「身柄保障」を付与することができると定めている。したがって，弾劾人が徴憑を陳述した場合，被告人は当然に身柄拘束されたのではなく，召喚の手続が行われる場合もあったと考えられる。なお，6 条註 5 参照。

6　182 条が定める拷問前の被告人尋問は，この身柄拘束後に行われることになろう。

7　弾劾訴訟と訴状提出　(1)　訴状の要否　　イタリア法について，Clarus, q. 12, versi. Quaero は，共通意見は弾劾訴訟には訴状（libellus）提出が必要であるとするが，「実務上，その他の事項が遵守されるならば，口頭の訴えを書記が録取すれば足りるとされている」と述べる。本条もまた，口頭での訴え提起を認める規定振りとなっている。

Carpzov, 106, n. 36 f. は，簡便に処理されるべき軽微事件では口頭の弾劾が許されるが（「代弁人が上に定める弾劾及び申立てを口頭で行うことができないときは」と定める89条を根拠とする），慎重な手続が求められる流血刑事件においては訴状提出が必要的であるとする。

(2) 訴状の記載　Clasen, art. 11, I〔p. 74 et seq.〕; art. 88,〔p. 345 et seq.〕によれば，訴状は，弾劾人・被告人及び裁判官の氏名のほか，①犯罪事実の記載，②その程度，③被害者，④犯行場所，⑤犯行年月の記載を要し，記載を欠く訴状は弾劾の無効を招来する。また，被告人がアリバイを主張するために日時の特定を求める場合を除いて，日時の明示は必要的ではない。被告人が求める日時を特定することができないときは，弾劾人の宣誓で足りる。弾劾人は，訴状又はその他の方法により犯罪の徴憑を明示しなければならない。前者が正規の方法であるが，「不確実，曖昧又は混同を理由に裁判官によって排斥されないためには」，曖昧さと混同を避けなければならない。

また，Clasen, art. 88,〔p. 346〕は，民事では最後に「請求の趣旨（conclusio)」が記載されるが，「刑事では，犯罪事実の記載から適用すべき刑罰を定める法規が明らかになる。…したがって，訴状において，請求の趣旨として刑罰を求めることを要しない」と註解する。

(3) 被告人の答弁　Carpzov, q. 106, n. 19 f. は，カロリーナ88条及び89条によれば，訴状に徴憑を記載すべきか否かは明らかでないが，ザクセンの実務においては，犯罪事実のほかに徴憑が訴状に記載され，「被告人は徴憑及び訴因（capita accusationis）について答弁しなければならない」と述べる。Carpzov, q. 106, n. 70 et seqq. によれば，答弁は関連性がありかつ無条件・明晰であることを要し，被告人がこれに従わないときは「不服従罰（poena contumaciae）を予告する判決を以て答弁が命じられる」，答弁しない場合は自白したと看做されるが，刑事においては擬制自白は有罪とするに足りないため，擬制自白は拷問に十分なる徴憑となる。

8　弾劾訴訟における真実発見　Schoetensack, S. 23, Fn. 4 は，被告人間の通謀を阻止すべきことを定めるこの規定を実体的真実主義の現れであるとする。本条は，被害者のイニシァティヴに基づく弾劾訴訟においても官憲が真実発見に配慮すべきことを定めており，カロリーナにおける弾劾訴訟

は，当事者間の攻撃防禦の結果を尊重するにとどまる旧来のゲルマン法的な
弾劾訴訟とは異なる。

9　獄舎の条件　　(1)「獄舎は，犯人を監置し，裁判に出頭させ，相応
しい刑罰を科すことを可能にするために設置される公的施設である」。した
がって，拘禁場所は生命を維持しうるものでなければならず，光・風・空気
の通らない狭隘なる場所であってはならない。地下室に拘禁し湿気と冷気に
より発症させ生命を危険に曝し，あるいは重石や鉄鎖を装着することも許さ
れない（Clasen, art. 11, III〔p. 78〕）。

(2)　ユスティニアヌス帝は男女を区別して収監すべきことを命じている
が，カール5世皇帝は，囚人間の通謀を防止するため，これを全ての囚人に
拡張している（Clasen, art. 11, IV）。なお，C. 9, 4, 3 は，同種犯罪の囚人は
同房させ，男女は区別し収監することを命じている。

保証提出までの弾劾人の留置（verhefftung）について

第 12 条　　同じく，被告人が拘禁される場合においては，弾劾人又はそ
の代理人[*1]（gewalthaber）は，以下に定めるごとく，裁判官及び4名の参審
人が事件の状況並びに弾劾人及び被告人の人物評価を考慮の上十分と判断す
る保証（bürgen, Caution, bestandt vnd sicherug）[*a*2]を提出するまで，直ちに留
置されなければならない。すなわち，これは，弾劾人が，刑事訴訟を追行す
ることなく[*b]，弾劾された犯行又は犯行の適法かつ十分なる徴憑及び推定根
拠を，裁判官の定めるしかるべき期間内に，裁判官及び裁判所〔＝参審人〕[*3]
又はその中の多数が十分と判断する程度に証明（beweisen）せざる場合[*4*5]，
又は，その他の理由により敗訴する場合において，それより生ずる費用並び
に被告人に加えられた恥辱及び損害を，弾劾人に民事判決に従い賠償させん
がためである[*6]。拘禁を受けた被告人が，要した費用，恥辱，損害の賠償を
より十分かつ迅速に受けるため[*7]，その種の費用，恥辱，損害の回復を求め
て刑事弾劾人をその〔管轄に服する〕正規の裁判官（ordentlicher richter）の許
に提訴するか，又は当該〔刑事〕訴訟手続及び判決が行われた裁判所に提訴
するかは，拘禁を受けた被告人の意思に委ねるものとする[*8]。この場合にお
いては，手続及び審理は，略式に，すなわち正規訴訟[*9]（rechtliches proces）

の方式によることなく行われ，かつ，判決は上訴を許すことなく[c]〔直ちに〕執行されなければならない[10]。ただし，当該刑事裁判所は，これにより，当該訴訟事件以外の事件において，従前より有する民事裁判権及び判決権（gerichtzzwang vnd erkandtnuß）を超える民事裁判権及び判決権を取得するものではない[11]。

1　代理人の選任　Clasen, art. 12, I〔p. 81 et seq.〕によれば，①弾劾人がタリオ刑（同害報復刑）の責任を負ったローマ法において，刑事における代理人は許容されなかったが，訴追登録及びタリオ刑が行われなくなった今日では事情が異なり，弾劾人は代理人を選任することができる。②被告人の場合は，犯行について答弁する際の供述態度が犯行の徴憑ともなり，かつ自ら刑罰に服すべきものであるから代理人は認められない。しかし，刑罰が追放刑又はそれ以下の場合，代理人が事件の実体（merita causae）ではなく被告人の欠席について弁論すべき場合，及び，代理人が無罪を弁護する場合（裁判官は無罪弁護を援助すべきであるから）は，代理人が許容される。父親等の近親者が代理人として許容されることについてはイエナ及びマールブルク大学法学部の鑑定がある。

なお，弾劾人の代理人の留置につき，14条註5, 6参照。

2　弾劾人の保証提出と留置　保証提出は，否認する被告人に対し，犯行それ自体の証明又は拷問に足る徴憑の証明に失敗し，又はその他の理由により敗訴した場合において弾劾人が行うべき賠償を担保するためである。適法に拷問を受けたが結果的に無罪となった被告人に対し，弾劾人は賠償する責めを負わない（61条参照）。

Clasen, art. 12, II によれば，「〔保証提出の目的は〕拘禁により軽微ならざる被害を受ける被告人に賠償し，さらに費用を償還するためである。かかる目的のため，訴訟追行，被害賠償，訴訟費用（litis expensae）の償還についてしかるべき保証を行うまで弾劾人は拘禁されなければならない」。保証が十分であるか否かは，裁判官及び4名の参審人が犯行の重大性及び〔弾劾人及び被告人の〕身分（dignitas）を考慮し判断する。保証は保証人（bürgen）を立てる方法による。保証人は債務を充足する十分なる資力がなければならな

い。保証人を立てることができない場合，宣誓による保証（cautio juratoria）は許容されない。

Carpzov, q. 106, n. 48 は，ザクセンにおいては，勅法の定めに基づき，「弾劾人の身柄留置に関するカロリーナの規定は遵守されておらず，民事訴訟の場合と同様に，裁判費用及び損害賠償のための金銭的保証が課されるが，弾劾人が不動産を所有する場合は保証提出をも免れる」と述べる。

3　テキストは"richter vnd gericht"であるが，「裁判官及び参審人」の趣旨と解する。上に「裁判官及び4名の参審人」という文言が現れ，14条には，「裁判官及び4名の裁判所構成員すなわち参審人の判断に従い」という文言が見える。

4　弾劾人による証明　弾劾人は犯罪及びその適法なる徴憑を証明しなければならないが，「証明権（facultas probandi）の濫用を防止するため」，裁判官は期間を設けることができる。この期間内に弾劾人が証明しない場合は，訴追を放棄したものと看做され，弾劾は消耗し（extinguitur）再訴は許されない（Clasen, art. 12, III）。

5　弾劾訴訟の職権による補完　この規定の下で，弾劾人が手続を追行しない場合や証明に失敗した場合，職権による糾問は許容されないか否かが問題となる。

Brunnemann, cap. 1, n. 15 et seqq.〔上口訳 16 頁以下〕は，弾劾人が訴訟を追行しない場合は，裁判官は職権によって糾問を行いうる，弾劾人が証明に失敗する虞がある場合も同様である，とする。これに対し，Carpzov, q. 107, n. 46, 52 は，争点決定前に弾劾人が訴訟を追行しない場合は，裁判官は糾問訴訟を行う権利と義務があるが，争点決定後に弾劾人が訴訟を追行しない場合は，既に形成された弾劾訴訟が糾問訴訟に変化するわけではないが，裁判官は弾劾人に代わって弾劾訴訟を継続することができるとする。いずれにせよ，弾劾訴訟の職権による補完が許容されるということになろう（若曽根・告訴手続と糾問手続 106 頁は，「原告人が拷問を申請しないときは官憲が原告人に代わってこれをひきうける」というのは「カロリーナに合わない見解」であるという）。

6　弾劾人の賠償責任　弾劾人敗訴の場合は，弾劾人が侵害及び費用に

ついて賠償しなければならないが，訴追するための正当かつ相当なる理由（justa & probabilis litigandi causa）のない場合に限られる。自ら嫌疑を招き弾劾のきっかけを与えたことについて被告人は責任を負うのである（Clasen, art. 12, IV〔p. 85〕）。同様の考え方は，適法なる徴憑に基づいて行われた拷問に関して免責を定める 61 条にも現れている。

7　タリオ刑　(1)　弾劾人が訴訟追行を怠った又は敗訴した場合に弾劾人に科される刑罰，又は，被告人に科されたであろう刑罰である（同害報復刑）。Gandinus, Qualiter fiat accusatio, S. 27 〔6〕は，「私ルキウス・ティティウスは，カイウス・セイウスが皇帝○○治下××年 3 月都市又は城砦又は領地△△のその住居主室においてヤコブスの妻ベルタと姦通を犯したものとして，貴官，判事ヨハネス殿の許に弾劾し，カイウス・セイウスに対する死刑を申し立てる。私ルキウスは，1280 年 3 月 2 日にかかる訴状を提出したことを明言かつ確認し，この弾劾を適法に立証せんとすることを約し，この弾劾が誣告である場合においてはタリオ刑又は誣告の刑に服することを約するものである」という訴状（libellum）の例を挙げる。

(2)　弾劾人が訴訟追行を怠った又は敗訴した場合について，専ら民事責任を定める本条は，タリオ刑を認めない趣旨であると解される（Schoetensack, S. 31）。Clasen, art. 11, (1)〔p. 73〕は，「後に訴追登録（inscriptio）の制度が消滅し，弾劾人となろうとする者はタリオ刑に服する旨の登録をすることを強制されないという反対の慣習が生じ始めた」と註解する。本条はこの慣習に従ったものである。もっとも，誣告に関する 68 条，誹毀に関する 110 条は，例外的にタリオ刑を定める。

既に 1300 年頃のイタリアでは，Gandinus, Qualiter fiat accusatio, S. 26〔5〕によるタリオ刑批判があり，「犯罪の完全証明がないため，あるいは弁護人若しくは裁判官の未熟のため被告人が無罪とされることがありうるときに，かかるタリオ刑の義務を引き受けようという者は稀である。かくして，訴追登録に基づく刑罰に対する恐怖から，多くの罪が処罰を免れるという遺憾なる結果となっている」という指摘がなされていた。Clasen, art. 11, I〔p. 73〕もまた，タリオ刑廃止の理由について同趣旨の註解を述べる。

訴追登録については勅法彙纂（C. 9, 1, 3）に，「刑事訴追を提起しようと

する者は，予め訴追登録書を以て出訴し，訴訟追行に関する保証人を提出した場合でなければこれを許されない（Qui crimen publicum instituere properant, non aliter ad hoc admittantur, nisi prius inscriptionum pagina processerit et fideiussor de exercenda lite adhibitus fuerit）」という法文が見える。

(3)　タリオ刑を廃止するが弾劾人に担保提供・身柄拘束の負担を課す法制について，Schmidt, *Einführung*, S. 126 は，弾劾訴訟を困難にする目的を有していたと解し，Kleinheyer, *Zur Rechtsgestalt von Akkusationsprozeß*, S. 16 は，タリオ刑の廃止という点において弾劾訴訟を促進する目的を有していたと解する。Trusen, *Strafprozeß*, S. 118 は，14 条，201 条によれば担保は裁判官の裁量により決定されることを指摘し，むしろ弾劾を促進するものであったというほか，Trusen, *Strafprozeß*, S. 91 f. は，ウォルムス改革法典第 6 書第 2 部 8 章を引き，弾劾人がどこまで証明したかによって賠償責任の大小が決まったのであり，この責任は弾劾に対し大きな抑止力を持たなかったとする。

(4)　敗訴した弾劾人が誣告として裁量刑を以て処罰される可能性のあることについては，14 条註 2。

8　民事訴訟の管轄　ローマ法上裁判管轄は被告の裁判籍（forum）に従うが，本条は特に，無罪判決を受けた被告人のために当該刑事事件を審判した刑事裁判所の管轄権を特に創設し，被告人の選択に委ねている。「事件の内容が分割されず，結果的に時間と費用の節減のためである。刑事裁判官は事件について知悉しており，反訴原告（reconviniens actor）は多くの証明をする必要がないからである。さらに，反訴原告は刑事裁判の行われた裁判籍においてこそ，失われた名誉をより確実に回復しうるからである」（Clasen, art. 12, IV〔p. 85 et seq.〕）。なお，職権による弾劾訴訟の場合の損害賠償及び民事訴訟の管轄権については，99 条註 6 参照。

9　正規訴訟の手続　Carpzov, q. 106, n. 3 et seqq. によれば，正規訴訟（processus ordinarius）は，①事実の陳述（narratio facti）・請求の原因（causa vel medium concludendi）・請求の趣旨（petitio & conclusio）を内容とする訴状の提出，②保証提出，③被告人の答弁ないし争点決定（litis contestatio），④本証・反証，⑤判決という手続に従って行われる。

争点決定は，訴状に対する被告人の答弁である。争点決定に際し，①被告人は有するならば抗弁を提出しなければならない。延期的抗弁（exceptio dilatoria）は争点決定の前に提起されなければならないが，棄却抗弁（exceptio peremptoria）は争点決定に際し又は争点決定後判決前までに行うことができる。②裁判官が弾劾人の挙証責任の範囲を判定しうるように，被告人は断定的かつ明示的に弾劾の全ての項目に関し答弁しなければならない。③被告人が断定的かつ明示的に答弁しないときは自白したものと看做される。刑事事件においてはかかる擬制自白に基づき死刑を科すことはできないが，拷問に十分なる徴憑となる（Carpzov, q. 106, n. 70 et seqq）。

10　略式手続　手続が簡略化されるのは提出された保証の執行にすぎないからである。（Clasen, art. 12, IV〔p. 86〕）。「この場合において（darinn）」の解釈にも関わるが，クラーセンは民事裁判所への提訴の場合も略式手続によると解するようであるが，Schoetensack, S. 32 は，略式手続による事件処理は刑事裁判所への提訴があった場合に限られるとする。

　民事判決に対する上訴は許されないが，Clasen, art. 12, IV〔p. 86〕は，刑事事件において上訴が許されない以上，費用に関する裁判についても上訴は不適法であると註解する。

11　裁判権の拡張　Clasen, art. 12, IV〔p. 86 et seq.〕によれば，裁判官には，特例として付与された裁判権を不当に拡張しようとする傾向があるため，本条は裁判権をめぐる混乱を防止する趣旨の規定である。

犯行を自白する被告人が犯行につき適法なる免責事由を主張する場合において弾劾人がなすべき保証について

第13条　同じく，行為者が犯行を否認することなく，ただし証明されるならば刑事罰を免れうる，犯行に関する適法なる免責事由（entschuldigung）を主張し，かつ，弾劾人が行為者の主張するかかる免責事由を争う場合においては[*1]，弾劾人は，被告人において弾劾に係る行為による刑事罰を免れるべき事由を証明するならば，上〔=12条〕に定める裁判所において拘禁，恥辱及び損害に関する終局的民事訴訟に服し（entlichs burgerlichen rechtens zupflegen）[*a]，被告人に対し当該裁判所の判決に従い全ての裁判費用を賠償す

102

べき責めを負うことを，人物及び事件の状況に応じ裁判官及び4名の裁判所構成員又は参審人の判断するところに従い，必要に応じ保証しなければならない[*2]。かかる保証がなされたる後，「同じく，何びとかが，犯行を自白し云々」を以て始まる151条に定めるごとく，犯行の免責に関する証明（auß-fürung）[*b]が行われなければならない。かかる場合においては，免責に関する証明が行われかつ特段の判決[*3]がなされるに先立ち，拷問が用いられてはならない[*4]。

1　被告人尋問　　(1)　46条及び47条は，拷問判決後，拷問執行前に行う被告人尋問を定めるが，47条は，被告人の防禦を促すという観点から尋問すべきことを定める。これに対し，「まず始めに被告人が拷問を受けることなく弾劾〔事実〕につき尋問されるときは，弾劾〔事実〕に対する被告人の答弁は，弾劾〔事実〕の後に記録されなければならない」とする182条は，拷問判決と無関係に行われる被告人尋問を前提とした規定である。カロリーナは，最初の被告人尋問に関する明文をおいていないことになる。

後に尋問項目ないし尋問項目書（articuli）を用いた尋問（interrogatio articulata, artikuliertes Verhör）が実務において一般化したとされるが（Schoetensack, S. 65），上の182条の規定は少なくともその萌芽を含むように思われる。

Brunnemann, cap. 8, memb. 1, n. 28, 33〔上口訳92頁以下〕は，被告人尋問に先立ち，裁判官は簡潔に手続全体の構想を立てその要約を作成すべきであり，真相解明のためには尋問項目書を用いて尋問しなければならないとする。

(2)　Esmein, p. 282は，フランス法について，法定証拠主義から生じうる証拠の手詰まりに対処するため設けられた装置として，「いわゆる任意自白」を引き出すための，被告人が弁護なしに真実を供述する旨を宣誓しなければならない「巧妙かつ秘密の尋問」と，「強制自白」を引き出すための拷問とがあったとする。これと比較するならば，カロリーナは「いわゆる任意自白」を引き出すための秘密の尋問手続の詳細を定めていない。

2　被告人が抗弁する場合の弾劾人の保証提出責任　　(1)　本条は，被告

人が犯行を否認せず自白した場合の規定である。したがって，弾劾人は「弾劾された犯行〔それ自体〕又は〔拷問に足る〕犯行の適法かつ十分なる徴憑及び推定根拠」を立証する必要がなく，同時にこの立証に失敗した場合に備えて保証を提出する必要も生じない。しかし，被告人が免責事由の抗弁を提出した場合において，弾劾人が再抗弁を行おうとするときは，弾劾人は再抗弁の不成功に備えて保証を提供する必要があるというのが本条の趣旨である。

この点について，Clasen, art. 13〔p. 88〕は，「被告人が抗弁を提出する場合には，弾劾人は〔被告人が犯行を自白しているにも関わらず〕保証を提出しなければならないか，という問題が生じる。これは肯定される」，したがって，「弾劾人が被告人の抗弁に異議を述べようとする場合においても，弾劾人は保証を提出しなければならない」，「弾劾人の再抗弁は保証提出を免れる理由とはならない」という趣旨である，と註解する。

(2) 「人物及び事件の状況に応じ」というのは，12条にいう「事件の状況並びに弾劾人及び被告人の人物評価」と同趣旨であろう。

3 Clasen, art. 13〔p. 90〕は，被告人が十分に抗弁を証明したか否かについて，法有識者の鑑定に基づき裁判官が判断すると註解する。

4 被告人の抗弁提出と拷問　Clasen, art. 13〔p. 89〕は，被告人が行為を自白するが抗弁を提出する場合は，「裁判官は決して拷問を行うことはできず，行ってはならない。…拷問の目的は，犯行の存否に関する被告人の自白を被告人に強制することであるが，この場合，被告人の自白は存在し，ゆえに拷問に及ぶ必要がない」，確かに，被告人が無罪証明のため提出した抗弁はまだ完全には証明されていないが，「抗弁が適切であるか，法律上成立するか否かが争われる場合は，法律の趣旨に照らし法有識者によって判断されるのであり，拷問吏の拷問によって真実が解明されるべき場合ではない。すなわち，事実は確定しているが法律について議論がある場合は，拷問は不要である」と註解する。

「かかる証明がなされかつ特段の判決がなされる前に，拷問が用いられてはならない」という規定は，抗弁不成立の場合に拷問が行われることを予定するように解されるが，犯行を自白したが抗弁を証明することができない被告人は端的に有罪とされるから（141条参照），抗弁を述べる被告人に対し拷

104

問を加えること自体を禁ずる趣旨に解されなければならない。

弾劾人が保証をなしえざるとき，代替留置（gegenhafftung）はいかに行われるか

第14条　　同じく，弾劾人が，保証をなしえざるにもかかわらず峻厳なる刑事訴訟を追行しようとするときは，弾劾人は，人物及び事件の状況に応じ，上〔=13条〕に定める適法なる証明（außfürung）が終わるまで[*1]，被告人と同じく留置されなければならない。また，弾劾人及び自己の免責事由を証明しようとする者〔＝被告人〕が上に定める保証又は証明を行う上で必要となる者があるときは，これらの者が弾劾人等と接見交通する（zu vnd von jm wandeln）ことが許されなければならない[*2]。弾劾が，諸侯（Fürst），聖職者，団体[*a*3]，その他身分ある者により身分低き者に対してなされたものであるときは，被告人より身分の低くからざる他の者が，それらの〔身分ある〕者に代わり，被告人とともに留置されることが許される[*4]。さらにまた，この自ら留置された者も，上に定めるごとく保証を行おうとするときは留置から解放されなければならない[*5]。

1　被告人の抗弁及び弾劾人の再抗弁の証明が終わるまでの趣旨である。

2　**代替留置の目的**　　(1)　本条によれば，弾劾人が12条の保証を提出し留置を免れた場合においても被告人が抗弁を提出するときは，「人物及び事件の状況に応じ」，弾劾人は改めて保証提出か留置かを選択しなければならない。Böhmer, art. 14, §1は，弾劾人が保証を提出することができない場合は，「争点決定において被告人が否認した場合（in casu litis negatiue contestate）について12条が定めると同様に，双方の証明が終わるまで被告人と同じく留置されなければならない」と註解する。

　これに対し，Clasen, art. 14〔p. 91〕は，代替留置の目的を，結果的に誣告（calumnia）を行った弾劾人を裁量刑を以て処罰するためであるとする。確かに，被告人が抗弁を提出する意図を示しているにもかかわらず，弾劾人が被告人の処罰を求めるときは，誣告の虞が高まる。しかし，本条は「保証又は証明を行う上で必要となる者」との接見を許しており，保証を提出するなら

ば留置を解かれることになろう。保証によって解かれる留置が誣告による処罰を目的とすると解するのは困難であろう。この留置は，保証提出を心理的に強制する手段と解される。

(2)　なお，イタリア法について，Clarus, q. 18, versi. Quando は，タリオ刑が行われた時代においてはタリオ刑を科す必要上弾劾人を被告人と同じ獄舎に留置する意味があったが，タリオ刑が廃止された今日弾劾人を留置することは「全く無用である」と述べている。

　　3　接見交通　　Clasen, art. 14〔p. 92〕は，①弾劾人は保証又は有罪証明を行うために必要とする者若しくは証人と，被告人は無罪証明のため必要とする者若しくは証人と接見交通を行うことができるが，②これは，何びとも権利を害され又は権利行使を禁ぜられてはならないという公正さの求めるところである，③したがって，代弁人もまた被拘禁者との接見から除外されてはならない，と註解する。なお，73条註8参照。

　　4　「団体」とは組合等を指すのであろうか。Clasen, art. 12, I〔p. 83〕は，12条にいう代理人を立てうる原告の例として「大学，都市，団体（collegium)」に言及するが，「団体」の意義に言及していない。参看したその他のコンメンタールは「団体」について言及しておらず，趣旨は判然としない。

　　5　身分ある者・聖職者による弾劾　　身分ある者，聖職者が弾劾を行う場合は保証提供まで拘禁されることはなく，被告人と身分が同じ者が代理として留置される。また，死刑事件の弾劾は聖職者の地位に相応しくなく，正当事由の有無を問わず，聖職者がこれを行う場合は，叙品不適格（irregularis)となる（Clasen, art. 14〔p. 92 et seq.〕)。したがって，裁判官は聖職者によるこの種の弾劾を受理し，保証を要求してはならない（Meckbach, art. 14)。

　　以上は，12条に定める弾劾人の拘禁についても妥当するのであろう。

　　6　弾劾人自身，保証提出により留置を免れうるのであるから，弾劾人に代わる者も同様に保証提出により留置を免れうる（Clasen, art. 14, (4))。

弾劾人が犯行の疑惑を証明する場合，又は，その他犯行が明白なる(bekenntlich)場合[*a]におけるその他の保証について

第15条　　同じく，弾劾人が疑惑及び嫌疑を証明する場合，又は，その

106

他犯行が否定しがたい〔ほど明白である〕場合において[*1]，上〔=13条〕に定めるごとき犯行に関する十分なる免責事由を行為者が証明しえざるときは[*2]，弾劾人は，被告人の拘禁理由となった峻厳なる刑事訴訟を朕及び帝国裁判令に従い追行することにつき保証しなければならない。ただし，かかる場合においては，弾劾人は，爾後〔被告人に対する損害賠償に関する〕保証義務を負わざるものとする[*3]。裁判所書記は，被告人の拘禁，訴え，答弁，保証，尋問，取調べ，証明及びその他審理（handeln）の結果並びにこれらに基づく判決を，全て，「同じく，全ての裁判所書記は云々」を以て始まる 181 条及びそれに続く数葉（plettern）〔＝数箇条〕に定める記録に関する一般的指示及び様式に従い，整然かつ分明に記録しなければならない[*4]。

1 本条の趣旨 Clasen, art. 15, I によれば，①弾劾人が徴憑を証明した場合，又は，②犯行が全ての者又は多数者に公知（notus）である場合において，被告人が犯行について抗弁を提出しえないときは，弾劾人は，13条に定める，被告人が蒙る拘禁，恥辱及び損害に対する賠償に関する保証を行う必要がなく，専ら訴訟追行についてのみ保証を行えば足りるというのが本条の趣旨である（被告人が抗弁を提出する場合は13条が適用される）。クラーセンは，②の事例として，「犯罪が行われ犯人が逃亡するのを目撃し，逃亡者に対する非難が起きるのを聞いた全ての者又は多数者にとって犯行が公知となる」という場合を挙げる。公知犯・明白犯については，次条注 3 参照。

2 被告人による免責事由の立証 被告人による免責事由の立証，かかる立証にともない弾劾人に生ずる費用・損害に関わる保証提供については，151条以下に定めがある。

3 弾劾人の保証責任免除の理由 被告人が蒙る拘禁，恥辱及び損害に対する賠償に関する保証を維持する必要がなくなる理由について，Clasen, art. 15, II は，「弾劾人が嫌疑及び徴憑を証明するか，又は，犯行が明白な場合は，弾劾人について，軽率又は誣告を疑う余地がないからである」，「保証は，軽率を戒めるためのものであり，保証をなすべき根拠が消滅するならば保証も不要となる」と註解する。

61 条は，「何びとも，犯罪を行うことのみならず，悪をなすかのごとき挙

動により犯行の風評又は徴憑の原因を作出すること自体を避けるべきものである」という思想に立って，正当なる徴憑がある場合の拷問は適法であり，弾劾人は被告人の受けた損害を賠償する責めを負わないと定める。本条は61条の趣旨に対応する。

　4　類似の規定は181条にも現れる。

疑いのない犯行について

　第16条　同じく，裁判官及び判決人は，特に以下の点について注意を喚起されなければならない。〔①〕適法かつやむをえざる理由なく，恣に公然と敵対行動を行い若しくは平和侵害者となった[*a]場合，〔②〕犯行中に捕縛された場合[*1]，又は，〔③〕強奪物又は盗品を知情の上（wissentlich）所持したるところ[*2]，以下において各刑事罰（に関し免責事由がある場合）について定めるごとく，理由を挙げてこれを否認し，若しくはこれについて適法なる免責事由を挙げえざる[*b]場合のごとく，犯行がしかるべく刑事罰を免責すべき適法なる事由を欠き，公然かつ疑いのない場合又は公然かつ疑いのないものとなった場合[*c*3]，また，かかる場合の他〔④〕同様に公然かつ疑いのない犯行である場合においては，〔本裁判令が明白なる犯人の庇護ではなく専ら真実解明のため別途定める訴訟手続は，省かれなければならない〕[*4*5]。行為者が，公然かつ疑いのない犯行を邪悪にも否認しようとするときは，裁判官は，かかる公然かつ疑いのない犯行につき，能う限り最少の費用を以て終局判決及び刑罰が促進されかつ執行されるべく，峻厳なる拷問を以て真実を自白させるものとする[*6]。

　1　土地管轄　これは，逮捕地による裁判籍（土地管轄）を前提とする規定である（Schoetensack, S. 27）。裁判籍については，187条註1参照。

　2　バンベルゲンシス23条は，条文中の①から③の例が④の「同様に公然かつ疑いのない犯行」の具体例であることが明らかとなる規定振りとなっている。

　なお，盗品所持を発見された場合において，所持者が裁判所への出頭を拒み，被害者が叫喚告知を行うならば現行犯逮捕が可能であったことは，ザク

センシュピーゲル・ラント法2・36・2に見える。これは，現行犯概念の拡張である。

3 公知犯・明白犯 (1) Kress, art. 16, §1 は，公知犯であって被告人に免責事由がない場合は拷問を命ずるのが本条の趣旨であると註解する。

① Remus. cap. 16 は，本条標題"von vnzweiffenlichen mißthaten"を"de notoriis delictis seu criminibus manifestis"(「公知犯又は明白犯について」) と羅訳する。レームスは公知犯 (crimen notorium) と明白犯 (crimen manifestum) を同義と解し，かつ現行犯 (「犯行中に捕縛された場合」) を含むものと解している。② Gobler, art. 16 は，本条標題を"de manifestis et indubitatis maleficiis"(「明白かつ疑いのない犯行について」) と羅訳し，本条のテキスト中の"offenlich vnd vnzweiffenlich"を"notorium & indubitatum maleficium"(「公知かつ疑いのない犯行について」) と羅訳する。前者はドイツ語の「疑いのない犯行」を明白犯と関連づけ，後者は「公然たる犯行」を公知犯に関連づけており，ゴブラーもまた，明白犯と公知犯とを同義と解し，現行犯を含むものとしていることになる。

(2) 公知犯及び明白犯はカノン法由来の観念である。グレゴリウス9世教皇令集第3巻第2編第8章 (X. 3. 2. 8) には，「彼らの罪が公然たるものであり，正当にも公知であると称すべきときは，証人も弾劾人も必要とされない (si crimen eorum ita publicum est, ut merito debeat appellari notorium, in eo casu nec testis nec accusator est necessarius)」という文言が見える (聖職者の同棲・妻帯の罪に関する規定である)。明確な定義を欠くが，「法的に確実なる犯行」と看做される点において両者は同じであり，教皇令集においては同義なものと扱われた (Groß, 1. Teil, S. 49 f.)。コンメンタール等において，本来意義の異なる公知犯及び明白犯の概念が互換的に使用される所以である。

ヨハネ伝第8章第11-12節を根拠として，聖書における本来の訴訟手続は弾劾訴訟であると観念され (Carpzov, q. 107, n. 16)，中世キリスト教教会における聖職者統制の手続としてローマ法の弾劾訴訟が正規裁判手続として採用された。しかし，原告の訴追意思と危険負担とに依存する弾劾訴訟は，特に高位聖職者の非行を統制する手段として必ずしも有効ではなかった (この点については，解題Ⅱ2参照)。

しかし，聖職者統制の必要性から，公知の犯罪は正規裁判手続を要しないとする公知犯及び明白犯の観念が準備された。グラティアヌス教令集第2部第2事例第1設問第16法文（Ordinem C. 2. q. 1. c. 16）は，「明白犯においては，その罪は自ずから万人の目に明らかであり，弾劾人の偽計により被告人が敗訴することも，被告人の延引により罪が隠蔽されることもない。ゆえに，被告人の無罪が反対当事者の奸計に曝され，犯人の罪が正しき裁きを免れることを避けるべく設けられているところの訴訟手続は，明白犯においては必要とされない（In manifestis enim callidate accusantium reus non opprimitur, nec tergiuersatione propria crimen celatur, cum culpa sua sponte se oculis omnium ingerat, atque ideo in talibus iudiciarius ordo non requiritur, qui ideo tantum institutus est, ut nec innocentia insidiis pateret aduersantium, nec culpa delinquentis sententiam effugeret iusti examinis)」と定める。したがって，明白犯に関しては，①弾劾の手続を俟つまでもなく職権手続が可能である，②非行の立証が不要である，③反証及び上訴が禁止されるという効果が認められた（Groß, 1. Teil, S. 49; Lévy, p. 33 et seqq.〔上口訳・南山法学12巻1号111頁以下〕）。レヴィによれば，「出発点は，コリント前書に見出される。コリントのキリスト教徒共同体の一員が継母と公然と同棲していたため，聖パウロは，審問を行うことなく，また弾劾がなされなかったにもかかわらずこれを破門した。この例は，教父によって註解され，後にここから，犯罪が明白で世間に知られている場合は証明，そして正規手続さえも不要であるという規則が引き出されることになる」（Lévy, p. 33〔上口訳・南山法学12巻1号111頁〕）。

　弾劾訴訟的観念が強固かつ優勢であり，風評の存在を以て弾劾があったものと看做すことで職権手続を正統化することが必要とされた時代（解題Ⅱ2参照）において，公知犯及び明白犯の観念は，職権手続を正統化する有用な観念であった。しかし，あらゆる徴憑，嫌疑が職権による糾問開始の端緒になりうるという原則が確立した時代において，その有用性は低下した。また，本条は公然かつ疑いのない犯行を否認する者を拷問すべきことを定めており，公知犯及び明白犯の場合は証明手続が不要となるという効果はもはや認められていない。

　⑶　Schoetensack, S. 63 ff. は，本条には「古代ゲルマン法的な現行犯の

概念と，公知犯という全く主観的に判定されるカノン法の法概念」が混在するが，「ドイツ的な公知犯の場合には客観的な基準が存在したのに対し，カノン法的な公知犯の場合，拷問の可否は専ら裁判官の自由裁量に委ねられている」という両者の差異を指摘する。Brunnenmeister, S. 157 もまた，ドイツ的な明白性はカノン法的な明白性とは異なり客観的に判断されるとし，Brunnenmeister, S. 26 は，「現行犯は，証拠物による証明（leibliche Beweisung）の最も重要な類型であり，明白性の原型と見ることができる。ドイツ法において，かかる明白性は，雪冤宣誓が認められない全ての事実に共通するものである」というプランク説を援用し，現行犯と明白犯の類似性を指摘する。

なお，「証拠物による証明」とは，v. Kries, S. 54 によれば，現行犯逮捕された犯人の背中に盗品，偽貨，武器等を結びつけ犯人を裁判所に連行することによって「裁判所に犯行を確信させるべく，犯行を裁判所にまで『延長する（verlängern）』」ことを意味する（もっとも，Rüping/Jerouschek, S. 36 は，長剣ではなく短剣の使用が密行殺人，死体が着用する夜着が夜間殺人の証拠となる場合をも含むとする）。

4 条文編纂上の誤り　亀甲括弧内の訳文は，*"Inn solchen vnnd dergleichen offentlichen vnzweiffenlichen übelthatten*, vnd so der thetter die offen vnzweiuelichen übelthat freuentlich widersprechen wolt"のイタリック部分の後に，以下のテキストを補充したものである。

Güterbock, S. 221 は，編纂上の過誤を指摘し，イタリック部分の後に，"sol man alle Rechtliche verlengerung, so sunst in dieser ordnung allein zu erfarung der wahrheit vnd nit, die vnzweiffenlichen mysstetter domit zu fristen, gesaczt sein, abschneiden."という，バンベルゲンシス23条に現れる文言と同趣旨の文言が脱落しているとする（なお，この文言は本条註3に引いたグラティアヌス教令集第2部第2事例第1設問第16法文の一部の引き写しである）。Schmidt, *Einführung*, S. 134 もまた，カロリーナ16条はバンベルゲンシス23条と同趣旨の規定であると解している。

Schmidt, *Strafrechtspflege,* S. 113 は，バンベルゲンシス23条の"Rechtliche verlengerung"を，"prozessuale Formen und Bindungen"の趣旨であると註

解するので，これに従う。

5　犯行が明白なる場合における自白の検認の要否　「行為者が，公然かつ疑いのない犯行を邪悪にも否認せんとする」場合を規定する後段と比較するならば，前段は，「公然かつ疑いのない犯行」を被告人が自白する場合は，直ちに有罪判決がなされなければならないという趣旨であろう。「公然かつ疑いのない犯行」の自白である場合には，自白の真実性に関する「検認（verificatio）」（54条）は不要と解される。

6　明白犯・現行犯と有罪証明　(1)　ゲルマン法において，現行犯の場合の身柄拘束は，自由人は被疑者であっても身柄拘束を受けないという原則に対する唯一の例外であり，身柄拘束され裁判所に連行された現行犯人は雪冤宣誓権を奪われ，シュライマネンを含め7名の宣誓により直ちに断罪され処刑された（Schmidt, *Einführung*, S. 81; von Wächter, S. 68 ff. ゲルマン法における現行犯手続の意義について，上口332頁参照）。本条は，原告側の宣誓に基づく断罪を認めるゲルマン法古来の現行犯法制を廃止し，被逮捕者に免責事由の証明を許すと同時に任意自白や拷問による有罪証明の必要性を定める規定である。これは同時に，カノン法由来の公知犯・明白犯に認められた手続的効果を否定する趣旨でもある。

Clasen, art. 62, 2 (3)は，「裁判官が犯人を現行犯逮捕しても，犯行は裁判官に明白なのではなく，私人に明白であるにとどまるから，被告人を有罪とすることはできない。裁判官のほかに現行犯逮捕に際会した者がいる場合は，その者を証人尋問し，その宣誓供述に基づいて有罪判決をしなければならない」と註解する（もっとも，後述のように，自白しない現行犯人を直ちに拷問しうる本条の下では証人による証明はとりあえず不要であろう）。したがって，Heitsch, S. 34 が本条に関し，「明白性は糺問開始の証拠法的前提要件であるというのは全く正しいわけではない。事実の明白性がある場合は，立証が不要となるだけではなく形式的な裁判手続が全く不要となるからである」というのは疑問である。

(2)　本条は，明白犯について，「能う限り最少の費用を以て終局判決及び刑罰が促進されかつ執行されるべく，峻厳なる拷問を以て真実を自白させるものとする」と定めるが，Clasen, art. 16, I〔p. 100〕は，明白犯の場合にお

112

いて徴憑の立証や有罪立証のための弾劾人の費用及び手間を軽減する趣旨であるとする。

これに対し，Brunnenmeister, S. 163 は，否認する現行犯人に対する拷問を，ゲルマン法の観点から，ゲルマン法古来の現行犯手続において要求された 7 名宣誓（Siebnereid）による補充的証明が形式的証明方法の禁止とともに不可能になったため（バンベルゲンシス 273 条参照），これに代わるものとして，バンベルゲンシス 23 条において採用されたものであると位置づけている。

なお，カロリーナにおける自白の特殊な地位について，69 条註 1, 2 参照。

被告人の拘禁後，弾劾人は裁判所への召喚を送達すべき場所を指定した後でなければ退去してはならないことについて[*a]

第 17 条　同じく，被告人の拘禁後，弾劾人は，裁判官が裁判上必要なる事項を送達すべき，しかるべき〔送達者にとって〕安全かつ危険のない場所[*1]にある特定の住居を指定した後でなければ裁判官の許から退去してはならない[*2*3]。弾劾人は，送達者に対し，裁判所から弾劾人の住居に至るまでの旅程 1 マイルごとに，各領邦の慣習に従い相当の送達報酬を与えなければならない。裁判所書記は，弾劾人が送達場所として指定する場所を訴訟記録に録取しなければならない。

1　Clasen, art. 17, I は，「〔送達者にとって〕往還に便宜かつ安全なる場所」と註解する。

2　送達場所の申告は，被告人の反証，抗弁を弾劾人に送達し，場合により弾劾人を召喚するために必要であり，退去には勉学・商売のような正当事由がなければならない（Clasen, art. 17, I）。

3　弾劾訴訟における弾劾人の関与　(1)　弾劾人は，適法なる徴憑を証明し（12 条），拷問を申し立て（46 条），拷問期日の通知を受けるが（45 条），拷問への立会いは許されない（46 条，47 条）。自白及び取調べ結果の開示を受ける（47 条）。また，被告人が否認する場合において，証人尋問を請求し

刑事裁判令　第16-18条　*113*

（70条），証言内容の開示を受ける（73条）。なお，弾劾人による有罪証明の
時期については，11条註4参照。

　(2)　Schmidt, *Einführung*, S. 126 は，カロリーナにおいて，「弾劾人が犯
人性及び有責性それ自体ではなく，専ら徴憑を証明しうるにすぎない場合，
被告人は，ウォルムス改革法典におけるように，証拠不十分により無罪とは
されない。むしろ，場合によっては拷問が行われる。すなわち，官憲が手続
を引き取り，官憲が用いうる糺問的審問手続により被告人の有罪を証明しう
るか否かが問題となるのである」と述べるが，他方，「一旦訴えが提起され
ると，弾劾人の関与は本質的には不要となる。弾劾人は，官憲からの照会を
受け取るために，住居を申告しなければならないが，これで弾劾人は手続か
ら離脱する。少なくとも，その関与は必要ではなくなる」という。弾劾人の
手続関与に関するシュミットの評価は，上記(1)から明らかなように必ずしも
正確ではない。

　なお，Schmidt, *Inquisitionsprozess*, S. 70; *Einführung*, S. 123 は，ウォル
ムス改革法典によれば弾劾訴訟では拷問手続の適用がなく，弾劾人が犯罪を
証明しないときは被告人は無罪とされるとするが，トゥルーゼンは疑問を提
起する。Trusen, *Strafprozeß*, S. 91 は，改革法典第6書第2部第10章の「何
びとかが参事会又は市長の面前において弾劾に係る行為を任意に自白すると
きは，これに基づき有罪としなければならず，かつ有罪とすることができ
る。何びとかが拷問に自白し，これを維持するときも同じである（So einer
vor vns dem Rat oder vnserm Burgermeistern vff verclagen der that frywilliglich
bekennet daruff soll vnd mag geurteilt werden. Item so einer bekennet in pynlicher
frag vnd daruff beharret vnd besteet)」という規定等を挙げ，明確な規定に欠
けるが，弾劾訴訟においても弾劾人が有罪証明に失敗した場合は拷問が行わ
れたと解釈する根拠があるとする。

犯行に関する適法なる徴憑[*1]を覚知しうる根拠について

　第18条　同じく，朕及び神聖帝国の本裁判令は，（本条の前後において），
普通法に従い，拘禁され，犯行を疑われ弾劾されながら自白せざる者を，犯行
の適法なる徴憑，指標，疑惑及び嫌疑（redlich anzeygung, warzeychen, argkwon,

vnd verdacht）に基づき拷問すべきことを定める。〔しかるに，〕適法かつ十分なる徴憑，疑惑若しくは嫌疑を生じせしめる根拠又は指標の全ては記述しえざるところである[*2]。ゆえに，通例かかる事項について知識を有せざる官吏（amptleut）[*3]，裁判官及び参審人が，犯行の適法なる徴憑，疑惑又は嫌疑がいかなる場合に生ずるかを容易に（desterbaß）[*a]判断しうるよう，各地のドイツ語において，適法なる「徴憑」，「疑惑」又は「嫌疑」等と呼称されるものの具体例（gleichnuß）を以下に定めるものとする[*4]。

1　「適法なる徴憑」の意義については，8 条註 4 参照。

2　Clasen, art. 18, 1〔p. 104〕は，「いかなる証拠（argumentum）がいかなる証明手続によりいかなる事実について証明されるならば十分であるかを確実かつ十分に定義することは不可能である。徴憑は事実から引き出され，法もまた事実から引き出される，すなわち，重要なる事情について事実が変わるならば，法もまた変わるからである」と註解する。

3　"amptleut"の語は，領邦君主の官吏，領邦の行政管区長等を指すが，ここでは裁判官を兼ねる場合を想定したものであろう。Schoetensack, S. 51, Fn. 2 は，バンベルゲンシスにおける用語が誤って混入したものと推測する。

4　**徴憑の意義・分類**　(1)　**イタリア法における徴憑概念**　徴憑に関するカロリーナの規定はバンベルゲンシスを引き継いだものであるが，バンベルゲンシスの徴憑関係規定は，シュヴァルツェンベルクによる独創ではなく，イタリア法由来のものである（Brunennmeister, S. 226）。

イタリア法における徴憑論の本格的な検討は，ガンディヌスを以て始まる（Brunennmeister, S. 106）。ガンディヌスは，①「拷問を行う根拠となる，疑いのある推定根拠及び徴憑」に並んで，②「有罪判決を行う根拠となる，疑いのない推定根拠及び徴憑」というカテゴリーを設け，その根拠として，C. 4, 19, 25 の「全ての弾劾人は，適格なる証人の備わった，明白なる文書のある，又は，疑いがなくかつ光よりも明らかなる徴憑による証明の用意のある事件についてのみ弾劾を行うべきことを知らなければならない（Sciant cuncti accusatores eam se rem deferre debere in publicam notionem, quae munita sit testibus idoneis vel instructa apertissimis documentis vel indiciis ad probationem indubitatis et luce clarioribus expedita)」という法文を援用する（この法文における「徴憑」は，証人や書面と等置されており，「証拠」と読み替えられよう）。「疑いのない徴憑」の例として，「何びとかが裁判において犯罪を任意に自白し，拷問に自白しこれを維持し若しくは適切なる証人によって有罪を証明された場合，又は，何びとかが犯罪について既判力がある有罪判決を受けたことが明らかになった場合」，「何びとかが流血刑を科されない犯罪について金銭による和解を行ったことが明らかになった場合」等の例を挙げる(Gandinus, De presumtionibus et indiciis indubitatis, ex quibus condemnatio potest sequi, S. 95 ff. [4 et seqq.])。上の勅法彙纂の法文にいう証人及び書面が証拠となる場合以外の全てを「疑いのない徴憑」に含める趣旨のようであるが，このような用語法は後代の徴憑の用語法とは異なる。

　なお，Gandinus, De presumtionibus et indiciis indubitatis, ex quibus condemnatio potest sequi, S. 90 [1] は，①適切なる人物を起点として，セイウスがティティウスを殺害したという風評が生じ，②両者が不倶戴天の敵対関係にあり，③セイウスが抜剣を手にティティウス宅から逃走するのを目撃され，その直後ティティウスが死体で発見されたという3個の事実が適格なる証人によって証明される事例を挙げ，これらの複数の徴憑が全体として疑いのない徴憑を構成しておりこれを根拠に有罪判決を下しうるとする。ガンディヌスは疑いのある徴憑の競合が「完全証明」となることを認めるのであるが，この命題は，徴憑は拷問を許容する根拠にとどまるとする後の学説において否定されることになる（Brunnenmeister, S. 229）。

　(2)　徴憑の意義　　糺問開始，身柄拘束，拷問（嫌疑刑の場合は有罪判決〔22条註7参照〕）のそれぞれについて徴憑が問題になることを考えるならば，徴憑の定義は概括的なものにならざるをえない。Carpzov, q. 120, n. 6 は，徴憑を「犯行を証明する証拠」と定義し（Brunnemann, cap. 8, memb. 5, n. 2 〔上口訳195頁〕も，拷問のための徴憑を「犯罪が行われたことを示す証拠」とする），Clasen, art. 19, II は，「糺問，拘禁，拷問又は有罪判決を行う上で，端的に（simpliciter）又は何らかのかたちでかつ蓋然的に，犯罪が行われた事実を裁判官をして確信させることのできる証拠」と定義する。クラーセンの

116

定義においては，有罪判決に必要とされる完全証明となる証拠もまた徴憑と呼ばれている点が注目される。

(3) 徴憑の分類 (a) Clasen, art. 19, III は，拷問要件としての徴憑の分類として，①各犯罪に共通の徴憑・固有の徴憑，②蓋然的徴憑（他の蓋然的徴憑が併存しなければ拷問することができない徴憑）・確実で疑いを入れない徴憑（被告人を有罪とするには被告人の自白のみが残されるという確信を裁判官に抱かせ，拷問に足る徴憑），③〔犯罪事実に〕近接する徴憑（犯罪の存在を直接推認させる徴憑）を挙げる。これに対し，Carpzov, q. 120, n. 11 et seq.; q. 121, n. 1 は，「犯罪事実に近接せず，犯罪事実に内在しないがゆえに単独では拷問に十分ではない蓋然的かつ離隔的な徴憑（verisimile ac remotum indicium）」と，「単独で拷問に十分なる確実かつ近接する徴憑（certum ac propinquum indicium）」とを区別し，前者は「疑いのある，離隔的かつ半完全の徴憑」，後者は「完全かつ近接する徴憑」とも呼ばれるとする。

25 条が各犯罪に共通の「疑惑を生ずる断片的事実」，すなわち「蓋然的なる離隔徴憑」を規定し，29 条から 32 条が各犯罪に共通の「確実なる近接徴憑」を規定する。

(b) したがって，次のように整理することができる。①拷問に十分なる近接徴憑は 2 名の証言によって証明されなければならない（23 条本文，30 条但書き）。ただし，主要事実に関する 1 名の証言は単独で近接徴憑となる（23 条但書き）。②1 個の近接徴憑について 1 名の証言がある場合は，①の半分の証明があるにとどまるから，さらに他の近接徴憑について 1 名の証言がある場合に，①と同量の証明があるものとして，拷問に十分なる徴憑となる。③1 個の離隔徴憑についても 2 名の証言が要求されるが（23 条本文。25 条によって離隔徴憑とされる風評について，Carpzov, q. 108, n. 51 は，風評の証明は少なくと 2 名の証言によるべきだとするはこの趣旨である），このような証言がある場合，他の離隔徴憑についてさらに 2 名の証言がある場合に拷問に十分な徴憑となる（27 条）。なお，徴憑の証明方法について，30 条註 2 参照。

徴憑の概念（begreiffung）について

第 19 条 同じく，朕はしばしば適法なる（redlich anzeygen）徴憑につ

いて定めるが，それは常に，適法なる指標，疑惑，嫌疑及び推定（redlich warzeichen, argkwon, verdacht, vnd vermutung）を意味するものであり，その他の語は用いざるものとする[1]。

1　Clasen, art. 19, I は，「徴憑，推定，推測，指標，支撐，嫌疑，臆見（indicium, praesumtio, conjectura, signum, adminisculum, suspicio & opinio）はそれぞれ異なるが，実質的には『徴憑』という刑事法上の語にこれらの全てが含まれる」と註解する。徴憑の定義については，前条註4参照。

何びとも適法なる徴憑なくして拷問されてはならない

第20条　同じく，当該犯行の適法なる徴憑が予め存在しかつ証明されざるときは，何びとも拷問されてはならない[1]。これに反し〔違法なる〕拷問により犯行について自白がなされたときは，自白は措信されてはならず，何びとも自白に基づいて有罪とされてはならない[2]。官憲又は裁判官がこれに違背するときは，徴憑の証明なくして違法に拷問された者に対し，恥辱，苦痛，費用及び損害をしかるべく賠償しなければならない[3]。

かかる場合において，いかなる官憲，裁判官も，蒙りたる恥辱，苦痛，費用及び損害について，実力行使によることはむろんのこと，裁判による訴求も行わざる旨の被拷問者による不復讐宣誓（vrphede）[4]を楯として，救済，保護又は庇護されることがあってはならない[a]。

1　拷問の中間判決の必要性と不服申立てについては，45条註3参照。

2　**徴憑に基づかない拷問と自白**　Clasen, art. 20, II〔p. 110〕は，違法な拷問による自白は「措信されず（non fides habenda est）」，「かかる自白は，認証された場合であっても無効である。違法に自白させられた者が，拷問による自白を，後刻拷問を受けない状態で明示的に認証したとしても，認証された自白は自白した者を有罪とする資料となりえない」と註解する（認証については，56条註4参照）。このような原則は，イタリア法において共通意見となったものであり（Clarus, q. 55, versi. Si verò），バンベルゲンシス28条にも現れる。

3 違法な拷問と裁判官の責任 (1) Clasen, art. 20, III〔p. 113〕は、かつて中世イタリア都市国家において採用されたポデスタ制の下で都市外から招聘された裁判官が離任時に50日間都市に留まり職務執行の適法性について査問手続に服する（Syndicatum subire）制度に言及し、本条の趣旨は、「裁判官及び参審人をして、権限を濫用することなく、後に訴訟を提起される可能性に配慮した慎重なる職務執行に専念させる点にある」と註解する。また、違法に拷問を行った裁判官に死刑を科すべきだとする学説に言及するが、違法に拷問を行った裁判官の責任として損害賠償を定める本条の文言に従うのが安全であろうとする（これに対し、Carpzov, q. 127, n. 7 は、故意を以て違法な拷問を行い被告人が死亡した場合は裁判官に死刑を科すべきだとする）。

Carpzov, q. 127, n. 18 は、「選帝侯の官吏が判決により許された拷問の程度を逸脱し、以て腕を骨折させたことを証明しない限り、アクィリウス法又は不法侵害訴訟に基づきしかるべき賠償を訴求することができない」とする1631年のライプツィヒ参審人会鑑定を挙げている。ポデスタ制という独特の権力抑制的な統治システムの下で機能を発揮しえた裁判官に対する責任追及制度が、ドイツの領邦国家体制下の裁判制度においても一定程度浸透したということであろうか。

(2) イタリア法について、Fiorelli, vol. 2, pag. 180 e segg. は、①バルドゥスを含む法学者は、違法に拷問を命じた裁判官は死刑相当であるとしたが、多くの都市条令は高額な罰金刑を定めるにとどまった、②拷問により被告人が死亡した場合は死刑、死亡しなかった場合はタリオ刑としての拷問刑又は特別刑を主張した法学者もおり、タリオ刑として拷問刑を科した都市条令もあった、とする。Clarus, q. 64, versi. Anteqvam は、違法に拷問を命じた裁判官は死刑相当であるとする法学者の共通意見は実務には受容されず、被告人が死亡しなかった場合は通例非正規刑が科されるが、ナポリ王国では、違法に拷問を命じた裁判官は2年間の投獄及び財産3分の1没収の刑を科された、と述べている。

Ullmann, p. 133 は、若きバルトロスが裁判官職にあったピサ市において屈強な若者を拷問によって瀕死の状態に至らしめ、問責を恐れピサ市から逃走したという誤った噂が流布した、というエピソードを伝える。このエピ

ソードはイタリアにおける査問手続が形式的・名目的な制度でなかったことを示唆する。なお，Clarus, q. 21, versi. Praeterea etiam によれば，ポデスタ制の下で裁判官が職務終了後 50 日間当該都市に滞留する義務に違反し退去した場合，告訴のあった事件に関し自白したものと看做し有罪とするのが共通意見であった。

なお，査問手続が訴訟手続及び証拠法に与えた影響について，189 条註 3 参照。

4　不復讐宣誓　　(1)　"vrphede"は，"iuramentum pacis"（平和宣誓）ともいう。Clasen, art. 20, IV〔p. 115〕は，「違法に拷問された者であっても，拘禁から釈放されるときは，拘禁について復讐しない旨の保証を行わなければならない。保証は専ら宣誓による。『拘禁中の出来事の如何にかかわらず，自ら又は他人をして，裁判官，その属吏，弾劾人に対し公然又は非公然の復讐を行わない』旨宣誓しなければならない」が，「行われた不復讐宣誓の効力は，被告人は拘禁及び違法なる拷問を理由に実力及び自力により〔損害回復を〕企ててはならないというものであり，受けた屈辱に対する補償及び費用の賠償を訴訟により求めることを禁止するものではない」と註解する。Meckbach, art. 20 もまた，「不復讐宣誓は，私的な不正なる復讐を排除するものであるから，〔違法な拷問について〕裁判官を免責するものではない」と註解する。したがって，本条は，違法な拷問を行った裁判官が，裁判による訴求をも行わない旨の不復讐宣誓を被告人に行わせ，以て責めを免れることを禁止する規定である。Schoetensack, S. 15 は，本条はカロリーナ起草者が裁判官の責任を真摯に考えていたことを示すものと評価する。

不復讐宣誓には，追放刑を受けた場合に追放期間満了前に帰来しない旨の宣誓も含まれる（108 条註 1，176 条註 1 参照）。また，不復讐宣誓に違反した場合は制裁が科される（108 条，176 条参照）。

(2)　私的な法的平和を侵害した者に対する復讐又は自力救済がフェーデ（Fehde）であり，フェーデの対象となった者が，贖罪金によってフェーデを免れた場合には，フェーデ状態を解消するという平和宣誓を相手方から受領した。これがフェーデ放棄宣誓ないし不復讐宣誓（Urphede）である。相手方の権利行使として身柄を拘束された者が解放された場合も，平和を維持す

る旨の不復讐宣誓がなされたが，①後に裁判手続がフェーデに代わった時代においては，裁判手続において無罪とされた被告人が原告に対し，②拷問が登場した時代においては，拷問を受けた者が裁判所に対し不復讐宣誓を行うべきものとされた（Ritter, S. 15 f.）。

魔術を以て占うと称する者が占った徴憑について

第21条　同じく，魔術その他の技法を以て占うと称する者が占った徴憑を理由として，何びとも拘禁又は拷問されてはならない[*1]。むしろ，占い師及び〔占いによる徴憑に基き〕弾劾を行う者[*2]は，そのことを以て処罰されなければならない[*3]。さらに，占い師が供する徴憑に基づき手続を行う裁判官もまた，前条に定めるごとく，拷問された者に対し，費用，苦痛，恥辱及び損害を賠償する責めを負わなければならない[*4]。

1　不合理な証明方法　Brunnenmeister, S. 67, 220, Fn. 3 によれば，ローマ・カノン法的証拠法の継受が進行中であった15世紀後半においても，ニュールンベルク市又はその周辺において，7名断罪手続，30名の宣誓補助者を伴う証明，神判としての棺桶審（33条註4参照）がなお行われていた事実を伝える年代記が存在する。また，1507年のバンベルゲンシス273条は，「犯人に対する7名断罪手続及びその他の悪習（das besiben der vbeltetter vnd ander missprewch）」の廃絶を命ずる規定をおいている。したがって，本条のような（やや奇妙な）規定も，実質的な意義をなお有したものと思われる。

　Blumblacher, art. 21; Vogel, art. 21 は，本条は，何らかの事故に遭いあるいは物を盗まれたため占い師に相談し，「犯人」を教えられ弾劾に及んだ者に関する規定であると註解する。

2　違法手続の効力　Clasen, art. 21, II は，この種の徴憑に基づいて弾劾された者が犯行を自白し，あるいは適法なる徴憑が発見された場合，身柄拘束，拷問，有罪判決を行いうるかという問いに対し，手続の端緒が無効である以上否定され，また，自白が任意であるか拷問によるかを問わず有罪判決はなしえないと註解する。

3 Clasen, art. 21, II によれば，ローマ法に刑罰の定めがなく，裁判官の裁量により追放刑，拘禁刑又は罰金刑を科す。

4 魔術によって得られた徴憑は適法なる徴憑と看做されず，かかる徴憑に基づき拘禁，拷問を行うことも違法であり，かかる拘禁，拷問を命じた裁判官は被告人に対し賠償の責めを負う（Clasen, art. 21, III〔p. 119〕）。

犯行の徴憑に基づき科しうるものは拷問に限られ，刑罰を科してはならない

第22条　同じく，以下の点に留意しなければならない。すなわち，何びとも，何らかの徴憑，疑惑，指標又は嫌疑に基づき刑事罰の最終有罪判決を受けることがあってはならない[*1]。徴憑が（以下に定めるごとく）十分なる場合においては，専ら拷問のみが許されなければならない。何びとも，刑事罰の最終有罪判決を受けるべきときは[*a]，（本裁判令の他の箇所〔=60条，67条〕において明瞭に定めるごとく），自白（bekennen）又は証人による証明（beweisung）[*2]に基づき有罪とされるべく[*3]，推定又は徴憑に基づき有罪とされてはならないからである[*4*5*6*7*8]。

1 徴憑の証明力　ローマ法において，「被告人に疑いがあり，他の証拠に照らし，欠けるのは奴隷の自白のみであるという程度に至った場合でなければ，奴隷の拷問を行ってはならない（Ad tormenta servorum ita demum veniri oportet, cum suspectus est reus et aliis argumentis ita probationi admovetur, ut sola confessio servorum deesse videatur）」（D. 48, 18, 1, 1）とされ，拷問を行うための徴憑には，高度の証明力が必要とされた。その程度については，① Schoetensack, S. 54; v. Hippel, S. 210; Radbruch/Kaufmann, S. 17; Schmidt, *Einführung*, S. 129; Ignor, S. 66 は，拷問に必要とされる徴憑がもたらす嫌疑の程度は今日ならば有罪判決に十分な程度であったとする。② Heitsch, S. 10 は，殺人の徴憑に関する33条，嬰児殺の徴憑に関する35条，放火の徴憑に関する41条等の場合は，現代においては有罪とされる場合だとする。これに対し，③ Schroeder, *Die peinliche Gerichtsordnung*, S. 329 は，今日ならば未決勾留の嫌疑の程度で拷問が行われたとする。

2 「証明」の意義　　バンベルゲンシス及びカロリーナに影響を与えた
ウォルムス改革法典第3書第3部第3章は，「刑事事件における証明（Bewy-
sung in pynlichen sachen)」という標題の下に，「刑事事件においては，あら
ゆる嫌疑及び疑惑を免れ，異議又は抗弁を受けることのない証人によって，
明白，明晰かつ全く疑いのない完全なる証明が行われなければならない（In
pynlichen sachen söllen clar luter vnd gantz vnzweyfelhafftig volkomen bewysung
gescheen durch zügen die on allen verdacht vnd on argwone sind. wider die nit
vsszug oder inrede kommen)」と定める。"beweisung"という術語は，数名の
良き証人の証言による完全なる証明，という特殊かつ複合的な観念を含意し
た（vgl. Brunnenmeister, S. 222, Fn. 2)。証人による証明は完全証明（probatio
plena）とも呼ばれる。このような意味で，訳語に「証人による」と補足し，
註解においてもこの術語を用いる。

3 法定証拠主義　　(1)　本条は，刑事罰を科す有罪判決に「自白又は証
明」を不可欠とする法定証拠主義（gesetzliche Beweistheorie）を定める。有
罪判決をなしうる場合として，①60条は，「自白に係る行為について，無
辜ならば述べかつ知りえざる事実が発見されるならば，この自白は疑う余地
なく確実なるものとして措信され（る)」と定め，検認された自白がある場
合を，また，②67条は，「同じく，犯行が，真実の知識に基づき供述する，
少なくとも2名又は3名の信用すべき良き証人により証明されるとき」と
して，2名の良き証人による証言がある場合を挙げている。後者は，2名証
人の原則（regula de duobus testibus; Zweizeugenbeweis）と呼ばれる（67条註2
参照)。

(2)　法定証拠主義の萌芽は，有罪判決の要件として，「自己の自白又は拷
問若しくは尋問に付された者全ての一致した供述により有罪が証明され，か
くして弾劾に係る犯罪の犯人であることが明らかにされ，自己の犯行を否認
することがほぼ不可能となる（aut sua confessione aut certe omnium, qui tor-
mentis vel interrogationibus fuerint dediti, in unum conspirantem concordantemque
rei finem convictus sit et sic in obiecto flagitio deprehensus, ut vix etiam ipse ea
quae commiserit negare sufficiat)[*b]」ことを要求する C. 9, 47, 16 （314年コンス
タンティヌス帝勅答）に見出される。また，カノン法においては，1140年頃

に成立したグラティアヌス教令集第2部第2事例第1設問第1法文（Iudex criminosum C. 2 q. 1 c. 1）中に，「犯人を審判する裁判官は，犯人が自ら自白するか，潔白なる証人により有罪を証明されるときでなければ，判決をすることができない（Iudex criminosum discutiens non ante sententiam proferat, quam aut reus ipse se confiteantur, aut per innocentes testes conuincatur）」というかたちで現れている（法文の「証人」は複数形であり，Carpzov, q. 114, n. 49 はこの法文を2名証人の原則の趣旨に解する）。

本条はバンベルゲンシス29条をほぼ文字通り引き継いだ規定である。証人による証明に関するバンベルゲンシスの規定はイタリア法学を直接取り入れたものではなく，ニュールンベルク及びウォルムス改革法典や訴訟法鑑（Klagspiegel）を通してイタリア法学の成果として既に実務に取り入れられたところに倣ったものである（Brunnenmeister, S. 222）。

(3) ローマ法は，本来，証拠の評価を裁判官の裁量に委ねる自由心証主義を原則としていた。「事実の証明としてどのような証拠がどの程度あれば十分であるかは，十分確定的に述べることはできない。常にではないにせよ，しばしば公文書によらず事実の真実性が明らかにされている。ときには証人の数が，ときには証人の地位と権威が，ときには一致した風評が，問題となっている事実の真実性を確証する。ゆえに，朕は一般論として，専ら一個の証拠に基づいて事実認定を行ってはならならず，何を措信し又は何が証明されていないと考えるかは汝の確信に基づき判断しなければならない，と勅答しうるにとどまる（Quae argumenta ad quem modum probandae cuique rei sufficiant, nullo certo modo satis definiri potest. Sicut non semper, ita saepe sine publicis monumentis cuiusque rei veritas deprehenditur. Alias numerus testium, alias dignitas et auctoritas, alias veluti consentiens fama confirmat rei de qua quaeritur fidem. Hoc ergo solum tibi rescribere possum summatim non utique ad unam probationis speciem cognitionem statim alligari debere, sed ex sententia animi tui te aestimare oportere, quid aut credas aut parum probatum tibi opinaris）」（D. 22, 5, 3, 2）というハドリアヌス帝勅答がその例である。しかし，ローマ法に倣ったローマ・カノン法は自由心証主義を引き継がなかった。

効果的な犯罪訴追を行うために，私人による弾劾訴訟に並ぶ又はこれに代

わる手続として公的かつ職権的な糺問訴訟が登場することが要請された時代において，有罪判決に至るハードルを高め効果的な犯罪訴追を困難にする法定証拠主義，特に2名証人の原則が，旧新約聖書の章句及びローマ法法文を典拠として形成され，かつ，世俗裁判所において受容されたことは一個の歴史的逆説であろう。Langbein, *The Origins*, p. 342 f. は，犯罪摘発を公的な任務と位置づけることによって，真実発見を刑事裁判の主宰者の責務とする法制度を可能にしたことは中近世ヨーロッパ大陸型刑事訴訟の功績であるが，他方，達成不能な証明水準を採用することによって悲劇的誤りを犯したものと評価する。これに対し，v. Hippel, S. 209 f. は，旧来のゲルマン法的な形式的な証明方法を維持することは論外であり，模範となる先例もない自由心証主義を採用するならば法律的知識のない参審人の手に委ねられた恣意的なドイツ刑事司法に拍車をかけることになるであろう，と考えたシュヴァルツェンベルクにとって，法定証拠主義は当然の選択であったという。

法定証拠主義成立の歴史的背景について，上口357頁以下参照。

4　法定証拠主義の例外　　法定証拠主義には，犯罪の種類，犯罪の軽重，証明主体を考慮した例外がある。

(1)　イタリア法について，Clarus, q. 20, versi. Scias tamen は，「疑いのない推定根拠」に基づく有罪判決がどの程度可能かについて学説は大きく分かれるが，ミラノ市の実務は，「特に，密行される犯罪，証明が困難な犯罪，陰謀による犯罪，それ以上真相を解明することが不可能な犯罪」の場合は「疑いのない推定根拠」に基づいて有罪とすることができるという立場であり，「日々，参事会は徴憑及び推定根拠に基づいて被告人を，死刑及び当該犯罪に対する正規刑を除く，漕役刑，笞打刑，縄打刑その他の身体刑に処している」と述べているが，他方，Clarus, q. 20, versi. Scias etiam は，普通法によれば，暗殺，異端，聖職売買の場合は，「疑いのない徴憑」に基づく死刑判決が可能であるとしている。

R. M. Fraher, *Conviction According to Conscience: The Medieval Jurists' Debates Concerning Judicial Discretion and the Law of Proof*, Law and History Review, 7（1989），p. 61 f. は，普通法における法定証拠主義の厳格さを回避するため，①バルトロスのようなローマ法学者は，ローマ法における情況

証拠による証明を援用し，徴憑による証明も「真昼間の光よりも明白な証明」の基準を充たすと主張し，②カノン法学者は，通常の正規手続を必要としない新たな公知犯手続を適用し，③都市立法者は，主張・立証に関する詳細な規則を不要とする裁量権を裁判官に付与したことを指摘し，2名証人又は任意自白を要する完全証明の原則は，法学者や実務に対し，法史家が主張するような絶対的な支配を及ぼさなかった，と述べている（Schmoeckel, S. 267 ff. もまた，軽罪に対する科刑，個々の証拠評価，正規刑の根拠となる「疑いのない徴憑」の評価，非正規刑の適用等の場合において，不可避的に広い裁量の余地が残されたことを指摘し，法定証拠主義の下においても，裁判官は法規によって厳格に拘束されていたわけではないことを論じている）。

　(2)　密行犯罪・証明困難犯罪　　(a)　Clasen, art. 22, (1) 〔p. 123〕は，「密行犯罪（delictum occultum）は，通例密かに人目のない場所で行われるため，性質上完全証明が不可能である」，したがって，「証明困難かつ犯跡を残さない犯罪においては，推認根拠及び徴憑は完全証明に代わるものと看做される。しかしこの場合，直ちに死刑を科してはならず，完全証明がある場合よりも軽い刑を以て処罰されなければならない。実務もこれに従う」と註解する。Carpzov, q. 114, n. 35 et seq. は，窃盗，姦通，欺罔，聖職売買，夜間の犯罪，山間僻地で行われた犯罪等の「証明困難犯罪（delictum difficilis probationis）」について，「推定による証明で足りるだけでなく，適格性を欠く証人も許容される」とする。

　罪体確認は，「真昼間の光より明らかなるべき適切かつ完全なる証明」（62条註2参照）のために通常不可欠である（自白の検認についても同様である）が，有罪判決に際し罪体確認が不要となる場合があるとされる。Carpzov, q. 108 は，①異端，瀆神のような密行犯罪及び証明困難犯罪の場合（n. 32），②姦通，近親相姦，強姦のような挙動犯の場合（n. 36），③非死刑・非身体刑事件の場合（n. 39）を挙げる。①に属するとされる嬰児殺の罪体確認について，Carpzov, q. 108, n. 35 は，被告人の自白のほかに，①被告人の母親が，被告人から渡された後産を川に捨て，被告人が出産に用いた汚れ物を洗ったことを供述し，かつ，隣人たる証人が母親の行為を目撃した旨証言したこと，②被告人が母親に後産を渡したことを自白していること，③産婆の

報告によれば，子を出産することなく被告人から後産が出てくることがないことを根拠に，「自白のほかに，一定の罪体に向けられた殺人死体に関わるこれらの徴憑及び推定根拠が存在するならば，死体が発見されない場合においても犯人を死刑に処することができる」とした1614年のライプツィヒ参審人会鑑定を挙げている。これは，自白の真実性を担保すべき死体が発見されないために，情況証拠によって罪体が認定された事例である。

(b) 法定証拠主義の例外として不適格証人が許容されることがあるが（66条註2参照），この場合その供述の証明力には制限がある。Carpzov, q. 114. n. 38は，「証人適格のない証人は完全な証明とはならない」，「有罪判決に十分ではないが，複数の証人又は徴憑が競合するならば拷問に十分となるにすぎない」，Brunnemann, cap. 8, memb. 2, n. 30〔上口訳139頁〕も，「これらの証人は十分なる証拠となるのではなく，ある程度の証拠にすぎず，それが複数競合する場合に拷問に十分なる証拠となるにすぎない」と述べる。また，Clasen, art. 64, 4 (12)は，反逆罪，異端，夜間犯罪において，「名誉喪失者が名誉喪失者に対する証人として提出された場合，証言することができるが，完全なる信用性（integra fides）を有しない」，Böhmer, art. 66, §3は，証人適格を欠く証人による証明は「死刑又は身体刑を科すには不十分であるが，裁量刑，雪冤宣誓，拷問の威嚇又は拷問を科すには足りる」不完全証明（probatio imperfeta）にとどまる，と註解する。

(c) しかし，上のような原則が維持されない場合もある。Carpzov, q. 49, n. 61は，重罪としての魔術について，「密かに行われるこの種の犯罪においては，推定及び推測による証明が完全かつ決定的な証明と看做される」と述べる（109条註3参照）。これに対し，Böhmer, art. 22, §5は，反逆罪，魔術罪という重罪は徴憑のみで処罰しうるという見解は危険な考え方であると批判し，また，不明の点は自白によって解明しうるのであるから密行犯罪を徴憑に基づき処罰することは妥当ではないと註解する。しかし，公共の安寧の観点からより大なる権限が付与される領邦君主に限り，被告人が拷問に屈服しないと考えられる場合においては，徴憑に基づき有罪とし端的に死刑を科すことができるとする。Clasen, art. 22, (1)〔p. 123〕もまた，徴憑に基づいて反逆罪を処罰することに対し，自白を用いるならば有罪判決に至りうる

という理由を挙げて否定的な立場をとる。なお，Vogel, art. 22, observations によれば，ジャン・ボダンの『国家論』(J. Bodin, *Les Six Livres de la République*, 1576) が，徴憑，推定による反逆罪の処罰を肯定していた。

(3) 軽罪　本条は，刑事罰について「自白又は〔証人による〕証明」を要求する。Carpzov, q. 116, n. 51 et seqq.; Kress, art. 22, §1 は，軽罪の被告人について有力な推定又は半完全証明がある場合は，被告人の否認にかかわらず拘禁刑，追放刑，罰金の裁量刑を以て処罰することができるとする。これに関しては，本条註7参照。

(4) 無罪証明　(a) Carpzov, q. 114, n. 56 は，「被告人の防禦のための立証及びその無罪の立証のためには1名の証人で足りる。この場合はいかなる不完全証明も完全かつ十分なる証明と看做されるのである」と述べる (Clasen, art. 29, II 〔p. 155〕, art. 66 〔p. 286〕; Kress, art. 65 〔p. 198〕同旨)。犯罪阻却事由の証明の文脈において，2名証人の原則の適用がないという趣旨で厳格なる証明 (exacta vel stricta probatio) の必要がないと説かれることがある (Clasen, art. 143, II; Böhmer, art. 141, §2 〔p. 679〕)。

なお，正当防衛の証明については，141条，143条参照。

(b) 徴憑に対する反証及び正当防衛の立証において証人適格の制限が排除され，被告人の防禦負担が軽減されることについては，29条註3及び141条註3参照。

5　法定証拠主義の下での有罪証明と無罪証明　Schoetensack, S. 71; 米山225頁は，徴憑に関しては反証が許され，かつ，裁判官による裁量的証拠評価の余地があるが，主要事実に関しては反証も裁判官の裁量的証拠評価もその余地がなく，2名の証人によって主要事実が証明されるならば反証は許されず，裁判官は証明に従って事実認定を行うとする。

たしかに，カロリーナは徴憑に関して被告人が反証をなしうること (29条，33条，37，41条，43条，47条)，徴憑の十分性は裁判官の裁量的な証拠評価によること (7条，27条，28条) を明文で定める。他方，抗弁事由すなわち犯罪阻却事由の証明に関しては13条，141条に明文があるが，主要事実に関する反証については明文をおいていない。しかし，前註(4)に引用した論者は被告人側立証において不完全証明も完全証明と看做されると述べる

が，これは，「被告人の防禦のための立証及びその無罪の立証」は証人の適格性の弾劾や犯罪阻却事由の立証等に限られ，主要事実に関する反証を含まないという趣旨ではなく，主要事実が2名の証人によって証明された場合においても被告人が反証として1名の証人を提出することができるという趣旨なのではあるまいか。

たとえば，Carpzov, q. 121, n. 7 et seqq. は，犯行現場の遺留品が被告人のものである事実が徴憑として証明された場合に関し，アリバイが1名の証人によって証明されるならば被告人は拷問を免れるとする。このような考え方に従うならば，被告人の犯行であることを供述する2名の証人がいる場合においても，被告人の犯行でないことを供述する1名の目撃証人又は被告人のアリバイを供述する1名の証人がいるならば，少なくとも有罪の完全証明は揺らぐと考えることが可能であろう（143条註3（1）参照）。

6　7名断罪手続・風評手続の禁止　　カロリーナは，「犯人の7名断罪手続及びその他の悪弊」を禁止したバンベルゲンシス273条に対応する明文をもたないが，本条は，①有罪判決に証人の証言を要求する点で，宣誓による断罪を許容する7名断罪手続の禁止を，②風評を含む徴憑に基づく有罪判決を禁止する点で，風評の確認に基づく断罪を許容する風評手続の禁止を含意する。25条註4参照。

7　嫌疑刑　　(1)　非死刑・非身体刑事件と嫌疑刑　　8条は死刑及び身体刑事件に対してのみ拷問を許容すると解されている。拷問による事案解明が不適法とされる非死刑・非身体刑事件において，証人による証明すなわち完全証明はないが強い徴憑ないし嫌疑がある場合，直ちに無罪としてよいかという問題が生ずる。

(a)　Carpzov, q. 116 は，①「拘禁刑，追放刑又は罰金刑のような裁量刑が科される軽罪」の場合において（n. 53），②「決定的な推定根拠すなわち半完全証明」があるとき（n. 51），すなわち，「推定規定及び徴憑が，犯罪を否定することがほとんど不可能な程度に，決定的，強力かつ確実である」ときは（n. 56），③被告人の否認にもかかわらず裁量刑を科しうるが（n. 51），④その刑は有罪の完全証明又は自白のある場合よりも軽いものでなければならない（n. 57），⑤軽罪の場合に限るのは，重罪の場合は，「拷問及び雪冤宣

誓のような真実発見の手段が存在する」からである（n. 54），とする。

　本条は「刑事罰」について完全証明（又は自白）を要求しているのであるから，「刑事罰」が死刑及び身体刑を意味するのであれば，カルプツォフの立場はカロリーナ解釈としても成立する余地がありそうである（Schmidt, *Einführung*, S. 178 は，嫌疑刑はカロリーナと調和しないと述べ，Holstappels, S. 48 は，カロリーナに非刑事罰について完全証明は不要であるという規定はないとする）。また，このような立場からすれば，完全証明のない軽罪について死刑及び身体刑以外の刑罰を科すことは必ずしも嫌疑刑に当たらないことになる。1 条註 3 に述べたように，本来，刑事罰は死刑，身体刑を，民事罰は拘禁刑，追放，罰金刑を意味したが，カロリーナ 104 条には，「朕の皇帝法が生命，名誉，身体に対する刑事罰を定めず又は科さざる事件」という規定があり（なお，113 条は追放刑を刑事罰に分類し，135 条は罰金と刑事罰とを分別する），刑事罰の範囲は必ずしも明確ではない。仮にカロリーナにおいて刑事罰は死刑及び身体刑に限定されないとするならば，非死刑・非身体刑事件を半完全証明で処罰するのは本条の明文と抵触する。

　v. Hippel, S. 230; Schmidt, *Einführung*, S. 178 によれば，嫌疑刑が一般的に承認されるについてはカルプツォフ説の影響が大であった。

　(b)　非死刑・非身体刑事件に嫌疑刑を科すことに批判的な見解として，Oldekop, *Decades*, decas 3, q. 8 は，①追放刑は名誉喪失を伴う点で，また，拘禁刑は一種の拷問であり，かつ名誉失墜を伴う点で苛酷なものであるから，このような刑罰を完全証明のない場合は科すべきではない（n. 7 et seq.），②犯行の性質は刑の加重減軽の事由となりうるが，証明の程度は加重減軽の事由とはなりえない（n. 15），③雪冤宣誓という手段がある以上，推定による処罰という「異例かつとりわけ不公正なる…手段」をとるべきではない（n. 18 et seq.）として，証明不十分の場合の裁量刑（嫌疑刑）に批判を加えた。また，Brunnemann, cap. 8, memb. 2, n. 2〔上口訳 130 頁〕は，裁量刑又は雪冤宣誓を科すことを否定し仮放免で対処すべきだとする。

　(2)　死刑・身体刑事件と嫌疑刑　　Brunnemann, cap. 8, memb. 5, n. 89〔上口訳 227 頁〕は，「第 3 回の拷問を受けた者が自白したが，拷問後再び否認する場合はどうすべきか。この場合，裁判官はさらに拷問することができ

ず，被告人は放免されなければならないというのが共通意見であると考えられる」と述べる。

これに対し，Carpzov, q. 116, n. 55 は，「2度又は3度の拷問の後新たな徴憑が生じた場合，重罪の被告人を追放刑によって処罰することができるが，身体刑はむろんのこと，死刑は科すことができない」と述べる。これは，拷問の余地のなくなった重罪に対し徴憑に基づく軽い嫌疑刑を肯定するものである。

(3) 雪冤宣誓　　上で言及されている雪冤宣誓は，ゲルマン法における雪冤宣誓とは異なる。ゲルマン法において，原告の提訴によって挙証責任を負わされた被告人は，宣誓補助者とともに雪冤宣誓を行うことで挙証責任を果たすことが可能であった。この雪冤宣誓は，他の証拠方法による証明が不可能であることや，有罪を推認させる一定の証拠が存在することを前提としない証明方法であった。実体的真実との論理的関連性に乏しく，かつ被告人が挙証責任を負うという特殊ゲルマン法的な観念を前提とする雪冤宣誓は，1215年のラテラノ公会議における神判廃止に象徴される証拠法の合理化，ローマ法化の趨勢とは相容れないものであった。

しかし，糺問訴訟の導入に先立つ時代において，カノン法は風評によって疑いをかけられた聖職者が潔白を証明する方法としてゲルマン法由来の雪冤宣誓を導入した（解題II 2参照）。オルデコープやブルネマンの所説に現れた雪冤宣誓はこのカノン法的な雪冤宣誓と同質のものである。カロリーナにはこれを許容する定めがないが，Carpzov, q. 116 によれば，その要件・効果は以下の通りである。すなわち，雪冤宣誓を課すか否かは法有識者の判断によるが，雪冤宣誓を課しうるのは，たとえば犯罪が身体刑相当ではなく拷問できない場合，あるいは重罪について拷問に十分なる徴憑が存しない場合である。ただし，被告人が偽誓を行う疑いがなく，かつ，有力な徴憑が既に存する場合に限る（n. 61, 62）。雪冤宣誓を行った被告人は，無罪判決を受ける（n. 77）。宣誓を拒否するときは，軽罪の場合は自白したとみなされ有責判決を受けるが（n. 80, 81），重罪の場合は，かかる擬制自白は有罪判決には不十分であり，拷問のための徴憑となるにとどまる（n. 82）。

8　裁量刑　　(1)　裁量刑と非正規刑　　(a)　裁量刑（poena arbitraria）

は，裁判官の裁量によって刑種・刑量が定まる刑をいう。非正規刑又は特別刑（poena extraordinaria）は，正規刑（poena ordinaria）以外の刑を指し，「法律自体が刑罰を定めることなく科刑を裁判官の裁量に委ねている場合，及び，行われた犯罪が特定の名称を有せず，かつ法律・法令に明示的に規定されていない場合」の刑をいう（Carpzov, q. 133, n. 1）。なお，慣習上確立した刑罰も正規刑とされる（Carpzov, q. 132, n. 6）。これは，慣習法に刑罰の定めがあるという趣旨と解される。

　(b)　Carpzov, q. 133 は，裁量刑として科しうるのは，身体刑としての笞刑，断手刑，民事罰としての追放刑，拘禁刑，罰金刑であり死刑は除かれるが（n. 16, 19），犯情により裁量刑として死刑を科すことができるか否かについては，法律に死刑の明文があり，死刑を科すか否かを裁判官の裁量に委ねる明文がある場合に限って裁量刑として死刑を科しうるとする（n. 19, 24 et seq.）。Carpzov, q. 133, n. 30; Clasen, art. 105, I〔p. 385〕は，「身体又は生命に対する刑事罰」を法定する文書等偽造に関する 112 条を裁量刑としての死刑を定める規定であるとする。しかし，112 条の場合の死刑は法定刑の中からの処断刑の選択にとどまる（113 条註 2 参照）。

　正規刑の定めがある場合においても，刑の加重減軽として裁判官の裁量に基づき科刑される刑罰は裁量刑と呼ばれるが（104 条註 7 参照），裁量刑として，例外的に正規刑が科される場合もある（以下の(2)参照）。

　(c)　カルプツォフは，刑罰の裁量性について，「今日，ほとんどすべての犯罪〔の刑罰〕は裁量的であり（hodiè ominia ferè crimina sunt arbitraria），法規によることなく処罰されるべきである。したがって，裁判官は法律（statutum vel lex）によって定められた刑を加重減軽し，刑種を変更することができる」（Carpzov, q. 24, n. 9）といい，「犯罪が凶悪であるときは，公共の秩序の優位（favor publicae disciplinae）が犯罪処罰を求めるがゆえに，裁判官は正規の法律及び刑罰を超えることができる」（Carpzov, q. 133, n. 21 et seq.）とも述べる。このような裁量性の強調は，類推処罰の許容性と並んで，恣意的な刑事司法の運営を誘発する結果を招いたともいえる。しかし他方，カロリーナの定める正規刑の多くが死刑であるという事情の下では，裁量刑は正規刑を軽減する役割を果たすことも可能であったと考えられる（Schmidt, *Einführung*,

132

S. 183)。カルプツォフが,「今日, すべての裁判は裁量的である。犯行の性質及び態様, さらに犯人の性質及び身分に応じて刑を減軽することは裁判官の裁量に属する。法の極みが不正の極みとなることのないよう（ne ex summo jure summa fiat injuria）, 裁判官は法律又は法律の意図するところ（sententia legis）を超えて厳格であってはならないのである」（Carpzov, q. 25, n. 1）と述べるのは, このような趣旨であろう。

(2) 嫌疑刑と裁量刑　　嫌疑刑は, 上に述べたように, 必要とされる完全証明がない場合に科される刑をいう。したがって, 重罪・軽罪を問わず, 有罪判決は完全証明を必要とするというカロリーナ解釈を採用するならば, 徴憑に基づき軽罪に刑を科すことは嫌疑刑であり, 裁量刑として正規刑より軽い刑が科される。

嫌疑刑として正規刑が科されることはないが, 裁量刑の場合は, Carpzov, q. 49, n. 28 が, 加害行為を伴わない魔女行為に対し加害魔術に対する正規刑を裁量刑として科しうるとする（109 条註 1 参照）。なお, Clasen, art. 113, III が,「裁量刑は通例死刑には至らないが, 偽罪について死刑を科しうる場合がある」と註解しているが, この点については上の(1)参照（偽罪については, 112 条註 1 参照）。

犯行の十分なる徴憑はいかに証明されるべきか

第 23 条　　同じく, 拷問を行う根拠となる各徴憑は, 十分なる証明に関し以下の若干の条文〔＝62 条以下〕において定めるごとく, 2 名の良き証人により証明されなければならない。ただし, 犯行の主要事実（die hauptsach der missethat）が 1 名の良き証人により証明されるときは,「同じく, ある者が,（以下において良き証人及び証明について定めるごとく,）云々」を以て始まる 30 条に定めるごとく, 半完全証明（halb beweisung）[*1]として, 十分なる徴憑となる[*2]。

1　完全証明・半完全証明　　(1) Clasen, art. 30, I〔p. 155 et seq.〕の定義によれば, ①完全証明（probatio plena）は「争点を決定するために十分なる心証（fides）を生じさせ, かつ争点の決定のために他の補強証拠を要しない

証明」，②半完全証明（probatio semiplena）は，「出来事に関する何らかの心証を裁判官に抱かせるが，有罪判決を下しうる程度又は下すべき程度には至らない証明」をいう。半完全証明の下には4分の1証明という概念がある（30条註2参照）。また，不完全証明（probatio imperfecta）という概念も存在する（Carpzov, q. 33, n. 40; Böhmer, art. 66, §3）。半完全証明と同義で使用される場合もあるが，厳密には4分の1証明も包含するので同義ではない。

　(2)　クラーセンは，完全証明の例として，「2名の証人，書証，被告人の自白，宣誓，正当なる推定（justa praesumptio）並びに一定要件を満たした風評（fama qualificata）」による証明を挙げる（Clasen, art. 30, I〔p. 156〕）。書証が完全証明となる場合として，Brunnemann, cap. 8, memb. 2, n. 4〔上口訳130頁〕は，反逆罪や偽罪の場合を挙げる。

　雪冤宣誓については，22条註7(3)参照。「正当なる推定」による完全証明とは，証明困難な類型の犯罪について推定による証明が許されることを指す（22条註4参照）。「一定要件を満たした風評」の趣旨は不明である。

　2　徴憑の証明方法　本条のいう「犯行の主要部分」とは，「犯行それ自体」を指し（Clasen, art, 23〔p. 123〕），その証明とは「被告人とされている者により犯行がなされることを目撃した旨の証言」をいう（Carpzov, q. 123, n. 50）。犯行の直接証拠として1個の証言があるならば拷問に十分であるが，供述は明確なものでなければならず，被告人に有利な事情がある場合は，証言は半完全証明とはならない（Clasen, art, 23〔p. 123〕）。その他の適法なる徴憑の場合は，それぞれ2名の証人の証言により証明されない限り拷問に十分ではない。30条参照。

本裁判令に明示されざる犯行の徴憑は，以下に定める徴憑に基づき類推しうべきものである

　第24条　同じく，以下の条文に挙示されざる事例においては，犯行の疑惑及び徴憑（argkwon vnd anzeygung）について定める以下の条文に基づき，類推（gleichnuß）を行わなければならない[*1]。なぜならば（wann），疑惑及び疑いのある全ての事例及び事情は記述しえざるところだからである。

134

1 Clasen, art. 24 によれば，「同一の根拠が妥当するならば，法の定め
も同一となる。したがって，類似した事項に基づき類似した事項を推論する
（â similibus ad similia argumentor）ことが可能である」。

全ての犯行に関わる一般的疑惑及び徴憑について

第25条　　まず始めに，疑惑を生ずる断片的事実（argkwonige teylen）[*1]
について定め，加えて，これら断片的事実がいかに，かつ，いかなる場合に
おいて適法なる徴憑を構成するかを説示するものとする。

同じく，以下の多数条文〔=29条以下〕において定められ，かつ拷問に十
分なるものと命ぜられている徴憑を見出しえざるときは，以下に定める疑惑
を生ずる〔一般的〕諸事情，及び，その全てを〔本令に〕記述しえざる類似の
疑惑を生ずる〔一般的〕諸事情が取り調べられ（erfahrung haben）なければな
らない。

第1に，被疑者が，当該犯行をなしうると予期（versehen）すべき[*2]，風
評（böser leumunt vnd gerücht）のある大胆若しくは軽率なる人物であると
き，又は，被疑者が同種の犯行を行い，企て，若しくは疑われたことがある
とき[*3]。ただし，かかる風評は，その敵対者又は軽率なる者等ではなく，公
平なる分別ある者等に由来するものでなければならない[*4]。

第2に，被疑者が，犯行に関連のある不審なる場所において目撃，発見又
は捕縛されたとき[*5]。

第3に，行為者が犯行中又は犯行現場への往還において目撃され[*a]，か
つ，かかる場合において行為者が同定されざるときは，被疑者が，目撃され
た行為者と同様の体格，衣服，武器，乗馬その他を有するか否かに留意しな
ければならない[*6]。

第4に，被疑者が，同種犯罪を行う者の許に居住しこの者と親交のあると
き[*7]。

第5に，加害行為の場合においては，被疑者が嫉み，敵意，以前に行いた
る脅迫（vor geende trawe）[*b]，又は，何らかの利得の期待に基づき犯行に至
ったものであるか否かに留意しなければならない[*8]。

第6に，被害者が，何らかの根拠に基づき何びとかを犯人と名指し，その

後死亡せるとき，又は，宣誓により〔犯人であることを〕確証せるとき[*9]。

第7に，何びとかが犯行を理由に逃亡せるとき[*10]。

1 「疑惑を生ずる断片的事実」の意義 (1) Clasen, art. 27, I は，25条及び26条に定める8個の「疑惑を生ずる断片的事実」は，「単独では拷問を言い渡すためには十分ではない。これらの断片的事実は，離隔徴憑であり，犯行又は犯行が必然的に推認される重要なる間接事実 (circumstantia) ではなく，犯行にとって周辺的な間接事実に関わるものであり，犯行に内在するものではないからである」と註解する。

(2) 27条見出しが示すように，「疑惑を生ずる断片的事実」と徴憑とは必ずしも同義ではない。しかし，「疑惑を生ずる断片的事実」は離隔徴憑（18条註4参照）と定義されており，コンメンタール等においては，一般に「疑惑を生ずる断片的事実」もたんに徴憑と呼ばれる。

2 Clasen, art. 25, I〔p. 131〕は，「疑われている〔その種の〕犯行を厭うとは見られない」と註解する。

3 前歴 (1) 本項の解釈については，①本項は全体として風評に関する規定であり，風評の内容が犯罪に関する場合に1個の「疑惑を生ずる断片的事実」を構成するという解釈 (Blumblacher, art. 25) と，②本項は徴憑としての前歴 (indicium vitae anteactae) に関する規定であり (Kress, art. 25, § 2)，風評及び同種犯罪の事実がそれぞれ別個の「疑惑を生ずる断片的事実」に当たるという解釈 (Böhmer, art. 25, § 1; Clasen, art. 25, I; Kress, art. 25, § 3) がある。

(2) 上記①の見解は，イタリア法学に依拠するものであるが (Clasen, art. 25, I〔p. 133〕)，テキスト "erstlich *ob* der Verdacht eyn solche verwegene oder leichtfertige person, von bösem leumut vnd gerücht sei, daß man sich der missethat zu jr versehen möge, *oder ob* die selbig person, dergleichen missethat vormals geübt, vnderstanden habe, oder beziegen worden sei" の *"oder"* を "und" の意味に解するのであろう。しかし，「本項を正しく理解するならば，かかる見解は認めることはできない」(Clasen, art. 25, I〔p. 133〕) という批判がある。

上記②の立場の Kress, art. 25, §2 は,「現に疑いを受けている犯罪と同種の犯罪若しくはその未遂により有罪とされたことのある者,又は,公然たる悪評を受けている者は悪性の者（malus）と推定される」が,「善良の者がすぐに悪性の者となることはなく,逆に悪性の者はすぐに善良の者となることもない」ことがその根拠である,と註解する。Kress, art. 25, §3 は,過去の犯歴について,①犯罪は同種犯罪でなければならない,②さらに,犯行態様が考慮されなければならない。飢饉時の窃盗,危険に曝された状況下での殺人,又は,稀なる機会若しくは強い誘惑があってなされた姦通等は本項のいう犯歴に含まれないという。

4 風評　Schoetensack, S. 51 は,ドイツ法の風評手続（Leumundsver-fahren）において有罪判決の根拠とされた「風評（Leumund）」が,「疑惑を生ずる断片的事実」にまで格下げされ,イタリア法学（6条註2のガンディヌス説を参照）に倣って「その敵対者又は軽率なる者等ではなく,公平なる分別ある者等に由来するもの」という要件が設けられたとする。「風評」を「疑惑を生ずる断片的事実」と位置づける本項は,風評の認定に基づく断罪を行った風評手続の廃止を含意すると解される。

　風評は身柄拘束の要件でもあるが（6条）,風評によって被疑者が身柄を拘束された場合,風評のある犯罪が現に行われた否かが取り調べられ（6条）,その上で拷問に十分なる徴憑の有無が判断され,この点について疑義があるときは法有識者に鑑定が求められる（7条）,という関係にある。

5 徴憑としての被疑者の目撃・捕縛　Clasen, art. 25, II は,①窃盗,強姦,放火等の行われた場所又は近辺において疑わしい状況で発見され,かつ,②その者がその種の犯歴があるか,類似の犯罪の前歴があるという徴憑が競合する場合は拷問を行いうると註解し,競合するその他の徴憑として,被疑者が殺害された者の敵である,異常に武装を固めていた,死体近く抜剣し佇立していた,殺人現場から逃走した等の「疑惑を生ずる断片的事実」を挙げる。

6 犯人との類似性　(1)　Stephani, art. 25 は,「被告人が,犯行現場で犯行中又は犯行の前後に何びとかによって目撃されたが,顔貌によって同定されなかったときは,体格,風貌,衣服,武器,乗馬及びその色等によっ

て同定しうるかを問題としなければならない」と註解する。

(2) Clasen, art. 25, III; Stephani, art. 25 は，この種の「疑惑を生ずる断片的事実」の例として，さらに，剣に刃こぼれがある，犯行現場で被疑者の所有物が発見された，埃，砂，雪あるいは土に残された足跡，靴跡が被疑者のものと一致する場合，Carpzov, q. 120, n. 34 は，被告人が疑わしい人物である，同種犯罪を行っている者と交友がある，被害者との敵対関係がある，犯罪から何らかの利益を得る可能性のある場合を挙げる。

7 悪しき交友 犯罪者との交友であっても，相手方が親族又は取引相手である等交友に正当なる理由がある場合，相手方の犯罪傾向について知らなかった場合は「疑惑を生ずる断片的事実」に当たらない（Clasen, art. 25, IV）。

8 敵対関係・脅迫・利得の期待 (1) 「加害行為」の意義については，Gobler, art. 25 は，"in damnificationibus & laesionibus"（「侵害」），Remus, cap. 25 は，"in caedibus, vulneribus"（「殺害，傷害」），Vogel, art. 25 は，"le tort fait ou la blessure"（「侵害又は傷害」），Langbein, art. 25 は，"damage to property or person"とする。敵対関係・脅迫・利得の期待が加害行為の動機としてされている関係上，レームス訳のように限定する理由はなく，物又は人に対する加害行為の趣旨と解される。

(2) Clasen, art. 25, V〔p. 137〕は，敵意すなわち敵対関係の意義について法学者の見解が分かれ，①重大なる対立に基づき友好関係の破棄が公然と宣言された場合，②自由身分や正嫡身分に対する疑義が相手方によって提起された場合，③財産の全部を争う訴訟が提起された場合（26条参照）のいずれを指すか明らかでないため，裁判官の裁量によるのが適切であると註解する。

(3) また，Clasen, art. 25, V〔p. 139〕は，脅迫について，「脅迫があった後脅迫に見合う事故が起きた場合は脅迫者に不利益な推定が生ずる。すなわち，人の精神状態又は意思は行為又は事実だけではなく言葉からも推認されるからである。その時心中において考えていなかったことをその時言葉にするとは考えられないのである」と註解するが，これは現代の刑事訴訟学にいう「現在の精神状態の供述」に関する理解に対応する。また，脅迫が拷問の

138

根拠となるのは，①脅迫者はそれを実行するような人物であること，②脅迫者にその能力があり，その種の犯行を行うという風評があること，③特定の行為を以て脅迫したこと，④脅迫に係る行為が現に行われたことが必要であるとする。

(4)　利得の期待として，遺産相続，出世への期待を挙げるが，これらは離隔的かつ一般的な徴憑であり，他の「疑惑を生ずる断片的事実」がなければ拷問することができない（Clasen, art. 25, V〔p. 140〕）。

9　被害者の告発・臨終の供述　　(1)　Böhmer, art. 25, §7 は，二つの要件を挙げる。①「何らかの根拠に基づいて」という文言が示すように，告発が明確な根拠のある知識に基づいてなされることである。供述の根拠を欠く供述は措信されないという原則と同様である。②供述者の死亡又は宣誓による確認（confirmatio）であり，「供述者の死亡及び宣誓はそれぞれ，供述者が仮装，隠蔽又は欺罔しなかったと推定させるのである」。

(2)　本項について，「受傷し死に瀕した者が加害者を名指しする」場合を挙げる Carpzov, q. 129, n. 50 は，殺人の被害者が死を意識し犯人を名指する臨終の供述を想定するものである。これに対し，Kress, art. 25, §8 は，「この徴憑は殺人の場合に最も良く当てはまるが，たとえば臨終に際し窃盗犯を名指した場合のように，他の犯罪にも当てはまると解して妨げない。本条は，すべての犯罪に共通する徴憑を定めているからである」と註解する。

また，臨終を意識してなされた供述に限るべきかという点に関しては，Böhmer, art. 25, §VII は，法文は「死に瀕した者」とせず「被害者」としているのであるから，壮健の者が供述し，その後死亡するか，宣誓した場合も本条の適用があるとする。

これに対し，Clasen, art. 25, VI〔p. 140 et seq.〕は，死者の供述が「疑惑を生ずる断片的事実」となるのは，「臨終にある者は虚偽を述べず，むしろ永遠の救済に心がけるものと推定される」からであるとするが，1 名の証言は証明力がない等の証言に要求される諸要件が欠けるため，他の「疑惑を生ずる断片的事実」がなければ，拷問に十分ではないと註解する。

(3)　宣誓は供述前に行うのが原則であるが（Brunnemann, cap. 8, memb. 2, n. 47 et seq.〔上口訳 144 頁以下〕），事後的に宣誓により確認された供述が徴憑

とされるのは，被害直後になされたために虚偽を含みにくい被害者供述であるということを考慮したものであろうか。

10　逃亡　Clasen, art. 25, VII〔p. 143〕は，「拘禁，苛酷なる糺問，偽証する又は悪意の証人，不公正かつ苛酷な裁判官に対する正当なる危惧から逃亡するということがありうる。この場合，逃亡の事実のみでは拷問の徴憑とはならない。自己の生命を守ることは何びとにも許されており，このような逃亡者は宥恕に値するからである。何びとも自己を危険に曝すことを強制されないのである。投獄され足枷をされた状態において自己の言い分を主張し無罪を証明しようとすることは愚かな選択だと考えられるからである」と註解する。これは，無辜ならば逃亡し自由な状態で防禦を準備することも許されるという趣旨であろう。Clasen, art. 25, VII〔p. 143 et seq.〕は，逃亡が拷問の徴憑となるためには，①逃亡者が悪評のある者である，②辺鄙な場所に逃亡したこと，③糺問又は弾劾が行われる前に逃亡したこと，④裁判所の召喚を受けながら帰来せず，アハト（155条註1参照）宣告を受けたこと，⑤破獄したこと（ただし，不当に拘禁され官憲又は君主に救済を訴えるために破獄した場合を除く）等の事実が必要であるとする。

第8に[*1]

第26条　同じく，ある者が，多額の財について他者と訴訟を行い，その財が生活資，資産の大部分に相当するものであるときは，所有者は，訴訟の反対当事者に対し敵意に満ちた大敵であると看做される[*a]。ゆえに，反対当事者が密かに謀殺されるときは，所有者に対し謀殺の推定が生ずる[*2]。かつさらに，その行状（wesen）に照らし，その者が当該謀殺を行いたる疑いがあるときは，適法なる免責事由を有せざる限り[*3]，拘禁し拷問しうるものとする[*4]。

1　本条は，第1次草案では「密かに行われる謀殺の十分なる徴憑」という見出しを持つ34条bとして規定されていたものであり，第3次草案において独立の条文として本条となったため，前条との関係で落ち着きの悪い規定となっている。

2 訴訟の当事者が殺害されその犯人が知れない場合は反対当事者に嫌疑が及ぶ，という趣旨であるが，①資産の大部分が訴訟において争われ，②被疑者が卑しき人物であり，流血を厭わないような闘争的な人物であるという事情が必要である（Clasen, art. 26〔p. 145 et seq.〕）。Kress, art. 26 は，「足りないのは被告人の自白のみであり，被告人が犯人であると推測するほかないような間接事実によって徴憑が補強されなければ拷問は行われないというのが，法学者の共通意見である」と註解するが，これは本条の場合に限られない。

3 「被疑者が疑いを晴らし，不利益なる徴憑を除去せざる限り」の趣旨である（Clasen, art. 26〔p. 146〕）。被告人に有利な徴憑について，28条註1参照。

4 その他の「疑惑を生ずる断片的事実」　以上に加えて，Clasen, art. 26〔p. 146 et seqq.〕は，法文に現れないが，実務上受容されている「疑惑を生ずる断片的事実」として次のようなものを挙げる。①被告人供述の変遷中，犯行の周辺的事情に関する変遷は「疑惑を生ずる断片的事実」に当たらないが，犯行自体に関する変遷の場合は，他の「疑惑を生ずる断片的事実」があるならば拷問に及びうる。②被告人が裁判官の面前で供述するに際し狼狽と戦慄を示し，他に「疑惑を生ずる断片的事実」があるならば拷問しうる。③被告人の黙秘（taciturnitas）は自白と看做され拷問に十分であるとする見解があるが，民事とは異なり刑事では直ちには自白とは看做されず，他の「疑惑を生ずる断片的事実」が競合しなければ，黙秘を理由に拷問することはできない。

上に定める疑惑を生ずる断片的事実が，いかなる場合に併存し又は単独で[a]拷問を行うに十分なる徴憑を構成するかに関する規則[1]

第27条　同じく，〔25条及び〕前条は拷問の徴憑に関し，8個の疑惑を生ずる断片的事実を定めるが，これら疑惑を生ずる断片的事実は，それぞれ〔単独では〕，拷問を行う根拠となる適法なる徴憑としては十分たらざるものである[2]。しかし，何びとかに対し，疑惑を生ずる断片的事実が競合すると

きは，（拷問を判決し執行すべき）者は，認定に係る上に定める断片的事実
又は同種の疑惑を生ずる断片的事実が，それぞれ単独で適法なる徴憑を構成
する以下の条文〔=29条以下〕の場合と同様に[b]，嫌疑のある犯行の適法なる
徴憑を構成し，拷問に十分となるか否かを考量しなければならない。

1　本条は，「疑惑を生ずる断片的事実」が単独では拷問に十分なる徴憑
になりえないと定め，他方，28条は，「疑惑を生ずる断片的事実」が競合す
る場合は，裁判官の裁量又は法有識者の鑑定を経て，拷問に十分なる徴憑と
判断してよいと定める。したがって，「いかなる場合に併存し又は単独で拷
問を行うに十分なる徴憑を構成するか」という見出しは本状の内容と符合し
ない。

2　Clasen, art. 27, I et seq. は，「疑惑を生ずる断片的事実」は，「離隔的
な徴憑であり，行為（factum）又は行為を必然的に推認させる重要な付随状
況ではなく，行為にとって外在的すなわち犯行に内在的でない付随状況に関
わるにすぎない」ために，単独で拷問に足る徴憑となりえないが，離隔的徴
憑が複数競合する場合は拷問が可能であると註解する。

上に定める事項に関するさらなる規則

第28条　　同じく，何びとかに対し，（上に定める）疑惑を生ずる断片
的事実のいくつかに基づき犯行の〔十分なる〕嫌疑が生ずるときは，二点に
ついて常に等しく留意されなければならない[a]。第1は，認定に係る疑惑〔の
程度〕であり，第2は，被疑者が，犯行に関し免責事由となるいかなる有利
なる推定根拠[1]を有するか[b]，である。これに基づき，疑惑の事由が免責の
事由に比し大であると考量しうるときは，拷問を行いうるものとする。しか
し，認定に係る若干の小なる疑惑に比し，免責事由をより重視すべきとき
は，拷問を行ってはならない。以上につき疑義が生ずるときは，拷問につき
判決しかつ執行すべき者[c*2]は，法有識者（rechtuerstendige）及び朕の裁判令
の末尾において定めるところ（ende vnd orte）に鑑定を求めなければならな
い[3]。

1 被告人に有利な徴憑 (1) Carpzov, q. 123, n. 65 は，被告人に有利な「証拠及び推定根拠」として，自発的に裁判に服した，事件当夜熟睡していた，逃亡しうるにもかかわらず逃亡しなかった，自発的に身柄拘束に服した，証人が裁判外で証言を撤回した等の事実を挙げる。Clasen, art. 28, (2)は，被告人による無罪主張の有無にかかわらず，裁判官は被告人に有利な徴憑の有無に注意しなければならないと註解する。

(2) Clasen, art. 28, (3)によれば，学説彙纂の「債務の存在が問題となりこれに答えるべきときは，我々はこれをむしろ否定しなければならない。債務不存在が問題となるときは，反対に，汝は債務不存在をむしろ肯定しなければならない（ubi de obligando quaeritur, propensiores esse debere nos, si habeamus occasionem, ad negandum: ubi de liberando, ex diverso, ut facilior sis ad liberationem)」(D. 44, 7, 47) という法文，及び，「被告は，原告よりも有利なるものと看做される（Favorabiliores rei potius quam actores habentur)」(D. 50, 17, 125) という法範は，「防禦の主張は有罪の主張に優先する（favorabilior ist causa defensionis, quàm condemnationis)」という趣旨である。ここから，「被告人に一定の有利なる徴憑と一定の不利なる徴憑があるときは，常に放免という寛大なる立場がとられなければならない」という規則が成立し，「被告人による決定的ではなく疑いが残る推定的な証明は，弾劾人による証明に対する反証となり，拷問を行うことはできない」とされる。

上の法範の示す原則は，「防禦の優位（favor defensionis)」(Carpzov, q. 115, n. 74; Clasen, art. 29, II) と呼ばれる。なお，「法範（regula juris)」は，ローマ法上「一般則」ないし「原則」を意味する（D. 50, 17, 1 には，「ものごとを簡潔に述べるものが法範である。法範から法が引き出されるのではなく，法から法範が生ずるのである（Regula est, quae rem quae est breviter enarrat. Non ex regula ius sumatur, sed ex iure quod est regula fiat)」というパウルス法文が見える）。

2 拷問判決の主体に関しては，7条註1参照。ここでいう「拷問を執行すべき者」とは，拷問吏ではなく，拷問の執行を命じ，これに立ち会う裁判官及び参審人を指すであろう。

3 Clasen, art. 28, (4)は，法有識者の許への鑑定又は判決（consilium aut

sententia）依頼に代わる選択肢として，「下級裁判所の裁判官は，上級者に
対し事件を送致し，問題をどのように扱うべきかにつき回答を求めることが
できる」と註解する。これは，領邦君主（又はその顧問官）への請訓を指す
のであろう（7条参照）。

それぞれ単独で拷問を行うに十分なる一般的徴憑

第29条[*1]　同じく，何びとかが，犯行に際し何物〔＝犯行用具等〕かを
紛失又は遺棄し，後に発見され，それが行為者の物と判断され[*a]，かつ，そ
の物が紛失する直前その物を所持せる者が判明するときは，その者は拷問さ
れなければならない[*2]。この者が，認定又は証明（erfinden oder beweisen）さ
れるならば上の疑惑を否定するに足る事実を主張するときは，拷問に先立
ち，かかる免責事由につき取調べが行われなければならない[*3]。

1　拷問には，遺留物の発見の事実に加えていくつかの事実が認定される
必要がある。したがって，「単独で拷問を行うに十分なる徴憑」という表現
は必ずしも適切ではない（33条註1参照）。

2　**徴憑としての遺留物**　Clasen, art. 29, I によれば，遺留物（紛失物，
遺棄物）の発見が拷問に十分なる徴憑となるのは，①被告人が犯行時に犯行
現場に居たことが確実である，②発見された物が被告人のものである，③犯
行直前被告人がその物を所持していたという要件が充たされる場合である。

3　**徴憑に対する被告人の反証**　本条は，拷問に足る徴憑が証明された
場合において，徴憑に基づく嫌疑に対し被告人側が反証することを許容して
いる。Carpzov, q. 121, n. 7 et seqq. によれば，犯行現場の遺留品が被告人
のものであることが証明された場合，被告人は，事件前にその物件を譲渡又
は贈与した等の事実又はアリバイを1名の証人の証言によって証明し拷問を
免れることができるが，「無罪証明には1名の証人の供述で十分であり，半
完全証明は完全証明と看做されるからである」と述べる（Clasen, art. 29, II
〔p. 154〕は，「徳性，良き世評のある人物であることの証明でもよいとする」）。
Clasen, art. 29, II〔p. 154 et seq.〕もまた，被告人側が反証をするときは，「場
合により被告人の利益のために厳格な訴訟法規に従わないことが許されると

いう防禦優位」の原則に基づき,「1名の証人,証人適格を欠く証人,その根拠を示しうる推論に基づいて供述する証人(testes de credulitate deponens, modô causam credulitatis reddere sciant)も許容される」と註解する。

　第30条　　同じく,ある者が,(以下において良き証人及び証明について定めるごとく,)専ら1名の良き信用すべき証人により犯行の主要事実を十分に証明するときは,これを半完全証明[*1]と称する[*a]。かかる半完全証明は,犯行の適法なる徴憑,疑惑,嫌疑を構成する。ただし,ある者が,何らかの状況,指標,徴憑,疑惑,嫌疑を証明しようとするときは,少なくとも2名の良き信用すべき瑕疵のない証人により行わなければならない[*2]。

　1　半完全証明については23条註1参照。
　2　**徴憑の証明方法**　(1) 23条註1において述べたように,各徴憑は2名の証人によって証明されなければならない。1個の徴憑について1名の証人がある場合は,これを単独証人(testis singuralis)という。Clasen, art. 23〔p. 127〕は,単独証人が複数存在しても拷問に足る徴憑が証明されたことにはならないとするが,以下で述べるように例外を認める。Zanger, cap. 3, n. 35 は,この原則は殺人,窃盗等の「単純かつ特定の行為を内容とする犯罪」についてのみ妥当し,異端,魔女行為,姦通のように「種々の部分的行為の集合であるような犯罪」は例外であるとする。
　(2)　これに対し,Carpzov, q. 123, n. 58 は,①いずれの単独証人も適格性を具え,全く抗弁の余地のない,かつ,行状に問題のない人物であり,②それぞれの供述が離隔徴憑ではなく,拷問を可能にする近接徴憑に関するものであり,③供述された近接徴憑が複数で,裁判官に被告人の犯行をほぼ確信させる場合は,30条の例外を認めてよいが,これらの要件のいずれかが欠ける場合は,ツァンガーの見解は誤っていない,とする。Clasen, art. 23〔p. 127 et seq.〕もまた,カルプツォフが説く要件があるならば近時の実務家は拷問を許容すると註解する。
　カルプツォフ及びクラーセンの見解は,単独で拷問に十分なる徴憑について2名の証人がある場合が「半完全証明＝2分の1証明」とされることを前

提に，単独で拷問に十分な徴憑 A，B がある場合において，それぞれについて適格なる証人が各 1 名存在するときは，「4 分の 1 証明」が二つ存在し，合計して「2 分の 1 証明」になるという算術的な証拠評価である。Groß, 2. Teil, S. 293 によれば，2 名証人の原則が，「2 分の 1 証明」，「4 分の 1 証明」というような算術的な証拠評価理論の出発点となった。

(3)　Clasen, art. 30, II は，Carpzov, q. 123, n. 58 を引いて，「近時の論者は，1 名の証人による証明が拷問に十分なる証明と解されない場合においても，裁判官が諸事情を考慮し公正かつ正当と判断するならば，拷問の威嚇を行いうるとする点で一致する」と註解する（拷問の威嚇については，46 条参照）。

第 31 条　　同じく，犯行に際し幇助者を有し，かつ，有罪を証明された（überwunden）者が，拘禁中，認定に係る当該犯行を幇助した者につき供述する場合において，その供述に関し以下に掲げる事情が認められるときは[*a]，この者に対しても〔拷問に足る〕疑惑が生ずる[*1]。

第 1 に，供述者（sager）が，拷問中[*2]，上の供述に係る者の氏名を問われることなく[*b]，したがって，幇助者を特定する尋問又は拷問を受けることなく，むしろ，供述者が，犯行の幇助者に関し一般的に尋問され[*c]，自ら熟慮の上幇助者を名指し（benennen）したこと。

第 2 に，供述者は，名指しされた者（der besagt）が，いかなる理由により，いかなる場所においていつ供述者を幇助したか，いかなる交友関係にあったかについて，精確に尋問されなければならない。尋問に当たり，供述者は，各事件の状況及び態様に照らし，爾後の真実発見に最も良く役立ちうる，あらゆるありうべき及び必要なる事情について尋問されなければならない。これらの事情はその全てを〔本令に〕記述しえざるも，入念かつ賢明なる者〔＝裁判官〕において自ら良く想到しうるところである。

第 3 に，供述者が，名指しされた者（der versagte）と特段の[*d]敵対，不和又は対立関係にあるか否かが，取り調べられなければならない。かかる敵対，不和若しくは対立関係が明白であるか又は取調べの結果判明する場合においては，取調べの結果確認されるならば適法なる徴憑を構成する，信用す

べき十分なる事由又は指標を，さらに供述者が挙示する場合を除き*e，名指しされた者に不利益となる供述について供述者は措信されてはならないからである。

第4に，名指しされた者が不審なる者であり，供述に係る犯行をなしうると予期すべき〔類の人物である〕こと*3。

第5に，供述者は供述を維持しなければならない。しかるに，聴罪師の中には，罪人が告解するに当たり，真実に即してなされた供述を最後に至り撤回することを慫慂する悪習を行う者がある。聴罪師のかかる行為は，能う限り阻止されなければならない。何びとも，公益に反し，無辜に不利益を及ぼしうる悪行を犯人が隠蔽することを幇助してはならないからである*f。供述者が，詳細なる事情を含めてなされた従前の供述又は主張を，最後に至り撤回し，かつ，供述の撤回が共犯者を助けるためになされたか，上のごとく聴罪師により撤回を教示された虞があると思料されるときは，供述者が述べた諸事情及びその他取調べにより判明した諸事情に留意し，〔既になされた共犯者としての〕名指し（versagung）*g が適法なる徴憑となるか否かを考量しなければならない。考量するに当たり，名指しされた者の悪しき又は良き行状及び風評の有無，名指しした者（versager）との交友関係の如何に特に留意し，取調べが行われなければならない*4。

1　共犯者に関する尋問　　(1)　学説彙纂では，「自己〔の犯行〕について自白した者を，他の者〔の犯行〕について拷問を以て尋問してはならない（Is, qui de se confessus est, in caput aliorum non torquebitur）」（D. 48, 18, 16, 1）とされ，拷問を用いた共犯者に関する尋問は禁止された。勅法彙纂もまたこれを確認する。「古法は，自白した者を，他の者との共謀について尋問することを許していないのであるから，拷問により自白した者をして，共犯者の罪〔を告発すること〕を根拠に赦免を期待する，あるいは，共犯関係を以て自己を地位ある者に関係づける，あるいは，自ら死に往く運命の中〔敵を巻き込み〕敵と死刑を共にする，あるいは，名指しされた者の努力又は特権により赦免されると信ずるなど，他者の罪の告発に安易なる期待を抱くことを許してはならない。ゆえに，自己の罪を自白した者を他の者との共謀について尋

問してはならない（Nemo tamen sibi blandiatur obiectu cuiuslibet criminis de se in quaestione confessus, veniam sperans propter flagitia adiuncti, vel communione criminis consortium personae superioris optans, aut inimici supplicio in ipsa supremorum suorum sorte sociandus, aut eripi se posse confidens aut studio aut privilegio nominati, cum veteris iuris auctoritas de se confessos ne interrogari quidem de aliorum conscientia sinat. Nemo igitur de proprio crimine confitentem super conscientia scrutetur aliena）」（C. 9, 2, 17）。

これに対し本条は，誘導尋問（suggestio）の禁止等の詳細な条件を設けた上で，共犯者（complex seu socius criminis）に関する尋問を許容する。

(2)　Clasen, art. 31〔p. 159〕は，上の勅法彙纂の法文を引き，「ある者が自己の犯行を自白する場合においても，その自白は危険であり他の者の不利益に許容されてはならない。根拠の第1は，自己の安全が危うくなった人間は他人の安全を危険に曝すからである。刑罰を免れ又は軽くする手段として告発を行うのである。第2は，被告人は犯行を自白することで自己を名誉喪失者とするのである。ゆえに犯罪を自白する者の供述は，他人の不利益に，特に他人に死刑を科す上で措信されてはならない。…したがって，かかる自白に基づいて拷問を行うことはできないのであるから，むろん裁判官はかかる自白をする犯人を〔共犯者について〕尋問する権限を有しない」と註解するが，「法典は，かかる尋問及び尋問に対してなされた名指しから一定要件の下で徴憑を引き出すことを許容している」と，本条を位置づける。

(3)　Clasen, art. 31, II〔p. 161 et seq.〕は，被告人の供述の真実性を判断するために，裁判官は詳細なる尋問を行うべきであり，「共犯者が援助を行った場所と時，いかなる取決めが事前になされたか，すなわち，いかなる謀議（tractatus）が犯罪実行についてなされたかを尋問しなければならない。この場合謀議とは，犯罪実行の安全なる方法を熟慮すること，又は助言と意見を交換することである。特に，いかなる文言を以て共犯者の犯意を固めたか，犯罪の共同実行をどのような方法で確約したかを知ることが必要である」と註解する。

2　共犯者の自白と拷問の必要性　(1)　Kress, art. 31, §Iは，本条の文言を根拠に，「共犯者の告発は拷問中になされなければならない。それ以

外の機会になされた告発は証拠とならない」と註解する。Clasen, art. 31, I 〔p. 161〕は，その根拠として，「犯人は犯行によって名誉喪失（infamis）となり，拷問を受けなければ証人として許容されない。したがって，拷問の機会以外に名指しする者は措信されない。かかる者はその犯罪の共犯者であり，拷問の苦しみによって引き出されたのでなければ真実の供述と推定されないからである。そうでなければ，名誉喪失及び虚偽の抗弁（unfamiae & mendacii exceptio）を受けよう」と註解する。

(2) 共犯者の自白は拷問を経なければ措信されないという思想は了解しにくいが，ローマ法は，「状況により剣闘士又はその種の者をやむなく証人とするときは，拷問を経なければその供述は措信されてはならない（Si ea rei condicio sit, ubi harenarium testem vel similem personam admittere cogimur, sine tormentis testimonio eius credendum non est)」（D. 22, 5, 21. 2）と定めており，これを承けたものであろう。ローマ法では，剣闘士はその職業のゆえに「恥ずべき人（turpis persona)」として，名誉喪失者と解された（Berger, p. 746)。

3 「被疑者が，当該犯行をなしうると予期すべき，風評のある大胆若しくは軽率なる人物であるか否か…。ただし，かかる風評は，その敵対者又は軽率なる者等ではなく，公平なる分別ある者等に由来するものでなければならない」と定める 25 条 1 項と同趣旨の規定と解される。この種の規定は，32 条，35 条，37 条，42 条，43 条，44 条にも見られる。

4 共犯者に対する徴憑の要件 (1) 本条では，誘導尋問の禁止，犯行に関する諸事情の詳細なる尋問，共犯者とされる者との利害関係の有無，供述の維持（perseveratio）等，共犯者の自白を採取する上での留意事項が明示され，共犯者の自白に対する警戒が顕著である。Clasen, art. 31, I 〔p. 160 et seq.〕は，本条に要件として掲げられていないが，「犯罪者は，自己の利益を謀り，場合によっては無辜を名指しすることで，処罰を免れ，寛刑を期待し，あるいは他の者を同じ刑の道連れにしようとする」という理由（これは註 1 に挙げた勅法彙纂の法文に対応する）を挙げ，共犯者に関する尋問は裁判官が行うべきであると註解する。裁判官ならば，共犯者による巻込みの危険性を察知しうるという趣旨であろう。

Clasen. art. 31, V(2)〔p. 165〕; Vogel, art. 31 は，以上の要件のすべてが充

たされない限り，共犯者とされている者に対する拷問は行われないと註解する。

(2) Clasen, art. 31, V (2) 〔p. 165 et seq.〕は，無宣誓の証人は措信されないとする普通法上の原則は共犯者の自白にも適用されるとする見解に対し，①皇帝は本条において共犯者の自白が拷問に十分なる徴憑となる要件を定めたのであるから，要件をさらに付加するすることは我々の任務に属しない，②被告人が宣誓の上犯行につき尋問されることはなく，また，偽誓の虞があるために被告人を宣誓尋問することもできない以上，共犯者に関わる被告人の自白には宣誓は不要である，③被告人は犯行によって名誉喪失者となっており名誉喪失者は宣誓を許されない，④被告人は証人とは同じではなく，端的に共犯者として真実を供述しなければならない等の根拠からこれを否定する。

第32条 *1　同じく，ある者が，自ら大言壮語する等他から強いられることなく，弾劾に係る若しくは嫌疑のある犯罪を実行した旨を述べた事実 *2，又は（oder），犯罪が実行される以前にその旨の脅迫を加え，かつ，その後間をおくことなく犯罪が実行された事実 *3が，上〔=23条，30条〕に完全証明（gantze weisung）について定めるごとく，十分に証明（überweisen）され*4，かつ，その者が当該犯行をなしうると予期すべき人物であるときは，犯行の適法なる徴憑と看做され，拷問による尋問がなされなければならない。

1　本条の趣旨　本条が定める法廷外自白（confessio extrajudicialis）と脅迫の関係については解釈の対立がある。Clasen, art. 32〔p. 172〕は，「自白に係る犯罪を実行するという脅迫が自白前に行われたこと。脅迫的言辞は，事後的に〔犯行を〕誇示し（jactare）あるいは全面的に自白した者に対する強い徴憑となるからである」，Kress, art. 32, §Ⅰは，「自白した者が疑わしい人物である，又は，脅迫が公言された後間もなく脅迫に係る犯罪が行われた等の他の徴憑が伴わなければ…法廷外自白は拷問に十分ではない」と註解し，脅迫及び後続する犯罪実行を法廷外自白が拷問に十分なる近接徴憑とな

るための要件と解する。

　これに対し，Carpzov, q. 121, n. 41 et 50; Böhmer, art. 32, §2 は，法廷外自白と脅迫を別個独立の近接徴憑と解する。テキスト解釈として（"oder"を，Gobler, art. 31〔=32〕は"*uel* ante patrationem minatum...fuisse", Remus. cap. 32 は"minitans*ve* auditus sit"と羅訳する），また，一定要件を充たす法廷外自白ならば脅迫が先行した事実の有無を問わず強い徴憑になりうるという点で，カルプツォフ，ベーマーの理解が正しいと思われる。

　2　徴憑としての法廷外自白　　上述したように，クラーセンは，法廷外自白は脅迫による補強を要するという立場であるが，Clasen, art. 32〔p. 170〕は，法廷外自白が徴憑となる根拠として，「発せられた言葉は，発せられた言葉通りに心中考えていることの証拠となる。供述者の精神（animus dicentis）は発せられた言葉通りである。したがって，健常な精神状態の者は，その種の犯罪を行ったことを認識しかつ確信していなければ，自己を生命の危険に曝すような事柄を述べようとするとは考えられない」と註解する。これは，現代刑事訴訟法学にいう「現在の精神状態の供述」及び「不利益な事実の承認」の観点から法廷外自白の証明力を根拠づけるものである。

　Clasen, art. 32〔p. 171 et seq.〕は，法廷外自白に求められる要件として，自白の存在が2名の証人によって証明されなければならないという一般的要件のほかに，①冗談や笑いのための発言ではないという供述者の精神状態，②強制を受けたものではないという自白の自発性，③被害者，日時，場所が特定されているという自白内容の特定性，④自白に係る犯罪を実行するという脅迫が自白に先行したこと，⑤脅迫は一般的・抽象的ではなく具体的でなければならない。⑥行われた犯罪を実行しそうな人物であることを挙げる。①はいわゆる供述の真摯性の要件である。④の要件については註1参照。

　3　徴憑としての脅迫　　Carpzov, q. 121, n. 52 et seqq. は，徴憑としての脅迫の要件として，①特定の何らかの犯罪を内容とすること，②脅迫を実行しそうな人物であること，③脅迫後間もなく犯罪が行われることを挙げる。Carpzov, q. 121, n. 51 は，怒りに駆られ脅迫に及んだ後冷静さを取戻し，事に及ばないことがありうる，また，偶然他の者が〔脅迫内容に一致する〕犯行に及ぶこともありうる，という意味でこの徴憑は危険でもあるという。

4 法廷外自白を行った事実，脅迫を行った事実は，2名の証人による証明を要するという趣旨である。

個々の犯行に関する徴憑について。〔以下の〕各条〔に定める 徴憑〕は，当該犯行の適法なる徴憑として，拷問を行うに十分なる理由となる[*1]

密かに行われる謀殺の十分なる徴憑

第33条　同じく，謀殺（mordt）の疑いがありかつ弾劾された者が，謀殺が行われた時刻に，不審なる状況の下（verdechtlicher weiß），血痕のある衣服を着用し若しくは武器を所持するところを目撃されたとき[*2]，又は，謀殺された者の所持品を取得，売却，譲渡若しくは所持したときは[*3]，拷問を行う適法なる徴憑と看做される[*4]。ただし，その者が信用すべき徴憑又は〔証人による〕証明によりかかる嫌疑を反駁（ableynen）しうる場合を除く。かかる反駁は，拷問に先立ち聴取されなければならない[*5]。

1　Kress, art. 33, §2は，「カロリーナにおいて『1個の徴憑』とは何か」という問題を設定し，「1個の徴憑という場合，単純に1個の間接事実を指すと解してはならない。血痕のある衣服〔という徴憑〕については，①これを着用した被告人が犯行現場で発見され，②29条，30条に従い，2名の証人が被告人を目撃し〔かつ，証言し〕，③疑わしい状況において発見されたということが要求される」と註解する。

　また，Clasen, 33, I〔p. 174〕は，本法令は，典型的な犯罪について，多くの場合に見られかつ真実発見に資する徴憑を掲記するものであるから，解釈者によって他の徴憑が付加されることになると註解する。一般的徴憑について類推による適用を定める24条と同じ趣旨の註解であろう。

2　**徴憑としての殺人現場における目撃**　Clasen, 33, II〔p. 174 et seq.〕は，これを近接徴憑と呼び，①殺人現場又は付近において目撃され，②殺人の時刻に不審な状態で目撃され，③血のついた刀剣を所持していたことが必要であるが，以上の事実に加え，風評，尋問時における被告人の顔面蒼白・

狼狽等の事情があるならば，裁判官は確信を持って拷問に及ぶことができると註解する。

Clarus, q. 21, versi. Si aliquis は，イタリアの実務に言及し，このような重大なる徴憑がある場合は裁判官の裁量により拷問を行うか，又は有罪として裁量刑を科すのが例であると述べている。これに対し，Carpzov, q. 122, n. 4; Clasen, art. 33, I〔p. 175〕は，拷問による真実発見が可能である以上裁量刑を科すことは妥当ではないと批判する。

3　徴憑としての被害者の物品の所持等　Remus. cap. 33 は，この徴憑は，風評のある者の場合は当てはまるが，評判の良い者の場合は，他に補強証拠がなければ拷問に十分ではないとする。Clasen, 33, II〔p. 176〕もこれに同意する。

4　棺桶審　(1)　神判（divinum judicium）の一種として，殺人者が死体に近づくと死体の鼻・目・その他の開口部から出血するか否かによって犯人を判定する棺桶審（Bahrrecht）がある。Clasen, 33, III〔p. 177 et seq.〕は，殺人の徴憑とされる棺桶審によって奇跡的に犯人が処罰された例が少なくないことは経験の示すところであり，今日なお若干の地方において殺人の取調べに用いられているが，カロリーナが，良く知られた棺桶審を徴憑として認めなかったのは，起草者たる法律家が棺桶審を不確実かつ迷信的であると判断したためであり，かつ，出血の原因は不明であり出血を十分なる徴憑とはできないと註解する。

(2)　これに対し，Carpzov, q. 122, n. 29 et seqq. は，①棺桶審が想定するような事態が生ずることは少なくなく，棺桶審は創世記第4章第10節（「汝の弟の血の聲地より我に叫べり」）の章句にも合致するように見えるが，②この章句は，神はどのように隠された罪であっても見通され，これを罰せられるという趣旨にとどまり，かつ，申命記第6章第16節（「汝の神ヱホバを試むるなかれ」）及びマタイ伝第4章第7節（「主たる汝の神を試むべからず」）の章句に照らし，「聖書は神を試みる全ての証（indicium）を禁じている」のであり，棺桶審が法律上明示されていないのは当然であると述べる。Carpzov, q. 122, n. 34 et seqq. は，被告人の面前に運ばれた硬直死体から血が流れ，被告人が退去するや血が止まったという事実があったとしても「他の強力な

徴憑がない以上」拷問してはならないという，ツヴィカウ市参事会の求鑑定に対する 1606 年のライプツィヒ参審人会鑑定を引用し，これを是認している。

5　被告人の反証　　殺人の被害者が侵害者であり正当防衛であった，血痕は殺人以外の理由で付着した，血痕は古いものである等の被告人による反証が考えられる（Clasen, 33, III〔p. 176〕）。本条は，反証は拷問に先立ち許容されなければならないとするが，証明項目が無罪証明に意味がないと裁判官が判断するときは立証の申立てが許容されないとする 74 条の適用があり，関連性に疑問があるとき（74 条），あるいは，反証によって徴憑の証明力が揺らぐとき（7 条）は求鑑定がなされるのであろう。

多衆による喧嘩闘争中に行われ，かつ何びとも犯行を認めざる場合の公然たる故殺の十分なる徴憑

第 34 条　　同じく，公然たる喧嘩闘争[*a]中に行われ，何びとも犯人であることを自認せざる故殺（todtshlag）の場合。すなわち，被疑者が喧嘩の現場に臨場し[*b]，殺害された者と敵対関係にもあり，剣を抜き，かつ，殺害された者を刺し，斬り，その他危険なる攻撃を以て争ったときは，当該犯行の適法なる徴憑となり，拷問が行われなければならない。被疑者の剣に血痕のあることが発見されるときは，この嫌疑は一層強いものとなる[*1]。ただし，かかる徴憑又は同種の徴憑[*2]が存在せず，かつ，犯行の現場に偶然（vngeuerlicher weiß）[*c]立ち会わせたものであるときは，拷問されてはならない。

1　Clasen, art. 34, I は，本条の徴憑の要件として，①被疑者と被害者との敵対関係，②被疑者が被害者に刀剣を以て攻撃したこと，③被疑者の刀剣に血痕のあることを挙げる。本条のテキストは①及び②の事実があれば足りるように読まれるが，クラーセンは三者の競合を要求する。Kress, art. 33〔p. 111〕もまた，③の要件が必要だとする。

2　Clasen, art. 34, III は，同種の徴憑として，①喧嘩闘争の張本人である場合，②すぐに喧嘩を惹き起こす闘争的な人物である場合，③犯罪を意識し糺問が開始される前に逃亡した場合を挙げる。クラーセンは①について，

「違法行為を行う者は，そこから生ずる一切の結果について帰責され（rei illicitae operam danti omnia, quae inde seqvuntur, imputantur），ゆえに正当防衛の特権を失う」と註解する。なお，叙品適格に関わるカノン法上の判断基準に由来し，ガンディヌスによって世俗法に転用された帰責原理として，違法行為を行う者はそこから生ずる全ての結果に責めを負うとする"versari in re illicita"原則がある（W. Engelmann, *Die Schuldlehre der Postglossatoren*, 2. Aufl., 1965, S. 211 ff.）。

密かなる出産及び母親による嬰児殺の十分なる徴憑

第35条　同じく，処女と目される女子が密かに子を出産し殺害した疑いのあるときは，日頃より大なる腹部を目撃されたことがあるか否か[*1]，さらに，腹部が縮小しその後顔色が優れなかったか否か，が特に取り調べられなければならない。かかる事実及び同種の事実が発見され，かつ，女子がこの種の行為をなしうると予期すべき人物である[*2]場合において，さらなる事実の解明に資するならば，人目を避け，経験を有する女[*3]をして診断せしめければならない[*4]。女子に疑惑があると認定され，なおかつ犯行を自白せざるときは，女子を拷問しうるものとする。

1　Clasen, art. 35〔p. 182〕によれば，腹部の膨満・縮小は腫瘍に起因する場合もあり懐胎の確実な徴憑とはならないために，女子の性行，産婆による診断が要求される。

2　このような人物であるか否かは，淫らな言葉を発する，疑わしい男と交際する機会があった，罪を犯す機会のある場所に出入りした，疑わしい若者あるいは男の接近を許した等の事情により判断される（Clasen, art. 35〔p. 182 et seq.〕）。

3　産婆（obstetrix）を指す。カロリーナは，医師ではなく産婆による診断を命じているが，Kress, art. 35〔p. 114〕は，従来被疑者を治療していた医師が被疑者は妊娠していなかったと診断したため雪冤宣誓を許された被疑者が良心の呵責から堕胎を自白し，死体も発見されたという事例を挙げ，この種の事件に関する鑑定能力について医師と産婆のいずれが優れるかという

論争があることを指摘する。Kress, art. 35〔p. 114〕によれば，医師による再診断が可能であり，再診断した医師が産婆の所見を否定することが恒例であったという。

Kress, art. 35〔p. 113〕は，「この診断は名誉を損なうものであるから，特段の嫌疑がなければ行うことはできない。嬰児の死体が発見されたが，犯人が不明の場合，真実発見及び正義実現の名の下に村の女子全員に診断を強制することはできないのである」と註解する。

4　宣誓の意義　　出産の事実は2名の産婆の宣誓証言によって確認されなければならない。ただし，「真実性について宣誓する必要はない。医師の診断はこの種の徴憑に関ししばしば誤ることがあるとされており，確実なる判断は不可能だからである。そのように推測する（credulitas）と宣誓すれば足りる」（Clasen, art. 35〔p. 183〕）。

第36条　　同じく，嬰児が殺害されて間もないがために女子の乳房からなお乳が出るときは，女子の乳房から搾乳することができる。女子の乳房からしかるべき完全なる乳が出るときは，女子に対し拷問を行う強い徴憑となる。しかし，妊娠せざる女においても，何らかの自然的原因により乳房から乳が出ることがありうる，と述べる若干の医師がある[*1]。したがって，女子がその種の理由を挙げ無実を主張するときは，産婆その他により，この点についてさらなる取調べが行われなければならない[*2*3]。

1　Carpzov, q. 122, n. 23; Stephani, art. 36によれば，これはヒポクラテス及びガレノス学説が説いた現象であり，男子においても同様の現象がありうる，したがって，乳の出る事実は単独では拷問の十分なる徴憑ではない。Clasen, art. 36〔p. 185〕は，他の体液に類したものではなく，完全なる乳が十分出る場合は，懐胎の確実な徴憑となると註解する。

2　出産したことがあるか否かが産婆によって取り調べられる（Clasen, art. 36〔p. 185〕）。

3　死産の抗弁の挙証責任　　被告人が死産であった旨を主張する場合は，その挙証責任は被告人にあり，被告人においてその事実を証明できない

ときは拷問に付される（Carpzov, q. 122, n. 25）。131条参照。

密かなる毒殺の十分なる徴憑

第37条　同じく，被疑者が毒物を購入し又はその他毒物を扱ったこと，かつ，被疑者が毒殺された者と不和であったこと，毒殺された者の死から利益を期待していたこと，又は，かかる犯行をなしうると予期すべき軽率なる人物であることが証明される場合において，被疑者が，当該毒物を他の不可罰的（vnstrafflich）なる目的のために使用し又は使用せんとしたことにつき信用すべき徴憑を提出しえざるときは，かかる証明は犯行の適法なる徴憑となる[a][1]。

同じく，ある者が毒物を購入し，かつ，官憲の面前においてこの事実を否認する場合において，購入の事実が証明されるときは[2]，いかなる目的のために当該毒物を使用し又は使用せんとしたかを，〔拷問により〕尋問すべき十分なる理由となる[3]。

同じく，各地の全ての官憲は，薬剤師その他毒物を販売し又は取り扱う者に，当該官憲への申告，及び，当該官憲の了解又は当該官憲の許可なくして毒物を販売し提供せざる旨の誓約及び宣誓を行わせるものとする[4]。

1　Clasen, art. 37, I〔p. 188〕によれば，毒殺が行われ犯人不明の場合は，被疑者について，毒物購入，被害者との敵対関係，被害者の死亡による利得の期待，軽率なる行状の有無が取り調べられ，毒物の準備と敵対関係，利得の期待又は軽率なる行状とが競合する場合は，拷問により毒物の購入，準備又は使用の目的を尋問すべき嫌疑が生ずるが，毒物購入の事実が複数の証人によって証明された場合でなければならない。

2　Clasen, art. 37, III は，毒物を購入しながら官憲に対し虚偽を述べたことは，それ自体拷問に十分なる徴憑となるが，被疑者が良き世評の者である場合については，①虚偽供述は直ちに拷問するに足るという見解と，②良き世評は無罪証明に意味があり，このような者が虚偽を述べても，真実を曲げるというよりは，糺問及び拘禁の苦痛を免れるために虚偽を述べたと推定されるとする見解がある，と註解する。

3　Clasen, art. 37, IV は，薬剤師は，①無差別に毒物を販売しないこと，②買い手が面識あるかつ分別を備えた人物であり悪用の危険がないことを確認すること，③購入者の氏名を記録すること，④販売日時を記録すること，⑤毒物の種類・量，使用目的を記録することを誓約しなければならないと，註解する。

強盗犯の嫌疑に関する十分なる徴憑

　第38条　同じく，ある者が，強奪に係る財物[*1]を所持，売却，あるいは引き渡し，その他当該財物につき不審なる振舞いを行ったと認定され[*2]，加えて，売主及び〔本人が強盗犯ではないことの〕保証人[*3]（wermann）を示さざる場合においては[*4]，その財物が強奪[*5]されたものであることを知らず，善意により取得したことを明らかにせざる限り，その者に対し強盗の十分なる徴憑が生ずる[*6]。

1　**本条の趣旨**　窃盗の徴憑については43条に別途定めがある。

2　Böhmer, art. 38, §2 は，「不審なる振舞い」というメルクマールについて，①隠さないことが通例である場合に物を隠したか否か，公然と売りに出したか否か，奪取された物の扱い方，②売り手や売買の日時の説明が変動する，未知の者から取得したと述べるなど，取得時の事情に不審があるか否かに留意すべきだとする。

3　犯罪によって取得したものではない旨の主張を裏づける事実を述べる 物の売主，贈与者等をいう（43条参照）。

4　**強盗の徴憑**　(1)　Clasen, art. 38〔p. 191〕は，強盗の徴憑の要件として次の事実を挙げる。①強奪品の所持・売却・贈与等を行ったこと。したがって，強盗の行われたことがまず以て確定されていなければならない，②譲渡者を明らかにしないこと。強奪品を所持しながらその由来を説明できない者は強盗を行った疑いが大きい。

　Clasen, art. 38〔p. 191〕によれば，他人の物であった物を所持する者は売主を明らかにする義務を負わないのが原則であるが，強奪された物を所持していることが発見された場合は，当該物を所持する権原を明示する義務があ

るというのが本条の趣旨である。なお，勅法彙纂は，「反対当事者が汝に対し，汝が所持していたことを認める物の売主を明らかにすることを求めることは公正に適う。通りすがりの見知らぬ者から買ったと主張することは，良き市民に相応しくない嫌疑を避けんとする者には，適切ではないからである（Civile est, quod a te adversarius tuus exigit, ut rei, quam apud te fuisse fatearis, exhibeas venditorem. Nam a transeunte etiam ignoto emisse dicere non convenit volenti evitare alienam boni viri suspicionem）」（C. 6, 2, 5）と定める。

(2)　ただし，①市場や飲食店で購入した場合，②所持者が良き世評の者である場合（この場合は強奪物所持の事実から強盗を推定されない），③ある者の住居から強奪物が発見されたが，小部屋，櫃その他施錠して物を保管する場所以外の場所から発見された場合は，強盗の徴憑は除去される（Clasen, art. 38, (4)）。

5　塙38条はこれを「公奪」とする。しかし，"Raub"を「強盗」と解する理由については，126条註1参照。

6　**贓物故買**　Böhmer, art. 38, §2は，「〔買主が〕知情の事実を自白しても死刑とすべきではない。違法行為を行ったのであるが，これは非正規犯罪（crimen extraordinarium）であり，裁量刑によって処罰されなければならない」と註解するので，贓物故買は裁量刑を以て処罰されたことになる。

第39条　同じく，騎士又は徒士が，頻繁に旅舎に滞在，飲食し，その費用を十分に賄うに足るしかるべき職務，取引又は収入のあることを示さざるときは，多くの悪行，とりわけ強盗の疑惑及び嫌疑を生ずる[*1]。これは，かかる不逞の輩（buben）を放置することなく捕縛，拷問し，その犯行を厳しく処罰すべきことを定める朕及び帝国の一般ラント平和令[*2]に明らかである。同様に，各官憲は，不審なる乞食及び浮浪民を入念に監視しなければならない[*3]。

1　**強盗の徴憑**　Kress, art. 39, §1は，本条は軍役を離れて放浪する兵士を対象とする規定であり，本条の定める強盗の徴憑の要件として，①旅舎に滞在し，②贅沢に暮らし，③多額の費用を奈辺から得ているかを示すこ

とができないことを挙げるが，滞在する旅舎を出て森林等〔強盗に相応しい〕疑わしい場所に出没する習慣がなく，かつ，従軍による所得（parta in bello）を証明するならば嫌疑が解消される，と註解する。

2　1495年ウォルムス永久平和令を指す（Schoetensack, S. 60）。同平和令7条（abgedruckt in: Zeumer, S. 283）に同趣旨の規定が見える。

Clasen, art. 39, (2)は，①カロリーナ制定以降も繰り返し強盗の取締りを定める帝国最終決議，帝国警察令が発布され，②浮浪者は私人を害するだけではなく公道の安全を害し商業を妨げるため国家に有害であるという理由から浮浪自体が処罰され，かつ，浮浪者は危険であるため何びとも脱走兵，野荒らし，追剥ぎを殺害することができる，とする。

3　Clasen, art. 39, (3)〔p. 195 et seq.〕によれば，物乞いが法令によって禁止され，労働能力のある物乞いは奉公を強制されあるいは罰せられたが，老齢者，障碍者，貧困を証明できる者は公的扶助を受けるものとされた。また，疾病，身体障碍，火災・略奪による被災等を記載する虚偽の書面を携行し詐欺を働く物乞いに対し，偽罪（112条註1参照）として笞刑及び永久追放を科す法令，特にジプシーについて，物乞い及び窃盗を常習とするものとしてラント間の通行及び身柄の安全を認めない法令が存在した。

強盗犯又は窃盗犯を幇助する者に関する十分なる徴憑

第40条　同じく，ある者が知情の上かつ故意を以て[a]，強取若しくは窃取に係る財物，捕獲物又はその一部を取得したとき，ある者が知情の上かつ故意を以て行為者に糧食を供し，行為者若しくは当該不正財物の全部若しくは一部を受け入れ，匿い，宿泊させ，売却し，若しくは譲渡したとき，又は，何びとかがその他同様の方法により行為者に対し故意を以て支援，助言若しくは援助（fürderung, radt oder beistand）を行い，若しくは不正に行為者の犯行に関与した[b]ときもまた，拷問を行う徴憑となる[1][2]。

同じく，ある者が，〔①〕拘禁〔されていた事実及び〕場所を明らかにした脱獄者を〔脱獄者と知って〕蔵匿するとき[3]，さらに，〔②〕この種のことを行わざるものとは信じられておらず，むしろ，十分なる理由に基づき，行為者に親和的であり同調するものと看做されている不審なる者が，〔行為者を〕拘禁

中の官憲の不知のまま[*c*4]，〔被害者に対する〕和解金（schatzung）について約定し，かつ和解金を自ら引き受け又は和解金に関し保証人となるときは[*5]，これら〔＝①及び②〕の事情は全て，前2条に関し，全体として又は単独で[*d]犯罪幇助の適法なる徴憑となり，拷問を行うことができる。

1　事後従犯　　本条は強窃盗のみを掲げるが，逃亡犯人の隠避や犯人釈放のための和解は，必ずしも強窃盗の共犯に関する徴憑ではなく，犯罪一般に共通の徴憑である（Carpzov, q. 121, n. 61）。

Gobler, art. 39〔＝40〕は，「ある者が仲間（socius）となり，共謀，教唆，援助（comsilium, instinctus, favor）により犯罪行為に加担した場合を共犯（consocius）という」と註解する。したがって，本条の事後従犯は177条の共犯規定によって処罰されることになろう。

2　事後従犯が不可罰的となる場合　　Carpzov, q. 122, n. 63 et seqq.; Clasen, art. 40, (1)は，事後的に犯人を幇助した者が，①強窃盗犯であることを知らなかった場合，②知っていても強制された場合，③血族を幇助した場合は，拷問は行われないと註解し，③について，この場合は犯罪そのものよりも血族関係が考慮されるとする。Vogel, art. 40 は，③に当たる場合について，「幇助者に対する〔本犯に対する〕共犯の疑いを生ぜしめる他の徴憑がない限り，自然の情愛のため及び家門の恥を避けるために行ったと推定されるからである」と註解する。Carpzov, q. 121. n. 65 は，犯人の逃走の幇助は，利益が期待される強窃盗の場合のように反対の推定が生じない限り，憐憫の情から行ったものと推定され，拷問の徴憑とならないとする。

3　犯人蔵匿　　テキストは，"so eyner gefangen heymlich helt, *die jm entlauffen, vnnd anzeygen, wo sie gelegn seindt*"である。

(1)　Langbein, art. 40 は，"when someone has concealed prisoners, who leave him and then reveal where they were"と直訳する。「ある者が被拘禁者を匿い，被拘禁者がその者の許を去って，それまでの居所を明らかにしたとき」というのは，どのような意味で蔵匿者に対する徴憑となるのか判然としない。Gobler, art. 39〔＝40〕の，"quisquis item captiuos absconderet celaret'que, hique aufugerent, indicantes ubi delituissent"（「何びとかが被拘禁者を

匿い，被拘禁者が逃走し，隠れていた場所を明らかにする」）という訳も同様である（ただし，註5参照）。

　(2)　しかしこの点については，Kress, art. 40, §12が，イタリック部分は，"die entlauffen, vnnd jm anzeygen, wo sie gelegn seindt"の書誤りであると述べている。訂正されたテキストは，「何びとかが，それまで拘禁されていた場所を明らかにした脱獄者を蔵匿するとき」となろう。

　Remus, cap. 40; Stephani, art. 40 の，"si quis é carceribus effugientes receptet, à quibus certior fiat, vbi & qua de causa capitui detenti fuerint"（「ある者が，拘禁されていた場所及び理由を明らかにした脱獄囚を受け入れたとき」）という訳も，テキスト訂正を前提としている（Meckbach, art. 40〔p. 121〕も同趣旨である）。訳文はこれに従う（ただし，Radbruch, S. 7 f. は，このような訂正を恣意的であるとする。註5参照）。

　これに対し，Böhmer, art. 40, §4 は，クレスの指摘するような書誤りはなく，テキストは，"qui fugitiuos ex carcere clam et scienter detinet, ab iis vero, denuo postea a iudice deprehensis, de hospitio inculpatur"（「脱獄者を密かにかつ知情の上蔵匿したが，脱獄者が後に裁判官によって再び捕縛され，脱獄者によって蔵匿犯として告発された者」）の趣旨に解されるべきだとする。確かに，この解釈が想定する状況は徴憑となりうる状況である。しかし，「脱獄者が後に裁判官によって再び捕縛され」というテキスト外の想定を読み込みうるのか疑問がある。

　4　Kress, art. 40, §13 は，「官憲の不知のまま」という文言に関し，他のカロリーナ注釈書の著者に言及し，「ルドヴィキは，マンツを引用し，この箇所は，加害者と被害者の間を調停するため訴えを放棄することを条件に被害者に金銭を提供する者に関する規定であると解している。しかし，ルドヴィキは，我が国の官憲は，公共の利益の観点からこの種の取引に同意しないであろうし，同意することも許されないという理由から，『官憲の不知のまま（inscio magistratu）』という文言を不要だと看做している」と述べている。

　5　(1)　本条第2項については，Radbruch, S. 7 ff. による異なる解釈がある。テキストは，"〔①〕 *so eyner gefangen heymlich helt, die jm entlauffen,* *vnnd anzeygen, wo sie gelegen seindt*, mher so eyn verdechtlicher den man inn der sach nit vil guts vertrawet, aber partheilig vnd auff der thetter seitten, auß guten vrsachen helt, one vorwissen des gefangen oberkeyt〔②〕*vertreg vmb schatzung macht, vnd die schatzung innimpt oder bürg darüber wirdet"*である。

　ラートブルフによれば，①の*"gefangen"*は，「拘禁された強盗犯」ではなく，「強盗によって拉致された被害者」を指し，①は「ある者が拉致された被害者を〔強盗犯のために〕密かに監禁し，その被害者が監禁者の手から逃れ，監禁されていた場所を述べた」という趣旨である（Radbruch, S. 8は，このように解さなければ，この徴憑は1項の徴憑と重複すると述べる）。また，②の*"schatzung"*は，「和解金」ではなく「身代金」であり，②は「ある者が，〔強盗犯のために〕身代金について約定し，かつ身代金を受領し又は身代金について保証人となる」という趣旨である。

　Gobler, art. 39〔=40〕は，*"tributa sibi pendenda iniret, & lytron illud seu exactam pecuniam reciperet, aut pro eo sibi satisdari vellet"*（「支払われるべき金銭を取り決め，その身代金若しくは取立金を受領し，又はそれについて保証を受けようとした」）とする。同じく，Kress, art. 40 § 14〔p. 132〕; Schroeder, S.156及び塙40条も，*"schatzung"*を「身代金」と解している。

　(2)　確かに，ラートブルフ説に従うならば，テキスト①は訂正が不要となる。しかし，ラートブルフが認めるように，カロリーナにおいて，*"gefangen"*は身柄拘束された被告人を意味しており，拉致監禁された被害者を指す例はないようである。

　テキスト②の*"schatzung"*は，レクサー・中高ドイツ語辞典によれば，*"abgenommenes geld（als abgabe, steuer, losegeld, contribution)"*，グリム・ドイツ語辞典によれば，*"docimasia, aestimatio, taxatio"*の語義がある。したがって，*"schatzung innimpt"*は「身代金（lösegeld）を受領する」と解しうる。

　他方，*"schatzung"*を「和解金」と解する論者は，*"schatzung innimpt"*を，「身柄拘束されている犯人の解放のため約定された金銭の支払いを引き受ける」と解する。① Remus. art. 40; Carpzov, q. 121, n. 67; Stephani, art. 40は，*"pretio interueniente pro liberatione eius paciscatur, & pretium sibi vel* *numerari sinat*, aut pro eo fideiubeat"(「和解金によって仲介を行い，被拘禁者の解放のために和解し，和解金が自分に支払われることを許し，又はそれについて保証人となる」）とする。"*schatzung*"には「見積り，算定（aestimatio）」の語義があるので「和解金」という意訳も可能であろう。もっとも，「和解金が自分に支払われることを認める」という解釈については，語義の点でも文脈の点でも判然としない。これに対し，② Böhmer, art. 40, §5は，"quantitatem conuentam pro reo soluunt, vel fideiubendo in se recipiunt"(「約定された金額を被告人のために支払い，又はその保証人となって引き受ける」）とするので，趣旨分明である。Langbein, art. 40が，"on the side of the culprit, makes a contract of composition…and does compose it or go surety therein"とするのも同様である。③ Clasen, art. 40〔p. 199〕も，"transigens recipiat pretium liberationis; aut ipse pro eo certè solvendo fidem suam interponat, & ita fidejubeat"(「調停者が釈放のための支払いを約し又は被告人のために確実に支払うことを保証し保証人となる」）とする。

　(3)　他方，ラートブルフは，「身代金について保証人となる（"*bürg darüber wirdet*"）」という部分は自説の難点となるが，「身代金が支払われた場合に被害者が確実に釈放されることを保証する保証人となる」という趣旨に解しうるとする（ゴブラーは，ラードブルフのいう難点を避けるために，上述のように「保証を受ける」と解している）。

　確かに，ラートブルフ説は"*schatzung innimpt*"の解釈において説得的であるが，"*bürg darüber wirdet*"の"*darüber*"ついてテキスト外の事柄を想定かつ前提として成立するという問題が残る。また，ラートブルフ説では，"one vorwissen des gefangen oberkeyt"は，「強盗犯に拉致監禁された者の官憲の不知のまま」と解することになるが，いかなる趣旨であろうか。

　上述のように不詳の点もあるが，疑問を留めつつ本文の訳とする。

密かなる放火の十分なる徴憑

第41条　同じく，ある者に密かなる放火（prandt）[*1]の疑いがあるか[*2]，又はそれについて弾劾された場合において，その者が日頃より不審なる徒輩であり，かつ，その者が，通例密かに放火するために用いられる異常，不審

かつ危険なる着火材料を，放火の直前密かにかつ不審なる態様において所持したことを確認しうるときは，放火の適法なる徴憑となる[*3]。ただし，良き信用すべき理由を挙げて，着火用具を不可罰的なる目的のために使用し又は使用せんとしたことを示しうるときを除く[*4]。

1　Clasen, art. 41〔p. 200〕は，「火災（incendium）とは，故意に発した出火（ignis），又は他人の過失に発した出火より生じた被害（damnum）である」と定義する。放火・失火については，125条註1参照。

2　弾劾される場合と対比的に規定されているのであるから，風評等を契機に開始される糾問手続が行われる場合を指すものであろう。

3　**密行犯罪の徴憑**　Clasen, art. 41〔p. 201〕は，「密行犯罪においては準備行為が推定根拠及び証明を構成するという，犯罪に関する原則（regula criminalis）によれば，放火の準備行為が推定根拠となる」と註解し，Kress, art. 41は，「法学者は，毒殺，放火その他の密行犯罪のための手段又は準備行為は犯罪の証拠となるという一般則を定立する」と註解している。

4　**放火に関する被告人の防禦**　Clasen, art. 41は，着火用具を適法なる目的のために準備又は使用したこと又は良き世評，良き行状を証明し，放火の推定根拠を反駁するならば，拷問を免れうると註解する。

背叛の十分なる徴憑

第42条　同じく，被疑者（der verdacht）が，密かに異例かつ不審なる状況の下，被疑者の背叛行為[*1]により助力を受けたと疑われている者と同席するところをしばしば目撃され[*2]，それにもかかわらず，その者の面前においては不安を感ずるかのごとく〔他の者に対して〕装い[*3]，かつ，その種の行為〔＝背叛行為〕をなしうると予期すべき人物であるときは，拷問に足る徴憑となる。

1　背叛の意義について，124条註1参照。

2　**背叛の徴憑**　テキストは，"Item so der verdacht heliger vngewonlicher vnd geferlicher weiß, *bei denjhenigen, denen er verraten zu haben inn* *verdacht steht, gesehen worden*, vnd sich doch stellet, als sei er vor denselben vnsicher, vnd ist eyn person darzu man sich solchs versehen mag, ist ein anzeygung zu peinlicher frag"である。

(1) テキストのイタリック部分は，「被疑者が背叛を働いたと疑われている者〔＝被害者〕とともにいたところを目撃され」という趣旨である。Gobler, art. 42〔＝43〕による"apud eos, quos prodisse suscipio est, conspicatus fuerit"という羅訳，Langbein, art. 42; Vogel, art. 42 による英仏訳，塙42条は，このテキストに従った訳である。また，Carpzov, q. 122, n. 83; Stepani, art. 42 が，このテキストを前提に，「ある者が，後に背叛を受けた者の居宅に常ならぬ時刻に密かに，しかも人を欺く様子で出入りしながら，この者によって背信を唆されたと称する場合は，背叛の徴憑となる（proditionis verò indicium est: si quis furtim praeter morem; quidem dolosè intraverit domum ejus, qui posteà proditus est, et nihilominus hactenus praetenderit, sibi ab eo insidias structa fuisse)」と註解するほか，Schoetensack, S. 60 も，このテキストに従って，「被疑者が，かつてともに居たところを目撃された犯罪者であってかつ被疑者が背叛を働いたと疑われているその犯罪者に対し，恐れを抱いていると仮装すること」と註解しているが，いずれの註解も本条の趣旨に照らし，どのような状況を想定するものであるか理解しがたい。

(2) 綿密なテキスト校訂を行ったギュータボックもまた，このテキストの誤りを指摘していない（vgl. Güterbock, S. 224）。しかし，Kress, art. 42 は，第1次草案が，"Item so der Verdachte hählicher, ungewohnlicher und gefährlicher Weise bei den *Thaetern* gesehen worden"であったという理由（"Thaetern"は，背叛行為の被害者に対して侵害を加えた者を意味する），「背叛を受けた者とともにいたことは徴憑とはならないが，その者のために背叛を犯したとされている者とともにしばしば同席していた事実は徴憑となる」という理由を挙げ，テキストのイタリック部分を，"apud eos, quibus in prodendo operam suam locasse dicitur, saepius observatur"（「被告人の背叛行為により助力を受けたといわれている者と同席しているところをしばしば目撃された」）と読み替えるべきだとする。Remus. cap. 42 の"iis, quibus suam in prodendo operam locasse dicitur, adfuisse, adstitisse, colloqui conspectus auditúsve

sit"（「被告人の背叛行為により助力を受けたといわれている者と同席し，会話しているところを目撃され聞かれた）」という羅訳も同趣旨である。

Clasen, art. 42, II〔p. 203〕も，カルプツォフ等の解釈を挙げ，本条の解釈に対立があることを指摘し，「〔本条が，〕第三者のため，ある者に背叛を働いた者が，その第三者に対し不安を感ずる素振りを見せながら，その第三者との交流を目撃された場合に関する規定であることは明白である」と註解する（もっとも，Clasen, art. 42, argumentum の*"apud eos, quibus proditionem fecisse dicitur"*という羅訳はテキストの直訳である）。Böhmer, art. 42, §1 も同様に註解する。クレス，クラーセン，ベーマーの理解が妥当であろう。

窃盗の十分なる徴憑

第43条　　同じく，盗品が被疑者の許において発見され，又は，被疑者が盗品の全部若しくは一部を所持，売却，譲渡若しくは費消せる事実が判明する（erfarn）にもかかわらず，その物の売却者若しくは〔盗品でないことの〕保証人を供述せざるときは，その財物を善意により公正かつ不可罰的に所持するに至りたることを証明[a]せざる限り，被疑者に対し，〔窃盗の〕犯行の適法なる徴憑が生ずる[*1]。

同じく，特別の解錠又は破壊用具を用いて窃盗が行われ，被疑者が現場に臨場し，犯行に用いられた危険なる解錠又は破壊用具を所持していた場合において，被疑者が当該犯行をなしうると予期すべき人物であるときは，拷問が用いられなければならない[*2]。

同じく，特に重大なる窃盗が行われ，何びとかが被疑者となり，その者が，事件後，盗品を除くならばその財を以て賄いうる程度を超える多額を費消している事実が判明し[*3]，その不審なる財を奈辺より入手したかについて十分なる事情[b]を挙示しえざる場合において，被疑者が当該犯行をなしうると予期すべき人物であるときは，被疑者に対し，犯行の適法なる徴憑が生ずる。

1　窃盗の徴憑　　(1)　本条1項の定める窃盗の徴憑の要件は，38条の定める強盗の徴憑と同趣旨である。

Clasen, art. 43, I〔p. 205 et seq.〕は，①1項の定める事情が拷問の徴憑となるのは，軽輩たる者の場合に限られ，良き世評のある敬意を払われている者の場合は，譲渡者を明らかにしないというだけでは拷問されないが，少なくとも市場や飲食店において善意で購入したことを証明しなければならない，②譲渡者の氏名を明らかにし，盗品を贈与又は売買その他のかたちで譲受したことを証明した場合においても，譲渡者が常習として窃盗を行い盗品を疑わしい者に売却していたとき又は譲渡者が知情の上盗品故買を行う者であるときは拷問を免れない，と註解する。

なお，Kress, art. 43 は，クラーセンが挙げる①のような，被疑者の人柄を考慮すべしという留保は，本条2項，3項の徴憑について明文があるが，「同じ留保に千回も繰り返して言及することに立法者が飽いた（taediosus）としても」，むしろ1項の徴憑にこそ適用されるべきである，という。

2　侵入窃盗は死刑相当の重罪である（159条）。「被疑者が当該犯行をなしうると予期すべき人物」という要件が充たされる場合として，罰金にとどまる初回の非公然たる単純小窃盗（157条）を既に犯している場合がまず想定されるが，Clasen, art. 43, II は被告人が窃盗常習者である場合に限られるとする。

3　本条3項の徴憑に関し，Clasen, art. 43, III は，①被告人が，窃盗が行われる前は貧困であった，②潤沢な資金の由来を説明できない，③この種の犯罪の嫌疑を受けやすい軽輩であるという要件のほか，④「人は，自ら労せず得られた他人の金銭は浪費するが，自ら労して得た金銭は節倹するものであるから，理由もなく必需品以外の遊興に散財した」という要件を挙げる。

魔術の十分なる徴憑

第44条　同じく，何びとかが，魔術[*1]（zauberei）を教授することを他の者に申し出た場合[*2]，他の者に魔術をかけると脅迫し，脅迫された者にその種の変事が生じた場合[*3]，特に男若しくは女の魔術師と交友関係を有する場合[*4]，又は，魔術の特徴を帯びる怪しげなる物，素振り，言辞，記号を用いた場合において[*5]，当該人物について以前より魔術の風評があるとき

は[*6]，魔術の適法なる徴憑であり，かつ拷問を行う十分なる理由となる。

1　魔術については，109条註1参照。

2　Clasen, art. 44〔p. 208〕は，魔術を教授することを申し出ることは，魔術の知識を有することの自白であり，すなわち魔術師（magus）であることを示すと註解する。

3　109条は，加害結果を生じた魔術に死刑，加害結果を生じなかった魔術に裁量刑を定める。

4　Clasen, art. 44〔p. 209〕によれば，「魔術師として知られた者，ほぼ確実に魔術師である者」との交友関係を指す。「類は友を呼ぶ（similis gaudet similium conversatione & moribus）」のである。

5　Clasen, art. 44〔p. 209 et seqq.〕は，①徴憑となる物として，ヒキガエルその他異様なる物が入った鍋，毒草，針で貫かれた蝋人形，嬰児死体，悪魔との契約を示す書面を挙げ，②身体に印があり刺傷・創傷に苦痛を感じない場合もこれらに準ずるが，魔術の疑いがなければ身体に痣があるというだけでは，官憲は身体を検査することは許されず，検査が行われ卑しい刑吏が悪魔の印を確認したと称する場合においても，刑吏が判断を誤るか自己の利益のために虚偽を述べる可能性があり確実なる徴憑とはならない，と註解する。さらに，③疑わしい言辞として，呪いの言葉，④疑わしい素振りとして，迷信深く孤独を好み，非常に信心深いことを誇示すること，⑤疑わしい所作として，通常ではない場所及び時刻に家畜等に向かって粉末・液体を振りかける等を行い，超自然的な死や病が生じたことを挙げる。

6　この風評は，「風評は，その敵対者又は軽率なる者等ではなく，公平なる分別ある者等に由来するものでなければならない」（25条）という要件をみたす必要がある（Stephani, art. 44〔p. 74〕）。条文上，風評は不可欠の要件のように見えるが，Stephani, art. 44〔p. 74〕が，本条が掲げる徴憑に加えて，「魔術使いであるという風評があるか，他の徴憑が競合する」ことが必要であると述べており，風評は他の徴憑と同等の徴憑として扱われている。Carpzov, q. 49, n. 61 ff. が，「いかなる徴憑又は推定根拠から魔術の存在を推認しうるかを明確に述べることは不可能であり，すべては賢明なる裁判官

の裁量に委ねられる。魔術罪の蓋然的証拠となる多様な徴憑が法学者よって挙げられている」と述べ，風評の要件に特に言及していないのは，そのためであろう。

拷問について

第 45 条 [*1][*2]　　同じく，弾劾されかつ否認された犯行の疑惑及び嫌疑が，上に定めるごとく認定され，かつ，証明されたものと認められる[*a][*3]ときは，弾劾人の申立てにより，弾劾人に拷問期日が告知[*4]されなければならない[*5]。

1　本条の趣旨　　本条は，専ら拷問期日の告知の申立てを定めるようにも見えるが，46条が「職権又は弾劾人の申立てに基づき被拘禁者の拷問を行うときは」と定めていることに照らし，本条は弾劾人の申立てに基づく拷問を定めるものと解してよいであろう。これに対し，職権による拷問については6条に定めがある。

2　拷問の意義・要件　　(1)　拷問（tortura; quaestio）は，「犯行の真相解明のため，法に従い裁判官により命ぜられる，身体的苦痛を加えて行われる既発犯罪に関する尋問（interrogatio super crimine aliquo commisso per corporis cruciatus ad eruendam facti veritatem, a judice legitimè instituta）」と定義される（Carpzov, q. 117, n. 17; Clasen, art. 45〔p. 212〕）。

拷問の苛酷さ及び危険性について，Carpzov, q. 117は，「拷問によって回復不能の害が加えられるといわれるが，これは全く正しい」（n. 4），「拷問の苛酷さのために自白し有罪判決を受けた無辜の例は少なくない」（n. 7），「実にこの犯罪解明方法はしばしば真実を誤る不確実かつ危険なものである。ウルピアヌスの説くように，多くの者は忍耐又は頑強さによって拷問を嘲笑い，彼らから真実を引き出すことは不可能である。また，他の者は忍耐がなく，拷問に耐えるよりはいかようにも虚偽を述べることを選ぶ（l. 1. §. quaest. 23 ff. de quaest.〔=D. 48, 18, 1, 23〕）。かくして，拷問された者はあらゆることを自白し，自分のみならず他人をも危険に曝しあるいは告発することになる」（n. 5），という。

(2)　1769年テレジアーナ刑事法典（Constitutio Criminalis Theresiana）に

170

は，拷問用具の規格と拷問の実際を示す図表が付録とされている。拷問が，苛酷でありかつ真実を誤りやすいとされながら，公然とその倫理性と正統性とを主張しうる証明方法であったことを示す一例である。このような時代精神をどのように理解すべきかについて，以下のように，種々説明が試みられている。

①「何びとも，犯罪を行うことのみならず，悪をなすかのごとき挙動により犯行の風評又は徴憑の原因を作出すること自体を避けるべく，ゆえにこれに従わざる者は上にいう〔拷問という〕苦難を自らの上に招くことになろう」（カロリーナ61条）。②「拷問が行われたこの時代，拷問によって真実と正義に到達しうるとまだ信じられていた。…拷問を適切に規制する実務上の可能性に関しては，犯人以外の者が拷問される可能性は本来ほぼ皆無といえるような，拷問を規制する注意深い細則を以てするならば，糾問訴訟が重罪に対する官憲による訴訟形式となるに従い既に十分認識されていた拷問がもたらす惨状は避けられると考えられた」(Schmidt, *Inquisitionsprozess*, S. 81)，③「拷問は，まさに法定証拠主義の一部であっただけではなく，残酷な死刑及び身体刑が何の疑問も持たれることなく日常的に行われた時代において，倫理的な問題を惹き起こすことはなかった」(v. Hippel, S. 210)，④犯人の処刑の目的は「神と社会との和解」であると同時に「重い罪を犯した者の魂の救済」にあるとする宗教的な犯罪・刑罰観の下では，救済の前提となる「犯行に対する悔悛すなわち自白を得るための拷問は，犯人及び社会の救済への貢献であり，拷問を行い，拷問を行わせることは悪との戦いであった」(Ignor, S. 73. なお69条註1参照)，⑤「少しの肉体的苦痛にも耐えられない麻酔時代の我々は，最近まで激しい苦痛をわざわざ与えることが正規の刑事裁判の一部であったことを考えて身震いする。この種の刑事裁判が社会に受容された理由は，人間の共感が及ぶ範囲は緩慢にしか広がらないものであり，現在大部分の文明社会において動物の苦痛が憐憫の情を惹き起こすことがないように，150年前には犯罪者の苦痛は憐憫の情を惹き起こすことはなかった，と考えることではじめて理解しうる」(A. L. Lowell, *The Judicial Use of Torture*, 11 Harvard L. Rev, 230〔1897〕)。

(3)　Clasen, art. 45〔p. 211〕によれば，拷問の要件は，①罪体が確認され

ていること，②行為が死刑又は身体刑相当の犯罪であること，③証人の証言又は自発的自白のような他の方法により犯行を証明することが不可能であること（拷問の補充性。11条註4参照），④拷問に十分なる徴憑があること，⑤徴憑自体が2名の証人により証明されていること，⑥徴憑が被告人により反証されていないことである。

①の罪体の確認は，殺人等の結果犯の場合と，姦通，淫行勧誘，異端等の挙動犯の場合とでは区別され，前者では被害者の死体等が確認されなければならないが，後者では「徴憑及び推認根拠」で足りるが（6条註6参照），罪体確認を経ないで拷問を行った裁判官は責任を追及される（Clasen, art. 45〔p. 213〕。20条註3参照）。徴憑が拷問に十分であるかについて疑義があるときは法有識者の鑑定が必要である（7条）。

(4) 拷問を行いうる裁判所は，身体刑の科刑権を有する「上級又は刑事裁判所」であり，民事事件及び罰金刑事件を管轄する下級裁判所は原則として除かれる（Carpzov, q. 117, n. 19 ff.）。

3 拷問判決と不服申立て (1) Kress, art. 45, §11〔p. 156〕によれば，"bewisen erkant würd"(「証明されたものと認められる」）という文言は拷問は中間判決を要するという趣旨である。Clasen, art. 45〔p. 214〕は，中間判決を行うことは全ての地方において慣習とはなっていないが，今日ではこれを省略することはできないと註解する。

Clasen, art. 19, V は，徴憑の写しは，糺問訴訟の場合においても被告人に交付されなければならない，弁護人が訴訟記録の写しの交付を申し立てるべきであるが，これをすることができないときは記録閲覧ないし抜粋の許可を求めるべきである，と註解する。拷問判決に対する不服申立てが許容される以上，徴憑の開示は不可欠であろう。なお，証言記録の開示については，73条参照。

(2) 中間判決に対する上訴の可否について，Brunnemann, cap. 8, memb. 5, n. 38〔上口訳209頁〕は，「民事事件において裁判官が拷問の中間判決を行うときは，終局判決前に上訴することができる。刑事事件においては，裁判官の判決が法律に反するならば同様である（Ante sententiam appellari potest, si quaestionem in civili negotio habendam iudex interlocutus sit, vel in criminali, si

contra leges hoc faciat)」と定める D. 49, 5, 2 を根拠としてこれを肯定する。Matthaeus, tom. 2, lib. 48, tit. 18, cap. 5, n. 15 は，民事の場合と同じく刑事においも中間判決に対する上訴は許されないが，拷問や拘禁に関する中間判決のように，終局判決によっては回復することのできない不利益を科す場合は例外的に許容されるとする（Clasen, art. 45〔p. 214〕; Kress, art. 45, §11 同旨）。なお，終局判決に対する上訴が当然に許容されたわけではない（94条註 4 参照）ことに照らし，拷問判決についても制限される場合がありえたであろう。

Brunnemann, cap. 8, memb. 5, n. 35〔上口訳 17 頁〕は，拷問判決には理由が付されなければならないとする。Kress, art. 45, §11 は，拷問判決に対する不服申立てを行うに当たり，弁護人は「弁護が制限，制約を受けないために，判決理由の開示を要求することができると考える。そうでなければ，弁護人の仕事が無意味となり，拷問が判決された根拠は何か，さらにいかなる徴憑が消去されるべきかを具体的に記述することができないからである」と註解する（終局判決の判決理由については，94条註 3 参照）。

(3) 上訴先は，上級官憲（Magistratus superior）としての領邦君主である（Carpzov, q. 139. n. 1）。中間判決に対する上訴がなされたにもかかわらず拷問が行われた場合の自白は無効であり，有罪判決の根拠となりえない（Carpzov, q. 139. n. 5）。

4 拷問と当事者公開　　ローマ法は，「尋問に際しては，男女の被告人及びその代理人並びに告発した者の立会いが命じられなければならず，代理人には尋問権が与えられる（Quaestioni interesse iubentur reus reave et patroni eorum et qui crimen detulerit, interrogandique facultas datur patronis)」（D. 48, 5, 28, 7）と定める（証人たる奴隷に対する拷問が行われる場合を想定した規定である）。Clasen, art. 45〔p. 214〕はこの法文を拷問への弾劾人の立会いを定めたものと解するが，カロリーナ本条は弾劾人の立会いを定めず，また次条はこれと異なる定めをおいていると註解する。46条および 47条 2 項から明らかなように，カロリーナには弾劾人の拷問への立会いを認める規定はなく，自白等の調書の写しが開示される（47条）にとどまる。

なお，Trusen, *Strafprozeß*, S. 114 は，この期日告知を，弾劾人が尋問項

目書を作成するために必要なものと位置づける。しかし，拷問のための尋問項目書を弾劾人が作成すべきことを命ずる規定は見当たらない（ただし，証人尋問のための尋問項目書の作成については，70条参照）。

5　拷問と弾劾訴訟　(1)　弾劾人が被告人の有罪を完全に証明することができない場合においても，本条が定めるように，犯行の徴憑を証明するならば，被告人に対し拷問を行うことが可能である。Brunnemann, cap. 1, n. 21〔上口訳17頁〕は，拷問に移行するならば弾劾訴訟は糺問訴訟に変化する，と解するのが「法学者の受容命題（recepta sententia）」であるとする。Carpzov, q. 107, n. 60 は，その根拠づけとして，「正規訴訟において被告人の身体に何らかの方法で苦痛を与えることは，法に定められていない。したがって，被告人が拷問を受けるのであれば，訴訟は糺問訴訟とならざるをえない」と述べる。

Jerouschek, S. 355 は，弾劾訴訟において裁判官が拷問を命じうる制度の下では，弾劾訴訟において拷問が行われなかった時代と異なり，実質的な証拠評価が強く求められる糺問原理が優勢であったという事情を挙げ，弾劾訴訟は拷問実施を契機として糺問訴訟に変化するという見解が一般化したことは偶然ではないとする。

(2)　これに対し，Trusen, *Strafprozeß*, S. 114, 116 は，拷問が弾劾人による徴憑の立証及び申立てに基づいて行われる以上，中世ゲルマン法の弾劾訴訟とは異なり実体的真実主義の原則は妥当するが，拷問手続に移行しても弾劾訴訟としての本質は変化しないと述べ（Schoetensack, S. 68 同旨），「拷問は糺問訴訟に固有のものではなく，拷問と糺問訴訟との結びつきは本質的なものではない。…糺問訴訟が存在しなかったローマ法においても拷問は行われた」という論拠を挙げる。

(3)　確かに，「被告人に対し強い証拠がない場合には安易に拷問を行ってはならず，弾劾人において主張を立証し有罪を証明することが求められる（In ea causa, in qua nullis reus argumentis urguebatur, tormenta non facile adhibenda sunt, sed instandum accusatori, ut id quod intendat comprobet atque convincat)」（D. 48, 18, 18, 2）というパウルス法文は，ローマ法において弾劾訴訟の中でも拷問が用いられたことを示している。しかし，①「ハドリアヌス

帝の勅答によれば，ある者が，拷問を免れるため，自由人である旨を主張するときは，自由人であるか否かの裁判がなされるまで拷問を行ってはならない（Si quis, ne quaestio de eo agatur, liberum se dicat, divus Hadrianus rescripsit non esse eum ante torquendum quam liberale iudicium experiatur）」というウルピアヌス法文（D. 48, 18, 12），さらに，②このウルピアヌス法文の趣旨を限定し，「しかし，君主自身に対する反逆罪において，必要があるときは，証言をなさしめるため，何びとにせよ拷問される（Sed omnes omnino in maiestatis crimine, quod ad personas principum attinet, si ad testimonium provocentur, cum res exigit, torquentur）」と定める法文（D. 48, 18, 10, 1）がある。Mommsen, S. 405によれば，自由人は拷問されないという原則は共和政期には例外なく認められたが，以上の法文は，帝政期においても原則として自由人は拷問に付されないという法理が妥当したことを示している。

Pölönen, p. 228 は，D. 48, 18, 12 を引いて，「奴隷のみが被疑者として自己の犯罪に関し拷問されえたのに対し，少なくともアウグストゥス帝からハドリアヌス帝治下において，反逆罪の審問に関し無視されたことがあったにせよ，〔自由身分を奪う〕有罪判決を受ける前に自由人たるローマ市民を拷問に付すことはできないという基本原則は堅持された」とする。さらに，Pölönen, p. 248 f. は，3世紀のカラカラ帝治下において，自由人が奴隷と同じく自己の犯罪に関し拷問に付されるようになったが，これは，「犯罪鎮圧における国家の積極的役割を肯定するイデオロギーが，個人の自由権に対する配慮を徐々に圧倒してゆく過程」を示していること，また Pölönen, p. 256 は，3世紀には，職権による糺問の便宜を図るため，州長官が無産階級の自由人を拷問し自白を採取する実務が成立したことを指摘し，職権による糺問と拷問の密接な関連性を指摘する。

以上のように，ローマ法の弾劾訴訟において自由人たる被告人の拷問は原則的に不適法であり，弾劾訴訟において行われた拷問は，被告人である奴隷又は当事者ではなく証拠方法たる奴隷に対するものであった。このような拷問は，少なくとも自由人を訴訟当事者とする弾劾訴訟の性格とは無関係である。ローマ法の弾劾訴訟における拷問対象者の特殊性を考慮するならば，被告人を拷問に付す場合においても弾劾訴訟の性格に変化は生じないという，

上のような主張が適切であるか否か疑問である。

（4）拷問は，糺問原理ないし実体的真実主義の発現でもあるが，さらに，訴訟主体間の法律関係すなわち訴訟構造の違いをもたらすと考えられる。確かに，中世的な弾劾訴訟においても，雪冤宣誓権を有しない非自由人等の被告人が神判による雪冤に付されたことを考えるならば，被告人に拷問を科すことと弾劾訴訟は両立しうるといえるかもしれない。しかし，訴訟主体間の法律関係という訴訟構造の観点から見るならば，当事者対等であった自由人たる被告人に関する限り，弾劾人の申立てに基づくにせよ拷問が行われる場合においては，当事者対等に立脚する弾劾訴訟は，公権力による支配と公権力への服従によって特徴づけられる糺問訴訟へと変質すると考えるべきであろう。初期において拷問が専ら，およそ対等な当事者としての地位を付与される余地のない非市民・非居住者に適用されたという事情はその傍証となろう（上口 344 頁以下参照）。

第 46 条　　同じく，職権[*1]又は弾劾人の申立てに基づき被拘禁者（der gefangene）の拷問を行うときは，被拘禁者は，予め，裁判官，裁判所構成員 2 名及び裁判所書記の面前において，その人物及び事件の状況に応じ，犯行又は疑惑〔＝徴憑〕のさらなる取調べ（erfarung）に最も有益なる言葉を用いて，入念に供述を促されなければならない。また，被拘禁者は，嫌疑の対象たる犯行を自白するか否か，犯行について知れる事実は何かを，拷問の威嚇（bedrohung der marter）を以て尋問されなければならない[*2]。被告人が自白し又は否認する内容は記録されなければならない[*3]。

1　　職権による拷問については，6 条参照。

2　　**拷問の威嚇**　　拷問を予告して供述を促すことをいう。拷問の威嚇（territio torturae）には，専ら言葉で行う言葉による威嚇（territio verbalis）と，拷問具を示しあるいは拷問具を装着して行う拷問具による威嚇（territio realis）とがある。

「拷問の威嚇」を用いる尋問について，Carpzov, q. 117, n. 47 et seqq. は次のようにいう。①言葉による威嚇は，拷問吏が拷問に手慣れた態度と言葉

で，拷問するかのように被告人に近づくという方法で行われるが，拷問は身体的苦痛を与えることであるから，これは拷問に当たらない。他方，②拷問具による威嚇，すなわち「拷問の準備と拷問の軽い序奏を伴う威嚇」は，被告人を裸にし，梯子に縛り付け，拷問具を目の前に並べ，指締器で指を締めることにより，拷問を開始し被告人に若干の苦痛を与えることである。これは，拷問の外観を呈するが，「拷問は身体に甚だしい苦痛を与えることであるから」，拷問とは異なる。

拷問の威嚇に対してなされた自白の認証の要否については，56条註4参照。

3　違法な尋問と自白の許容性　　Clasen, art. 46, I〔p. 216〕は，「詐術を用いた説得，虚偽の約束によって被告人に自白させてはならない。釈放するという虚偽や曖昧な約束を用いた欺罔は，裁判官のとるべき方法ではない。かかる方法でとられた自白は適法なものと看做すことはできない」と註解する。Clarus, q. 55, verb. Circa secvndvm は，イタリア法について，共通意見は釈放の約束による自白に基づいて有罪とすることを許容するが，これを否定するのが「より公正（aequior）であると思われる」とする。

拷問に先立ち無罪の陳述を促すこと，及びそれに基づくさらなる手続

第47条　　同じく，前条の場合において，被告人が，弾劾に係る犯行[*a]を否認するときは，被告事件（auffgelegte missethat）につき無罪であることを示しうるか否かが追及（fürhalten）されなければならない。また，特に，被告事件が行われた時刻に第三者とともにある場所に居たという，被拘禁者による犯行であることを否定する事実を証明しかつ提示（weisen vnd anzeygen）しうるか否か，被拘禁者の記憶を喚起しなければならない。かかる記憶喚起は，多くの者が，その無実にもかかわらず，無知又は驚愕により自らの無罪を主張立証する方法を申し立てざる[*b]がため必要となるものである。被拘禁者が，上に定める方法により又はその他有益なる根拠を挙げ無罪を陳述するときは，裁判官は，被告人又はその親族の費用負担において，主張に係る無罪につき速やかに取り調べなければならない[*c*1]。また，裁判官

の許可するところに従い被拘禁者又はその親族が無罪主張のため提出しよう
とする証人は，被拘禁者等の申立てに基づき，しかるべく，かつ「同じく，
被告人が自白せざる場合において云々」を以て始まる62条以下の条文にお
いて証明につき定めるところに従い[*2]，尋問されなければならない。上に定
めるかかる証人尋問の申立ては，これを請求する被拘禁者又はその親族に対
し，十分かつ適法なる理由なくして拒まれてはならない[*d*3]。ただし，被告
人又はその親族が上に定める費用を貧困により負担しえざるときは，悪が処
罰を免れ[*4]，無辜が不法に有罪とされることのないよう[*e]，官憲又は裁判所
による費用負担の下[*5]，裁判官において手続を行わなければならない[*6]。

　同じく，上に定める取調べにおいて被告人の無罪が明らかにならざるとき
は，被告人は，上に定める適法なる疑惑又は嫌疑の証明に基づき，裁判官，
少なくとも2名の参審人及び裁判所書記の面前において拷問されなければな
らない。認証された自白又は自白[*7]（vrgicht oder bekanntnus）及び全ての取
調べにより明らかになる事実は全て精確に録取され，弾劾人に関わる部分が
弾劾人に開示され[*8]，弾劾人の申立てがあるときは写しが交付されなければ
ならず，故意に省略され又は隠蔽[*f]されてはならない。

1　防禦機会の付与　　(1)　Ignor, S. 79 f. は，ゲルマン法的な現行犯逮
捕手続において，捕縛された犯人を逮捕者が6名の宣誓補助者とともに裁判
所に連行するならば，逮捕が逮捕者による術策であったときにも被逮捕者は
死刑判決を受けるほかなかったという状況との比較において，犯人に無罪主
張の機会（証拠調べ請求権）を与え，かつ裁判官に主張の真偽を取り調べる
義務（実質的弁護義務）を課す点において，本条は，近世初頭の刑事法史に
おいて，職権主義及び実体的真実主義に由来する処罰力学に対抗し均衡をも
たらす装置であると位置づけられる，より一般化していうならば，糺問訴訟
は被告人の地位の劣悪化とともに被告人の防禦権の改善をももたらしたもの
である，と論じている。このような観点からは，73条の定める証拠開示，
接見交通権，抗弁権もまた同様に評価されよう。

　(2)　Clasen, art. 47, I〔p. 219〕は，拷問に先立ち被告人の防禦のために，
①申立ての有無にかかわらず，徴憑の写し及び証人の不利益供述の記録が被

告人に交付されなければならない，②自らの犯行を否認することを使嗾するためではなく，無実の被告人を弁護する弁護人，すなわち経験豊富かつ良心的なる弁護人を選任することが認められなければならない，③弁護人には，参審人の面前において糺問記録を閲覧し，抜粋することが認められなければならない，と註解する。証拠開示については，73条註1参照。

2　62条以下は証言及び証人適格に関する規定である。

3　**無罪証明の許容性**　74条は，被告人の無罪証明のための証人尋問について関連性を要求するが，この判断は適切になされなければならないという趣旨であろう。Clasen, art. 47, Ⅰ〔p. 220〕によれば，被告人の弁解が明らかに不当であるときは，「濫訴的である（caluminiosus）」として証人尋問は却下されるが，これは，弾劾人による関連性のない事項の証明が許されないのと同様であり，疑問が残るときは立証が許されなければならない。

4　**必罰原則**　「犯罪が処罰を免れることのないよう」という文言は，ラテン語で"ne crimina impunita remaneant"という必罰原則を指す。Carpzov, q. 125, n. 5; Clasen, ad prooemium, Ⅱ〔p. 30〕は，この原則の根拠として，学説彙纂（D. 9, 2, 51, 2）に見える「罪が処罰を免れることがあってはならない（neque impunita maleficia esse oporteat）」という章句を援用する（ただし本法文は，2名の者が奴隷に致命傷を与えた場合に係る損害賠償額の算定に関する法文である）。

Hirte, S. 193 ff. は，①本来，学説彙纂のこの法文は刑事訴追が公益に関わることを意味する法文ではなく，②教会における規律維持のため職権手続としての糺問訴訟が構想された時代に（解題Ⅱ2参照），このような構想を正統化するため「犯罪が処罰を免れないことは公共の利益である」という章句が定式化された，とする。イノケンティウス3世の1203年教勅には，「高位聖職者はその支配に服する者の過ちを正すべき義務がある。なぜならば，罪が処罰を免れないことは公共の利益であり，処罰を免れ増長するならば悪しき者は一層悪しき者となるからである（praelati excessus corrigere debeant subditorum, et publicae utilitatis intersit, ne crimina remaneant impunita, et per impunitatis audiciam qui nequam fuerunt nequiores）」（X. 5. 39. 35）という章句が見える。

Fraher, *The Theoretical Justification*, p. 590 は，犯罪処罰と公益とを結びつけるこの命題はローマ法由来ではなく，12 世紀末のフランスのカノン法学者によって定式化されたものであり，イノケンティウス 3 世が教皇令に取り入れたことによって広く流布するに至ったとする。

5 弁護費用　Clasen, art. 47, I〔p. 221〕によれば，負担能力のある被告人又は親族は弁護費用を負担するが，負担能力がない場合は，裁判官が公費によって負担する。弁護費用の公費負担が要請されるのは，①「犯罪が処罰を免れることのないよう（ne delicta maneant impunita）」という公共の利益のためにであり，さらに，②「何びとも弁護されうることなく放置されてはならず」，「被告人の無罪立証権（facultas probandi innocentiam）は諸法によって尊重されている」からである。クラーセンは，無罪立証権の根拠として，「欠席者が何びとかにより弁護されることは公共の利益である。すなわち，弁護は死刑事件においても許される。したがって，欠席被告人に有罪判決を下しうる場合は，常に，その利益のために陳述し無罪を主張する者は何びとにせよ聴問されることが正義に適い，かつこれを許すことが法に適う。これは，我々の皇帝の勅答からも明らかである（Publice utile est absentes a quibuscumque defendi: nam et in capitalibus iudiciis defensio datur. Ubicumque itaque absens quis damnari potest, ibi quemvis verba pro eo facientem et innocentiam excusantem audiri aequum est et ordinarium admittere: quod et ex rescripto imperatoris nostri apparet）」と定める D. 3, 3, 33, 2 を援用する。

6 裁判官の真実解明義務　Clasen, art. 47, I〔p. 219〕は，「何びとも自己の生命身体の主ではない」，したがって，「被告人の意思に反しても，裁判官は被告人の無罪の解明に心がけなければならない」と註解する。本条は，被告人の無罪主張をむしろ促し，無罪主張の真偽に関する取調べを行うことを裁判官に義務づけ，性急な拷問執行を戒める点で，カロリーナが志向する刑事訴訟改革の重要な現れと見ることができる。註 1 参照

7　「認証された自白又は自白」は，拷問による自白と任意自白を対比する趣旨であろうか。「認証された自白（vrgicht）」については，5 条 2 参照。

8 弾劾人に対する証拠開示　この開示は，弾劾人が，訴えを維持するか，裁判所及び被告人に対する責めを果たすか否かを判断する判断資料とな

る（Clasen, art. 47, Ⅱ〔p. 222〕）。

拷問により自白した者は，その後拷問を受けることなく，事実解明のためいかなる尋問を受けるべきか

まず謀殺について

第48条[*1]　　同じく，被尋問者（der gefragt）[*a]が，弾劾に係る犯行を拷問により自白し，その自白を録取する場合においては[*2]，尋問者は自白につき，（以下に一部定めるごとく）個々具体的に，かつ，真実の発見に役立つ事項を入念に尋問しなければならない[*3]。すなわち，被尋問者が謀殺を自白するときは，いかなる理由から，いかなる日時に，いかなる場所において謀殺を行ったか，幇助者があったか[*4]，幇助者は何びとか，奈辺に死体を埋め処分したか，いかなる武器により謀殺が行われたか，被害者に対しいかなる打撃あるいは傷を与えたか，又はその他いかなる方法により被害者を殺害したか，被害者は金銭その他何を所持していたか，何を被害者から奪取したか，奪取した物を奈辺に処分，売却，贈与，放棄，又は隠匿したか[*5]，に関し尋問されなければならない[*6]。かかる尋問は，多くの点で強盗及び窃盗事件においても適切なるものである。

　1　**本条の意義**　　本条は，拷問により得られた謀殺の自白について，さらに尋問すべき事項を定めるが，53条に定める一般的指示に対応する例示規定である。また，拷問によらない自白についても関連事項の尋問が行われることは，54条の「拷問により又は拷問によらず行われた自白に関し，上〔=53条〕に定める尋問項目〔書〕を〔証拠として〕用いるときは」という文言から明らかである。

　2　拷問による自白の録取時期については，58条註3参照。

　3　**犯行状況に関する尋問の意義**　　Clasen, art. 48, 1 は，犯行状況に関する尋問は，①裁判官が被告人の犯行について確信を得る，②被告人の人物を含め刑を減軽加重する事情を明らかにする，③犯行の真相を明らかにすることに役立つと註解し，③との関係では，拷問は「誤りやすいもの（res fragilis)」であるから，犯行の個々の事情を尋問することにより被拷問者の供述の真実性が確認されなければならないとする。

54条は，自白と客観的事実との符合を検認することを求めている。ここでは，そのような検認の準備として，犯行内容の詳細な供述化，さらには，自白それ自体の迫真性，詳細性，整合性等によって自白の真実性を確認することが求められていることになろう。

4　共犯者に関する尋問　テキストは，"ob im jemandts…geholffen"である。Clasen, art. 48. II は，「幇助者（auxiliator）が犯行に加担したか，いかなる助力を行ったか，単独では被害者を殺害できなかったか否か」の趣旨であると註解するが，「幇助者」は「共犯者」一般を意味するのであろう。共犯者に関する尋問項目として，49条には「何びとがそれを命じたか」，50条には「何びとが毒殺を幇助し又は助言したか」という文言が見える。

5　Clasen, art. 48, II は，尋問項目として犯行の理由，日時，場所等を挙示する D. 48, 19, 16, 1 et seqq. があることを指摘する。

6　カロリーナにおける罪体確認　Heitsch, S. 6 は，本条はカロリーナが罪体確認の法理を採用しなかったことを示しており，本条では，罪体は特別糺問や拷問の前提要件ではなく自白の確実性を確認する手段になっている，という。しかし，たとえば6条においても罪体確認が要求されているから，どの程度詳細な犯罪事実を以て「罪体」と解するかの違いはあるにせよ，カロリーナにおいて罪体確認の法理は採用されていないというのは困難ではなかろうか。

被尋問者が背叛を自白するとき

第49条　同じく，被拘禁者が背叛[*1]を自白するときは，何びとがそれを命じたか，報酬として何を受領したか，いかなる場所において，いかにして，いかなる時にそれが行われたか，その動機は何かについて，被拘禁者を尋問しなければならない。

1　背叛の意義については，124条参照。

毒殺の自白について

第50条　同じく，被尋問者が，何びとかを毒殺し又は毒殺せんとしたことを自白するときは，（上に定めるごとく）全ての理由及び諸事情，かつさらに，いかなる動機から毒殺を行ったか，いかなる毒物を用いたか，いかに毒物を使用し又は使用せんとしたか[*1]，奈辺より当該毒物を入手したか，かつ，何びとが毒殺を幇助し又は助言したかについて，被尋問者を尋問しなければならない。

1　Clasen, art. 50 は，毒物の種類に関して，「毒物が致死的であったか否か，適度に調剤された薬物であり殺人用ではなかったか否か」を，毒物の使用の目的に関し，「いかなる目的で毒物を用いたか，薬物の代わりとなるよう調剤したか否か」を尋問すべきものとする。毒物を誤って使用し致死の結果を招く場合を想定する尋問内容である。また，クラーセンは，その他の事情も明らかにすることによって，無罪とされる場合もありうるとする。

被尋問者が放火を自白するとき

第51条　同じく，被尋問者が放火を自白するときは，特に（上に定めるごとく）その動機，時刻及び交友関係[*1]，かつさらに，いかなる着火用具を用いて放火を行ったか，何びとから，いかにして又は奈辺より当該着火材料又は道具を入手したかについて，被尋問者を尋問しなければならない。

1　Clasen, art. 51 によれば，交友関係の尋問は共犯関係を明らかにするためである。

被尋問者が魔術を自白するとき

第52条　同じく，何びとかが魔術を自白するときは，（上に定めるごとく）動機及び諸事情，かつさらに，何を以て，いかにして，いつ魔術を行ったか，いかなる呪文又は所作を以て行ったかについて，その者を尋問しなければならない。被尋問者が，魔術に役立つ何物かを地中に埋め，又は隠したことを供述するときは，かかる物の発見に努めなければならない。また，

その他の物を以て呪文又は所作により魔術が行われたときは[*a]，これが魔力を有するか否かが判定されなければならない。被尋問者は，何びとから魔術を習得したか，それはいかなる経緯によるか，複数の者に対し魔術を用いたか，それは何びとに対してか，それによりいかなる危害が生じたか，について尋問されなければならない[*1]。

1　Clasen, art. 52〔p. 230〕は，「事後的に罪体が確認されなければ，拷問に対してなされた被告人の自白は措信されてはならないからである」と註解するが，これはいわゆる検認手続を指すと思われる。拷問判決にも罪体確認が既に必要なのであるから（6条註7参照），「罪体が確認されなければ」というのは，有罪判決に必要な程度に「罪体の詳細が確認されなければ」の趣旨であろう。

拷問による自白に関するその他の一般的尋問項目[*a]

第53条　　同じく，賢明なる者は，上に定める簡略なる指示に基づき，被尋問者の自白に係る犯行について，各事件の状況に応じ，いかなる事項がさらに尋問されるべきかを理解しうるであろう。これらの事項は，真実の探知に有益であるが，その全てを列挙するには長大すぎよう。しかし，賢明なる者は，上に定める徴憑[*1]に鑑み，犯行を自白した者が無辜ならば知りえずかつ述べえざる指標（warzeychen）及び事情[*2]につき尋問〔し供述を獲得〕するには，他の事件においていかなる追加的尋問を行うべきかを良く理解しえよう。被尋問者が，追及に係る具体的諸事情（die fürgehalten vnderschiedt）[*3]に関し行った供述は，正確に録取されなければならない[*4*5]。

1　テキストは，"auß dem obgemelten anzeygen"である。

「徴憑」の表記は，バンベルゲンシス65条及び第1次草案は"auss dem obgemelten annzeigen"であり，本条と同じく単数，第3次草案は"aus denn obgemeltenn anzaigungenn"で複数となっている。この「徴憑」は48条以下前条に定める，自白に関する追加的尋問項目，ないし，55条及び55条見出しにいう「自白に係る犯行の諸事情」を指すと解される。したがって，「徴

憑」は文脈上やや難解な用語であるが，「証拠となるべき事項，事実」の趣旨で使用されていると解され，また，第3次草案のような複数形が妥当であろう。Gobler, art. 52〔=53〕が，"ex praedictis argumentis"（「上に述べた証拠」に基づき），Clasen, art. 53, (1)が，"é praedictis informationibus"（「上に定める例示に基づき」）とするのもこの趣旨であろう。

2　秘密の暴露　　現代の刑事訴訟法学において，「被告人の供述に含まれる，あらかじめ捜査官の知りえなかった事項が，捜査の結果客観的事実であると確認される」ことを，「秘密の暴露」という。

「犯行を自白した者が無辜ならば知りえずかつ述べえざる指標及び事情」に関する尋問というのは，尋問者たる裁判官が既に知っている事情を被告人自身に供述させる場合を含むと考えられるので，この場合の供述は必ずしも上の秘密の暴露に当たらない。しかし，犯行の客観的事情と符合するか否かを自白の信用性の判断基準とする点では共通である。裁判官に知られている事実であっても，誘導尋問によることなく被告人が自発的に「無辜ならば知りえずかつ述べえざる」事実を供述するならば，供述と客観的事実との符合は有効な信用性判断の基準となろう。Clasen, art. 53, (2)は，これを犯人性認定のための「優れた規則（egregia regula）」と呼ぶ。

3　「具体的事実に関する追及」に際しては，56条の禁止する誘導尋問とならないよう留意しなければならないであろう。

4　自白録取の方法　　Clasen, art. 53, (3)は，録取の際の注意点として，①尋問と答弁が対応するように答弁を尋問の後に記録する，②「被告人の口から出たそのままの言葉を，美しいか汚いか淫らか否かにかかわらず記録する」，書記が文飾（elegantia aut morum honestas）を加えるならば，「裁判官は，被告人の答弁通りであるか，被告人の真意であるか，答弁に隠された意味があるのではないかを知ることができない」，③自白の認証に際し行う読聞けのためにも，被告人の答弁通りの記録が必要となる，と註解する。

5　拷問と余罪の尋問　　拷問された被告人が犯行を自白した場合，新たな徴憑なしに他の同種又は異種の犯行について尋問しうるか。Carpzov, q. 124 は，原則としてこれを否定するが（n. 52 et seq.），この設問が否定されるのは，他の犯行の徴憑が全くない場合であり，自白に係る犯行と他の犯

行との間に依存関係又は関連性があり，かつ他の犯行について些少なりとも徴憑がある場合は，〔法定の徴憑要件が充足されていないが，〕ある犯罪を行った者については同種犯罪を他に行っているという推定が働き，他の犯行についても拷問しうるとする（n. 57 et seq.）。Brunnemann, cap. 8, memb. 5, n. 63〔上口訳216頁〕も同旨である。

自白に係る犯行の諸事情に関する照会及び取調べ[*a]

第54条　同じく，拷問により又は拷問によらずして行われた自白[*b]に関し，上〔=53条〕に定める尋問項目〔書〕（fragstuck）[*1]を〔証拠として〕用いるときは，裁判官が，その地に〔人を〕派遣し，〔自白の〕真実性の確認に有益なる範囲において[*2]，自白に係る犯行に関し被尋問者が供述した諸事情につき，上〔=48-53条〕に定める諸事情に関する自白が真実であるか否かを入念に糺明（fragen）させなければならない[*3]。もしある者が，一部上に定めるごとき犯行の程度及び態様[*4]を供述し，〔供述内容と〕同一の諸事情が判明するときは，被尋問者が自白に係る犯行を現に行ったことが明らかとなるからである[*5]。とりわけ，その者が，現に行われた犯行に関し，無辜ならば知りえざる諸事情を供述する場合においてしかりである。

1　本条にいう「尋問項目」は，尋問項目及び尋問項目に沿って得られた自白を記載した「書面」を指すのであろう（185条参照）。したがって，「尋問項目を〔証拠として〕用いるとき」はというのは，「尋問項目書を証拠として用いるのであれば〔以下の手続を履践しなければならない〕」という趣旨と解される。尋問項目書については，13条註1参照。

2　Clasen, art. 54 は，「真実性の確認に有益なる範囲において」と定められているのであるから，「興味津々と（nimia curiositate）事実を調べてはならない。興味は，事実解明に役立つよりむしろそれを阻害するからである」と註解する。

3　Kress, art. 54 は，「自白は，たんなる言葉としてではなく，明らかになった事実に基づき措信されなければならない（in conffesione non nudis verbis, sed rebus repertis credendum）」と註解する。

4 48条以下が，謀殺，背叛等の犯行を自白した者に対し，さらにどのような尋問を行うべきかを定めていることを指す。

5　自白の検認　(1) 53条は，拷問で自白した被告人を，特に犯人のみが知りうる事情について，さらに詳細に尋問すべきことを命じている。これを承けて本条は，拷問の有無を問わず，自白に含まれる具体的事実に即して自白の真偽の検認（verificatio）を行うべきものとしている。Clasen, art. 54 は，「被告人が犯行とその詳細を供述し，その供述が，尋問された証人の供述，又は，事実調査のため派遣された裁判所属吏の報告と一致するならば，被告人の供述のすべてが真実であることが判明する」と註解する。検認は，有罪判決のための罪体確認（60条註4参照）と相当部分において重複すると考えられる。

なお，バンベルゲンシス66条と異なり，本条は拷問の有無を問うことなく自白の検認を必要としている（本条訳註b参照）。

(2) Brunnenmeister, S. 236 によれば，イタリア法学では，犯罪の主要事実が当初から確定しており，かつ，被告人が拷問による自白を認証（56条註4参照）した場合においても，このような検認が必要とされていた。

Wächter, S. 72; v. Kries, S. 158 は，中世ゲルマン法について，多くの地方で，任意に自白した場合であっても自白は直ちには措信されず，現行犯逮捕の場合と同様，弾劾人が6名とともに断罪宣誓を行うことが必要とされたことを指摘する。自白の真実性の確認というよりは，宣誓を重視するゲルマン証拠法の形式的性格の発現と解すべきであろうか。

(3) ドイツでは14世紀前半に拷問の記録が現れるが，通説的見解は拷問による自白採取の中に実体的真実主義の現れを看取する。これに対し近時，Kleinheyer, *Zur Rolle des Geständnisses*, S. 378, 384; Trusen, *Strafprozeß*, S. 79 ff. による新説は，拷問による自白の真実性が問題とされるに至ったのは15世紀末であり，それまでは拷問による自白は形式的な実体判決要件にすぎなかったと説くが，疑問が残る（若曽根・中世後期・近世初期刑事手続における自白275頁，上口344頁参照）。Schmoeckel, S. 264, Fn. 546 もまた新説に疑問を提起し，「裁判官の心証を裏づける証拠がなければ，被告人の自白を以て犯罪が解明されたと看做されてはならない（confessiones reorum pro

exploratis facinoribus haberi non oportere, si nulla probatio religionem cognoscentis instruat)」という学説彙纂法文に対する「他の証拠がなければ，被告人の自白は証拠と看做されない（Confessio accusati non habetur pro probatione, si nulla alia sit probatio)」というアックルシウスの標準註釈（Gl. *Diuus Seuerus*, GLOSSA ORDINARIA zu D. 48, 18, 1, 17, Sp. 1387）を挙げ（同趣旨のバルドゥスの勅法彙纂註解については，60 条註 2 参照），新説は古典的普通法には妥当せず，また，ドイツ法域について妥当するかも疑問があると述べている。

自白に係る犯行の諸事情が取調べにより真実にあらざることが判明するとき

第 55 条　同じく，上に定める取調べにおいて，自白に係る諸事情が真実にあらざることが判明するときは，虚偽であることを被告人に示し，厳しく叱責しなければならない。次いで，上に定める諸事情を虚偽を交えることなく正しく供述せしめるため，再度拷問を行いうるものとする[*1]。なぜならば，犯人（die schuldigen）は時として，犯行の諸事情に関し虚偽を述べ，取調べの結果真実にあらざることが判明するならば[*a]，それにより罪を免れるであろう，と期待するからである。

1　虚偽自白と拷問の反復　58 条は，拷問の「多少，回数，緩急」を裁判官の裁量に委ね，拷問に自白しない被告人に対する拷問の反復を許容する。58 条を前提とするならば，虚偽の自白をした被告人に対し，当然に拷問が反復されることになろう。Clasen, art. 55, (3)が，「法的効果に関し，自白しないことと虚偽を自白することとは等価である」というのはこのような趣旨であろう。

犯行の諸事情は，被拘禁者に予め告げることなく，その全てを被拘禁者自身に供述させるべきこと

第 56 条　同じく，疑いのある犯行を拷問により又は拷問の威嚇[*1]により自白した者が，いかに当該犯行の全ての事情につき尋問され，かつ，その事情につき取調べがなされ，〔自白の〕真実性の根拠が解明されるべきか等に

ついては，上の数箇条に定める通りである。しかし，拘禁又は尋問に際し，被拘禁者が犯行の諸事情を予め告げられ，しかる後尋問されるならば，その〔＝真実性の根拠の解明〕の妨げとなろう[*2]。ゆえに朕は，裁判官において，かかることの行われざるよう，かつ，尋問前又は尋問中，前数箇条において明らかに定める方法によることなく被告人が追及されざるよう，配慮することを欲する。

　同じく，被拘禁者は，裁判官の判断により，拷問及び自白の少なくとも2日又は3日後，属吏部屋又はその他の部屋に座す裁判官[*3]及び2名の参審人（zwen des gerichts）の面前に引致され，裁判所書記により自白を読み聞かせられた上，再度[*a]，自白は真実であるか否かを尋問され，これに対する供述もまた録取されなければならない[*4]。

　1　拷問の威嚇については，46条註2参照。

　2　**誘導尋問の禁止**　「拘禁又は尋問に際し」というのであるから，本条はおよそ被告人尋問の場合の誘導尋問を禁止する規定である。誘導尋問の禁止は，「拷問を行おうとする者は，〔たとえば，〕ルキウス・ティティウスが殺人を行ったかという特定的な尋問ではなく，誰が殺人を行ったかという一般的な尋問を行うべきである。それ以外の方法は，事実を解明するのではなく誘導する者に相応しいからである（Qui quaestionem habiturus est, non debet specialiter interrogare, an Lucius Titius homicidium fecerit, sed generaliter, quis id fecerit: alterum enim magis suggerentis quam requirentis videtur）」（D. 48, 18, 1, 21）という例が見える。Clasen, art. 56, II はこの法文を引き，誘導尋問の禁止を，「裁判官が，自己の意見と見解とに基づいて犯行状況を被告人に示そうとして犯行状況に関する一定の尋問項目を作成するならば，被告人はそれを肯定するだけで足りることになり，真実が隠蔽され容易に追及をかわすことが可能となり，拷問，さらには刑罰を免れることになる」と述べ，誘導尋問による自白は有罪判決の証拠とはならないとする。

　共犯者に関する尋問を行う場合の誘導尋問の禁止については，31条参照。

　3　テキストは，"Bann-Richter"（「罰令権のある裁判官」）である。

　Böhmer, art. 56, §4 は，認証手続について，裁判官が「裁判所内におい

て，参審人及び書記とともに…」とするのみであるから，この「裁判官」は
糺問訴訟を主宰する裁判官自身を指すのであろう。Langbein, art. 56 も「権
限ある裁判官」と解している。

4　自白の認証　(1)　これは，自白の認証（ratificatio）と呼ばれる手
続である。Clasen, art. 56, III〔p. 238〕によれば，「適法なる時期にしかるべ
き場所において裁判官及び参審人の面前においてなされる，被告人が拷問又
は拷問の威嚇の下で自白した事柄の反復又は確認」を指し，「被告人に自白
が読み聞かせられた後，全面的若しくは部分的に自白を維持するか又は撤回
するか否かが問われる」という方法によって行われる。拷問に対する自白の
録取時期について，58 条註 3 参照。

認証は，拷問直後ではなく，拷問の強度，被拷問者の体力に応じ，2 日後
以降に行われる。場所は，拷問部屋以外の場所すなわち法廷（bancus juris）
でなければならない。拷問部屋で行われる自白の反復は認証というよりも拷
問によって自白させることと異ならないからである。被告人が供述を変更，
訂正，撤回するときは，被告人の申立てが正確に録取されなければならない
（Clasen, art. 56, III〔p. 239〕）。

(2)　Clasen, art. 56, III〔p. 238〕は，「拷問による自白は恐怖を与えて強要
したものと看做される。しかし，事後の任意の行為によって恐怖〔という汚
染〕が浄化（purgare）されるように，たとえば，被告人が拷問部屋以外の場
所で自由に自白を反復，承認，確認するならば，強要又は恐怖は浄化され
る。そして，反復され書面化された自白はもはや取り消すことができない」
と註解する（このような自白の撤回の効果について，91 条註 6 参照）。Carpzov,
q. 126, n. 19 は，認証された自白を「任意自白（confessio spontanea）」と呼
ぶ。

(3)　本条 2 項によれば，拷問による自白についてのみ認証が必要とされる
ように解される。しかし，Clasen, art. 58, I〔p. 242〕は，拷問によって自白
したか，拷問の威嚇によって自白したかは等価であるから，効果に関し拷問
の威嚇は拷問と同視されると註解する。したがって，拷問の威嚇による自白
についても認証が必要となる（Clasen, art. 56, I, III〔p. 238〕）。これに対し，
Carpzov, q. 126, n. 36 は，拷問及び拷問具を装着して行う拷問の威嚇の場合

は認証を必要とするが，軽い拷問の威嚇（言葉による威嚇の趣旨であろう）に自白した場合は認証を要しないとする。

被拘禁者が先に自白した犯行を再び否認するとき

第57条　　同じく，被拘禁者が先に自白した犯行を否認する場合において，上に定めるごとく，疑念〔＝徴憑〕が明白であるときは，被拘禁者を再び獄舎〔＝拷問部屋〕に引致し，被告人をさらに拷問しなければならない[*1]。上〔＝54条〕に定める諸事情は，拷問を行う理由となるものであり，したがって〔再び拷問を行う前に〕入念に考量しなければならない[*a*2]。ただし，被拘禁者が否認[*b]の理由のあることを主張し，以て裁判官が，被拘禁者が錯誤により（auß irrsal）[*3]自白したと信ずる場合を除く。この場合においては，裁判官はその錯誤の証明を被拘禁者に許すことができる[*4]。

1　「上に定めるように，疑念が明白であるときは（vnnd doch der argwon, als vorsteht, vor augen wer）」という文言の趣旨は，本条の文脈の下では必ずしも判然としない。次註(2)のように，拷問に自白した以上拷問の根拠となった徴憑は雪冤されておらず，ゆえに拷問が反復されると解するならば，拷問の前提となった徴憑が明白であるときは，否認する被告人は端的に再拷問に付されるという趣旨となろう。しかし。本条は，54条に定める諸事情をも考慮すべきことを指示している（註3参照）。前後の関係が必ずしも判然としない。

2　**自白の撤回と拷問の反復**　(1)　Brunnenmeister, S. 167 f. によれば，13世紀末イタリアにおけるガンディヌス，バルドゥス等の学説が，新たな徴憑が現れない限り自白を撤回した者を再び拷問することができないとした。しかし，後には，再拷問には新徴憑が必要であるという原則はこれを維持するが，自白したこと自体が半完全証明（semiplena probatio）であると解することによって，新徴憑のない場合の再拷問を許容する新学説が登場した。カロリーナ58条は，このようなイタリアの新学説を採用したバンベルゲンシス70条に倣ったものである。

ちなみに，Gandinus, De questionibus et tormentis, S. 167 f. [24, 25] は，

「維持 (perseveratio) されなかった〔拷問による〕自白は，完全証明とも半完全証明ともならない。全く自白しないことと，拷問を恐れて自白する〔がこれを維持しない〕こととは同じだからである」，したがって，「殺人を自白したがこれを維持しない者を，裁判官は，何らかの他の徴憑なしに拷問に付してはならない」と述べていた。

(2) Carpzov, q. 126, n. 44; Clasen, art. 57, I〔p. 240〕は，以前の徴憑は拷問によって雪冤 (purgare) されていないのであるから，被告人を新たに拷問することができるとする。Carpzov, q. 126, n. 42 は，一旦拷問に対し自白したこと自体，再拷問を行う新たな徴憑（半完全証明）に当たるという。ただし，Kress, art. 57, §5〔p. 176 et seq.〕は，自白撤回自体が再拷問の理由となることを認めるが，新たな徴憑が生じない場合においては，裁判官は犯行の重大性及び徴憑の強さを考量し，たとえば最初の拷問の徴憑がそれほど強くないならば，再拷問に代えて雪冤宣誓を行わせるべきである，という留保を付している。

なお，拷問に自白しない場合の拷問の反復については，58 条註 4 参照。

3　Clasen, art. 57, I〔p. 241〕は，「犯行に随伴する諸事情は拷問の根拠となるのであるから，裁判官は入念に諸事情を検討しなければならない」と註解する。54 条にいう「自白に係る犯行に関し被尋問者が供述した諸事情」が裏づけられた場合は，これも拷問を反復する根拠となるという趣旨であろうか。なお，註 5 参照。

4　**「過誤による自白」**　57 条中，「ただし，被拘禁者が否認の理由を主張し，以て裁判官が，被拘禁者が錯誤により自白したと信ずる場合を除く。この場合においては，裁判官はその錯誤の証明を被拘禁者に許すことができる」という文言は，第 1 次及び第 3 次草案には含まれていなかったものである。

Kress, art. 57, §4 は，「『錯誤 (irrsal)』という文言は頭痛の種である。被糺問者が自己の行為を供述するに際し錯誤を犯すことは考えられないのである」と述べ，「この文言について神経質になる必要はないと考える。立法者の意図は，拷問後，自白の虚偽を主張するか否か，錯誤，恐怖その他の理由から虚偽が生じたか否かについて被糺問者を聴聞しなければならない，とい

う点にあり，この点をよろしく理解するならば十分である。…確かに，錯誤は様々な理由から生じうる。すなわち，①恐怖が大きければ容易に錯誤が生じ，②長々しい尋問あるいは被糺問者の理解力を超える尋問，たとえば，『被糺問者は被害者を傷害したが，確実に致命傷となる刺し傷ではなかったか』といった尋問から錯誤が生じうる」と註解する。

これに対し，Clasen, art. 57, II もまた，「自白が錯誤又は恐怖からなされたか否か」を問題にするが，拷問による自白が恐怖に起因しない場合を想定するクラーセンの註解はやや理解しがたい。

5　自白の撤回と撤回事由の調査　(1) Kress, art. 57, §2 は，自白が撤回された場合，「裁判官は，自白を撤回した者が撤回についてしかるべき理由を主張しているか，拷問が命ぜられる理由となった重大な徴憑を疑わせ又は除去する事実を主張しているか等の諸事情を取り調べなければならない。徴憑を除去するような事実が主張されていない場合は，被糺問者は改めて拷問に付されなければならない」，「拷問の反復には新たな徴憑が必要となるか否か。前の徴憑がなお存在し，かつ，根拠のない撤回それ自体が新たな徴憑の代わりとなるから，これは否定される。慣習によれば，一件記録の送付が改めて必要とされる」と註解する。

6　拷問の回数　(1) 本条は自白撤回に対する拷問の反復を認めているが，2度目の拷問に対する自白を撤回した場合，3度目の拷問が許されるかは明らかでない。Böhmer, art. 57, §7 は，「法律の類推が許されるならば，最初の自白撤回に許容されることはより重大かつ頑迷というべき再度の自白撤回にまで拡張されるべきことは疑いがない。このような論拠が妥当ならば，本条が3度目の拷問に言及していないことは反論とならないし，また，〔3度の拷問という〕苛酷さは〔2度の自白撤回という〕著しい頑迷さによって相殺されるから，苛酷であるということもまた反論とならない」と註解する。ただし，Carpzov, q. 126, n. 49; Clasen, art. 57, II; Kress, art. 57, §3; Brunneman, cap. 8, memb. 5, n. 89〔上口訳227頁〕によれば，3回を超える拷問を許さないのが共通意見である。

(2) Carpzov, q. 126 は，ザクセン法について，重罪（死刑を科される殺人，窃盗，姦通，偽誓等）について2度，最重罪（革袋刑，焚刑，車輪刑等の加重死

刑を科される毒殺，報酬殺人，強盗殺人，近親殺，魔術，瀆神等）について3度拷問が行われ（n. 49 et seqq.），その後拷問中の自白の認証を拒む場合は，拷問による自白が誤っている可能性がある（n. 56）。拷問による自白については認証が不可欠であり，認証のない自白に基づく有罪判決は許されないから（n. 57），特別刑として追放刑又は拘禁刑を科すべきである（n. 58），として，3回目の拷問後も自白の認証を拒んだ被告人に対し「受けた拷問及び長期の拘禁を考慮し笞打ちの上永久追放」すべきものとした1628年のライプツィヒ参審人会の鑑定を挙げている。これは，死刑・身体刑事件について，自白は認証されていないが，一旦自白がなされたという嫌疑に基づいて裁量刑を科す趣旨であろう。その後の実務はカルプツォフ説によって支配されることになる（Schmidt, *Einführung*, S. 178）。たとえば，Kress, art. 57, §3; Böhmer, art. 57, §7は，4回目の拷問は許されないが特別刑を科すべきであると註解する（なお，Stephani, art. 58〔p. 88〕は，原則は3回とするが，新たな徴憑があればそれ以上の拷問が可能であるとする）。

拷問による自白を拷問部屋以外の場所で認証し死刑判決を受けた被告人が最終裁判期日に自白を撤回する場合については，91条註6参照。

拷問の程度（maß）について

第58条　同じく，拷問[*1]は，人物に対する疑念の状況に応じ，良き賢明なる裁判官の裁量により，その多少，回数，緩急[*2]が決定され，執行されなければならない。拷問中の被尋問者の供述は採用され又は録取されてはならず[*3]，被尋問者は，拷問から解放された上で[*a]供述しなければならない[*4*5]。

1　拷問の威嚇については，46条註1参照。

2　拷問の程度　(1)　テキストは，"vil, offt oder wenig, hart oder linder"である。

Gobler, art. 57〔=58〕; Clasen, art. 58, argumentumは，"plus aut minus, frequenter aut rarò, durius ac lenius"（「多少，回数，緩急」）と羅訳する。「拷問の多少」の趣旨は判然としないが，拷問の「量」という趣旨で「時間」の意味に解されよう。ちなみに，Clasen, art. 60〔p. 247〕は，「拷問が時間，程

度又は回数（tempus, gradus, aut numerus）において限度を超えない」と表現している。

　拷問の「多少，回数，緩急」の意義について，Böhmer, art. 58, § 1 は，本条は拷問の程度一般（mensura torturae in genere）を定めており，拷問を構成する個々の行為（unus alterusque eius actus in specie）について定めるものではないとする。これに対し，Kress, art. 46, § 1 は，拷問を構成する個々の行為に関する規定と解し，"vil, offt oder wenig"は指締めや吊り上げを行う回数，"hart oder linder"は指締めや縛りの強弱を意味すると註解する（Remus. cap. 58 は"saepiùs, rariùs; remmisiùs, intentiùs"〔「回数，緩急」〕と羅訳するが，同趣旨であろうか）。Böhmer, art. 58, § 1 は，クレスの解釈に対し，「皇帝は，言い渡されるべき拷問あるいは言い渡された拷問の具体的な執行に関する事項を一般的に定めているのであり，クレスの解釈は，条文の文言から出てこないだけでなく，先行する条文との関係ではいっそう不可能である」と批判する。確かに，クレスの解釈によれば，拷問に自白しない被告人に対する拷問の反復を定める規定がないことになり不自然である。

　(2)　Böhmer, art. 58, § 2 は，拷問の時間に言及し，最大限 1 時間とするのが共通意見であると註解するが，Mechbach, art. 58 は最大限 1 時間半とする。「拷問の緩急」について，Clasen, art. 58, II〔p. 242〕は，①手を背後で縛り綱を締める，②梯子に身体を縛りつけ四肢を引く，③②に加えて，火や硫黄等を用いる，3 段階があるが，③は瀆神等の最重罪に限って使用される，と註解する。

　(3)　拷問の程度は裁判官の裁量によるが，①被告人の属性，すなわち年齢，性別，体力を考慮する（貴族の場合は領邦君主による個別的な許可が必要である）ほか，②徴憑の程度及び犯罪の種類と程度が考慮されなければならないが，人道に配慮し，被告人の身体に障碍を残すこと，糺問手段が刑罰よりも苛酷となることは避けなければならない（Clasen, art. 58, II〔p. 244〕）。Stephani, art. 58〔p. 87〕は，裁判官の裁量は自由裁量ではなく，「法律に適合した羈束裁量」であり，拷問の反復に関しては「疑わしきは反復せず（in dubio pro non repetatione）」に従うべきであるとする。

　なお，拷問の程度が裁判官の裁量によることについては，「拷問の程度は

むしろ裁判官の裁量に委ねられるべきであり，拷問は，奴隷が生きて無罪とされ，又は刑罰に服しうるごとく行われなければならない（Quaestionis modum magis est iudices arbitrari oportere: itaque quaestionem habere oportet, ut servus salvus sit vel innocentiae vel supplicio）」というウルピアヌス法文（D. 48, 18, 7）がある。

3　拷問による自白の録取時期　Clasen, art. 61, II は，拷問からの解放後になされる自白を録取すべき理由として，拷問の苦痛の下で被告人が行為を正確に想起し真実を述べることができるとは考えられないからであるという（185条註1参照）。Carpzov, q. 124, n. 27 は，「被告人は，拷問中，本格的な，特に尋問項目書に基づく尋問は行われてはならない。被告人が自白すると意思表示し，拷問から解放された後に，詳細な尋問が行われなければならない」という1631年のライプツィヒ参審人会鑑定を挙げている。

なお，拷問に対する自白の読聞けを受けて行う自白の認証は拷問部屋以外の場所で行うべきものとされているが（56条註4参照），拷問に対する自白の書面化は拷問部屋で行われるのであろう。

4　自白しない被告人に対する拷問の反復　(1)　拷問反復の許否　55条は自白内容が虚偽である場合について，57条は自白を撤回した場合について，拷問の反復を許す。これに対し，拷問の回数の多寡を端的に裁判官の裁量に委ねる本条は，拷問に自白しなかった場合の拷問の反復を許容するものと解される。Brunnemann, cap. 8, memb. 5, n. 91〔上口訳228頁〕は，「初回の拷問に対して被糺問者が全く自白しなかった場合であっても，再度拷問することができる場合がある。これも拷問の反覆と呼ばれ，カール5世皇帝が刑事裁判令58条において賢明なる裁判官に許しているところである」と註解する。

(2)　拷問反復の要件　本条は，55条及び57条と異なり，拷問の反復のための要件を明示していないが，学説は新たな徴憑の出現を要求する。

(a)　Brunnemann, cap. 8, memb. 5, n. 91〔上口訳228頁〕は，新たな徴憑を要求し，①被告人は拷問に耐えることで前の徴憑を雪冤しており，前の徴憑を理由とする再拷問は不可であり，②D. 48, 18, 18, 1 もまた，「特に心身の頑強さを以て拷問に耐えた場合，〔前の拷問の理由となった徴憑よりも〕一層明白

なる不利益証拠が〔新たに〕生じた被告人は，再度拷問することができる（Reus evidentioribus argumentis oppressus, repeti in quaestionem potest, maxime si in tormenta animum corpusque duraverit)」と定めている，という根拠を挙げる（ただし，"oppressus"は過去を示しているから，第1回拷問前に"evidentiora argumenti"に基づく嫌疑を受けていた被告人の場合であるとする Matthaeus, tom. 2, lib. 48, tit. 16, cap. 4, n. 14 による解釈もある）。

Clasen, art. 61, I〔p. 252〕は，再糺問のための新たな徴憑は，①それまで主張立証されたことがなく，拷問による尋問に際し尋問対象とされなかった徴憑，②前の徴憑と，種類及び立証対象において異なる新たな徴憑，③被告人の犯行を裁判官にほぼ確信させる徴憑でなければならない，とする。また，Carpzov, q. 125, n. 39; Kress, art. 57, §5〔p. 177〕は，「前の〔拷問の〕徴憑と異なる種類の新たな徴憑がなければ拷問は反復されない」とする。

これに対し，Stephani, art. 58〔p. 88〕は，以下に述べるクラールス説を援用し，新徴憑が欠けるが再拷問が可能な場合として，①前の拷問が軽微なものであった場合，②前の徴憑が非常に強いものであった場合を挙げる。

(b)　Clarus, q. 64, versi. Vltimo uidendum は，イタリア法について，①風評に基づく拷問の後，風評を証明する新たな証人が出現した場合は，新たな徴憑が判明したのではなく，既に雪冤された徴憑が新たに証明されたにとどまり再拷問は違法であるが，②最初の徴憑が強力かつ明白であった場合は新たな徴憑がなくとも再拷問が可能であるとするのが慣習であると述べている（これは，D. 48, 18, 18, 1 に関する上掲のマテウス説に近い見解であろう）。

(3)　拷問反復の回数　　拷問に自白しない被告人に対する拷問の反復の回数は，次註(1)のカルプツォフ及びクラーセンの所説に照らすならば，拷問に対する自白を撤回する場合と同様，犯罪の重大性に応じ2回又は3回とされたと考えられる。

5　拷問に自白しない被告人に対する判決　　(1)　無罪判決　　許容される回数の拷問を行ったにもかかわらず被告人が自白しない場合について，Carpzov, q. 125 は「被告人に不利益な徴憑は拷問によって雪冤されているのであるから」，「被告人は新たな徴憑が生じない限り無罪とされなければならない。無辜が有罪とされるよりは，犯人の行為が罪を免れるのが良いからで

ある（satius enim est, impunitum relinqui facinus nocentis quam innocentem damnari, *l. absentem. ff. de poen.* 〔=D. 48, 19, 5〕）」（n. 71），しかし，「2度又は3度の拷問後に新たな徴憑が現れた場合は，残された嫌疑に基づき非正規刑を科すことができる」（n. 74）とする。重罪は2回，最重罪は3回という拷問回数の制限（57条註4）があるために，新たな徴憑に対しては裁量刑を以て対処するという趣旨である（なお，引用されている D. 48, 19, 5については，148条註3参照）。

Clasen, art. 61, I〔p. 251〕もまた，「被告人に不利益な徴憑は拷問によって雪冤されているのであるから，被告人が1度又は数度犯行を否認した場合は，端的かつ終局的に無罪とされるとするのが，共通意見でありかつ公正に適う意見である」という（もっとも，クラーセンは99条との関係で仮放免を肯定する。有罪立証が奏功しない場合に拷問が行われ，拷問に自白しない被告人に関し仮放免を否定するのであれば，どのような場合に仮放免が言い渡されることになるのか，判然としない）。

(2) 無罪判決の既判力　Carpzov, q. 125, n. 10; Clasen, art. 61, I〔p. 251〕; Böhmer, art. 61, §1〔p. 241〕は，拷問に自白しなかった被告人は「仮放免とされるのではなく終局的に無罪とされるとする見解がむしろ正しい」と述べる。しかし他方では，Carpzov, q. 125, n. 8; Clasen, art. 61, I〔p. 252〕; Kress, art. 199, §2; Böhmer, art. 61, §1〔p. 242〕は，終局的な無罪判決後に新たな徴憑が現れた場合は再度拘禁し拷問を行うことができるとしており（ただし，Kress, art. 199, §2は3回の拷問を経た場合は再糺問できないとする），終局的な無罪判決の既判力を否定する結果となっている。Schmidt, *Einführung*, S. 178; Holtappels, S. 53は，カルプツォフは仮放免の反対者であったとするが，カルプツォフ説は，無罪判決の既判力を否定する点で，仮放免を肯定する見解と実質的には異ならない。

既判力を否定する論拠として，Kress, art. 199, §2〔p. 734〕は，新たな徴憑が現れた場合は，「犯罪が処罰を免れることのないよう，公益を優先し，無罪判決を受けた者に対する糺問が許される」，Böhmer, art. 61, §1〔p. 241〕は，前の拷問の根拠となった徴憑との関係で既判力が生ずるのであるから，新たな徴憑との関係では被告人は既判力によって保護されない，と註

解する。

(3) 拷問反復と無罪判決の関係　第1回拷問に被告人が自白しない場合，いかなる時点で無罪判決を行うのか，すなわち，第2回拷問を可能とする徴憑の証明を行う時期的限界はどのように設定されるのかが明らかでなく，無罪判決後に新たな徴憑が生じた場合は拷問を行うという原則と，制限回数まで拷問がなされた後で新たな徴憑がある場合は裁量刑を科すという原則との間の適用上の相互関係が判然としないが，本条がいう「良き賢明なる裁判官の裁量」に委ねる趣旨なのであろうか（同様の疑問は，以下で触れる仮放免判決との関係においても生じる）。

カロリーナは，詳細な徴憑理論によって拷問の入り口を規制したが，拷問執行に関する規制があまりにも乏しく，徴憑理論を採用した問題意識が拷問執行手続の整序に向かわなかったことになる。

(4) 仮放免　Zanger, cap. 5, は，拷問に犯行を否認した場合は，徴憑に関し仮放免され，不復讐宣誓を行った上拘禁から放免されるとする見解（n. 2）が，「国家による処罰が妨げられないために」という観点から見て正当であるとする（n. 10）。Brunnemann, cap. 9, n. 1〔上口訳250頁〕もまた，「無罪であることについて疑問のある者が既判力の抗弁を援用することは不当である」との理由を挙げ，仮放免を肯定した。

カロリーナと仮放免の関係については，99条註3参照。

尋問を受ける憐れなる者が重傷を負っているとき

第59条　同じく，被告人の身体に重傷又はその他の障碍があるときは，被告人に対する拷問は，その傷又は障碍に対する危害が最小限となるよう，行われなければならない[*1]。

1　Clasen, art. 59 は，拷問は真実発見の手段であり，被告人に害を加えるための手段ではない，拷問は，被告人が生きて無罪判決又は刑罰を受けることが可能となるように執行されなければならない，この点は身体壮健な者にも身体虚弱な者にも妥当する，と註解する。前条註2に引用したウルピアヌス法文（D. 48, 18, 7）を踏まえた註解である。

拷問による自白はいかなる場合に最終的に措信されるべきかの判断

第60条　同じく，犯行に関し認定された適法なる徴憑に基づき拷問が行われ，前数箇条に明らかに定めるごとく，被尋問者の自白〔の真偽〕に関し能う限り入念なる取調べがなされ，自白に係る行為につき，無辜ならば述べかつ知りえざる事実が発見されるときは[*1]，この自白は疑う余地なく確実なるものとして措信され[*2]，これに基づき，「同じく，何びとかが朕の成文普通法に照らし云々」を以て始まる104条以下の数箇条において刑事罰について定めるごとく，事件の性質に従い刑事罰が判決されなければならない[*3]。

1　「秘密の暴露」については，53条註2参照。

2　検認された自白と有罪判決　54条は，拷問によらない自白についても検認を要求している。したがって，本条の趣旨は拷問によらない自白にも適用されよう。

(1)　Clasen, art. 60〔p. 247〕は，自白事件における裁判官の役割は判断をすることではなく損害額の評価をすることにあるとするウルピアヌス法文（D. 9, 2, 25, 2）を引き，「自白した者は判決を受けた者と看做され，自白事件における裁判官の職務は有罪判決をすることに尽きる」と註解する。

(2)　Ullmann, p. 135 は，「〔証拠は〕全体として真実を疑問の余地なく確信させるのであり，たとえば拷問によって得られた自白の場合，自白が単独で真実を確信させるのではなく，自白の維持，風評，事実の蓋然性又はその他の間接事実が〔相俟って〕真実を確信させるのである（simul collecta inducunt indubitabiliter veritatem, et est exemplum in confessione in tormentis extorta, quae non per se, sed perseverantia vel fama vel vel verisimilitudine facti vel aliis adminiculis inducat veritatem)」（Baldus, on C. IV, 19, 25, no. 2, fol 45）というバルドゥスの勅法彙纂註解を引いて，「有罪判決は，被告人の自白そのものではなく，認証された自白と拷問に導いた情況証拠との総合を根拠とした」と指摘する。バルドゥスの註解は，自白の真実性が問題とされていたことを示すものである（54条註5参照）。

3　有罪判決が適法であるための要件　　Clasen, art. 60〔p. 247〕は，有罪判決の適法要件として，以下の諸点を挙げる。①罪体が確定された（6条，20条），②適法なる徴憑が予め存在した，③その徴憑が証明された（6条，23条，30条，45条），④徴憑の写しが被糺問者に交付された（47条），⑤被糺問者の抗弁（exceptio）又は反証（probatio in contrarium）によって徴憑が雪冤されなかった（13条，18条，28条，29条，33条，47条），⑥拷問に先立ち拷問判決がなされた（45条），⑦拷問が適法に行われ，被拷問者の状況，時間，程度，又は回数において限度を超えなかった（58条，59条），⑧自白が誘導尋問によることなく，自発的になされた（56条），⑨自白が確実で真実である，すなわちいかなる犯罪が行われたかが明らかである，⑩自白が認証され維持されている（56条），⑪被糺問者が自白したことがすべて事実であるか否かについて慎重なる取調べが行われた（54条），⑫防禦のための猶予が被糺問者に与えられた，⑬したがって，訴訟手続が適法に開始され追行された。

4　罪体確認　　有罪判決には罪体確認が必要であるが（6条註6参照），罪体確認が例外的に不要となる場合として，Carpzov, q. 108 は，①異端，瀆神のような密行犯罪及び証明困難犯罪の場合（n. 32），②姦通，近親相姦，強姦のような挙動犯の場合（n. 36），③非死刑・非身体刑事件の場合（n. 39）を挙げる

　上述したところと重複するが，①に属するとされる嬰児殺の罪体確認について，Carpzov, q. 108, n. 35 は，被告人の自白のほかに，①被告人の母親が，被告人から渡された後産を川に捨て，被告人が出産に用いた汚れ物を洗ったことを供述し，かつ，隣人たる証人が母親の行為を目撃した旨証言したこと，②被告人が母親に後産を渡したことを自白していること，③産婆の報告によれば，子を出産することなく後産が出てくることがないことを根拠に，「自白のほかに，一定の罪体に向けられた，死体に関わるこれらの徴憑及び推定根拠が存在するならば，死体が発見されない場合においても犯人を死刑に処することができる」とした1614年のライプツィヒ参審人会鑑定を挙げている。これは，自白の真実性を担保すべき死体が発見されないために，情況証拠によって死体の存在が認定された事例である。

刑事裁判令　第 60-61 条　*201*

被拘禁者が適法なる嫌疑に基づき拷問された場合において，有罪であることが判明せざるとき，又は，有罪であることの証明がないとき

第 61 条　同じく，（上に定めるごとく）拷問に十分であることが証明された疑惑及び嫌疑に基づき被告人が拘禁，拷問されたにもかかわらず，自らの自白又は〔証人による〕証明のいずれによっても弾劾に係る犯行につき有罪を証明されざる場合において[*a*1]，裁判官及び弾劾人は，上に定める適式かつ法の許容する拷問を行いたることを理由として処罰されざるものとする。犯行に関し認定されたる徴憑が拷問執行に対する免責事由となるからである[*2]。諸法（die recht）の定めるところによれば，何びとも，犯罪を行うことのみならず，悪をなすかのごとき挙動により犯行の風評又は徴憑の原因を作出すること自体を避けるべく[*3]，ゆえにこれに従わざる者は上にいう〔拷問という〕苦難を自らの上に招くことになろう。かかる場合においては，弾劾人はその負担すべき費用[*4]のみを，被告人は，嫌疑の原因を作出したがゆえにその〔拘禁中の〕糧食費を支払わなければならない[*5]。また，官憲は，刑吏その他の裁判所属吏及び獄舎に関するその他の費用を負担しなければならない[*6]。ただし，本神聖帝国裁判令に反して拷問が行われるときは，当該裁判官は，不当なる拷問を行ったものとして処罰されなければならない。したがって，裁判官は，普通法に定めるごとく（wie recht ist）[*b]，違反の態様及び事情に応じしかるべく処罰され，賠償の責めを負い，最寄りの正規の上級裁判所[*7]において裁かれるものとする[*c]。

1　事実上の有罪・法律上の有罪　Clasen, art. 61, I〔p. 249〕は，「自白がなく，さらに，適法かつ十分なる証明もない場合は，無実ではない可能性があるにせよ，法律上の効果としては無罪と看做され（etiamsi innocens fortean non sit, habetur pro innocente quoad effectum juris），刑罰を科されない」と註解する。これは，「事実上の有罪（factual guilt）」及び「法律上の有罪（legal guilt）」の違いを自覚的に捉える英米法的な観念を想起させる。

2　拷問に関する免責　拷問が適法なる徴憑に基づいて行われる限り，被告人が拷問によって死亡した場合においても裁判官は責任を負わないとさ

202

れる（Clasen, art. 61, I〔p. 253〕）。

　免責されない違法な拷問については，20条参照。

　3　Remus, art. 61 は，「諸法」の例として，「我々は，性行において疑わしい者に〔非行の〕嫌疑を抱く。貧しいが誠実かつ精勤である後見人又は管財人は，あたかも疑わしい者として解任されてはならないのである（Suspectum enim eum putamus, qui moribus talis est, ut suspectus sit: enimvero tutor vel curator, quamvis pauper est, fidelis tamen et diligens, removendus non est quasi suspectus）」（I. 1, 26, 13），及び，「〔後見人は〕いかなる嫌疑に基づき解任されるべきかを考える。被後見人の財産を不適切に処理し，被後見人に対し卑劣若しくは不利益なる行為を行い，又は，後見人として被後見人の財産から横領するならば，後見において欺罔を行った疑いがあるものとして訴えることができることを知らなければならない（Nunc videamus, ex quibus causis suspecti removeantur. Et sciendum est aut ob dolum in tutela admissum suspectum licere postulare, si forte grassatus in tutela est aut sordide egit vel perniciose pupillo vel aliquid intercepit ex rebus pupillaribus iam tutor）」（D. 26, 10, 3, 5）という法文を引き，さらに，テサロニケ前書第5章第22節「凡て悪の類に遠ざかれ（ab omni specie mala abstinete vos）」を，「悪をなすことのみならず，悪をなすがごとき外観をも遠ざける（abstinere non solùm à malo, sed etiam à specie mali）」という趣旨で引いている。

　4　**弾劾人の負担すべき費用**　有罪が証明されない場合の代弁人費用，証人尋問費用である（Clasen, art. 61, II〔p. 254〕）。

　5　**被告人の負担すべき費用**　Clasen, art. 61, II〔p. 254〕は，拷問を受けた被告人は糧食費を負担し，かつ，拘禁及び拷問による苦痛を受忍しなければならないとする。ただし，12条は，弾劾人が適法なる徴憑を所定の期間内に証明しなければ，拘禁された被告人は損害の賠償を求めうると定めており，被告人は拘禁の苦痛について賠償を請求しうる。なお，当事者間における費用の按分について，201条参照。

　6　**官憲の負担すべき費用**　Clasen, art. 61, II〔p. 254〕によれば，訴訟費用について，①典獄（commentariensis）は訴訟費用を支払うかその約束をするまで被告人を継続して拘禁しうるとする見解と，②典獄は被告人を拘禁

刑事裁判令　第61-62条　*203*

せしめた者に対し訴訟費用を請求しうるとする見解の対立があったが，本条は，「被告人が拷問により徴憑を雪冤したときは，裁判官は刑吏，裁判所属吏，典獄のための費用を負担しなければならない」と定め，訴訟費用を官憲の負担とすることに決した規定である。関連規定として，204条参照。

　この場合，刑吏の費用とは拷問費用を指すのであろう。処刑及び拷問費用に関し，バンベルゲンシス258条以下に詳細な定めがある。また，森島恒夫『魔女狩り』(1970) 129頁には，1757年にケルン大司教が認可した処刑及び拷問料金表の詳細が掲記されている。

　7　違法な拷問に関する管轄裁判所　「正規の上級裁判所 (ordentliches obergericht)」は，"oberhof"とは異なる (「上級裁判所」について，219条註4参照)。Clasen, art. 61, III によれば，「その裁判官の所属する直上の官憲 (immediatus suus Magisratus)」である (7条参照)。領邦君主，都市が任命する官吏に当たらない領主裁判所の裁判官の場合の手続は不明である。

　Clasen, art. 61, III は，裁判官が，適法なる徴憑が予め存在したこと，及び，拷問の執行に際し法規を遵守しかつ正義と真実に対する配慮に基づき拷問することを刑吏に命じたことを証明しない限り，被告人は違法に拷問を受けたとの推定を免れないと註解する。違法に拷問を行った裁判官の責任については，20条註3参照。

犯行の証明について

　第62条　同じく，被告人が自白せざる場合において[*1]，弾劾人が犯行を証人により証明 (beweisen) しようとするときは，普通法に定めるごとく (als recht ist)[*a]，証明を行うことが許されなければならない[*2*3]。

　1　証明方法としての証人による証明の補充性　本条は，証人による証明に先立ち，被告人尋問によって被告人の自白がまず追及されることを前提とする。これは，自白の証拠としての特殊性 (69条註1参照) 及び訴訟経済 (16条，77条，153条参照) を考慮するものと考えられる。したがって，証明方法として証人による証明は自白に対し補充的であるが，証明方法としての拷問は証人による証明に対し補充的である (11条註4参照)。

2 挙証責任 (1) 挙証責任の所在 Clasen, art. 62, (1)〔p. 256〕に
よれば，「被告人が犯行を明確に自白することを拒み否認し続けるときは，
訴訟が弾劾訴訟であるならば，犯行事実の立証が弾劾人に許されなければな
らない。事物の本性上，事実を否定する者による証明はなしえないがゆえ
に，挙証責任は，否定する者ではなく弾劾人に存するからである。したがっ
て，弾劾人は，否認する被告人に対し立証を行うことが許されなければなら
ない。犯人の犯行が隠避されることなく，処罰を免れないことは公共の利益
だからである。…また，〔有罪を証明することにより，〕誣告の刑罰を免れ，か
つ，被告人に対し費用を賠償し投獄の屈辱を償うべき責めを免れることは，
弾劾人自身の利益でもある」。

　「事実を否定する者による証明はなしえない」という消極的証明に関する
註解は，C. 4, 19, 23 に見える章句"per rerum naturam factum negantis nulla
sit probatio"の引用である。また，D. 22, 3, 2 には，「挙証責任は，否認する
者ではなく主張する者にある（Ei incumbit probatio qui dicit, non qui negat）」，
I. 2, 20, 4〔法学提要第 2 巻第 20 章第 7 節〕には，「挙証責任は常に原告が負う
（semper necessitas probandi incumbit illi, qui agit）」という章句が見える。

　(2) 証明水準 Clasen, art. 62, (1)〔p. 256〕は，「刑事事件においては，
真昼間の光より明らかなるべき適切かつ完全なる証明（idonea & plenae pro-
bationes, quae luce meridianâ clariores esse debeant）が必要である。ただし，
これは弾劾の場合に限る。防禦の場合は，しかく厳格なる証明は要求されな
いからである」と註解する（無罪証明に関わる特則については，141 条註 2 参
照）。「真昼間の光より明らかなるべき適切かつ完全なる証明」という註解
は，C. 4, 19, 25 の「全ての弾劾人は，適格なる証人の備えのある，明白な
る文書のある，又は，疑いのないかつ光よりも明らかなる徴憑による証明の
用意のある事件についてのみ刑事弾劾すべきことを知らなければならない
（Sciant cuncti accusatores eam se rem deferre debere in publicam notionem, quae
munita sit testibus idoneis vel instructa apertissimis documentis vel indiciis ad
probationem indubitatis et luce clarioribus expedita）」という文言を踏まえたも
のである。

　Clasen, art. 22〔p. 121〕は，「死体が発見された家屋その他から抜剣を持っ

て逃走することを目撃されたとしてもその者を有罪として死刑を科すことはできない。第三者の犯行である可能性や，逃走した者は正当防衛その他の免責事由があって殺人を行った可能性が残る」という例を挙げ，徴憑による証明は上の証明水準を充たしていないと註解する。

3　完全証明となる証拠　Clasen, art. 62, (1) 〔p. 257 et seq.〕は，完全証明となる証拠について，以下のように註解する。①自白。②書面。民事の場合と異なり，通常刑事では他の補強証拠がなければ犯行が証明されることはない。殺人・窃盗等の犯罪の被告人が書面によって犯行を自認する場合，異端，魔術，背叛のように精神状態から成り外部的に知覚されない犯罪を書面によって第三者に自白する場合，暴利契約のように書面が犯行を構成する場合は書面が完全証明となる。③現行犯逮捕や明白犯を完全証明の証拠とする論者がいるが，正しくない（16条註3参照）。④民事の場合と同じく，召喚に対する命令抗拒を自白と解し，完全証明の証拠とする論者がいるが，かかる自白は擬制自白であり，「真昼間の光よりも明らかな証明」が要求される刑事事件における証明水準を満たさない。⑤証人。証人となりうる者が限定され，宣誓が行われるので，最良の証明方法である。

身許不詳の証人について

第 63 条　同じく，身許不詳の証人（vnbekante zeugen）[*1]は，証人が廉潔（redlich）かつ風評のない者であることが，証人提出者によりしかるべく証明（fürbringen）[*a]される場合を除き，反対当事者が異議を申し立てるときは許容されてはならない。

1　身許不詳の証人　(1)　Gobler, art. 62 〔=63〕は，「余所者であり未知の証人（peregrini & ignoti testes）」とする。Clasen, art. 63, I によれば，身許不詳の証人とは，「その供述によって不利益を受ける者にとって，見たことも聞いたこともない証人」をいい，証人は「不利益な供述をされる被告人のみならず，証人を取り調べ，その供述に基づき有罪又は無罪を判決すべき裁判官にとっても知られていなければならない」。Kress, art. 62, §1 〔p. 198〕は，①被告人が証人に対し抗弁を提出しうるよう，証人は被告人にと

って身許不詳であってはならない，②糺問訴訟において裁判官は喚問しよう
とする不利益証人の身許を調査しなければならないとする。①は，証人の身
許と反対尋問準備との関係という現在においても起こりうる問題に直結する
視点である。

　Clasen, art. 63, III は，身許不詳の証人は信用性，良き世評，良き品行と
いう証人の適格要件を確認することができないために排斥されるのであるか
ら，証人提出者が未知の証人についてかかる証人適格要件を証明するなら
ば，裁判官及び当事者に未知である証人も許容される，とする。

　(2)　1120年のフライブルク市の建設文書（Stiftungsbrief）は，「非市民は
市民に対する証人となりえず，市民に対しては市民のみが証人たりうる。全
ての証言は2名の適格なる者，ただし，目撃し聞いた者によりなされなけれ
ばならない（Nullus extraneus testis erit super burgensem sed tantummodo bur-
gensis super bergensem. Et omne testimonium duobus legitimis personis producitur
et hoc de visu et auditu)」（zitiert bei: v. Kries, S. 197）と定めていた。系譜は
明らかでないが，神判廃止前の時代において，2名の目撃証人による証明と
いう原則を採用した都市法である。未知の証人に対する警戒が現われてい
る。

報酬を受ける証人について

　第64条　　同じく，報酬を受ける証人もまた排斥され，許容されてはな
らず，刑事罰を以て処罰されなければならない[*1]。

　1　Clasen, art. 64, II, IV によれば，「金銭の贈与又はその約束を受けて
証言する証人は，証言の真偽に拘わらず排斥される」が，出廷費用及び休業
補償を受領することは買収に当たらない。買収された証人（testis corruptus)
に対する刑罰は法に定めがなく，裁判官の裁量による（Clasen, art. 64, IV;
Kress, art. 64 〔p. 200〕）。報酬を受け偽証する場合には，68条が適用される
（Kress, art. 64 〔p. 201〕）。また，買収した者も裁量刑を以て処罰されるが，
このことを以て敗訴することはない（Clasen, art. 64, IV）。

証人はいかに供述すべきか

第 65 条[*1*2]　　同じく，証人は，知識の詳細なる根拠を示し[*3]，自ら得た真実の知識に基づき[*a]供述しなければならない。証人が他者からの伝聞に基づき供述する（vonn frembden hören sagen）ときは，供述は十分なるものと看做されてはならない[*4*5*6*7]。

1　証人尋問の方式　　(1)　Clasen, art. 65, I〔p. 265 et seqq.〕は，本条註解の前註として次のようにいう。①証人は宣誓しなければならない。特別糺問において証人の宣誓は不可欠である。裁判官の証拠収集手続（informatio）である一般糺問においては無宣誓の証言も一応措信されるが，特別糺問においては，証人は先に無宣誓で行った供述を宣誓の上再度行わなければならない。②尋問項目（articuli）に基づき尋問されなければならない。③尋問項目は，「事件の核心から抽出されなければならないが，これに当たらない尋問項目は証明されたとしても関連性を欠くものとして排斥される」。尋問項目は，「提出者の証明しようとする事柄，すなわち立証趣旨（intentio）を含むものでなければならない」，すなわち，「弾劾目的にせよ防禦目的にせよ，それについて尋問された証人が真実である旨供述するならば，証人提出者がその目的を達成しうるように作成されなければならない」，④尋問項目は，明確でなければならない。矛盾を含み，曖昧，多義的，欺罔的であってはならない，⑤尋問項目は，肯定的なものでなければならない。否定的な尋問項目は答弁不能であり，証人は答弁の義務を負わない。⑥尋問項目は関連性のある（pertinens）ものでなければならない。⑦証人は尋問項目に答える義務を負う。尋問項目に含まれない事項に関する供述は，真実であっても無意味である。⑧証人は単独で尋問され，尋問後は，尋問について守秘することを命ぜられる。

①は弾劾訴訟の場合にはむろん妥当しない。③の尋問項目の「提出者」には糺問訴訟における裁判官も含まれよう（弾劾人が提出する尋問項目書については 70 条参照）。

(2)　証人尋問への当事者の立会いについて，Clasen, art. 70, (6)〔p. 299〕; Kress, art. 70 § 1〔p. 209〕は，被告人は証人の宣誓に立ち会うため召喚され

るが，証人尋問は当事者公開されないとする。これに対し，Carpzov, q. 114, n. 65; Brunnemann, cap. 8, memb. 2, n. 42〔上口訳142頁〕は，糾問訴訟においては，証人の宣誓に被告人は召喚されないという。

Clasen, art. 70, (6)〔p. 299 et seq.〕によれば，被告人は許可を得て自己の費用において立会い公証人（notarius adjunctus）を立ち会わせ，証人の供述を録取させることができる（Brunnemann, cap. 8, memb. 2, n. 74〔上口訳157〕頁同旨）。受任裁判官が証人尋問を行う場合は事件公証人（notarius causae）が選任されるが，裁判官自身が証人尋問を行う場合は，裁判所書記が立ち会うため，公証人の選任は不要である（立会い公証人の有用性については，72条註5参照）。

なお，証人尋問手続の詳細については，Brunnemann, cap. 8, memb. 2, n. 33 et seqq.〔上口訳140頁以下〕参照。

2　尋問項目と関連性　「尋問項目は訴状の内容に合致し，訴状の要点に基づいて作成されなければならない。尋問項目が訴状の要点に基づいて作成されていなければ，直接的にも間接的にも訴訟に有用ではなく，関連性なしとして許容されない。もっとも，疑いのある場合は留保つきで許容される。すなわち，関連性法則の留保の下で（salvo jure impertinentium），裁判官は関連性に疑いのある尋問項目を許容することができる。訴訟手続において当事者の一方に不利益を与えるよりは，関連性に疑いのある尋問項目を条件的に許容するほうが良いからである。ただし，関連性のないことが明らかな場合は，裁判官は条件つきで許容するよりは直ちに却下するのが妥当である」（Clasen, art. 65, I〔p. 266 et seq.〕）。関連性法則の留保は，①「関連性のない尋問項目は許容されなかったものと看做される」，②「関連性のない尋問項目に対する答弁は行われなかったものと看做される」という二重の効果を有する（Clasen, art. 151, III）。②は，既になされた証言は証拠排除される趣旨と解される。

3　供述の対象　Clasen, art. 65, I〔p. 267 et seq.〕によれば，①証人は，五官によって知覚されたことを供述しなければならない。それ以外の供述は無意味である。②証人は，自発的に供述の根拠を供述しなければならない。たとえば，夜間の犯行を目撃したと証言する証人が目撃可能であった理由と

して，月光又は灯火があった旨供述する場合がこれに当たる。証人尋問後，「調書には，証人は『いかにして知れるか』を尋問された旨注意深く記録された」（Lévy, p. 70〔上口訳・南山法学 12 巻 2・3 号 56 頁〕）。

4　伝聞証言　(1)　伝聞証言（testimonium de auditu alieno）は有罪証明の証拠として十分ではない。23 条は，徴憑の証明について「十分なる証人による証明」に関する 62 条以下の条文の適用を求めている。したがって，伝聞証言は徴憑すなわち間接事実の証拠としても十分でないことになる。Clasen, art. 65, III〔p. 269〕は，伝聞証言は被疑者を拘禁する推定根拠（徴憑）となりうるとする見解に対し，このような推定根拠は微弱であり，特に良き世評のある品行方正の被疑者の場合は，かかる一身的事情が推定根拠に対する反駁となりうるとする。

(2)　Clasen, art. 65, III〔p. 269〕は，伝聞証言が例外的に許容される場合として，①防禦すなわち無罪証明の場合，②密行犯罪の場合，③伝聞証言について補強証拠（adminiculum）がある場合を挙げる。①および②については，22 条註 4 参照。Kress, art. 65〔p. 198〕は，①の場合は，伝聞証言のほか推測に基づく証言も許容されるとする。

5　推測に基づく証言　Clasen, art. 65, III〔p. 269 et seqq.〕は，推論に基づいて供述する証人（testis de credulitate deponens）の証言，すなわち，「『…と信ずる』，『…と見える』という供述」は，「事実について真実を述べるのではなく，供述者の確信及び判断に関わる」ものであるから，五官によって知覚された事実に関する供述でなければならないという証言の要件を充たさないために証拠とはならないが，次のような例外があるとする。①証人が推論の根拠を示す場合。②防禦すなわち無罪証明の場合。証人が近くに居て事実を目撃した場合は，防禦の優位（28 条 1 参照）を根拠に，推論の根拠を示さない場合においても推論に基づく証人が許容される。③犯行が五官によって知覚されない場合。この場合は，証人が「知っている」と証言することは偽証となるのである。また，医師のような専門家は専ら推論に基づいて証言することができるが，これは本来の証人としてではなく，むしろ裁判官のように原因に関する尋問項目について判断を行う趣旨において，採用されるのである。

6 証人と被告人の対面 Carpzov, q. 114. n. 75 et seq.は,「実務では,証人は被糺問者と対面させられ,被糺問者の面前において,〔一般糺問において〕既になされた供述を反復し確認することが,実務において行われている。…対面（confrontatio）は実務において慣行となっており,証人により被糺問者の有罪が証明される場合においては,対面が省略されることは稀である。これは,真相の一層の解明に役立ち,かつ,被糺問者の表情,戦慄,挙動によって有罪を確認し,被糺問者に自白を促し,又は拷問に移行することを容易にするためである」とする。

7 証人に対する拷問 (1) Carpzov, q. 119. n. 47 et seq. は,「現場に居たが何も見なかった,あるいは,現場に居なかったと供述するが虚偽であることが証明されとき,又は,供述が動揺するとき」のように他に真相解明の方法がない場合,すなわち,「他の証拠から居合わせたことが明らかな犯罪事実について供述が動揺し,かくして真実を隠秘し,拷問に十分なる徴憑を生じさせる虚偽を述べる」場合にのみ拷問される,とする。

(2) Kress, art. 65〔p. 199〕は,①「証人の適格性及び信用性を高めるための拷問は,真実を確実に解明する方法として適当でなく用いるべきではない」,②「証人が重罪が行われた現場に居たこと,及び,他に真相解明の方法がないにもかかわらず,証言を全く拒否するか,明らかに虚偽を供述するときは法に従い証人の拷問が行われる」のが「我が国の法廷慣行」であると註解する。

①は,「状況により剣闘士又はその種の者をやむなく証人とするときは,拷問を経なければその供述は措信されてはならない」（D. 22, 5, 21, 2）とする原則を妥当でないとする註解である（31条註2参照）。②は,「証人は,犯行現場に居たといわれる場合でなければ,その虚言又は真実を解明するため拷問することは許されない（Testes torquendi non sunt convincendi mendacii aut veritatis gratia, nisi cum facto intervenisse dicuntur）」（D. 48, 18, 18, 3）とする原則に従う趣旨である。

証人の拷問については,Brunnemann, cap. 8, memb. 2, n. 77 et seqq.〔上口訳157頁以下〕参照。

刑事裁判令　第65-66条　*211*

十分なる証人について

第66条　　十分なる証人（genugsamer zeug）とは，風評のない又は適法なる理由により不適格とされない証人をいう[*1][*2][*3]。

1　証人適格　　(1)　「法による明示的な禁止がない限り，何びとも刑事事件において証人として許容される」のが原則であり（Carpzov, q. 114. n. 26），「反対当事者が反証するまで，すべての証人は適格であり，瑕疵のないものと推定される」（Clasen, art. 66〔p. 273〕）。個々の証人不適格事由については，Brunnemann, cap. 8, memb. 2, n. 17 et seqq.〔上口訳134頁以下〕参照。

ローマ法は女子の証人適格を肯定する（Mommsen, S. 401）。これに対し，カノン法は否定的であり，グラティアヌス教令集第2部第33事例第5設問第17法文（Mulierem C. 33 q. 5 c. 17）は，「妻が夫権に服し，何らの権利も有しないことは周知の通りである。また，妻は〔子女に〕教育を授け，証人となり，保証をなし，裁判を行うこともできない（Mulierem constat subictam dominio viri esse, et nullam auctoritatem habere; nec docere potest, nec testis esse, neque fidem dare, nec iudicare）」，グレゴリウス9世教皇令集第5巻第40編第10章（X. 5. 40. 10）は，「証人〔適格〕は身分，性別，素行により判断される。…性別の点においては男は可とされ女は不可とされる。女は常に変り易い証言をするからである（Testes autem considerantur conditione, natura, et vita…Natura, si vir, non femina. Nam varium et mutabile testimonium semper femina producit）」と定める。バンベルク司教領の立法であるバンベルゲンシス76条aは，カノン法に従い女子の証人適格を否定する。カロリーナ第1次及び第3次草案はバンベルゲンシス76条aに倣うものであったが，帝国法であるカロリーナでは女子の証人適格を否定する規定が削除された。Kress, art. 64〔p. 195〕は，女子の証人適格についてはローマ法に従うべきであるとする。

2　不適格証人が許容される場合　　(1)　カロリーナには明文が欠けるが，Carpzov, q. 114. n. 35; Clasen, art. 66, 4 (1), (5), (12); Brunnemann, cap. 8, memb. 2, n. 24 et seqq.〔上口訳137頁以下〕によれば，性質上証明困難な犯罪の場合，他に真相解明の方法がないならば，証人適格のない証人にも例

外的に証人適格が認められる（22条註4参照）。

(2) Clasen, art. 66〔p. 286 et seq.〕は，「防禦及び無罪証明のために提出される証人の適格」という見出しを持つ補註を特に設け，「防禦及び無罪の優位を理由に，法範からの乖離が認められ，防禦のための立証に関し，普通法に対する多くの特則が取り入れられかつ受容されている」とする。防禦優位の観点から，徴憑に対する反証，正当防衛の証明との関係で証人適格に関する原則が緩和されることについては，22条註4, 29条註3, 141条註3参照。

3 証拠保全 Clasen, art. 67, (4)〔p. 289 et seq.〕は，証拠保全（in perpetuam rei memoriam〔事実の記録保全のために〕）の可否について，証人の死亡又は長期不在が予期される場合においても，手続の厳格性を維持するため，証拠調べ期日を俟って証人尋問が行われるべきだとする否定説と，弾劾人及び被告人の場合を分別して許容する肯定説を挙げる。後者によれば，①弾劾人は，争点決定前においては，証拠保全のため証人の提出及び尋問を求めることはできない，②被告人は弾劾人よりも有利に扱われるべきであるという被告人の地位，及び，身柄拘束が例外的扱いを正当化するという事情を考慮し，「被告人が将来の弾劾を阻止しうる抗弁を有し，かつ，弾劾人によって訴えが未だ提起されていない場合」は，行為の不可罰性，正当防衛，未成年，アリバイ等を立証するため，証人の死亡，身体の故障，長期の不在の虞がない場合においても証拠保全を求めうるが，弾劾人による訴えの提起後においては，死亡の虞のある証人の高齢・身体の故障，ペスト蔓延地に滞在していること又は長期若しくは危険な旅程，遠隔地への移住が予想される等の事由について十分なる根拠を示さない限り，証拠保全を求めることができない，と註解する。

十分なる証言について

第67条[*1] 同じく，犯行が，真実の知識に基づき供述する，少なくとも2名又は3名の信用すべき良き証人により証明されるときは[*2]，刑事訴訟を追行し[*a]，犯行の態様に応じ判決がなされなければならない。

1 本条の意義 2名の良き証人による証明（完全証明。23条参照）に

基づく有罪判決に関する本条が，検認を経た信用すべき自白に基づく有罪判決に関する60条とともに，法定証拠主義（22条参照）の内容を構成するという関係にある。

2　2名証人の原則　(1)　Clasen, art. 67, 1 et seq. は，2名証人の原則の根拠として，次のような典拠を挙げる。①神法として，「二三の証人の口に由りて，凡ての事の慥かめられん為なり（ut in ore duorum testium vel trium stet omne verbum)」と定めるマタイ伝第18章第16節，②ローマ法として，「証人の数が定められていない場合は，2名で足りる。複数形の表現は2名によって充たされるからである（Ubi numerus testium non adicitur, etiam duo sufficient: pluralis enim elocutio duorum numero contenta est)」と定めるウルピアヌス法文（D. 22, 5, 12)，「いかなる種類の事件においても，いかなる裁判官も1名の証人の証言を安易に許容してはならない。…1名のみの証人の証言は，それが元老院議員という高い身分の者であっても聴かれるべきでない（unius testimonium nemo iudicum in quacumque causa facile patiatur...unius omnino testis responsio non audiatur, etiamsi praeclarae curiae honore praefulgeat)」と定めるコンスタンティヌス帝勅答（C. 4, 20, 9）がそれである。

Mommsen, S. 440 は，①確かに，複数証人の一致した供述は完全証明となるに相応しいが，1名の証人の供述は端的に疑わしいと看做されるべきではないともいえる，②しかし，弁護人によってしばしば1名証人は端的に疑わしいという主張がなされた結果，この主張がC. 4, 20, 9に無造作に採用されることになった，③もっとも，この法文の"facile"という文言は，この規定が拘束力のある規範ではなく訓令（Direktive）であることを示唆する，と述べている。

(2)　聖書には，上記のマタイ伝のほか，申命記第17章第6節，第19章第15節，ヨハネ伝第8章第17節，コリント後書第13章第1節にも，同趣旨の章句が見える。帝政後期の2名証人の原則は，これら旧新約聖書の影響を受けたものである（Lévy, p.12〔上口訳・南山法学12巻1号91頁〕）。同じくカノン法においても，「福音書も，神及び人の法もまた1名の良き証言であってもこれにより人を有責としあるいは裁いてはいないからである（Quoniam nec euangelium, nec ulla diuina humanaque lex unius testimonio etiam idoneo quempiam condempnat uel iustificat)」と定めるグラティアヌス教令集第2部第33事例第2設問第8法文（Admonere C. 33 q. 2 c. 8)，「ある種の事件には2名を超える証人が必要であるが，いかなる事件にせよ，証言がいかに法に適ったものであろうとも，専ら1名の証人の証言により決することは正しいことではない（licet quaedam sint causae, quae plures quam duos testes exigant, nulla est tamen causa, quae unius tantum testimonio, quamvis legitimo, rationabiliter terminetur)」と定めるグレゴリウス9世教皇令集第2巻第20編第23章（X. 2. 20. 23）によって2名証人の原則が定式化された。

(3) バンベルゲンシス273条は，「犯人に対する7名断罪手続及びその他の悪習」の廃棄を命じ，274条は，「何びとも，悪評のある又は疑わしい軽率なる証人の証言によって有罪とされることなく，78条に定めるように，真実の知識に基づいて供述する2名又は3名の良き信用すべき証人の証言によってのみ有罪とされなければならない」と定める。274条の「悪評のある又は疑わしい軽率なる証人の証言によって有罪とされることなく」という部分は，証人適格を欠く者の証言による断罪を禁止する趣旨と解される。Böhmer, art. 67〔p. 256〕は，カロリーナ本条について，「悪名高き7名断罪手続（famosa probatio cum septima manu）を廃止し，2名証人の原則を採用したものであると註解する。

偽証する証人について

第68条　同じく，故意の虚偽の証言〔＝供述〕により無辜を刑事罰に陥れ又は陥れんとしたことが発覚し，それにつき有罪を証明された証人〔＝供述者〕[*1]は，上に定めるごとく[*2]，〔虚偽の〕証言〔＝供述〕により無辜を陥れんとした刑罰〔と同じ刑罰〕を受けるものとする[*a*3]。

1　誣告　本条の見出しは"von falschen Zeugen"であるが，現代的意義での「偽証する証人」に関する規定ではない。偽誓罪については別途107条がある。本条は，無辜を陥れるため，誣告を含めて虚偽供述を行うことを対象とする規定である（註3のクラーセン注解参照）。Clasen, art. 68, (2)が，「誣告する者すなわち虚偽の証言を行う者（caluminiantes atque falsum testimonium dicentes)」とするのはこの点を示している。

Kress, art. 68, §1は,「偽証する証人」には,「故意を以て虚偽を述べる者」,「故意を以て真実を隠蔽する者」,「証言しないことにより金銭を受領する者」の三者があるとする。

2　何条を指すか明らかでない。

3　誣告に対する刑罰　Clasen, art. 68, (2)は,「往時,死刑事件の弾劾人による誣告が判明したときは同じく死刑が科された。今日タリオ刑は廃止され,誣告する者すなわち虚偽の証言を行う者は裁判官の裁量によって処罰される。虚偽の証言を行う者には身体刑を科すことができるが,無辜の生命が害されたときは死刑を科すことができる」と註解する。Kress, art. 68, §4が,虚偽供述者の意図に即した結果が生じた場合は本条の定める刑罰が,意図に即した結果が生じない場合は裁量刑によるとするのも同趣旨であろう。いずれの所説も,誣告が招来した結果を考慮し,「刑事罰を受けさせ又は受けさせようとしたこと」に同一の刑を科す本条を限定的に解するものである。

証明がなされた後においても被告人が自白を拒むとき

第 69 条　同じく,十分なる〔証言による〕証明がなされた後に被告人がなお自白を拒む場合において,犯行につき既に有罪が証明された旨の告知により被告人の自白を得ることが一層容易になる見込みがあるときは,その旨を被告人に告知しなければならない[*1*2]。かかる告知にもかかわらず,上に定めるごとく十分に証明されたる犯行をなお自白せざるときは,被告人は,拷問を受けることなく[*3],有罪を証明されたる犯行に応じ有罪と判決されなければならない[*4]。

1　有罪証明後の自白の勧奨　(1)　**本条の意義**　有罪判決に必要な証明を定める 22 条は,「犯行の自白がある場合と同様,証人により有罪を証明された (testibus convictus) 場合も有罪とする (condemnare) ことができる。自白と有罪の証明は等価である」という趣旨に解されている (Carpzov, q. 114, n.1)。したがって,有罪証明後に被告人に自白を促すことは本来不要

である。Schotensack, S. 45; Heitsch, S. 8; Hornung-Grove, S. 113 は，本条は証人による証明が自白に対し補充的証明方法であることを示しているとする。Rüping/Jerouschek, S. 54 もまた，「実務は，自白なしに正規刑（死刑，身体刑）を科すことに躊躇を示した」とする（もっとも，Carpzov, q. 116, n. 45 et seqq. は，自白しない被告人に対し証言により有罪の証明があったとして死刑を言い渡すべきものとした，1600 年前後のライプツィヒ参審人会鑑定を 7 件掲記している）。

(2) 証人による証明と自白との関係　　22 条の規定にもかかわらずなお自白を偏重する本条の歴史的背景として，Brunnenmeister, S. 223 ff. は以下のように述べる。①「一般人の証言（Privatzeugnis）を独立かつ十分な証拠方法として承認することは，ドイツの民族的法感情からの明白な逸脱であった。かかる証拠方法を許すことは，出生同格者の証言のみを有効と看做す出生同格の原則（das Princip der Ebenbürtigkeit）に反し，伝統的な証明方法の序列を変更するものであったからである」。②ウォルムス改革法典第 3 書第 3 部第 3 章（vnnd in disem fall soll *der Eidt* dem cleger *zu hilff syner bewerung* nit erteilt noch vffgelegt werden）が，証人による証明は弾劾人及び宣誓補助者による 7 名宣誓（Siebenereid）を以て補完されなければならないとする慣習を明文で廃止したのは，このような法意識の存在を裏づけている。③シュヴァルツェンベルクは，このようなゲルマン的な法意識を背景に，「証言の証明力に対する全面的な信頼」を是認しなかったが，他方，7 名断罪手続が廃止され（バンベルゲンシス 273 条）宣誓による補完が不可能となったため，有罪証明後の拷問によって自白を採取し完全証明を補完する方法によらざるをえなかった。④しかし，この立場を徹底することなく，証言の証明力を十全なものと見るローマ法に譲歩し，自白が得られない場合においても有罪とすることを認める折衷的解決を採用した（本条とは異なり，バンベルゲンシス 80 条は，有罪を証明された被告人が自白しない場合は拷問を加え，拷問に自白しないときは有罪判決を行うものと定める）。なお，7 名断罪手続と自白の関係については，若曽根健治「七人による宣誓手続の廃止と自白」熊本法学 46 号（1985 年）73 頁参照。

2　自白の意義　　(1) ローマ・カノン法における自白　　ローマ法で

は，12 表法以来，「自白した者は有責判決を受けたものと看做される」という原則があり，D. 42, 2, 1 のパウルス法文は，「自白した者は有責判決を受けたものと看做される。いわば，自らに有責判決を下すのである（Confessus pro iudicato est, qui quodammodo sua sententia damnatur）」という。レヴィによれば，自白の効果として，①自白はなされるべき証明と同一の価値を有し，原告は挙証責任を解除される。②裁判官は，補充的な尋問をすることなく有責判決をすれば足りる。「審問することではなく，判決をすることが裁判官の責務となる」。③反証は禁止される。被告人は彼自身の自白によって拘束され，これを撤回することができない。④したがって，一旦判決がなされるならば上訴は不適法となる（Lévy, p. 54 et seqq.〔上口訳・南山法学 12 巻 2・3 号 40 頁以下〕）。

　（2）　カロリーナにおける自白　　（a）　ローマ法における自白と異なり，カロリーナにおける自白は真実性の検認を必要とし（54 条），直ちに判決に代わるものでもない。しかし，自白は「官憲によって行われた手続を形式的に確認するものとして，他の方法では獲得しがたい正統性を官憲による手続に付与する」（Jerouschek, S. 346），あるいは，「被疑者の証明権すなわち良き法共同体員の特権としての雪冤権を廃止したことによって住民の不信と抵抗とを招いた糾問訴訟を正統化する」（Burret, S. 278）効果という観点から本条を見る余地もあろう。

　（b）　これに対し，自白の効果を確実な事実認定の観点から理解する見解がある。①刑事事件では最大の慎重さが相応しく，全てが適法に行われ，被告人が不服申立てをする根拠となる事柄が見落とされないために，有罪を証明された被告人についても自白が促される旨定められているとする Clasen, art. 69, (2)〔p. 293〕の註解や，②「犯罪が完全に証明される方法，根拠，事例が明確に法律に定められているわけではない。…刑事事件の特質に照らすならば，まさに有罪証明に自白が結合するという最も適切なる避難所がなければ，〔裁判官の〕良心の呵責（conscientiae exprobrationes）は避けられない」とする Böhmer, art. 69, §2 の註解，③非専門家により構成される裁判所が的確な証拠評価を行うことは困難であるために，カロリーナは証拠評価の労を省くことができるよう被告人の自白を促すべきことを定めている，とする

Langbein, p. 157 の見解がそれである。確かに，法定証拠主義の要求する 2
名の目撃証人による証言がある場合においても，「十分なる証人」（66 条），
「十分なる証言」（67 条）であるか否かについて評価上の困難な問題が生じた
であろうし，また徴憑に基づいて有罪・無罪を判定する場合（22 条註 4 参照）
には情況証拠からの推認が必要となり，裁判官・参審人にとって困難な課題
となりえたであろう。

　(c)　以上とは異なる観点として，Ignor, S. 72 は，死刑囚に悔悛の機会を
与えるべきことを定める 102 条に着目し，カロリーナの背景には，犯罪は
神に対する反逆・侵害であり，犯人処罰の目的は「神と社会との和解」であ
ると同時に「重い罪を犯した者の魂の救済」にあるとする宗教的な犯罪・刑
罰観が存在し，「かかる救済は，その前段階・前提として犯行に対する悔悛
すなわち自白を要求する」ために 69 条は有罪証明後の自白勧奨を定めてい
る，とする（Schmoeckel, S. 206 によれば，普通法にも自白を告解と看做す思想
があった）。

　Brunnemann, cap. 10, n. 15〔上口訳 280 頁〕が，「死刑判決を受けた被告人
が悔悛し，罪を認め，神の恩寵とキリストの功徳に救いを求めることを拒む
場合」は，「一定期間執行を延期し，被告人に真実かつ真摯なる悔悛を促す
ためにあらゆる努力を行うべきである。しかし，依怙地な被告人がなお敬虔
ならざる態度に固執し改心の見込みがないときは，死刑を執行することがで
きるだけでなく，瀆神と悔悛の情の欠如とを理由に死刑〔の執行方法〕を加重
することが可能である」と述べるのも，同様な観点に基づくものである。

　3　有罪証明後に行われた拷問の効果　Carpzov, q. 125 は，有罪証明
後に違法に拷問に付された被告人が自白しなかった場合，完全証明を雪冤し
たものとして無罪とすべきかという問題を提起し（n. 17），違法な拷問は無
効であり正規刑を科しうるとする見解と完全証明を雪冤したものとして無罪
とする見解のあることを指摘し（n. 19 et seqq.），有罪の完全証明は完全には
雪冤されないが，「被告人が違法に受けた拷問を理由に，正規刑の厳格さを
減じ，法の峻厳さを緩和することが衡平に適い」（n. 25），裁量刑を科すべき
だとする（n. 24）。Clasen, art. 69, (2)〔p. 294〕は，被告人が拷問に耐えた場
合は徴憑と証拠とを雪冤したことになり，無罪とするか非正規刑を科すほか

なくなるとする。

これに対し，Böhmer, art. 69, § 3 は，「拷問が何らかの効果を有するためには，有効かつ適法に命ぜられた拷問の場合に限るべきであり」，「有罪証明によって得られた犯罪事実の確信（veritas moralis）は，本条に違反し明らかに無効である拷問によって破られることはない」として，正規刑を科すことを是認している。これは，拷問を加え自白が得られない場合には有罪判決を行うとするバンベルゲンシス80条と同じ立場である。

4　共犯者に関する供述を得るための拷問　Clasen, art. 69, (2)〔p. 294〕は，共犯者に関する供述を得るため，有罪証明のあった被告人を拷問することができるが，「裁判官は被告人に対し，既に証明のあった犯行ではなく，共犯者に関する供述を得るために拷問する旨を明示しなければならない」，と註解する。クラーセンは，この種の拷問に徴憑が必要であるか否かについて言及していないが，Böhmer, art. 69, § 4 は，「共犯者の存在が明らかな場合」とするが，重罪の場合はその摘発に対する公益が顕著であるから，かかる拷問は重罪の共犯者がある場合に限られるべきであると註解する。

証人の提出及び尋問について

第70条　同じく，何びとかに刑事罰を科す根拠となる証言は，十分に明白かつ適法なるものでなければならない。ゆえに，朕は，被告人の犯行が密行されたものであり[*a*1]，被告人が上に定める尋問[*2]に対し自白することを拒む場合において，弾劾人が，否認に係る弾劾事実を〔証人により〕証明しようとしてこれを許されるときは，以下にその詳細を定めるごとく，参審人の中の若干名又は受任裁判官（Commissarien）[*3]により必要かつ適切なる方法に従い証言聴取が行われるべく，弾劾人において，証明すべき項目に関する整然たる書面[*4]を作成し[*b]，証人の氏名及び住居を明示の上，書面を裁判官に提出すべきことを欲する。

1　明白犯の場合においても直ちに有罪とすることはできず，被告人が否認するときは拷問により自白を得なければならないと定める16条に照らすならば，「被告人の犯行が密行されたものである」か否かにかかわらず，

任意又は拷問による自白を採取する手続が行われるのであるから,「被告人の犯行が密行されたものである」という限定的要件の趣旨は判然としない。

2　証人による証明の時期　　カロリーナにおいて自白による有罪証明は証人による有罪証明に優先して行われる,とする Schoetensck, S. 48 は,本条にいう「上に定める尋問」は 45 条以下に定める拷問による尋問を指すと註解する。しかし,証人による証明は任意自白に対し補充的であるが,拷問による自白は証人による証明に対し補充的であるとするならば（11 条註 4,62 条註 1 参照）,必ずしも一義的にそのように解することはできない。

3　受任裁判官については,72 条参照。

4　尋問項目書・補充尋問項目　　(1)　Clasen, art. 70, 6〔p. 297 et seq.〕によれば,弾劾人の提出する尋問項目書（articuli）は,証人の氏名・住居を明示し,さらに,どの証人がどの項目について尋問されるべきかの指定（directorium）がなされなければならない。

なお,72 条では尋問項目書は「証明項目書」と呼ばれている。

(2)　Clasen, art. 70, 6〔p. 299〕によれば,尋問項目書の提出後の手続は次の通りである。①証人名及び尋問に関する指定を含む尋問項目書が被告人に開示され,補充尋問項目（interrogatoria）を追加するか否かが照会される。補充尋問項目は尋問項目をより明確かつ理解しやすくするものであって,証人を攻撃し証人の名誉を害するものであってはならない。②補充尋問項目は,証人の信頼性に関連する事項と事件に関わる項目に分かれ,後者はさらに,事件に関し一般的に尋問されるべき追加的項目と,個々の尋問項目に現れる日時・場所・関係者・供述の根拠に関し反対当事者が追加する尋問項目とに分かれる。いずれも,無益あるいは関連性を欠く（irrelevans）ものであってはならない。③次に証人が召喚され,召喚された証人は,宣誓の上,尋問項目及びこれに添付された補充尋問項目について尋問される。

クラーセンによる補充尋問項目に関する註解は,優れて論理的かつ合理的であるといってよい。

裁判所の証言聴取者について

第 71 条　　当該刑事裁判所が,証言を適法に聴取することに熟達しかつ

その能力のある者により構成されているときは，裁判官は，その能力のある者[*1]〔＝参審人〕2名及び書記とともに，法の定めるところに従い，上に定める証言を入念に聴取し，かつ，証人の供述が動揺変遷するか否かに特に留意し[*2*3]，かつ，その種の事情及び証人の態度から看取される事実を訴訟記録（handel）[*a]に録取しなければならない[*b*4]。

1 参審人の適格性　Clasen, art. 71, I によれば，「能力のある参審人」とは，法律の専門家ではないが，「証人がいかなる手続によりしかるべく尋問されるべきかを理解しうる程度に法律的知識の素養のある」参審人を指す。また，参審人の陪席が求められる趣旨は，「何ごとかを看過した，尋問において誤りを犯した，情愛，憎悪，恩義又は敵対若しくは交誼に基づいてことを行ったのではないかという疑いが，裁判官に向けられることを防止する」点にある。

2　Clasen, art. 71, II〔p. 302 et seq.〕は，裁判官及び参審人が注目すべき証人の供述の内容及び態度に関し以下のように註解する。

証人の供述内容との関連では，①前後矛盾する供述をするが，その理由を述べることができない「変遷する証人」，②自己矛盾の供述をする（inter se directò pugnare）「矛盾する証人」，③恐れ，躊躇い，迷いながら異なる供述をする「動揺する証人」が区別される。「自己矛盾は証人からすべての信用性を奪う」のであるから，重要な部分で矛盾し変遷する証人の供述は全く証拠とならない。証人の供述態度との関連では，態度・表情・眼差しは証人の精神状態を推論する徴憑であるから，どのような態度・声色で供述するかに留意しなければならない。

証人の拷問については，65 条註 7 参照。

3 証人の供述の解釈　Clasen, art. 71, II〔p. 303〕によれば，証言は解釈されなければならないが，①真実と思われる解釈が採用されなければならない。②証言の解釈は証言の実質（natura negotii）に合致したものでなければならない。③解釈は供述者の意図を説明するものであって，その意図を無視するものであってはならない。④解釈は供述者の言葉に沿ったものでなければならない。証言は言葉として供述された限度で証拠となるのであって，

222

それ以上ではないからである。⑤解釈が証言の実質に合致したものとなるためには，証人の供述は，法律家による精巧なる判断ではなく，人々の一般的判断力に従って解釈されなければならない。ほとんどの証人は，法律が言葉に与える精緻なる意義を知らず，したがって，証人の言葉は専ら一般的な理解と慣習に従って解釈されるべきだからである。

4 態度証拠 第三者である法有識者が事実認定を行う一件記録送付制度を前提として，証拠評価に影響する態度証拠の録取方法を定めるものである。Clasen, art. 71, II〔p. 304〕は，証人の供述及びその他の観察された事項が，宣誓した裁判所書記によって書面化されていなければ，裁判官が注意深く観察した事項は何ごとをも証明しない，また，裁判官及び参審人が一致して証人の供述内容を〔口頭で〕述べたとしても証人の供述は何ごとをも証明しない，と註解する（書面主義については，189条註3参照）。

裁判所構成員以外の証言聴取者について

第72条 普通法によれば[*a]，上に定めるごとき能力ある裁判所構成員以外の証言聴取者又は受任裁判官（kundtschafft verhörer oder Commissarien）が刑事事件における証人尋問を行うことは許されざるところ[*b]，（帝国の多くの地域において見られるごとく）刑事裁判所が上に定める能力ある者により構成されざる場合がある。しかるに他方，証言聴取者の無能に起因する利益侵害（verkürtzung）[*1]を避けんとするならば，証言聴取者の能力に俟つところ大である。ゆえに，朕は，能力ある証言聴取者の欠ける場合につき以下のように命じかつ欲する[*c]。かかる場合においては，裁判官及び4名の参審人により，当事者に不利益又は費用を及ぼすことなく[*2]，上（＝70条）に定める証明項目書（weisung artickel）が上にいう直近官憲[*3]に送付され，かつ，当該官憲が，証人を提出しようとする者の申請に基づき[*d*4]，能力ある証言聴取者を，当該裁判所に所属するか否かを問うことなく任命しうるよう，裁判官及び参審人に知れる限りにおいて，事件の状況及び態様があわせて通知されなければならない[*5]。また，その必要がありかつ申立てがあるときは，〔当該官憲は，〕証人にしかるべき証言をなさしめるため，召喚状[*6]及び司法共助書（Compaß brief）[*7]を〔証言聴取者に〕与えなければならない。したがって，

当該官憲は，（能う限り）注意を払い，かつ，証人尋問が法に従い行われるよう，不明の点のあるときは，当事者に費用及び不利益を及ぼすことなく，法有識者の鑑定を求めなければならない*e。

1　「判決内容は証明項目書に関して提出された証人の証言に懸かっている」が，「〔証人尋問の〕経験のない者は容易に誤りを犯し，看過しあるいは事実に反することを主張し，一方当事者に多大の不利益を与える可能性がある」（Clasen, art. 72, II〔p. 306〕）からである。

2　Clasen, art. 72, II〔p. 306 et seq.〕は，裁判官及び参審人の能力に問題があるためにかかる手続が必要になった以上，①当事者に費用を負担させることができない，また，②「貴族は，自らこれを行使又は理解する能力を欠くにもかかわらず，刑事裁判権を付与されることを求めるが，生殺与奪の権（jus vitae & necis）の保持を名誉と考えるのであれば，名誉を保持すると同じく費用をも負担する義務がある」，と註解する。

3　7条にいう「官憲」がこれに当たるであろう。

4　証人尋問を適切に行う証言聴取者が欠けるため，裁判所によって証言聴取者の任命が当該官憲に要請されるという手続の流れを考慮するならば，「当該官憲が，証人を提出しようとする者の申請に基づき，能力ある証言聴取者を…任命しうるよう」というテキストは，証人尋問請求者の申立てに基づき当該官憲が証言聴取者を任命するという趣旨ではなく，証人尋問請求者による証人尋問申立てが証言聴取者の任命の契機となるという事情を示す趣旨であろう。

5　受任裁判官による証人尋問　(1)　Brunnemann, cap. 8, memb. 2, n. 62〔上口訳151頁〕は，裁判官が裁判所外の者をして証人尋問に当たらせることが〔原則的に〕許されないことは，この条文から明らかである，という。Clasen, art. 70, (6)〔p. 297〕は，「刑事事件においては，証人がどのような表情及び態度で供述するかを注意深く観察する必要があるため，受任裁判官による証人尋問は認められず，証人尋問に自ら立ち会うことが裁判官の責務である」と註解する。

Böhmer, art. 72, §1は，刑事裁判権それ自体の委譲を認めるカロリーナ

において，刑事裁判権の一部たる証人尋問の委託が許されない理由はないとする。しかし，適法に刑事裁判権を移譲しうることと，適正な事実認定のために証人尋問を委託しうることとは次元の異なる問題であろう。

(2) Kress, art. 72, §6 は，「現代の裁判官が，本条の定める裁判官の経験不足を理由に代理者を求めることはあまりない。この場合は，むしろ被告人が裁判官不適格の抗弁を行い，上級裁判官に受任裁判官の任命を申し立てるのが良い。なぜならば，立会い公証人を要求するだけでは，当然のことながら，無能であるが傲慢な裁判官に対し安全な対抗策とはならないからである」と註解する（立会い公証人については，65条註1参照）。

6 召喚状　証人が受任裁判官の許に証人尋問のために出頭することを拒む場合に備えて，出頭を命ずる書面であるが，受任裁判官は任命者たる領邦君主の代理者であり，受任裁判官の許に出頭しないことは領邦君主に対する命令抗拒となる（Clasen, art. 72, II〔p. 309〕）。

Clasen, art. 76, (2)によれば，敵対者が多い地や伝染病により汚染された地に召喚された証人は，「召喚地危険の抗弁（exceptio loci non-tuti）」によって出頭を拒むことができる。

7 司法共助　(1) "Compaß brief"について，塙72条は「勾引状」，Langbein, art. 72 は，「身柄保障状（safe conduct）」の訳語を与え，Radbuch/Kaufmann, S. 139; Schroeder, S. 162 も，「身柄保障状（Geleitbrief）」と註解する。しかし，グリム・ドイツ語辞典は，カロリーナ72条における用例並びにカロリーナ72条に対するゴブラー及びレームスによる訳解を典拠として挙げ，司法共助状（literae mutui compassus vel rogatoriae）の語義を与える。

(2) Clasen, art. 72, II〔p. 309〕は，"literae mutui compassus"（「相互扶助状」）とも呼ばれるとした上で，「ある官憲が他の官憲に対し，司法を行う上での相互援助（in administranda justitia mutuum auxilium praestare）を求める」文書，すなわち，「事件を審理する裁判官又はその職務を委託された他の裁判官が，証人が居住する他の領邦の裁判官に対し，その裁判権に基づき，証言を求められている者の出頭を命じること，又は，この者の証人尋問を自ら行うこと若しくは証人尋問が行われるように取りはからうことを，友好的な文言により要請する」文書，Meckbach, art. 72 は，"litterae requisitoriales"

（「要請状」）とも呼ばれるとした上で，司法共助の文書と註解する。本条では，証人の出頭を命ずることを依頼する趣意である。

証言の開示について

第73条　証言の聴取がなされるときは，証言の開示（eroffnung）が行われなければならない[*1]。すなわち，その能力のある若干名の刑事裁判所構成員の面前において証言の聴取がなされたときは，裁判官は当該証言の開示期日を定め，以下に定める方式（form vnd maß）に従い，抗弁書及び再抗弁書（schrifftliche einrede, vnd schutzrede）を提出することを許さなければならない。

ただし，刑事裁判所に能力ある構成員が欠けるため，上に定めるごとく裁判所外の受任裁判官により証言が聴取された場合であって，かつ（oder）[*a]，当該裁判所の参審人が会同せず，参審人を〔再び〕会同せしめるためにさらなる費用及び〔手続の〕遅延が生ずるであろう場合においては，かかる手続のすべてに参審人が会同することは有益かつ必要ならざるがゆえに，〔さらなる〕費用及び訴訟遅延は回避されるべく，朕は，かかる場合につき，受任裁判官すなわち証言聴取者に対し，以下に定める方式に従い手続を行うことを命じかつ欲する[*2*3]。

始めに，上に定める受任裁判官すなわち証言聴取者は，当事者に証言開示期日を指定し[*4]，所定期日に，適切なる対価と引換えに当事者に証言記録の写しを交付し，かつ，事件の状況に照らし，証言記録の写し〔の内容〕を代理人（sachwalther）[*5]，とりわけ被告人に知悉せしめるために必要と判断するしかるべき猶予を与えなければならない[*6]。また，被拘禁者[*7]の代理人が被拘禁者の許に赴くことが許されなければならない[*8]。両当事者が当該証言について同意又は異議を述べようとする場合においては，証言聴取者が事件の状況に照らし相当なる期間を限って設定する期日に，書面2部作成の上，上に定める証言聴取者に提出しなければならない[*9]。1部は証言聴取者の手元に留められ，かつ，他の1部は反対当事者に交付され，（必要ならば）抗弁書（gegenschrift）作成の用に供されなければならない。

当事者がこれに関連しさらに書面を作成するときは，証言聴取者が定める

期限内に2部作成しなければならない。ただし，いずれの当事者も，証言につき，2通を超える書面を作成することは許されない[*10]（これに全ての異議及び申立てを記載し，かつ，事件につき弁論を行わなければならない[*b]）。ただし，証言聴取者が，明らかに妥当かつ重大なる理由に基づき，やむをえざるものと判断し[*11]，さらに1通に限り，しかるべく速やかに提出することを許すべき場合を除く。かくして，証言が聴取，開示され，両当事者による抗弁及び主張（eyn, vnd zu reden）並びに最終弁論が行われるときは[*12]，証言聴取者又は受任裁判官は，その全て〔の書面〕を証言聴取を命じたる官憲に対し速やかに送付し，〔送付を受けた〕当該官憲は，訴訟係属する裁判官に対し，当該事件においていかなる裁判を行うべきかについて，助言（ratschlag）を行わなければならない[*13]。

1　証拠開示　(1)　糾問訴訟における証拠開示　(a)　カノン法上糾問訴訟を正式に承認したラテラノ公会議決議第8法文（X. 5. 1. 24）は，「防禦権を行使させるべく，被糾問者に糾問項目が明示されなければならない。かつ，氏名の秘匿によって悪評を述べる厚顔さと，抗弁の排除によって虚偽を述べる厚顔さとを増長させないため，何が何びとによって述べられたかが明らかになるよう，証言のみならず証人の氏名が被糾問者に開示され，かつ，被糾問者に適法なる抗弁及び再々抗弁が許されなければならない（exponenda sunt ei illa capitula de quibus fuerit inquirendum ut facultatem habeat defendendi se ipsum et non solum dicta sed etiam nomina ipsa testium sunt ei ut quid et a quo sit dictum appareat publicanda necnon exceptiones et replicationes ligitimae admittendae ne per suppressionem nominium infamandi per exceptionum vero exclusionem deponendi falsum audicia praebeatur）」と定める。

X. 5, 1. 21 が，「従来の刑事事件〔＝弾劾訴訟〕における証人の例と同じく，尋問される者の供述及び氏名はともに開示されなければならない（utrum eorum publicanda sint dicta et nomina, quos interrogari contingit, prout de testibus in publicis causis fieri consuevit）」と定めるように，証拠開示は弾劾訴訟からの借用であるが，裁判官が職権に基づき非公開の証人尋問等を手段として事実を探知するという斬新な訴訟手続においても，証拠開示及び抗弁提出とい

う弾劾訴訟において認められた手続的保障を付与することが可能である，あるいは，非公開の証拠収集手続であるがゆえに一層この種の手続的保障が必要である，と考えられたのであろう。

(b) Gandinus, Quomodo de maleficiis cognoscatur per inquisitionem, S. 38 〔5〕は，特定人に対し糺問訴訟が行われた場合は，グレゴリウス 9 世教皇令集第 5 巻第 1 編 24 章の定める手続に従い，「証人から虚偽を述べる機会を奪うため」，証人の氏名及び供述が開示されなければならないと述べ，Clarus, q. 49, versi. Et haec は，「被告人が防禦を行い，不利益証人の供述及び人物に対し抗弁を提出するために」証拠開示を認める必要性はグレゴリウス 9 世教皇令集第 5 巻第 1 編 24 章から明らかであり，これは共通意見であるとする。Carpzov, q. 115. n. 99 もまた，グレゴリウス 9 世教皇令集を援用するクラールス説を引いて，証拠開示は共通意見であるとする（ただし，以下(3)参照）。

(2) 証拠開示の目的　　証人尋問記録の開示について，Clasen, art. 73, I 〔p. 313〕は，「それまで秘密になされた証人の供述が，今や当事者に明らかにされる」，Clasen, art. 70, (6)〔p. 300〕は，「記録は当事者の申立てに基づき裁判官によって開示され，その写しが申立て人に交付されなければならない。これは，裁判官がより良き判決をなしうること，さらに当事者が証人の供述に基づいて主張立証を行うことを目的とする」と註解する（65 条註 1 に引用したように，クラーセンは立会い公証人を認める。以上は立会い公証人が委嘱されなかった場合に関する註解であろう）。また，Clasen. art. 73, II は，証拠開示の対象として証人の氏名及び証言内容を挙げ，普通法上，「何びとにも防禦は拒まれるべきではなく，被告人は防禦権（facultas se defendendi）を有し」，「被告人に防禦及び証言の写しのような防禦方法を拒む裁判官は法に反しており，爾後の全ては無効，手続及び判決は無効である」と註解する。

(3) 証拠開示の方法　　(a) Carpzov, q. 115. n. 101 et seqq. は，ザクセン法について，①証人尋問記録全体の複写には時間を要し，その結果，防禦の主張及び訴訟手続が遅延することになり，迅速かつ粛々と行われるべき糺問訴訟の本質に抵触するため，訴訟記録の写しの交付は行われていないが，②被糺問者及び弁護人は，裁判所において裁判官及び参審人の臨席の下訴訟

記録を閲覧，筆写することができる，とする（写しの不交付は本条の明文に反しよう）。さらに，Carpzov, q. 115. n. 105 は，「訴訟記録の写しは被糾問者に与えるべきでないと述べたが，これは糾問訴訟記録の場合に限る趣旨であり，〔弾劾訴訟においては〕防禦項目に関する証人の供述は，申立てがあるときは，その写しの交付を拒否することができない」と述べる。

　Clasen. art. 73, I〔p. 313〕は，カルプツォフ説に言及し，ザクセン法に関する所説にとどまり，「普通法上，裁判官は，被告人の防禦に資することは何ごとによらず，被告人に拒むことはできない」のであり，裁判官は，適正な複写費用と引換えに（ただし，貧者には無償で）証人尋問記録の写しを交付することを拒むことはできない，と論ずる（Kress, art. 73 § 5 は，「弁護人は裁判所において訴訟記録を閲覧するか，被糾問者の費用で複写されたものを自宅で検討する」と述べており，写しの交付を前提としている）。

　イタリア法の場合，Clarus, q. 49, versi. Et haec によれば，糾問訴訟においても証拠の写しを交付するのが共通意見であった。もっとも，Clarus, q. 49, versi. Sed nvnqvid は，被告人の申立ての有無と徴憑の写しの交付との関係について，拷問前は申立てがなければ交付の必要はないが，有罪判決前であれば申立ての有無にかかわらず交付すべきだとするのが共通意見であるとする。

　(b)　Oldekop, *Decades,* decas 1, q. 1, n. 8 は，カルプツォフ説について実務上の問題点と実情を以下のように指摘する。「弁護人が1，2時間一件記録を閲読することで，訴訟及び被告人の弁護のために必要な全てを正確に把握することはできない。弁護人が一件記録の写しを自宅に持ち帰ることができるならば，防禦の準備に際し必要があれば常にこれを利用して，全てを正確に検討することが十分に可能となる。糾問事件のために裁判所に出頭して一件記録を閲覧することは，優れた弁護人にとってさえ時として困難な仕事である，ということにはあえて触れないとしても，全ての弁護人が等しく俊敏なわけではなく，また，刑事事件及び手続について経験のある弁護人はごく少数にすぎないという事情も無視することができない。さらに，裁判官，参審人及び書記が記録閲覧中の弁護人に対して，口にこそ出さないが，表情や態度で，早く切り上げるよう促すことも稀ではない。そのため，弁護人

は，注意すべきこと，必要なることを容易に見過ごすことがある」。

(4) 証拠不開示の効果　上に述べたように，裁判官は証拠を開示しなかった場合は，それ以降の手続は無効であるとされる。さらに，① Clasen, art. 73, II (2)は，裁判官がすべての証人尋問記録を開示しなかった場合は，開示されなかった事項は考慮されるべきでないとの異議申立てを行うべきであるとする。また，② Clasen. art. 73, I〔p. 313〕は，証拠開示の申立てがないため証拠開示を行わず下された判決は無効か否かという問題を提起し，「証言の開示は正義の問題であり（de jusititia），訴訟手続の実体に関わらない（non de substantia ordinis judiciarii）。したがって，不開示の問題は当事者に帰責（imputare）されなければならない」という理由を挙げ，判決は無効とはならないとする。これは，証拠開示は権利ないし手続的適正の問題であり，有罪・無罪に関わる問題ではないという趣旨であろう。

なお，Clasen, art. 73, II (2)によれば，不浪者，強盗に対しては証人の氏名の開示は行われないという例外がある。

2　本条 2 項の解釈　本条 2 項のテキストには問題がある。テキストは，"Wo aber auß mangel, verstendiger Personen des peinlichen gerichts durch Commissari aussserhalb des gerichts, wie oben dauon geschriben steht, kundtschafft verhört würde, oder die Schöffen des selben peinlichen gerichts nit bei eynander gesessen weren, also daß auff jr zusammen bringen, überiger vnkost vnd verzug gehn würde. *Dieweil dann jr versamlung zu eyner jeden solchen handlung nit fürtreglich noch von nöten ist, vnd derhalb vnkost und verzug des rechten verhut werde*, Orden vnd wöllen wir daß inn disem fall, die Commissari vnd kundtschafft verhörer, derhalb nachuolgenden massen handeln sollen"である。

(1)　Gobler, art. 73 は，"Quando autem ex defectu peritorum publici iudicii, quemadmodum ea de re suprà notatum est, commissariis extra iudicium examen comittendum est, aut scabini publici iudicii eiusdem non unà consederint, ita quod ad ipsorum frequentiam seu consessum inutilis impensa atque dilationes fiat（*siquidem eorum congregatio ad quemlibet talem actum parum proficua & necessaria esset, adeoque impensae ac morae seu dilationes iuris & iustitiae euitarentur*）ordinamus atque praecipimus…"（「この点について上に定めるごとく刑事裁判所に能力のある者が欠けるために裁判所外の受任裁判官に委ねるべき場合，又は，当該刑事裁判所の参審人が会同せず，参審人を会同させるために不要の費用及び遅延が生ずる場合においては，（かかる訴訟行為のすべてに参審人が会同することが有益でも必要でもなく，したがって，費用及び訴訟と正義の遅延は回避されるべきであるから），かかる場合について，朕は…を命じかつ定める」）と羅訳する。

　これに近いのは，Vogel, art. 73 による"mais s'il arrivoit que, faute de personnes éclairées, le dépositions eussent été prises par de commissaires étrangers à la Jurisdiction, comme il a été dit cy dessus, ou que les Assesseurs de cette Jurisdiction n'eussent pas siegé ensemble, ensorte qu'il y eût eû occasion à de nouveaux frais pour les rassembler, *n'étant point utile ni nécessaire que leur assemblée se tienne pour chaque procedure en particulier, & afin que l'on remédie en cela aux frais & aux longueurs de la Justice*, Nous ordonnons & voulons…"（「上に定めるように，識見のある者が欠けるため当該裁判所外の受任裁判官によって証人尋問が行われた場合，又は，当該裁判所の参審人が臨席せず，これを会同させるために新たな費用が生じるであろう場合は，各訴訟行為に参審人が会同することは有益でも必要でもなく，ゆえに訴訟の費用及び遅延を避けるために，朕は…を命じかつ欲する」）という仏訳である。

　テキストのイタリック部分について，羅訳も仏訳も同趣旨である。同じく，Remus. cap. 73 もまたイタリック部分を，"cum eorum convocatio ad singulos actus neque necessaria neque commoda sit, vt dilationes sumptus'que inutiles vitentur"（「各訴訟行為のための参審人の召集は必要でも有益でもなく，したがって，無用の訴訟費用及び遅延は避けられるべく」）と羅訳しており，イタリック部分の訳はこれらの訳に従う。

　(2)　ところで，①受任裁判官によって証人尋問が行われる場合と，②参審人が会同しなかった場合とが"oder"によって接続され，それぞれの場合について，参審人の召集は不要である旨宣言されている。②は参審人が証人尋問又は証拠開示に会同しなかった場合であると考えられるが，71 条は裁判官，参審人及び書記が証人尋問に立ち会うことを定めているのであるから，本条

が証人尋問に「参審人が会同することが有益でも必要でもない」と宣言して
いると解するのは不適当である。したがって，本条が証拠開示規定であるこ
とをも考慮するならば，証拠開示の手続について「参審人が会同することが
有益でも必要でもない」と宣言されていると解すべきである。註3に述べる
ようにクレスもまたそのように解している。

　他方，①の受任裁判官による証人尋問が行われる場合について，参審人が
会同しなかったか否かを問わず端的に，参審人の会同は無意味であり不要だ
と宣言する趣旨は理解が困難であり，71条の規定とも相反する。

　このような問題は，①及び②の関係が"oder"であるための生ずるのである
が，"vnd"と読み替えられるのであれば，受任裁判官によって証人尋問が行
われた場合の証拠開示に参審人が立ち会わなかった場合であっても，参審人
を改めて召集することなく，証拠開示の手続に入ることができるという趣旨
となる。註3に引用するように，クレスは（統語法に限ればクラーセンもまた）
同様に解していると考えられる。

　以上のように，本条2項のテキストは，規定内容を勘案し読替えを施さな
ければ合理的かつ整合的な理解が困難である。上の訳は読替えを施したもの
である。

　3　(1)　前註のような問題があるためか，管見の限りでは，本条2項の
趣旨について言及するコンメンタールは，①「尋問のため複数の受任裁判官
が任命され，その所在地が異なる場合，各受任裁判官を召集することは，不
可欠でも有益でもない。したがって，各受任裁判官の召集は必要的ではな
い。証人の開示は，当事者がいずれの証人が利益又は不利益な供述をしたか
を知るためであるから，1名又は若干の受任裁判官が臨席すれば足り，全員
の臨席は必要ないのである。したがって，全員を臨席させるための費用は無
意味である」と註解する Clasen, art. 73, I〔p. 314〕，及び，②「能力のある
参審人が欠けるため，証人が受任裁判官の面前において尋問された場合は，
書面の開示には，手間及び費用を要する参審人の参集は不要であり，開示は
受任裁判官単独で行えば足りる」と註解する Kress, art. 73, §2〔p. 218〕に
とどまる。浩瀚なベーマーのコンメンタールをはじめ，参看したその他のコ
ンメンタールにも本条2項への言及はない。

(2) ①の註解は，本条2項において参審人を改めて召集することが不要とされているのであるから，内容的に見て採りえない註解である。②の註解は，本条注2(2)に述べたようなテキスト訂正を前提としなければ成立しないが，内容的には合理性のある註解である。

とりあえずクレスの註解に沿ったテキスト解釈を取りたいと考えるが，本条2項には上のような統語上の疑問に加えて，なお疑問は残る。すなわち，当該裁判所の裁判官によって行われた証人尋問の証拠開示に参審人が会同しなかった場合について本条2項のような規定を設けず，受任裁判官による証人尋問の場合についてその種の規定をおく形式は，註4(1)に述べるような規定の形式と同じく，その趣旨が不明である。

4　受任裁判官による証拠開示　(1)　本条は，受訴裁判官が行った証人尋問の証拠開示について詳細を定めず（1項），受任裁判官による証人尋問の証拠開示について詳細を定めており（2項以下），やや奇妙な印象を受ける。本条2項以下の定めは，受訴裁判官による証人尋問についても準用されるのであろう。

バンベルゲンシス84条及び第1次草案75条は，証人尋問が行われたときは期日を指定し証拠開示を行うべきことを定めるものであり，受任裁判官による証人尋問に関連する証拠開示の規定は第3次草案75条において初めて登場したものである。

(2)　Böhmer, art. 73, §1; Blumblacher, art. 73 は，証人尋問を受任する行為から証拠開示の権限が派生するわけではなく，受任裁判官は尋問記録を任命者に送付しなければならないが（Clasen, art. 73, I〔p. 314〕は，受訴裁判官又は官憲に送付すべきものとする），受任裁判官に証言開示を許容する点でこの規定は例外的な規定であるとする。

5　Clasen, art. 73, II(4)は，「弁護人及び代理人（advocati & Patroni）」と被拘禁者（註7参照）との接見が許されなければならないと註解しており，「代理人」は弾劾人の代理人の趣旨であろう。ここでは，身柄拘束されていない弾劾人に対する証拠開示が明文に現れないが，「当事者」という文言が用いられており，身柄拘束されていない弾劾人に対する証拠開示も当然行われるという趣旨と考えられる。

6 準備期間の付与 Clasen, art. 73, II (3)によれば，当事者の申立てがあるときは，有罪立証又は無罪立証のため，事件の状況及び重大性等に照らし必要な猶予期間が付与されなければならない。民事の被告が「事件に関する正しい情報を得るために，猶予期間を申し立てることができる」のであれば，刑事被告人の防禦準備に猶予期間が付与されるのは当然であり，裁判遅延を図る意図がない限り，猶予期間は繰り返し申し立てることができる。

7 Meckbach, art. 73 によれば，「被拘禁者」には被告人及び弾劾人（12条参照）が含まれる。

8 接見交通 ①弁護人の真実義務について，Clasen, art. 73, II (4)は，弁護人は，接見交通に際し被告人に否認を教唆し，「手際よく否認を貫徹し，しかるべき刑罰を免れる方法」を教示してはならない，とする。②秘密交通について，Brunnemann, cap. 8, memb. 3, n. 27〔上口訳 178 頁〕は，最重罪の場合，被告人の親族が有力者である場合その他真相解明が妨げられる虞がある場合は接見交通に裁判官，参審人の立会いが許されるとする。これに対し，Kress, art. 14, §1 は，「原則として秘密交通を肯定したい。これを認めないことは防禦を制約することになる。加えて，弁護人は反対の事実が証明されるまで法を遵守する善良なる者と推定されるからである」と註解する（なお，クレスは，秘密交通を認めるべき根拠の一つとして，「弁護人は職務上，聴罪師と同様に守秘〔credentialium silentium〕義務がある」と述べる）。

9 抗弁の提出 Clasen, art. 73, II (5)は，被告人側の抗弁として次のような例を挙げる。①証人の適格性については，証人は提出者の血族，姻族，家内証人（testis dometicus），家人である，証人は貧者，身分卑しき者，被告人の敵対者，身許不詳者，名誉喪失者，犯罪者，被買収者，偽証者，単独証人であるとの抗弁，②証言内容については，「曖昧，疑わしい，不確実，変遷する，矛盾する，消極的，作為的，他人のため配慮されたものである，証明項目を逸脱した供述である，客観的事情と一致しない，現実性に乏しい，虚偽である，推論又は意見に基づいている，知識の根拠が示されていない」との抗弁，③証言手続について，「証人は宣誓していない，証人は自発的に証言を申し出た，証人の宣誓への立会いが許されなかった，供述について判断又は解釈を行い証人としての責務を逸脱した，尋問が秘密に綿密か

つ余すところなく行われていない」との抗弁（自発的に証言を申し出たという抗弁は，この種の証人には虚偽供述の虞があるという趣旨である）。

10 「2通を超える書面を作成することは許されない」とは，「2回を超えて書面を作成，提出することは許されない」の趣旨である（Clasen, art. 73, argumentum; II(6)）。

11 Clasen, art. 73, argumentum は，「受任裁判官が，やむをえざる理由から，事件の性質及び事件の成否をいまだ正しく把握することができないと判断する場合」と註解する。

12 最終弁論 Clasen, art. 73(7)〔p. 318〕は，弾劾人が最終弁論（conclusio）を行うが，刑事では，「防禦の優位が認められ，被告人に関する限り事件終結ということはない」，したがって，証拠開示及び最終弁論後においても，被告人の利益のため，当事者の申立て又は職権に基づき，同一の証明項目につき新たな証人を尋問することができる，と註解する。Carpzov, q. 104, n, 92 は，このような「防禦の優位」は弾劾訴訟であるか糾問訴訟であるかにかかわりなく認められるとする。Böhmer, art. 73, §1 もまた，証人尋問記録の開示後には新たな証人尋問は認められないというのは疑問であると註解する。

最終弁論が行われると，事件は判決に熟した状態（de causa liquere）となる（Clasen, art. 73, II(7)）。

13 Schoetensack, S. 77 は，刑事裁判所の裁判官が自ら証人尋問を行った場合は，一件記録送付を経ることなく，刑事裁判所が自ら判決をすることができると註解する。

被告人の無罪主張のための証言

第74条 同じく，被告人が，弾劾に係る犯行につき無罪であることを明らかにすべく，証人による証明を行わんとする（kundtschafft vnd weisung führen）場合において[*1]，裁判官が申出に係る証明を有益であると判断するときは[*2]，〔かかる証明は，〕上に定める方式に従い，加えて，「同じく，何びとかが，行為を自白し云々」を以て始まる 151 条及びそれに続く数箇条において，無罪証明の方法につき明確かつ詳細に定めるところが遵守されなけれ

ばならない。

1　無罪証明　　無罪証明は，いかなる場合においてもいかなる手続段階においても，尋問記録開示及び弁論終結後においても許され，被告人が一旦無罪の主張立証を放棄した場合においても改めて防禦を行うことができる（Clasen, art. 74, I）。また，弾劾人が行う有罪証明の場合と異なり，期限徒過は厳格に判断されてはならない（Kress, art. 74）。被告人の無罪立証を許すべきことは自然法の要求である（Clasen, art. 74, II）。

2　無罪証明と関連性　　証明項目が無罪証明に意味がないと裁判官が判断するときは立証の申立てが許容されないことは，151条以下にも定めがある。Clasen, art. 74, II〔p. 321〕は，被告人の無罪証明にも，「証明されても益がないならば立証を許されないという法範（regula juris: ad probandum non admittitur quod probatum non relevat）の適用があるが，関連性に疑いがある場合は法有識者の鑑定を求めるのが良い，疑いがある場合は，必要なる事項を看過するよりは無用なることを許容する方が安全である」から，疑問のある証明項目であっても，関連性及び許容性原則（jus impertinentium & non admittendorum）の留保の下これを許容するほうが良い，と註解する。関連性法則の留保については，65条註2参照。

証人費用について

第75条　　同じく，刑事事件において証人による証明を行う者は，庶民であり徒歩により往還する各証人に対し，証言に要する1日につき，費用として8クロイツァー又は各領邦の通貨事情に応じそれと等価の金銭を給しなければならない。その他の〔身分のある者〕については，証言聴取者の判断するところに従わなければならない[*1]。

1　Clasen, art 75, I, II は，以下のように註解する。①証人が日傭取りであるときは，証人費用支払いに際し，仕事及び賃金が考慮されなければならない。②庶民は徒歩すなわち少額の旅費で往還することができる。身分ある者は徒歩で往還する義務がなく，旅中の食費も庶民より高価であるから，そ

の居宅において必要とする額を下回らないように費用を算定するが，旅中は居宅での食費が軽減されるから，裁判官がこの点も考慮するのが公正である。③費用は，証人の出発前に提供されるか，裁判所に供託されなければならない。これが行われないときは，証人は出頭の義務がなく，証人に出頭を強制することもできない（訴訟費用については，204条参照）。

証人は刑事訴訟からの身柄保障を付与されない

第76条 同じく，当事者及び証人は，裁判官又は受任裁判官の面前に〔出頭する場合〕において，刑事訴訟（peinliche rechtfertigung）からの身柄保障[*1]を与えられてはならない。ただし，裁判所出頭につき，当事者及び証人に対し，暴力からの身柄保障を与える[*2]ことができる[*a]。

1 身柄保障の意義 (1) 身柄保障（vergleytung; salvus conductus）は本来，対価を得て旅人・商人に護送等の保護を加えることを意味した（B. Koehler, "*Geleit*", in: HRG, Bd. 1, Sp. 1481 ff.）。ここでいう身柄保障は，身柄の安全の法的保護を意味する（Kress, art. 76, §2 は「司法上の身柄保障」という）。Carpzov, q. 112, n. 26 によれば，身柄保障を与えられた被告人を侵害した者は反逆罪に問われる。

(2) Clasen, art. 76, (2)〔p. 325〕; art. 156, II〔p. 668〕は，裁判官は「違法の暴力（vis injusta）」からの身柄保障を付与することができるが，「身柄保障の付与は，裁判官が司法的手続（via justitiae）を行うことを妨げない。一言でいうならば，身柄保障は事実上の暴力に対するものであって，法律による実力に対するものではない」と註解する。したがって，本条前段は，裁判所に出頭した当事者及び証人について犯罪の嫌疑が生じた場合は身柄拘束を行うことがある，という趣旨と解される。156条が，違法の暴力に対する限度で，被告人に対する身柄保障を認めていることは，このような解釈と照応する。

2 身柄保障の付与 (1) 付与が可能な場合 Clasen, art. 156, II〔p. 666 et seq.〕は次のように註解する。①法学者は，死刑相当の罪を犯した疑いのある者に対しては身柄保障を与えず，身柄拘束するための探索を行うべき

であるとする。このため，犯人が所在する地の官憲に対し手配書（Steckbrife）が送られ，犯人の捕縛及び引渡しが要請される。②死刑相当犯罪の疑いがある場合においても，被告人が身柄拘束されていないときは身柄保障が付与されうる。被告人が裁判地に現在するか，既に身柄拘束されている場合は，犯罪が軽微であるか十分な不動産を有する場合でなければ，身柄保障を与えられあるいは釈放されることはない。③身体刑相当の事件である場合は，保証人が被告人に代わって身体刑を受けることができない。したがって，この場合は保証人を立てることはできないが，裁判官が記録に基づき被告人無罪であると確信する場合は，身体刑相当の事件においても，保証人を立てることが許される。

　Brunnemann, cap. 8, memb. 6, n. 14〔上口訳236頁〕は，死刑事件の場合にも身柄保障を認める②の場合について，「普通法上不在者に対し判決を行うことができない。したがって，刑事訴訟が全く行われない事態を回避するには，裁判官が身柄保障を付与する余地がなければならない」と述べている。

　(2)　担保提供　　担保は，犯罪の性質及び被告人の資力に応じて定められるが，一定金額の保証人又は担保物によらなければならない。宣誓による保証は軽罪でなければ許容されない（Clasen, art. 156, II〔p. 669〕）。

　(3)　身柄保障の効果　　身柄保障には，一般身柄保障と特別身柄保障とがある。①一般身柄保障は，事前の担保提供を要件とせず，裁判所への往還の安全を保障するものである。その効力は裁判期日（dies juridici）に限られ，裁判期日の前後に被告人を身柄拘束することが可能である。②特別身柄保障は，事前の担保提供を要件に，拘禁及び第三者による暴力・侵害の危険からの安全を保障するものである。被告人は，裁判期日のみならず，訴訟が継続する全期間にわたり，裁判所の管轄区に滞在し，親族及び法律家と弁護について協議することができる。ただし，裁判官によって死刑若しくは身体刑が言い渡され又は拷問が命じられたときは，身柄保障は失効する（さらに，被告人が自白した場合もまた身柄保障にかかわらず拘禁することができる）。このような趣旨を示すために，身柄保障状には，通例"bis etwas peinliches wider ihn erkant"（「何らかの身体的苦痛を科す判決があるまで」）という文言が付される（Clasen, art. 156, II〔p. 667 et seq.〕）。なお，Kress, art. 76 § 2〔p. 223〕は，

この文言は,「平穏な行動に努め,可罰的な不穏なる行為を指嗾しない」という条件を内容とするものであっても良いとする。

なお,身柄保障の詳細については,Brunnemann, cap. 8, memb. 6, n. 14 et seqq.〔上口訳236頁以下〕参照。

訴訟は迅速に行われるべきこと

第77条　同じく,費用節減のため,朕は,全ての刑事事件において訴訟(das recht)が迅速に行われ,かつ故意に遷延されざることを定め命ずる[*1]。

1　裁判の迅速　(1) Clasen, art. 77, (2)〔p. 326〕は,①本条の趣旨は,「犯人が正当なる判決を受け,被告人の無罪が明らかとなる場合に速やかに釈放されることは,正義の要求するところであり,刑事裁判は多額の支出に及ぶことなく終結しなければならない」という点にある,しかし,②真相解明には十全の取調べが必要であり,「迅速なる裁判が不正義とならないよう,裁判官が被告人に無罪証明のための猶予を与えることが公正に適う」。したがって,刑事訴訟においては,「『朝の訴え,夕の判決(mane processus instituitur, vesperi causa terminatur)』ということがあってはならない。正義の継母(justitae noverca)といわれる裁判の迅速性は多くの害を生じさせるからである」と註解する。

(2) Clasen, art. 77, (1)によれば,刑事事件が争点決定後2年以内に終結すべきことを定める C. 9, 44, 3 は慣習上行われておらず,訴訟期間は裁判官の裁量に委ねられている。したがって,「裁判官は自ら又は法有識者の鑑定を得て,法律によって是認されない長期遅延を避け最も適切に刑事事件を処理する方法を判断しなければならない。かかる方法は正確に定めあるいは規則化することはできないからである」(Clasen, art. 77, (2)〔p. 327〕)。

最終裁判期日の指定

第78条　同じく,弾劾人が,被告人自身の自白又は上に定めるごとく提出され尋問された証人の終局的なる証言及び弁論に基づき[*a*1],最終裁判

期日（entlicher rechttag）[*b]を申し立てるときは，弾劾人に対し最終裁判期日が速やかに指定されなければならない[*2]。弾劾人が最終裁判期日を申し立てざる場合において，被告人の申立てがあるときは[*3]，最終裁判期日が指定されなければならない。

 1 最終弁論については，73 条註 12 参照。
 2 **最終裁判期日が必要的となる事件** Biener, S. 156 によれば，最終裁判期日が行われるのは，死刑・身体刑を宣告する場合（94 条）と，被告人の無罪を宣告する場合（199 条）であるが，この規定は実務では必ずしも遵守されなかったようである（94 条註 2，199 条註 1 参照）。
 3 **期日の指定** Clasen, art. 78, II, III によれば，①弾劾人が証明に失敗した等の理由から判決宣告期日の指定を申し立てない場合において，被告人の申立てがあるときは，裁判官は宣告期日を定め，又は，両当事者からの申立てがない場合においては，裁判官が職権を以て期日を定める。②勅法彙纂（C. 3, 12, 6）は，聖なる日，祝祭日には，裁判手続を行うこと，特に死刑の判決を言い渡すことを禁止するが，現在はこれらの日にも拷問や死刑が行われている。
 糺問訴訟の場合について，Kress, art. 78〔p. 225〕は，「糺問訴訟において一件記録が〔法有識者から〕返戻されると，多くの場合裁判官は被糺問者に対し最終裁判期日を告知する」と註解する。

裁判期日が被告人に告知されなければならない

 第 79 条 同じく，弾劾人の申立てに基づき最終裁判期日において刑を執行するときは，被告人に，罪に想いを致し，嘆き，告解するしかるべき機会を与えるため，執行 3 日前にこれが告知されなければならない[*1]。被告人が聖なる秘蹟に与ることを望むときは，拒むことなく被告人をしてこれに与らしめなければならない。告解の後においても，慣例に従い，良き至福の事柄（gute selige dinge）〔＝信仰と救済〕について被告人に訓戒する者を，獄舎にある被告人の許に赴かせなければならない[*2]。死刑執行のため引致する等に際し，理性を衰えさせる過多の飲料を与えてはならない[*3]。

1　判決の内示　　Clasen, art. 79, (2)〔p. 330〕は，本条は，執行当日に判決を告知する従来の慣習を改めるものであり，遺言を作成し，告解を行う猶予を与えるのがその趣旨であるとする。これは，「判決の内示」(initiatio sententiae) と呼ばれる (Schoetensack, S. 88)。

2　　Clasen, art. 79, (3), (4)は，死刑囚が聖餐に与ることを望むときはこれに与らしめ，「判決の内示及び被告人の告解の後，官憲は，犯した罪に苦しむ者に神の言葉を以て慰めを与え，十字架のキリストの功徳を信頼し最後に喜悦の心を以って死に服すべくその良心を覚醒させるため，信仰深き良き人を死刑囚の許に致す」と註解する。

3　刑吏の晩餐　　(1)　Dülmen, S. 84 ff. によれば，死刑執行が平穏を欠くことは死刑判決の正当性に対する民衆の疑問を生じさせる虞があるため (82条註2参照)，被告人をして怨念を残すことなく従容として死に就かせる手段として，死刑執行前の数日間被告人に飲料・食事等において破格の待遇を与え，刑場への引致に当たり酩酊する量のワインを供与した。これは，刑吏の晩餐 (Henkersmahl) と呼ばれる慣行である。

(2)　Clasen, art. 79, (6)は，刑死する者に不安と恐怖を紛らすため飲料を与える伝来の習慣と，旧約聖書箴言第31章第6節（「醇醪を亡びんとする者にあたへ酒を心の傷める者にあたへよかれ飲みてその貧窮をわすれ復その苦楚を憶はざるべし」）との関係を指摘する。クラーセンは，本条の趣旨は，死刑囚に敬虔なる態度を保持させるため，このような慣行の廃止を命じることにあるとする。

裁判所の召集

第80条　　同じく，それぞれの地の良き慣習に従い，裁判所が召集されなければならない[*a*1*2]。

1　　判決作成のため参審人が召集されるという趣旨であろう。

2　　Clasen, art. 80, (1)は，「複数の者に裁判権が付与される場合は複数の者が単一体を構成し，その職務は一体のもの (individuum) と看做されるから」，裁判所構成員の1, 2名が他の構成員の同意なしに判決を行うことは

不適法であるとする（定足数については，84条参照）。また，Clasen, art. 80, (2)は，裁判所構成員が欠席する場合の正当な欠席事由として，戦闘，悪天候，弔事，疾病等の事由を挙げ，欠席者に正当な欠席事由があるときは，出席者のみで判決を行うことができるとする。

裁判期日前に行われるべき参審人の評議

第81条　同じく，裁判官及び参審人は，〔最終〕裁判期日に先立ち，全ての申立て（alles einbringen）[1]を朗読させなければならない。〔すなわち，〕全ての申立ては，以下の181条に定めるごとく，整然と記録され，裁判官及び参審人に提出されなければならない。しかる後，裁判官及び参審人は評議を行い，いかなる判決を下すべきかを評決しなければならない[2]。疑義あるときは，裁判官及び参審人は法有識者又は本令の末尾に定めるところに鑑定を求めなければならない[3*4]。次いで，判決の宣告（offnung）について以下〔=94条以下〕に定めるところに従い，最終裁判期日において判決の速やかなる宣告がなされるよう，評決された判決を，「同じく，朕及び神聖帝国の本令に従い云々」を以て始まる190条に定める様式に従い，訴訟記録に録取させなければならない[a]。

1　"alles einbringen"は「全ての申立て」が字義であるが，Clasen, art. 81, (1)は，「裁判官は，記録の朗読，又は記録に基づく報告を命じなければならない」と註解し，「報告者は良心を緊張させ，報告が相当程度広範囲にわたり長時間を要する場合においても，弾劾人の有罪立証あるいは被告人の無罪証明に役立ついかなることも省略してはならない」という。

2　記録の朗読とこれに基づく評決を定める本条は，記録作成の目的について，「これは，適式かつ精密な記録に基づき信頼に足る確実なる判決がなされ，また，その必要が生ずる場合において，この記録に基づき法有識者の鑑定を求めるためである」と定める189条とともに，「記録に存在しないものはそもそも存在しない（quod non est in actis, non est in mundo）」という書面主義を定める規定である。なお，書面主義の意義については，189条註2参照。

3 判決提案　　Clasen, art. 81, ⑶, ⑷は，判決作成に伴う求鑑定の例として，正当防衛の判断について定める 150 条を挙げ，「法について疑義があるときは，法の知識のある者が必要とされなければならない」と述べる。これに対し，Schoetensack, S. 81 は，裁判所が法有識者の鑑定としての判決提案を必要とした理由は，比較的機械的に適用しうる証拠法の下での事実認定の困難性にあるのではなく，刑罰法規が絶対的に不明確でありかつ普通法上の刑罰規定が補充的に適用されるという当時の刑事実体法の不明確に求められると註解する。

　本条は，疑義のある場合について法有識者の鑑定を求めることを定めるが，後には，刑事事件に関する判決作成には外部の法有識者団に記録送付を行うことが必要的となった（219 条註 1 参照）。18 世紀前半のクレスのコンメンタールは，裁判官及び参審人による評議評決は行われていないと述べている（Kress, art. 81, §2）。

4 判決の開封と当事者の立会い　　外部の法有識者への一件記録送付を行う場合の封印，返戻された判決の開封への被告人の立会いについて，Brunnemann, cap. 8, memb. 4, n. 11〔上口訳 192 頁〕は，被告人の立会いを肯定し，「一件記録の封入，及びそれが返戻された場合の封印の点検のために，被糺問者を召喚すべきか。これを論ずるオルデコープ（Oldekop, *Decades*, decas 1, q. 7, n. 2）はいずれも肯定する。慣習は否定的であるが，私はオルデコープを支持したい。すべては公然と率直なかたちで行われるべきだからである。これと異なる慣習は，申立てがあれば，送付すべき書面の写しを被糺問者又は親族に交付するというところまで緩和されなければならない」と述べるが，Kress, art. 93〔p. 248〕は，裁判官の裁量に委ねるべきだとする。

最終裁判所の構成及び鐘による告知

　第 82 条　　同じく，裁判期日（gerichtstag）において，慣例の時刻となるとき，慣例の鳴鐘を以て死刑執行を告知しうるものとする[*1]。裁判官及び参審人は，良き慣習[*2]に従い裁判を行う所とされている場所に赴かなければならない。裁判官は参審人に着座を命じ，裁判官もまた，その地の領邦慣行に

従い，杖又は抜剣を把持し，手続の終了まで威厳を以て着座しなければならない[*3]。

1 最終裁判期日に関連して，85条，87条，96条にも「慣習」への言及があるが，これは，普通法には最終裁判期日の制度が存在しなかったという事情を反映するものである（v. Weber, S. 174 f.）。

2 都市によっては，死刑が執行される最終裁判期日専用の鐘があったようである。かつては，死刑囚に不意に接触し穢れることを避けるため，死刑囚の首に小さな鐘を吊す慣習も存在した（Clasen, art. 82,(1)）。

3 最終裁判期日の意義 (1) 最終裁判期日は普通法上存在しない制度であり，バンベルゲンシスから引き継いだ制度であるが，バンベルゲンシス123条は，「〔必要なる全ての審理は最終裁判期日前に慎重に行われなければならないが，〕それにもかかわらず，上に定めるごとき公開の裁判手続が，善意からにせよ，最終裁判期日において行われないことは，一般民衆及び古き慣習のために，あってはならない（vnd soll doch nichtss dester weniger auff dem end-haften rechttag, *umb des gemeynen volcks vnd alter gewonheyt willen*, die offenlich gerichtlich handlung, wie vor davon auffgeschriben ist, auss guter meynung auch nit vnterwegen bleyben）」と定める。バンベルゲンシスは，最終裁判期日が犯罪事実の認定上実質的な意義を有し，あるいは最終裁判期日において事件に対する断案が下されるという事情がないにもかかわらず，古き慣習・伝統を尊重し，刑事裁判に関する公衆の了解・期待を裏切らないために最終裁判期日の存続を認めるものである。

なお，18世紀中葉のコンメンタールは，多くの地方で最終裁判期日はもはや盛大に執り行われることはなく，カロリーナが以下に定めるような手続は履践されていないという（Meckbach, art. 99〔p. 181〕）。

(2) 最終裁判期日は，一般予防のための「見世物」，「コメディ」，「ファルス」として否定的に評価されることが多い（Schild, S. 119, Fn. 3）。しかし，Schild, S. 135 ff. は，最終裁判期日の機能について，公開性は事が正しく行われたことの象徴であり，「実質的，客観的に正当な判決であっても，たんに朗読された判決は人々を納得させず，判決として承認されなかった。伝統

的形式の履践を通して法が宣言されたという確信をもたらすために，さらなる手続が必要とされたのである」とする。Dülmen, S. 55 が，最終裁判期日において，犯人の罪状が列挙され，犯人の自白が公衆の面前において反復され，判決の告知によって公衆の同意が求められた，とするのもゲルマン法における法意識と最終裁判期日との関係を指摘するものである。

Schoetensack, S. 90 は，最終裁判期日において当事者が行う弁論中意味を持ったのは，被告人側の慈悲を乞う弁論のみであり，若干の領邦においては現に慈悲が与えられたとする。

91 条は，最終裁判期日において被告人が自白を撤回した場合，法有識者による再鑑定の必要性を定めており，少なくとも規定上は最終裁判期日はたんなる儀式にとどまらなかった。91 条註 5 参照。

(3) 本条以下の最終裁判期日に関する規定は，最終裁判期日における弾劾人による弾劾の形式が糺問訴訟の場合においても履践されることを示している（Döring, S. 34; Schoetensack, S. 88）。Zwengel, S. 84 は，「糺問訴訟の導入後においても，最終裁判期日は死刑執行の不可欠の条件，訴訟の本質的部分と看做され」，「執行の日に，弾劾訴訟〔の諸手続〕が短縮された形式において行われた」とする。

4 最終裁判期日の事例 (1) 本来の最終裁判期日における訴訟手続のありかたを示す事例として，Dülmen, S. 51 ff. が取り上げる，1457 年ウルム市で行われた現行犯手続の例がある。この現行犯手続では，最終裁判期日において市長を代弁人とする原告と 1 名の参審人を代弁人とする 7 名の被告人との間で法律的な応酬が行われ，最終裁判期日が実質的な審判手続として進行している。デュルマンは，これは弾劾訴訟の有する決闘裁判的性格が顕著に示現している事例であるという。

この事例において，①強盗犯として捕縛され盗品とともに裁判所に引致された複数の強盗犯は，各被告人に 1 名の代弁人が付されること，「自由人」として行動の自由が与えられることを要求したが，いずれも認容されなかった。②被告人は，原告の訴えに答弁する前に，縛めを解かれることを要求し，原告が異議を申し立てたが被告人は縛めを解かれた。③被告人は，裁判所が 12 名ではなく 11 名で構成され，判決するための定足数を満たさない

こと，裁判官が流血裁判権を有しないことを主張したが，却下された。④被告人は，盗品を公然たるフェーデにより捕獲したものであり，強盗と扱われるべきではないこと，良き世評を有すること，猶予を与えられるならばその他の無罪証拠を提出する用意のあることを主張したが，原告が証拠としての盗品の存在を指摘したためこれらの主張は認容されなかった。⑤被告人は，原告の供述の信用性を争い，宣誓補助者には殺人の前科があり宣誓能力を欠くことを主張し，主張が認められたが，原告は速やかに代わりの宣誓補助者を提出した。⑥被告人が原告は宣誓補助者を買収し協力させたと主張したため，宣誓補助者がこれを否定する宣誓を行い，裁判所は原告側の主張を受け入れ被告人を有罪とし，死刑執行のため被告人を刑吏に引き渡した。

(2) ビルクナー174頁以下には，1772年フランクフルト市において執行された死刑について裁判所，参事会書記が作成した報告書が収録されている。上のウルム市の事例に見られた最終裁判期日における弁論手続は行われなかったものの，死刑判決の内示，聖職者による慰撫，刑吏の晩餐，刑場への連行，斬首，刑吏との問答等の執行手続がほぼカロリーナの規定に則って行われたようである。

朕及び神聖帝国の本令を所持し，必要なるときは当事者に示すべきこと

第83条　同じく，全ての刑事訴訟手続（peinliche gerichtliche händeln）を行うに当たり，裁判官及び参審人は朕の本令を所持し，これに従い手続を行わなければならない[*1]。当事者が自己のために必要とするときは，本令を遵守しかつ本令に関する不知により不利益を蒙り危険に曝されることのないよう[*a]，その申立てに基づき，本令につき教示しなければならない。当事者が朕の本令の条文を必要とするときは，その申立てに基づき，適切なる対価と引換えに必要とする条文の写しを交付しなければならない[*2]。

1　Clasen, art. 83, (1)は，「疑問があるときは，裁判官は自己の裁量によることなく，本法令に基づき判断すべく，この法令と異なることを宣告又は行ってはならない。君主の法令を無視する裁判官はしかるべく処罰されな

けばならない」と，カロリーナの法的拘束力について註解する。

2　Clasen, art. 83, (3)は，写しの交付について，「今日では，この法令は活字印刷され何びとも入手可能であるから，本条のこの箇所はもはや用いられていない」とする。

裁判所の構成が適法であるか否かに関する裁判官の問いについて

第84条　同じく，以上のごとく裁判所が構成されるとき，裁判官は，各参審人に，「N〔＝参審人の氏名〕よ，我は汝に，最終刑事裁判所は適法に構成されているか否かを問わんとす」と質すことができる[*1]。最終刑事裁判所の構成が7名又は8名を下らざるときは[*2]，各参審人は，「裁判官殿，最終刑事裁判所は，カール5世皇帝及び神聖帝国裁判令に従い適法に構成されおります」と答弁しなければならない[*3]。

1　Clasen, art, 84〔p. 339〕は，裁判官によるかかる問いかけが必要となる理由として，「参審人は，宣誓の上生命・身体に関する裁判を行う義務があるにもかかわらず，かかる裁判を行うことを厭うため，欠席の口実を設け死刑事件の裁判への出頭を怠ることが多い」と註解する。

2　**死刑判決と参審人の定足数**　(1)　196条は死刑及び〔永久〕拘禁刑以外の有罪判決を評決する場合の参審人の定足数を4名と定める。死刑については196条に対応する規定を欠くが，Böhmer, art. 196, §1; Kress, art. 196は，本条を，死刑判決を評決する際の参審人の定足数を定める規定と解している。フランク法における参審人の定足数は7名であった（Blankenhorn, S. 19）。

(2)　Clasen, art. 84〔p. 340〕は，今日の実務はこの定足数を認めず，ほとんどの場合裁判所は7，8名より少ない数の参審人で構成されているが，参審人が法有識者の鑑定に従う限り不都合が生じる余地がない，とする。

3　Remus, cap. 84 は，その問いかけとして，次のような例を挙げている。「ルキウス・センプロニウスよ，我は汝により法（jura）を知りかつ発見せんとす。カイウスに対し死刑判決を下すためここに集う参審人の数は適法

かつ十分なり，と確信するか」。

被告人はいかなる場合に公然と晒し台に晒されるべきか

第85条　同じく，被告人に対し刑事罰が最終的に評決される場合において，判決前又は判決後暫時市場又は広場に公然と犯人を晒し台[1]に晒す慣習がその地にあるときは，その慣習もまた遵守されなければならない。

1　テキストは，"stock, pranger, halßeisen"である。それぞれ，縛り付ける柱，手足・頭を挟む板，首につける鎖を指すが，ここでは晒し台を意味する。カロリーナ以降は，"Pranger"という名称が一般化した（Köbler, S. 187）。

被告人は裁判所に引致されなければならない

第86条　同じく，しかる後〔＝裁判所が適法に構成された後〕裁判官は，しかるべく警護の上，刑吏及び廷吏により被告人が裁判所に引致されるべきことを命じなければならない[1]。

1　Clasen, art. 86 によれば，罪状の認否に際し被告人の縛めは解かれるが，これは自白が任意であり強制ではないことを示すためであり，通常，判決中には「憐れなる罪人は本刑事裁判所の面前において自由にかつ拘束されることなく公然と自白したる後に」という文言が付け加えられる。

被告人の呼出しについて

第87条　同じく，犯人の呼出し（beschreien）は，この段階において，弾劾人の立会いの上その申立てに基づき，各裁判所の良き慣行に従い行われなければならない[1]。被告人の無罪が明らかとなり，弾劾人が訴訟を追行する意思を有せず，被告人が訴訟〔の続行〕を求めるときは[2]，かかる呼出しは行うことを要しない。

1　**被告人の呼出し**　(1) "beschreien"を，Schroeder, S. 164 は，「叫

喚告知（Zetergeschrei）の声を上げることにより裁判所に訴えを提起する」行為と註解する。Gobler, art. 87 は，"publica accusatio"（「公然となされる弾劾」），Remus, cap. 87 は，"diffamato"（「非難の声を上げる」）と羅訳する。ここでは現行犯に対する訴えの提起ではないので，たんに「呼出し」とする（現行犯人に対する叫喚告知による訴えの提起は，ザクセンシュピーゲル・ラント法 2・64・2 に定めがある）。

なお，Schünke, S. 74 は，メルゲントハイム市の 1416 年参事会規則について，現行犯手続を拡張した規定であり，原告が叫喚告知（Gerüge）を以て訴えを提起する場合は「被告人は現行犯人と看做された」，と述べる。現行犯手続は，ゲルマン法固有の雪冤宣誓による無罪立証権を被告人から剥奪し，原告の有罪立証を許容する効果を伴う手続であったという事情に照らすならば，本条の叫喚告知による「呼出し」は，当該手続が原告によって有罪立証が行われる手続であることを示す象徴的な訴訟行為であったと解する余地がある。

(2) Clasen, art. 87 は，被弾劾人を有罪とすることに反対する者が民衆の中にあるか否かを確認するために，刑吏が公然と被弾劾人を呼び出す，と註解する。

Carpzov, q. 136, n. 28 et seqq. によれば，手続は以下のように進行する。弾劾人が抜刀を手にして法廷に現れ，被告人を呼び出し（刑吏等がこれに代わる場合もある），次いで，弾劾人が被告人を弾劾し，しかるべき有罪判決が行われるべきことを申し立てると，被告人は答弁を求められ，罪責を肯定するならば（既に自白しているのでこれを覆すことは稀である），有罪判決がなされ，刑が言い渡される。

2 Remus, cap. 87 は，「逆に，被告人が判決を求め，放免された場合における弾劾人による賠償を求めるときは，diffamatio は必要ではない」とし，Clasen, art. 87, argumentum は，「被告人の無罪が明らかになり，弾劾人が権利を追行する意思がなく，被告人が判決を求めるときは，呼出しは不要である」と註解する。

代弁人について

第88条 同じく，弾劾人及び被告人いずれの当事者も，申立てにより，裁判所の中から代弁人（fürsprech）[*1]を選任することが許されなければならない[*2]。代弁人は，宣誓を行い，正義，真実及び締約に基づく朕の本令〔の実現〕を推進し，知情及び意図を伴う故意（geurlichkeyt mit wissen vnd willen）を以てこれらを妨げ，枉げることがあってはならない。これは，裁判官により，代弁人の義務として命ぜられなければならない。ただし，弾劾人の代弁人となった当該参審人は爾後判決作成から退き[*a*3]，その余の裁判官及び参審人により手続が行われなければならない。代弁人（redner）を参審人若しくは他から選任するか，又は自ら陳述する（reden）かは，弾劾人及び被告人（antwurter）の意思に委ねられなければならない。弾劾人及び被告人が宣誓せる裁判所参審人以外の者を代弁人として選任するときは，当該代弁人は予め裁判官に対し，参審人の中から選任された代弁人について本条が上に定めるところを弁論に際し遵守する旨宣誓しなければならない[*4]。

同じく，弾劾に関する次条において，代弁人は，文字Aの箇所に弾劾人の氏名，文字Bの箇所には被告人の氏名を挙げ，さらに文字Cの箇所には，各犯行に付せられる謀殺，強盗，窃盗，放火又はその他の名称を最も簡潔に示さなければならない。弾劾が職権によるときは[*5]，この種の弾劾においては常に，弾劾人の氏名とともに，弾劾が官憲及び職権による（Klag von der oberkeyt vnd ampts wegen）旨を明示すべきことに，特に留意しなければならない[*b]。

1 代弁人・弁護人 (1) Langbein, art. 88 は，"fürsprech"，"redner" を，"orator"，"speaker"と英訳するが，Gobler, art. 88 は，"procurator"と羅訳し，区別を設けていない。

なお，Clasen, art. 88, II〔p. 347〕は，「弾劾人が代弁人（procurator）を，被告人が弁護人（defensor）を参審人の中から選任されることを申し立てるときは」と述べており，弾劾人を代理する者を代弁人，被告人を代理する者を弁護人と呼ぶが，必ずしも厳格に使い分けていない。

(2)　Clasen, art. 88, II〔p. 348〕は，弁護人の役割について，①被告人は弁護人及び代弁人の立会いなく訴状又は糺問項目書に対し答弁しなければならないが，②被告人が在廷する限り，代弁人が抗弁提出その他の訴訟行為に関与することができる，と註解する。

(3)　Döhring, S. 119 f. によれば，訴訟代理人（Sachwalter）には，弁護士（Advocatus）と代弁人（Prokurator）があり，前者は証拠収集及び書類作成を行い，当事者及び代弁人に対して助言することを，後者は法廷において当事者のため弁論を行うことを職務とした（ただし，逆の呼称を用いる地方もあったようである）。代弁人は実務経験を必要とされたが，特に高い法律的素養を要求されなかった。これに対し，学識法曹としての弁護士は代弁人と比較し社会上層に属した。

2　代弁人の選任　(1)　代弁人又は弁護人の選任は必ずしも必要的ではなく，弾劾人，被告人の意思に委ねられ，弾劾人，被告人がこれを選任せず，自ら弾劾及び弁護を行うことも可能である（Clasen, art. 88, III, IV）。ただし，Clasen, art. 19, V は，被告人に対する拷問の徴憑の開示との関連において，被告人の無罪に配慮すべき裁判官は，必要ならば代弁人，弁護人を選任しなければならないとする。

(2)　本条の位置に照らし，最終裁判期日において代弁人が選任されるように見える。Kleinheyer, *Tradition und Reform*, S. 12 は，代弁人は証明手続の終結後に選任されるとし，Schoetensack, S. 37 もまた，代弁人は最終裁判期日において選任されるとする。しかし，証拠開示に関する 73 条が「代理人」の関与を前提としており，また，本条は代弁人となった参審人を判決作成から排除することを定めるのであるから，代弁人の選任は最終裁判期日前においても可能であったと解される。

182 条註 1 に引用する Clasen, art. 88, II〔p. 348〕の註解もまた，このような解釈の根拠となろう。

3　代弁人となった参審人の除斥　　反対解釈として，被告人の代弁人の場合は除斥されないようであるが，Clasen, art. 88, II〔p. 347〕は，被告人の代弁人も除斥されると解している。また，Schoetensack, S. 89 は，本条は被告人の代弁人にも拡張適用されるとする。

4　弁護人の宣誓　Clasen, art. 88, III によれば，弁護人は「犯行を否認することを被告人に教唆しないこと，適法なる弁護のみを行うこと，被告人が犯人であり刑罰に値すると知ったときは弁護を行わないことを宣誓しなければならない」。

5　職権による弾劾訴訟については，188 条参照。

職権又はその他の権限に基づき弾劾を行う代弁人の申立て[*a]

第 89 条　「裁判官殿，弾劾人 A は，既に貴官の許になされた弾劾のごとく，犯行 C により裁判所に現に引致されおる犯人 B を弾劾し，以下のように申し立てるものであります[*b]。すなわち，貴官が，本件弾劾に関し，称えられるべき正統なるカール 5 世及び神聖帝国刑事裁判令に従いしかるべく行われた全ての弁論及び作成提出された全ての書面を入念に考量され，しかして，有罪とされた犯行につき被告人が，最終判決（entliches vrtheyl vnd recht）により，本裁判令の定めるところに従い正当かつ適法に刑事罰に処せられるべきことを，申し立てるものであります」[*1]。

同じく，代弁人が上に定める弾劾及び申立てを口頭により行えざるときは，これを書面として裁判所に提出し，かつ，「裁判官殿，貴官が書記をして，提出に係る書面より，弾劾人の弾劾及び申立てを朗読せしめることを申し立てるものであります」，と陳述しうるものとする。

1　Kress, art. 89, §2 によれば，この弾劾文言（formula accusationis）は手続開始時に提出される書面を最終裁判期日用に簡略化したものである。この弾劾文言によって「裁判所において被告人に対し再度弾劾が行われるのである」（Clasen, art. 90, I）。Clasen, art. 89, I〔p. 351〕は，この弾劾文言について，①文字通り再現すべき要式文言ではなく，一つの「典型（idéa）」であり，弾劾の趣旨が表示される限り，どのような文言が用いられるかは重要ではない，②具体的な刑罰を申し立てるべきではなく，犯行が法に定めるごとく処罰されるべきことを一般的に主張すべきである，と註解する。

被告人は代弁人をして何をいかに申し立てさせることができるか

第90条　同じく，上〔=56条，60条，67条〕に十分なる証明及び確たる自白[*1]につき明確に定めるごとく，被告人が既に犯行を一貫して自白し，又は，犯行につき十分なる有罪証明がなされている場合においては，被告人はただ慈悲を乞い又は〔代弁人をして〕乞わせしめることができる。ただし，被告人が犯行を自白せざるとき，又は，責めに帰せらるべき犯行を自白するも，刑事罰を免れるべき事由を主張するときは，代弁人をして以下のように申し立てさせうるものとする[*2]。

同じく，以下において，Bの箇所には被告人，Aの箇所には弾劾人，Cの箇所には弾劾に係る犯行が簡潔に掲記され，かつその趣旨に解されなければならない[*a]。

「裁判官殿，被告人Bは，弾劾人Aにより犯人として弾劾されている犯行Cにつき，既に答弁しかつ十分に証明されたところに従い，全てにおいて〔従前の答弁と〕同様に答弁いたします[*b]。ゆえに，貴官が当該弾劾及び答弁につき，称えられるべき正統なるカール5世及び神聖帝国刑事裁判令に従いしかるべく行われた全ての弁論及び作成提出された全ての書面を慎重に考量され，しかして，明らかとなった無実（erfundene vnschult）に基づき，被告人が，最終判決により正当かつ適法に，生じたる裁判費用及び損害の賠償〔を受けるべきこと〕とともに，無罪（ledig）を言い渡されるべきことを，また，弾劾人が[*c]，皇帝の本刑事裁判令に従い，上〔=12条〕に定めるごとく，懲罰及び損害賠償（straff vnd abtrag）[*3]につき裁判所の最終決定（entlicher außtrag von dem gericht）に服すべきことを，申し立てるものであります」。

同じく，任ぜられた代弁人が上に定める答弁及び申立てを口頭により行いえざるときは[*4]，これを書面として裁判官に提出し，「裁判官殿，貴官が書記をして，提出に係る書面より，被告人の答弁及び申立てを朗読せしめることを申し立てるものであります」，と陳述しうるものとする。裁判官は，かかる申立てに基づき，裁判所書記に上に定める提出書面の朗読を命じなければならない。

1 91条註1参照。

2 Clasen, art. 90, I〔p. 353〕は，犯人であることが明らかな被告人のための弁護方法として，「証言の中に弁護に有益なる供述を見出すときはこれを指摘し，弁護に有益なる供述がないならば，専ら裁判官の慈悲を得ることを念頭におき，説得された裁判官が峻厳なる法を度外視し慈悲を以て正義を緩和し寛刑を下しうるような十分なる事由を摘示することを目指す」方法を挙げる。

3 Gobler, art. 90 は，"poena compensatio'que"（「刑罰及び損害賠償」）とする。刑事罰を含むのであれば，68条に定める誣告による処罰を求める趣旨と解される。しかし，Clasen, art. 90, I〔p. 354〕は「弾劾人は，被弾劾人が蒙った費用及び損害について有責判決を受ける」と註解し，Vogel, art. 90 は，被弾劾人は「懲罰として（en punition）」裁判費用の責めを負う，と仏訳する。

4 Clasen, art. 90, II は，「被告人自身又は弁護人が胆力又は経験を欠き口頭で陳述することができない」場合と註解する。

自白に係る犯行の否認について

第91条 同じく，被告人が最終裁判期日において，以前の適式かつ確たる自白に係る犯行を否認[*1]し，かつ，確たる自白に関する56条及び57条以下62条[*2]に定めるごとく，その自白に基づき取り調べたるあらゆる事情に照らし，被告人の否認が専ら訴訟（das rechten）遷延の目的によるものと判断するときは[*3]，裁判官は，朗読に係る自白を〔自白の読聞けに際し〕被告人とともに聴取したる2名の指名参審人[*4]に対し，宣誓の上，読聞けに係る自白を聴取したか否かを質さなければならない[*5]。2名の参審人がこれに対し然りと述べるときは，裁判官は常に，法有識者又は本令の後の条文〔=219条〕に定めるところに鑑定を求めなければならない[*6]。ただし，2名の参審人は，この事件において，証人としてではなく裁判官の一員として訴訟行為を行う（handeln）ものであり，爾後裁判又は判決から除斥されてはならない[*7]。

1 「57条が，拷問後に自白が撤回された場合であるのに対し，本条は，

死刑判決が執行に付されるべき最後の日における犯行の否認の場合である」（Clasen, art. 90, (1)〔p. 356〕）。「以前の適式かつ確たる自白」とは、「適式に認証された自白」を指すとされている（Böhmer, art. 91, §1）。しかし、拷問によらない自白について本条の適用を排除する趣旨ではないと考えられる（註4参照）。

　2　尋問方法及び自白の認証に関する56条、自白における秘密の暴露に関する60条以外の条文も挙げられているが、趣旨が判然としない。

　3　**訴訟遅延の目的**　　Schild, S. 122 は、裁判所が「被告人の否認が専ら訴訟を遅延させる目的によるものと判断」しない場合、すなわち、自白が誤っていると確信する場合は、被告人を無罪とし、又は最終裁判期日の手続を中断し審問を続行する、とする。しかし、検認（54条註5参照）を経た自白がある以上、最終裁判期日における否認のみを根拠に裁判所が自白の虚偽を確信するということが起こりえたのであろうか。

　4　「被告人とともに聴取した」というのであるから、たとえば拷問による自白の認証（56条註4参照）に際し、自白の読聞けに立ち会った参審人を指すのであろう。これに対し、任意に自白した場合は、認証手続は不要であり録取された自白の読聞けによって確認する手続も定められていない。しかし、Stephani, art. 91 は、「裁判官は、拷問により採取され又は強制なしで任意になされ、かつ、被告人により自らの意思で確認かつ認証された自白を聴取した参審人を、宣誓の上公開の法廷で尋問する」と註解する。これは、任意自白についても認証と同様の手続が行われたことを前提とする。

　5　Clasen, art. 91, II〔p. 356〕は、他の参審人は一件記録から自白内容を認識しているが、かかる質問及び答弁の手続が規定されたのは、被告人が自白によって有罪とされることについて疑問の余地が残らないようにするためであると註解する。最終裁判期日の公衆に対し、判決の正当性を示すという考慮もあったであろう。

　6　**自白の撤回の効果**　　(1)　本条は「2名の参審人がこれに対し然りと述べるときは、裁判官は常に、法有識者又は本令の後の条文に定めるところに鑑定を求めなければならない」と定める。これに対し、バンベルゲンシス107条、第1次草案、第3次草案の規定は、「2名の参審人がこれに対し然

りと述べるときは，被告人の否認は効力を有しない」というものであった。Schoetensack, S. 91; Schroeder, S. 166によれば，新たな鑑定依頼を定める本条の理解しがたい規定は第4次草案（1530年）において初めて挿入されたものである。「被告人の否認が専ら訴訟を遷延させる目的によるものと判断するとき」という前提の下で参審人の宣誓供述が求められているのであるから，自白を聴取したという参審人の宣誓供述を受けて，手続をやり直すというのは，首尾一貫しない。82条註3に述べたように，平穏を欠く死刑執行が死刑判決の正当性に対する疑念を生じさせる虞があるため，被告人をして怨念を残すことなく従容として死に就かせる必要上即時の死刑執行を回避するという趣旨なのであろうか。

なお，W. Sllert, *Die Bedeutung und Bewertung des Inquisitionsprinzips aus rechtshistorischer Aussicht*, Festschrift für H. U. Scupin, 1983, 168 f. は，役人が前の自白を証言するならば最終裁判期日において否認する被告人を断罪してよいかという問題に関し，ゲルマン法の古い法源は否定的であるが，後の法源は肯定的であるとする。たとえば，ゼラートが古い法源として，「同じく，廷吏が，ある者が拘禁中自分の面前において自白したと供述する場合，その者が裁判官及び市民の面前において自白したものでなければ，自白に関する廷吏の証言は受け入れられてはならない（Item si dicat servus iudicis sive preco aliquem coram se vel in captivitate aliquid esse fassum, super hoc eius vel eorum testimonium nullatenus acceptetur, nisi idem coram iudice et civibus fateatur)」と定める13世紀のウィーン新市都市法を引用するが，カロリーナにおける認証され検認されたような自白を前提とする規定であるか否かは明らかでない。

(2) Kress, art. 91 は，「認証され書面化された自白（Urgicht）がある以上，自白を撤回する自由（licentia）が排除され，判決は執行に付されるべきであり，法有識者の新たな鑑定は不要ではないか」という疑問について，再鑑定が必要であるとする見解が広く支持されていると述べ（§2），次のように註解する。

①我が領邦においては，被告人が自白を撤回した場合は，参審人の尋問を行うことなく一件記録送付が再度なされる。拷問手続による証明は，参審人

の証言ではなく調書によって行われるからである（§1），②特に「被告人が
死刑執行期日に公衆の面前で裁判官及び参審人の行った不正を訴える」とき
は，裁判官は参審人を尋問することができる（§1），③一件記録を送付され
た法有識者は，「記録によれば，裁判官は法律に従って手続を行ったか否
か」，「被告人は自白撤回の正当なる理由，加えて新たな防禦事由を主張しう
るか否か」を検討し，「手続が適法に行われ，自白撤回の正当事由がないな
らば，先の判決が確認され，もはや被告人の否認は聴かれるべきではない」
（§2）。②の指摘は，公開の最終裁判期日において，密室で行われた判決に
至る手続に対し異議を申し立てる機会を保障する意義を有しよう。

　Clasen, art. 91, (3)は，「多くの地方において，被告人が最終法廷すなわち
死刑執行予定の期日に自白を撤回する場合，被告人を獄舎に戻し，この間，
裁判官及び参審人がさらに取調べを行い，最終的判決に関し求鑑定が行われ
ている。このほうが，自白を撤回した被告人を死刑に処するよりは安全であ
る」と註解するほか，Böhmer, art. 91, §1; Brunnemann, cap. 10, n. 21〔上
口訳292頁〕も，再鑑定の必要性を肯定する。

　(3)　これに対し，Carpzov, q. 126, n. 64 f. は，本条の明文に反するが，
「被告人の自白の撤回にもかかわらず，裁判官は判決の執行を命じうること
は疑いがない」，「そう解されなければ，参審人の証言が無意味となるのみな
らず，死刑を科される者は誰もがかかる逃げ道を探すであろうから，多くの
犯罪が処罰を免れることになろう」と述べる。Kleinheyer, *Die Regensburger
peinliche Gerichtsordnung,* S. 300 によれば，レーゲンスブルク市刑事裁判令
では，裁判所構成員ではなく2名の市参事会員が拷問に立ち合い，かつ，参
事会員が最終裁判期日において，被告人の認否に先立ち被告人の自白につい
て証言し，被告人による自白撤回の余地を認めなかったようである。

　Schoetensack, S. 91; Schild, S. 122; Seller/Rüping, S. 210 によれば，実務
は本条の定めに従わず，再鑑定の必要性を認めなかったようである。

　7　裁判所証人　(1)　自白について証言する参審人は，訴訟手続内に
おける事実を証言する証人を意味する「裁判所証人（Gerichtszeuge）」に当
たる（W. Sellert, *"Gerichtszeugnis",* in: HRG, Bd. 1, Sp. 1576）。なお，裁判所証
人については，若曽根・中世後期・近世初期刑事手続における自白261頁

以下参照。

(2) Clasen, art. 91, III は，「裁判外の事実ではなく，彼らが立ち会った訴訟行為（acta judicialia）について，証言するにすぎない」，したがって，「事件について証人であった者は，その事件において裁判官たりえない」という原則に反しない，と註解する。この規定は前註(2)のような場合に意義を有する。

これに対し，バンベルゲンシス107条は，自白について証言した2名の参審人は「爾後，判決について〔意見を〕問われてはならない」という反対の趣旨を定めている。

裁判官及び参審人又は判決人は当事者の主張立証及び最終弁論の後いかに判決を作成すべきか[*a]，また，その後参審人又は判決人は裁判官によりいかに問われなければならないか

第92条 　同じく，両当事者による全ての主張立証及び事件に関する最終弁論（entlicher beschluß）[*1]の後，裁判官，参審人及び判決人は，裁判所に対する全ての申立て及び審理〔の記録〕を入念に検分かつ考量し，朕のこの刑事裁判令をよろしく理解の上，各事件の状況に応じ最も公正かつ適切なる判決を書面に録取させなければならない[*2]。かくして判決が作成されるときは，裁判官は，N〔＝参審人〕に対し，「余は，汝に，判決（das rechten）は如何にと問わんとす」，と質さなければならない[*3]。

1　最終弁論　"entlicher beschluß"を「（裁判所による）最終決定」と解する見解もあるが，「最終弁論」の意味に解すべきである（本条訳註a参照）。73条は，証拠開示後の抗弁及び再抗弁の手続を経て，最終弁論が行われるべきことを定めている（73条註12参照）。

2　判決作成と最終裁判期日　81条は，「裁判官及び参審人は評議を行い」，「判決が最終裁判期日において判決の速やかなる宣告がなされるよう，評決された判決を，…190条に定める形式に従い，訴訟記録に録取させなければならない」，79条は，「最終裁判期日において刑を執行するときは，被

告人に，罪に想いを致し，嘆き，告解するしかるべき機会を与えるため，執行3日前にこれが告知されなければならない」と定めている。したがって，本条の最終裁判期日の手続は，裁判官は専ら訴訟を主宰し，参審人が判決を発見するというゲルマン法的訴訟手続を形式的に再現するにとどまる（82条註2参照）。

この点について，Biener, S. 158 は，最終裁判期日において新事実が判明しない以上，このような手続は「不要，むしろ不可能である」と評し，Clasen, art. 92, IV は，「判決を作成すべき場所」として，「正式の最終刑事裁判期日において衆人環視の下ではなく，予め裁判所又は市庁舎において」作成されていなければならない，と述べている。

3 Remus, cap. 92 は，「センプロニウスよ，これが本件における判決であると思料するか，犯行はまさにかかる方法により行われ，まさにかかる刑によって罰せられるべきであると信じかつ言明するか」という問いを例示する。しかし，81条は「裁判官及び参審人は評議を行い，いかなる判決を下すべきかを評決しなければならない」と定めているのであるから，参審人に対し裁判官がかかる問いかけを行うことは奇妙であるが，これもまた，裁判官は専ら訴訟を主宰し参審人が判決を発見するというゲルマン法的訴訟手続の痕跡である。

これに対し参審人及び判決人は厳粛に以下のように答えなければならない

第93条　「裁判官殿，私は，裁判令に従いかつ全ての申立てに対する十分なる考量に基づき判決として書面に記録されたところは，裁判所に対する全ての申立て及び弁論に基づき適法に（billich）行われたものであると言明するものであります」[*a*1]。

1　Clasen, art. 93 は，本条に従い参審人がなすべき答弁は，「記録が精査，聴取，検討され，裁判令が細心に遵守され，法律に定められた刑罰を逸脱しておらず，判決は適切になされております。ゆえに，判決は適法になされたと言明し，評決において判決を支持いたします」というものであると註

解し，かつ，「全ての参審人は賛否を明らかにし，判決を支持するか，又は
合理的理由があるならば反対すべきであり，この場合，沈黙は同意とは看做
されない」という。最終裁判期日において参審人が判決に反対を表明するこ
とが現実にありえたという趣旨なのであろうか。ただし，Clasen, art. 196,
(3)は，「〔参審人は〕いかなる目的のために選任されるのか。評決において，
裁判官とともに，一定の有罪判決の作成に同意するためである。かくして，
当該犯罪の処罰のために適用される刑の種類が最終的に全員一致で評決され
るのである」と註解する。

裁判官はいかに判決を宣告すべきか

第94条　同じく，上に定める参審人及び判決人による評決に基づき，
裁判官は，書面となった最終判決を，両当事者出頭の下，宣誓せる裁判所書
記をして公然と朗読させなければならない[*1]。刑事罰が言い渡されるとき
は，刑事罰につき以下の104条及びそれに続く数葉〔＝数箇条〕に見出され
示されるごとく，身体[*2]又は生命に対して行われるべき刑事罰の態様及び程
度がしかるべく告知されなければならない[*3*4]。ただし，上に定めるごとく
宣告すなわち朗読されるべき判決書を書記が作成し記録すべき様式について
は，以下の190条に定める。

1　判決の言渡し　Clasen, art. 94, (1)は，「参審人の評決が行われた
後，裁判官は，参審人の共通意見により確認され書面化された判決を両当事
者の面前において朗読することを，宣誓した書記に命じなければならない」
と註解する。「参審人及び判決人による評決」とは，93条の参審人の答弁に
よって判決が確認されることを意味するのであろう。

また，身体刑及び死刑については，その執行方法が明示されなければなら
ない（Clasen, art. 94, (2)）。死刑の執行方法が犯行に対する可罰的評価の表現
であることについては，104条註3参照。

2　身体刑事件と最終裁判期日　本条によれば，死刑のほか，身体刑
の場合も最終裁判期日の実施が必要的であるが，後の実務はこれを死刑事件
に限るようになった（Schoetensack, S. 101）。クラーセンによれば，無罪判

決の宣告の場合も最終裁判期日の実施が不要とされた（199条註1参照）。

Meckbach, art. 190 は，「被告人に対し死刑判決が下され，領邦君主及び上級裁判官による允許を経て，下級裁判官に対しこれを執行せしめる旨の命令が下されるときは，最終裁判期日が指定される」と註解する。この註解は，17，18世紀には重刑を科す判決が領邦君主の允許を俟って執行されるに至ったという事情を反映している（219条註3参照）。

3　判決理由の開示　Böhmer, art 94, §3 は，「判決理由〔の開示〕については，判決理由が判決に挿入される場合であるか，別個に表示される場合であるかが基準となる。前者の場合は理由は判決の一部であり判決〔主文〕とともに開示されるが，後者の場合は開示されない。しかし，刑事事件においては判決理由を知ることなく防禦を準備することはできず，判決理由は防禦に資するものであるから，被告人の申立てがあるときは理由の写しの交付を拒むことができない。判決理由開示を禁ずる領邦法（lex prouincialis）がある場合であっても結論は変わらず，疑問の余地があるときは，かかる法令は民事事件の場合に限定されなければならない。大なる不利益が生ずるとしても，十全の正義（salva justitia）を拒む根拠とはならないのである。十全の正義ということは，それだけで禁止的法令を制限的に解釈する十分な根拠となる」と註解する（「大いなる不利益」は，開示する側に生ずる不利益を指すのであろうが，いかなる不利益であるか分明でない）。

また，Kress, art. 94, §3 は，「退役を命ずる者が不名誉退役を命ずる旨を明示するならば，その退役は不名誉退役となる。すなわち，退役を命ずる者は軍人の退役理由を常に明示しなければならない（Ignominiosa autem missio totiens est, quotiens is qui mittit addidit nominatim ignominiae causa se mittere: semper enim debet addere, cur miles mittatur)」と定める D. 3, 2, 2, 2 を引用し，「刑事事件においては防禦の優位及び事案の重大性が，疑いもなく，裁判官が判決理由を明示することを要請する」と註解する。

4　上訴の許容性　(1)　カロリーナは上訴を認める規定をおいていない。したがって，判決は宣告後直ちに執行される（Clasen, art. 96 〔p. 365〕; Schoetensack, S. 84)。

1530年のアゥグスブルク帝国議会最終決議"Item als jetzt etlich Zeit her"

の章は，帝室裁判所の許になされている刑事事件に関する上訴は帝国の古い慣習に反し，爾後帝室裁判所への上訴は受理されない，と定める（zitiert bei: Carpzov, q. 139. n. 16）。しかし，Die Reichskammergerichtsordnung von 1555, Teil 2, Tit. 28, §5（hrsg. von A. Laufs, 1976）は，帝室裁判所の許への刑事事件に関する上訴は，帝国の古い慣習によれば許されないが，身体刑（leibstraff）を科す裁判手続が「無効であるかその他自然の理性と衡平に反する（nichtigklich oder sunst wider natürlich Vernunft und billigkeyt）」場合については上訴は許される，と定める。

「帝国の古い慣習」によれば上訴は許容されなかったとされているが，人による事実認定は誤りうるという認識を前提としなければ上訴制度は不要である。雪冤宣誓や神判のような形式的証拠法に基づくゲルマン法的な弾劾訴訟において，原判決の誤りを是正する上訴制度を観念することは確かに困難であったであろう。

なお，拷問の中間判決に対する不服申立てについては，45条註3参照。

(2) Kress, art. 99, §3は，「ドイツでは，刑事事件における上訴は慣習上認められない」と註解する。Carpzov, q. 139は，①中間及び終局判決に対する上訴を認めるのが普通法であるが，「ドイツの慣習ではこの点は大きく変更され」（n. 14），②糺問訴訟においては中間判決であるか終局判決であるか，また死刑判決であるか身体刑事件であるか否かを問わず上訴は許されない（n. 22），しかし，③正規すなわち弾劾訴訟においては，終局及び中間判決に対する上訴が許容される（n. 31, 35），と述べている。上訴が許容されるときは，上級官憲（Magistratus superior）すなわち領邦君主の許になされる（Carpzov, q. 139. n. 1）。

これに対し，Brunnemann, cap. 11, n. 19〔上口訳304頁〕は，刑事事件において有罪判決を受けた者自身による上訴，委任の有無を問わず第三者による本人のための上訴を認めるD. 49, 1, 6等を根拠に，普通法によれば上訴は許容されるが，上訴を認めない慣習が定着していることが証明される領邦においては上訴は不適法であるとし，「事実，本法学部の先任者等は何年か前に糺問訴訟についても上訴を認めた，と記憶する」と述べている。

(3) 糺問訴訟において上訴に代わるものとして，Carpzov, q. 139, n. 37が

主張した,「〔判決言渡し後〕被糺問者が無罪を〔再度〕証明しようするときは,聴聞され,判決執行が猶予される」無罪主張 (deductio innocentiae) の制度がある (Carpzov, q. 139, n. 38 et seq. は,弾劾訴訟の被告人よりも劣位におかれるべきではないこと,上記帝室裁判所令が明白な無効と不公正に対する上訴を許容することを根拠に挙げる)。これは,後に「再防禦手続 (remedium ulterioris defensionis)」と呼ばれることになった判決裁判所に対する不服申立制度であり,これを採用した立法例もある (Biener, S. 174)。ビーナーは,「無罪主張」をカルプツォフの創見の一つであり,その後のドイツにおいて重要な役割を果たしたとする。しかし,「上訴に代えて無罪主張が被告人に許されたとしても,不服申立ての対象となっている不法な裁判を行った当の裁判官に向かって,被告人が自己の無罪を主張することは,危うい試みである」(Brunnemann, cap. 11, n. 19〔上口訳305頁〕),という批判もあった。

　実体的真実主義に定位する糺問訴訟への転換を経たにもかかわらず,上訴を認めないゲルマン法的な慣習が維持されたのは,「〔弾劾訴訟における〕上訴によって訴訟が無思慮にも遅延し,この間被告人の死亡によって刑罰も弾劾も無に帰していることは良く知られた事実である」(Carpzov, q. 139, n. 19) という上訴による訴訟遅延に対する懸念があったようである。このほか,法有識者の許への求鑑定が制度としては上訴類似の機能を果たしうるものであったことも一因だったのではなかろうか。

　第95条　　同じく,裁判所において行われるべき,上〔=89条,90条〕に定める陳述 (rede) は,1名の弾劾人及び1名の被告人を対象とするものである。1名を超える弾劾人又は1名を超える被告人 (antwurter) が訴訟関係人となるときは,当該語を,複数人を示すようにしかるべく用いるべきことに特に留意しなければならない[*1]。

　1　本条の趣旨は判然としない。多くのコンメンタールも,本条の趣旨に特に言及していない。ただし,Clasen, art. 95 は,判決は,複数の弾劾人,複数の被告人及び複数の弁護人がいる場合は,複数形で述べられなければならないと註解し,「皇帝が本条において定める書記に対する訓示は,あ

まり留意するには値しない」が，現実には，このような訓示を必要とする書記が存在する，と述べている。

裁判官はいつ杖を折ることができるか

第96条　　同じく，被告人が最終的に刑事罰の判決を受けるときは，裁判官は，慣例の場所において〔裁判〕杖を折り[*1]，憐れむべき者（der arme）を刑吏の手に委ね，言い渡されたる判決を宣誓の上忠実に執行すべきことを命じなければならない[*2*3]。しかる後，裁判所から退席し[*4]，刑吏が言い渡された判決を適切なる注意を以て確実に執行しうるよう配慮しなければならない。

1　Kress, art. 96 によれば，杖は裁判の象徴であり，杖を折ることは裁判の終結を意味した。Clasen, art. 96〔p. 364〕は，杖を折ることは，折られた杖がうち捨てられるように被告人が生命を失うことを示すものであるが，その起源は不詳であるとする。

2　死刑執行の公開　　Clasen, art. 79, (5)は，君主が重大かつ特殊なる理由に基づき非公開を認めた場合を除いて，刑の執行は公開されるが，その意義は，被告人に対して不正が行われたのではないかという疑念を民衆が抱くことを防ぎ，かつ，犯人の犯罪的意図が打ち砕かれることを公に示すためであると注解する。

3　Clasen, art. 96〔p. 365〕は，①上訴が認められないため，判決は直ちに執行される，②被告人が，君主又は都市の安寧に関わる情報を告白したいと述べることがあるが，死刑を免れるためであり，執行を遅らせてはならない，③被告人が死亡又は自殺したときは，死により犯罪が消滅するのであるから，死体に損傷を加えてはならない，と註解する。Clarus, q. 51, versi. Sed hic は，死により犯罪が消滅するというのが法であるが，実務は反対であり，クラールス自身自殺死体に対する絞首刑の執行を目撃したことがあるという。

4　Dülmen, S. 61 によれば，裁判所構成員は退出し，刑吏の晩餐に対応する会食を行い，これが平和回復の証とされた。

刑吏の平和を宣告すること

第 97 条　同じく，裁判官が最終判決の後に杖を折るとき，しかしてさらに，刑吏が憐れむべき者を刑場に引致するとき，裁判官は，公然と〔自ら〕宣言し又は〔他の者に〕告知させる方法を以て，〔民衆が〕刑吏に妨害を加え，又は，刑の執行を誤る刑吏に暴力を加えることを，官憲の名において身体及び財産に対する制裁の下に禁じなければならない[*1*2]。

1　Böhmer, art. 97, §1 は，偶然又は過失により死刑執行に失敗した刑吏を石や刀剣を帯びた民衆が襲うという「弊風 (pessima consuetudo)」が確認されるという。Dülmen, S. 158 によれば，衆人環視の中で一太刀で斬首することは緊張を要する業であり，斬首の失敗により判決が予定しない残虐な死刑執行となったことに憤激した民衆が刑吏を襲撃し，応戦する刑吏を殺害することも起こった。

2　Clasen, art. 97 〔p. 367〕は，①死刑執行は職務執行であり，死刑囚に対し罪を犯すことにはならない，したがって，刑吏が死刑囚に赦しを乞う慣習は容認しえない，②判決は死刑を命じており，執行を誤った場合においても死刑囚が生きている限り判決は執行されなければならない，刑吏が斬首又は絞首に失敗した場合，死刑囚は既に罰を受けたものとして放免されるべきではない，と註解する。

上記①に関連し，Dülmen, S. 97 は，自己の安危にもつながる平穏な死刑執行のため，刑吏は死刑囚に対し食事等の優遇を与え，死刑囚の赦しを乞う等，死刑囚を慎重に取り扱ったことを指摘している。上記②は，刑を執行すること自体に贖罪儀式としての意味があり，結果の発生は神の手に委ねられ，刑罰の内容として必ずしも不可欠ではない，というゲルマン法における偶然刑（192 条註 2 参照）の観念を否定するものである。

執行後の問答

第 98 条　同じく，刑吏が，刑の執行が適式であったか否かを問うときは，裁判官はこれに対し，「概ね汝は判決と法の命じるところに従って執行せり。よって可とする」，と答えなければならない[*1]。

1 Clasen, art. 98 は，本条の問答は通例行われていないが，皇帝は裁判の尊厳について変更を加えることを欲しなかったのである，と註解する。

被告人が判決により無罪を言い渡されるとき

第99条 同じく，被告人が判決により無罪（ledig）を言い渡されるときは，無罪判決の判示するところが，しかるべく遵守されなければならない[*1*2*3]。ただし，損害賠償につき，無罪を言い渡された者が原告となって訴えを提起するときは，当事者は，上〔＝12条〕に定める裁判所において最終民事訴訟（entliches burgliches rechten）[*4] に付されなければならない[*5*6]。

1 テキストは，"Item würd aber der beklagt mit vrtheyl vnd recht ledig erkent, *mit was maß das geschehe vnd die vrtheyl anzeygen würd, dem solt wie sich gebürt auch gefolgt vnd nachgegangen werden*" である（"*die vrtheyl*"の冠詞は誤りであろう）。

イタリック部分を，① Gobler, art. 99 は，"quo pacto aut modo id fiat, sententia'que docuerit, idipsum ita ut par est expediatur"（「それが行われ，かつ判決が示す態様，内容の如何に従い，判決はしかるべく行われなければならない」）と羅訳するが，② Langbein, art. 98 は，"to the extent that that happens and the judgement is declared, it shall be suitably followed and complied with"と直訳する。上のテキスト全体を，③ Vogel, art. 99 は，"au cas que l'accusé fut reconnu absolus par le jugement rendu 〔,〕 de quelque maniere que cela arrivât, on executera de méme ledit jugement comme il convient"（「被告人が判決によって無罪とされるときは，それがどのようになされるにせよ，判決はしかるべく行われなければならない」）と仏訳する（亀甲括弧内―引用者）。④堉99条は，「被告人が，判決と法とをもって，無責と認められるるときは，如何様に，それが行われ，また，判決が示めさるるとも，しかるべきごとくに，この後，彼は遇せられるべし」である。⑤ Clasen, art. 99〔p. 369〕は，"ut per sententiam absolvatur, tum eo modo, qui in ea descriptus est, procedi debet, quoniam sententiae non uniformiter concipiuntur"，（「判決により放免されるときは，無罪判決の内容は斉一ではないが，判決の内容に応じ手続が行わ

れなければならない」）と註解する。

　上の条文訳は，これらの訳，註解を参照し，*"mit was maß das geschehe vnd die vrtheyl anzeygen würd"* の *"das geschehe"* が「無罪判決の言渡し」を意味し，イタリック部分は全体として「無罪判決が判示する内容に従い行われなければならない」という趣旨に解するものである。

　2　無罪判決の内容　　(1)　① Böhmer, art. 99, §1 は，*"mit was maß das geschehe"*（「それが行われる異なる態様」）という文言（前註参照）は「全ての無罪判決が同じ性質のものではないことを示している。終局的な無罪判決と仮放免判決とがあるのである」，と註解する。② Kress, art. 99, §1〔p. 257 et seq.〕は，「被告人が無罪判決を受ける場合は，判決において，被告人は完全に無罪とされている（plane absolvitur）か，裁量刑又は費用賠償が科されているか，専ら審級から放免されている（absolvitur ab instantia）にとどまるか，が検討されなければならない」と註解し，放免判決の場合は，「強い嫌疑があるが全てを断固として否認する被告人に対し複数の徴憑がいずれ発見されるという期待があるときは，調書は後の使用に備え適切に保管されなければならない」という文言が付加されることがあるとする（なお，「裁量刑又は費用賠償が科される」というのは，本来「無罪判決」の場合ではないが，正規刑については無罪であるが裁量刑が科される，又は，無罪であるが費用の負担が命ぜられるという趣旨であろう。無罪の被告人が費用負担を課される場合について，201 条参照）。また，③ Clasen, art. 99〔p. 369〕は，既に引用したように，「被告人が弾劾に対し無罪を証明し，判決により放免されるときは，無罪判決の内容は斉一ではないが，判決の内容に応じ手続が行われなければならない」と註解する。これらの見解は，カロリーナにおける無罪判決には，確定無罪判決と仮放免判決の 2 種類があるという解釈を示している。

　(2)　これに対し，Holtappels, S. 59 は，99 条が多様な無罪判決がありうる規定振りとなっているのは，弾劾人が被告人に対して負うべき賠償額も無罪判決の中で言い渡されるためである，と解している。本条後段は損害賠償請求訴訟を予定しているから，ホルタッペルスは，無罪判決中で直ちに，負担すべき訴訟費用額が示される場合を予定していると解する余地のある 201 条のような場合を念頭においているのであろう。

3 仮放免 (1) 前註に引いたベーマー，クレス，クラーセンは本条を仮放免に関する規定と解しているが，他方，この点について否定的な文献もある。Brunnemann, cap. 9, n. 1〔上口訳250頁〕は，「今日の我々の慣習によれば，無罪を証明しない限り，被告人が訴追から終局的に放免されることはない」と述べており，仮放免制度の根拠をカロリーナではなく慣習法に求めている（以下の(3)参照）。また，Carpzov, q. 125, n. 10は，仮放免を否定するが，仮放免制度とカロリーナとの関係について特に言及しておらず，カロリーナにおいて仮放免は規定されていないと解していたものと考えられる（なお，カルプツォフが，仮放免を否定することに代えて無罪判決の既判力を制限したことについては，58条註5参照）。

現代においては，v. Hippel, S. 230; Schmidt, *Einführung*, S. 178; Schoetensack, S. 86 f.; Allmann, S. 34; Holtappels, S. 59; Heitsch, S. 12 f. が，カロリーナは仮放免を認めていないという立場を，Schmoeckel, S. 376 f. は，カロリーナは仮放免を認めているという立場をとる。Schoetensack, S. 86は，190条から201条に判決作成に関する詳細な規定があるにもかかわらず仮放免に関する明文がないことを理由に，カロリーナは仮放免を定めていないとする（否定説をとるホルタッペルスの見解については前註参照）。これに対し，Schmoeckel, S. 377は，"mit was maß das geschehe"の"maß"は無罪判決の中には異なる法律効果が含まれうることを示しており，"quo pacto aut modo id fiat, sententia'que docuerit, idipsum ita ut par est expediatur"というGobler, art. 99の羅訳がこれを裏づけているとする。

(2) Clarus, q. 57, versi. Sed hic quaero は，16世紀のミラノ公国における慣習法として，「罪を犯していないという理由で無罪とされる場合は，無条件かつ確定的な無罪判決がなされ，罪を犯したことが証明されていないという理由で無罪とされる場合は，『事情変更のない限り（rebus stantibus, prout stant）』という文言が付される。後者の場合において，新たな徴憑が現れるときは常に手続が行われるが，無条件の無罪の場合は，もはや手続を行うことはできない」と述べている。

仮放免は，ブルネマンによってイタリア法学から導入されたといわれる（Holstappels, S. 53 f.; Schmoeckel, S. 376; H. Holzhauer, *"Instanzentbindung"*,

HRG, Bd. 2, Sp. 389）。しかし，ブルネマンの著作にほぼ50年先立つ16世紀末，Zanger, cap. 5, n. 2, 11 が，バルトロス，アレティヌス，メノキウス，ファリナキウス等によるイタリア法文献を引いて，「拷問において犯行を否認した被告人の場合は，終局的に放免されるのではなく，徴憑に関し放免され，不復讐宣誓を行った上拘禁から放免されなければならない」，「新たな徴憑が現れた場合は，裁判官の手は縛られておらず，同一人に対し新たな糺問を行うことを妨げられない」として，明確に仮放免について言及している。いずれにしても，仮放免が学説によって導入されたのであれば，カロリーナは仮放免を知らなかったことになろう。

(3)　Clasen, art. 99 〔p. 369〕は，仮放免の政策的根拠を，「記録に照らし，被告人が明らかに無実であることが判明せず，せいぜい自白せずかつ有罪を証明されていないというにとどまるときは，法律上は終局的に無罪とされるべきであるが，国家的利益のために仮放免とされるべきである」と説明する。

v. Hippel, S. 230 は，仮放免は嫌疑刑（22条註7参照）にするほどの嫌疑はないが，無罪の確証がない場合に言い渡されたとする。

4　「最終」の意義が判然としない。Gobler, art. 99 は，"partes quidem *ciuiliter*, qeumadmodum suprà indicauimus, *prosequi tenentur*"（「上に定めるように，両当事者は民事訴訟を行わなければならない」）としており，「最終」を特に訳出していない。Clasen, art. 99 〔p. 370〕も，無罪とされた被告人は，無罪を言い渡した裁判所又は弾劾人の正規の裁判所の許で"civilis actio"（「民事訴訟」）を提起することができると註解し，「最終」について言及していない。

5　弾劾人に対する損害賠償請求　Clasen, art. 99 〔p. 370〕は，無罪判決を受けた被告人は弾劾人に対し損害賠償を請求しうるのが原則であるとするが，61条に現れる，「行為によって嫌疑を招き，弾劾の契機を作出したことは自己の責任である。何びとも罪を犯さないことだけではなく，犯罪の嫌疑を受けないように振る舞うべきだからである」という考え方に言及し，弾劾人が弾劾を行う正当かつ確実なる根拠を有した場合は，弾劾人が犯行の証明に失敗した場合においても，費用及び不法行為（injuria）に対する賠償を

請求することができないとする。なお，201条註2参照。

6　職権による弾劾訴訟の場合の損害賠償責任　　201条は，職権による弾劾訴訟から派生する民事訴訟の管轄について，「職権により弾劾を行った裁判所の最寄りの正規の上級裁判所」を管轄裁判所と定める。Clasen, art. 201, (4)はこの条文の趣旨を，「下級裁判官に費用償還及び損害賠償を強制するため，上級裁判官の助けが必要になる」からであると注解する。したがって，少なくとも職権による弾劾訴訟の場合は，刑事裁判所が費用及び損害について民事責任を負うことになる。201条註5参照。

裁判所において行われる無用，無益，欺罔的なる尋問について

第100条　　同じく，従来若干の刑事裁判所において，真実の解明又は正義〔の実現〕に無用[*a]，かつ，専ら訴訟を遅延又は妨害し，人々を欺く（gefern）多くの過剰なる尋問及び申立て（andigung）の行われていることは，朕の知れるところである。ゆえに，朕はかかる及びその他の不当なる濫用が本令を以て根絶されることを欲する[*1]。官憲においてこれに違背する行為のあることを了知し，これに対し判決をなすべきときは，厳しくこれを禁じ罰しなければならない[*b]。

1　Clasen, art. 100, I は，①真実発見に益するところがなく，②裁判手続及び事実認定を妨げ，③裁判官の精神を混乱，困惑させる尋問，不服申立ては許されない，と註解する。これによれば，専ら当事者による無意味な「尋問及び申立て」が本条の対象となるようである。しかし，Kress, art. 100〔p. 261〕は，本条の対象を「裁判官及び参審人と同様，同じく当事者，代弁人及びその他すべての者による対論という空疎なる装飾（inanis seromo-cinationum, tam judicum & scabinorum, quam partium, procuratorum & omnium...apparatus）」と解し，Remus, cap. 100 は，「向後裁判官によってかかる尋問が行われたことを上級官憲が知れるときは，罪を犯した者をその罪を理由に処罰しなければならない」と註解し，本条は裁判官による不適切な尋問をも対象とする規定であると解している。

職権に基づき科される死刑又は永久拘禁に至らざる刑罰について

第101条　同じく，公的犯罪[*1]を理由に職権に基づき科される，死刑又は永久拘禁[*2]に至らざる身体刑が裁判官により言い渡されうるときは，その判決の形式は，以下の「同じく，ある者が，（朕の本令に従い行われたる）云々」を以て始まる196条に定めるところによる[*a*3]。

1　公的犯罪　Matthaeus, tom. 1, prolegomena, cap. 4, n. 7; Clasen, prolegomena, cap. III〔p. 6 et seq.〕によれば，ローマ法上，公的犯罪（offentliche thatt）は公衆訴追が可能な犯罪，私的犯罪は被害者訴追のみが可能な犯罪をいう。

クラーセンは公的犯罪について以下のように註解する。①人民中何びとも，公益のため弾劾することが可能である。②弾劾対象が公益を害する犯罪であること。この意味では，反逆罪のみならず強盗も公的犯罪である。③刑事訴訟に関する法律に明文のある犯罪であること。したがって，墳墓発掘，境界移動の罪は公衆訴追が可能であるが公的犯罪ではない。他方，姦通罪は刑事訴訟に関する法律に定めがある点で公的犯罪であるが，公衆訴追は認められない。

しかし，以下のような学説彙纂の法文に従うならば，公衆訴追の可否は公的犯罪に不可欠なメルクマールではない。D. 48, 1, 1 は，「犯罪に関する全ての裁判が公的ともなるのではない。反逆に関するユリウス法，姦通に関するユリウス法，暗殺及び毒殺に関するコルネリウス法，親族殺に関するポンペイウス法，公金横領に関するユリウス法，遺言に関するコルネリウス法，私的暴力に関するユリウス法，公的暴力に関するユリウス法，選挙買収に関するユリウス法，職権濫用に関するユリウス法，穀物価格に関するユリウス法のごとき刑事訴訟に関する法律に由来する犯罪が公的犯罪となる（Non omnia iudicia, in quibus crimen vertitur, et publica sunt, sed ea tantum, quae ex legibus iudiciorum publicorum veniunt, ut Iulia maiestatis, Iulia de adulteriis, Cornelia de sicariis et veneficis, Pompeia parricidii, Iulia peculatus, Cornelia de testamentis, Iulia de vi privata, Iulia de vi publica, Iulia ambitus, Iulia repetundarum,

Iulia de annona)」と定める。

本条が「公的犯罪」という概念を使用する趣旨について，いずれのコンメンタールにも言及がない。この概念を用いる理由が判然としない。

2 「永久拘禁」 10条註2において述べたように，本条が参照を求める196条にいう「拘禁」（ただし，この術語は，196条の見出しに現れるが本文には現れない）は，虞犯性のある被告人に対し保証提供までの間身柄を拘束する保安拘禁であるか，刑罰であるかについては議論がある。

Güterbock, S. 226 は，10条の場合と同じく，本条が「永久拘禁」とするのは妥当ではなく，176条，195条の場合と同じく，保安拘禁としての「拘禁」でなければならないとする。これに対し，Clasen, art. 101, II は，ローマ法上拘禁は刑罰ではなかったが，釈放なしの永久拘禁は死刑に等置される刑罰であり，本条は刑罰としての永久拘禁を定めていると註解する。Böhmer, art. 101, § 1 もまた，クラーセンと同様の解釈に立ち，「ローマ法の原理に基づきグロティウスが否定した〔刑罰としての〕永久拘禁刑がゲルマン法の原理に適合することはここから理解される」と註解する。なお，10条註1参照。

3 刑の併科 Böhmer, art. 101, § 1 は，「本条は，他の条文の参照を求める条文（articulus relativus）規定であり，新しい何ごとも含まない」と註解するが，Clasen, art. 101, III; Blumblacher, art. 101 は本条に関して刑の併科を論じている。すなわち，Clasen, art. 101, III〔p. 373 et seq.〕は，普通法上，「個々の犯罪から別個独立の結果が生ずるときは，犯罪の個数に応じて刑は複数となる」。しかし，①死刑と身体刑が競合するときは，「重い刑が軽い刑を吸収し」，死刑のみが科される。②身体刑が競合するときは，その1個のみが科され，断手刑と笞刑の場合ならばその一方のみが科される，と註解する。

有罪判決後の悔悛及び訓戒

第102条 同じく，憐れむべき者が死刑の有罪判決を受けるときは，再度悔悛する*[a]ことを許され*[1]，また，刑場への引致又は曳摺り（außschleyffen）*[2]に際し，少なくとも1名ないし2名の司祭が付き添い，神への愛，正

しき信仰，並びに神及び我等が救世主キリストの功徳への信仰を説き，その罪を悔い改めるべく訓戒することが許されなければならない。裁判所に拘引し刑場に引致するに際し，常に十字架を先導させることができる。

1　グリム・ドイツ語辞典によれば，"beichten"の語義は"confiteri"である。官憲に対し自白することも，司祭に対し悔悛することも"confiteri"となる。官憲に自白した被告人が司祭に対し行う悔悛は「再度の悔悛」に当たるという趣旨であろう。

2　死刑の加重方法である。194条参照。

聴罪師は憐れむべき者に対し，自白に係る事実を否認するよう促してはならない

第103条　同じく，犯人の聴罪師は，犯人が自己又は他人に関し正しく自白せる事実を改めて否認することを促してはならない[*1]。「同じく，犯行に際し云々」を以て始まる31条に定めるごとく，何びとも，虚偽を以て犯人とその悪行を隠蔽し公共の利益及び善意の者等に不利益をもたらし，悪行を増長させてはならないからである[*2]。

1　Clasen, art. 103, I は，箴言第24章第11節（「なんぢ死地に曳かれゆく者を拯へ滅亡によろめきゆく者をすくわざる勿れ」）を根拠に，自白した罪を否認するよう勧奨することが慈悲であると考え，これを行う聴罪師がいるという。

2　Clasen, art. 103, III は，善良なる者が安全に生活するためには犯罪者が処罰されることが重要であり，犯人を許すことはさらなる罪を唆すことであり，「安易なる宥恕は犯罪の勧奨（facilitas veniae est incentivum delinquendi）」といわれる所以である，と註解する。

刑事裁判令　第102-104条　　*273*

犯行はいかにして刑事罰を以て処罰されるべきかについての序文

第104条　　同じく，何びとかが朕の成文普通法に照らし死刑相当の犯罪（verhandlung）を行うときは，良き慣習に従い，又は，〔良き慣習の欠けるときは〕[*1]犯行の状況及び重大性（ergernuß）[*a]を考量しうる法に精通せる[*2]良き裁判官の裁量（ordnung）[*b]により，死刑の方式を定め[*3]有罪とされなければならない。また，朕の皇帝法が死刑を科すことを定めず又は許さざる事例（又は類似の事例）に対し，朕は朕及び帝国の本令において死刑を定めんとするものではない[*4]。しかしながら，若干の犯行について，刑罰を受ける者の死をもたらさざる身体刑を科すことは，諸法〔＝皇帝法〕の許容するところである。身体刑は，以下の場合に，死刑につき上に定めるごとく，各領邦（land）の良き慣習に従い，又は，〔良き慣習の欠けるときは〕法に精通せる良き裁判官の裁量により言い渡しかつ適用しうるものとする[*c]。すなわち，朕の皇帝法が，今日及び領邦の事情に適合せず，かつ，一部〔条文の〕文言に照らし適切に適用しえざる若干の刑事罰を定める場合[*5]，さらに，皇帝法が各刑事罰の態様及び程度を定めず，良き慣習又は法に精通せる良き裁判官の判断に委ねる場合においては，正義の尊重及び公益の配慮に基づき（auß lieb der gerechtigkeyt, vnd vmb gemeynes nutz willen）[*6]，犯行の状況及び重大性に応じ，身体刑を科しうるものとする[*d*7]。ただし，朕の皇帝法が生命，名誉，身体に対する刑事罰を定めず又は科さざる事件（又は類似の行為）について，裁判官及び判決人は，これに従うことなく人を死刑その他の刑事罰に処すべからざることに特に留意しなければならない[*8]。かかる諸法〔＝皇帝法〕を学ばざる裁判官及び判決人が，かかる刑罰を言い渡すことにより，上にいう諸法又は法に適う良き慣習に違背せざるよう[*9]，若干の刑事罰につき，上にいう諸法が良き慣習及び理性に従いいかなる場合にいかなる方法により行われるべきかを，以下に定めるものとする[*e]。

1　「良き慣習に従い，又は，犯行の状況及び重大性を考量しうる法に精通せる良き裁判官の裁量により」という規定振りでは，慣習と裁判官の裁量

の優先関係が判然としない。Kress, art. 104, §2は，「地方の特別法及び慣習に従い，又は，これらが欠けるときは良き賢明なる裁判官の定めるところに従い（vel secundum leges speciales & constitudinem loci, vel *his deficientibus*, secundum praescriptum judicis boni prudentisque)）」と註解する。以下にも「各領邦（land）の良き慣習に従い，又は，法に精通せる良き裁判官の裁量により」という文言が見えるが，同様に解すべきであろう。

したがって本条によれば，犯罪と刑罰はローマ法（「成文普通法」），ドイツ法（「良き慣習」）及び衡平（「理性」）に従うべきことになる（Clasen, art. 104 § IV; v. Hippel, S. 177)。

2 「法に精通せる裁判官」について言及があるのは本条のみであるが，この規定と，必ずしも裁判官職について法律的素養を要求していない1条，「諸法を学ばざる裁判官」に言及する本条末尾との関係が判然としない。

3 量刑としての死刑執行の形式 Schroeder, *Die peinliche Gerichtsordnung,* S. 324 は，カロリーナにおいて多くの犯罪の法定刑が死刑であったため，個々の犯行に対する具体的な可罰的評価は死刑執行方法の違いとして表現されたとする（192条は7種の死刑を定める）。

4 死刑の制限 死刑の適用を皇帝法が認める場合に限るこの規定は，死刑適用の統一的基準を定め（Schmidt, *Einführung*, S. 115），死刑の過剰な適用を制限するものである（Kleinheyer, *Tradition und Reform*, S. 25)。ただし，121条は，ローマ法上死刑を科されていなかった重婚に死刑を科し（121条註3参照），126条も同じく，街道強盗以外の強盗にも死刑を科している（126条註2参照）。

なお，Clasen, art. 104, II は，ローマ法上窃盗に対する刑罰が2倍又は4倍額の賠償であったことを理由に，窃盗に死刑を科すカロリーナ160条及び162条は疑問であるとする見解に言及し，フリートリヒ1世皇帝の勅令が既に5ソリドス以上の窃盗に絞首刑を定めており，カロリーナの上記条文はこの勅令を確認したものにとどまると註解する。これに対し，Kress, art. 104, §3は，フリートリヒ1世の勅令は強盗に関する規定であると反論し，むしろ，窃盗に対する絞首刑を定めるザクセンシュピーゲル・ラント法2・13・1が「我が国共通の古法（jura patria communia antiqua)」として窃盗に対

する絞首刑の根拠となると述べている。

5　刑罰法規の改廃　刑事罰を定めるローマ法の規定が，カロリーナ制定時の時代的及び地域的な実情に適合しない状態が生じていることを前提とする規定である。Clasen, art. 104, IV は，「皇帝法に定める刑罰が，時代的及び地域的理由により行われなくなり，又は，法の規定の内容及び趣旨に照らしもはや適用することができなくなったため，それに変わる他の刑罰を科すべき場合」と註解する。たとえば，クラーセンは，もはや用いられていない刑罰として，闘獣刑（condemnatio ad bestias），鉱山労働刑（metallum），法外放置（interdictio aquae & ignis〔＝水と火の禁止〕），流刑（deportatio）を挙げる。

6　「正義の尊重及び公益の配慮」　この高度に抽象的な理念ないし原則に言及する唯一の条文である。

Schroeder, *Die peinliche Gerichtsordnung*, S. 326 は，本条以下の刑罰規定に対する導入規定としての本条に現れた「正義の尊重及び公益の配慮」への言及を，刑罰目的を応報としての正義の実現及び犯罪の防止におく結合説（Vereinigunstheorie）を先取りするものと位置づける。Langbein, *Die Carolina*, S. 247 f. は，この原則を犯罪処罰に対する公共の利益とそれに起因する弊害からの個人の保護とのバランスを図る規定であると解している。

これに対し，米山 165 頁は，「多くの地においてしばしば法及び良き理性に反し訴訟手続が行われ，無辜が拷問され，死刑に処せられ，あるいは，有責の者が違法，不正かつ長期の訴訟手続により猶予され，先送りされかつ処罰を免れ，刑事弾劾人及び公共の利益に多大なる害をもたらしている」という序文に現れたカロリーナの立法目的に関係づけ，横行する恣意からの個人の保護と刑事司法の弛緩の是正とを意図するカロリーナの基本原則であるとする。

7　裁量刑　(1)　本条は，死刑については明文を要求するが，①皇帝法の定める刑事罰が時代と領邦の実情に適合しない場合，②刑事罰の内容が法定されず，刑事罰が慣習又は裁判官の裁量に委ねられている場合について，裁量による身体刑を許容する。

(2)　Clasen, art. 104, I〔p. 380〕は，裁判官の裁量が問題となる場合とし

て，①「犯罪は個々の事情に応じて異なるものであるが，法律によってこれを個々に定めることはできない。それゆえ，裁判官の裁量によって，法定の刑罰を厳格に適用しうるか適用すべきか，あるいは，犯人に対し，法定刑を減軽しうるか減軽すべきかを判断することが許されている。かかる場合であっても，刑罰の決定は法律の権限に留保されているのである」とされる場合と，②「非正規に（extra ordinem）処罰される若干の犯罪があり，法律はある種の犯罪について処罰を裁判官の裁量に委ねている。この場合は，犯罪の諸事情を正しく考量し，しかし諸法に定める限界を超えることなく，軽く又は重く処罰することができる」とされる場合とを挙げる（「諸法に定める限界」というのは，Carpzov, q. 133, n.5 が「裁判官は法律又は人により（à lege aut homine）付与された裁量権を法及び衡平の限界及び基準に従い行使しなければならない」という場合の「法及び衡平の限界及び基準」と同様の抽象的な原理・原則を指すものと解される）。①は，法定刑の枠内での宣告刑の選択に該当する。②は，刑種及び刑量の選択が裁判官に委ねられている点で，本来の裁量刑となろう。

　裁量刑については，22 条註 8 参照。

　8　Kress, art. 104, §5 は，「朕の皇帝法が生命，名誉，身体に対する刑事罰を定めず又は科さざる事件（又は類似の行為）」の例として，「事件の状況及び法有識者の鑑定に従い処罰されなければならない」と定め刑種を定めない，遺棄に関する 132 条前段，医療上の過失に関する 134 条前段，家畜による加害に関する 136 条を挙げるが，「又は類似の行為」については具体例が不明であるとしている。

　この規定に当たる場合は，罰金，追放，拘禁等の民事罰を適用することになろう。

　9　Clasen, art. 104, VI は，法律的素養のない裁判官が科刑に際し法にも良き慣習にも反することがあることを指摘する。

明文を欠く刑事事件及び刑事罰

　第 105 条　同じく，さらに，以下の条文において刑事罰の定めのない刑事事件若しくは弾劾〔に係る事件〕，又は，以下の条文において刑事罰が十

分に明確ならざる若しくは理解困難なる刑事事件若しくは弾劾〔に係る事件〕においては*a，裁判官及び判決人は（判決を行うべき場合において*b），かかる稀有又は理解困難なる事件*c について，いかにして朕の皇帝法及び朕の本裁判令に従い最も適切に審理され判決されるべきかについて鑑定を求め，鑑定に従い判決を行うべきことに留意しなければならない*1*2。なぜならば，朕の本裁判令において，全ての稀有なる〔事件に対する〕判決及び刑罰を想定し定めることはなしえざるところだからである*3。

   1　本条は犯罪処罰についてローマ法が補充的法源であることを宣言する規定である（Radburuch/Kaufmann, S. 140）。

   2　**類推処罰**　(1)　本条の見出しは明文のない犯罪及び刑罰に関する規定となっているが，「以下の条文において刑事罰の定めのない刑事事件若しくは弾劾〔に係る事件〕」という文言が犯罪それ自体の類推処罰を許容する趣旨であるか否か明確ではない。

   しかし，① Kress, art. 105〔p. 271〕は，「カロリーナにおいて犯罪が明文を以て定められていないとき，又は，犯罪に対する刑罰が十分に明確に定められていないときは，裁判官は，本刑事裁判令及びローマ法の類推（analogia）に基づいて適切になされるべき，恣意的かつ曖昧ではない法有識者の鑑定に依らなければならない」と註解し，明文のない犯罪として「住居の平穏を害する罪」を挙げ，犯情に応じて身体刑又は名誉喪失刑を科しうるとする。② Böhmer, art. 105, §1 は，「カロリーナに犯罪の定めが全くない場合，又は刑罰が十分明確には定められていない場合は，裁判官は皇帝法に依拠するか本刑事裁判令の類推に依拠しなければならない」と註解し，臓物罪を共犯に関する 177 条の類推，横領罪，公金横領（crimen peculatus）等を窃盗罪の類推を以て処罰する例を挙げる。③本条訳注 a に引用した，Vogel, art. 105 の仏訳も，明文で犯罪とされていない行為を裁量刑を以て処罰することを認める趣旨に解される。また，④ Schmidt, *Die Carolina*, S. 70; v. Hippel, S. 177; Langbein, p. 173 は，105 条は刑罰法規の類推適用を許容し，罪刑法定主義を採用しない趣旨の規定である，と解している。

   これに対し，① Clasen, art. 105, I〔p. 384〕は，「犯罪を加重し又は減軽し

うる事情は無数であるため，公的犯罪は裁量的に処罰されるようになった。ゆえに，裁判官は，法有識者の鑑定を尊重し執行する義務を負う。裁判官が恩赦権（jus aggratiandi）を有する場合を除いて，かかる鑑定に従うべきものである」と註解し，裁量刑について言及するが，犯罪の類推処罰には言及していない。②Zwengel, S. 92 は，刑罰についてのみ類推適用を認める規定であるとする。

　(2)　ローマ法上，法規に明文のない欺罔による犯罪に非正規刑を科す欺罔罪（stellionatus）という包括的な犯罪類型が存在した。D. 47, 20, 3, 1 は，「他の犯罪として訴追しえざるときは，偽罔を手段として罪を犯した者を欺罔罪として訴追しうることを知るべきである。民事訴訟において詐欺の訴えとなるものは，刑事においては欺罔罪としての訴追となるからである。欺罔行為が罪名を欠くときは，常に欺罔罪と呼ばれる。特に，他の者に担保として供されている物をその事実を秘匿し，欺罔を用いて第三者に売却，交換し又は弁済に充当したときは，欺罔罪となる。これらの事例はすべて欺罔行為を含むからである。…同じく，ある者が詐術を行った場合，他人の不利益となるような通謀を行った場合においても，欺罔罪として訴追することができる（Stellionatum autem obici posse his, qui dolo quid fecerunt, sciendum est, scilicet si aliud crimen non sit quod obiciatur: quod enim in privatis iudiciis est de dolo actio, hoc in criminibus stellionatus persecutio. Ubicumque igitur titulus criminis deficit, illic stellionatus obiciemus. Maxime autem in his locum habet: si quis forte rem alii obligatam dissimulata obligatione per calliditatem alii distraxerit vel permutaverit vel in solutum dederit: nam hae omnes species stellionatum continent…Item si quis imposturam fecerit vel collusionem in necem alterius, stellionatus poterit postulari）」と定める。Berger, p. 715 によれば，欺罔罪は主として取引上の犯罪を意味した。

　Carpzov, q. 133, n. 1 et seqq. は，「裁判官は判決を下すに当たり正規刑を遵守しなければならず，自己の裁量により理由なくこれを変更してはならない。しかし，正規刑が欠ける場合は，非正規刑又は裁量刑によらなければならない。正規刑が欠ける場合として，しばしば見られるところであるが，法律が刑を指示することなく刑の決定を裁判官の裁量に委ねる場合のほか，行

われた犯罪が特定の名称を有せず，かつ，法律又は領邦法に明示的に規定が
ない場合がある」とした上で，欺罔罪について，「全ての犯罪について個々
の態様を列挙し，刑罰を明示することは不可能である。しかし，具体的に挙
示されなかった罪は，そのことを以て処罰を免れることがあってはならな
い。それゆえに，この種の犯罪は『欺罔罪』という一般名称によって表示さ
れるのである。すなわち，罪名がない場合においては，常に欺罔罪としての
訴追が行われる。かかる訴追は，法律に基づく処罰ではなく，非正規の懲罰
（coercitio extraordinaria）を目的とするものであり，裁量刑による被告人の処
罰を要求する」と述べる。カルプツォフの行論は，欺罔罪の概念を拡張し非
類型的犯罪一般の類推処罰が可能であるとするものであり，ローマ法とは異
なる欺罔罪概念を主張するものであろう。

　(3)　Schaffstein, S. 37 は，「かかる稀有又は理解困難なる事件について，
いかにして朕の皇帝法及び朕の本裁判令に従い最も適切に審理され判決され
るべきかについて鑑定を求め，鑑定に従い判決を行うべきことに留意しなけ
ればならない」という本条の規定に注目し，「多くの地においてしばしば法
及び良き理性に反し訴訟手続が行われ，無辜が拷問され，死刑に処せられ
（る）」（序文）という恣意的な刑事司法を改革することがカロリーナ制定の
出発点であったことを考慮するならば，本条には恣意的刑事司法を変革する
意義が認められるとする。確かに，非類型的な犯罪の処罰に当たり法有識者
の鑑定による判決を義務づける点において，恣意的な刑事司法を是正する意
義が認められよう。したがって，本条は，類推処罰の必要性を肯定しつつ，
法有識者による鑑定という枠付けを設けたものと見ることができる。

瀆神はいかに処罰されるべきか

　第 106 条　　同じく，ある者が，神に相応しからざることを神に帰し，
又は，神に属することを言葉を以て神から奪い，神の万能，神の聖母たる処
女マリアを冒瀆する[*a]ときは[*1]，官憲又は裁判官の職権により捕縛拘禁さ
れ[*2]，人物及び瀆神の状況及び態様に応じ，死刑又は身体刑を科されなけれ
ばならない。ただし，かかる瀆神者が拘禁されるときは，その事実は，朕の
普通皇帝法（gemeyne vnsere Keyserliche rechten）及び特に朕の帝国条令[*3]の

280

各則の内容によれば瀆神がいかに処罰されるべきかについて，裁判官及び判決人に〔教示するための〕手掛かりとなる諸事情に関する不可欠なる報告とともに[*b]，官憲に通告されなければならない[*4*5]。

1　瀆神　Clasen, art. 106, II, III によれば，瀆神には，①神は無知である，悪意がある，不正義である，不滅でない，無力であるなどと主張する直接的瀆神，②キリストの血，受難，聖痕にかけて誓いあるいは人を呪う間接的瀆神があり，通例，前者は斬首刑，後者は拘禁刑又は罰金刑を科される。

2　これは，瀆神罪の重大性に鑑み官憲による職権発動を特に促す趣旨であろう。

3　Schroeder, S. 169 によれば，「普通皇帝法」は 1495 年ウォルムス帝国議会において発せられた瀆神に関する法令，「帝国条令」は 1530 年帝国警察令を指す。

4　Clasen, art. 106, III (4)は，瀆神者が拘禁された場合，裁判官は自ら直ちに判決してはならず，官憲に事件を報告し，官憲が裁判官に対し判決を指示する，と註解する。

5　司教領に対する刑事裁判令であるバンベルゲンシス 130 条は，教会裁判官による流血刑を禁ずるカノン法に従い，教会裁判官によって異端信仰と認定された者は世俗裁判官に引き渡され焚刑を以て処罰されると規定する。これに対し，帝国法として新旧両派の領邦を対象とするカロリーナは異端信仰を犯罪とする規定をおいていない。しかし，犯罪類型の冒頭に瀆神，偽誓，魔術のような宗教犯罪が挙げられるのは，バンベルゲンシスがバンベルク司教領の刑事裁判令であったという事情を反映している（v. Hippel, S. 179）。

裁判官及び裁判所の面前において，指示される宣誓を行うことにより偽誓を犯す者に対する刑罰[*a]

第 107 条　同じく，裁判官又は裁判所の面前において，指示される宣誓[*1]を行い偽誓[*2]を犯す者は，その宣誓が偽誓を行う者の利益となる世俗的

財に関わる場合においては，何よりもまず，偽誓により得た財を能う限り被害者に返還する責めを負い，加えて，名誉を剥奪されなければならない[*3]。神聖帝国において，偽誓に用いられた2本の指を切断することが一般的慣習であり，朕はかかる一般的慣習となれる身体刑を廃止することを欲するものではない。ただし，ある者が，他者に刑事罰をもたらすために偽誓を行うときは，偽誓により他者にもたらさんとした刑罰〔と同じ刑罰〕を以て処罰されなければならない[*4]。知情の上故意及び偽計を以て偽誓者に偽誓を教唆した（anrichten）[*b]者も，同様の刑罰（peen）を受けるものとする。

1　反復すべく指示された宣誓文言を指す（v. Hippel, S. 180, Fn. 4）。

2　Clasen, art. 107, I (3)は，偽誓を「自己の利益を図り又は他者に害を加える目的から，証言において人を欺くため，真実及び自己の知識に反し，神の御名にかけてある事柄を肯定又は否定する虚偽の言辞」と定義し，「事実はそうではないと考えたため事実とは異なる宣誓供述をする者は，故意を欠き偽誓を犯すものではない」とする。偽誓は，「魂の危険と破滅をもたらす点で殺人よりも重大な犯罪」である（Clasen, art. 107, I〔p. 392〕）。

3　**民事事件における偽誓**　Clasen, art. 107, II (2)〔p. 394〕は，「その宣誓が，偽誓を行う者の利益となる世俗的財に関わる」場合の偽誓を民事事件における偽誓であるとして，①偽誓者が偽誓により利益を享受し，偽誓により不利益を受ける者に損害が生ずることがその要件である，②偽誓を自白するか，偽誓について有罪を証明された者は，利得した物の返還を強制され，また，「名誉喪失者となり，全ての公職と名誉を奪われる」と註解する。また名誉喪失者は証人適格を失う（Brunnemann, cap. 8, memb. 2, n. 21〔上口訳135頁〕）。

①に関連して，Clasen, art. 107, II (2)〔p. 396〕は，自己の利益を図り他人に損害を与えなかった事例として，姦通を弾劾された姻族をして罪を免れさせるため偽誓したことを自白した被告人の事例を挙げ，指の切断は行われず，拘禁刑が科されたとする（Kress, art. 107, §1も同趣旨を述べる）。

4　**刑事事件における偽誓**　Clasen, art. 107, II (2)〔p. 397〕は，誣告罪（68条）に関する，「往時，死刑事件の弾劾人の誣告が判明したときは同じく

死刑が科された。今日タリオ刑は廃止され，誣告する者すなわち虚偽の証言を行う者は裁判官の裁量によって処罰される。虚偽の証言を行う者には身体刑を科すことができるが，無辜の生命が害されたときは死刑を科すことができる」という註解の参照を求めている。Kress, art. 107, §2 も同様に，68 条註解の参照を求めている。いずれも，偽誓が招来した結果の如何を問うことなくタリオ刑を科す本条の文言を限定的に解するものである。

不復讐宣誓に違背する者に対する刑罰

第 108 条　　同じく，ある者が，朕の皇帝法及び本令によればいずれにせよ（on das）死刑を科されうる犯罪を実行し，不復讐宣誓[*1]（urphede）に違背するときは，当該死刑〔判決〕に服さなければならない[*a*2]。ある者が，死刑を科されざる犯罪〔を実行すること〕により，故意を以て恣に（freuenlich）[*3]不復讐宣誓に違背するときは[*b]，偽誓者として，前条に定めるごとく，手又は 2 本の指の切断を以て処罰されなければならない[*4]。ただし，さらなる犯行の虞があるときは，「同じく，ある者が，死刑を科されざる事件〔を犯すこと〕により云々」を以て始まる 176 条に定めるごとく処置されなければならない[*5]。

1　不復讐宣誓　　⑴　不復讐宣誓については，20 条註 4 参照。Clasen, art. 108〔p. 398〕によれば，本条にいう不復讐宣誓には，①拘禁又は拷問を受けた者が蒙った被害について裁判官又は裁判所属吏に対し復讐しないことを宣誓する場合と，②追放刑を受けた者が追放期間満了前に帰来しないことを宣誓する場合が含まれる。

⑵　追放は裁判権者の裁判権の及ぶ領域からの追放を意味するが（Clasen, art. 108〔p. 398〕），慣習によれば，ある領邦の都市又は管区（praefectura）から追放された者は当該領邦全体から追放されたものと看做される（Carpzov, q. 130, n. 26）。

追放を言い渡されたが，不復讐宣誓を行わず退去しない被告人は拘禁されるが，なお不復讐宣誓を行わないときは，裁判所属吏が領邦，都市又は裁判区の境界に被告人を引致し，刑吏が被告人に代わって不復讐宣誓を行う。こ

の不復讐宣誓は被告人自身の不復讐宣誓としての効力を有し，その違反には刑が科される（Clasen, art. 108〔p. 399〕）。不復讐宣誓違反を反復する被告人に対しては，初回の違反については笞刑の上再度の追放，2回の違反については指の切断の上再度の追放を科し，3回又は4回の違反については死刑が科される（Clasen, art. 108〔p. 401 et seq.〕）。

2　たとえば拷問を命じた裁判官，拷問吏を殺害した場合は，不復讐宣誓違反の罪を問うことなく，端的に殺人について死刑を科すという趣旨である。

3　「恣に」とは，「実力を以て独断で」復讐を遂げることを意味し，違法な拘禁を命じた裁判官又は拘禁の原因となる弾劾を行った者に対し訴訟を提起することはこれに当たらない（Clasen, art. 108〔p. 400〕）。

4　176条は，不復讐宣誓に違反したが死刑を科されない者に再犯の虞があるときは，担保が提供されるまでの期間その者を拘禁することを定める。

魔術に対する刑罰

第109条　　同じく，何びとかが，魔術（zauberey）[*1]により人々に害を加え又は不利益を与えるときは，死刑に処せられ，この刑罰は焚刑でなければならない。何びとかが魔術を用い，これにより害される者のないときは，事件の状況に応じ，他の刑罰が科されなければならない[*2*3]。この場合においては，鑑定依頼について以下〔=219条〕に定めるごとく，判決人は鑑定を用いなければならない。

1　**魔術と魔女行為**　　(1)　本条は，超自然的な力を用いて他人に害悪をもたらす，いわゆる加害魔術（Schadenzauberei）を定める。加害魔術の犯罪構成要件は，拷問実施の要件として罪体の確認を要求するカロリーナの原則（6条註6参照）を充足しうる犯罪構成要件である。これに対し，魔女行為（Hexerei）は，悪魔との契約，情交等を伴うキリスト教信仰の放棄としての宗教犯罪であり，加害行為を構成要件要素としない犯罪であるため，罪体の確認が困難な犯罪である。

(2)　Carpzov, q. 48 n. 3 et seqq. によれば，魔術師（magus）すなわち占い

師（soritilegus）ないし魔法使い（maleficus）はその生業（professio）に応じ，①呪文，特定の文字等を用いて何ごとかを行う呪術師（incantator, exorcista），②呪文を用い見る者を欺き，存在しない物を見させ存在する物を見させない奇術師（praestigiator），③日時を観察し，あるいは動物の内臓を検分し未来の禍福を予言する予言師（haruspex），④呪文あるいは悪魔から得た薬物を用いて人及び家畜に害を加える毒物使い（veneficus），⑤嵐や雷を惹き起こし人と家畜を破滅させようとし，熊手，棒，箒に乗って悪魔集会に参加し悪魔と交合する魔女（saga, lamia, striga）等に分類される。しかし，Carpzov, q. 48, n. 9は，各種の魔術に特定的かつ固定的な特徴を付与することは不可能であり，かつ，魔術の技法は相互に関連しあい，各種の魔術を定義しようとすることは無意味で成功する見込みのない営みであるが，いずれにせよすべての魔術は悪魔との契約と関係がある，と述べている。

(3)　Clasen, art. 109, I (3), (4)は，「あらゆる魔術は悪魔と魔術師との間の契約を基礎としており，悪魔の力を借りて魔術を行おうとするときは，明示的にせよ黙示的にせよ，契約に基づく助力を悪魔に乞わざるをえない」という魔術と悪魔との繋がりを前提として，魔術には，①悪魔と契約を結ぶだけではなく，人及び家畜に害悪を加えるものと，②悪魔と契約を結び交合し，悪魔の力を借りて財を取得しあるいは幻覚幻影を生じさせ喜悦するが，人等に害を加えないもの（水晶を透視し秘密や治療法を教示することもこの一種である）があると註解する。また，この契約には，①洗礼による神との契約を破棄し，全ての恩寵と救済を拒み，悪魔信仰を行うことを約する明示的契約と，②悪魔との明示的契約がないが，迷信的な慣習に執着し，理性に反しかつ賢明なる信仰ある者等によって悪と看做されている仕業に専念し，神を冒瀆する黙示的契約がある，とする。

(4)　Carpzov, q. 49は，「悪魔との契約」に基づく魔術に加害の有無を問わず焚刑を科す1572年選帝侯領ザクセンの勅法（n. 24）を背景として，カロリーナもまた「悪魔との契約」を魔術の本質と看做しており，「加害を伴わない場合について裁量刑を科すことを裁判官に許容するカロリーナの趣旨によれば，焚刑を悪魔との契約の場合にまで拡張することが可能である」と解した（n. 28）。これは，カルプツォフ自身が証明が困難なことを認める

「悪魔との契約」（n. 56）に基づき焚刑の範囲を拡大することを意味するが，カルプツォフは，罪体たる悪魔との契約・交合の事実が確認されていない場合においても，これを自白した被告人を有罪としてよいとする（n. 57）。

　Helbing/Bauer, S. 187 によれば，上記勅法は「悪魔との契約」に基づく魔術に加害の有無を問わず焚刑を科した最初の法令である。ザクセンに始まる魔術概念の「精神化」は後に帝室裁判所に採用されドイツ及びヨーロッパの共通意見となった（Rüping/Jerouschek, S. 57）。

　2　魔術及び魔女行為に対する刑罰　　　(1) Clasen, art. 109, I (5), II et seqq. によれば，①悪魔との契約を結ぶ者は，背教，偶像崇拝，瀆神その他の罪を犯すことになり，焚刑は相応しい刑罰である，②悪魔との明示的な契約を結ばないが悪魔と交合する者は，焚刑相当の獣姦より重大な罪として，焚刑を科される，③悪魔と明示的な契約を結ばず神の恩寵を放棄していないが，魔術によって人・家畜に害を加える者は斬首刑を科される，ただし家畜に対する加害の場合は窃盗の類推により，5ソリドスを超えるときは死刑，5ソリドス以下のときは笞刑である，④悪魔と契約を結ぶことなく占いを行う者は，人・家畜に害を加えたことがなく悪魔との交渉の虞のない場合は，斬首刑を科される，⑤魔術をかけられた人又は病の家畜を治癒する者が，悪魔を呼び出さなかったときは，笞刑の上永久追放を科される，⑥魔術師が，弾劾を受ける前に贖罪し又は拘禁された後罪を自白し，罪を犯したことを悔い，不正の契約を破棄するときは，刑を減軽し斬首とすることができる，⑦魔術師が，病気治療又は遺失物発見に助言するときは，拘禁刑又は罰金刑を科すことができる，⑧魔術師が，隣人を害する方法を教示する場合において，加害行為が行われなかったときはその害意を根拠に追放刑，人命が損なわれるときは斬首刑を科すことができる。

　クラーセンは，「あらゆる魔術は悪魔と魔術師との間の契約を基礎とする」と註解するが，魔術が魔女行為ともなるのは上記の①及び②の場合に限られるのであろう。

　3　魔女行為に対する訴訟手続　　　ジャン・ボダンの『魔術師の悪魔憑依について』（*De la démonomanie des sorciers*, 1580）が，「刑事事件，特に魔術事件においては弾劾による正規手続は遵守されるべきではない。可能なあらゆ

る手段を用いて真実を解明することが裁判官の責務だからである」と説くのに対し，Clasen, art. 52〔p. 229 et seq.〕は，「カロリーナの定めはそれとは異なる。ほぼ全ての法学者は，刑事事件，特に魔術事件においても民事事件と同じく正規手続が遵守されなければならないとする点で一致する」と述べている。魔女行為に対する恣意的な刑事手続を懸念する趣旨と思われるが，魔女行為に対する糺問手続も適法であるからクラーセンの所説は必ずしも正確ではないであろう。

　これに対し，カルプツォフは，一般論として，「最重罪の場合は犯罪の重大性のゆえに法律を超えることができる」という「例外犯罪（crimina excepta）の理論」は量刑に適用され，手続そのものには適用されないと説くが（q. 102, n. 68），証明が困難な魔女犯罪については，上のようなジャン・ボダン説に従い（q. 122, n. 60），「密かに行われるこの種の犯罪においては，推定及び推測による証明が完全かつ決定的な証明と看做される」（q. 49, n. 61）として，有罪証明は完全証明を要するという原則に例外を認める。Schmidt, *Einführung*, S. 210 は，カルプツォフのこのような見解がザクセン選帝侯領を超えて影響を及ぼしたとする。

　なお，例外犯罪とは，Matthaeus, tom. 1, prolegomena cap. 4, n. 14 によれば，ある法規（一般的には，被告人又は共犯にとって有利な法規）の適用範囲から除外された重罪を意味する。たとえば，本来3回という制限があった拷問（Carpzov, q. 125, n. 55）を無制限に加えうるものとされた魔女行為が例外犯罪と呼ばれる所以である。

違法かつ刑事罰を招来する誹毀文書に対する刑罰

　第110条　　同じく，何びとかが，法の命ずる洗礼名及び姓の署名を欠く，ラテン語で"libel famoß"[*a]と呼ばれる誹毀文書を流布させ，真実であるならば誹毀された者が生命，身体又は名誉に対する刑事罰を以て処罰される虞のある犯罪を，違法かつ不当に[*b]摘示するときは[*1]，その故意の（boßhafftig）誹毀行為者は，諸法[*2]の定めるところに従い，かかる犯行の認定を俟って[*c]，その故意に基づく虚偽の誹毀文書により，誹毀された無辜の者に招来せんとした刑罰を以て処罰されなければならない[*3]。犯行の摘示により加え

られた誹毀*dが真実であることが判明した場合といえども，かかる誹毀的事実を流布させた者は，諸法の定めに従い裁判官の裁量により処罰されなければならない*4。

1 誹毀文書 Clasen, art. 110, II によれば，誹毀文書とは，「何びとかの名誉喪失を目的として作成され，公共の場所に貼り出され又は配付された，匿名又は偽名の誹毀的な文書であって，かつ，文書作成者において証明する意思のない，証明された場合においては他者が死刑又は身体刑を科されうる犯罪に関わるもの」である〔p. 410〕。

①誹毀文書の形態には，悪意のある歌詞，風刺詩，風刺文，散文等がある。②名誉喪失（infamia）をもたらす文書であること。文書ではなく口頭でなされた誹毀も他者の名誉喪失をもたらすが，誹毀文書の有する拡散性や恒久性に劣る点で，誹毀文書とは区別される〔p. 411〕。③文書の匿名性が必要条件であるか否かについては争いがあるが，肯定説が条文上の根拠もある。本条は，氏名を明らかにした訴状を以て弾劾する方法によらず，他人に重大な犯罪ありと主張する者を対象とすると解するのが合理的である。これに対し，偽名は，実在する者の氏名の冒用ならば被冒用者を危険に曝し，官憲をして判断を誤らせる点で，むしろ匿名よりも悪質である〔p. 412 et seq.〕。④文書内の記述により誹毀文書の対象者が判明するならば，対象者の氏名の明示は必要ではない〔p. 413〕。⑤誹毀文書が公開の場所に貼付され又は配付され不特定の者によって読まれなけばならない〔p. 413〕。⑥文書には，名誉及び生命に対し重大なる危険を及ぼす特定の犯罪が明示されなければならない〔p. 414〕。⑦「文書作成者において証明する意思のない」とは，「自ら挙証責任を負う意思がなく，むしろ証拠はないにもかかわらず，裁判官の糾問によって被害者が拘禁されることを意図する」という趣旨であり，「したがって，誹毀文書には故意，すなわち被害者に対する害意からかかる文書を流布させることが要求される」〔p. 415〕。

2 「皇帝法」，「普通法」と同義である。序文註 1 参照。

3 誹毀文書に対する刑罰 (1) Clasen, art. 110, IV〔p. 418〕によれば，①誹毀文書において摘示された犯罪が死刑相当の犯罪である場合の刑罰

は死刑であり，②摘示された犯罪が死刑相当でない場合は，誹毀の内容に応じた刑罰である。誹毀文書についてはタリオ刑が科されるという趣旨であろうが，誣告や偽誓についてはタリオ刑が廃止されているという註解（68条註3，107条註4）との関係が判明でない。

誹毀文書によって有罪判決を受けた者は名誉喪失となり，遺言適格を失う。

(2)　①誹毀文書の作成を命じ又は助言した者，②誹毀文書の内容と意味を知って文書の配付を黙認した者，③誹毀文書を発見しこれを拡散しあるいはその内容を他の者に伝達した者も同様の刑罰に服するという説もあるが，本条は誹毀文書の作成者に関する規定であるから，これらの者は裁量刑によって処罰されなければならない（Clasen, art. 110, IV〔p. 419 et seq.〕）。

(3)　誹毀文書を印刷した印刷業者は，印刷物を没収され，印刷免許を剥奪される。なお，今日ではほぼ帝国全土に検閲官がおかれ検閲を経ない印刷は許されていない。印刷物の事前検閲制の下では，誹毀文書を販売した書籍商は知情の上当該文書を販売したという特段の事情がなければ処罰されない（Clasen, art. 110, VI〔p. 422 et seq.〕）。

4　誹毀と摘示事実の真実性　本条前段は，「無辜の者」に対する誹毀についてタリオ刑を定める。Clasen, art. 110, II(8)は，誹毀文書の作成者が指摘された犯罪の真実性を証明する場合は，正規刑を免れるが，「誹毀文書の作成者は，摘示した他人の犯罪が真実であるか虚偽であるか，自ら真実性の証明をするか否かにかかわりなく〔裁量刑を以て〕処罰されなければならない」というのが多数意見である，と註解する。

Clasen, art. 110, VI(7)〔p. 421〕は，①誹毀的事実の真実性，②誹毀的事実の摘示を是認すべき相当なる理由，③かかる理由に基づき誹毀的事実を摘示するに至った旨の動機という3要件が充たされるならば不可罰的であるとするE. Cothmann説に言及している。この学説は現行刑法230条の2に類しており，②は「公共の利害」，③は「公益を図る」目的の要件に相当すると解されよう。しかし，クラーセンは，このような制限を設けていない本条の解釈として採りえないとする。

5　誹毀に対する反撃　Clasen, art. 110, VI(10)は，誹毀に対し誹毀を以

て反撃しうるかについて，「生命を守るために実力に対し実力で反撃し，侵害者の身体を傷つけることができる。同様に誹毀文書に対し誹毀文書を以て反撃することが許されそうであるが，これは許されない。対抗のための誹毀文書は，誹毀を打ち消すことによって自己を防衛するためではなく，相手方を侵害し復讐することを目的とするものだからである」と註解する。

通貨偽造者又は通貨鋳造権を有せず通貨を鋳造する者[*a]に対する刑罰

第111条　同じく，通貨偽造は，3種の態様，すなわち，第1に，ある者が欺罔の意図を以て偽貨に異なる印章を刻印し[*b]，第2に，ある者が不正の金属を通貨に用い，第3に，ある者が故意を以て通貨の正規の重量を減ずることにより行われる[*1]。かかる通貨偽造者は，以下のごとく処罰されなければならない。すなわち，偽貨を鋳造し，偽貨に刻印し，又は，偽貨を両替[*c]若しくはその他の方法により取得し，しかる後，故意を以て知情の上他の者に交付し不利益を与える者[*2]は，慣習及び諸法の定めるところに従い，焚刑を以て処罰されなければならない。知情の上家屋を貸与した者は，これによりその家屋を失うものとする[*3]。欺罔の意図を以て通貨の正規の重量を減ずる者[*4]，又は，通貨鋳造権を有せず通貨を鋳造する者は拘禁し，鑑定に従い，事件の態様に応じ身体刑又は財産刑を以て処罰されなければならない[*5]。何びとかが，通貨を改鋳，すなわち，再び溶解し劣貨を鋳造するときは[*d]，事件の態様に応じ身体刑又は財産刑を以て処罰されなければならない。これが官憲の意思及び了解の下に行われるときは，当該官憲は通貨鋳造権を失うものとする[*6][*7]。

1　通貨偽造に対する刑罰　(1)　Clasen, art. 111, I は，通貨偽造（monetarum adulterium vel falsificatio）には形式，素材，重量及び鋳造権に関わる4種の態様があるとして以下の行為を挙げる。①「偽造通貨に他の領邦君主又は帝国等族の印章を刻印する場合のように，通貨に偽造の印章を刻印する行為（この種の偽造の意義については，以下の(2)参照）。この通貨が，正規の重量及び価値を有し，かつ，通貨鋳造権を有する者によって鋳造されたもので

ある場合おいても，他の者の印章及び名称が不正に刻印されている点で偽造と看做される」，②「金又は銀に他の金属を混入し，又は，専ら銀と鉛の合金若しくは鉛のような卑金属を用いて，通貨の質を劣化させる行為」，③「正規の重量を減ずる行為」，④「公的な通貨鋳造権を有しない者が通貨を鋳造する行為」。

(2) 皇帝の通貨を偽造する者のみならず，領邦君主，都市その他皇帝及び帝国から鋳造権を付与された帝国等族の通貨を偽造する者もまた，皇帝に対し反逆罪を犯すことになる。これらの身分の者による通貨鋳造は自己の権限に基づくものではなく，専ら皇帝による授権に基づくものであり，これらの身分の者が鋳造する通貨は，自己の名称と印章を刻印したものであっても，ローマ帝国の通貨と看做されるからである（Clasen, art. 111, II〔p. 426〕）。これに対し，フランス，デンマーク，スエーデン王国等の通貨を偽造し又は偽貨を交付した場合は，正規刑は科されない。この場合，反逆罪が成立しないからである（Clasen, art. 111, II〔p. 430〕）。

(3) 通貨を偽造した者及びこれを幇助した者は焚刑を科される（Clasen, art. 111, II〔p. 427〕）。ただし，Kress, art. 111, §2は，道具，見本となる通貨，材料を提供するが，鋳造行為を幇助しない者は裁量刑を科されるとする。

(4) Clasen, art. 111, VII〔p. 435〕によれば，本条が定める通貨偽造の第1類型の"eyns andern zeychen darauff schlecht"（「その上に異なる印章を刻印し」）というテキストの"darauff"は「偽貨の上に」の意味であって，このテキストは「偽貨に異なる印章を刻印する」と解すべきであり，不正な金属を用いて鋳造された偽貨に不正の印章を刻印する行為のみが焚刑を以て処罰され，真正の金属及び重量からなる通貨に不正の印章を刻印する行為は裁量刑である。

2 偽貨交付に対する刑罰 (1) 偽貨を交付した者は焚刑を科される。偽貨の交付には，偽貨であることの認識と交付の相手方を欺罔する意図が要求される。外見からは偽貨であることが明らかでないときは，偽貨に関する不知に正当なる理由があると推定され，偽貨の交付者は無罪とされる。不知について疑問があるときは，雪冤宣誓を行うことができる。偽貨に関する不

知に正当なる理由がなく，かつ，不知が怠惰ないし杜撰さに起因するときは，故意ある場合に科される正規刑は科されない（Clasen, art. 111, II〔p. 428 et seq.〕）。

(2) これに対し，Carpzov, q. 42 によれば，今日神聖ローマ帝国，特にザクセンにおいては本条の刑は重すぎると看做され，①貨幣を偽造したがこれを流通させなかった場合は，損害の発生がなく焚刑を科されないが，反逆罪として斬首刑を科される（n. 92 et seqq.），②他人の鋳造した偽貨を流通させる場合は，反逆罪に当たらず貨幣偽造より軽い犯罪であり，笞刑又は永久追放刑が科されている（n. 98 et seqq.）。すなわち，焚刑は通貨偽造を行いかつこれを流通させた場合に限られる。Kress, art. 111 は，①実務は偽貨鋳造を伴わない偽貨交付，偽貨交付を伴わない偽貨鋳造に対する焚刑を厳格すぎるとしてこれを科していない（§2），しかし，②数名の間で偽貨鋳造，偽貨行使等の役割分担が取り決められ，実行された場合を想定するならば，焚刑は必ずしも厳格とはいえない（§5〔p. 308〕），と註解する。

Clasen, art. 111, II〔p. 431〕もまた，生ずる損害を考慮し減軽の余地があることを肯定し，かつ，本条は「慣習」に従って科刑すべきことを定めており，慣習が焚刑を認めていない場合は焚刑を科さないことができると註解する。

3 家屋提供に対する刑罰　　知情の上家屋を貸与した者は，自己の家屋内での犯罪実行を認容したという理由で家屋を没収されるが，このような認容に加えて利益を期待し又は利益を得たときは裁量刑を併科される（Clasen, art. 111, II〔p. 431〕）。

4 通貨重量を減ずる行為に対する刑罰　　(1) ローマ法上，通貨の正規重量を減ずる行為は，名誉ある者の場合は流島刑，解放奴隷の場合は闘獣刑，奴隷の場合は斬首刑であった（D. 48, 10, 8）。カール5世皇帝は，これを重すぎるとして，身体刑又は財産刑を科すものとした（Clasen, art. 111, II〔p. 432〕）。

Clasen, art. 111, II〔p. 432 et seq.〕は，通貨の正規重量を減ずる行為の要件を，①故意及び他人を欺罔し利益を得る目的を以て，②切削により正規重量を減ずることとする。また，本条の「正規重量」とは「通貨が通常有する重

量」ではなく，「領邦君主その他帝国等族がその貨幣に相当と判断して鋳造かつ流通させようとした重量」であるから，正規重量を超える重さのある通貨を切削し正規重量の通貨に変造する行為は本条に当たるとする。

(2)　Kress, art. 111, §8〔p. 309〕は，本条は通貨に金銀を以て鍍金する行為について言及していないが，鍍金は本来の通貨偽造ではないが，与えた損害に鑑み，裁量刑として財産刑，身体刑，又は（再犯若しくは損害が重大である場合に限り）死刑を科されるとする。

5　通貨鋳造権のない者による通貨鋳造　　註1に述べたように，鋳造権とは皇帝によって授権された権限を指す。

Clasen, art. 111, IV〔p. 433 et seq.〕は，①皇帝によって通貨鋳造権を付与されていない者による通貨鋳造は，「犯行の性質及び犯人の人物に応じ，裁量的に追放刑，拘禁刑又は罰金刑に処せられる」，②「領邦君主，都市又はその他の帝国等族が，通貨鋳造権を未だ付与されていないにもかかわらず，通貨鋳造を開始するときは，裁量刑を受けるが，他の刑罰を行う余地がないので，一定の多額の罰金刑を以て処罰されよう」，③「私人が通貨鋳造権を取得し貨幣を鋳造した場合は，事情を考慮の上笞刑，追放刑又はその他の軽い刑を科される」，と註解する。③は，君主等から通貨鋳造権を取得したが皇帝からは授権されていない場合を指すのであろう。

通貨鋳造権を有せず良貨を鋳造した者は，「領邦君主の称号及び権限を借用し，かつ，皇帝に固有のかつ特権としてまだ付与されていない権利を侵害するがゆえに，通貨偽造と看做され，皇帝に対し罪を犯すものとして，裁量刑を科される」(Clasen, art. 111, IV〔p. 434〕)。

6　Clasen, art. 111, VI によれば，「官憲の黙認又は同意を得てかかる通貨偽造が行われたときは，通貨鋳造権を濫用するものとして，官憲はしかるべく特権を失う」。

7　通貨偽造と弾劾訴訟　　Clasen, art. 111, IX は，「通貨偽造に関しては弾劾訴訟が勧奨される。弾劾人が弾劾事実の証明に失敗した場合においても，通貨偽造を疑う相当の理由（verisimiles rationes）を証明するときは誣告の責めを負わない。犯行を証明するときは，犯人に科されるべき罰金の3分の1が弾劾人に与えられる」と註解する。

印章，文書，領主権益簿，地代簿，貢納簿又は登録簿を偽造する者に対する刑罰

第 112 条 [*1]　　同じく，印章（siegel），文書（brieff），証書（instrument）[*2]，権益簿（vrbar）[*3]，地代簿（renth），貢納簿（zinßbuch）又は登録簿（register）[*4] を偽造する者は，法有識者の鑑定に従い，又は，その他本令の末尾に定めるところに従い，偽造の故意及び生じたる損害の程度に応じ，身体又は生命に対する刑事罰を以て処罰されなければならない[*5]。

1　偽罪　　(1)　Clasen, art. 112, I et seq. は，偽罪（falsum）を「他人に不利益又は損害を加えるため行われる欺罔を用いた事実の歪曲」と定義し，3 個の要件を挙げる。①故意。誤って真実ではない証言をした者は偽罪として処罰されない。故意は推定的な故意（dolus praesumtus）では足りず，真正の故意（dolus verus）でなければならない。法律に明文のある場合でなければ，推定された故意を理由に処罰されないからである。②事実の歪曲。③偽罪による損害の発生。他人に損害を加えない虚偽は偽罪とはならない。偽罪による損害が発生する可能性があれば足り，現実に損害が発生する必要はない。この場合は未遂として裁量刑を以て処罰される。

　本条は偽罪の対象として印章・文書を挙げるが，偽罪の範囲はこれより広汎である（註 5 参照）。本条が掲げるもの以外の偽罪についても，類推処罰を許容する 105 条が適用されよう。

　(2)　②の事実の歪曲について，D. 48, 10, 23 のパウルス法文は，「偽罪とは何か。他人の署名を模造すること，又は，文書若しくは計算書を筆写するに際し改竄することがこれに当たり，これに対し計算書に虚偽を書き込むことはこれに当たらない（Quid sit falsum, quaeritur: et videtur id esse, si quis alienum chirographum imitetur aut libellum vel rationes intercidat vel describat, non qui alias in computatione vel in ratione mentitur）」と定義する。この法文によれば，いわば原本（署名，文書）と異なる「写し」の作出が偽罪に当たり，内容虚偽の文書等を作出することは偽罪に当たらない。しかし，Carpzov, q. 93, n. 8; Clasen, art. 112, II (2); Böhmer, art. 112, §1 は後者も偽罪に当たるとする。ベーマーは，パウルス法文は誤りであり，虚偽（mendacium）の

作出も偽罪に当たると註解する。

2　印章及び証書の意義　　Clasen, art. 112, V〔p. 442〕によれば，①「印章（sigillum）」とは，「これを押捺する者が押捺によって意思を表明し，押捺された書面を確認，認証するために用いられる像（forma et imago）が刻み込まれた用具」である。印章は表明された意思の証拠となる。②「証書（instrumentum）は，適法に作成された書面であって，あることが行われたことの十分な証拠となるものである」，「証書は，証人と同じように知識を与え（doceo），かつ証拠となるものであるから，documentum とも呼ばれる。

3　Clasen, art. 112, V〔p. 443〕によれば，「国庫又は何らかの団体に帰属する年間収益を記録した帳簿」であり，所有地，農地，葡萄園，牧草地，菜園，居宅等も記載される。Schroeder, S. 171 は"Rechte eines Grundherrn"（「領主の権益」）と註解する。

4　Vogel, art. 112 は，以上の目的物について，"signatures, lettres, obligations, registres"（「署名，文書，債務証書，登録簿」）という訳語を与える。

5　偽罪に対する刑罰　　偽罪に対する刑罰は裁量刑であり，犯行態様及び生じた被害に応じて拘禁刑，追放刑又は笞刑が科されるが，被害が回復不能な場合でなければ死刑を科すことができない（Clasen, art. 112, VI〔p. 443 et seq.〕）。

①他人の作成した偽造文書の使用も偽罪として処罰されるが，作成者の刑罰よりも減軽される。偽造文書を作成した者は，これを使用しなかった場合においても偽罪として処罰される（Clasen, art. 112, VI〔p. 444 et seq.〕）。②買収又は害意により不正の判決を行う裁判官は，裁判官の一身的事情，判決により損害を受けた者の一身的事情に応じ，かつ判決により生じた損害を考慮し，偽罪に関するコルネリウス法〔=D. 48, 10〕の刑罰を以て処罰される。私人から贈与を受け職務上の作為不作為があった官吏も同様である（Clasen, art. 112, VI〔p. 445〕）。その実例として，Carpzov, q. 113, n. 53 は，大学法学部の鑑定に係る原告勝訴判決を，被告人によって買収された裁判官が握り潰し被告人免訴の判決を下した裁判官について，免職の上永久追放刑又は身体刑を科しうるとした1625年のライプツィヒ参審人会鑑定を挙げる。③証言するについて金銭を収受した証人は，裁判官の面前において真実を述べた場

合においても，偽罪に当たる。「贈与のためにも物のためにも証言するもの
ではない」という宣誓文言に直接違反するからである（Clasen, art. 112, IV
〔p. 446〕）（もっとも，107条に定める偽誓罪は虚偽を述べることが要件である）。
④有利な証言を得るため証人を買収する者，証書を偽造又は変造させるため
公証人を買収する者もまた偽罪として処罰される。公証人を買収した当事者
は敗訴し，証人の偽証，公証人が偽造又は変造した証書は訴訟記録から排除
（rejcere）されなければならない（Clasen, art. 112, IV〔p. 446〕）。⑤君主の特
許状から印影を剥がし，他の文書に転用する者は，偽罪に関するコルネリウ
ス法により処罰される（Clasen, art. 112, V〔p. 446〕）。⑥火災，宗教的迫害，
疾病等の受難を証する通例偽造印影のある書面を以て喜捨を乞う乞食は笞刑
又は永久追放刑を科される（Clasen, art. 112, V〔p. 446〕）。⑦公用・私用を問
わず，印章を偽造する者は偽罪として処罰される（Clasen, art. 112, VI〔p.
447〕）。⑧他人の信書を開封，閲読し，窃取する者も偽罪に当たる。他人の
信書を開封する者は〔信書の秘密に対する〕公共の信頼（fides publica）を毀損
する（Clasen, art. 112, VII〔p. 447〕）。⑨変名を使用し人に損害を与える者，
貴族，博士等の称号を詐称した者は，犯行の態様及び損害の程度に応じ裁量
刑を以って処罰される。新生児をすり替える行為，遺言，契約等において別
人にすり替える行為，洗礼祝いを得るため，既に洗礼を受けた子を未洗礼で
あると仮装して再び洗礼を受けさせる行為も同様である（Clasen, art. 112,
VIII〔p. 447 et seq.〕）。

度量衡器及び商品を偽る者に対する刑罰

第 113 条　　同じく，故意を以て，度器，量器，衡器，分銅，香料又は
その他の商品*1を偽り，それらを真正なものとして用い又は交付する者は，
刑事罰を科すべく拘禁され*a，犯行の状況及び態様に応じ，領邦からの追放
又は笞打ちその他の身体刑を以て処罰されなければならない。故意を以て重
大なる欺罔行為を反復するときは*b，行為者は死刑を以て処罰されなければ
ならない*2。ただし，全て，本令の末尾に定めるごとく，鑑定に従い行われ
なければならない。

1　商品の偽装　　Clasen, art. 113, I は，商品の偽装の例として，①香料に不純物を混入する，②穀物を隠匿し正当な価格で販売しない，③酒屋がワインを水又は粗悪なるワインで薄め，ビールを水で薄める，④穀物の不作時にパン屋が正規重量を欠くパンを販売する，⑤肉屋が雌牛肉を雄牛肉として販売する，⑥その他，当該の市において承認されている製造・取引に関する規則に反する行為を挙げる。

2　度量衡器・商品の偽装に対する刑罰　　刑罰は裁量刑であり，追放刑，笞刑，拘禁刑又は罰金刑が科される（Clasen, art. 113, II）。ただし，①人々に多大な損害を与えるような重大な偽装行為を，②故意を以て反復する場合は，法有識者の鑑定を得て，裁量刑を死刑にまで加重することができる（Clasen, art. 113, III）。

界標，畔，目印又は境界石を欺罔の意図を以て移動する者に対する刑罰

第 114 条　　同じく，故意を以て，界標，畔，目印又は境界石を移動し，伐採し[*1]，撤去又は毀滅する者は，鑑定に従い，事件及び人物の危険性，重大性，態様及び状況に応じ[*a]，身体刑を以て処罰されなければならない[*2]。

1　「境界を示す樹木（arbor finalis)」を伐採することをいう（Clasen, art. 114, IV〔p. 454〕）。

2　界標犯罪に対する刑罰　　(1)　ローマ法では，①境界石等を密かに持ち去る行為は窃盗の責めを負うが，窃盗の刑ではなく裁量刑を以て，②自己の農地を広げるため界標を移動する行為は裁量刑を以て，③自己の農地を広げる目的ではなく，有利な判決を得るために係争中の界標を移動させる行為も裁量刑を以て，④利得目的ではなく，他人に損害を与えるため界標を移動させる行為は，2 年間の公労役刑（opus publicum）を以て処罰された（Clasen, art. 114, IV〔p. 453 et seq.〕）。

しかし，本条はローマ法に従わず，①界標移動の態様及び重大性，②利得目的の有無，③「過誤，誤解又は無知」による犯行であるか否か，すなわち犯行の意図，④故意，過誤又は無知による犯行であるか否かを推認させうる

被告人の人物を考慮し，法有識者による鑑定に従い，「笞刑，追放刑若しくは拘禁刑等の身体刑又は罰金刑」を以て処罰すべきものとする。界標を完全に持ち去った場合は，これによって他人に害を加える意図がない場合においても窃盗としての責めを負う。界標を移動させて他人の農地を奪い自己のものとする者は，窃盗のほか偽罪を犯すものである（Clasen, art. 114, IV〔p. 454 et seq.〕）。

(2) なお，Schmidt, *Einführung*, S. 186 f. によれば，ドイツ近世初頭に現れた公労役刑には，雑役刑，築城刑，城砦労働刑，荷車刑，漕役刑等があったが，「公労役刑にとって決定的な刑罰的要素は，自由剥奪ではなく，消耗的な重労働と鞭と乏しい給与による仮借のない虐待にあった」。

故意を以て依頼人たる当事者の不利益かつ反対当事者の利益に行為する代弁人に対する刑罰

第115条　同じく，民事又は刑事事件において，代弁人（procurator）が故意を以てその依頼人たる当事者の不利益かつ反対当事者の利益に行為し[*1]，かかる犯行について有罪を証明されるときは，まず以て，依頼人たる当事者に対し，かかる事件により蒙った損害を全資力を以て賠償しなければならない。加えて，首輪の上晒し台に晒され，笞打ちの上領邦から追放され，又は，犯行の状況に応じその他の刑罰を以て処罰されなければならない[*2]。

1　通謀行為　(1) 通謀行為（praevaricatio）とは，「代弁人が，民事刑事を問わず訴訟事件を受任し，依頼人の委任に故意を以て背き，反対当事者を助ける」ことをいう（Clasen, art. 114, III）。弾劾人となりながら被告人と通謀しその罪を免れさせる行為も通謀行為と呼ばれることがあるが（Clasen, art. 114, II），本条は代弁人，弁護人の通謀行為を対象とする。

(2) Clasen, art. 114, IV は，「弁護人となることを受任し，本人の文書を閲読し秘密事項を了知したる後，弁護人を辞任し相手方の事件を引き受けた場合，通謀の罪に当たるか」という問題を設定し，この場合は訴訟の争点が法律上の争点であるか事実上の争点であるかによって区別すべきだとする。

すなわち，前者の場合は，秘密事項の漏示，あるいは，依頼人に対する侵害が存在せず，ゆえに通謀に当たらない。後者の場合は，通謀に当たるほか，「他人に委託した文書がその者によって対立当事者に漏示されたと主張する者は，これを偽罪として弾劾することができる（Is, qui deposita instrumenta apud alium ab eo prodita esse adversariis suis dicit, accusare eum falsi potest)」と定める偽罪に関するコルネリウス法（D. 48, 10, 1, 6）の偽罪にも当たる。

2　通謀行為に対する刑罰　通謀行為者は，依頼人の受けた損害，及び通謀行為がなければ依頼人が得たであろう利益を補償しなければならない。これに加えて，名誉喪失を公示するため首輪装着の上晒され，裁判官の裁量により笞刑，追放刑その他の刑が科される（Clasen, art. 114, IV）。

反自然的なる淫行に対する刑罰

第116条　同じく，男が牛と，男が男と，女が女と淫行（vnkeusch）を行うときは[*1]，死刑を科され，一般的慣習に従い焚刑を以て処罰されなければならない[*2*3]。

1　ソドミア　これらの反自然的性行為（contranaturalis libido）は，ソドミア（sodomia）と総称され，同性間の反自然的性交，男女間の肛門性交のほか，獣姦を含む。獣姦は人間間の反自然的性行為より重大な犯罪と看做される（Clasen, art. 116, II）。

2　ソドミアの罪体確認　ソドミアの場合も，他の犯罪と同様，罪体確認を欠くまま自白のみで処罰されてはならない。しかし，密行され証明の困難なこの種の犯罪において厳格なる証明は要求されず，徴憑による証明で足りる。「犯罪の証明は，可能性を超えて要求されないのである（Neque enim alia delicti probaio requirenda est, quàm quae haberi poterit)」。客観的に見て，獣姦を犯そうとしていると考えられる状況で発見された場合は，処罰されるべき程度の嫌疑があるか否かは裁判官の裁量に委ねられる。（Clasen, art. 116, III〔p. 461〕）。

3　ソドミアに対する刑罰　(1) カロリーナはソドミアに端的に焚刑を科すが，一般には，人間間のソドミアの場合は斬首刑，動物とのソドミアの

場合は動物とともに焚刑を科される（Clasen, art. 116, III〔p. 460〕）。また，クラーセンは，動物もまた焚刑とされる理由に言及し，①動物は生ける道具として罪を犯す人間と共犯行為を行ったというカルプツォフ説（Carpzov, q. 76, n. 33）は，動物は生きているが理性と意思を欠き，この犯罪に同意することが考えられない点で誤っており，②正しくは，同意の下に罪を犯しうるからではなく，忌まわしい行為の対象となった動物を焚刑とすることにより凶悪な犯罪の痕跡を消し去ることを神が望むがゆえに，動物を焚刑に処すことを命ずる神法（レヴィ記第20章第15節）に根拠を求めるべきであるとする（Clasen, art. 116, III〔p. 460〕）。動物の処罰適格を肯定するカルプツォフ説は，いわゆる動物裁判の痕跡をとどめるものであろう。

　（2）　ソドミアの未遂の場合は焚刑は科されない。すなわち，ソドミアに接着した行為に及んだ場合は斬首刑，ソドミアに接着しない行為に及んだ場合は笞刑の上追放刑が科される（Clasen, art. 116, III〔p. 461〕）。

近親者との淫行に対する刑罰

　第117条　同じく，ある者が継子たる娘，息子の妻又は継親たる母，及び，より近い親族[*1]との淫行[*2]を行うときは[*3]，朕の祖先及び朕の成文皇帝法に定める刑罰が適用され，その点につき法有識者の鑑定が求められなければならない[*4]。

　　1　「継子たる娘，息子の妻又は継親たる母」が姻族を指すのに対し，「より近い親族」とは血族を指す（Clasen, art. 117, IV, V）。

　　2　近親相姦　近親相姦とは，「神法，万民法又はローマ法が婚姻を禁ずる血族及び姻族間の違法の性交」をいい（Clasen, art. 117, III），姦通より重大なる罪である（Clasen, art. 117, VI）。

　　3　近親相姦の罪体確認　近親相姦の罪体は双方の自白によって確認される。したがって，一方が自白し他方が否認するか逃亡するときは，他方の自白が得られるまで正規刑は科されない（Clasen, art. 117, VI）。

　　4　近親相姦に対する刑罰　（1）　血族関係にある尊属・卑属間の近親相姦は斬首刑である。姦通の場合，配偶者による宥恕は減軽事由となるが，近

親相姦の場合は，宥恕は減軽事由とはならない。したがって，娘と近親相姦を犯した夫を妻が宥恕し，夫との同棲を継続する場合においても，娘がかかる行為に同意することのできる年齢に達しているときは，父子はともに斬首刑である。乳母，名付け子との性行為は近親相姦に当たらないが，淫蕩（以下参照）よりも重く処罰される（Clasen, art. 117, VII〔p. 465 et seq.〕）。

　兄弟姉妹間等の場合は，笞刑又は追放である。姦通にも当たるときは，姦通に対する死刑が科される。ただし，配偶者の宥恕がある場合は減軽され，永久追放が科される（Clasen, art. 117, VII〔p. 466〕）。

　(2)　姻族間の近親相姦は，たんなる淫蕩である場合のみならず婚姻の形を取る場合においても，姻戚関係の等級に応じ笞刑，永久又は有期追放刑又は拘禁刑によって処罰される（Clasen, art. 117, VII〔p. 466〕）。

　(3)　淫蕩（fornicatio）とは，娼婦との性交を指し（Carpzov, q. 70, n. 5），娼婦は淫蕩に対する刑罰を科されるものとされる（Carpzov, q. 71, n. 70）。この点では，淫蕩とは売買春を指すものと解されるが，上では，姻族間の性交も淫蕩と呼ばれている。したがって，広義では，不正の性交一般を指すと解される（Carpzov, q. 70, n. 1は，淫蕩は広義では姦通，淫行，重婚，近親相姦等を指すと述べている）。

　淫行（stuprum）とは，許嫁ではない処女と性交すること（申命記第22章第28節参照）をいい，品行方正の寡婦にも拡張されるとされる（Carpzov, q. 68, n. 1, 12）。しかし，有婦の男が処女，寡婦，娼婦と同衾する場合は，ローマ法上姦通とされず淫行にとどまるともされる（Clasen, art. 120, II）。淫行は淫蕩と同じく，広義では不正の性交を指すと解される。

既婚又は未婚の女子を略取する者に対する刑罰

　第118条　　同じく，何びとかが，有夫の女又は品行方正の未婚の子女[*1]をその夫又は父の意思に反し，恥ずべき目的を以て[*a][*2]略取する（entführen）ときは，その夫又は父は，有夫の女子又は未婚の子女による同意の有無を問わず[*3]，刑事弾劾（peinlich klagen）をなしうるものとする[*4]。行為者は朕の祖先及び朕の皇帝法の定めるところに従い処罰されるべきところ[*5]，その点につき法有識者の鑑定が求められなければならない。

1　品行方正の意義　　(1)　婦女子略取（raptus）の客体たる女子は品行方正かつ純潔（honesta & pudica）でなければならない。複数の男と性的関係のある女子を拉致する行為は略取に当たらない。品行方正かつ自由身分ならば，特に優れた身分に属する女子である必要はない。娼婦又は不品行である女子を拉致する行為は略取に当たらない（Clasen, art. 118, (4) 〔p. 470〕。ただし，註 5 (2)参照）。

(2)　略取罪を阻却する不品行の要件は，行為時を基準時として証明されなければならない。犯罪要件（qualitas delicti）は，犯罪成立要件にせよ犯罪阻却要件にせよ，犯行時を基準時として証明されなければならないからである（Clasen, art. 118, (4)〔p. 471〕）。

2　略取の目的　　「恥ずべき性行為を行う」目的がなければ略取罪は成立しない。老女を略取した場合は性行為を行う目的は推定されず，他の目的が推定される。結婚の目的は，口実として用いられる虞があるため，犯罪成立を妨げない。ローマ法は，略取者と被害者との婚姻を禁じており，事実上結婚した場合は，男の財産は女子ではなく，結婚に同意しない親に帰属し，親が欠けるときは国庫に帰属する。これに対し，カノン法では，前の不同意を同意に変えることが可能であり，事後的な同意により前の瑕疵が治癒されるという根拠から，被害者が略取者と婚姻することができるとされており，今日では我々はこれに従っている。事後的な婚姻は，特に親の同意がある場合は刑罰を阻却するといわれるが，略取罪は公的犯罪であり事後的婚姻により刑罰は完全には阻却されず，裁量刑によるべきだとする論者も存在する（Clasen, art. 118, (6)）。

3　略取に対する同意　　(1)　①婦女子略取の成立要件は何らかの暴力の行使である。女子が同行に同意し女子に対する暴力が欠けるときは，夫，親，その他の後見人との関係において暴力が存在すれば足りる。②略取者が甘言を用いて同行を唆した場合においても，略取の責めを免れない。女子の同意は卑劣漢により唆されたものであり，誘惑を用いて同意させることもまた一種の暴力である。この種の甘言は，暴力による強制よりも危険である（Clasen, art. 118, (2) 〔p. 468 et seq.〕）。

(2)　Clasen, art. 118, (2)〔p. 469〕は，同意に関し，①自権者（sui juris）で

はなく他の者の監督権に服する娘（puella）が男の甘言によって略取者とともに去った場合，上述のように略取罪が成立するが，②他方，女子（femina）が当初から偽計によらず自由に同意し，むしろ自分を連れ去るよう男を説得した場合，略取者は略取罪として処罰されない。この同意の存在，たとえば，女子が略取者を熱愛していたために連れ去られるに際して助けを求めなかった事実は，証人又は女子の供述によって証明されなければならない。女子の供述は，親の許に戻されかつ以前の自由が回復された状態でなされなければならない。また，女子の同意は略取以前のものであることを要する，と註解する（「女子」とは，以下のクレス等の註解に照らすならば，「自権者たる女子」と思われる）。

Kress, art. 118, §2 もまた，「自権者であり完全に自由である女子（femina sui juris & plane libera）の同意の下に連れ去ることは略取の要素を含まない。略取の定義に当たらずその実体もない以上，略取に対する刑罰も成立しない」と註解する。また，Meckbach, art. 118 は，自権者である女子については，甘言を用い略取する場合にのみ略取罪が成立するとして，クレスと同趣旨の註解を加える。

4　略取と弾劾訴訟　　(1)　夫又は親は，妻又は子女が略取に同意した場合においても弾劾権を有する。婦女子の同意は不適法なものとして夫又は親の権利を害さないからである（Clasen, art. 118, (8)〔p. 473〕）。なお，略取の現行犯の場合は，親は犯人を殺害する権利（licentia occidendi）を有する（Clasen, art. 118, (8)〔p. 474〕）。

この殺害権は，「ゆえに，かかる無謀なる犯罪が処罰を免れることにより増長することのないよう，朕はこの一般勅令により，かかる罪を犯した者及び略取に際しこれを幇助した者が，娘，寡婦等の親又はその血族，後見人等により，略取に際し発見され現行犯として捕縛された場合においては，有罪を証明された者として，殺害しうることを定める（Ne igitur sine vindicta talis crescat insania, sancimus per hanc generalem constitutionem, ut hi, qui huiusmodi crimen commiserint et qui eis auxilium tempore invasionis praebuerint, ubi inventi fuerint in ipsa rapina et adhuc flagrante crimine comprehensi a parentibus virginum vel viduarum…aut earum consanguineis aut tutoribus …, convicti interficiantur）」

とする C. 9, 13, 1, 1 を根拠としている。

(2) Schoetensack, S. 23 は, 118 条（婦女子略取）や 119 条（強姦）, 120 条（姦通）, 165 条（親族相盗）の犯罪は弾劾訴訟のみを許す趣旨と解する。しかし, ① Clasen, art. 118, (8)〔p. 474〕が, 親等が宥恕し略取に同意した場合は, 犯人は流刑又は追放刑を科されるとするほか, ② Meckbach, art. 118 が, 婦女子略取は公共の平穏と安全を害する公的犯罪であり, したがって, 略取された女子が男との婚姻を望み, 親がこれに同意した場合であっても, 私的利益は放棄可能でありえても公的利益は放棄しえず, 正規刑に代わる特別刑（追放刑）を科されると註解する。これは, 略取犯人に対する糺問訴訟が, 被略取者本人及び親の意思に反しても可能であることを含意しよう。次条註 3 参照。

(3) 略取に対する訴追時効は, 姦通に対する 5 年ではなく, 犯罪の重大性のゆえに 20 年である。同じく, 略取の場合アジール権 (jus asyli) は認められず, 教会の中に逃走した犯人を拘束することができる (Clasen, art. 118, (8)〔p. 476〕)。

5　婦女子略取に対する刑罰　(1)　ローマ法 (C. 9, 13, 1, pr. et 1, 2) は, 略取について死刑を科すほか, 略取者の財産が被害婦女子に帰属すべきことを定める。本条は, ローマ法に倣って財産没収を併科する趣旨と解される (Brunnennmeister, S. 196, Fn. 1; Schoetensack, S. 21)。Stephani, art. 119 は, 婦女子略取と強姦との違いとして, 前者に財産没収が科される場合があることを挙げる。

本条は男子を行為主体とするが, 性交目的で女子が男子を略取する場合は, 性差はあるが犯罪は同一であり, しかも女子は男子よりも廉潔たるべく, 同じく略取の刑が科されなければならない。「拡張解釈が公共の利益となる場合である。不利益な刑罰法規も利益な刑罰法規と同じく拡張されなければならない」からである (Clasen, art. 118, (8)〔p. 475〕)。

(2)　Carpzov, q. 40, n. 27 は, 性交目的の略取であれば, 目的を遂げない場合においても死刑が科されるとするが, Clasen, art. 118, (8)〔p. 477〕は, 一旦失われた純潔は回復されないことが婦女子略取に死刑を科す根拠であるから, 目的を遂げない場合は裁量刑であるとする。娼婦の略取は裁量刑を以

304

て処罰される（Clasen, art. 118,(8)〔p. 477〕）。共犯者，幇助者は裁量刑を科される（Clasen, art. 118,(8)〔p. 475〕）。

強姦に対する刑罰

第119条　同じく，何びとかが，品行方正の有夫の女，寡婦又は未婚の子女*1 に暴力を用い，その意思に反し処女又は婦人の名誉を奪うときは*2，当該犯人は死刑を科されるべく，被害者の弾劾に基づき*3，犯行の証明を俟って*a，強盗と同様*4，斬首刑を以て処罰されなければならない。かかる犯行が，品行方正の女又は未婚の子女に対し暴力的に行われ，これに対し女又は子女が抵抗し，又はその他の方法により危難を免れるときは，犯人は，被害者の弾劾に基づき，犯行の証明を俟って，人物及び未遂の犯行の状況及び態様に応じ処罰されなければならない。この場合においては，裁判官及び判決人は，他の事例につき既に定めるごとく，鑑定を用いなければならない。

1　強姦罪の客体　(1)　Clasen, art. 119, IV〔p. 480〕によれば，強姦罪（stuprum violentum）の客体を「品行方正の有夫の女，寡婦又は未婚の子女」とする本条は娼婦には該当しない。Kress, art. 119, §2 もまた，娼婦は純潔，貞節を既に失っているから，ザクセン法域外では娼婦の強姦は刑を減軽されると註解する。これに対し，Carpzov, q. 75, n. 51 f. は，強姦は性交の強制であり娼婦に対しても実行可能であるから，ザクセン法においては娼婦に対する強姦も斬首刑を科されると述べている。

　婚姻適齢期に達しない女子の強姦は婚姻適齢期の女子の強姦よりも重大である（Clasen, art. 119, III）。

　(2)　Carpzov, q. 75, n. 7 は，意思に反して強姦された者は何ら罪を犯すものではなく，刑罰を科されないとして，その趣旨のライプツィヒ参審人会の複数鑑定を引用している。これは，被害者を処罰すべきか否かに関し鑑定依頼が現になされたことを示している（次註参照）。

　Clasen, art. 119, IV〔p. 481 et seq.〕によれば，処女性には，精神的意義と身体的意義がある。①前者は精神的純潔という徳目であり強姦によって奪わ

れないものであるから，被害者の名誉と世評は傷つけられることはない。②後者は強姦によって奪われ，したがって，被害者は〔婚姻に際し〕身体的処女性の象徴である花冠を被ることができず，頭巾によって頭部を覆わなければならない。

2　強姦と女子の不同意　　(1)　違法な性交を暴力により受忍させられたというためには，被害者が行為に全く同意しないことに加えて，力によって抵抗しうるときは進んで犯行を妨げ，又は，家人若しくは隣人の救助を求める声を上げようとしたことが必要である。可能であるにもかかわらず，救助を求めなかった場合は，強姦とは看做されない（Clasen, art. 119, I〔p. 478 et seq.〕）。

被害者が救助を求めたか否かが重視されているが，申命記第22章第23節，24節では，「処女なる婦人すでに夫に適の約をなせる後ある男これに邑の内に遇てこれを犯さば汝らその二人を邑の門に曳きだし石をもてこれを撃ころすべしその女は邑の内にありながら叫ぶことをせざるに因りまたその男はその鄰の妻を辱めたるに因りてなり」とされている。

(2)　証明の観点からは，強姦後直ちに裁判官に訴え出た女子の被害供述は措信されなければならないが，被害について沈黙した場合は性交に同意したという推定が強く働く（Carpzov, q. 75, n. 87）。

3　強姦と弾劾訴訟　　(1)　Clasen, art. 119, III(4)は，「この犯罪がしかるべく処罰されるためには，まず犯罪が訴えられなければならない。弾劾なくして裁判なし（cessante accusatione, cessat judex），だからである」と註解する。この註解が，強姦罪に対しては弾劾訴訟のみが可能とする趣旨であるか否かは判然としない（クラーセンが婦女子略取について必ずしも弾劾訴訟に限っていないことについては，前条註4参照）。Schoetensack, S. 23 は，本条によれば強姦は弾劾訴訟のみが可能な犯罪であると解している。

(2)　これに対し，Böhmer, art. 119, §10 は，「"auff beklagung der benöttigten"という語句がその趣旨を示唆するように見えるが，犯人処罰のために被害者の訴えが不可欠だということではない。この語句は，一般的に弾劾が行われるという事情に基づく例示にとどまる。したがって，裁判官も職権による糺問を行い，その権限に基づいて刑罰を科すことができる」と註解す

る。Meckbach, art. 119 も，強姦を「公的犯罪」（101 条註参照）とする。管見の限りでは，他のコンメンタールは弾劾訴訟に限ることに言及していない。

4　強姦に対する刑罰　　(1)　Clasen, art. 119, VI〔p. 482〕は，財物を奪う強盗が斬首刑を科されるのであれば，女子の名誉と貞操を奪う強姦は一層斬首に値し，かつ死刑は神法（申命記第 22 章第 23 節，24 節）の定めるところでもあると註解する。Meckbach, art. 119 は，「暴力を以て処女性という宝石を奪う点で強盗に比すべき犯罪であり，ゆえに斬首という極刑に処すべき公的犯罪」であると註解する。

被害者が事後的に〔強姦に〕同意し，犯人の処罰に異議を述べる場合においても犯人は死刑を免れないが，犯人が被害者と婚姻する場合は強姦罪の刑を免れる（Clasen, art. 119, VI〔p. 483〕）。

(2)　暴行を加えたが未遂に終わった場合は，法有識者の鑑定に基づき，犯人の人物及び行為態様の重大性に応じ，裁量刑として笞刑，永久又は有期の追放刑，拘禁刑又は罰金刑が科される（Clasen, art. 119, IV〔p. 485〕）。これに対し，結婚適齢期に達しない子女に対する強姦はその他の強姦より重大であり，その未遂は裁量刑として笞刑及び追放刑が科される（Clasen, art. 119, IV〔p. 484〕）。

姦通に対する刑罰

第 120 条　　同じく，夫が，妻との姦通[*1]を理由として男を刑事弾劾[*2]し，その有罪を証明するときは，姦夫は，姦婦とともに，朕の祖先及び朕の皇帝法の定めるところに従い処罰されなければならない[*3]。

同じく，妻が夫又は姦通の相手方となった者を弾劾しようとするとき[*a*4]も，同様とする。

1　姦通　　(1)　姦通は，「男が女と同衾することにより，故意を以て婚姻の誓いを破り，かつ他人の婚姻の寝台を穢す公的犯罪」と定義される（Clasen, art. 120, I〔p. 486〕）。姦通には三種の態様があるとされる。すなわち，①男と女がともに婚姻している場合は重姦通（adulterium duplicatum）で

ある。二つの寝台が瀆されるからである。②有婦の男が夫のない女，たとえば処女，寡婦，娼婦と同衾する場合は，ローマ法上姦通とされず，淫行（stuprum）にとどまる。男は他人の婚姻の寝台を瀆してしておらず，また，婚姻の寝台は男に属し妻の寝台を瀆していないからである。これは法学者の共通意見である。③妻のない男すなわち青年又は寡夫が有夫の女と同衾する場合は単純姦通である（Clasen, art. 120, II）。

なお，Brunnemann, cap. 9, n. 28〔上口訳259頁〕は，上の②の類型を広義の姦通に含まれるという。クラーセンが②の類型を姦通に分類するのは同様の趣旨であろう。

(2)　類型②について，カルプツォフは，女も婚姻の寝台を有するのであり，男も婚姻の誓約によって拘束される（q. 52, n. 86），したがって，有夫の女が斬首刑を科されると同様，有婦の男も斬首刑を科されなければならない（q. 54, n. 38）とする。

2　姦通に対する弾劾訴訟　　(1)　古法によれば，姦通に対する弾劾権は一般人にも認められたが，C. 9, 9, 30 は，弾劾権を夫及びその親族に限り，利害関係のない者による弾劾を禁じた（Clasen, art. 120, IV〔p. 489〕）。民事訴訟として，夫は離婚を申し立て，姦婦の婚資を取得することができる。離婚された有責の者は再婚を禁じられる。

(2)　ローマ法（D. 48, 5, 23, 4）は，「通例父親としての情愛は子のために配慮するものであるのに対し，即断しがちな夫の興奮と衝動は抑制されるべきである。ゆえに，父親は全ての姦婦と姦夫を殺害することが許されるが，夫は許されない（Ideo autem patri, non marito mulierem et omnem adulterum remissum est occidere, quod plerumque pietas paterni nominis consilium pro liberis capit: ceterum mariti calor et impetus facile decernentis fuit refrenandus）」（H. Heumann/E. Seckel, *Handlexikon zu den Quellen des römischen Rechts*, 11. Aufl., 1971, S. 369 によれば，"pietas paterni nominis"は"pietas patris"の趣旨である）と定め，姦通者を殺害することを父親に認めるが，夫には認めていない（ただし，D. 48, 5, 24 は姦通場所，姦通者の前歴，地位による制限を加えた上で夫の殺害権を認めている）。

Clasen, art. 120, IV〔p. 493 et seq.〕は，夫は姦通中の妻を殺害しうるかと

いう問題を提起し，妻の姦通を発見した場合，怒りを抑えるのが望ましいが，「正当な怒りに突き動かされた者は免責に値する」がゆえに，現に姦通を働いている妻を直ちに殺害した夫は免責されると註解する。

3　姦通に対する刑罰　(1)　皇帝法として，コンスタンティヌス帝勅令（C. 9, 9, 30, 4）は，端的に「聖なる婚姻を穢す者は斬首されなければならない（sacrilegos autem nuptiarum gladio puniri oportet）」と定め，当事者双方に死刑を科すものであった。後のユスティニアヌス帝新勅法（Nov. 134, 10）は，死刑を科すコンスタンティヌス帝勅令を確認したが，姦婦に対する刑罰を減軽し，笞刑の上修道院に終身監禁するものとした（さらに，姦婦を宥恕し共棲を望む夫に対する配慮として，夫が2年以内に女を修道院から連れ戻すことができると定める）。

姦婦に対する刑罰の減軽について，Clasen, art. 120, IV〔p. 490〕は，男よりも容易に姦通に陥りやすい女子の弱さ（fragilitas）が根拠とされることがあるが，姦婦を宥恕し共棲を望む夫から姦婦を受け入れる権利を奪わないためであるとする Carpzov, q. 53, n. 24 の所説が夫の連戻し権を認めるユスティニアヌス帝新勅法と整合的である，と註解する。

(2)　Clasen, art. 120〔p. 490 et seq.〕は，重姦通の場合は，男は斬首刑，女は笞刑の上修道院監禁であるが，今日改革派領邦（terrae Reformatorum）では，修道院監禁は用いられず女は笞刑の上永久追放である。これに対し，Carpzov, q. 54, n. 17; Kress, art. 120, §3; Brunnemann, cap. 9, n. 30〔上口訳259頁〕は，女もまた死刑でなければならないとする。

女が姦夫を宥恕し，裁判官に寛刑を申し出るときは，刑は少なくとも追放刑に減軽されるが，女は姦夫とともに退去しなければならない。男が姦婦を宥恕するときもまた，ともに退去しなければならない（Clasen, art. 120〔p. 491〕）。

(3)　有婦の男が夫のない女と同衾することは，ローマ法上姦通に当たらず，笞刑，有期追放刑，拘禁刑又は罰金刑が科される。有夫の女を寡婦又は処女と誤信した場合も同様である。妻のない青年又は寡夫が有夫の女と同衾する場合は，男は斬首刑，女は笞刑又は追放刑である（Clasen, art. 120, IV〔p. 491 et seqq.〕）。

(4) 「姦通に対する刑罰の時効」は5年である（Clasen, art. 120, IV〔p. 492〕）。「姦通に対する刑罰の時効」とされているが，これは弾劾を有効に提起しうる期間をいう（Carpzov, q. 49. n. 2）。起算点は，Clasen, art. 120, IV〔p. 492〕は最初の同衾，Kress, art. 120, §5 は最後の同衾とする。

4 妻による弾劾訴訟 Clasen, art. 120〔p. 493〕によれば，ローマ法上，妻は夫の姦通に対し，婚姻の誓約を破ったとして不法侵害（injuria）の訴えを提起しえたが，弾劾の提起は許されなかった。これに対し，本条は姦夫に対する妻の弾劾を許容する趣旨である（Clasen, art. 120, IV〔p. 492 et seq-q.〕）。

妻による弾劾が行われた場合，姦夫に対する刑罰は，重姦通ならば斬首刑，夫のない女との単純姦通ならば追放刑及び笞刑である。しかし，重すぎるとして罰金刑に換刑することが，退廃した裁判所の慣行となっている。この換刑は，「晒台を買い戻す」と呼ばれる。「その結果，姦夫は非行を是認されるにとどまらず，罰金刑を以て贖った罪を誇示することになる。これは，『ユリウス法よ，今や汝は何処に眠れるや（Ubi nunc Lex Julia dormis?）』と諷することが許されよう」（Clasen, art. 120〔p. 493〕）。「ユリウス法」は，紀元前18年の「姦通に関するユリウス法（Lex Iulia de adulteriis）」をいう（vide D. 48, 5）。

重婚の形式において行われる罪に対する刑罰

第121条 同じく，夫たる男が他の女を，妻たる女が他の男を，前の配偶者の存命中に，聖なる婚姻の形式の下に迎え入れるときは[*1]，かかる犯行は姦通であるにとどまらず，姦通に比しより重大なる罪である。ゆえに，皇帝法はかかる犯行に死刑を定めざるところ[*2]，朕は，かかる罪を欺罔の意図を以て知情の上意図的にその機会を設け実行する（volnbrigen）者あるときは[*a]，姦通を行う者より軽からざる刑事罰を以て（peinlich）処罰されることを欲する[*3]。

1 重婚 重婚（bigamia）は，「妻が生存中の夫が，故意を以て，何らかの理由から蔑ろにされた前妻に加えて，新たな妻を迎え婚姻したものとし

て共棲する」ことをいう（Clasen, art. 121, I〔p. 495〕）。Kress, art. 121, §44〔p. 366〕によれば，この婚姻は「真正の婚姻（聖なる婚姻）」でなければならず，婚姻しても同衾に至らなければ重婚は未遂である。

2 C. 9, 9, 18 が重婚に対し名誉喪失を科していたにとどまることをいう。Clasen, art. 121, III によれば，ローマ法上重婚に死刑が科されなかったのは，①有夫の女が姦通した場合は笞刑及び修道院監禁とされ，また，②有婦の男が夫のない女と姦通した場合も淫行の罪に問われたにとどまり，いずれの場合も死刑は科されなかったという事情があったためである。

3 **重婚に対する刑罰** (1) Carpzov, q. 62, n. 31 et seq.; Kress, art. 121, §4〔p. 367〕; Meckbach, art. 121; Stephani, art. 121 によれば，前条は姦通に対し死刑を科しており，重婚に姦通より軽くない刑を科すべきだとする本条の規定によれば，同時に姦通ともなる重婚に対する刑罰は死刑である。

(2) 本条は，「重婚に死刑を科していないローマ法を考慮することなく，重婚を行う夫及び妻に刑事罰すなわち死刑を科す」ものであるが（Clasen, art. 121, IV〔p. 497〕），この点については，104 条が「朕の皇帝法が死刑を科すことを定めず又は許さざる事例（又は類似の事例）に対し，朕は朕及び帝国の本令において死刑を定めんとするものではない」と定めており，本条はこれと整合しないという問題がある。

カロリーナ第 1 次草案 127 条は，重婚に対する刑罰について「朕の祖先及び朕の普通皇帝法は重婚につき死刑を定めておらず，ゆえに朕は重婚に死刑を科さんとするものではない」という原則を定め，犯情が重い場合は法有識者の鑑定を経て刑を加重し死刑とする余地を認めるものであった。しかし，第 1 次草案 105 条は，カロリーナ 104 条と同趣旨の規定をおいており，第 1 次草案の 105 条と 127 条との間にも齟齬が生じていたのであるが，カロリーナ 104 条と 121 条との間の齟齬ほど大きなものでなかったといえる。この点について，Kress, art. 121, §4〔p. 366〕は，「法文の変更訂正によって曖昧さが生じていると考える。1521 年草案においてはすべてが明白明晰であった。姦通との比較もなされておらず，また，『刑事罰を以て (peinlich)』という曖昧かつ多義的な語も用いられていなかった」と註解する。

（3）Clasen, art. 121, IV〔p. 498 et seq.〕によれば，斬首刑が科される要件は，配偶者の生存を知りながら新たな配偶者を迎えることである。したがって，①錯誤又は不知により婚姻を重ねた場合は正規刑を科されないが，違法の認識が推定される。処罰を免れるためには，錯誤又は不知が証明されなければならない。少なくともそれまでの良き品行，戦役又は航海による配偶者の長期不在のような推定根拠による証明が必要である。証明のための宣誓は安易に許容されるべきではない。②聖職者による婚姻の祝福がなされても，同衾に至らないときは正規刑を科されない。③未婚の女が事情を知らずに有婦の男と婚約し，聖職者による祝福を受ける前に同衾したときは，公的かつ適法な婚姻は存在せず，男は裁量刑を科される。④配偶者により遺棄された者は，独断で（propria authoritate）婚姻するに先立ち，司教又は宗務局に離婚判決及び婚姻許可を求めなければならない。これに反する新たな婚姻には裁量刑が科される。⑤配偶者の不在に正当なる根拠がなく，かつ書簡その他により配偶者の死亡が伝えられ又はその種の風聞があり，配偶者の死を信ずる相当の理由があるときは，刑を免れる。ただし，不利益な推定根拠があるときは，配偶者の生存に関する不知を証明しなければならない。証明がなされないときは，真実解明のため被告人を拷問に付すことができる。

卑しき利欲から自ら妻又は子を淫行のため売り渡す者に対する刑罰

第 122 条　　同じく，何びとかが，名称の如何を問わず何らかの利欲から*a，自ら，その妻又は子を名誉を損なう淫らで恥ずべき所業のために供するときは*1，かかる者は名誉なき者として，普通法の定めに従い処罰されなければならない*2。

1　売春周旋　　売春周旋（lenocinium）とは，「妻，娘その他の女の売春から卑しい利益を得る」行為をいい，自己の妻子をして売春させる行為と，売春婦を待機させ売春させる行為があり，本条は前者を定める（Clasen, art. 122〔p. 500 et seq.〕）。妻子をして売春させる犯罪は，1 回限りの場合においても成立する。その形態には，妻子に売春を勧奨する形態と，妻子に売春を勧

312

奨しないが許容し隠蔽する形態がある（Clasen, art. 122〔p. 501〕）。

2　夫又は親による売春周旋に対する刑罰　　(1)　本条の売春周旋の刑罰は名誉喪失及び死刑である。①名誉喪失とともに，組合への参加資格，聖職，公職の選任適格を失い，かつ，証言適格及び宣誓適格を失う（Clasen, art. 122〔p. 502〕）。②ローマ法（Nov. 7）は，売春業者を，貞操に対する窃盗及び強盗を犯すものと看做し，窃盗及び強盗と同じく死刑を科しているが，この刑罰は，利益のために妻子に売春させる者にも妥当する。「これは，少なくとも利得のため妻を売春させる男について疑問の余地がない。かかる男は姦通を行うものと看做され，かつ，姦通に対する刑罰は死刑だからである」（Clasen, art. 122〔p. 502〕）。

利益を目的としないときは，この犯罪の形式要件（formalis ratio）を欠き，正規刑ではなく笞刑の上永久追放刑を科される（Clasen, art. 122〔p. 503〕）。

(2)　Clasen, art. 122〔p. 502〕は，娘をして売春させる親は同じく死刑である，「第三者が利得のため人の妻又は娘をして売春させる場合に死刑が科されるのであれば，娘をして売春させる親の場合は一層死刑に値する」と註解する（次条は売春周旋者に死刑を科していないので，この註解は理解しがたい。上のローマ法を念頭においたものか）。

また，Clasen, art. 122〔p. 504〕によれば，兄弟姉妹のように，親でない者又は親に代わる者が女子に売春させた場合については定めがないが，「刑罰規定は，不利益を科すものであり，拡張されるべきではない（poenales sanctiones tanquam odiosae non sunt extendendae）」という原則に従い，処罰されるべきではない。

売春周旋及び姦通幇助に対する刑罰

第 123 条　　分別なき女，特に処女であり従前品行方正かつ名誉ある子女であった者が，卑劣なる男又は女により，悪しき欺罔的なる方法により，婦女子としての名誉を損なう罪深き肉の所業に引き入れられることが少なくない。ゆえに，かかる邪悪なる男女の仲介者[*1]，及び，知情の上故意を以て自己の家屋をその目的のために貸与し，又は，自己の家屋内においてかかる所業の行われることを許容する者[*2]は，法有識者の鑑定に従い，犯行の状況

に応じ追放刑，晒し刑，耳の切断刑，笞刑その他の刑罰を以て処罰されなければならない。

1 売春周旋 (1) 本条の売春周旋には，偽計，欺罔により女を誘惑し売春させ，処女又は妻としての貞操を失わせる行為，幇助及び助言によりこの犯罪を助長する行為，及び，この犯罪のために家屋を提供する行為とがある。利得の目的は売春周旋の本質に関わり，かかる目的がない場合には売春周旋は成立しない（Clasen, art. 123, I〔p. 505〕）。幇助及び助言とは，①男と出会う方法を助言し，売春を行うためのあらゆる援助を行い，②その意思のある女に対し甘言，約束，贈与を用いて淫行ないし姦通を慫慂することをいう。売春に同意した女が売春を行わなかった場合は，男が金銭等を受け取ったときにおいても正規刑は科されない（Clasen, art. 123, I〔p. 506〕）。

(2) Clasen, art. 123. II は，本条の保護対象は，①精神面においては，単純で無警戒であって，誘惑に弱く詐術にかかりやすい女子であり，②行状面では，品行方正であり評判の良い者である，したがって，娼婦については本条の適用はないと註解する。既に売春を行っている者が誘惑されるということはありえないとする Kress, art. 123, § 1〔p. 376〕も同趣旨である。これに対し，Carpzov, q. 71, n. 68 は，品行方正の女子をして売春させる行為の重大性を考慮したため品行方正の女子を対象とする規定振りとなっているが，売春周旋の対象となる女子から娼婦を除外することは本条の趣旨ではないとして，その趣旨の 1627 年のライプツィヒ参審人会鑑定を挙げる。

女中に売春させた主も本条の刑を科される（Clasen, art. 123, III）。

2 売春周旋に対する刑罰 本条が売春周旋に裁量刑を科していることは，「刑の決定を法有識者の鑑定と裁量に委ね，法有識者が犯行状況及び人物に応じて刑を決定するものとしていることから明らかである」が，これは，売春周旋に対し笞刑及び永久追放刑を超える刑罰を科さないザクセン法に倣ったものである。利益を取得しなかった場合においては，刑は減軽される（Clasen, art. 123, III〔p. 507 et seq.〕）。

なお，D. 23, 2, 43, 4 は，「売春を現に行う者のみならず，過去に売春を行った者もまたこれを廃した場合においても，法律により〔名誉喪失として〕

314

烙印される。汚辱の行為は後にこれを廃した場合においても償われないからである（Non solum autem ea quae facit, verum ea quoque quae fecit, etsi facere desiit, lege notatur: neque enim aboletur turpitudo, quae postea intermissa est）」と定める。ローマ法上娼婦は名誉喪失とされるにとどまったようである。Carpzov, q. 71, n. 70; Clasen, art. 123, III〔p. 508〕は、貧困は本条の刑罰を免ずる事由とならないと述べた上で、「娼婦自身も、飢餓に迫られたことを理由に淫蕩に対する刑罰を免れない」とする。

背叛に対する刑罰

第124条　同じく、故意の背叛[*1]により罪を犯す者は、慣習に従い、引裂刑を以て処罰されなければならない。女であるときは溺死刑に処されなければならない。かつ、かかる背叛が、領邦、都市、自己の主（herr）、配偶者又は親族に対し大なる損害又は憤激（ergernuß）をもたらしうるものであるときは、曳摺り又は肉挟み（schleyffen oder zangerreissen）[*2]により刑を加重の上、死刑に処しうるものとする。また、背叛の態様により、まずかかる犯人の首を刎ね、しかる後四裂きに処しうるものとする[*3]。以上は、裁判官及び判決人が犯行の状況に応じ判断し言い渡すべく、疑義あるときは鑑定を求めなければならない。ただし、裁判官又は官憲において〔犯行を解明し〕犯人を処罰することを可能ならしめるため、〔主等に対し不利益に〕証言する者は、〔背叛としての〕処罰を受けることなくこれをなしうるものとする[*4]。

1　背叛　(1)　本条の背叛、次条以下の放火、強盗の場合はその概念が既知のものとして措定されている（v. Hippel, S. 184）。犯罪類型を専ら伝統的な名称を以て指示する従来の方式に従ったものである（Schmidt, *Einführung*, S. 115）。

Böhmer, art. 124, §1によれば、背叛（verreterey; proditio）とは、放火、傷害、強盗、謀殺等の加害目的を以て、被害者の敵である第三者と密かに通謀し、友好的態度を仮装して被害者の警戒を解かせ、被害者の敵の術中に陥れることをいう。背叛は、都市、地域、君主、配偶者、近親者を害する点で重大なる侵害と憤激を伴い、これが刑の加重事由である（Clasen, art. 124〔p.

510〕）。Clasen, art. 49〔p. 225〕は，アハトを宣告された者を殺害することは原則として適法であるが（155条註1参照），背叛的な方法により殺害した者は，背叛の卑劣性に鑑み殺人の正規刑によって処罰されると註解する。

(2)　Clasen, art. 42, I は，背叛の例として，①宣誓によりその安寧を図る義務を負う上級者との関係で行われる場合。たとえば，臣下又は市民が君主又は都市を裏切り，城砦や都市への侵入路を敵に暴露し，あるいは，通例秘匿される企図を敵に通報する場合。②友好関係に反して行われる場合。たとえば，仲間や友人を裏切り，身体生命の危険に曝す場合。③特に約された忠誠関係又は庇護関係に反して行われる場合。たとえば，忠誠関係又は庇護関係に入った者が主を裏切り，臣下又は庇護民としての忠誠を尽くさず主に対し卑劣なる行動をとる場合を挙げる。

2　背叛に対する刑罰　男子に対する引裂刑は，本条が「慣習に従い」とするように，ゲルマンの慣習に由来するものであるが，身体を四裂きとし，東西南北に曝す。本来反逆罪に対する刑罰であるが，本条は背叛罪に拡張するものである。女子に対する溺死刑は引裂刑の減軽であり，水没させ窒息させる（Clasen, art. 133, I〔p. 509〕）。なお，本条は引裂刑を定める唯一の規定である。

クラーセンは，女子に対する刑罰は通例減軽されるとして，「総督は，神殿窃盗を処罰するに当たり犯人の人物，事件の状況，日時，年齢及び性別に従い寛厳を定めなければならない（Sacrilegii poenam debebit proconsul pro qualitate personae proque rei condicione et temporis et aetatis et sexus vel severius vel clementius statuere）」と定める D. 48, 13, 7 を根拠として挙げる。

3　193条，194条参照。

4　背叛に関する免責　(1)　テキストは，"Aber die jhenen, durch welcher〔=deren〕verkundtschafftung richter oder oberkeyt die übelthetter zu gebürender straff bringen möchten, *das mag on verwirckung eynicher straff geschehen*"である（亀甲括弧内—引用者）。

主語らしきものが二つあり，統語上問題がある。①塙124条は，「裁判官または司直が非行者どもを相応なる刑に持ち込みうべき手段たる証言をなす者ども〔につきては〕，まったく刑を蒙らざることありうべし」として，語

を補足することで対処している。② Gobler, art. 124 は，"Porrò ille quorum opera *proditionem explorauit*, inuestigauitque iudex & magistratus, quo facinorosi iusta poena adficiantur, haud sanè culpam habent, aut ullis poenis subiciendi sunt"（「これに対し，裁判官又は官憲が，犯人に相応しい刑罰を科すべく，背叛を解明することに貢献した者は，責めを負うことなく，いかなる刑罰にも処せられてはならない」）と羅訳するが，意訳と解される。しかし，いずれの訳も先行する法文との関係が明瞭でない。

(2)　Güterbock, S. 229 は，テキストには誤りがあるが，テキストの趣旨は明白であり，誤りのあることを指摘するだけで足りようとする。バンベルゲンシス 149 条は，"Aber die jhenen durch welcher verkuntschafftung Richter oder oberkeyt die vbeltetter zu gebürender straff bringen möchten, *haben domit kein straff verwürckt*"となっている。ギュータボックの指摘は，バンベルゲンシス 149 条のように訂正されるべきだという趣旨であろう。このような訂正は以下に挙げるクラーセンの註解とも符合する。すなわち，Clasen, art. 124, argumentum は，「しかし，裁判官又は官憲が犯人を探知ししかるべく処罰することに働きのあった者は，背叛の罪とその罰とを免れる（Interim illi *à delicto proditionis ejusque poena sunt immunes*, quorum ministerio Judex aut Magistratus delinquentes investigare, eosque debitis poenis coércere poterit)」の趣旨であるとする。この規定を，主，親族等の犯罪について裁判官又は官憲に情報を提供する者は背叛の責めを負わないという免責規定と解するものである（この規定は，裁判官に親族等の犯罪について情報提供することを背叛罪の構成要件に該当すると看做した上で免責する規定であることになる）。妥当な解釈と考えられる。

　Kress, art. 124 § 3 は，皇帝の高官に対する殺人を反逆罪と定め，あわせて，共謀を通報した者に恩賞を与えるとする C. 9, 8, 4, 7 を援用し，本条は背叛罪に参画していない者を対象とする規定であるが，背叛罪の共謀者が背叛行為の未遂の段階において悔悟の念から他の共犯者を官憲に対し告発した場合にも拡張されるべきだとする。

放火犯に対する刑罰

第 125 条　　同じく，有罪を証明された故意の放火犯[*1]は，焚刑に処せられなければならない[*2]。

1　放火・失火　　(1)　Clasen, art. 125〔p. 512〕によれば，火災（incendium）は次のように分類される。①意図的に惹起される，故意の火災。②雷が家屋を焼失させるように，何びとかの責めによらず生ずる火災。③何びとかの極端な不注意による懈怠（negligentia）に起因する，重過失（lata culpa）による火災。この過失は刑事事件においては故意に準じられることはない。④火を扱うに際し注意深い家長ならば通常払うような注意（diligentia）を払わなかった者の不注意から起きる，軽過失（levis culpa）による火災。⑤賢明かつ特に勤勉なる家長であるならば怠ることのないこと又は行うであろうことを怠った場合に生ずる，最軽過失（levissima culpa）による火災。

放火の中でも，①他人から報酬を得て若しくは自らの意思で放火を行い，都市・農村住民に対し無差別に危害を加え，又はそのような放火を行う旨脅迫する行為，又は，放火しこれを機会に殺人及び略奪を行い，都市・農村全体を壊滅させる行為は，殺人放火犯（Mordbrenner）と呼ばれ，②殺人及び略奪の意図がなく，たんに憎悪・嫉妬・害意から放火する行為は単純放火犯と呼ばれる（Clasen, art. 125〔p. 511〕）。

2　放火・失火に対する刑罰　　(1)　ローマ法とカロリーナの違い　　Clasen, art. 125〔p. 513〕によれば，ローマ法上，放火（dolosum incendium）に対する刑罰は，都市・農村，身分の高低，火災の大小によって違いが設けられていた。たとえば，都市での放火の場合，軽輩の者ならば，火災が大なるときは闘獣刑の上焚刑，火災が小なるときは斬首刑，貴族又は高官ならば斬首又は流島刑である。農村での放火の場合，軽輩の者ならば，火災が大なるときは斬首刑，火災が小なるときは流島刑，貴族又は高官ならば，火災が大なるときは流島刑，火災が小なるときは追放刑である。

本条はこのような区別を認めず，一律にタリオ刑として焚刑を以て処罰すべきものとしている。故意は，少なくとも行為の態様，被告人の人物及び出火時刻から得られる徴憑及び推定根拠に基づいて，弾劾人が証明しなければ

ならない（Clasen, art. 125〔p. 513〕）。

①身分や一身的事情は考慮されず，通常は性差により刑を減軽される女子もまた焚刑を科される。②放火場所が都市であるか農村であるか，居住用家屋であるか納屋のような貯蔵用家屋であるかその他の用に供するワイン醸造小屋・天幕・厩舎・掘立小屋・東屋等であるかを問わない。③被害の大小も問わない。個人ではなく都市や集団全体を危険に曝す犯行の悪質性のためである（Clasen, art. 125〔p. 514 et seq.〕）。

(2)　正規刑の適用　①被害者に対し被害を賠償した場合においても，都市全体を危険に曝す犯罪の重大性に鑑み，公的処罰を免れない。②侮辱され憤怒から復讐として犯行に及ぶ者は通例刑を減軽されるが，放火の場合は正規刑を免れない。攻撃を受け怒りを発し防禦の限度を超えた場合，殺人の正規刑を免れることがあるが，放火の場合は，怒りに発したとしても，攻撃に対する防禦に当たらず，また，地域全体の壊滅をも招きうるからである。③自宅に放火したが他人の力で適時鎮火した場合は，自力によらず他人の力により鎮火したのであり正規刑を免れない（Clasen, art. 125〔p. 516 et seq.〕）。

Meckbach, art. 125 によれば，「他人を介して行う者は自ら行った者と看做されなければならない（quis facit per alium per se fecisse putandus est）」という理由に基づき，金銭を支払って放火させた者は放火犯として処罰される。

(3)　未遂　放火未遂であっても放火に接着した行為に至っている場合は，害意を理由に既遂と同様に処罰される。すなわち，着火した麻屑・ピッチ・硫黄等を放火場所においた場合は，偶然的事情によって損害が生じない場合においても，都市全体及び多数住人が壊滅する虞が生じており，未遂についても正規刑が科される（Clasen, art. 125〔p. 514〕）。ただし，放火着手後，悔悟の念から消火した場合は刑を減軽される。悔悟は故意を減少させ，未遂の犯罪の責任を一部免責するからである（Clasen, art. 125〔p. 517〕）。中止未遂については，178 条註 3 参照。

(4)　加重減軽　放火に加えて，殺人又は略奪の目的がある場合は，刑が加重され，刑場へ曳き摺られ又は灼けた鉗子により身体を挟まれる。年少者たとえば 17 歳未満の者は刑を減軽され，斬首の上身体を焼却される。年少

者の悪性はより低く，その判断能力は乏しいからである（Clasen, art. 125〔p. 517 et seq.〕）。

（5）失火（culposum incendium）の刑罰は，過失には程度に応じた裁判官の裁量による（Carpzov, q. 39, n. 33）。過失の程度に応じて，笞刑，追放刑，罰金又は拘禁刑が科される。民事上，失火者は火災による損害を全て賠償しなければならない（Clasen, art. 125〔p. 518〕）。

強盗犯に対する刑罰

第 126 条　同じく，有罪を証明された故意の強盗犯（rauber）[*1]はすべて，朕の祖先及び朕の普通皇帝法に従い，剣又はその地において強盗に関し良き慣習となれる方法を以て死刑に処せられなければならない[*2]。

1　強盗　（1）His, Teil 2, S. 202 によれば，ドイツ中世における"Raub"は，反抗抑圧としての暴力を要件としない公然たる奪取（Wegnahme）を意味し，暴力は加重事由にとどまった。また，場合によっては，公道あるいは林野における奪取のみが強盗とされたようである。

これに対し，ローマ法においては，暴力を用いた領得すなわち強盗は窃盗と看做された（Mommsen, S. 738）。強盗の中でも，「物を強奪するためにこれを行う街道強盗は，武装強盗集団に類するものと看做される。街道強盗が武装し人を襲い物を強奪しようとしたとき，特にこれを数次にわたり公道において行ったときは斬首刑とする。その他の者は鉱山労働刑又は流刑とする（Grassatores, qui praedae causa id faciunt, proximi latronibus habentur. Et si cum ferro adgredi et spoliare instituerunt, capite puniuntur, utique si saepius atque in itineribus hoc admiserunt: ceteri in metallum dantur vel in insulas relegantur）」（D. 48, 19, 28, 10）という法文が示すように，街道強盗にのみ死刑が科された（"grassatores"及び"latrones"の訳は，Mommsen, S. 629 に従ったが，Radbruch, S. 16 は後者を「武装殺人集団」と解している）。

（2）本条は，"Raub"の構成要件を記述しておらず，刑罰のみを定める。これについては，v. Hippel, S. 184 のゲルマン法説と Radburuch, S. 11 のローマ法説がある。これに対し，Schaffstein, S. 140 f. は，本条の趣旨は不

明であるが，カロリーナ以後の普通法学説がイタリア法学に倣い"Raub, rapina"を強奪の意味に解した事実を指摘し，"rerum ablatio et spolium violentum"（「物の強取」）（Carpzov, q. 90, n. 5），"violenta ablatio rei mobilis, facta dolo malo, animo lucri faciendi"（「利得目的のため故意を以て行う他人の財物の強取」）（Matthaeus, tom. 1, lib. 47, tit. 2, cap. 1, n. 1），"violenta ablatio rei alienae mobilis, dolo malo, animo lucri facta"（「利得目的のため故意を以て行う他人の動産の強取」）（Böhmer, art. 126, §1）の例を挙げる。

　もっとも，「故意を以て暴力を加えかつ公道上公然と行う他人の動産の奪取」（Clasen, art. 126 〔p. 519〕），「道路，都市において利得のため暴力を用いて奪取した者は強盗である」（Kress, art. 126, §3〔p. 391〕）とする定義もある。カルプツォフ自身も上のように「物の強取」と定義するが，Carpzov, q. 90, n. 3 は，「公道において殺人を伴うことなく盗を行う（furari）者は強盗と呼ばれる」とも述べている。

　クラーセン等の定義ないし所説には，ローマ法の「街道強盗」の観念が影響していると考えられる。Carpzov, q. 90, n. 43 f. は，本条において被害額の多寡に関わらず死刑を科される理由は，「強盗罪においては，物の奪取によって加えられる損害ではなく，公道，地域の安全の侵害が重視される」という点にあると述べている。Geus, S. 95 は，強盗は社会に対する犯罪であり，ラント平和侵害の一種であるとする。公共の安全・平和の観点から強盗を理解する見解は，放火及び騒擾に関する規定に挟まれた本条の位置とも整合的である。

　(3)　ローマ法において死刑を科される強盗は街道強盗に限られたため，街道強盗以外の強盗にも本条の適用があるかが問題となりうる。平和・安全の観点から，Carpzov, q. 90, は，①本条の「故意の強盗犯」という文言は，「公道及び森において行われた強盗に限定すべき理由はなく，この一般的規定は住居における強盗にまで拡張して妨げない」（n. 74），②「人は，公道においても，各人にとって最も安全なる避難所である住居においても，身体及び財物に関し等しく安全でなければならない」，したがって，街道強盗に対し厳刑を科す根拠は住居における強盗にも妥当する（n. 75），とするほか，Böhmer, art. 126, §4〔p. 520〕もまた，①本条は強盗としているのであって，

街道強盗としていない，②「都市，農村及び各人の住居は同等の安全を共有しており，古人は住居の平和を侵害する者に対する重い刑罰を科すことによって住居の不可侵性を十分確認している」，したがって，「強盗は，各人の最も安全なる避難所である個人住居においても犯しうる」と註解する。

2 強盗に対する刑罰　　Clasen, art. 126〔p. 521〕は，本条は，街道強盗にのみ死刑を科すローマ法における加重要件を外し強盗一般について死刑を科していると註解する（Radbruch, S. 16 は，本条は 104 条の原則から逸脱していると指摘する）。ザクセン法においては，斬首後見せしめとして死体が車輪に括られ曝された（Carpzov, q. 90, n. 12）。

Clasen, art. 126〔p. 521〕によれば，公道の安全という観点からは奪取された財物の価値の多寡は考慮されないが，犯人が財物を返還しようとする場合も，同様の理由から，窃盗の場合と異なり正規刑を免れない。ただし，領邦君主は裁量刑に減軽することができる。

民衆の騒擾を惹起する者に対する刑罰

第 127 条　　同じく，ある者が，領邦，都市，管区（oberkeyt）又は地域において，故意を以て[*a]官憲に対する庶民の騒擾（auffruren）を惹起し[*1]，かつ，その者についてその事実が認められるときは，犯行の重大性及び状況に応じ，場合により斬首刑，又は，笞打ちの上，騒擾を惹起した領邦，地方，裁判区（gericht），都市，地域からの追放刑を以て処罰されなければならない。この場合において，裁判官及び判決人は，何びとにも不法が行われることなく，かつ，かかる犯罪的なる蜂起が防止されるよう〔適正なる刑罰を科すため〕，しかるべく鑑定を依頼しなければならない[*2]。

1 騒擾の惹起　　「公共の平穏を害する混乱を惹き起こすため，興奮しやすい民衆を扇動する」ことをいう。違法なる集会を組織し，秘密集会を準備し，広く市民を扇動し，一部暴徒化した者をして公共の平穏及び秩序を紊乱させる者が騒擾扇動者である（Clasen, art. 127, I）。Kress, art. 127, §1 は，本条の官憲は帝国等族ではなく，帝国等族の官吏及びその他の官憲を意味し，領邦君主に対する騒擾行為は反逆罪に当たるとする。

2　騒擾の惹起に対する刑罰　　(1)　Clasen, art. 127, II〔p. 524〕によれば，「犯行の重大性及び状況」とは，騒擾の原因，すなわち，官憲が不当なる行政により原因を作ったか否か，又は，官憲の過失がないにもかかわらず何びとかが軽率及び悪意から扇動したか否かを意味する。前者の場合，上級官憲に対し不当を訴える余地があり騒擾行為は違法であるが，首謀者は笞刑及び追放刑を超える刑を科されない。後者の場合は斬首刑である。しかし，「場合により」という文言は，犯情により刑を加重減軽する権限を含意し，首謀者であっても正規刑を減軽される余地がある。被扇動者，大衆は常に刑を科されない。

　　Kress, art. 127, §2は，犯罪の重大性として，騒擾によって生じた人的・物的被害が考慮され，これらの被害が生じない場合は死刑を科すことはできないとする。また，被扇動者について，「多衆犯罪において照準は特に首謀者におかれる。参加者全員を死刑とすることはできないのであるから，扇動者は被扇動者よりも重く処罰されて当然である。さらにまた，犯行の原因は首謀者の側にあり，その他の参加者は感染により正気を失ったという事情が付け加わる」と註解する。

　　(2)　Clasen, art. 127, IV〔p. 525〕は，この場合において鑑定を依頼すべき理由は，①軽重において適正なる刑を犯人に科すこと，②他の者に対し見せしめとして，騒擾行為に及ぶことを抑止しうるような刑を科すことにあるという。

敵対的退去を行う者に対する刑罰

第128条[*1]　　同じく，驕慢なる者が，法及び衡平に反し[*2]人々に脅迫を加え，かつ〔居住地より〕離脱退去し，かかる驕慢なる侵害者（beschediger）が居処，保護，助勢及び助力を見出しうる場所及び徒輩[*3]の許に奔り，〔その結果，〕人々が，時としてかかる驕慢なる者より法と衡平に反する重大なる侵害を蒙り，また，しばしば法と衡平に反する脅迫と恐怖を加え人々を強要し衡平と法に服さざる，かかる軽率なる者による危害を危惧せざるをえない例を少なしとしない。ゆえに，かかる者はラント強要者（landtzwinger）[*4]と看做されなければならない。ラント強要者が，上に定めるごとく，不審なる場

所に退去し，しかるべき法及び衡平を人々に認容することを拒み，上のごとき退去行為により，法及び衡平を行うことに対し脅迫，威嚇を加え[*a]，かつ，かかる者が拘禁されるに至るときは，何ら実行行為に及ばざる場合においても[*b]，ラント強要者として斬首刑を以て処罰されなければならない。何らかの行為により強要を企てた者も，同様に処罰されなければならない[*5]。ただし，何びとかが，他の者の権利行使を妨げる意図によることなく，〔専ら〕暴力に対する恐怖から，不審ならざる場所に逃避するときは，上に定める刑罰を科されない[*c*6]。この場合において疑義が生ずるときは，以下に定めるごとく，法有識者又はその他に教示を求めなければならない。

1 本条見出しのテキストは，"Straff der jhenen so *bößlich außtretten*"である。

Clasen, art. 128〔p. 525〕は，"Poena eorum, qui animô alios offendendi à domo sua profugiunt"（「他者に危害を加える意図を以て居住地から出奔する者に対する刑罰」）と羅訳する。これに対し，Schroeder, S. 175 は，イタリック部分に，「不法なる生活をなすべく，適法なる生活から離脱する」ことと註解する。

2 「法と衡平に反し（wider recht vnd billichkeyt）」の趣旨は，必ずしも判然としない。ラント強要者の行為について，Clasen, art. 128, I〔p. 526 et seq.〕は，「他人によって侵害された場合には裁判官に救済を求めるべきところ，これに代えて厄災及び害悪を加えることを告げ他人を脅迫する」，「判決に満足することなく，暴力を以て他者に強要し害を加える」と註解している。これによれば，「法と衡平に反する」とは，「法に従い訴訟によるべきところ，これを行わない」，「裁判官の判決に従わない」ことを意味しよう。

3 v. Hippel, S. 185 によれば，「ラント有害者」を指す。

4 **ラント強要者** (1) Kress, art. 128, §2 は，ラント強要者（coactores provinciarum）を，「ある領邦の住民に対し無差別に強制を加え，あたかも領邦の住民が彼らの奴隷であるかのように，かつ，もはや官憲が存在しないかのように恣にあらゆる不正及び厄災を加えようとする者」と定義し，ラント強要とされる行為を，「驕慢にも同朋に脅迫を加え，驕慢なる犯罪者を受

容，保護，援助する徒党の許に奔り，さらに脅迫により以前の同朋に恐怖を
与え続け，かつ，善及び衡平に従い既に彼らに判決が与えられているにもか
かわらず，判決を意に介することなく，哀れなる者ども〔＝以前の同朋〕に違
法に恐怖を与えることにより，不当に要求を強要しようとする」行為と定義
している。Gobler, art. 128 によれば，「反逆者，街道強盗，公共の敵
(perduelliones, grassatores, & communes hostes)」，Clasen, art. 128, I〔p. 527〕
によれば，「公共の平和を乱し，公道の安全を害し，旅人を待ち伏せし，危
害を加えあるいは危害を加えることなく不当なる取引を強要する」者であ
る。

　以下に引用するリッターの指摘に従うならば，「反逆者，公共の敵」，「ラ
ント平和擾乱者」であること，「公共の平和を乱す」ことが，本条が補足し
ようとする行為者類型又は行為類型であり，街道強盗行為や「公道の安全を
害し，旅行者を待ち伏せし危害を加え，あるいは危害を加え不当なる取引を
強要する」行為は，そのような類型の具体例に当たる。

　(2)　Ritter, S. 23 f., 34 は，128 条及び 129 条は，裁判手続によらない違
法な自力救済を対象とするが，129 条は武装権・フェーデ権を有する者，
128 条はそれ以外の者を行為主体とするという。また，Ritter, S. 27 ff. は，
128 条について，法共同体からの退去 (Austreten) という形態をとった，法
秩序に対する敵対的な心情それ自体の処罰を目的とし，同条の定める具体的
行為類型はその例示にすぎないとする。

　なお，若曽根健治「ラントツヴィンガー (Landzwinger) とはなにか─ドイ
ツ刑事法史の一断面」熊本法学 122 号（2011 年）406 頁参照。

　5　ラント強要に対する刑罰　(1)　Clasen, art. 128, II〔p. 527〕は，「処
罰は，強要行為〔を企てる〕以外の犯行に及ばなかった者にも拡張される。
ここでは，結果ではなく，意思が問題であり，安寧の侵害，公共の平和の侵
害が問題とされる場合だからである」と註解する。また，Clasen, art. 128,
II〔p. 527 et seq.〕によれば，「何らかの行為により強要を企てた者」とは，
「侵害又は強要の意図を推測させる行為を行った者」をいう。

　(2)　176 条は，不復讐宣誓に違背するか，過去の犯罪と同種の害悪を加え
るべく脅迫したために将来再び犯罪を行うことが危惧される行為者を対象と

して，犯罪を行わないことの担保を提出するまで拘禁するものと定める。これに対し，本条が対象とする，居処より退去し都市外等の犯罪的集団と結びついて脅迫を行う者が都市住民等に及ぼす脅威・危険は，176条が対象とする者が及ぼす脅威・危険より広汎かつ重大であると考えられる。本条が，176条と対照的に，脅迫を加えたにすぎない行為者にも斬首刑を科すのはそのような理由によると考えられる。

6　Clasen, art. 128, II〔p. 528〕は，暴力に対する正当なる恐れから居住地から退去することは，違法な行為に当たるような外観を呈するが，他者を害する意図がない点で本条の刑罰に値しないとする。

違法にフェーデを予告する者に対する刑罰

第129条　何びとかが，法及び衡平に反し，恣にフェーデを予告する（bevheden）*1ときは，斬首刑を以て処罰されなければならない。ただし，そのフェーデにつき，朕及び帝国の朕の後継者たるローマ皇帝又は国王による允許を有するとき*2，フェーデ予告の相手方が，フェーデを予告した者，その血族（gesipte），姻族（freundtschafft），封主（herrschafft）*a若しくは同盟者（die jren）*bの敵であるとき，又は，その他フェーデを行うやむをえざる正当なる理由があるときは*3，その者がその正当なる理由を証明する限り，刑事罰を以て処罰されてはならない。かかる場合において疑義が生ずるときは，法有識者及び本令の末尾に定めるところに鑑定を求めなければならない。

1　フェーデ予告　(1)　フェーデ予告（diffidatio）を，Kress, art. 129, §1〔p. 402〕は，「戦闘及びその帰結である強盗，殺人，放火を何びとかに通告する」こと，Clasen, art. 129, II〔p. 530〕は，「生命，身体，財産に対し徹底的な攻撃を加えることを，文字，記号その他の方法（以下(2)参照）を用いて敵方に告知する敵対的な通告であり，以て公共の平和を侵害し，住民全体をして害悪及び危険を恐怖せしめること」と註解する。Carpzov. q. 37, n. 1もまた，「敵対行為を通告する（hostiles inimicitiae denunciare）こと」とする。ただし，Langbein, art. 128 は，「フェーデを行う」，堉128条は「復讐

する」とする。

　前条及び本条が平和侵害を対象とし，かつ前条は脅迫それ自体を処罰するものであるが，本条もまたフェーデ予告それ自体を平和侵害として処罰する。Clasen, art. 129, IV〔p. 534〕は，「平和令は，武器による暴力的な実力行使を〔処罰〕要件とするが，フェーデ予告はこれを欠く。しかし，フェーデ予告は戦闘行為及び殺人を意図し，戦闘行為が迫っているという恐怖を惹き起こす。したがって，フェーデ予告者は平和侵害者と同視されなければならない」として，フェーデ予告自体を平和侵害と評価する。

　(2)　Clasen, art. 129, II〔p. 531 et seq.〕によれば，フェーデ予告の要件は次の通りである。①生命，身体，財産を害する旨の文書が相手方に送付され若しくは相手方が了知しうるよう特定の場所に貼付されるか，又は，敵対行為を示す記号若しくは松明，火薬等が村，都市におかれるという行為が必要である。フェーデ予告にはたんなる脅迫的言辞では足りない。②フェーデ予告によって平和が侵害されること。フェーデ予告が対個人であるにせよ対共同体であるにせよ，個人ではなく住民全体に対する敵対行為が予想されることが必要である。たとえば，個人の居宅に対する放火の予告であれば，この種の脅迫は共同体全体に関わる脅迫行為となる。③復讐又は私的要求を実現する目的であること。フェーデ予告者とは，本来，裁判官の下した判決に満足せず，己の主張を正しいと考え，法及び官憲の権威を無視し，暴力と威嚇を以て己の意思に従うよう他人に強要する者をいう。

2　フェーデ予告に対する刑罰　(1)　以下の者はフェーデ予告を行った者と同じく死刑を科される。①フェーデ予告状を作成した者。②フェーデ予告に当たる記号・目印を村又は都市に自ら又は他者の命令を受けおいた者，③都市に住む敵に対し放火の脅迫を行い，その住居に放火状等をおいた者（Clasen, art. 129, II〔p. 535〕）。

　(2)　本条の正規刑が免除される場合がある。①皇帝の允許を得ている場合。フェーデ予告は宣戦布告の一種であり，宣戦布告は皇帝の専権に属するが，皇帝は正当なる理由に基づきこの権限を譲渡しうるからである。②自己又は親族の敵に対し戦闘を行い又はフェーデ予告を行う場合。この種の行為は，敵に対し機先を制し，侵害を予防し安全を確保する行為として平和侵害

に当たらない。③暴力に暴力を以て対抗する場合。正当防衛原則に基づくものである。また，一般的に，その他戦闘行為を行う正当なる理由のある者も本条の適用外となるが，その判断は裁判官に委ねられる。ただし，以上の例外は，私人には妥当せず，君侯，その他真正罰令権及び収益高権を有する者のような公人に限られる（Clasen, art. 129, II〔p. 536〕）。

3　適法なるフェーデ予告　1495年帝国永久平和令第2条（abgedruckt in: Zeumer, S. 282）は「全ての公然たるフェーデ及びフェーデ予告（Vechd und Verwarung）」を禁じたが，本条は例外的に適法なるフェーデ予告を認めるものである。

この点について，Brunnenmeister, S. 50 は，1495年帝国永久平和令による禁止もかかわらずなおフェーデが盛行した16世紀初頭の状況に照らすならば，領邦立法であるバンベルゲンシス154条がフェーデに死刑を科すことを時期尚早であり実現不可能と見て，フェーデを無条件に禁圧しなかったことは理解しうるが，帝国立法であるカロリーナが帝国平和令を無に帰せしめるような規定を設けたことは不可解である，とする。Clasen, art. 129, II〔p. 536〕は，「全く理に適ったことであるが，全てのフェーデ予告は帝国法において廃止され，死刑の制裁の下禁止された。しかし，皇帝はこの罰則に例外を設けている」と註解する。

以下，若干の故意の殺人及び殺人犯に対する刑罰について定める

始めに，密かに毒殺する者に対する刑罰について

第130条　同じく，毒物を以て何びとかの生命又は（vel）身体を害する者があるときは[*1]，男は予謀に基づく謀殺犯（fürsatzter mörder）として車輪刑を以て，女がかかる犯罪を行うときは，〔人物及び犯行の〕事情に応じ溺死刑又はその他の刑罰を以て，処罰されなければならない。ただし，他の者に対し大いなる威嚇とするため，かかる邪悪なる犯罪行為者は，謀殺につき定めるごとく〔＝137条〕，人物及び殺人行為を考量の上程度を定め，最終的なる死刑執行に先立ち，〔刑場まで〕曳き摺られ，又は，焼けた鉗子を以て肉

328

を挟まれなければならない*2。

1　毒殺　(1)　毒殺（veneficium）は，被害者が避けることが困難な奸計を用いた殺人であり，背叛的殺人の一種として，剣を用いた殺人より重大なる犯罪である（Clasen, art. 130, I〔p. 539〕）。毒殺行為のほか，毒殺を幇助，助言する行為（Clasen, art. 130, I〔p. 539〕），殺人の目的を以て毒物を購入する行為（Clasen, art. 130, I〔p. 540〕）もまた毒殺に当たる。これらの行為を行った者は全て毒殺犯（venenarius）と呼ばれる（Clasen, art. 37, I〔p. 187〕）。

(2)　条文は「毒物を以て何びとかの生命又は身体を害する者があるとき」と定めており，毒殺未遂の場合も本条の正規刑が科される趣旨と解される。しかし，Clasen, art. 130, I〔p. 540 et seq.〕によれば，①本条は毒殺未遂に対しても正規刑を科すと解する者もいるが，慣習及び実務では，法律に別異の定めがない限り未遂は裁量刑によって処罰されるという原則に従い，毒殺未遂には裁量刑が科されている。したがって，毒物が致死的でないため，又は適時に救命措置がとられたため被害者が死亡しなかった場合は，笞刑及び永久追放刑が科される。②したがって，法文の「又は（vel）」は，法文上例があるように，「及び（et）」の趣旨に解されなければならない。

2　毒殺に対する刑罰　(1)　今日多くの地方において女子に対する溺死刑は用いられておらず，女子に対しても車輪刑が科されている（Clasen, art. 130, I〔p. 540〕）。

正規刑を科すためには罪体確認が必要である。すなわち，①飲食物への混入又はその他の方法により毒物が被害者に与えられた事実，②これにより被害者が死亡した事実，③毒物が致死的であった事実。これは医師の判断に委ねられる。医師が致死性毒物による死亡を確認するならば正規刑を科すことができるが，医師がこれを確認せず疑問を持つときは裁量刑を科すことができるにとどまる（Clasen, art. 130, I〔p. 541〕）。

(2)　犯情に応じ，一般人に対する威嚇を目的とし，曳摺り，焼けた鉗子による身体の引裂きによって刑の加重が行われる。刑が加重される事例として，Clasen, art. 130, I〔p. 542〕は複数回の毒殺，Kress, art. 130, §6は親又は配偶者のような近親者の毒殺の例を挙げる。曳摺り，焼けた鉗子による身

体の引裂きについて，193 条，194 条参照。

殺害の意図がなく。催淫又は治療のため毒物を与えたが死亡の結果を生じた場合は，正規刑が減軽される（Clasen, art. 130, I〔p. 542〕）。

（3）①人間の食用に供する家禽，山羊，豚，牛，子牛を毒物を以て殺す行為は斬首刑である。②牧草地に毒を撒く行為は，ローマ法によれば斬首刑と説く法学者がいるが，ザクセンの法学者は牛が死ぬような損害が生ずるならば焚刑，損害が生じないときは笞刑及び追放刑とする。③井戸，ビール，小麦粉に毒を混入させる行為は，ザクセンの法学者によれば，同時に複数の人間が死亡する危険性があるため焚刑であり，結果が生じない場合においても同様の理由により焚刑である（Clasen, art. 130, I〔p. 543 et seq.〕）。

嬰児殺を行う女に対する刑罰

第 131 条　　同じく，女が，生命と身体を得〔て生まれ〕た我が子を密かに故意を以て殺害するときは，慣習として，女は生き埋めとされ杭を打ち込まれる。ただし，かかる死刑執行により〔女が〕恐慌を来すことを避けるため，水〔＝河川，沼沢〕を用に供しうる裁判区（gericht）においては，犯人を溺死の刑に処しうるものとする[*1]。かかる犯罪が反復される場合においては[*2]，朕は，〔公衆に対し〕大いなる恐怖を与えるため，かかる邪悪なる女に対し，全て法有識者の鑑定に従い，上の生埋め及び杭刺しの慣習が行われ，又は，溺死させるに先立ち犯人〔の身体〕が焼けた鉗子を以て引き裂かれることを欲する。

女が，後にその死が判明した，上にいう生ある五体満足なる子を密かに出産しこれを秘匿し，後に母親であることが判明したがためにこの点につき尋問される場合において，時に朕の聴聞に達するごとく，女が，子は死産につき何らの責めも負わざるものとして無罪を主張し，自己の無罪を適法十分なる事由及び諸事情に関する証言により証明しようとするときは，「同じく，被告人が，弾劾に係る犯行につき云々」を以て始まる 74 条において定めるところが遵守されなければならない。また，これにつき，さらなる取調べ，〔証人尋問等の〕申立てが行われなければならない[*a]。上に定める十分なる証明がなされざる限り，無罪の主張は措信されてはならない。しからざれば，あ

330

らゆる嬰児殺が，かかる虚偽の弁解により無罪とされよう[*3]。本来，女が生ある五体満足なる子の妊娠を秘匿し，意図的に他の女の助けを俟つことなく独り出産するとき，助けを受けざるかかる出産は死の危険を伴わざるをえないものである[*b]。かかる危険なる出産を行う理由として，母親は，邪悪なる故意を以て，出産前，出産中そして出産後〔保護の〕責めを負うべき幼気ない子を殺害することにより，習い性となった自己の〔性的〕放縦を〔世間の目から〕秘匿することを意図したという理由のほか，考えうべき理由は存しないのである。ゆえに，かかる謀殺犯人が，上のごとき無謀かつ証明を欠く邪悪なる無罪主張に固執するときは，かかる非キリスト教的かつ非人間的なる犯罪及び謀殺に関し上〔=35条〕に定める十分なる徴憑に基づき，峻厳なる拷問を以て真実を自白すべく強制され，上に定めるごとく，謀殺の自白に基づき死刑の最終的有罪判決が言い渡されなければならない。かかる女の有罪又は無罪につき疑義あるときは，裁判官及び判決人は，以下に定めるごとく，〔事件に関する〕全ての事情を提示し，法有識者その他に鑑定を求めなければならない[*4]。

1　嬰児殺に対する刑罰　(1)　Clasen, art. 131, I〔p. 546 et seq.〕は，敬虔かつ先見の明に秀でた皇帝は，ゲルマン古来の慣習である生埋め刑の苛酷さに被告人が恐慌を来す危険を避けるため，より平穏なる死刑執行として溺死刑を行うことを命じたが，溺死刑を行う便宜のないときは斬首刑が行われる，と註解する。本条が被告人の恐慌を回避しようとした背景には，平穏なる死刑執行への配慮が存在したとも考えられる（79条註2, 97条註1, 2参照）。しかし，本条が明文で定めるように，特段の事情がある場合は生埋め刑が例外的に適用される。

Carpzov, q. 108, n. 35 が挙げる1614年ライプツィヒ参審人会鑑定は，犬・鶏・蛇・(猿に代えて)猫とともに袋詰めした上で溺死させるか，河川等がない場合は車輪刑を科すべきものとしている。18世紀後半，Böhmer, art. 131, §19 は，「今日では溺死刑は苛酷すぎるとする意見が強くなっており」，斬首刑をもってこれに代える立法例が多いとする。

(2)　嬰児が生きて出産されたことが必要であるが，疑いがある場合は，嬰

児が胎内において死亡していたことの証明があるまで，嬰児は生きていたと推定される。嬰児が五体満足でない場合は，嬰児は死亡のまま出産されたという推定が容易になる（Clasen, art. 131, I〔p. 548〕）。したがって，被告人が死産であったことを証明しない場合は，かかる事情は拷問を行う徴憑となる（Clasen, art. 131, III〔p. 550〕）。

(3) 産婦が嬰児殺に同意しなかったが，出産に立ち会った者が嬰児殺を行い，あるいは助言と幇助を行った場合，母又は祖母ならば溺死刑，その他の者ならば斬首刑である。妊娠させた男が女に嬰児殺を命じた場合は共犯として正規刑である（Clasen, art. 131, I〔p. 548〕）。幇助に関しては，177条参照。

(4) Clasen, art. 131, IV〔p. 551 et seq.〕は，腹痛に驚き後架に走り嬰児を汚水溝の中に産み落としたが，妊娠の事実の不知を女が主張する場合は，①留保付き自白（confessio qualificata）を根拠に笞刑及び追放刑を科すべきだとする見解があるが，②女は淫蕩の罪を犯すことによって違法を行い，また妊娠の事実を秘匿し出産切迫にもかかわらず助けを求めなかったのであるから，拷問に付し，同じ弁解を維持するならば笞刑及び追放刑を科すとする見解が妥当である，と註解する。

2　刑の加重事由　テキストは，"*Wo aber solche übel offt geschehe*, wollen wir die gemelten gewonheyt des vergrabens vnnd pfelens, vmb mer forcht willen, solcher boshafftigen weiber auch zulassen, oder aber das〔=daß〕vor dem erdrencken die übelthätterin mit glüenden zangen gerissen werde, alles nach radt der rechtuerstendigen"である（亀甲括弧内—引用者）。

(1) Vogel, art. 131 は，"*à moins qu'elle ne l'eût commis plusieurs fois*, auquel cas, pour inspirer plus d'horreur contre la cruauté de pareillrs femmes, Nous voulons que le premier supplice soit employé, ou bien que la personne criminelle soit tenaillée avec des fers ardens avant que d'étre précipitée dans l'eau, le tout sur l'avis que l'on demandera aux Gens de Loy"（「〔犯人たる〕女が嬰児殺を反復した場合を除く。この場合においては，同種の残虐なる女に対し一層の恐怖を吹き込むため，朕は，全て法有識者の勧告に従い，上の刑罰が適用されるか，又は，犯人が水没させられるに先立ち焼けた鉗子により〔身体を〕挟まれることを欲する」）とする。

(2) テキストの"Wo aber solche übel offt geschehe"は,「かかる犯罪が反復される場合においては」と邦訳した。このテキストに対する上記の仏訳は,犯人による嬰児殺の反復を刑罰の加重事由と解するものである。同じく,Clasen, art. 131, argumentum も「女が嬰児殺を重ねて犯している場合を除いて(nisi fortean infanticidium saepius committat)」と解し,Meckbach, art. 131 も「2回目の嬰児殺を行ったとき」は刑が加重されるとする。Böhmer, art. 131, § 20 が「反復(reiteratio)」を加重事由とするのもその趣旨であろう。

これに対し,Remus, cap. 131; Stephani, art. 131 は,「かかる最も忌むべき犯罪が,万が一頻発するときは(si quà verò id teterrimi maleficii frequentiùs occurrat)」,Gobler, art. 131 は,「かかる犯罪が頻発する裁判区又は地域があるときは」(si flagitium istud in districtu seu regione aliqua frequentius contingeret) として,犯罪の多発を刑の加重事由と解している。

(3) このテキストは,嬰児殺の多発を指す趣旨に解され,そのため見せしめ,威嚇として加重された刑罰が執行されると解することが可能であろう。他方,犯人による犯行の反復と解して,その悪性のゆえに刑が加重されると解する余地もありうる。

3 被告人の挙証責任 (1) 本条は,秘密の出産を行い,死亡した嬰児が発見された場合に,被告人が死産であったことの証明を行うことを認めている。その証明方法は被告人による無罪証明に関する74条に従うが,74条は62条以下の遵守を求め,これには2名証人の原則を定める67条も含まれる。Clasen, art. 131, II 〔p. 549〕も,「完全証明」がなされるためには,適格なる証人による証言が必要であると註解する。

(2) 学説上,被告人に挙証責任があるとされる正当防衛の成立(137条参照)の証明水準には完全証明は要求されていない(141条註3参照)。犯罪阻却事由である正当防衛は完全証明であることを要しないが,構成要件該当性を左右する死産の事実について完全証明が必要であるというのは,一見均衡がとれない。

しかし,本条は,「上のごとき無謀かつ証明のない邪悪なる無罪主張に固執するときは…十分なる徴憑に基づき,峻厳なる拷問を以て真実の自白を強

制され…謀殺の自白に基づき死刑の最終的有罪判決が言い渡されなければならない」と定める。Carpzov, q. 122, n. 25 が，「母親が死産の抗弁を証明することができない場合は，拷問により尋問されなければならない。これは131条の文言から明らかである」と指摘するように，死産であることの証明の失敗は端的に有罪判決に結びつくものとはされていない。したがって，本条は，死産であったことに関する証明は完全証明でなければならないとするが，厳密な意味では，殺害行為の不存在について女に挙証責任を課したものではない。

　Schoetensack, S. 79 は，本条の嬰児殺及び 137 条の殺人に関し，カロリーナは有罪の推定（Schuldpräsumtion）を定め，無罪の挙証責任を被告人に課しているとする。しかし，本条は，死産の事実すなわち殺人行為の不存在の事実について被告人に挙証責任を負わせているわけでない。本条及び 137 条を有罪推定規定として括るのは妥当でない。

子を遺棄し危険に曝した場合において，子が拾われ養われるときの女に対する刑罰

　第 132 条　　同じく，女が子〔を養育する責め〕を免れるため子を遺棄したところ*1，子が拾われ養われる場合において，かかる母親が有罪を証明され捕縛されるときは*a，事件の状況及び法有識者の鑑定に従い処罰されなければならない。子が遺棄により死亡するときは，母親は，危険なる遺棄の状況に応じ身体刑又は死刑を以て処罰されなければならない*2。

　1　遺棄の態様　　Clasen, art. 132〔p. 553〕によれば，遺棄の態様に次のようなものがある。①養育の責めを免れる目的の場合と，寒さ・餓え等による死亡を意図する殺害目的の場合がある。②本条は自分の子の遺棄を定めるが，他の者が，婚姻外出産の恥を隠蔽するため母親の意を体して遺棄する場合も，法律の類推（analogia juris）に基づいて本条が適用される。③正式の婚姻をしている女が貧困又はその他の理由から子を遺棄する場合，未婚の女が恥を免れるため淫行による子を遺棄する場合がある。本条は「女」と定めており，妻にも娼婦にも適用される。

2 遺棄に対する刑罰 (1) Clasen, art. 132〔p. 554〕は，子の遺棄は，何ごとが身に降りかかっているかを知らず，生命の危険に曝され，逃れる術のない憐れなる者に対する罪であり殺人にも劣る犯罪であると註解する。

①遺棄された子が死亡しなかった場合は，事件の状況に応じ永久若しくは有期追放刑又は拘禁刑である。死亡の場合は死刑又は身体刑とされているが，子が死亡しない場合においては，身体刑を科しうるのではないかという疑問もありうるが，疑問のあるときは常に被告人に有利な判決が選択されるべきである。したがって，この場合は身体刑ではなく追放刑とされるべきである（Clasen, art. 132〔p. 554〕）。②死亡の場合は，子の死を目的とした遺棄と，通行人が同情から拾い上げ養育してくれることを期待した遺棄とが区別され，前者は斬首刑，後者は笞刑及び永久追放刑である。違法行為を行う者（dans opram rei illecitae）はその意図に反して生じた全ての結果に責を負うという原則は，後者について斬首刑を科す根拠とはならない。この原則は，結果が違法行為それ自体から直接かつ不可避的に生じた場合には妥当するが，結果が偶然的に生じ，原因が明らかに予期せざる結果に関係づけられない（non ordinatus）場合には妥当しない。行為から偶然生じた結果は行為者に帰責（imputare）されないのである（Clasen, art. 132〔p. 555〕）。

なお，Clasen, art. 132〔p. 556 et seq.〕は，公の場所に遺棄され発見された子である場合，正嫡と看做され，教会及び世俗の公的地位・名誉・職務に与る適格を認められるべきか否かという論争に言及し，疑いのある場合はより良き方向に推測がなされるべきであり，これにより汚名が除去されるという理由を挙げ，これを肯定すべきだとする。

懐胎中の女に堕胎を行う者に対する刑罰

第 133 条 同じく，何びとかが，掻爬，食料又は飲料により生命のある子を堕胎する場合[1]，又は，何びとかが男又は女を不妊とする場合[2]において，かかる悪行が故意を以て行われるときは，男は斬首刑を以て，女は，自らの身体に対して行う場合においても，溺死刑その他の刑罰を以て処罰されなければならない[3]。ただし，未だ生命のない子の堕胎が行われるときは，判決人は，本令の末尾に定めるごとく，法有識者その他に鑑定を求めな

ければならない。

1　堕胎　　堕胎は，生命のある胎児に対する堕胎と生命のない胎児に対する堕胎に区別される（Clasen, art. 133〔p. 558〕）。両者の区別について，Brunnemann, cap. 9, n. 69〔上口訳275頁〕は，「まだ生命のない胎児とは，おそらくまだ胎内での動きが感じられない胎児—通例妊娠期間の前半—を意味すると思われるが，このような区別は至高の立法者〔たる神〕の意思に添わず，また神の御言葉にも合致しないと考える。胎児は受胎のときから既に生命があり，未熟の胎児であっても，これを殺す者が殺人を犯すものであることは否定できないからである。また，かかる犯罪が嬰児殺と同様に多発する現代においては，領邦君主によって一律に死刑が科される方が良いであろう」とする（ただし，註3参照）。

「生まれようとしている者を母体から引き出す者は，生まれた者を殺害する者と同様殺人犯と看做されなければならない」（Clasen, art. 133〔p. 558〕）。

2　不妊化　　男に対し，飲食物の摂取によって生殖不能にする，又は魔術を用いて生殖器の使用を不能にすることは，殺人として本条の正規刑が科される。女を不妊とすることも同様である（Clasen, art. 133〔p. 561〕）。

3　堕胎に対する刑罰　　生命のある胎児に対する堕胎は，殺人として死刑であり，堕胎薬によって母親が死亡する場合も死刑である（Clasen, art. 133〔p. 558〕）。

①故意がなく，堕胎薬と知らずに飲料を摂取した場合は正規刑を科されず，過失が証明されるときは裁量刑を科される。②堕胎薬に十分なる効力がなく，偶然に堕胎の結果が生じた場合は死刑を科されない。③女を妊娠させ，女が汚名と淫行に対する刑とを免れることを助けるため，女に堕胎薬を飲ませた男も死刑である（Clasen, art. 133〔p. 559〕）。

生命のない胎児に対する堕胎は，法有識者の鑑定を経て，笞刑，永久若しくは有期追放刑又はより軽い刑が科される（Clasen, art. 133〔p. 560〕）。

本条は飲食物による堕胎を定めるが，暴行を加えて堕胎させた場合の定めがない。Clasen, art. 133,〔p. 560 et seq.〕は，殴打が堕胎目的の場合は，胎児に生命のあるときは斬首刑，生命のない場合は裁量刑であるが，殴打に堕

胎目的がない場合は裁量刑である，男に堕胎目的があったと疑われる場合は
拷問を行いうる，と註解する。

医師が薬物を以て人を死に至らしめる場合の刑罰

　　第134条　　同じく，医師が，怠慢又は未熟により，かつ故意によらず，
投薬により何びとかを死に至らしめ，かつ，その医師が軽率かつ不注意によ
り投薬を誤り，又は，不適切かつ不適法であり医師が用いるに相応しからざ
る薬物を敢えて用い[a]，以て人を死に至らしめた事実が[1]，薬物の有識者を
通して判明するときは，医師は，事件の態様及び状況に応じかつ法有識者の
鑑定に従い処罰されなければならない[2][3]。かかる事例においては，〔医術を〕
詳細に学ばざるにもかかわらず敢えて投薬を行う軽率なる者等について，
〔医術を行わせざるべく〕特に留意しなければならない[4]。ただし，医師が死に
至らしめる行為を意図的に行うときは，故意の謀殺犯として処罰されなけれ
ばならない[5]。

　　1　医師による過失致死　　(1)　医師による過失致死の場合の過失は，投
薬及び治療において払うべき注意を払わないこと，又は，薬物を扱う知識を
欠くことから生ずる。過失致死の要件は，①医師が治療に際ししかるべき注
意を払わず，又は，医術の経験不足により患者を危険に曝した点で，不注意
な軽率さによって投薬を行ったこと，及び，②かかる治療により患者に被害
が生じ又は死亡し，かつ，医師が注意を払うか又は経験十分であったなら
ば，かかる結果が避けられたことである（Clasen, art. 134, I〔p. 563〕）。
　　(2)　治療の内容及び用いられた薬物の効能については医術の有識者の判断
が必要となる。すなわち，①それ自体有害ではないが患者によっては有害と
なる薬物を使用したか否か（誤用の有無），及び，②少なくとも患者の病状に
照らし投薬を避けるべき薬物を使用したか否か（経験不足の有無）が判断さ
れなければならない。このような医術の有識者の判断を経て，過失及び経験
不足を理由に医師が処罰されるべきか否か，法有識者の鑑定が求められる
（Clasen, art. 134, I〔p. 563 et seq.〕）。
　　2　医師の過失が否定される要件　　Clasen, art. 134, I〔p. 565〕によれ

ば，医師の過失が否定される要件は次の通りである。①自己の医術の限界を超えないこと，すなわち，自ら理解していないこと又は自己の医術に属さない方法を試みないこと。外科医が使用方法を知らない内服薬を投与する場合は過失を免れない。②自己の医術について経験のあること。未経験は過失となり，何びとも，自ら経験したことがなく他人に危険をもたらすことを認識している方法を試みてはならないからである。③治療に当たり注意を尽くすこと。不注意は，職務上注意義務を負う者に対し致命的な犯罪となる。④病気に障る事柄を患者に告知すること。以上，最も注意深い医師ならば遵守したであろう４点が行われるならば，過失はないことになる。以上の４点が行われながら患者が死亡した場合は，死亡は過失によるものではなく，医師の良心に曇りが生ずることはない。

3　医師の過失に対する刑罰　　本条は刑の種類を定めてないが，過失であるから，追放刑を超えず，より軽い罰金刑又は一定期間の医業停止が科される（Kress, art. 134, § 1〔p. 435〕）。

医師は被害者に対し，被害者の職業・年齢・体質・想定される余命等に基づいて算定される損害を賠償する義務があるが，無資産のため賠償できないときは，人物及び被害の程度に応じ追放刑，拘禁刑又は笞刑が科されなければならない（Clasen, art. 134, I〔p. 563 et seq.〕）。

4　経験医　　Clasen, art. 134, I〔p. 565〕は，医術を修学せず経験に基づいて治療を行うが，病気の性質・原因の不知により失敗を犯す要注意人物として，女，膏薬商，薬種商，ユダヤ人，その他の経験医（empiricus）を挙げ，かかる者等が医業を行うことは禁じられていると註解する。Böhmer, art. 134, § 4 は，「罪を犯す機会が除去されない限り，経験医の犯罪を厳しく処罰しても不十分であるから，病者が経験医の手にかからないよう配慮することが領邦君主，官憲の責務となる。薬物知識の乏しい者が自由に医業を行うことを許してはならない旨皇帝が注意を喚起しているのはこの点に関わる」と註解する。

5　医師による殺人に対する刑罰　　医師が投薬によって人を殺害したときは，車輪刑を科される（Clasen, art. 134, II〔p. 566〕）。

自殺に対する刑罰

第135条　同じく，何びとかが，有罪を証明される場合において身体刑〔＝死刑〕及び財産没収刑を以て処罰されるべき[*1]事件につき弾劾され[*a]，裁判所による召喚を受け，科されるべき刑罰に対する恐怖から自殺するときは，その相続人は自殺者の財産につき相続権を有せず，遺産は，刑事罰及び罰金〔を言い渡し〕並びに事件につき〔審判する〕権限を有する官憲に帰属する[*b]ものとする[*2]。ある者が，上に定める明白なる理由以外の理由から，すなわち，専ら身体刑〔＝死刑〕を以て処罰されるべき事件において〔死を恐れて〕自殺し，又は，身体の疾病，鬱病，精神虚弱その他類似の疾病から自殺するときは[*c]，その相続人は相続を妨げられない[*3]。かつ，これに反する慣行，慣習又は定めは効力を有せず，これを以て放棄，破棄又は廃棄され，以上及び類似のその他の場合においては，朕の成文皇帝法が遵守されなければならない[*4][*5]。

1　財産没収の対象犯罪　テキストは，"so er der überwunden sein *leib vnd gut verwürckt* hett"である。

(1)　Vogel, art. 135 は，イタリック部分を文字通り「身体刑及び財産刑を受ける（seroit punie en son corps & en ses biens）」とする。Gobler, art. 135 も，「身体刑及び死刑を受ける（corpus uita'que perditurus esset）」とする。これに対して，Remus. cap. 135; Clasen, art. 135, argumentum; Böhmer, art. 135, §4; Meckbach, art.1 35; Stephani, art. 135; Brunnemann, cap. 11, n. 16〔上口訳 304 頁〕は，本条の対象となる罪種を，「有罪を証明されるならば，生命及び財産を剥奪される」犯罪と解している。また，Kress, art. 135, §1〔p. 440〕は，「〔死刑判決による〕死を意識した者の自殺に対しては，しかるべく言い渡された刑罰を科すことはできない」が，犯した罪が財産没収に当たる罪であるときは，自殺に対する刑罰でなく，犯した罪に対する刑罰として執行される，と註解しており，本条の対象を死刑及び罰金刑事件と解している（Kantorowicz, *Goblers Karolinen-Kommentar*, S. 28 は，上のゴブラー訳を誤りとする）。

第 3 次草案 141 条はカロリーナ 135 条と同趣旨の規定であるが，バンベルゲンシス 160 条及び第 1 次草案 141 条は，"dadurch so er vberwunden, *den todt verschuldt*"という，死刑を科されるべき被告人が自殺した場合を想定した規定である。この点について，Brunnenmeister, S. 22 は，バンベルゲンシス 160 条は，死刑判決に財産没収が当然に併科される南ドイツにおいて一般的であった法制を前提とし，死刑判決を恐れて自殺した者の財産没収を定める規定であるのに対し，カロリーナ 135 条は，「身体刑及び財産没収刑」を恐れて自殺した者の財産没収を定めると述べている。

(2)　官憲による財産没収を制限する本条及び 218 条の趣旨に鑑み，死刑判決に財産没収刑を当然に併科する法制を改める趣旨はそれ自体良く理解しうる。しかし，「死刑及び財産没収刑」ではなく，「身体刑及び財産没収刑」を併科される罪を犯した者の自殺の場合は，財産没収刑を執行するという規定となった点について，ブルネンマイスターは特に言及しておらず，また，「身体刑及び財産没収刑」が併科される犯罪の具体例を挙げていない。

死刑ではなく身体刑に財産没収を併科する犯罪のみを本条の対象とする制度は奇妙である。これに対し，死刑判決に没収を併科することはカロリーナ自体是認するところである（218 条註 8 参照）。本条の立法趣旨は死刑判決に財産没収が併科される場合を前提としたものと解すべきであろう。

クラーセン，クレス，ベーマー等が本条の「身体刑」を「死刑」と読み替えているのは以上のような理由から理解しうる。なお，218 条にも「身体刑及び財産没収刑を科されざるその他の犯罪について死刑を以て処罰される場合」という，身体刑及び財産没収刑の併科する場合を前提とする規定が現れ，この規定も「解釈者殺し」と呼ばれている（218 条註 7, 8 参照）。

2　財産没収の要件　　Clasen, art. 135, II によれば，財産没収の要件は，死刑及び財産没収刑が科される罪を犯したこと，及び，予想される死刑を恐れ自殺したことである。自殺の目的に疑いがあるときは，心痛その他の理由から自殺したものと相続人に有利に推定され，財産は没収されるべきではない。

3　Clasen, art. 135, II, III〔p. 568 et seq.〕）は，①この除外事例の「専ら身体刑〔＝死刑〕を以て処罰されるべき事件」を「財産没収刑を併科されな

い事件」の趣旨に解し，このような事件の被告人が自殺した場合は財産没収は行われない，②「判断力の喪失，重大なる疾病，憤激，鬱病，その他の理由」による自殺の場合は，自己の行為を深く理解することができない状態における自殺であり，罪を犯したというよりは不運に遭遇したものと看做され，財産没収によって罰することはできない，と註解する。

4　廃止されるべき慣習　①刑吏が，自殺者の部屋にある死体の傍に立って剣の届く範囲の物，あるいは，自殺死体を自宅に運ぶために使用された馬車を取得する慣習，②首吊りした友人の死体を樹から下ろし安置した場合，刑吏が得るべきであった手間賃を刑吏に支払うという慣習，③死刑囚の自殺は，いわば刑吏が行うべき死刑を自ら執行することであり，自殺者の所持品はすべて刑吏に帰属するという慣習が，廃止されるべき慣習の例として挙げられる（Kress, art. 135, §2〔p. 443〕）。

5　自殺者に対する刑罰　本条は，自殺それ自体に対する刑罰を定めていない。Clasen, art. 135, III〔p. 569 et seqq.〕は，自殺者に対する刑罰はローマ法上定めがないが，自殺者に対する刑罰は，熟慮の上の選択であったか否か，既遂であるか未遂であるかの区別に従って処罰されるとして以下のように註解する。

①死に対する恐怖，心痛その他から熟慮の上自殺した場合は，死体に刑罰を加えることができず，名誉ある埋葬を拒む方法により処罰される。死体が刑吏によって窓から地面に投棄され，あるいは入り口から引きずり出され，絞首架の下又は動物の死体が投棄される場所に埋葬される。これは，犬の埋葬（sepultura canina）と呼ばれ，見せしめとされる。カノン法上も自殺者は名誉ある埋葬を許されない。②重罪について有罪とされ有罪判決の執行前に獄舎で自殺した場合については，判決された絞首刑・車輪刑・焚刑を死体に対し執行するという見解と，絞首架の傍等不名誉な場所に埋めるという見解がある。③憤激，鬱病その他精神の衰弱から熟慮によらず自殺した場合は，罪を犯したとは看做されず，名誉ある埋葬が許される。④既遂の場合は以上の区別に従うが，未遂の場合は，殺人未遂が裁量刑を以て処罰されるのであるから，自分自身を殺害しようとして遂げなかった場合は，同じく裁量刑を以て処罰される。

ある者が有害なる獣を飼育し，その獣が何びとかを殺す（entleiben）とき

第136条　同じく，ある者が獣を飼育し，その獣が人の身体若しくは生命に危害を加える虞のあることが判明するとき，その他生来の〔獰猛なる〕性質からしてかかる虞のあるときは*¹，その獣の所有者はこれを処分しなければならない。かかる獣が何びとかに害を加え又は殺すときは，その所有者は，事件の状況及び態様に応じ，法有識者又は以下に定めるところの鑑定に従い処罰されなければならない。獣の所有者が事件に先立ち，裁判官又はその他官憲による訓戒又は警告を受けていた場合においては，それに応じ重く処罰されなければならない。

1　飼い主に対する刑罰　(1)　獰猛性が明らかになる場合として，①それまで従順であった獣が不意に獰猛さを示す場合，②生来獰猛であり，適切に管理しなければ人及び動物に害を加える虞がある場合がある。かかる獰猛なる獣の飼い主は危険を回避する措置をとらなければならない。被害が生じた場合の刑罰は裁量刑である。発生する被害の種類は多様であり，獣を十分に管理していると信じた飼い主の過失の有無が明らかでない場合もある。したがって，全ての事情を勘案し適切なる刑が科されなければならない。裁判官又は官憲から危険なる獣についてしかるべく措置するよう警告されながら，これを無視した者は過失がないとは看做されない。飼い主が獣の危険性を知らなかったときは，150条に定めるように，生じた被害について刑を免れる（Clasen, art. 136, I〔p. 573〕）。

(2)　馬，牛，山羊，羊等の家畜による被害が生じた場合の「家畜による被害に対する訴え（actio noxalis de pauperie）」は，本条の関知するところではなく，この訴えは本条によって廃止されない。本条は獰猛性が明らか又はその虞がある獣であることを知ってこれを飼う者の過失を根拠に刑罰を科すものであるが，「家畜による被害に対する訴え」は，飼い主の過失を根拠とするものではない（Clasen, art. 136, I〔p. 573 et seq.〕）。

十分なる免責事由を有せざる謀殺犯及び故殺犯に対する刑罰

第 137 条　　同じく，全ての謀殺犯（mörder）又は故殺犯（totschläger）は，適法なる免責事由（entschuldigung）を証明しえざるときは，死刑を以て処罰されなければならない[*1]。ただし，若干の地方の慣習によれば，予謀に基づく（fürzetzlich）謀殺犯，及び故殺犯は等しく車輪刑を以て処罰されるところ，〔両者は〕区別されることを要し[*2]，慣習に従い，予謀に基づく驕慢なる謀殺犯[*3]は車輪刑を以て，衝動又は憤激から故殺を犯し，上に定める免責事由を有せざる他の者は斬首刑を以て処罰されなければならない[*a*4*5]。高貴なる人物，行為者の主に対し，又は配偶者若しくは近親者間において行われる予謀に基づく謀殺については，〔一般人に対する〕威嚇力を高めるため[*6]，最終的死刑執行に先立ち，焼けた鉗子又は曳摺りによる身体刑を以て刑を加重しうるものとする。

1　正当防衛の証明については，141 条参照。

2　謀殺・故殺　　(1)　殺人（homicidium）の成立要件は，①殺害行為から人の死が生ずること，及び，②故意である。少なくとも傷害の意思があるならば，死の結果が生ずる限り，殺人の故意が肯定される（Clasen, art. 137, I〔p. 576〕）。傷害の故意と殺人の故意との関係について，Carpzov, q. 1, n. 29 は，一般論として，「原因となる行為が，明らかに犯罪的結果に容易に結びつくものであり，したがって，当該行為から容易に生じた結果について，起こりうると犯人が想定し若しくは想定することが可能であった場合，又は，想定すべきであった場合は，違法行為を行う者は，違法行為より生ずる結果が自己の意図と意思とを超えるものであっても，結果全体について責めを負うべきことは周知の事実である」と述べ，Carpzov, q. 3, n. 3 は，殺人について，「殺人は，二つの方法により犯される。第 1 に殺害の意思を以て，第 2 に傷害又は打撃の意思を以て。しかし，後者の場合は，死に至らしめるのに適し，かつ一般的にしばしば死をもたらすような手段・方法，したがって，攻撃者が当初から死の結果を必然的に想定しうるような手段・方法によって行われた傷害又は打撃に限られなければならない」と述べる。カル

プツォフによれば，殺人の意思には，直接意思と間接意思とがある（Carpzov, q. 1, n. 32）。

これに対し，①過失の場合，②人間の判断力では予見できない偶然の場合，③正当防衛の場合は，犯罪性を欠く〔＝故意犯とならない〕殺人（homicidium crimine vacans）である（Clasen, art. 137, I〔p. 578〕）。

(2)　Clasen, art. 137, I〔p. 576〕によれば，殺人は，「事前の予謀を欠き，闘争，憤激の中で犯される単純殺人」と，「事前の熟慮に基づき意図的にかつ準備を経て行われる種々の態様の加重殺人（homicidium qualificatum）」とに分けられる。前者が法文にいう故殺，後者が法文にいう謀殺に当たる。このような区別は，「犯罪は，予謀に基づき，衝動的に，又は偶然によって行われる」として，それぞれについて強盗殺人，酩酊に発する喧嘩闘争，狩猟中の誤射による射殺の例を挙げる学説彙纂（D. 48, 19, 11, 2）に先例があるほか，バンベルゲンシス250条に，「悪意の事前の熟慮及び期待を以て行われた予謀に基づく謀殺」，「意図することなく憤激から，かつ悪意の予謀なしに行われる故殺」という対比的な規定として現れていた。

Kress, art. 146, §2〔p. 496〕は，重大な傷害を与えようとして殺害した場合において，死亡の原因が他にないときは，殺人としての責めを負うとするが，この場合は故殺となろう。

(3)　Clasen, art. 137, I〔p. 576 et seq.〕によれば，加重殺人は，殺害の故意に加えて何らかの加重事由を伴う，以下のような殺人をいう。①密かに待ち伏せし，襲うため時と場所を選び，不意打ちに対する防禦を困難とするような奸計を用いた殺人は，「強盗殺人（latrocinium）」と呼ばれる。②友人あるいは旅の同行者であることを装い，又は，親密な会食や私宅において，何ごとも予期していない者を殺害するように，友好関係を装ってなされる殺人は，背叛的殺人（prodotorium homicidium）と呼ばれる。③契約，約束又は金銭若しくはそれと同等の物の供与に基づいて行うような報酬目的の殺人は，報酬殺人（assasinium）と呼ばれる。

これに対し，Carpzov, q. 1, n. 13 は，予謀に基づく殺人，背叛的殺人，近親殺，報酬殺人，毒殺，強盗殺人を，Kress, art. 137, §1 は，報酬殺人，毒殺，近親殺を加重殺人の例として挙げる（ただし，Kress, art. 137, §2〔p. 451

et seq.〕は，実務では車輪刑を科すためには，奸計，予謀に加えて利得目的，背信性，近親関係，密行性等が必要であるとする）。

奸計を用いた殺人が「強盗殺人」と呼ばれるのはやや奇妙である。これは，車輪刑を科されるべき強盗殺人にも比すべき重大犯罪であるという趣旨のようであるが（vgl. Schaffstein, S. 110），街道強盗のような強盗殺人が上記①のような記述に最も良く当てはまるという事情を反映すると考えられる（ローマ法では，"latrocinium"は街道強盗を意味した）。

(4)　His, Teil 2, S. 90 ff. によれば，中世前期においては，公然たる殺人と密行される殺人が区別され，後者が謀殺として重く処罰された（33条の見出しに「密かに行われる謀殺」，34条の見出しに「公然たる故殺」という文言が現れるのはその名残であろう）。その後，倫理的な非難に値する殺人，低劣な動機を推認させる殺人もまた謀殺とされるに至った。利欲目的の殺人，無防備・無警戒な者に対する殺人，信頼関係を裏切る殺人，住居・教会内での殺人，禁止された武器を用いる殺人，予謀に基づく殺人がこれに当たる。

v. Hippel, S. 189 は，本条が皇帝法に言及せず慣習に言及するにとどまることを根拠に挙げて，本条はドイツ法に依拠するものであると述べるが，Schaffstein, S. 103 は，かかる謀殺概念の主観化がローマ・イタリア法の影響であるか否かは留保する，と述べている。これに対し，Schroeder, *Die peinliche Gerichtsodnng*, S. 327 は，本条は，密行される殺人としての謀殺と公然たる殺人としての故殺を区別する中世ドイツ法に代えて，予謀に基づく殺人としての謀殺と衝動的な殺人としての故殺を区別するイタリア法に倣ったものであるとする。

(5)　なお，本条が定める予謀に基づく謀殺概念がその後の普通法において倫理的非難の程度に照準する謀殺概念に取って代わられるが，その後再び予謀に照準する謀殺概念が台頭するという経緯を経て，今日のドイツにおいて倫理的非難可能性に照準する謀殺概念が支配的となったことについては，Schaffstein, S. 105 参照。

3　謀殺規定の意義　本条の謀殺と同様に，斬首刑を超える重い死刑を科される殺人として，引裂刑・溺死刑が科される背叛（124条），車輪刑・溺死刑が科される毒殺（130条），溺死刑が科される嬰児殺（131条）があるが，

強盗殺人，近親殺，報酬殺人等の加重殺人に関する明文はない。前註(4)において述べたように，本条が予謀に基づく殺人を謀殺として重く処罰する規定であるにもかかわらず，その後の普通法学説が本条の謀殺概念を倫理的非難の余地の大きな殺人を含むように拡大したのは，以上のような，いわば法律の欠缺を補充する意義を有したと理解される。

4　謀殺・故殺に対する刑罰　(1)　謀殺及び故殺に無差別に車輪刑を科す慣習の地域があるが，これは，犯情を正確に考量することのできない裁判官の経験不足に起因する慣習である。したがって，理性に合致しないかかる慣習は廃止される。刑罰は犯罪と権衡のとれた（commensuratus）ものでなければならないからである（Clasen, art. 137, II, III）。本条は，カロリーナが悪しき慣習法を廃止した一例である。

(2)　①強盗殺人は，公道のみならず個人居宅においても行われる。熟慮すなわち予謀の上強盗殺人に賛同しあるいは幇助した者も正規刑を科される。利得のため殺人を行った場合は，利得の有無にかかわらず正規刑である。②友好関係を仮装して行われた殺人は強盗殺人と同じく車輪刑である。相手方が危険を回避する余地を与えない点で強盗殺人より凶悪である。③報酬殺人の要件は，殺人の依頼又は契約，金銭その他の物の供与，及び依頼の実行である（Clasen, art. 137, IV〔p. 579 et seqq.〕）。

(3)　「全ての謀殺犯又は故殺犯」と定めるのは，身分に関わらず全ての犯人に死刑を科す趣旨である。ある種の犯人は死刑を免除され，罰金刑で足りるとする制定法は，貴族・富者に殺人の機会を与えるものであり，無効である。本条は，「意思を以て又は故意を以て殺人を犯した者は，通例，高位にあるときは流島刑，低い官職にある者は斬首刑を科される（Qui caedem admiserunt sponte dolove malo, in honore aliquo positi deportari solent, qui secundo gradu sunt, capite puniuntur）」と定める D. 48, 8, 16 を廃止するものである（Clasen, art. 137, IV〔p. 582〕）。

カノン法によれば，聖職者による殺人は世俗裁判所において審判されず，教会裁判所に委ねられる。しかし，パッサウ協約（transactio Passaviensis）に基づき，ローマ教会の裁判権は福音派領邦においては停止され，領邦君主が宗務局を通して聖職者による殺人に対し裁判権を行使するものとされてい

る (Clasen, art. 137, IV 〔p. 582 et seq.〕)。

(4) カロリーナは，ザクセン等の北ドイツにおいてなお行われていた人命金・贖罪金を認めていない。カロリーナは犯罪と刑罰の公法的観念を確立したといえるが (v. Hippel, S. 178)，その後の近代的自由刑の導入は，このような公刑罰思想を確立したカロリーナの土壌の上に初めて可能になったといえる (Schmidt, *Die Carolina*, S. 64 f.)。

5 憤激・酩酊による殺人 (1) 怒りに発す殺人については，①他人からの激しい非難等当然に怒りを発すべき挑発を受けた場合のように，「法律により否認されていない正当なる原因」から怒りを発した場合と，②それ以外の場合とが区別される。前者は裁量刑，後者は正規刑を以て処罰される。「怒りを抑制することは奇跡を行うより難しい (Difficilius est iram continere, quàm miracula facere)」といわれるように，怒りを発した人間は十全の理性を失っているからである。本条が憤激に発する殺人に斬首刑を科すが，これは正当なる原因を欠く怒りに発した殺人の場合に限られる (Clasen, art. 137, IV 〔p. 583〕)。

(2) 過度の酩酊に基づく殺人の要件は次の通りである。①理性の喪失を招く酩酊であった。②殺人を犯す目的で酩酊したものでない。③酩酊殺人の傾向のあることを知らなかった。④意図的ではなく，飲料の強さを知らず過飲し酩酊した。⑤犯行後悔悟している (Clasen, art. 137, IV 〔p. 584〕)。

過度の酩酊は故意を免責するが，過失として裁量刑を以て処罰される。ただし，犯人が酩酊時には激しやすく犯罪を行うことを知りながら，酩酊するまで飲酒する性癖を矯正しなかった場合は，斬首刑を免れない (Clasen, art. 137, IV 〔p. 584〕)。

6 刑の加重 敬意を払うべき人物，行為者の主に対する謀殺，又は配偶者，近親者間における謀殺の場合は，一般人に対する威嚇を目的として，焼けた鉗子又は曳摺りによる刑の加重が行われる (Clasen, art. 137, IV 〔p. 585〕)。

刑罰免責事由のある否認の余地のない故殺について

第138条 同じく，殺人 (entleibung) が行われる場合において，殺人

を行う者の中には，時として，正当なる事由に基づき，専ら刑事罰，あるいは刑事罰及び民事罰を免責される者がある[*a*1]。刑事裁判所にありながら法を学ばざる裁判官及び判決人が，かかる場合において適法なる〔訴訟〕行為をなしうるよう，また，その無知が民衆の苦しみとならざるよう，上にいう殺人に関する免責について以下に定めるものとする[*2]。

1　免責事由　Clasen, art. 138, I は，「死刑のみならず，民事罰，さらには教会による譴責」をも免れうる免責事由として，①「殺人の意思を有せず，かつ過失なく，すなわち偶然により殺人が行われる」場合，②「殺害されることを望まなければ，侵害者を殺すことで自己の生命を守るほかない状態におかれたため，故意及び過失が欠ける」場合を挙げる。また，「故意及び過失がなければ刑罰は科されない」が，その理由は，「犯罪においてはたんに行為のみではなく，行為の原因及び行為の意思が考慮されなければならない。犯罪は犯人の意思と意図とによって区別される。犯罪については結果ではなく，意思が重視されなければならない」からである，と述べる。

2　本条の立法趣旨　本条が免責される殺人について定める趣旨は，人の死の結果が予見不能の偶然に起因し過失が認められない場合や，攻撃者をやむなく殺害するに至った場合において，法律に無知なる裁判官が死刑を科す誤りを犯すことを防止するためである（Clasen, art. 138, II）。

始めに，正当防衛について。正当防衛による免責

第 139 条　同じく，自己の身体，生命を守るために正当防衛（rechte notweer）を行い，侵害を加える者[*a]を防衛に際し殺害する者は[*1]，何びとに対してもこの点につき責めを負わざるものとする[*2]。

1　正当防衛の意義　(1)　カロリーナは，本条において正当防衛（defensio necessaria; moderamen inculpatae tutelae）の法律効果を定め，次条において正当防衛の要件を定める。Clasen, art. 139, I によれば，「違法かつ急迫せる侵害者の暴力に対し，現在の生死の危険を回避する必要上，防禦のため侵害者を殺害することをも認める自然法により許された行為」と定義され，

Clasen, art. 139, II によれば，「救助を期待することができず，裁判官の力を借りることもできないために，防衛手段が他にない場合は，被侵害者は，法による支配を受けない緊急状態において（tempore necesitatis, quae legi non subjacet），殺害の方法を以てしても侵害者の攻撃及び不正なる暴力から自己の安全を適法かつ正当に防禦することができる」という趣旨で，"defensio necessaria"（「緊急防衛」）とも呼ばれる。

Clasen, art. 139, III〔p. 588〕は，以下のようなローマ法法文を援用する。「他に自己を防禦する方法がないために，意図的に害を加えた者は罰せられない。全ての法律及び法は，暴力に対し暴力を以て防衛することを許しているからである。しかし，私が自分を防禦するため相手方に投石し，石が相手方ではなく通行人を傷つけたとするならば，アクィリウス法に基づき責めを負う。暴力を振るう者に対する反撃のみが，すなわち，復讐ではなく専ら防禦目的のための反撃のみが許されるのである（Qui, cum aliter tueri se non possent, damni culpam dederint, innoxii sunt: vim enim vi defendere omnes leges omniaque iura permittunt. Sed si defendendi mei causa lapidem in adversarium misero, sed non eum, sed praetereuntem percussero, tenebor lege Aquilia: illum enim solum qui vim infert ferire conceditur, et hoc, si tuendi dumtaxat, non etiam ulciscendi causa factum sit)」（D. 9, 2, 45, 4)，「生死の危険に曝され，侵害者又はその他の者を殺害した者は，この行為について，根拠のない訴えを恐れる必要がない（Is, qui adgressorem vel quemcunque alium in dubio vitae discrimine constitutus occiderit, nullam ob id factum calumniam metuere debet)」（C. 9, 16, 2)。

2 　正当防衛と人命金　　本条によれば，正当防衛を行った者は何びとに対しても責めを負わない。Clasen, art. 139, III〔p. 589〕は，ザクセンシュピーゲル・ラント法 2・14 によれば，正当防衛によって殺人を行った者が裁判官に罰金を，殺された者の親族に人命金を支払うものとされていることを指摘し，今日のザクセンの法学者は，正当防衛と過剰防衛の場合を分別し，前者の場合は人命金の支払い義務がないが，後者の場合は人命金及び罰金の支払いの義務があると解釈していると註解する。

正当防衛とは何か

第140条　同じく，ある者が生命に危険のある武器を以て急襲，攻撃し，打撃を加え，被侵害者が，自己の身体，生命，名誉，及び良き世評を危険又は侵害に曝すことなく適切に侵害を回避しえざるときは，罰せられることなく，正当なる反撃により自己の身体，生命を防衛しうるものとする[1][2][3]。ゆえに，被侵害者が侵害者を殺害するときは，この点につき何らの責めをも負うことなく，また，それが成文法及び慣習の命ずるところに反するか否かを問わず，被侵害者は打撃を受けるまで反撃を思いとどまるべき責めを負わざるものとする[4]。

1　正当防衛の要件　正当防衛の要件は次の通りである。

(1)　**不法の侵害**　①法によって許容されない侵害であり，かつ，挑発に起因する侵害であってはならない。他人を怒らせ闘争の原因を作ることで生命・身体の危険を招き，その結果相手方を殺害した場合は，防衛を行う正当なる理由を有しない。法は，自らの過失により自己を生命の危険に曝した者を生命の危険に陥ったものとは看做さないのである。②致命的なる武器を用いた攻撃であること。侵害者が過度の酩酊又は憤激状態にあり，侵害又は殺害の故意を欠く場合（憤激，酩酊による殺人に正規刑が科されないことについては，137条註5参照）においても，被侵害者には生命の危険が生じており，危険を回避し自己を保全する正当防衛権（jus necessariae defensionis）が肯定される。侵害者が心神喪失者のように無罪となる者である場合も同様である。防衛権の根拠は，侵害者属性の如何ではなく，自己保存の本性にあるからである（Clasen, art. 140, I〔p. 591 et seqq.〕）。また，生命の危険が生じていない以上，平手打ちした侵害者を直ちに殺害することは許されない（Clasen, art. 140, II〔p. 594〕）。

(2)　**危険の切迫性**　切迫しかつ侵害者の殺害以外の方法では回避しえない危険のみが正当防衛を可能にする（Clasen, art. 140, I〔p. 592 et seqq.〕）。したがって，闘争の終了後に侵害者に反撃することは許されず（Clasen, art. 140, III〔p. 596〕），危機を脱した被侵害者が逃走する侵害者を追跡し殺害することは正当防衛とはならない（Clasen, art. 139, III〔p. 588〕）。これらの場合

は，危険の現在性・切迫性を欠き，反撃は防衛ではなく復讐と看做される。かかる反撃により侵害者を殺害するときは，過剰防衛として裁量刑を以て処罰される（Clasen, art. 140, III〔p. 596〕）。

（3）　侵害行為と防衛行為の権衡　　防衛行為は侵害行為より侵害的なもの（atrox）であってはならない。暴行に対し武器で反撃してはならない。すなわち，差し迫る死の危険という防衛行為の必要性，及び，侵害と防衛行為との権衡が必要である。ただし，侵害者が武器を用いないが被侵害者よりも膂力があるか，又は，致命的な武器以外のものが手元にない場合は，侵害者を殺害し傷害することができる（Clasen, art. 140, II〔p. 593〕）。

武器の対等は要求されない。杖に対し剣で，剣に対し銃で反撃することはできないわけではない（Clasen, art. 140, II〔p. 593〕）。なぜならば，①防衛行為は即時に行うことが必要であり，防衛行為者が武器対等について配慮することは不可能である。②不当な侵害を反撃するためならばいかなる方法・武器も許される。③意図的に攻撃に出た侵害者は状況を把握しているが，不意打ちを受けた被侵害者は対処方法を冷静に判断することができず，素手の攻撃には素手で反撃すべきだとするならば，反撃の成否は防衛行為ではなく偶然に左右されることになろう（Clasen, art. 140, I〔p. 594〕）。しかし，以上述べたことは，平手打ちに対し直ちに侵害者を殺害する場合にまで拡張されてはならない。「平手打ちには匕首を（Auff eine Maulschelle gehört ein Dolch）」ともいわれるが，これは，「生命の危険を避けることができない場合に限って防禦目的から侵害者を殺害することを許す正当防衛の本質に反する」（Clasen, art. 140, II〔p. 594〕）。

反撃は，受傷部位と同一部位に対する同程度のものでなければならないという見解があるが，法律は反撃の態様を定めておらず，また定めることもできない。被侵害者はどの部位にどの程度反撃するかを冷静に考えることはできない。より軽い反撃でも足りたであろうという場合であっても，過失は侵害者にあり，被侵害者にはない。「法は被侵害者の味方であり，その行為は常に防衛のためになされたと推定される」（Clasen, art. 140, I〔p. 595〕）。

2　被侵害者の退避義務　　退避は不名誉であるから，被侵害者は退避により危険を回避しうる場合においても退避義務がなく，侵害者を殺害しうる

とする見解があるが,「自己の身体, 生命, 名誉, 及び良き世評を危険又は侵害に曝すことなく適切に回避しえざるとき」と定める本条によれば, 退避が不名誉や危険をもたらさないときは被侵害者に退避義務があり, これに反するときは過剰防衛である (Clasen, art. 140, II 〔p. 595 et seq.〕)。一定の退避義務は 142 条の定めるところでもある。

3 正当防衛の客体 本条では財産が防衛客体とされていないが, 150 条 2 項は「他の者の身体, 生命又は財産」のための防衛を認めている。本条に対応するバンベルゲンシス 165 条に関し, Brunnenmeister, S. 181 f. は, 財物のための正当防衛については学説上争いがあったため問題を学説による解決に委ねたと述べる (v. Hippel, S. 203 は, これを飛躍していると批判する)。これに対し, Carpzov. q. 32, n. 3 et seq. は, 他の方法で窃盗犯を捕縛し財物を回復しえない場合は犯人を殺害しうることは財物を防衛客体とする 150 条から明らかであるとする。

4 侵害の切迫性の程度 H. Zoepfl, *Das alte Bambergischer Recht als Quelle der Carolina,* 1839, S. 148; Brunnenmeister, S. 180; Schmidt, *Einführung*, S. 74 によれば, カロリーナ以前には, バンベルク都市法のように,「衣服ではなく身体に」一撃を受けた後でなければ, 反撃行為が正当防衛として免責されないと定める法令が存在した。正当防衛の立証を容易にする趣旨であったようである。バンベルゲンシス 165 条は, ガンディヌス等の著作の影響を受け,「分別を欠く若干の者が説くように, 被侵害者は打撃を受けるまで反撃を思いとどまる責めを負うものではない」と定め, 従来のバンベルク都市法の規定を改めた (Brunnenmeister, S. 180)。本条はこれを引き継ぐものである。

正当防衛は証明されなければならない

第 141 条 同じく, 行為の認定後[*1], ある者〔＝被告人〕が正当防衛を主張援用し, かつ, 弾劾人がこれを争う (nit gestendig) ときは, 上〔＝74 条〕に定めるごとく, 普通法によれば, 行為者は, 主張に係る正当防衛を適法かつ十分に証明すべき責めを行う[*2*3]。正当防衛を証明せざるときは, 行為者は有責と看做される[*4]。

1 Kress, art. 141, §2〔p. 471〕によれば，「行為の認定」は，①当初被告人が否認した殺害行為が証明された場合と，②当初から殺害行為を自白した場合の双方を含むと解するのが共通意見である（このような区別が意味を持つ場合として，註4(1)参照）。

2　正当防衛の挙証責任と証明事項　(1)　Clasen, art. 141, II〔p. 602 et seq.〕は，「弾劾人が正当防衛の抗弁を否認するときは，被告人に正当防衛の挙証責任が生ずるが（reo incumbit probatio），弾劾人が被告人の正当防衛の抗弁を争わないときは，証明の必要がない」と註解する。「殺人者のいかなる弁解も直ちに措信されるべきでなく，殺人者が自己に有利，被害者に不利な信用すべき推定根拠を主張しかつ証明する場合においてはじめて正当防衛の主張が措信されるべきである」（Kress, art. 143 §2〔p. 485〕）。

正当防衛を証明しようする被告人は，①相手方による挑発・侵害の事実，②侵害者の殺害以外に生命の危険を回避する方法がなかった事実，③その他，「正当防衛に要求される全ての要件を遵守した」事実を証明しなければならない。前歴の証明を要求する論者もいる。良き評判は，決定的な証拠とはならないが，無罪となるために重要なる意義を有し，かつ不利益な情況証拠（indicia）を無効にする効果がある。違法行為を行う傾向のない者である場合には，違法を行う意思は推定されないからである（Clasen, art. 141, I〔p. 599 et seq.〕）。

(2)　民事では，証明のための期間が設けられ期間徒過後の証明は許されない。しかし刑事では，被告人の証明は十分に聴聞されなければならず，被告人の証明がその意思に反して終結されることはない（Clasen, art. 141, I〔p. 601〕）。

3　正当防衛と完全証明　本条は，「普通法は，主張に係る正当防衛を行為者において適法かつ十分に証明すべきものと定める」として，正当防衛について証人による完全証明，すなわち，証人適格のある2名の証人の目撃証言による証明を要求している。しかし，学説は必ずしも完全証明を要求していない。

(1)　証人適格については，Carpzov, q. 33, n. 40 et seq. は，「通常，刑事事件においては，最も正確でかつ真昼間の光よりも明らかな証明（probationes luce meridianâ clariores）が必要とされる。しかし，これは，生命を奪う有罪判決の場合にのみ妥当し，生命を救う無罪判決の場合には妥当しない。したがって，無罪証明のためには不完全証明で足りる」，「それゆえ，防禦〔の主張〕を証明するためには，家人，親族，兄弟，配偶者…のような，通常不適格とされる証人もまた許容される」と述べる（Clasen, art. 66〔p. 286 et seq.〕, art. 141, I〔p. 601〕; Kress, art. 141, § 1〔p. 470〕; Brunnemann, cap. 8, n. 36〔上口訳184頁〕同旨）。

Carpzov, q. 115, n. 75 は，「無宣誓で被告人に有利な証言をした唯一の証人が措信されるということがある」と述べ，次のような1612年のライプツィッヒ参審人会鑑定を挙げる。「被告人は尋問項目書記載の事実を肯認するが，同時に，被害者が最初に2度頬を殴打したと主張する。略式の〔＝無宣誓の〕尋問を受けた証人F．ｖ．ロッホベルクもこの点について供述し，その供述は被告人の陳述とある程度一致する。しかるに，当該証人は現在，あらゆる努力にもかかわらず召喚不能であり宣誓〔供述〕を得ることができない。また，被告人はこの点について何らの責めも負わない…。したがって，自白のあった殺人について死刑を科すことは許されないが，防衛過剰の点で笞刑の上永久領邦追放を以て処罰するのが相当である」。

(2) 証人の数については，Carpzov, q. 115, n. 74 et seq. は，防禦の優位（28条註1参照）を根拠に挙げ，「被告人の防禦及びその無罪証明のためには唯一の証人であっても十分であり，いかなる半完全証明も完全かつ十分なる証拠と看做される」と述べる。Clasen, art. 141, I〔p. 601〕は，「妻，未成年，犯罪の前歴のある者であっても，他の方法で真実を知りえない場合には，防禦のための証人となりうる。同じく，唯一単独の証人によっても防禦〔の主張〕を証明することができる」と註解する（Kress, art. 141, § 1〔p. 470〕; Brunnemann, cap. 8, n. 35〔上口訳183頁〕同旨）。

(3) 五官に基づく供述という原則（65条）については，Clasen, art. 141, I〔p. 601〕は，「通常は許されないが，防禦のためならば，証人は，『ある者がある者を防衛のため殺害したと信ずる』という推論に基づく供述をする（per credulitatem deponere）ことができる」と註解し，例外があるとする（Carpzov, q. 114, n. 60; Kress, art. 141, § 1〔p. 470〕同旨）。

(4) 目撃証言の原則については，Clasen, art. 143, II は，防禦の優位を根拠に，被告人による証明には厳格なる証明は要求されず，「十分なる推定根拠，推認根拠等で足りる」と註解する。143条は，目撃証人を欠く正当防衛に関し，情況証拠よる正当防衛の証明を許している。

4　正当防衛が証明されない場合の刑罰　　(1)　被告人が免責事由の挙証責任を果たさない場合の扱いは，①犯罪行為自体が完全証明を経ている場合と，②被告人が行為を自白するが免責事由をも主張する場合とで異なるようである。

(a)　①の場合について，Clasen, art. 141, III が，「犯罪阻却事由（qualitas delicti exclusiva）の主張を伴う自白以外の証拠〔＝2名の証人の証言〕により犯罪が完全証明されている場合において，犯罪阻却事由が排斥されるならば，犯行を自白する被告人が正規刑を科されることは疑いがない」と註解するように，このような場合については議論の余地がない。

(b)　問題は②の場合である。イタリア法について，Clarus, q. 55, versi. Posset は，「正当防衛として殺害したことを自白した殺人犯は，防衛という留保（qualitas）を証明しない限り，正当防衛の留保なしに端的に殺人を自白したものと看做され，そのような自白があるものとして有罪とされる」と述べる。しかし，Clarus, q. 55, versi. Fortè posset は，これを限定し，殺人の自白をした後しばらくして正当防衛を主張したが，証明できない場合は無条件に死刑判決をなしうるが，殺人の自白と同時に正当防衛を主張した被告人に他の十分なる徴憑がない場合は刑を減軽しうるとするのが共通意見であるとしている（「他の十分なる徴憑」があるときは拷問しうるという趣旨であろう）。

(2)　本条が，②の場合について，上のようなイタリア法を踏襲したものであるか否かは明らかでない（ブルネンマイスターは，本条に対応するバンベルゲンシス166条の沿革に言及していない）。「行為者は有責と看做される」という本条の文言が「有罪と看做される」という趣旨であるならば，以下の学説の説くところは本条の趣旨と一致しない。

(a)　Carpzov, q. 122, n. 7 et seq. は，留保付き自白（confessio qualificata）に関するザクセンの勅法の明文に基づき，殺人事件において「正当防衛を主

張する被告人の自白」は拷問を行う十分なる徴憑となり，「殺人が故意によるのか正当防衛によるのか」を明らかにするため，拷問を行うべきであるとする。カルプツォフの見解は本条の解釈として述べられたものではないが，Böhmer, art. 141, § 1 は，本条について，「抗弁が適式に証明されないときは，直ちに有罪とするのではなく，推定された故意に基づき，抗弁に関し拷問が行われなければならない」，と註解する。

　これは，カルプツォフ説と同趣旨と解されるが，殺人の自白と同時に正当防衛を主張した被告人に他の十分なる徴憑がない場合は刑を減軽しうるとするイタリア法における共通意見に比較し，被告人に不利な見解である。

　(b)　これに対し，Clasen, art. 141, III は，「犯罪が完全証明を経ておらず，他方，被告人が抗弁として提出した正当防衛の主張を証明しない場合は事情が異なる。この場合，自白は不可分であり，犯罪阻却事由の主張を伴うのであるから，正規刑を科すことはできない」という見解は，「〔留保付き自白が存在しても，〕被告人による無条件かつ端的な自白は存在しないのである」という理由から支持しうる，と註解する。

正当防衛事件において，いかなる場合にいかなる挙証責任が弾劾人に生ずるか

　第142条[*1]　　同じく，弾劾人が，上に定めるごとく，正当防衛の根拠となる最初の攻撃又は侵害[*a]〔が行われた事実〕を争わず，又は，これを一貫して否認しえず，むしろ，〔①被害者（der entleibt）は，〔被告人により〕主張され〔弾劾人によりその存在が〕争われざる攻撃又は侵害（fürgewendte bekentliche anfechtigung oder benötigung）[*b]を行うにつき正当なる事由を有していたと主張する場合，たとえば，妻女とともに淫行又は刑罰を科されるべきその他の罪を犯している者を発見し，ゆえにこの犯人に対し，諸法の認める実力による行為，侵害又は逮捕を行わんとした〔が殺害された〕ものである，若しくは，被害者は〔官憲として〕被告人である殺人者を職務により逮捕する権限を有し[*c]，逮捕のため武器を以て威嚇，強制かつ侵害する必要があり，ゆえに適法に行為したものであると主張する場合[*2]，又は，〔②弾劾人が，かかる〔正当防衛が問題となる〕場合において，召喚された殺人者[*d]〔＝被告人〕は，被

害者を斬殺した時点において，脅力において被害者を全く圧倒しており侵害を免れていたがゆえに，正当防衛を行ったものにあらずと主張する場合，又は，〔③〕被害者が最初に侵害を加え，その後逃走したが，殺人者〔＝被告人〕において自発的に無用にもこれを追跡し，追跡中直ちに斬殺したものであると主張する場合，さらに，〔④〕殺人者〔＝被告人〕は，身体，生命，名誉及び良き世評を危険に曝すことなく，適切に侵害を回避しえたはずであり[*3]，ゆえに，被告人たる殺人者による殺害行為は，正当かつ免責されるべき防衛行為に当たらず，害意から行われたものであり，ゆえに刑事罰を以て処罰されるべきものと主張する等の場合において，弾劾人が，かかる〔正当防衛不成立の〕主張を援用しようとするときは[*e]，上に示すごとく殺人者〔＝被告人〕がまず被害者による最初の侵害を受けた旨の〔抗弁事由の〕認定に対し，上に示すごとき〔再抗弁事由の〕主張又は他の同様の主張を証明しなければならない[*4]。弾劾人が，否認の余地なき最初の攻撃又は侵害〔に基づく抗弁〕に対し，上に示す〔再抗弁事由となる〕主張又は同様の他の主張の一つを十分に証明するときは，かかる場合における殺人者は，被害者が（正当防衛について上に定めるごとく）最初に生命に危険のある武器を以て攻撃かつ侵害を加えたものである旨の主張又は抗弁を述べるか否かを問わず，正当なる又は全面的に免責される防衛行為（rechte oder gentzliche entschuldigte notweer）を自己のために〔免責事由として〕援用しえざるものとする。ただし，認定に係る最初の侵害に関し弾劾人が正当事由の存在〔＝再抗弁事由〕を証明することなく，むしろ，被告人たる殺人者が，その主張に係る防衛行為に関し，正当防衛につき上に定めるごとく，被害者による生命に危険のある武器を用いた最初の攻撃を受けたことを証明するときは[*5]，被告人たる殺人者による正当防衛の証明があったものとする[*6]。また，両当事者により申立てがなされた証人（kundtschafft）[*7]は，等しく許容され提出されなければならない[*8]。〔行われる〕証言については，特に次の点につき留意しなければならない[*f]。すなわち，ある者が，最初の侵害に対し正当防衛を行う適法なる事由を有していた場合においても，〔防衛〕行為に際し，防衛行為が全面的に免責されうるために必要なる全ての事情（vmstende）を備えざるときは，行為者が〔防衛〕行為に至るについて，身体刑，死刑又は罰金刑及び損害賠償[*g]〔のいずれか〕が言い

渡されるべき根拠となるいかなる程度の事由が存在したかが[*9]，しかるべく考量されなければならない[*h*10]。これは全て，以下に定めるごとく，法有識者による特段の鑑定によらなければならない。かかる事件は極めて微妙なる差異を帯び，それに応じ寛厳を異にする判決がなされるべきところ，かかる差異を一般人の理解の及ぶべく〔本条において〕説示することはなしえざるところである。

1　本条見出しは，"Wann vnd wie inn sachen der notweer *die weisung auff den anklager kompt*"である。イタリック部分は，法学提要（Iustiniani institutiones, lib. II, tit. XX, 4）中の章句"semper necessitas probandi incumbit illi, qui agit"（「挙証責任は常に原告にある」）を想起させる。

2　**侵害行為に正当事由がある場合**　　正当防衛の要点は，闘争の原因を作ったのは誰か，最初に違法行為を行ったのは誰かを証明することにある。ある者が適法行為を行い，それが殺人の原因となる闘争を生じた場合，その者は闘争の原因を作った挑発者とは看做されない。ある者が最初に違法行為を行い，他の者が何の過失もなく侵害された場合，その者が法律上挑発者と看做される。挑発者は，生命の危険に陥った場合においても，防衛権を有しない（Clasen, art. 142, I〔p. 607〕）。

　侵害行為を行う正当事由がある場合として，①被害者が，自宅においてその妻女と淫行を行っている者に対し法律上許された暴力を行使した場合。②弾劾された殺人犯を捕縛する場合のように，被害者が法又は裁判官の命令に基づき職務を行っていた場合がある（Clasen, art. 142, I〔p. 607〕）。

3　**防衛行為の必要性を欠く場合**　　①膂力に優れた被侵害者が侵害者を制圧し，生命の危険が去った時点において侵害者を殺害した場合，②侵害者が攻撃を加えたが反撃され逃走し，敢えて被侵害者がこれを追跡し殺害した場合，③被侵害者が生命及び名誉を危険に曝すことなく退避しえたにもかかわらず侵害者を殺害した場合は，防衛の必要性を欠き，正当防衛を主張することができない（Clasen, art. 142, I〔p. 608 et seq.〕）。

4　**弾劾人の挙証責任**　　被告人が正当防衛の抗弁を提出し，かつ，被害者が最初に攻撃した事実を否定しえない場合，弾劾人は，被害者が侵害行為

に及ぶ正当事由を有していたことを証明しなければならない（Clasen, art. 142, II）。註6参照。

5 この部分は，他の条文にも散見される，論理的・因果的関係を転倒させる表現である。「弾劾された殺人者が，その主張する防衛行為に関し，正当防衛について上に定めるように，被害者から生命に危険のある武器を用いた最初の攻撃を受けたことを証明し，かつ，認定された最初の侵害に関し弾劾人が正当事由を証明しないときは」という趣旨である。Kress, art. 142, § 4 は，「被告人の正当防衛の抗弁が証明されなければ，抗弁に対する再抗弁の証明は行われない」という手続に従うと註解する。

6 **弾劾人が挙証責任を果たさない場合**　Clasen, art. 142, III によれば，①最初に攻撃を受けたとの被告人の抗弁が証明された場合において，弾劾人が侵害行為の適法性を証明することができないときは，被侵害者は法律上有利に扱われ，その行為は常に防衛のための行為と推定される。不可避性は故意の推定を排斥する（necessitas excludat praesumptionem doli）からである。②したがって，「侵害が証明される場合は，正当防衛であることの証明がないときにおいても，正当防衛の証明があったものと看做される（intelligitur）」。③正当防衛が証明されたと看做された場合においても，「正当防衛の状況を慎重に取り調べるために」，弾劾人及び被告人が提出する証人は同じく尋問されなければならない。

7 Stephani, art. 143 は，「可能ならば，目撃証人を」と註解する。

8 Clasen, art. 142, III は，この法文の趣旨は，「弾劾人が挙証責任を果たさないために正当防衛が証明されたと見える場合においても，皇帝は，両当事者が証人を提出しうるときは，両当事者の証人が等しく許容かつ尋問され，よって事実の解明のため慎重なる糺問が行われるべきことを定めている」と註解する。以下の法文に照らし，「事実の解明」は過剰防衛の有無・程度についてなされるのであろう。

9 **過剰防衛**　(1) 意義　Clasen, art. 142, IV (1)は，正当防衛過剰（excessus inculpatae tutelae）を，「被侵害者が正当防衛の要件を遵守せず，侵害者を殺害しないことが可能であったにもかかわらず，侵害者を殺害すること」と定義し，「法律及び正当防衛を限界づける要件からの過失による逸脱」

であると註解する。もっとも，クラーセンが正当防衛過剰と呼ぶ類型は，以下に挙げるように，それ自体正当防衛の要件を全く充たさない場合をも含む。

(2) 過剰防衛の態様　Clasen, art. 142, IV (2)〔p. 611 et seqq.〕は，正当防衛には，原因，態様，時期の要件が必要であり，したがって，正当防衛の過剰はそれぞれについて生じうるとして以下のように註解する。

①正当防衛は違法な侵害を前提とするが，「侵害が全く存在しないか，又は違法かつ重大なる侵害が存在しない場合」（原因における正当防衛過剰）。侵害が存在しない場合は，防衛ではなく復讐にすぎない。また，侵害が存在したが，生命の危険を伴う程度でない場合は，防衛行為を行うには不十分である。②「侵害による生命の危険が切迫していない場合，又は，反撃行為の程度が侵害行為との関係で権衡を失し，侵害行為よりも重大である場合」（態様における正当防衛過剰）。この場合は，侵害者を殺害するまでもなく自己の生命を防衛することが可能だったのであるから，侵害者を殺害したことは過剰防衛となる。たとえば，侮辱されて武器又は素手で殴打し，あるいは，逃走する侵害者を追跡し殺害する場合である。③「防衛行為が，侵害行為の継続中かつ危険が切迫している間に行われなかった場合」（時期における正当防衛過剰）。危険が急迫していない場合の反撃行為は，「やむをえざる防衛行為（defendere necessariò）」として危険に対し速やかに行われるべき正当防衛の要件を充たさない。たとえば，闘争が終わった後は急迫した危険が存在しない。しかし，闘争終了後別れたが，怒り収まらぬ被侵害者が侵害者を改めて攻撃し殺害した場合，過剰防衛となるが，最初の侵害で受けた苦痛及び怒りを考慮し専ら裁量刑とすることができる。しかし，数時間後ないし数日後に被侵害者が侵害者を殺害した場合は正規刑を免れない。

10　過剰防衛に対する刑罰　(1) 本条は，過剰防衛について死刑から罰金刑まで幅広い刑罰を法定する。Clasen, art. 142, IV (3)は，①過剰防衛の有無及び程度を遍く法律に定めることができない，したがって，諸事情を考慮した上での法有識者の判断に委ねるべきである，②過剰防衛には，過剰の程度がおよそ正当防衛と解されない場合と，責任（culpa）が一定程度減少する場合とがあり，それに応じて処罰されなければならないと註解する。この

ような註解に従うならば，誤想防衛は責任が減少する場合として非正規刑が科されるのであろう。

(2) これに対し，Carpzov, q. 29, n. 1 et 38 は，正当防衛の原因，態様，時期のそれぞれについて，①「防衛過剰（excessus defensionis）」と，②「正当防衛過剰（excessus moderaminis inculpatae tuterae）」とがあり，以下のように科刑すべきであるとする。

(a) 正当防衛の原因との関係において，①「侵害が全く存在しない」場合の防衛過剰は，侵害行為が先行していない以上正規刑たる死刑（Carpzov, q. 29, n. 42），②「侵害が著しくない，又は，正当防衛を行うのに十分でない」場合の正当防衛過剰は，「〔防衛行為の〕過剰を理由に」裁量刑を以て処罰される（Carpzov, q. 29, n. 35）。

カルプツォフは，正当防衛過剰について，「侵害者によって挑発された者が全く明白なる故意によって正当防衛の限界を逸脱した者は正当なる怒りによって殺人へと駆り立てられたのである」，「防禦の必要によって動かされたのではなく，復讐心から殺意を以て侵害者を殺害したということが真実であっても，殺害者が正当なる大なる怒りから衝動的に侵害者を殺害するに至ったということは否定できない」等の根拠を挙げ，「全く明白なる故意によって行われたものであっても正当防衛過剰に殺人の正規刑を科すべきではない，という意見が共通意見であり，全く正しい」と述べ（Carpzov, q. 29, n. 29 et seqq.），さらに，本条の定める死刑は，防衛行為者が正当防衛状況に陥っていない場合を前提とする防衛過剰を予定するものであるから，正当防衛状況の存在を前提とする正当防衛過剰について死刑を科さないことは本条に抵触しないとする（Carpzov, q. 29, n. 34）。これに対し，Brunnemann, cap. 9, n. 60〔上口訳269頁〕は，この種の正当防衛過剰については死刑が相当であるとする。

(b) 正当防衛の態様との関係において，①「侵害を受けたが全く危険に陥っていない」場合の防衛過剰は正規刑（Carpzov, q. 30, n. 5），②「危険に陥ったが，殺人によることなくこれを回避しえたにもかかわらず侵害者を殺害した」場合の正当防衛過剰は非正規刑を以て処罰される（Carpzov, q. 30, n. 18）。

（c）　正当防衛の時期との関係において，①闘争終了後，大なる時間的間隔なく被侵害者が侵害者を殺害する場合は，正当防衛過剰として笞刑又はより軽い裁量刑（Carpzov, q. 31, n. 29），②数時間後，数日後に被侵害者が侵害者を殺害する場合は，「正当防衛過剰のみならず防衛過剰を犯した」ものとして正規刑によるべきであるとする（Carpzov, q. 31, n. 34）。

目撃者を欠きかつ正当防衛が主張されている殺人について

第143条　同じく，ある者が，目撃されることなく何びとかを殺害し，かつ，正当防衛を主張し，弾劾人がこれを争う場合においては，各人〔＝加害者及び被害者〕の性行（standt）の善悪，殺人が行われた場所，各人がいかなる傷を負い，いかなる武器を所持していたか，当該事件の前後において各人がいかなる挙動を示せるか，各人の前歴に照らしいずれがより措信するに値するか，殺人が行われた場所において相手方を殺害又は侵害するについていずれがより大なる理由，動機，利害を有しえたか，につき留意しなければならない[*1]。良き賢明なる裁判官は，これらの事情に基づき，正当防衛に関わる主張を措信すべきか否かを判断しえよう。また，侵害行為に対する正当防衛の推定が成立すべきときは，かかる推定は適切，有力かつ確実なる根拠に基づくものでなければならない。ゆえに，殺人者は，正当防衛〔に関わる主張〕につき信を得るため，被害者に不利かつ自己に有利なる様々なる推定根拠を提出しうるものとする[*a]。本令において，これら全ての事由〔＝推定根拠〕を詳細かつ何びとの理解も及ぶべく説示することはなしえざるところである。ただし，かかる事例において，上に定める全ての推定根拠に関する証明の責任は行為者〔＝被告人〕において負担すべきことに，特に留意しなければならない[*2]。また，弾劾人が反証しようとする場合においては，これを妨げてはならない。かかる事例が上に定めるごとく疑義を残すときは，判決に際し，〔事件に関する〕全ての事情を提示の上法有識者の鑑定を求め，しかるべくこれを用いなければならない。かかる事例においては，防衛行為の主張に対し有利又は不利となる多数の疑義及び齟齬（vnterschied）が生じうるところであり，〔具体的〕事件が生ずるに先立ち，全てを想定し定めることはなしえざるところである。

1　情況証拠による正当防衛の証明　　目撃者を欠く殺人に関し正当防衛が主張された場合について，正当防衛の完全証明に代わる情況証拠による正当防衛の証明を許容する規定である。

(1)　Clasen, art. 143, I〔p. 616 et seqq.〕は，「裁判官が犯行の状況について何らかの情報を得るための推定根拠」として，以下のような情況証拠を挙げる。①前歴。平穏及び争論のいずれを好んだかという前歴から，不法侵害の意図又は故意の推定が可能となる。侵害者が性行において争論を好む者であった場合は，先に侵害行為を行ったと推定される。②殺害の現場。侵害者が不審なる場所で被侵害者を待ち受け，森その他人気のない場所で侵害行為に及んだか，又は人目のある場所で侵害行為に及んだか否か。前者の場合は侵害者の加害意図が推定されるが，後者の場合は，侵害者が被侵害者を殺害する意図は推定されないか，又は，その推定は弱いものとなる。③武器の種類。侵害者が致命的なる武器を使用した場合は殺意が推定される。④受傷の部位及び状況。頭部への打撃は侵害者の殺意を推定させる。⑤事件前後の両当事者の挙動。既に敵対関係にあったか否か，殺人が行われた後生き残った者が犯行につき苦悶し悔悛したか否か。⑥利得。相手方の死から利得を期待しうる場合は侵害者の殺意が推認され，侵害者を殺害した者による正当防衛が推認される。⑦信用性。いずれが無辜であると信用することができるか。強者が弱者を攻撃する蓋然性の方が弱者が強者を攻撃する蓋然性より高い。若者と老齢者，女と男の場合も同様である。

(2)　Carpzov, q. 33, n. 49 は，「推定根拠及び徴憑」を「何らかの方法により（aliquo modo）」証明することができるとする。防禦のための証明には2名証人の原則が適用されず，厳格なる証明を要しないという趣旨である。

Clasen, art. 141, I〔p. 601 et seq.〕は，「武器の種類，場所，時刻，人物，敵対関係に基づく推定も許容されるが，どこまで証明されるかは裁判官の判断に委ねられる」と註解する。徴憑の証明力が裁判官の判断に委ねられるという原則（22条註5参照）に従い，情況証拠による正当防衛の成否は裁判官の証拠評価に委ねられるという趣旨と解される。

2　被告人の挙証責任については，141条註2参照。

3　情況証拠による正当防衛の証明の効果　　「良き賢明なる裁判官は，

これらの事情に基づき，正当防衛に関わる主張を措信すべきか否かを判断しえよう」という文言は，情況証拠によるにせよ正当防衛が証明されたと裁判官が判断したときは端的に無罪判決がなされると解することも可能と思われるが，学説は必ずしもそのようには解していない。

(1) この点に関しては，カルプツォフが最も明解な立場を表明する。

(a) Carpzov, q. 33 は，「被告人を正規刑から解放するには，無罪を証明する証人は1名で足りる。なぜならば，2名の証人が被告人のために供述する場合に，全ての刑罰を免れるからである」(n. 44)，また，ザクセンの勅法の明文を挙げて，「正当防衛が専ら推定根拠によって証明されるときは，被告人は正規刑を免れるが，状況 (cirucumstantiae) に応じて笞刑，断手刑，追放刑，拘禁刑，罰金刑等の軽い刑を以て罰せられなければならない」(n. 48) と述べる（「状況」とは情況証拠による証明の状況を指すと思われる）。

Carpzov, q. 122, n. 9 は，「被告人が推定根拠によって正当防衛を証明するときは，裁判官は死刑を免じ，かつ，拷問を行うよりも裁量刑を科すのが賢明である。これは，被告人が正当防衛の主張を拷問においても維持し，全ての刑罰を免れる結果を避けるためである」と述べる。これに対し，Brunnemann, cap. 8, n. 35〔上口訳183頁〕は，「〔被告人に有利な〕唯一の証人の供述は，被告人に不利益な2名の証人の供述に比肩しうるのである」と述べ，殺害行為が2名の証人によって証明され，1名の証人が被害者が侵害行為に及んだと証言した場合について，有罪判決は阻止されるが，拷問は免れないとするほか，以下に述べるクラーセン及びクレス説もまた，拷問の余地を認めている。

(b) 不完全証明による無罪証明は完全無罪を意味せず，正規刑の免除にとどまるというカルプツォフ説は，正当防衛の半完全証明は，2名証人による証明又は被告人の自白という完全証明の半分を相殺するにとどまり，残余の半完全証明は裁量刑又は拷問に十分なる徴憑を構成するという算術的な証明理論（30条註2参照）の適用と考えられる。

(2) Böhmer, art. 141, §2〔p. 678〕は，「〔正当防衛の〕全てについて証人による厳格なる証明が行われる必要はなく，急迫した侵害があったことが証明される場合は，その他の要件は宣誓によって補強されるならば足りる。被告

人は競合する情況証拠を多かれ少なかれ自己の利益に援用することが可能であり，刑事において被告人の犯罪の立証には許容されない補充宣誓（suppletorium iuramentum）を，被告人が抗弁立証のために用いることは妨げられないからである」，「被告人の無罪を述べる臨終の供述（exculpatio moribundi）は宣誓の効果を有する。確かに，他に重大なる徴憑がない場合において，証明が困難であり他に真相解明の方法がないならば，速やかに裁量刑を選択すべきであろう」と註解する。これは，本条解釈として，不完全証明は正規刑の免除にとどまると主張するものである。

(3)　これに対し，クラーセン及びクレスは，証明の程度に応じて場合分けをする。

(a)　Clasen, art. 143, IV〔p. 621〕は，①被告人の人物・前歴によって区別し，正当防衛について軽い推定根拠があり，被告人が良き世評及び素行の者であるときは雪冤宣誓が行われ，②卑賤の者（vilis persona）でありかつ正当防衛の証明が全くないか弱いときは拷問されなければならないとする。拷問の効果については，「拷問を受け正当防衛による殺人の主張を変えない場合においては，全ての不利益な徴憑が雪冤されたのであるから，全ての刑罰から解放されなければならない。ただし，被告人の行為が正当防衛でなかったこと又は過剰防禦であったことが証人によって証明された場合を除く」と註解する。①は，雪冤宣誓後は完全に無罪という趣旨であるならば，相当程度被告人に有利な扱いである。②の「卑賤の者」というのは良き世評及び素行の者でないという趣旨であろう。

(b)　Kress, art. 143,§2〔p. 485〕は，①正当防衛の主張について何らかの疑いがある場合は雪冤宣誓により，②正当防衛の主張について複数の重大な疑いがある場合は拷問によりこの疑いを除去しなければならないが，③被害者も殺害した者も闘争の性行があり，殺害場所が特定の推認を生じさせうる場所ではなく，両者の武器の種類も受傷の程度も同様であり，両者の信用性も同じく高くない等の事情から，正当防衛の成否を判断することができない場合は，「不利益な推定根拠が明らかに利益な推定根拠を上回り，したがって被告人に対する半完全証明がなされた」という拷問が科されるべき要件を充たしてないので，非正規刑を科すべきである，と註解する。

①は，正当防衛の成立について高度の証明があった場合であるから，雪冤宣誓によって不足する部分を充足するという趣旨であろう。②は，正当防衛の証明がほとんどなされていないために，なお存続する徴憑に基づく拷問により真偽が確認される場合である。

4　弾劾人による反証　(1)　被告人が侵害行為の存在及び防衛行為の実行を推認させる推定根拠を証明したのに対し，弾劾人が反証として推定根拠を証明しようとする場合は，全て許されなければならない。この種の推定根拠は多様であるが，①侵害行為前，②闘争中，及び③闘争後の事実の中から選択されなければならない（Clasen, art. 143, III）。クラーセンの分析は，事実認定論にいう予見的情況証拠，同時的情況証拠，遡及的情況証拠の概念に対応する。

5　法有識者の鑑定　弾劾人及び被告人による証明が拮抗し，十分なる取調べにもかかわらず疑問が残るときは，事件の諸事情並びに弾劾人及び被告人が完全証明又は推定により証明した事項を記載した訴訟記録を法有識者に送付し鑑定を求めなければならない（Clasen, art. 143, IV〔p. 620〕）。

女に対する正当防衛の主張について

第144条　同じく，ある男が女を斬殺し，正当防衛を主張する場合においては，女及び男の性行（gelegenheyt），各人が所持せる武器及び各人の行為が解明されかつ考量され[*1]，以下に定めるごとく，法有識者の鑑定に従い判決がなされなければならない。女が男をして，〔自らの侵害行為により〕免責されるべき正当防衛に至らしめることは容易ならざるところ，性凶悪なる女が性優柔なる男をしてやむなく正当防衛に至らしめること，特に，女が危険なる武器（sörgliche weer）[*a]を所持し，男が軽い（schlecht）[*b]武器を所持せるにとどまることがありうるからである。

1　Clasen, art. 144 は，正当防衛を証明しうる事情として，次のような事情を考慮すべきだと註解する。①男及び女の性行。女が男よりも膂力に優れかつ勇敢であるか，激しやすく自制を欠き他人に対し攻撃的であるか否か。②犯行の機会。男女の間に争いがあったか，女が男を脅迫したか否か。

女が待ち伏せをしたか否か。③武器の種類。女が致命的な武器を所持し，男が武器を所持していたか否か。④行為の状況。女が男を負傷させたか，男は回避によって防禦の目的を遂げることが可能であったか否か。

ある者が正当防衛に際し自己すなわち行為者の意図に反し無辜を殺害するとき

第145条　同じく，ある者が，既に証明された正当防衛を行うに際し，無辜を侵害者と信じ，その意図に反し，刺突，殴打，打撃又は銃撃により攻撃し殺害するときは，当該行為者は刑事罰を免責されるものとする[*1]。

1　正当防衛と錯誤　(1)　防衛行為と錯誤　Clasen, art. 145, I〔p. 624〕は，正当防衛に際し，不意に又は仲裁のために現れた第三者を傷害し又は殺害した場合，正当防衛行為者が殺人として有罪とされない理由として次のように註解する。①故意が欠ける。何びとかを侵害する意図を有しておらず，侵害者に対し防衛行為を行ったにすぎない。②正当防衛状況に陥った者は我を忘れ，恐慌を来たし怒りに駆られて反撃する方向を正確に判断することができない。③したがって，侵害者以外の者を侵害する意思を欠き，正規刑を科しうるような罪を犯したものではない。

(2)　免責の要件　Clasen, art. 145, I〔p. 624 et seqq.〕によれば，錯誤による免責の要件は次の通りである。①被告人が正当防衛状況にあったこと。すなわち，生命に対する危険を除去するために侵害に対し反撃しようとしたこと。正当防衛状況になければ，錯誤による殺人は刑罰を免れない。②被告人と敵対関係にない者が被害者であること。たまたま現れた者，仲裁に入った者がこれに当たる。③「打撃の錯誤（aberratio in repercussione）があること。すなわち，防衛行為者が侵害者を殺害しようと考えたが，人について錯誤（errare in persona）を犯し，侵害者ではなく，無辜を打撃し殺害すること」（この註解は趣旨分明ではない）。④被告人の意図に反すること。すなわち，侵害者以外の者を殺害する意図のなかったこと。

(3)　犯罪と錯誤　Clasen, art. 145, I〔p. 625〕は，正当防衛における錯誤の文脈において，「何びとかを殺害する意図で，行為において（in facto）誤

り，傍らにいた別人をその意図に反し殺害した場合は，ここにいう錯誤に当たらない。この場合は，未遂ではなく，別人を誤って殺害してはいるが意思に基づき殺害しており，正規刑が科される。その根拠は，殺人者の故意は特定の者を殺害する点にあったのであるが，人に関する錯誤は殺人者の悪しき意図を免責しないからである」と註解する。Kress, art. 145, §2〔p. 491〕によれば，減軽を認めないのがコンメンタールの一致した意見である。

Carpzov, q. 18, n. 18 は，人の錯誤（aberratio in persona）について，「殺人の場合，殺人の結果が生ずる限り，殺人者が殺人の故意を有すれば足り，A，B のいずれを殺害する意思であったかは重要ではない」，「ティティウスを殺害しようとして偶然又は錯誤により親を殺害した者は親族殺の故意を欠き，親族殺の刑は科されない」とする。Kress, art. 145, §2〔p. 492〕も同じく，「行為者は殺人の意思を有し，人違いはあるが，現実に殺人を行っている。慣習法は，犯行の既遂を要求するが，人違いはあるものの犯行は既遂に達している。…ポンペイアとの姦通を意図して，レピダと姦通したクロディウスが姦通の刑罰を免れるとしたら滑稽であろう」として，正規刑を肯定する Matthaeus, tom. 1, lib. 48, tit. 5, cap. 3, n. 12 を援用する。

2　錯誤の場合の刑罰　　Clasen, art. 145, II〔p. 626〕は，「被告人が刑事罰を免責される，というのは，正規刑及び正規刑に準ずる刑罰を免責されるという趣旨に解されなければならない。〔行為の〕諸事情を考慮し，特に何らかの過失があったことが判明するときは，裁量的に非正規刑を科すことができる」と註解し，また，錯誤があった場合の損害及び治療費の支払い義務を肯定する見解と，一切の責任が免ぜられるとする見解のあることを指摘する。Kress, art. 145, §2〔p. 493〕は損害賠償の責めを負うとする。

正当防衛に当たらざる場合において，行為者の意図に反して行われた故意によらざる殺人について

第146条　　同じく，ある者が，当該業務を行うことが許された場所において，禁止されざる正当なる業務を行い，それにより，偶然に全く故意によることなく，行為者の意図に反し何びとかを殺害する場合において，行為者を免責する種々の事由の存するところ，これらの事由を〔本令に〕列挙す

ることはなしえざるところである。〔裁判官及び判決人による〕かかる事例に対する理解を容易ならしめるため，朕は〔以下にその〕例を示すものとする。〔すなわち，〕理髪師が，理髪店において髭剃りを行うに，人に突かれ又は押され，髭剃り中の者の喉を意図せず切るとき，また他の例を挙げるならば，射手が，射撃場において立ち又は座りの姿勢をとり標的に向かい射撃を行うに，何びとかが射線に飛び込み，あるいは，正しく構え射撃する前に小銃又は弩が故意によらずかつその意図に反し発射され，何びとかを射殺するときは，いずれの者も責めを免ぜられる[*1]。これに対し，理髪師が路地その他〔髭剃りを行うには〕異例の場所において髭剃りを行い，又は，射手が，人の徘徊することを予期しうる射撃場以外の場所において射撃を行い若しくは射撃場において不注意に振る舞い，ために，上に示せる例のごとく，理髪師又は射手により何びとかが殺害されるに至るときは，行為者は責めを免ぜられない。ただし，故意によらず，軽率又は不注意から行為者の意図に反して行われるかかる殺人（entleibung）は，故意により意思に基づき行われる殺人に比し寛大に処置されなければならない[*2]。かかる殺人が行われる場合において，判決人が判決を行うべきときは，刑罰につき法有識者の鑑定を求めなければならない[*a][*3]。賢明なる者は，〔上に〕例示されざる他の事例においても，故意によらざる殺人とは何か，故意によらざる殺人がいかに免責されるかを，これら上に示せる例に基づきよろしく判断しうるであろう。かかる事例はしばしば訴訟となり，経験を有せざる者により時として著しく異なる判決がなされるがゆえに，一般人をして法に関する何がしかの理解を得さしめるというしかるべき目的のため，以上，簡略なる説示及び警告を行った。かかる事件は，場合により，刑事裁判所を構成する一般人において十分に理解かつ把握することが困難なる極めて微妙なる差異を帯びるものである。ゆえに，判決人は，上に例示する事例全てにおいて（判決を行うべきときは），上に示せる説示に関し，上に定める法有識者による鑑定を軽視することなくこれを用いなければならない[*b]。

1 事故による殺人・過失による殺人　(1) 事故による殺人（homicidium casuale）とは，故意又は過失がなく，想定外の予測不能なる事故により人の

命を奪う行為をいう。事故による殺人というためには，①行為が適法であること。②適法なる行為がしかるべき，すなわち定められた時刻，場所において行われること。③行為者があらゆる注意を払うこと。すなわち，行為に際し過失を犯さないことが必要である。このような場合は端的に無罪とされる（Clasen, art. 146, I）。

　（2）　過失による殺人とは，故意なく，行為前又は行為中の過失により人の命を奪う行為をいう。①損害が生じうるような違法行為を行う場合において，又は，②行為者に日常的となっている適法行為を行うに際し，その種の行為を行う者ならば通例払うしかるべき注意を懈怠する場合において，③行為者の意思に反し人の生命が奪われることをいう（Clasen, art. 146, II）。Clasen, art. 146, III〔p. 631〕は，「違法行為に及ばなければ，又は適法行為に際ししかるべき注意を払っていたならば，回避しえたであろう過失がある」ときは何らかの刑罰が科される，と述べており，①の危険な違法行為を行う場合は当然に過失があるという趣旨であろう。

　（3）　v. Hippel, S. 190 は，過失を，故意と並ぶ偶然とは区別される第2の責任形式として承認する点で，犯罪類型としての殺人論及び責任論における非常に重要な進歩を示す点に本条の意義を認め，イタリア法からの影響であるとする。もっとも，His, Teil 1, S. 90 ff. によれば，中世においても注意の欠如（Mangel an Aufsicht oder Sorgfalt）としての過失概念が知られていなかったわけではなく，過失と偶然は区別されたようである。

　2　過失による殺人に対する刑罰　　過失の場合は，軽率，無思慮又は未熟によるものであり，殺意のある場合と同程度の厳刑を科すことはできない。犯罪は意思によって区別されるからである（Clasen, art. 146, III〔p. 630〕）。故意が欠ける以上，「人を殺すことと人の死の原因を設定する」こととは同じではない。「死の結果は，違法を行う者の行為から直接かつ不可避的に生じたのではなく，いずれにせよ偶然によって生じている。死の結果は，行為者の意思に反してその行為に結びつけられているのである」。ここでは，行為者の行為から偶然に生じた結果が，正規刑を科すべき犯罪として行為者に帰責されないという規則が妥当する。したがって，裁量刑によって処罰される（Clasen, art. 146, III〔p. 630 et seq.〕）。

3 過失と人命金　　Carpzov, q. 27, n. 52 et seqq. は，無過失である場合の人命金に関し，カロリーナによれば被告人は支払いを免れるようであるが，ザクセン法によれば支払いを免れないとした上で，「予見されなかった事故（casus improvisus）であるが，何らかの過失が先行した場合」と，「偶然の事故（casus fortuitus）であり，何らの過失もない場合」とを区別し，前者の場合には被告人は人命金を支払うべきであるとする。

殴打され死亡した場合において，受傷が死因であるかについて疑いがあるとき

第 147 条　　同じく，ある者が殴打されて後若干の時を経て死亡する場合において，弾劾に係る殴打により死亡したか否かにつき疑いがあるときは，両当事者は（証明について定めるごとく）事件〔の解明〕に有益なる証人を提出しうるものとする。とりわけ，専門に精通する外科医[*1]，及び，喧嘩闘争後の死者の状況について知り，殴打された後の死者の生存中の状況につき供述しうるその他の者が証人として用いられなければならない[*2]。また，かかる〔事例に対する〕判決に際し，判決人は，法有識者及び本令の末尾に定めるところに鑑定を求めなければならない[*3]。

1 医師の鑑定　　(1) 傷害後 10 日を過ぎて生存した場合は，犯人は殺人犯と看做されず死刑を免れるという一般人の考えは，医術によって一定期間の延命が可能であるから，誤りである。医師の判断によれば傷が致命的であったか否かが基準とされなければならない（Clasen, art. 147, I）。傷害が致命傷であったか否かについて疑問があるときは，被告人に有利に，致命傷ではなかったと推定されなければならない（Clasen, art. 147, II）。

(2) 本条は，「専門に精通する外科医」による鑑定を定めているが，この点について，Clasen, art. 147, III〔p. 634〕は，「傷の致命性については，外科医（chirurgus）の判断は内科医（medicus）の判断と同様に扱われる」と註解する。内科医の鑑定を優位におくこの註解は，歴史的には医学は内科学を意味し，外科が，後に理髪師によって行われる経験的かつ補助的な技術として成立したという事情を背景にするものであろう。

可能な限り複数の医師の判断を経るべきである。医師が1名の場合は，判断の根拠を示しうるときに限りその判断を用いることができる。疑いが残るときは，傷害状況の記録を医学部に送り，致命傷であるか否かの鑑定を得なければならない（Clasen, art. 147, III〔p. 634〕）。

若干の都市において，医師は正規内科医（physicus）となるため宣誓をしなければならないが，正規内科医による鑑定には宣誓は不要である。外科医は宣誓しなければ鑑定することができない。この宣誓は，信ずるところを述べるという宣誓（juramentum credulitatis）であって，真実であるという宣誓（juramentum veritatis）ではない。傷害の致命性の判断は困難であり，したがって，「医師の鑑定に基づきなされた判決は既判力を有せず（non transeat in judicatum），傷害犯は判決後においても，他の医師の鑑定を求めることができる。他の医師が異なる鑑定を行う場合は，裁判官はより経験のある専門家の鑑定に基づき判決を撤回することができる。これは，誤った証言又は誤った書証に基づく判決が撤回可能であるのと同様である」（Clasen, art. 147, III〔p. 634 et seq.〕）。これは一種の再審に当たるであろう。

2　その他の証言　被害者が医師の助言に従い節制したか，良い薬餌を摂ったか，包帯を撤去しなかったか等，被害者の対応について証言しうる者がいる場合は，2名の証人によって証言がなされなければならない。かかる証言によって，傷害又はその他の病因により死亡したか否か，死の結果が医師の過失・未熟あるいは死者の怠惰に起因するか否かの判断が可能となる（Clasen, art. 147, III〔p. 635〕）。

3　致命傷の意義　医師は，致命傷であるか否か，すなわち，死亡の結果が不可避的であったか，又は治癒可能であったかについて証言しなければならないが，一般に，治癒が明らかに困難であるか又は著しく困難な場合は致命傷であるといわれる（Clasen, art. 147, III〔p. 635〕）。傷害が致命傷である場合は，被害者が適切な薬餌を摂らず死亡したときにおいても傷害犯人は正規刑を科される。致命傷を負った者は殺害された者と看做されるのである。「しかし，〔致命的ではない〕傷を負った者が生死に無頓着であり，この点に関し医師の鑑定があるときは，かかる事情は被告人に有利に働き，傷害犯は殺人ではなく傷害として処罰される。被害者が他の病因で死亡した場合は，軽

く処罰される」（Clasen, art. 147, III〔p. 636〕）。

傷害後間もなく死亡した場合は，傷害は致命的であったと推定される。医師は，致命的な傷害を受けた者は 40 日を超えて生存できないと説く。したがって，40 日を超えて生存した場合は傷害によって死亡した者ではないと推定される（Clasen, art. 147, III〔p. 636〕）。

謀殺及び喧嘩闘争において予謀に基づき又は予謀によることなく相互に援助する者に対する刑罰

第 148 条　同じく，数名の者が，何びとかを故意を以て謀殺するため，予謀に基づく一致した意思の下に（mit fürgesetztem vnd vereinigtem willen vnd mut），相互に幇助かつ援助する（hilff vnd beistandt thun）ときは，全ての行為者は死刑を科されなければならない[*1]。喧嘩闘争に偶然臨場した数名の者が相互に幇助し，かつ，何びとかが正当なる理由なく（on genugsam vrsach）[*2]斬殺され，自ら殺害行為に及んだ者が知れるときは，この者が故殺犯として斬首刑を以て処罰されなければならない。殺害された者が，何びとであるか判明している複数の者により故意を以て生命に危険をもたらす殴打，打撃又は傷害を加えられ，かつ，いずれの者の行為がその死因であるかを証明しえざるときは，上のごとく，傷害を加えた者全てが，上に定めるごとく故殺犯として斬首刑を以て処罰されなければならない[*3]。また，殺害された者に対し上のごとき生命に危険をもたらす傷害を加えざるその他の幇助者，助力者及び加功者の刑罰について[*4]，さらに，騒擾又は喧嘩闘争中にある者が殺害され，いずれの者の行為により上のごとく傷害されたかを知りえざる場合については[*a*5]，判決人は，かかる事件に関し解明しうる限りの全事情及び状況を提示の上，法有識者及び以下に定めるところに鑑定を求めなければならない。かかる事例においては，ここにその全てを列挙しえざる〔事件に関わる〕種々の事情を考量し，それぞれに応じ判決されるべきものだからである[*b]。

1　事前共謀による殺人　Clasen, art. 148, I〔p. 638〕は，「人の殺害を共謀し，実行を容易にするため相互に幇助しあった」場合は，「傷を負わせ

たのが1名であるか，数名であるかを問わず」全員が正規刑を科されると註解する。Kress, art. 148〔p. 508〕は，共謀に基づいて被害者を犯行場所に案内し，犯行の間武装して佇立していたにとどまる被告人に死刑が科された実例を挙げる。Clasen, art. 148, I〔p. 638〕は，殺人の共同正犯の法理を根拠づけるために，「平和侵害に関する法令においては，全員が殺人について合意し，かつ重罪の場合においては犯罪の意思さえあれば足りるのであるから，1名のみが殺人を行っても，全員が平和侵害の責めを負う」という学説を引用し，Kress, art. 177〔p. 643〕は，共犯規定である177条註解において，148条を根拠に，「死刑に値する犯罪を共謀し相互に合意した犯人は，当然に全員が死刑を科される」と註解する。いずれも，共謀共同正犯を含意するようにも見えるが，本条は，「予謀，一致した意思」を前提として「幇助，援助」することを要求しており，本条の対象は実行共同正犯に限られるであろう。

　誰が致命傷を与えたかは明らかになる必要はない（Stphani, art. 148〔p. 181〕）。事前共謀の場合は，謀殺犯として車輪刑が科されることになる（137条参照）。

　2　Gobler, art. 148; Vogel, art. 148 は「十分なる理由なく」と直訳するが，どのような事態を指すか判然としない。これに対し，Clasen, art. 148 は，"absque legitima causa"（「正当なる理由なく」）という羅訳を示すほか，Kress, art. 148, §3〔p. 510〕は，註解として，「殺害された者が甚だしい侮辱を加え，あるいは殴ることで，会衆又は殺害者を憤激させた」場合を挙げるので，本文のような訳とした。正当な理由のある憤激に発した殺人が減軽されることについては，137条註5参照。

　3　**現場共謀による殺人**　　（1）Clasen, art. 148, II〔p. 638〕は，確定した殺意に基づく殺人ではなく，偶然生じた闘争の現場に偶然立会い相互に幇助し合って行われた殺人の場合は，殺人の実行行為者（verus autor）が知れるときと知れないときとが区別されなければならないとして，以下のように註解する。①殺人を行った者が知れるときは，殺人犯として斬首刑となる。②被害者が，同定されている複数人により致命的な殴打・傷害を加えられたが，何びとの行為により殺害されたかが不明のときは，致命的な傷害を

加えた者全員が殺人犯として斬首刑となる。

Clasen, art. 148, II〔p. 639〕は，①及び②に該当しない場合について，「闘争に参加した者の中の誰が被害者を殺害したか致命傷を与えたかが確実ではなく，有罪判決を下す根拠とならない疑い及び推認のみが存する場合は，無辜を有罪とするよりは犯人を放免するのが良い（l. 5, ff. de poenis〔=D. 48, 19, 5〕）」と註解する。致命的な攻撃を加えたか否かが明らかでない者は，故殺犯として斬首刑を科されるのではなく，裁量刑を科されるという趣旨であろう（本条註4参照）。

(2) クラーセンが論拠とする D. 48, 19, 5 には，「トラヤヌス帝はアドシディウス・セヴェルスに対する勅答において，何びとも疑いに基づき有罪とされてはならない，なぜなら，無辜が有罪とされるよりは，犯人の行為が罪を免れるほうが良いからである，と述べた（Nec de suspicionibus debere aliquem damnari divus Traianus Adsidio Severo rescripsit: satius enim esse impunitum relinqui facinus nocentis quam innocentem damnari)」という法文が見える。現代の「疑わしきは被告人の利益に（in dubio pro reo）」の原則すなわち利益原則を彷彿させるトラヤヌス帝の勅答である。

なお，バンベルゲンシス13条は，十分なる徴憑なくして行われた拷問に対する自白に基づき有罪とすることを禁ずる文脈において，「無辜を死刑とするよりは犯人を無罪とするほうが良い（vnd ist besser den schuldigen ledig zu lassen, dann den vnschuldigen zum tode zu verdampnen）」と定めるが，この章句はカロリーナには継受されなかった（なお，58条註5参照）。

4 Clasen, art. 148, III〔p. 640〕は，「幇助者又は加功者が，殺害された者に対し攻撃を加えたが，しかし命に危険をもたらすような傷害を負わせていない場合」（Kress, art. 148, §3〔p. 511〕によれば，致命的ではない傷害が重なったため被害者が死亡した場合）は，法有識者の鑑定を求め，裁量刑を科されなければならないと註解する。これは，現場共謀を行ったが，致命傷となるような攻撃を加えなかった共犯の場合である（なお，註2参照）。

5 Clasen, art. 148, III〔p. 640〕は，「何びとかが騒動の中で殺害されたが，殺害した者若しくは傷害した者が全く不明の場合」は，法有識者の鑑定を求め，殴打を加えた者全員が裁量刑を以て処罰されなければならないと註

解する。いわゆる同時傷害の場合である。

Clasen, art. 148 III〔p. 640 et seq.〕によれば，かかる場合は何びとも処罰されるべきではないという見解，喧嘩騒動の参加者全員が拷問されるべきだとする見解，あるいは，殺人を犯した徴憑のある者に限って拷問されるべきであり，その徴憑として，①喧嘩を始めた，②喧嘩早い性格である，③慣例に反し武装して現場に赴いた，③以前から敵対関係にあった，④殺人後，糺問開始前に逃亡した等の事情を挙げる見解もある。

殺害された者の埋葬前の検視について

第 149 条　　上に定めるごとき事例においては，殺害された者の埋葬後に受傷の状況をしかるべく考量し判定することが困難となる事態を避けるべく，裁判官は，2 名の参審人，1 名の裁判所書記，及び（求めうるならば[*a]）予め宣誓させた 1，2 名の外科医（wundtarzt）とともに，埋葬前の死体を入念に検視し，かつ，全ての受傷，打撲，打撃の状況を入念に記録させなければならない[*1]。

1　検視　　(1)　検視（inspectio）は，2 名の参審人及び宣誓した書記を帯同の上，裁判官が行う。検視は，裁判官の権限に基づいて行われる限り，私人居宅又は裁判所外においても行うことができる（Clasen, art. 149〔p. 643〕)。

検視の目的は，受傷が致命傷であり被害者の死亡原因が受傷であったと確実に，少なくとも蓋然的に確定しうるよう，受傷の状況を正確に調べることである（Clasen, art. 149〔p. 644〕)。受傷が致命傷であるか否かの判断は，法学（scientia legalis）ではなく医術に属する（Clasen, art. 149〔p. 644〕)。したがって，検視には内科医又は外科医を立ち会わせ，鑑定させなければならない（Clasen, art. 149〔p. 642〕。なお，Clasen, art. 149〔p. 644〕は，検視に際し内科医も外科医と同じく宣誓しなければならないとするが，147 条の場合との関係が判然としない）。

(2)　検視として，①受傷状況を検分するための解剖，②受傷箇所から見た致命性の調査，③兇器と傷口が吻合するか否かの調査，④受傷が致命傷であ

ったか，その他の病因により死亡したか否かに関する所見，⑤所見の根拠の提示（これがなければ，裁判官は正しい判決をなしうるとの確信をもつことができない）が行われる。⑥医師が疑問を抱くか医師の間で意見が一致しない場合においては，医学部に鑑定を依頼することになるが，医学部もまた疑問を抱くときは正規刑を科すことはできない（Clasen, art. 149〔p. 644 et seq.〕）。

以下，適切に行われるならば免責されうる若干の殺人に関する一般的説示[*a]

第 150 条　同じく，「同じく，夫が，妻との姦通を理由として男を云々」を以て始まる姦通に関する 121 条〔＝120 条〕に定める，ある者がその妻又は娘と淫行を企てる何びとかを斬殺する場合のごとく[*1]，〔免責〕事由が適法かつ適式に援用されるならば[*2]，時として行為を不可罰的とする〔免責〕事由（vnstreffliche vrsachen）ありとされるその他多くの殺人行為の存するところである。

　同じく，ある者が，他の者の身体，生命又は財産を救助するため何びとかを斬殺するとき[*3]。同じく，弁識力を欠く者が殺人を行うとき[*4]。さらに，ある者に職権により何びとかを捕縛する権限がある場合において，逮捕されるべき者が不当に暴力を以て危険なる抵抗を行い，ために抵抗した者が殺害されるとき[*5]。

　同じく，何びとかが，夜間居宅において，恐怖を惹き起こすべき状況下において（geuerlicher weiß）[*b]，ある者〔＝侵入者〕を発見し斬殺するとき[*6]，あるいは，「同じく，ある者が獣を飼育し云々」を以て始まる 136 条において定めるごとく，ある者が獣を飼育し，この獣が何びとかを殺す場合において，飼い主が獣のかかる獰猛さを事前に知らざるとき[*7]。上に挙げる全ての事例には，免責される場合と免責されざる場合とがあり，その差異ははなはだ多様であり，全てを記述し説示するには長大すぎ，かつ，これらの差異を全て本令に記述すべきものとすれば，一般人に誤解を与え，煩瑣ともなろう。ゆえに，これらの事例の一につき裁判官及び判決人が判決を行うべきときは，法有識者及び本令の末尾に定めるところに鑑定を求めなければならない。また，従来刑事裁判所において時として見られるごとく，これらの事例

において言い渡すべく，法に反する独自の不合理なる規則及び慣習を案出し[*c*8]，それがため判決人がそれぞれの事例の違いに耳を傾けこれを考量することを怠ることがあってはならない。かかる所為は，大いなる愚行であり，判決人がしばしば誤り，人々に対し不正を行い，人民の流血について〔誤判の〕責めを負うべき結果を惹き起こすべきものである。また，裁判官及び判決人が犯人の利益を図り，訴訟を延引させ，以て犯人の利益となるよう手続を指揮し[*d]，よって進んで犯人を無罪放免する例を少なしとしない。鑑みるに，若干の無知なる者は，犯人の生命を救うことを以て善を行うものと誤信するのであろう。〔しかし，〕裁判官及び判決人は，かかる所為により重い罪を犯し，神及び人々の前において，弾劾人に対し損害回復の責めを負うべきことを銘じなければならない。いずれの裁判官及び判決人も，宣誓及び魂の救済に賭けて，自己の知力の全てを傾け，平等かつ公正なる判決を行うべき責めを負うからである。しかして，事件がその理解を超えるときは，法有識者及び本令の末尾に定めるところに鑑定を求めなければならない。公益と人の血〔＝生命〕とが相争うがごとき重大なる事件につき判決するためには，大いなる真摯なる慎重さが相応しく，これを以て臨むべきものだからである。

1 姦夫の殺害　Clasen, art. 150〔p. 647〕は，居宅において妻の姦通に遭遇した男が姦夫を殺害することは，「正当なる憤激」による行為として不可罰的であると註解する。

なお，姦通罪を定める120条が姦夫の殺害について定めているかのような規定振りは誤りである（姦通者を殺害する行為の免責は142条に別途規定がある）。これに対し，姦通罪を規定するバンベルゲンシス145条は，姦夫・姦婦を殺害する夫の行為の不可罰性をあわせて定めている。カロリーナの立案者が，カロリーナ120条がバンベルゲンシス145条と同一内容の規定であると誤解した結果生じた誤りである。Schroeder, S. 181 参照。

2　免責は事件の個別的事情に依存し，判定・判断が困難である，ということを前提とする趣旨であろうか。

3 他者のための正当防衛　血族・姻族とそれ以外の者とを区別するこ

となく，他者のための正当防衛を行うことができるが，これは，共通の自然法の下で生活する人間は自然的社会（societas naturalis）を保持する義務を相互に負うことからの要請である（Clasen, art. 150〔p. 648〕）。自己のための正当防衛の防衛客体について，140条註3参照。

4 狂人及び子供による殺人 狂人は何を行っているかを理解しないために，殺人の故意を欠く。狂気という運命の不幸（fati infelicitas）が免責するのである。また，子供も何を行っているかを理解しない。したがって，人を殺害しても，事実の認識を前提とする故意及び過失を欠き，偶然の事故と看做される（Clasen, art. 150, I〔p. 648〕）。

Kress, art. 150, §11〔p. 528〕は，事理に照らし（ex natura rei），この免責事由はすべての犯罪に妥当すると註解する。責任能力については，179条参照。

5 職務に基づく殺人 「生死を問わず犯人を拘引すべし」という命令が発せられることは稀ではなく，命令に従わない者に対しては力を以て強制することを恐れる必要がない（Clasen, art. 150〔p. 648〕）。もっとも，Kress, art. 150, §12〔p. 529〕は，多くの捕吏が悪意に満ち残酷であると述べるフランドルの法律家ダマウダー（J. Damhouder, Praxis rerum criminalium, 1601〔ed. prim. 1554〕, cap. 17, n. 2 et seq.）の所説を引用し，理性の命ずるところ，捕吏が職権を著しく逸脱するときは力を以て対抗することができる，と註解する。

6 夜間侵入者の殺害 夜間居宅において窃盗犯を殺害した場合は正規刑を免れる（Clasen, art. 150〔p. 648〕）。侵入窃盗は加重窃盗とされる重罪である（159条参照）。ただし，Kress, art. 150, §12〔p. 531〕は，法文は侵入目的を限っておらず，本条は姦通，殺人，背叛目的の侵入にも適用があるとする。

7 獰猛なる獣による殺人 所有者が獰猛さを知らなかった獣が人を殺した場合，所有者は刑罰を免れる。ただし，その獰猛さを知りながら，これを処分するか厳重に管理することを怠り他人又は動物に害を与えた場合は裁量刑を以て処罰される。処罰に際し種々の事情が考慮されるが，その中でも，行為者の意図が重要であり，全ての行為はこれを基準として倫理的に

（moraliter）考察され判断されなければならない（Clasen, art. 150〔p. 649〕）。

8　裁判官の犯す誤り　　裁判官の犯す誤りが生ずる原因には，事件をその諸事情に応じ分別することに対する無知と，慈悲の誇示がある（Clasen, art. 150〔p. 650〕）。

（1）裁判官は，法律の無知のために，「誰であれ人の血を流す者あるときはその血もまた流されなければならない」という神法を，殺人はその態様の如何にかかわらず同じく処罰されるべきことを命ずる規範と解している（神法とは，創世記第9章6節の"quicumque effuderit humanum sanguinem fundetur sanguis illius"をいう）。しかし，事件ごとの違いを無視することは甚だしく愚かであり無知である。事件の諸事情を正しく考慮しない判決がなされるのは，「裁判の本質に関わる正しい事実認定なしに」判決がなされるからである（Clasen, art. 150〔p. 650〕）。C, 3, 1, 9には，「裁判官は何よりもまず，十分なる審問により事件の状況を取り調べなければならない（iudices oportet imprimis rei qualitatem plena inquisitione discutere）」という法文が見える。

被告人の死刑を免ずることが慈悲であると考え，判決を延引させ時間の経過による犯行の重大性の低下を謀り，犯人の不処罰又は寛刑をもたらしている者が少なくない。死刑が相応しい者をして死刑を免れさせる者は，罪を犯すだけではなく，公益と規律の維持に努める弾劾人の目的を，不正なる判決によって阻むものであり，裁判官は弾劾人に対し損害を賠償する責めを負う（Clasen, art. 150〔p. 650 et seq.〕）。

（2）皇帝は，事件が裁判官の能力を超え，事件の困難さを克服しえざるときは法有識者の鑑定を求め正しい判決を下すべきことを命ずる。自己の無知を知りながら法有識者の鑑定を求めず生死に関わる判決を敢えて行う者は自己の良心及び神の前において責めを免れない（Clasen, art. 150〔p. 651〕）。

自白に係る行為の免責のため主張された事由はいかに証明されるべきか

第 151 条　　同じく，何びとかが，行為を自白し，かつ，定められた各刑事罰がいかにいかなる場合に免責されるかにつき上〔=131条，141条，143条等〕に定めるごとく，当該行為に対する刑事罰を免責しうる事由を主張す

るときは，裁判官は，行為者に対し，主張に係る免責事由を十分に証明しう
るか否かを質さなければならない[*1]。行為者が自ら速やかにその行為につき
証明を行う用意のある（vrpüttig）[*a]ときは，裁判官は，行為者が行為の免責
のために証明しようとする事項[*b]を，法律について知識のある者又は裁判
所書記をして，裁判官の面前において録取させなければならない。次いで，
裁判官が，法有識者の鑑定を得て，証明項目（weisung artickel）が証明され
る場合において，主張に係る事由が弾劾及び自白に係る行為に対する刑事罰
を免責しうるものと判断するときは[*c*2]，弾劾人が行わんとする反証の内容
の如何にかかわらず[*d]，行為者は，その申立てに基づき証明を行うことを許
されなければならない[*3]。また，かかる証明に関し，当該官憲による証言聴
取者[*4]の任命及びその他[*5]は，「同じく，被告人が自白せざる場合において
云々」を以て始まる第62条及びそれに続く数箇条において証明の方式につ
いて定めるところに従い，行われなければならない[*6]。あわせて，判決を行
うべきときは[*e]，本条に続く数箇条もまた参照され遵守されなければならな
い[*f]。疑義あるときは，以下に定めるごとく鑑定が求められなければならな
い。

1　抗弁の挙証責任　「抗弁を主張する被告人は原告となる」，したがっ
て，被告人が免責事由を主張するときは免責事由を証明しうるか否かを尋問
することは裁判官の職務である（Clasen, art. 151, I）。D. 44. 1, 1 は，抗弁の
挙証責任について，「抗弁を提出する者は訴えを提起するものと看做され
る。抗弁を提出する被告人は原告となるからである（Agere etiam is videtur,
qui exceptione utitur: nam reus in exceptione actor est)」とする。

2　抗弁の関連性　裁判官は，防禦項目（articuli defensionales）の「関
連性及び許容性（relevans & admittendus)」の有無について法有識者の鑑定を
得なければならない。「関連性がある」とは，「法律効果との関係において立
証趣旨に照らし有益でありかつ当該訴訟の帰趨に何らかの影響を与えうる」
ことをいう（Clasen, art. 151, II）。

　当該訴訟に無意味な関連性のない防禦項目は却下されなければならない。
ただし，関連性法則の留保の下に防禦項目を許容することが可能である。関

連性法則の留保は，①「関連性のない尋問項目は許容されなかったものと看做される」，②「関連性のない尋問項目に対する答弁は行われなかったものと看做される」という二重の効果を有する（Clasen, art. 151, III）。なお，関連性法則の留保については 65 条註 2，74 条註 2 参照。

3　弾劾人の反証　「弾劾人が行わんとする反証の内容の如何にかかわらず，行為者は，その申立てに基づき証明を行うことを許されなければならない」という法文について，Clasen, art. 151, III は，「被告人には抗弁の証明が許されなければならないが，弾劾人もまた反証（probatio in contrarium）を許されなければならない。これは，かかる困難なる訴訟に対する判決が専ら一方当事者の申立てに基づいてなされることを避けるためである」と註解する。この法文の表記は，手続のしかるべき前後関係を倒置していると考えられる。

4　証言聴取者　証言聴取者の選任要件等については，71 条，72 条参照。Clasen, art. 151, IV は，証言聴取者の訴訟指揮について，「証言聴取者は手続を迅速に進めなければならない。これは，被告人の防禦権を奪うためではなく，被告人が防禦のために付与された権限を濫用し悪意を以て手続を遅延させることのないよう，防禦のための時間を制限し枠づけるためである。防禦の時間を制限することは防禦の機会を奪うことではない」と註解する。

5　Remus, cap. 151 は，「当該事件について必要となる全て」と註解する。

6　62 条以下，完全証明に関する定めがある。

行為者の提出する証明項目が免責に有益ならざるとき [a]

第 152 条　同じく，上に定める証明項目につき，裁判官が，法有識者の鑑定に照らし，申立てに係る証明が行われた場合においても行為者の免責に資するところがないと判断するときは，証明は許容されることなく却下されなければならない[1]。しかして，行為者が拘禁されている地の裁判官及び裁判所により，自白せる明白なる（offenbar）犯人に相応しく，迅速なる訴訟手続が行われなければならない[2][3]。

1 関連性については，151条註2参照。

2 **抗弁が証明されない場合の効果**　本条は，141条註4において述べた，被告人が行為を自白するが同時に免責事由を主張する事例を対象とする規定である。

(1)　Clasen, art. 152, II は，殺人を自白し同時に免責事由を主張する被告人が免責事由を証明できない場合は，「この種の明白犯に対しとるべき手続が行われなければならない。すなわち，自白した殺人犯として死刑が科されなければならない」と註解する。Remus. cap. 152 は，「自白せる明白なる犯人に相応しく，迅速なる訴訟手続が行われなければならない」という法文を，「明白犯の場合は，裁判官は猶予することなく迅速に手続を進めなければならないのであるから，判決の言渡しを行うべきである」と敷衍する（これは，自白の検認を要しないという趣旨なのであろうか）。

Böhmer, art. 152, § 2〔p. 721〕もまた，「裁判官から見て，争点決定において提出された証拠が関連性を欠く場合は，カール5世皇帝の意図によれば，裁判官は無意味な訴訟遅延を避けるためこれを却下し…速やかに有罪判決を行うことができる」と註解する。

(2)　なお，カノン法では，現行犯類似の概念であった明白犯概念が拡張され，自白のあった犯罪もまた明白犯とされた（Lévy, p. 38〔上口訳・南山法学12巻1号115頁〕）。しかし，カロリーナ16条はカノン法と異なり，直ちに有罪とされるという明白犯の法律効果（16条註3参照）を採用することなく，速やかに拷問を行うべきであるとしている。カロリーナにおけるこのような用語例に照らし，カノン法の明白犯概念を前提とするかのようなクラーセン及びレームス註解が適切であるか疑問がある。

3　**141条との関係**　141条は，「正当防衛を証明せざるときは，行為者は有責と看做される」と定める。免責事由の証明が却下された被告人について「自白せる明白なる犯人に相応しく，迅速なる訴訟手続が行われなければならない」と定める本条は，行為を自白した被告人が免責事由を証明することができない場合に関する手続を定める点で，141条と同一の手続状態を前提としている。したがって，被告人に対する処置は同一でなければならないと思われる。しかし，141条に関する学説は，留保付き自白をした被告人

に対し，141条の要件の下で正規刑の有罪判決を行うべきものとは解していない（141条註4参照）。直ちに有罪判決をすることができるという，本条に関するクラーセンやベーマーの註解は両者の141条註解と整合的であるか疑問が残る。

上に定める証明に要する糧食費を負担すべき者について

第153条　同じく，ある者が何びとかを殺害し，これを理由として拘禁され殺害を自白する場合において，当該殺人の全部若しくは一部を免責する，上〔＝140条，150条〕に掲げる事由の1又は2を，上に定めるごとく証言により証明しようとするときは，被告人の親族は，まず以て，裁判官及び4名の参審人の面前において弾劾人に対し，裁判官及び4名の参審人の裁量により必要とされる保証，すなわち，被告人の主張に係る免責事由が証明により適法に認定されざる場合において，被告人の〔拘禁中の〕糧食費を負担し，かつ，当該裁判所の裁量に従い，〔被告人の〕主張に係る免責事由の証明が敢えて行われかつ失敗することにより弾劾人が蒙るべき費用及び損害を賠償する意思のある旨の保証を行わなければならない[1]。朕は，これにより，弾劾人が上〔＝152条〕のごとき真実に反する欺罔的なる抗弁（außzug）により損害を蒙ることを抑止せんとするものである。また，かかる場合において，上に定めるごとき〔費用及び損害に関する〕裁量を行うに際し，当該参審人及び判決人は，法有識者及び以下に定めるところに鑑定を求めなければならない。

1　抗弁提出に伴う担保提供　本条は，被告人が犯行を自白しているという前提の下において，抗弁を提出する被告人に担保提供を命ずる規定である（156条参照）。

本条の趣旨は，被告人が防禦に藉口し訴訟を延引させ，弾劾人の費用負担を重くすることを抑止することにある（Clasen, art. 153, I〔p. 657〕）。①担保提出の時期は，拘禁された被告人が殺人を自白するが抗弁を提出しそれを証明しようとするときである。②担保を提出すべき者は，法文上拘禁された被告人の親族とされているが，これは，被告人自身が資力のない場合という趣

旨であり，資力があるときは被告人が自ら担保を提出しなければならない。③担保の額は，事件の状況及び人物を考慮し，後に支払いを命ぜられうる額を超えないよう，裁判官及び参審人により決定されなければならない。④提出先は裁判所であり，後の争いを避けるため，担保提供は訴訟記録に記録されなければならない。書記が行った宣誓に基づき，訴訟記録は完全な証明力（plena fides）を有し，無意味な争いを防止する。⑤担保として資力のある保証人を立てることが可能であるが，弾劾人はこれに異議を申し立てることができる。⑥担保される範囲は，被告人の無罪立証が失敗した場合における被告人の糧食費及び弾劾人が負担した費用である（Clasen, art. 153, I〔p. 657 et seq.〕）。

なお，被告人の糧食費は，原則として弾劾人が負担するが（204条），拷問を受ける程度の徴憑のある場合は，そのような嫌疑があることを根拠に被告人が糧食費を負担する（61条）。予防拘禁としての拘禁の場合においては，被告人が負担する（176条）。

上に定める方法により免責事由を証明[*a]せんとする者の著しい貧困について

第154条　同じく，被告人が極めて貧困[*1]，かつ，上に定める保証をなしうる親族を有せざる場合において，弾劾に係る殺人につき被告人が適法なる免責事由を有する疑いのあるときは，裁判官は，事件の態様に応じ能う限り入念なる取調べを行い，〔上級〕官憲（oberkeyt）[*2]に対し書面によりこれら全ての事情を報告し，当該事件においてかかる〔免責事由の有無に関する〕取調べ[*3]を職権に基づきかつ裁判所又は官憲の費用において行うにつき，請訓しなければならない[*4]。

1　貧困の場合の扶助　(1)　Clasen, art. 154〔p. 660 et seq.〕は，貧困の意義について，アウレウス金貨50枚を有しない者とする論者もいるが，裁判官の裁量に委ねるべきであるとする（D. 48, 2, 10には，アウレウス金貨50枚を有しない者が弾劾人となることを禁ずる法文が見える）。被告人は貧困を主張するだけでは足りず，貧困を証明する必要があり，場合によっては「貧者

の宣誓」が要求される。貧困の証明は，官憲による公的証明又は信用すべき隣人若しくは親族の証言による。

(2) 貧困に対する扶助の要件は，次の通りである。①被告人が貧困であることの証明があったこと。②資力のある親族を有しないことが確認されたこと。③被告人の主張する抗弁が証明される可能性のあること。このような可能性のある場合は，「無資力のために権利が害されることがないように，被告人に無罪主張のための費用が提供されなければならない」。④裁判官は殺人に関わる諸事情を慎重に取り調べ，その結果を記載した調書を上級官憲に送付し指示を仰ぐこと（Clasen, art. 154〔p. 660 et seq.〕）。

(3) 官憲が負担する場合の費用の範囲は，被告人の糧食費，取調べ費用を含むとしても，弾劾人の受ける損害までを含むかは明らかでない。

2 「官憲」について，Gobler, art. 154 は，"princeps seu magistratus superior"（「君主ないし上級官憲」）と羅訳する。したがって，本条の裁判官は領邦の官僚としての裁判官を指すことになるが，領主裁判所の裁判官についてはこの種の規定が欠ける。

3 貧困と弁護費用　Clasen, art. 154〔p. 661〕は，「貧困事件においては，弁護人も無料で弁護を提供する義務があり，裁判官の職権により，弁護人にこれを強制することも可能である」とする。

モルト・アハトの状態にある者が拘禁され無罪を証明しようとするとき

第 155 条　同じく，若干の地方において慣習となれるモルト・アハト（mordt acht)*1を既に宣告されたる者が拘禁され，拘禁中に，免責事由に関する上の数箇条に定めるごとく，免責事由の証明を申し立てるときは，既に宣告されたモルト・アハトにかかわらず，上に定める証明が許されなければならない*2。

1　モルト・アハト　(1)　**意義**　モルト・アハトを宣告された者，すなわち，殺人を犯して逃亡し，召喚を受けながら出頭せず，不出頭を理由に弾劾に係る殺人の犯人として都市，領邦，裁判区から追放された者は，いか

なる地においても安全を保障されず，何びともこれを逮捕しアハトが宣告された場所に引き渡すことができる（Brunnemann, cap. 8, memb. 6, n. 36 et seq. 〔上口訳243頁以下〕）。アハトは，領邦レヴェルのものと帝国レヴェルのものとがあった。1555年帝室裁判所令（Die Reichskammergerichtsordnung von 1555〔hrsg. von A. Laufs, 1976〕）は，争点決定に出頭しない被告人（Teil 3, tit. 43, §1），雪冤のための召喚を受けて出頭しないラント平和令違反の被疑者（Teil 2, tit. 10, §2）に対するアハト判決を定めていた。

　ローマ法上，「鉱山労働刑若しくは同種の刑又は死刑等の厳刑に処すべきときは，欠席者に対しこれを科すことができない（Si autem gravius quis puniatur, puta in opus metalli vel similem poenam sive capitalem: hoc casu non est irroganda in absentem poena)」（D. 48, 17, 1）とされ，欠席者に対し死刑を判決することができなかった。このため，モルト・アハトの制度が慣習上成立した（Clasen, art. 155〔p. 662〕）。Poetsch, S. 2 f. によれば，犯罪を，平和すなわち人身の不可侵性を保障する共同体的紐帯に対する裏切り・反逆と看做し，行為者を共同体から放逐する古代ゲルマン法における「平和喪失」に起源する制度である。「平和喪失」は「法的人格を全面的に否定し，アハトを宣告された者の生命及び財産を全ての者の処分に委ねること」を意味した。したがって，アハトを宣告された者を適法に殺害することが可能であった。

　(2)　アハト手続　　正規訴訟と同様に，被告人の召喚手続が必要であるが，アハト手続に入る要件は，死刑相当事件の罪体が確認され，少なくとも犯人であることの蓋然性が確認されていなければならない（Clasen, art. 155〔p. 663〕）。モルト・アハトの手続については，Brunnemann, cap. 8, memb. 6, n. 30 et seqq.〔上口訳242頁以下〕参照。

　2　アハトの効果の制限　　(1)　アハトの効果として，アハトを宣告された者は自白しかつ有罪を証明されたものと看做される。しかし，本条は，宣告後拘禁された被告人が無罪立証を申し立てることを許容する（Clasen, art. 155〔p. 663〕）。アハトを宣告された者を殺人の有罪証明のあった被告人と看做す制度を苛酷なものとして退け（Brunnemann, cap. 8, memb. 6, n. 40〔上口訳245頁〕参照），モルト・アハトを宣告された者が身柄を拘束された場合，直ちに処刑することを認めず，改めて防禦の機会を保障する趣旨である。

Clasen, art. 155〔p. 663〕は，裁判不出頭によって有罪証明が擬制されるが，擬制の証明に基づく判決は既判力を有せず，したがって，命令抗拒を理由に有罪とされた者も改めて無罪証明が許されなければならない，また，「故意による殺人の明白な徴憑がない場合であれば，出頭し無罪を証明させるため，アハトを宣告されたものに身柄保障を付与すべきである」と註解する。

(2) Clasen, art. 49〔p. 225〕は，アハトを宣告された者を殺害することは原則として適法であるが，背叛は低劣な犯罪であるため背叛的な方法で殺害した者は殺人の正規刑すなわち死刑によって処罰されると註解していることに照らし，アハトを宣告された者を殺害すること自体は，本条の下でも禁じられていないと解するのであろう。ただし，Carpzov, *Peinlicher Sächsischer Inquisition-und Achtsprocess*, S. 237 は，アハトを宣告された者を適法に殺害しうるという原則は，帝国法においては妥当するが，ザクセン法では妥当しないとする。

拘禁に先立ち被告人が行う，弾劾に係る刑事罰相当の犯罪に関する免責の証明について

第156条　同じく，ある者が，拘禁されるに先立ち[*1]，刑事罰相当の犯罪につき適法に免責事由を証明しようとするときは[*a]，正規の刑事裁判所[*2]において，かかる場合に関し各地の法及び慣習にあるごとくこれを行わなければならない。かかる証明を行うに当たり，両当事者は適法に召喚[*b]されなければならない。また，法の定めるところに従い，両当事者は，必要なる主張を行い，必要なる書面及び証言を提出することが許されなければならない。（若干の地における悪しき慣習のごとく）これを妨げてはならない[*3]。当該の者（der selbig）[*4]には，違法の暴力に対しかつその限りにおいて，裁判出頭のための身柄保障[*5]が与えられなければならない。

1　Kress, art. 156, §1 は，被告人が拘禁されたが，保証の提供，徴憑又は犯行の軽微，免責事由の蓋然性を理由に，既に釈放されていた場合も同様であるとする。

2　正規の刑事裁判所とは，「刑事事件について審判が行われる裁判所，

すなわち，被告人が証明において失敗した場合においては，しかるべき判決を行い，かつ執行することのできる裁判所」をいう（Clasen, art. 156, I〔p. 665〕）。管轄権のある裁判所という趣旨であろう。

3　Clasen, art. 156, II は，「若干の地方においては，裁判官が被告人又は弾劾人の証明権を剥奪するという悪習が広がっているが，証明を行うことはローマ法，衡平及び慣習により何びとにも認められており，理由なくこれを拒むことは違法である」と註解する。

4　被告人を指す。

5　身柄保障については，76 条註1，2 参照。

以下窃盗に関する数箇条が続く

始めに，最も軽微なる非公然窃盗

第 157 条　同じく，ある者が，5 グルデン[*1]未満の初回の窃盗[*2][*3]を犯し，盗品を所持する窃盗犯が，盗品とともに安全なる場所に逃走する前に[*a]叫喚を受けず[*4]，又は捕縛されることなく（nit beschrien, berüchtigt oder betretten）[*5]，かつ，窃盗を行うための〔家宅〕侵入又は〔門扉等の〕破壊を行わず，盗品の価額が5グルデン未満であるときは[*6]，非公然の小窃盗（heymlicher vnd geringer diebstall）である。かかる窃盗が後に[*b]判明し，盗品を所持するか否かを問わず，窃盗犯が捕縛される場合において，窃盗犯において〔支払いが〕そもそも（anders）[*c]可能であるときは，裁判官は，被害者に対し盗品の2倍額（zwispil）を支払わせなければならない[*7]。窃盗犯がかかる罰金（geltbuß）の支払いをなしえざるときは，若干期間の獄舎拘禁[*8]を以て処罰されなければならない。窃盗犯が，〔盗品の価額よりも〕多額を有せず又は調達しえざるときは，少なくとも盗品を被害者に返還するか，又は〔盗品と〕同額を支払わなければならない[*9]。また，被害者は，官憲に対する〔窃盗犯による〕罰金の支払いに優先し，窃盗による〔被害額と〕同額（これを超える部分を除く）の支払いを受けるものとする[*10]。窃盗犯は，釈放に際し，拘禁中の糧食費を負担し，（属吏があるときは）属吏の〔拘禁に関わる〕労務に関し慣習に従い手数料を支払い[*11]，加えて，公共の平和維持のため，最善の形式

において[*12]永久不復讐宣誓[*13]を行わなければならない。

1　グルデンの貨幣価値　　デューラー（前川誠郎訳）『ネーデルランド旅日記』（2007 年）は，カロリーナ編纂が始まった時期に当たる 1520 年から 21 年にかけて，ニュルンベルク・ネーデルランド間を旅したデューラーの日記である。訳者解説（201 頁）は，デューラーがローストチキン 1 羽 10 ペニッヒであったと記録していることを手掛かりに 10 ペニヒ =2000 円と換算し，16 世紀初頭の 1 グルデン（=252 ペニッヒ）を約 5 万円としている。これに対し，P. ラーンシュタイン（波田節夫訳）『バロックの生活』（1988 年）159 頁は，17 世紀末の東プロイセンに関する記述において，1 グルデン金貨は「ほぼ今日の 20 マルク紙幣 1 枚に相当する」という（原著は 1974 年刊行）。1974 年当時の為替レートは，1 マルク =124 円であり，1 グルデンは約 2500 円となろう。『ネーデルランド旅日記』の記載と地域差及び 100 年以上の時代差があるが，20 倍の違いがある。

　物価変動及び地域差を度外視して数値のみ挙げるならば，K. ブラシュケ（寺尾誠訳）『ルター時代のザクセン──宗教改革の社会・経済・文化史』（改訂版，1987 年）136 頁によれば，16 世紀前半のザクセンにおける採鉱夫の年給は 25 グルデンであった。また，ビルクナー 216 頁の原著者注解によれば，18 世紀中葉のフランクフルト市における給与は，女中は年 12 グルデン，兵士は月 2 グルデン，少尉は月 20 グルデン，市参事会員は年 1800 グルデン以下，市法律顧問は年 1600 グルデンであった。

　このほか，カロリーナ第 3 次草案 183 条では被拘禁者の 1 か月の糧食費が 1 グルデンとされており（Clasen, art. 157, I〔p. 677〕によれば，被拘禁者は「パンと水」のみを給された），また，カロリーナ 215 条では絞首架建設に不参の大工には 10 グルデンの罰金が科されている。

2　窃盗の意義　　(1)　本条は窃盗の構成要件を記述していないが，Clasen, art. 157, I〔p. 670〕によれば，窃盗は「自然法によれば許容されない利得の意思を以て，他人の有体動産又は有体動産の用益権若しくは占有権を，その意思に反し不当に奪取すること」である。Clasen, art. 157, I〔p. 672〕は，「自然法によれば許容されない利得の意思」について，「自然法からは，

他人の損害において利得してはならない，また，自分自身に起きることを欲しないことを他人に行ってはならないという禁止が派生する。この自然法からは同じく窃盗の禁止が派生する。窃盗は，他人の損害において利得する意図を以てなされるからある」と註解する。Böhmer, art. 157, §4 によれば，「窃盗は，物の支配権を不当に奪うことにより物に対してのみならず，用益権のない他人の物を授権範囲を越えて使用することにより用益権に対し，また，債務者が担保物を持ち去り債権者の占有権を害することにより占有権に対しても，行われる」。

(2) Böhmer, art. 157, §1 によれば，ローマ法において窃盗は私的犯罪であり，訴権は被害者にのみ与えられ罰金によって贖われた。これに対し，ゲルマン法は，窃盗が有する「共同体に対する侵害（laesa respublica）」という性質に注目し，これに応じた刑罰を科したために，ここから窃盗は公的犯罪という性格を帯びることになった。

3 窃盗の要件と分類 (1) 要件　　　　Clasen, art. 157, I 〔p. 671 et seq.〕によれば以下の通りである。①「奪取（contrectatio）」とは，「故意すなわち認識及び意思を以て，持ち去る意思かつ利益を自己に移転させる目的で，他人の物に接触し，又は，第三者が他人の物を持ち去ることを可能ならしめる」ことをいう。「奪取」はまた，厳密な意味で「物を持ち去ること」以外に，盗品を持ち去ることなく隠匿することをも含む。②「不当なる奪取」といわれるのは，窃盗は「不当かつ不正なる意思」によってのみ行いうるからである。不当なる奪取といえるためには，奪取された物が他人の物であること及びその認識，奪取が所有者の意思に反すること及びその認識が必要である。③客体は他人の動産である。不動産に対する窃盗は成立しない。④所有者の意思に反するとは，奪取の事実を知らない者に対し財物の不当なる奪取により損害が加えられる場合のみならず，窃盗が行われた後に所有者がこれに同意しない場合をもいう。⑤利得の目的。全ての窃盗は利得の目的を前提とする。したがって，他人の財物の奪取が所有者の意思に反して行われたが，利得目的ではなく他の目的で行われたときは，窃盗とならず他の犯罪となる。情欲を満たすため他人の女中又は娼婦を奪取し隠匿したときは窃盗とはならない。真実を隠蔽するため証言調書を奪取することは窃盗ではなく偽

罪である。犯罪は意思及び目的によって区別されるのである。⑥共有物について，利得のため共有者による占有及び利用を排除し自己のために用いる場合も窃盗となる。

(2) 分類　Clasen, art. 157, II〔p. 673 et seqq.〕によれば，窃盗は次のように分類される。

(a) 公然窃盗・非公然窃盗。逃走する前に捕縛されるか，速やかに追跡又は叫喚を受ける場合は公然窃盗（furtum manifestum）であり，これに対するのが非公然窃盗（furtum clandestinum）である。公然窃盗（His, Teil 2, S. 177 は窃盗の現行犯とする）には，窃盗中又は窃盗後に窃盗現場において捕縛される場合，窃盗現場外で逃亡先に達する前に捕縛される場合のほか，盗品を持って逃走するところを発見され，叫喚を受けるか又は捕縛のため追跡を受ける場合がある。叫喚を受けるか又は捕縛のため追跡を受けなければ，発見されただけでは公然窃盗とはならない。公然窃盗は非公然窃盗よりも重大なる罪である（次条註2参照）。

(b) 単純窃盗・加重窃盗。単純窃盗は，何らかの他の犯罪を伴うことなく，専ら窃盗行為によって完結する窃盗であり，加重窃盗は，家屋への破壊・侵入，梯子の使用，又は，威嚇用武器の所持等の別罪を伴う危険なる窃盗である。

(c) 大窃盗・小窃盗。大窃盗は被害額が5グルデン以上の窃盗，小窃盗は5グルデン未満の窃盗である。

(d) 昼間窃盗・夜間窃盗。昼間窃盗においては，窃盗犯が武器を以て抵抗する場合を除いて窃盗犯を殺害することは許されない。夜間窃盗においては，窃盗犯は背信行為者（proditor）に類しており，また，加害目的が窃盗であるか殺害であるか判明していないために，窃盗犯を殺害することが許される。殺害は危険回避に不可欠な場合に限るが，被害者は叫喚によってかかる殺人であることを証明しなければならない。

(e) 初回窃盗・反復窃盗。窃盗を初めて犯す場合が初回窃盗であるが，同一の機会ならば（eo tempore）複数の櫃を開披し複数の物を盗んでも初回窃盗である。時間的間隔をおいて行われる窃盗が反復窃盗である。「同じ日に，ただし異なる時刻に異なる場所で行われた窃盗」もまた反復窃盗とな

る。

　　4　「叫喚を受ける」(beschrien) とは，窃盗犯と叫ばれることを意味する。"berüchtigt"は，「風評を立てられる」という趣旨であるが，159条には，犯行中又は犯行後に"sei...berüchtigt oder betreten"という文言が見え，Schroeder, S. 184 は，"berüchtigt"を"durch Rufe offenkundig gemacht"と註解している（なお，次註参照）。W. Sellert, *"Leumund"* in: HRG, Bd. 2, Sp. 1856 によれば，"Leumund"は風評のほか，叫喚を意味する。したがって，"berüchtigt"もまた，"beschrien"と同じく，「叫喚を受ける」の趣旨に解してよいであろう。

　　5　上述のように，Clasen, art. 157, II〔p. 673〕は，公然窃盗について，「窃盗が公然であるといわれるためには，〔盗品を所持した窃盗犯が〕目撃されるだけでは足りず，加えて，逮捕に及ぶか叫喚 (acclamatio) がなされることが必要である」と註解している。これは，"nit beschrien, berüchtigt oder betreten"というテキストを叫喚，捕縛の趣旨に解する例である。

　　6　「5グルデン未満の初回の窃盗を犯し」という要件が前置されており，「盗品の価額が5グルデン未満であるときは」という要件を再掲するのは重複である。

　　7　初回の非公然たる単純小窃盗に対する刑罰　　(1)　① Clasen, art. 157, II〔p. 677〕は，この種の小窃盗の犯人は盗品の2倍額を支払わなければならないが，支払うことができないときは拘禁刑を科される，と註解し，Böhmer, art. 157, §7 は，「カール5世は，ローマ法の影響を受け，支払い能力のある被告人には2倍額を被害者に支払うことを命じ，支払い能力のない被告人については盗品の返還及び拘禁刑を科すにとどまる」と述べている。これらの註解は，2倍額はすべて被害者に帰属する趣旨のようにも解される。これに対し，② Meckbach, art. 157 は，「単純窃盗犯は2倍額を言い渡される。すなわち，現物が存在するときは盗品を，現物がないときはその価額を返還し，加えて刑罰として同じ価額を支払わなければならない。これが2倍額 (duplum) であり，その半額については盗品の所有者が国庫に優先する」と註解する。Kress, art. 157, §1〔p. 553〕は，「本条は罰金について明文をおいていないが，罰金を前提としなければならない」と述べるが，こ

れもメックバッハと同じく，2倍額の半分は国庫に帰属するという趣旨であろう。

　上に引用したクラーセン及びベーマーは，「被害者は，官憲に対する〔窃盗犯による〕罰金の支払いに優先し，窃盗犯による〔被害額と〕同額（これを超える部分を除く）の支払いを受けるものとする」という規定については，窃盗犯が盗品を返還し又は盗品相当額を超える額を被害者に支払う場合は，盗品又はその相当額は被害者に優先的に交付されるが，盗品相当額を超える部分については国庫が罰金として取得する（Clasen, art. 157, III〔p. 678〕），「窃盗犯の無資力のため被害者も官憲も満足を得ることができない場合」に問題となる先取特権（ius praelationis）を定めるものである（Böhmer, art. 157, §8），と註解する。いずれも，官憲が罰金の一部を取得することを前提とするものである。被害者に2倍額が帰属するかのような上の註解は，窃盗犯は2倍額を支払うという趣旨にとどまるのであろう。

　(2)　バンベルゲンシス183条，184条，第1次草案164条，及び第3次草案165条は，①窃盗犯が被害者に2倍額を支払うべきこと，また，②裁判官は被害者が取得する金額と同等額を徴収しうることを定めていた。たとえば，第1次草案164条は，「裁判官は，官権に基づき，被害者に与えるものと同等のものを窃盗犯から徴収することができる。加えて，獄舎において窃盗犯に対し身体刑を科すことができる（mag der Richtter, vonn der obrykeytt wegen, auch als viell vom diep nemen, als er dem beschedigtten gibt, vnnd soll der Richtter darzu den diep, jm kerker an dem leyb straffenn）」と定め，被害者に帰属する金額と同等額の罰金を科し，かつ，身体刑を科すことを許容していた。これに対し，カロリーナ157条は，罰金刑と身体刑の併科を廃止したことは明らかであるが，官憲に帰属する罰金については必ずしも明示的に規定していない。

　8　自由刑としての拘禁刑　　刑罰としての自由刑は，216条にも定めがある。

　ローマ法において，拘禁は本来，刑罰ではなく身柄保全（custodia）を目的とするものであったが，後に刑罰として用いられるようになった（Clasen, art. 157, II〔p. 677〕）。

ウルピアヌス法文（D. 48, 19, 8, 9）は，「州長官は，有罪判決により獄舎への拘禁又は鎖錠による拘束を命ずるのが通例であるが，これは行ってはならない。この種の刑罰は，禁ぜられているからである。すなわち，獄舎は処罰ではなく，人の身柄保全のために設けられなければならない（Solent praesides in carcere continendos damnare aut ut in vinculis contineantur: sed id eos facere non oportet. Nam huiusmodi poenae interdictae sunt: carcer enim ad continendos homines, non ad puniendos haberi debet）として，自由刑としての拘禁を禁止するものであった。他方，勅法彙纂（C. 9, 4, 2, pr.）は，「ある者が，獄舎への拘禁と獄舎の汚穢に相応しいと看做される咎又は罪により捕縛され，裁判官により聴聞，録取され，犯行が明らかなるときは，拘禁の刑を受けなければならない（Si quis in ea culpa vel crimine fuerit deprehensus, quod dignum claustris carceris et custodiae squalore videtur, auditus apud acta, cum de admisso constiterit, poenam carceris sustineat）」と定め，刑罰としての拘禁を許容するものであった。

9　2倍額の支払いができないため拘禁刑に付された場合においても，盗品を返還するか又は同等額を支払う義務を免れないという趣旨であろう。Clasen, art. 157, II〔p. 678〕は，「拘禁刑は2倍額の罰金の代替であり，拘禁刑によって盗品を返還する義務を免れることはない。盗品が存在する限り返還し，存在しなければその価額を支払わなければならない」と註解している。

10　被害者の原状回復と罰金の優先関係　被害相当額の範囲で窃盗被害者に先取特権を保障する本条は，官憲が盗品を没収することを悪弊として禁止する218条の精神を承けた規定であろう。本条では，被害者への被害額の賠償も，官憲が科す財産刑も罰金と呼ばれているが，Kress, art. 157, §1〔p. 553〕は，前者を「2倍額（duplum）」，後者を「罰金（mulcta」として区別する。

Güterbock, S. 241 は，「被害者は，官憲に対する〔窃盗犯による〕罰金の支払いに優先し，窃盗犯による〔被害額と〕同額（これを超える部分を除く）の支払いを受けるものとする」という部分は削除されるべきであるとする。ギュータボックは，裁判官が窃盗犯が被害者に支払うべき額と同額を徴収し

うる旨の第1次草案164条及び第3次草案165条の規定がカロリーナにおいて削除されたにもかかわらず，被害者への支払いと官憲による罰金の優先関係を定めるこの規定が削除されず残されたと解するのである。これによれば，本条は官憲による罰金徴収を許容していないことになる。しかし，上に述べた諸家による一致した註解に従い，とりあえず本条は罰金を定めていると解しておく。

11 被告人の無資力の場合は，糧食費及び拘禁費用は公費による（Clasen, art. 157, II〔p. 679〕）。

12 テキストは，"nach der besten form"であるが，趣旨不詳である。あるいは，Clasen, art. 158〔p. 681〕が，「不復讐宣誓をするとは，犯した窃盗を理由に，拘禁刑，笞刑，その他蒙った全て〔の苦痛〕について復讐しないことを宣誓することである」と註解しているので，「最善の形式」とは，復讐放棄の対象となる事柄を残らず列挙した上で宣誓することをいうのであろうか。

13 「永久不復讐宣誓」とは，宣誓の解除を求めて根拠のない申立てを行うことを防止する趣旨である（Clasen, art. 157, II〔p. 679〕）。不復讐宣誓については20条註4，不復讐宣誓違反に対する刑罰については108条参照。

初回の公然窃盗について。叫喚を受けた窃盗は重罪である

第158条 同じく，上に定める5グルデン未満の初回の窃盗を犯した者が，安全なる場所に逃走する前に捕縛され，又は叫喚若しくは追跡を受け[*a]，かつ，窃盗を行うための〔門扉等の〕破壊又は〔家宅〕侵入を行わざるときは，公然窃盗（offner diebstall）[*1]である[*2]。窃盗に伴う上のごとき騒動〔＝捕縛，追跡〕又は犯行に対する叫喚は加重事由となり[*b]，窃盗犯は晒され，笞刑及び追放刑を科されなければならない。特に[*c]，窃盗犯においてそれが可能であるときは，被害者に盗品又はその相当額が返還され，かつ，加えて，窃盗犯は，最善の形式において永久的な不復讐宣誓を行わなければならない。ただし，窃盗犯が良き出自[*d]であり，かつ，性行の改善（besserung）[*3]を期待しうるときは，裁判官は，（官憲の許可及び同意を得て[*4]）窃盗犯が盗品の4倍額を被害者に支払う民事罰を以て処罰しうるものとする[*5]。その

他に関するところは全て，前条において非公然窃盗について定めるところによらなければならない[*6]。

1　公然窃盗　　Böhmer, art. 158, §1 は，公然窃盗を「盗品を目的地まで運び去る前に，窃盗犯を現行犯として（in flagranti）捕縛するか，叫喚をもって追跡する」場合をいうと定義する。なお，His, Teil 2, S. 178 によれば，中世ドイツでは事件直後の家宅捜索により盗品が発見された場合も公然窃盗とされており，本条の公然窃盗の範囲はこれよりも狭い。なお，塙 158 条は，"offner　diebstall"を「現行盗」とする。

2　公然窃盗の加重事由　　公然窃盗すなわち現行犯の窃盗は，非公然窃盗より重く処罰されるが，Clasen, art, 157, II〔p. 674〕；art. 158〔p. 681〕は，特に窃盗犯が捕縛に抵抗する場合は人々の蝟集が容易に騒擾（sedito）に発展する可能性を加重事由とする。窃盗の現行犯性が刑の加重事由としての意味を失い，証拠としての意義を付与されるのは 18 世紀末である（Zwengel, S. 72）。

"berüchtigung"が「叫喚」の意味に解しうることについては，前条註 4 参照。

3　"besserung"を含むテキストは，"wer…sich besserung zuuerhoffen"である。

Gobler, art. 158 は「〔その人物についての〕良き見込み」という，趣旨が必ずしも明らかでない直訳を与えるが，Remus, art, 158 は，「その性行の改善の見込み」と羅訳する。Clasen, art. 158〔p. 681〕は，「その悪しき性行を改善し（pravos suos mores emendare），行いを正す見込み（spes）のある」と註解し，Kress, art. 158 も「将来の改善の見込み」，Böhmer, art. 158, §2 も「性行の改善の見込み」と同旨の註解を与える。被告人の性格を教育刑の観点から考慮するユニークな制度といえるが，その根拠はローマ法に求められるようである（註 5 参照）。

もっとも，グリム・ドイツ語辞典によれば，"satisfacito, mulcta, busze vor gericht"の語義がある（142 条訳註 g 参照）。Schoetensack, S. 26, Fn. 1 は，Brunnenmeister, S. 280 が「窃盗犯の改善」と解したことを誤りとして，「罰

金」と解し（v. Hippel, S. 178, Fn. 1 も罰金説である），Schroeder, S. 184 は「損害回復（Wiedegutmachung）」と註解する。とりあえず，クラーセン等のコンメンタールの註解に従う。

4 必ずしも軽罪に当たらない公然窃盗の刑を減軽し，しかも罰金に換刑する措置に伴い種々の問題が生じうることを想定し，上級官憲の裁可を要求したものであろう。

5 初回の公然たる単純小窃盗に対する刑罰 本条の窃盗に対する刑罰は犯人の属性に従い区別される（Clasen, art. 158〔p. 681〕）。

(1) 被告人が軽輩（vilior persona）であるときは，①資力が許すならば被害者に盗品又は相当額を返還し，②一般人に対する威嚇のため晒され，③笞刑の上，④裁判区外に追放され，⑤不復讐宣誓を行わなければならない（Clasen, art. 158〔p. 681〕）。

(2) 被告人が身分のある（honestior）者であるときは，①名誉ある家門の生まれであり，かつ，②性行の改善の見込み（spes emendationis）があるならば刑が減軽される（Clasen, art. 158〔p. 681〕）。この場合の刑は，被害額の4倍額の支払いである。ただし，4倍額，2倍額，又は少なくとも被害と同額の支払いをなしえない場合は拘禁される。拘禁の場合においても，盗品又はその価格の返還義務を免れない。また，糧食費その他の費用を償還し，釈放の前に不復讐宣誓を行わなければならない（Clasen, art. 158〔p. 682〕）。何倍額を支払うかは裁判官の裁量によって決まるのであろう。

刑を減軽する要件としての良き出自及び改善の見込みは，いずれも必要な要件である。すなわち，出自によって刑の寛厳が区別され，かつ，「刑罰は人の改善のために定められているのであるから，改善の見込みという制限を付加することは妥当である（l. 20. ff. de poena〔＝D. 48, 19, 20〕）」（Clasen, art. 158〔p. 681〕）。D. 48, 19, 20 には，「ある者に刑罰が科される場合，法律上，刑罰は相続人に及ばないと解されている。刑罰は人の改善のために定められていることがその根拠と看做されている（Si poena alicui irrogatur, receptum est commenticio iure, ne ad heredes transeat. Cuius rei illa ratio videtur, quod poena constituitur in emendationem hominum）」という法文が見える。

6 前条の定めに従い，窃盗犯が被害者に支払う額の中の損害相当額を超

える部分は罰金として徴収されることになり，拘禁刑の長短は窃盗犯が支払いえた額によって決まることになろう。

侵入又は破壊を伴う危険なる窃盗。これは一層の重罪である

第159条　同じく，窃盗犯が，昼夜を問わず，何びとかに対し上に定めるごとき窃盗（stele）を行うに際し，その住居若しくは納屋〔の門扉等〕を破壊し若しくはこれに侵入し，又は，抵抗する者を害する目的で武器を所持し窃盗を行うため侵入するときは，かかる窃盗が初回であるか数回目であるか，大窃盗であるか小窃盗であるか，窃盗中又は窃盗後に叫喚を受け又は捕縛されるか否かを問わず[*1]，上に定めるごとく破壊又は侵入を伴う窃盗は[*2]，予謀に基づく危険なる窃盗である。武器を所持する窃盗は，暴力及び危害の虞を伴い[*3]，ゆえに，かかる事件においては，男は絞首刑，女は溺死刑を以て，又は，犯人の人物及び裁判官の裁量に従い，眼球摘出，断手その他類似の重い身体刑を以て処罰されなければならない。

1　危険なる加重窃盗　侵入窃盗及び持凶器窃盗の場合は，初回窃盗であるか反復窃盗であるか，大窃盗であるか小窃盗であるか，公然窃盗であるか非公然窃盗であるかを問わず，一律に刑が加重される。危険なる窃盗は，実際に暴力を伴う場合だけではなく，危害の虞がある窃盗をいい，二つの形態がある。①他人の住居，納屋，小屋に侵入又はこれらを破壊するという窃盗の実行形態において危険なる窃盗の場合は，破壊又は梯子使用が窃盗の加重事由となる。この種の窃盗は予謀に基づく点で危険が大となる虞があるからである。②抵抗する者を殺傷しうる武器を所持し他人の住居に侵入する窃盗の場合は，暴力及び危害の虞があることが加重事由となる（Clasen, art. 159〔p. 683〕）。

　窃盗は目的物の奪取（contrectatio）を前提とするから，侵入窃盗犯が目的物を奪取する前に侵入又は破壊行為の途中で発見されたときは正規刑を科されない。奪取した場合は，持ち去り又は他の場所に移転するに至らなかった場合においても正規刑が科される（Clasen, art. 159〔p. 685〕）。D. 47, 2, 52,

19 には，「何びとも言葉又は文書によって窃盗を犯すことはできない。窃盗は奪取行為なしにはなしえないというのが我々の法だからである（Neque verbo neque scriptura quis furtum facit: hoc enim iure utimur, ut furtum sine contrectatione non fiat）」という法文が見える。

2　「住居又は納屋〔の門扉等〕を破壊し若しくはこれに侵入し，又は，抵抗する者を害する目的で武器を所持し窃盗を行うため侵入する」ことが要件となっているのであるから，「上に定めるごとく破壊又は侵入を伴う」という要件を再度掲げるのは重複である。

3　**危険なる加重窃盗に対する刑罰**　男に対する絞首刑，女に対する溺死刑のほかに，身体刑が法定されている。①眼球摘出は顔を傷つけるが，C. 9, 47, 17 は，「美しき神を象りたる顔貌は穢されてはならない（facies, quae ad similitudinem pulchritudinis caelestis est figurata, minime maculetur）」として，鉱山労役刑を科せられた者の顔に烙印することを禁ずる。この法文を根拠に女に対し眼球摘出を定めたカール 5 世皇帝を批判する者がいるが，本条の犯罪は死刑相当であるから，このような場合に被告人の容貌に配慮する必要はない。②窃盗犯の断手は，逃亡奴隷の足の切断，騒擾罪又は偽誓を犯した者の手の切断と同様，同じ罪の再犯を防止するためである。③その他の重い身体刑とは，眼球摘出，断手に準ずる身体刑を指し，鼻・耳の切断，烙印がこれに当たる（Clasen, art. 159〔p. 685 et seq.〕）。

5 グルデン又はそれを超える初回の窃盗の場合において，その他の加重事由を欠くときは鑑定を求めなければならない

第 160 条　同じく，初回の窃盗が大窃盗であり，5 グルデン又はそれを超える場合は，上〔＝159条〕に定めるごとき窃盗を加重する事情を欠くときに[*1]においても，窃盗の大きさに鑑み，小窃盗に比しより重く処罰されなければならない。かかる事件においては，盗品の価額，窃盗犯が叫喚を受けたか又は捕縛されたか否か[*2]が考慮されなければならない。さらに，窃盗を行った者の人物及び行状（wesen），並びに，窃盗が被害者に与えた損害の程度を考量し，それに応じて死刑又は身体刑の判決を行わなければならない[*3]。

400

しかし，かかる考量は法有識者の分別（vernunft）に従うべきものであり，ゆえに朕は，しばしば生ずるかかる場合においては，裁判官及び判決人が，上に定めるごとき諸事情を提示の上，法有識者及び以下に定めるところに鑑定を求め，その作成に係る鑑定に従い判決を下すことを欲する[*4]。ただし，窃盗犯がかかる窃盗のため侵入若しくは破壊を行うとき，又は，上に定めるごとく武器を所持し窃盗を行うときは，上〔=159条〕に定めるごとく死刑を以て処罰されなければならない[*5]。

1　Clasen, art. 161〔p. 688〕は，住居等の破壊・侵入，武器所持のような加重事由（159条）がない場合と註解する。

2　叫喚又は捕縛もまた加重事由の一種であるが，死刑又は重い身体刑を科すべき加重事由には当たらないので（158条），住居等の破壊・侵入，武器所持のような死刑又は重い身体刑を科すべき加重事由とは区別する趣旨である。

3　**初回の大窃盗に対する刑罰**　盗品の価額及び公然窃盗であったか否か，窃盗犯の人物及び行状，並びに被害者に与えた損害の程度に応じ，法有識者の鑑定を経た上で死刑又は身体刑が科される。すなわち，①加重事由が公然窃盗である場合は，他の事情がない限り，身体刑が適用されるが，死刑は科されない。②犯人の人物及び行状として，年齢，資産，親族及び職業が考慮される。③科刑に際し犯罪の結果が考慮されなければならない。したがって，被害者に対する損害の程度が考慮される。すなわち，窃盗から犯人が得た利益及び窃盗犯の追跡又は財物回収の費用が考慮されなければならない（Clasen, art. 161〔p. 689〕）。Kress, art. 160, §2〔p. 577〕は，①大窃盗であって，②被害が回復されず，③犯人に風評があるときは，初回窃盗に対しても絞首刑が科されると註解する。

盗品がもはや存在しないときは，窃盗の大小の判断は所有者が宣誓の上供述した盗品の価額による。所有者が宣誓しないときは，被告人は絞首されず笞刑の上追放される（Clasen, art. 161〔p. 688 et seq.〕）。

4　**鑑定の拘束力**　「裁判官は得られた鑑定に従って判決を作成する義務がある」が，「裁判官又は当事者が教示を得るために（pro informatione）

求めた鑑定の場合は，裁判官はこれに従う義務がない」。ただし，「法により法有識者への一件記録送付が定められ，裁判官が自ら判決を作成することを禁じられている場合は，裁判官は法令（ordninatio）を厳守する義務があり，法有識者の鑑定を経ない判決は無効である」（Clasen, art. 161〔p. 690〕）。なお，219条註3参照。

5　大窃盗が危険なる窃盗である場合の刑罰　初回の大窃盗であって住居等の破壊・侵入，武器所持のような加重事由がある場合は，身体刑選択の余地はなく，専ら死刑が科されるという趣旨である。初回の小窃盗についてかかる加重事由がある場合は身体刑を適用する余地がある（159条）。

再度の窃盗について

第161条　同じく，何びとかが再度の窃盗（ander diebstahl）[*1]として，上〔=157条〕に定めるごとき侵入又は破壊を行うことなく窃盗を犯し，上〔=43条，54条，60条，67条〕に明確に定める真実に関する周到なる取調べに基づき，かかる2回の窃盗が判明するときは，これら2回の窃盗の被害額〔のいずれも〕が5グルデン未満である場合においても[*2]，初回の窃盗が再度の窃盗の加重事由となり（beschweren），ゆえに，当該窃盗犯は晒され，かつ，裁判官の裁量に従い，領邦から追放され又は罪を犯した地域に永久に滞留する義務を課され（verstrickt）[*3]，さらに，最善の形式に従い永久不復讐宣誓を行わなければならない。再度の窃盗の場合においては，上〔=157条〕に初回の窃盗について定めるごとく叫喚を受けず又は捕縛されざる事実は，窃盗犯に有利な事情とはならない[*4]。ただし，2回の窃盗〔の被害額〕が5グルデン又はそれを超えるときは[*5]，全ての事情の取調べ及び法有識者への鑑定依頼に関し，前条に定めるところが遵守されなければならない[*6]。

1　「再度の窃盗」の意義　(1)　窃盗の個数　157条註3に述べたように，Clasen, art. 157, II〔p. 675〕は，「同じ日に，ただし異なる時刻に異なる場所で行われた窃盗は複数回の窃盗となる」と述べ，また，Kress, art. 161, §1〔p. 579〕は，同一の夜間に同じ被害者宅の居間，地下室，図書室からそれぞれ物品を窃取した場合は1回の窃盗であるとする。

(2) 初回窃盗による処罰の要否　　Kress, art. 161, § 1〔p. 579〕は，「窃盗の個数の計算において犯人が窃盗で処罰されたことを要するか。カール5世皇帝はこの点について明言していない」と註解する。しかし，Carpzov, q. 78, n. 79 は，「3回の窃盗という場合，既に処罰された窃盗もこれに算入すべきである」が，「初回又は再度の窃盗が時効により訴追することができない場合であっても同様である」と述べ，Clasen, art. 162, I〔p. 695〕は，3回の窃盗の認定には，自白のみでは足りず，その事実が確認されなければならないと註解しており，いずれも2回の処罰を前提としていない。Meckbach, art. 162〔p. 325〕も，3度目の窃盗としての処罰は，初回又は再度の窃盗による処罰を前提としないと註解する。

Brunnenmeister, S. 275 f. によれば，イタリア法学において，3回の窃盗は，犯人の悪性という点で人に暴力を用いる強盗と同視されたのであり，3度目の窃盗が認定されるならば，既に2回の処罰を受けたものではない場合においても窃盗三犯と看做された。したがって，「2回の窃盗」，「3回の窃盗」は，いわゆる「再犯」，「三犯」の趣旨ではない（Geus, S. 99. ただし，v. Hippel, S. 191 は"Rückfalldiebstahl"とする）。

His, Teil 2, S. 200 f. によれば，バンベルゲンシス以前のドイツ法は一般に再犯を加重事由とするものであったのに対し，バンベルゲンシスはイタリア法に倣い，再犯に代えて窃盗の回数を加重事由とした。

(3) Kress, art, 162, § 2〔p. 587〕は，①「服した刑罰は自由をもたらす」のであるから，処罰された過去の窃盗は新たな犯罪を加重する事由とはならない（これは，上に引いたカルプツォフ説とは異なる），②しかし，処罰された過去の窃盗は「再犯と改善不能」の点で考慮される（ただし，過去の窃盗の被害額は新たな窃盗の被害額に加算されない），と註解する。

2　テキストは，"Auch die selben zwen diebsräll, nit fünff gülden oder darüber werth seind"である。

Gobler, art. 161 は，"utrumque furtum precium quinque florenorum non excederet"（「いずれの窃盗も5フロリンの価額を超えない」）とする（「超えない」というのは「以上ではない」の趣旨であろう）。Clasen, art. 161〔p. 692〕が，"utrumque furtum sit parvum"（「いずれの窃盗も小窃盗である」），Kress, art.

161, §1 が，"nec tamen res utroque furto ablatae quique ducatorum aesti-mationem excedant"（「それぞれの窃盗によって奪われた物の価額が5ドゥカーテン〔=5グルデン〕を超えない」）とするのも同趣旨である。

他方，本条末尾では，2個の窃盗の被害総額が5グルデン又はこれを超えるときは大窃盗として処罰するものとされているから，このテキストは，各窃盗が5グルデン以下であって，かつ，総計5グルデン以上ではない場合に関する規定である。Blumblacher, art. 161 が，"der ander dibstall, welch-er...mit sambt dem ersten nicht fünff ducaten oder darüber werth ist, ver-würcket die Pranger-Stellung und Lands-Verweisung"（「初回の窃盗とあわせて5ドゥカーテン以上でない再度の窃盗は晒し刑及び追放刑を科される」）と註解するのもこの趣旨である。

3　再度の窃盗に対する刑罰　　他に刑を加重すべき事情がない場合においても，再度の小窃盗に対する刑罰が加重されるのは，犯行の反復が強固な犯罪意思を示すからである（Clasen, art. 161〔p. 692〕）。

刑罰は，晒し刑，追放刑，隔離刑である。「隔離刑（confinatio）」は，永久的に裁判区の境界を越えることを禁止する刑である。クラーセンは，「確かに，悪しき者を領邦から排除することが賢明であるといわれるが，このためには追放刑が有益である。しかし，追放される者の悪性及び悪意のために，追放刑には危険が伴い，したがって，官憲の監視下で生活しうる場所に留め置くほうが追放よりも安全である。このため古代から，半島拘禁，すなわち領邦の一部地域に追放し，ここから退去しないように軟禁する方法が用いられてきている」と註解する（Clasen, art. 161〔p. 693〕）。

4　　157条が初回の非公然小窃盗に対し公然窃盗の場合よりも軽い刑を定めていることを念頭においた規定である。

5　　テキストは，"wo aber solche zwen diebstall fünff gülden oder darüber treffen"（「かかる2個の窃盗が5グルデンであるか，これを超えるとき」）である。

テキストは，2回の窃盗の被害総額が5グルデン以上である場合を想定するものと解される（Geus, S. 99 も同趣旨に解している）。なお，Clasen, art. 161,⑶は，再度の窃盗の場合，裁判官は，余罪たる窃盗の被害額を取り調べなければならない，と注解する。

6　2回の窃盗の被害総額が5グルデン以上である場合について，Kress, art. 161, §2〔p. 582〕は，初回の大窃盗の場合と同じく，①大窃盗であって，②被害が回復されず，③犯人に風評があるならば，絞首刑が科されると註解する。したがって，盗品の価額及び公然窃盗であったか否か，窃盗犯の人物及び行状，並びに被害者に与えた損害の程度を考慮して死刑又は身体刑を科すべきことになる。

3度目の窃盗について

第162条　同じく，3度目の窃盗を犯した何びとかが捕縛され，上〔=43条，54条，60条，67条〕に真実に関する取調べにつき定めるごとく，十分なる根拠に基づき[*1]，3回の窃盗が判明するときは，これは風評ある反復窃盗犯（eyn merer verleumbter dieb）[*2]であり，暴力を用いた〔危険なる〕窃盗犯と同視され[*3]，男は絞首刑，女は溺死刑を以て，又は各領邦の慣習に従い死刑を以て処罰されなければならない。

1　Clasen, art. 161, I〔p. 695〕は，「十分なる根拠に基づく」とは，たんに窃盗犯の自白ではなく，窃盗現場及び窃盗被害者に対する取調べによって3回の窃盗が実際に証明されたことを意味すると註解するが，自白であれば検認された自白でなければならないという趣旨であろう。

2　「風評のある窃盗犯」の意義　Schroeder, S. 185 は，"*eyn merer verleumbter dieb*"を，"mehrfach ehrverlustig"（「数次にわたる名誉喪失」）と註解する。しかし，Gobler, art.162 は，"maior omnino ac infamis fur"（「特に重大なかつ風評のある窃盗犯」）と羅訳し，Kress, art, 162 §I は，「皇帝は，"*ein mehrer, verleumbdter...*"という語句を用いることによって，専ら反復の中に看取される犯人の悪性を指示している，と考えられる」と註解する。また，Clasen, art. 162, I〔p. 694 et seq.〕は，端的に「異なる場所で3回の窃盗を犯した者は風評のある窃盗犯と呼ばれる」と述べ，そのように呼ばれる理由を，3回の窃盗を行った者には「あたかも盗癖があるという風評があると同然だからである」と註解する。次註(1)に述べた事情をも考慮し，イタリック部分を，「風評のある反復窃盗犯」と解する。

3　3度目の窃盗に対する刑罰　　(1)　本条は大窃盗であるか小窃盗であるかを問うことなく（Clasen, art. 162〔p. 696〕），3度目の窃盗を犯した男に絞首刑，女に溺死刑を科している。これは，身体刑の選択余地のある危険なる加重窃盗（159条）よりも重刑である。

Brunnenmeister, S. 275 f. によれば，イタリア法学において，3度目の窃盗は，「風評のある窃盗犯」と呼ばれ，犯人の悪性という点で人に暴力を用いる強盗犯と同視されたのであり，3回の窃盗が認定されるならば，既に2回の処罰を受けたものでない場合においても3度目の窃盗と看做された。Carpzov, q. 78, n. 78 は，窃盗回数が「犯罪性向（consuetudo delinquendi）を推認させ，窃盗を行う固着した悪性及び習性を強化するものである」という。

なお，Clasen, art. 162〔p. 697〕は，3回を超える窃盗の場合は特に刑を加重されないと註解する。すなわち，曳摺り，焼けた鉗子による引裂きによる加重は行われない。

(2)　本条は大窃盗であるか小窃盗であるかを問わないが，Carpzov, q. 78, n. 76 et 80 は，ザクセンの勅法，及び，再度の窃盗の場合について被害額を考慮するカロリーナ161条を根拠として，3度目の窃盗の場合も（再度の窃盗に関する前条と同じく），5グルデンを基準として死刑を科すか否かを区別すべきだとする。

Clasen, art. 162, I〔p. 702〕は，①窃盗犯が捕縛される前に悔悟の念から所有者に盗品を返還するか賠償し，所有者と和解し，窃盗による利得及び所有者の被害が存在しない場合，行為後の悔悟は刑を免除する理由とはならないが，刑を減軽する理由となる，しかし，②窃盗犯が第三者に売却した盗品が被害者に戻ったが，窃盗犯が代金を費消した場合は買主に損害が生じており正規刑を免れず，また，暴力的な侵入窃盗による盗品が返還された場合も，暴力的な侵入の事実が重視され正規刑を免れない，とする。

(3)　Clasen, art. 162〔p. 697〕は，3度目の窃盗に対し死刑を科すことが正当であるか否かという「十分に込み入った問題」を取上げ，以下のように註解する。

死刑を不当とする見解は次のように主張する。①窃盗に対し財物による賠

償の責めを負わせ，これをなしえない場合は身を売って償うべきことを定める神法（出エジプト記第22章第3節），同じく窃盗に3倍額又は4倍額の支払いを命じ死刑を科していないローマ法に抵触する。②犯罪の重さに比例しない刑罰は不正であるが，窃取された物の回復可能であるのに対し，死刑で奪われる生命は回復不可能であるから，3度目の窃盗に対する死刑は不正である（Clasen, art. 162〔p. 697 et seq.〕）。

しかし，以下のような反論が可能である。①死刑は，国家の中において窃盗から財物を守り市民の安全を確保するため，高権に基づき制定されたものであり不正ではない。立法者は統治に当たり，市民の財物が強窃盗に曝されないよう市民の財物に対し十分に配慮する責務があるが，民事刑が強窃盗に対し十分なる抑止力を欠き死刑を科すほかない場合，死刑は不正ではありえない（Clasen, art. 162〔p. 697 et seq.〕）。②神法における窃盗に対する刑罰はヘブライ国における法であって万民に対する法ではない。また，ユスティニアヌス帝が立法権を有すると同様，カール5世皇帝もまた立法権を有し，帝国等族の同意の下にローマ法の刑罰を維持，加重又は廃止することができるのであるから，カロリーナ法典が窃盗に関するローマ法を廃止した以上，窃盗に対する死刑は不当ではない（Clasen, art. 162〔p. 700〕）。③犯罪と刑罰との均衡が必要だとする主張に対する反証として，聖物窃盗の客体は回復可能であるが刑罰は死刑であり，ヨシュア記第7章第25節によれば窃盗を犯したアカンに対する刑罰は石打刑であったという事例を挙げることができる。④犯罪と刑罰との均衡を考えるに当たっては，たんに犯罪と刑罰を比較するのではなく，犯罪とそれを禁止する立法理由（ratio legis prohibentis）とを比較すべきである。すなわち，法が3度目の窃盗に死刑を科しているのは，窃盗を抑止し国家の安寧及び市民の財産保護を確保する方法が他にないからである（Clasen, art. 162〔p. 701〕）。

窃盗につき複数の加重事由が判明するとき

第163条　同じく，窃盗につき，上の数箇条にそれぞれ定める加重事由（beschwerung）[*1]が複数判明するときは，刑罰は最も重い加重事由に従い言い渡されなければならない。

1　盗品の価額，公然性，住居への侵入・破壊，武器の所持，犯行回数を指す。Clasen, art. 163 は，重い刑が軽い刑を吸収するという。

なお，窃盗以外の犯罪が競合する場合について，Kress, art. 163〔p. 589〕は，「明らかに新たな加重事由又は新たなより重い犯罪が窃盗に付け加わるときは，たとえば，ある者が窃盗と同時に殺人を行う場合，窃盗を行い被害者住居に放火する場合は，同じく窃盗として絞首となるのではなく，強盗殺人，放火として引裂刑，焚刑に処せられる」と註解する。

若年窃盗犯について

第 164 条　同じく，男又は女の窃盗犯が年齢 14 歳未満である[a]ときは，特段の〔加重〕事由が存在しないものとして[b]，死刑を以て処罰されることなく，永久不復讐宣誓とともに，上に定める身体刑を以て処罰されなければならない[1]。ただし，窃盗犯が 14 歳に近接する年齢であり，かつ，窃盗が大窃盗であるか，又は，上に定める加重事由が危険なるものである[2]ことが判明し[c]，〔犯人の〕悪性（boßheyt）[d] が年齢〔の低さ〕を補いうるときは，裁判官及び判決人は，（以下に定めるごとく，）かかる若年窃盗犯に対し財産刑，身体刑又は死刑のいずれを科すべきかにつき鑑定を求めなければならない。

1　**未成熟者による窃盗に対する刑罰**　(1) ローマ法上，7 歳に満たない者が幼児（infans），14 歳に満たない者が未成熟者（impubes），25 歳に満たない者が成熟者（pubes）又は未成年者（minor）とされた（女子の場合，成熟者の基準は満 12 歳とされた）。また，14 歳に近い者は成熟者に近い未成熟者（impubes pubertati proximus）と呼ばれた（Berger, p. 495）。成熟者に近い未成熟者であるか否かについて，Clasen, art. 164〔p. 705〕は，年齢よりも故意及び悪性を考慮する必要があり，裁判官の裁量に委ねるべきであるとするほか，Kress, art. 179, §1〔p. 671〕は，10 歳半以上がこれに当たるとする。

本条は男女を問わず 14 歳未満を未成熟者として扱うが，Clasen, art. 164〔p. 706〕は，本条にいう未成熟者とは，「幼児期に近い者，すなわち，犯罪を理由に裁量刑を科すことができない者」ではなく，「幼児期よりも成熟期に近い者」として限定的に解釈している。

(2) Clasen, art. 164〔p. 706〕によれば，本条の「特段の事由が存在しないものとして（on sonder vrsach）」にいう「特段の事由」とは「住居の破壊，侵入，武器の所持のような窃盗を加重する事情」を意味し（特段の事情の範囲は次註参照），「特段の事由が存在しないものとして」という法文は，「未成熟者の窃盗の場合は，年齢に由来する判断力の欠如及び無害性のゆえに，あたかも加重事由は存在しえない」とする推論的（ratiocinativus）規定であり，したがって，「窃盗犯が14歳未満であるときは，年齢及び判断力欠如のゆえに，死刑を科すべき加重事由は存在しないものとして，特段の事由を理由として死刑を科されることはない」。

(3) 未成熟者の窃盗の刑罰は，笞刑又は類似の身体刑にとどまる（Clasen, art. 164〔p. 706〕）。切断刑は除外されるという趣意である。

なお，バンベルゲンシス190条，カロリーナ第1次草案171条では，身体刑と罰金刑が選択的に規定されていたが，第3次草案171条及び本条では財産刑の選択肢が外されている。Kress, art. 164〔p. 590 et seq.〕は，未成熟者に関するこの規定は，本条が以下において加重事由のある場合についてさえ罰金刑を選択刑として定めることと整合性がないとする。

2　成熟期に近い未成熟者による窃盗に対する刑罰　(1)　加重事由の意義について，Carpzov, q. 82, n. 20 は，「窃盗が大窃盗であるか，反復されるか又は暴力的な破壊を伴うものであって，悪性が年齢の低さを明らかに補う」事由と述べる。Kress, art. 164〔p. 592〕は，「被害の大きさ，反復，狡猾，改善不能，偽計」を加重事由としてあげる。叫喚を受けあるいは捕縛された場合のような，公然窃盗としての加重事由は窃盗犯の属性又は意思に関わりない事情であるから，未成熟者たる窃盗犯の悪性の根拠にならないという趣旨であろう。

(2)　「悪性が年齢を補う」の意義について，Clasen, art. 164〔p.708〕は，「成熟期に達していないため年齢は不足するが，性格の狡猾及び悪性がその年齢において一般的に考えうる程度を陵駕しているために，年齢の不足が補填され，早熟な狡猾さが成熟期のものに達していると看做される」，「ただし，未熟者が自ら犯罪を行うこと，かつ，行為が許されないことを理解している場合に限る」と註解する。

（3）　成熟者に近い未成熟者の窃盗について加重事由がある場合は，法有識者の鑑定を経て，死刑を含む刑が科される（Clasen, art. 164〔p.708〕）。死刑を科すことができるのは，①成熟期に近く，②年齢の不足を補填しうるほど悪性が顕著であり，改善を期待する余地がなく，かつ，③窃盗を加重する事由のある場合に限られる。その他の場合は笞刑である。笞刑の上追放されるが，笞刑を相当としない事情があるときは，笞刑も免除され訓戒に代えられる。訓戒は獄舎において刑吏ではなく裁判所属吏によって行われ，再犯の場合は厳刑に処せられる旨が警告される（Clasen, art. 164〔p.708 et seq.〕）。

　少年に対する死刑については改善の見込みが考慮され，身体刑を科すべき場合においても訓戒に変更される余地が残されている点が注目される。

ある者が自己が第1位相続人たる財物から窃取するとき

　第165条　　同じく，ある者が，軽率又は無分別により，自己が第1位相続人たる財物から窃取し（heimlich nemen）[*1]，又は，夫婦間において窃取が行われ[*2]，〔当事者の〕一方が他方を弾劾するときは，裁判官及び判決人は，全ての諸事情を提示の上，法有識者及び本令の末尾に定めるところに鑑定を求め，かかる場合において何が普通法であるかを知り，これに従わなければならない[*3]。ただし，かかる事件においては，官憲又は裁判官は職権により弾劾を行い（klagen）又は刑罰を科してはならない[*4]。

　1　相続財産奪取　　相続財産が相続人の所有となる前に相続財産を自己のものとすることは，窃盗ではなく，相続財産奪取（crimen expilatae hereditatis）に当たる。この犯罪の要件は次の通りである。①故意又は軽率さによること。知情の上相続財産の中から，まだ自己に分与されていない他人の物を窃取し，他の者に不利益を与えるのであるから，相続財産奪取には故意が必要である。②窃取（surreptio）であること。秘密裡に行われる領得行為（amotio）は，故意及び悪意を含意する。③不知によること。これは法律の不知（ignorantia juris），すなわち，相続人が，相続法に従い後に自己の物となるべき物を持ち去ることは罪とならないと考えることをいう。相続財産に

対する窃盗はありえないので，窃盗訴訟（actio furti）は成立せず，相続財産奪取訴訟がこれに代わる（Clasen, art. 165, I）。

2　配偶者間財物領得　婚姻継続中の配偶者間で行われる財物の領得は，「実質において窃盗にほかならない」が，婚姻の名誉のため，窃盗訴訟に代えて「領得物訴訟（actio rerum amotarum）」が行われる。相手方配偶者はこの訴訟によって，婚姻解消時において領得物を回復することが可能となる（Clasen, art. 165, II〔p. 711 et seq.〕）。Böhmer, art. 165, §4は，ローマ法は，婚姻中の配偶者間の窃盗に関し窃盗訴訟を禁じ，配偶者間の窃盗に対し「領得行為（amotio）」というより穏やかな呼称を与え窃盗訴訟を是認しない旨を示したが，カール5世皇帝もローマ法に倣い夫婦間の窃盗を宥恕する態度を示した，と註解する。

3　相続財産奪取・配偶者間財物領得に対する刑罰　(1)　Clasen, art. 165, II〔p. 713〕は，「普通法とはユスティニアヌス帝の裁可した，又は帝の権威により承認された法をいい，かつてローマ法上，相続財産に対する窃盗は死刑ではなく，裁量刑を以て処罰された」，「したがって，今日裁量刑が行われ，非血族の相続人の場合は笞刑，追放刑，事情により拘禁刑が科され，また，血族たる相続人の場合は笞刑を超えない」と註解する。

(2)　Böhmer, art. 165, §4は，配偶者間財物領得に関し，「ローマ法は配偶者に対する刑罰を全く定めておらず，皇帝が量刑についてローマ法に依るべきことを裁判官に命じるのは正確さを欠く」とした上で，配偶者間財物領得は相続財産の窃取かつ配偶者所有財物の窃取でもあるから，ローマ法において刑罰が全く免除されたとは考えられず，「ローマ人の節度ある思想に基づき，第1順位相続人に対する刑罰を配偶者に適用することが是認されたと考えられる。かかる意味で，法学者は刑の減軽を認める今日の実務を肯定している」と註解する。したがって，領得を行った配偶者に対する刑罰は相続財産奪取に準ずることになる。Carpzov, q. 82, n. 42によれば，ザクセン法では，「夫婦間又は親子間で窃盗が行われたときは，窃盗が大窃盗である場合においても，絞首刑及び身体刑ではなく，拘禁刑，追放刑又は罰金刑のような非正規刑を以て処罰される」と定める勅法が存在した。

4　親族相盗と職権訴追の禁止　本条の定める窃盗は「家内窃盗（furtum

domesticum)」と呼ばれ（Carpzov, q. 82, n. 39; Böhmer, art. 165, §7），本条は親族相盗例に類する規定である。Clasen, art. 165, III は，「所有者がその権利を行使しようとせず，血族を宥恕し犯行を隠秘しようとするときは，裁判官が糺問を開始し窃盗を処罰することは禁止される」，「当事者による私的な宥恕は公的な処罰の障碍とはなりえず，官憲は職権によって処罰に着手しうるという原則は，その妨げとならない。この原則は重罪に関するものと解されなければならないからである」と註解する。また，Carpzov, q. 82, n. 41 は，「裁判官は職権を以て上記の者に窃盗の刑事罰を科すことはできない」，Kress, art. 165, §3 は，「職権を以て弾劾を行うことも，職権を以て犯人に刑を科すこともできない」と註解する。このような註解に照らすならば，本条は職権による弾劾訴訟のみならず糺問訴訟も禁止する趣旨と解される。

真の飢餓による困窮状態における窃盗

第166条　同じく，何びとかが，自己，妻又は子の真の飢餓に迫られ食料を盗むに至り[*1]，当該窃盗が著しく大量の窃盗でありかつ公然窃盗であるときは[*2]，裁判官及び判決人はこの場合もまた（上に定めるごとく）鑑定を求めなければならない[*3]。かかる窃盗犯中ある者が処罰されることなく放免される場合においても[*a]，弾劾人は，窃盗犯に対し，窃盗に対し提起した弾劾について何らの責めをも負わざるものとする[*4]。

1　飢餓窃盗　飢餓窃盗の要件は，以下の通りである。①死の危険を伴う緊急状態であること。②窃盗の客体が食物であること。食物以外の窃盗には本条は適用されない。③窃取された食料が大量であること。「皇帝は，少額の食物窃盗について言及しておらず，また，このような事例に対して刑罰を科していない」（Clasen, art. 166〔p. 714 et seq.〕）。Clasen, art. 166〔p. 714〕は，①との関係において，「かくして，事態は社会に先立つ状態に復帰すると考えられる（hoc modo res videtur redire ad pristinum statum communionis）」と述べる。死を伴うような緊急事態においては，社会結成以前の状態に復帰し法の拘束から解放される，という趣旨であろう。

2　飢餓窃盗の刑事責任　テキストは，"wo dann der selb diebstall tapf-

fer groß vnd kündtlich wer"である。本条に対応するバンベルゲンシス192
条は，「かつ，当該窃盗が特に大ならず，危険でもまた侵害的でもない（vnd
doch derdelbig diebstal *nicht* sunderlich gross, geverdlich oder schedlich were)」場
合について，法有識者による鑑定を得て不処罰とすることを認めている。
Zoepfl, S. 145 は，上記テキストを，"wo dann der selb *nicht* diebstall tapffer
groß vnd kündtlich wer"と表記するが，カロリーナ166条には誤りがあると
いう前提にたつものであろう。

　これに対し，Güterbock, S. 243 は，カロリーナ166条は，緊急避難とし
ての窃盗行為を免責するという観点を自覚的に採用したものであり，規定内
容は，バンベルゲンシス192条と異なるが，立法上の過誤はないとする。
上記のように，Clasen, art. 166〔p. 715〕が，「皇帝は，少額の食物窃盗につ
いて言及しておらず，また，このような事例に対して刑罰を科していない」
と註解するのも同様の見解である。この見解に従うならば，本条とバンベル
ゲンシス192条との間には齟齬がない。

　3　飢餓窃盗に対する刑罰　　死の危険を伴う緊急状態において食料を窃
取した場合において，少量の窃取であるときは刑を科されることはなく，大
量であるときは法有識者の鑑定を経て，正規刑ではなく裁量刑を科される。
飢餓の危険が必ずしも明白に証明されないときは笞刑，飢餓の危険が明白に
証明されるときは追放刑，場合により拘禁刑が科される（Clasen, art. 166〔p.
715〕）。

　4　弾劾人の責任　　窃盗犯が不可罰的であるとして放免された場合にお
いても，①被告人は弾劾人に対し反訴するすることができない，また，②所
有者は窃盗犯に何かを与える義務を負わない（Clasen, art. 166〔p. 715〕）。①
は，敗訴した弾劾人は「生ずる費用並びに被告人に加えられた恥辱及び損害
を，民事判決に従い賠償する」義務（12条参照）を負わない，②は，飢える
者に施しをする義務がないという趣旨である。

田園の穀物及び果実について。いかにいかなる場合に穀物及び果実に対する窃盗が行われるか

　第167条　　同じく，夜間，いかなる名称で呼ばれるかを問わず，穀物

又は果実[*1]を何びとかの田園から密かにかつ故意を以て盗み，これを持ち去る者があるときは[*a]，これもまた窃盗であり，他の窃盗と同様，上〔＝157条以下〕に定めるところに従い[*2]処罰されなければならない。同じく，昼間，ある者が，何びとかの上に定める果実を密かに盗み持ち去ることにより，〔所有者に〕重大顕著かつ悪質なる損害を加えるときは[*b]，上に定めるごとく窃盗として処罰されなければならない[*3]。何びとかが，昼間，可食果実を盗み，ただし，これを持ち去るも重大悪質なる損害を加えざるときは，人物及び事件の状況に応じ，侵害が行われた当該地方において慣習又は法律により行われきたるところに従い，民事罰[*4]を以て処罰されなければならない。

1　Clasen, art. 167〔p. 717〕によれば，香草，薬草もまた「穀物及び果実」に含まれる。

2　Schroeder, S. 186 は，「上に定めるところに従い」の趣旨を再度の窃盗に関する「161条に従い」の趣旨であるとする。「窃盗として処罰される」というのは，157条以下に規定されるように，加重事由の有無に従って処罰されるという趣旨に解すべきではないか（註4に引いたクレス註解を参照）。

3　**夜間窃盗及び昼間窃盗**　　Clasen, art. 167〔p. 717〕は，穀物・果実窃盗の形態を以下のように区別する。①「夜間に窃盗が行われ，都市の内外を問わず，農地，庭，納屋から作物が持ち去られるならば，真正の窃盗である。夜間忍び込むという行為は犯罪的意図の程度を明らかに高める」。②「昼間窃盗の場合は，大窃盗と小窃盗が区別される。…大窃盗は，さらに非公然窃盗，公然窃盗，危険なる窃盗，危険でない窃盗に分かれる。小窃盗とは，林檎，梨，葡萄のような可食果実の窃盗である」。

4　**穀物・果実窃盗に対する刑罰**　　①夜間窃盗及び昼間の大窃盗は，「他の窃盗と同様に裁かれ，処罰される」（Kress, art. 167, §1〔p. 605〕）。

これに対し，②所有者に重大な損害を与えない程度の穀物・果実を他の場所に持ち去る（これは利得目的であることを示す）ような昼間窃盗は，被害額の2倍又は3倍の賠償，賠償できないときは拘禁刑である。このような窃盗に刑事罰でなく民事罰が科されるのは，犯罪不成立を意味せず，食料の窃盗は，量及び価格が些少であるため，刑事訴追を行うに値しないという趣旨

である（Clasen, art. 167〔p. 717 et seq.〕）。③緊急の必要に迫られ，窃取した物を直ちに消費した場合は，野荒らし（vastatio）を伴わない限り，罰金を科されない。これはどの地方でも認められているわけではないが，直ちに食するための窃盗を許容する地方がある（Clasen, art. 167〔p. 718〕）。

森林窃盗又は禁止された伐採について

第168条　同じく，何びとかが，伐採された他人の樹木を密かに盗むときは[a]，窃盗として，事件の態様に応じ処罰されなければならない。他人の森（holtz）の中において密かに違法に伐採する者は，各領邦又は地方の慣習に従い処罰されなければならない[1]。ただし，ある者が，夜間又は祭日のごとき異例又は〔伐採が〕禁止された日時に，他人の樹木を故意及び窃盗の目的を以て伐採するときは，鑑定に従いより重く処罰されなければならない[2]。

1　森林窃盗　Clasen, art. 168〔p. 719〕は，本条の行為を次のように分類する。①所有者が既に伐採した樹木を窃取する場合は，窃盗として量，質，その他の事情を考慮の上処罰される。②樹木の伐採には，樹木を引き抜く行為，樹皮を環状に剥ぐ（樹木が枯死する原因となることが多い）行為は含まれない。樹木の伐採は昼間伐採と夜間伐採とが区別される。昼間伐採には，伐採権を有する者が共有林（silva communis）において行う適法な伐採と，伐採権のない者による違法な伐採がある。窃取目的の違法な伐採となる要件は，秘密裡にすなわち所有者の不知の間に利得目的を以て伐採することである。

2　森林窃盗に対する刑罰　(1)　既に伐採された樹木の窃取について，Clasen, art. 168〔p. 719〕は，上述のように，端的に窃盗として量，質，その他の事情を考慮の上処罰されるとする。公然窃盗・非公然窃盗，大窃盗・小窃盗等の加重事由に従うことになろう。

Clasen, art. 168〔p. 721〕は，夜間及び祭日における窃盗目的の伐採が他の森林窃盗よりも刑が加重されるのは，人の睡眠又は礼拝中に恣に窃盗を行うものだからであるとする。

(2) 違法な伐採について，Clasen, art. 168〔p. 721〕は，「皇帝は本条において，この種の窃盗に対する刑罰を定めず，この種の窃盗の処罰を各地の慣習に従うべきことを裁判官に命じている。樹木伐採は，加害目的で行われる場合も，利得目的で行われる場合もあり」，これに対する刑罰は地域，領邦により異なり，各地の事情に精通しないカロリーナの起草者が森林窃盗に対する刑罰を各地の慣習に委ねたのは妥当である，と註解する。His, Teil 2, S. 244f. によれば，違法な伐採は一般に比較的軽い犯罪とされたが，地方によっては窃盗又は強盗と看做された。

これに対し，Kress, art. 168, §3〔p. 612〕は，「カロリーナは，既に伐採された樹木を盗む行為は窃盗として処罰するが，自ら伐採した樹木の窃盗の場合は裁判官の裁量及び地方法に委ねている，と主張することは馬鹿げているであろう」と註解する。これは，利得目的による伐採も端的に窃盗であり，窃盗に対する罰条に従うべきであるという趣旨であろう。

(3) Carpzov, q. 83, n. 23 et seq. は，①夜間の森林窃盗は死刑，昼間の森林窃盗は笞刑とする立法例もあるが，ザクセン法は両者を区別することなく，価格が3ソリドス以下の場合は裁量刑，3ソリドスを超える場合は笞刑，5ソリドスを超える場合は死刑とする，しかし，②森林窃盗に死刑が科された例を記憶しない，これは，森林において盗取された樹木の量，すなわち罪体を確実に確認することは不可能であり，ゆえに被告人が自白する場合においても死刑を科すことができないためである，と述べている。

魚を盗む者に対する刑罰

第169条　同じく，池又は養魚槽から魚を盗む者は，窃盗として処罰されなければならない[*1]。ある者が，他人に属する，囲いのない河川から魚を捕るときは，法有識者の鑑定に従い，魚，人物及び事件の状況並びに態様に応じ，身体刑又は財産刑を以て処罰されなければならない[*2]。

1　池・養魚槽からの窃盗に対する刑罰　池又は養魚槽の魚は私人の所有（privati dominium）に属するものであるから，これに対する窃盗は，通常の窃盗と同様，笞刑，追放刑，量によっては死刑が科される（Clasen, art.

169, (2))。

 2 **河川からの窃盗に対する刑罰** (1) Clasen, art. 169, (3)は，囲いの
ない河川からの窃盗は，裁量刑を以て処罰されるが，「その理由は，個人の
河川であってもその中の魚は河川所有者によって所有されておらず，ある私
有河川から自由に他の河川に移動しうるのであり，何びとによっても所有さ
れていない物に対し窃盗は成立しないという点にある」と註解する（Stephani,
art. 169〔p. 200〕; Kress, art. 169〔p. 613〕同旨）。Blumblacher, art. 169 は，自
由に泳ぎ回る魚は何びとの所有にも属さず，私有の河川で魚を捕ることは窃
盗ではないと論じた上で，「したがって，本条は，かかる窃盗犯は身体刑又
は財産刑を以て処罰されなければならないと規定するが，仕切りのない他人
所有の河川で何度魚を捕っても，刑罰を死刑にまで拡張することはできない
であろう」，「このような場合に身体刑を言い渡すためには，特に重大な加重
事由がなければならない」と註解している。His, Teil 2, S. 256, 258 によれ
ば，夜間の捕獲が重大視されたようである。

 Kress, art. 169〔p. 614〕は，国庫に帰属する河川からの窃盗は裁量刑によ
るとする。

 (2) これに対し，Böhmer, art. 169, § 1〔p. 809〕は，「魚は水と同様私的
所有物であり，魚は水の一部又は果実と解される。他人の田園，森林から取
ることが窃盗であると同様に，流水であるか否かを問わず，水の中から魚を
捕ることは窃盗である」と註解する。

委託された財物に関し信義に反する扱いを行う者に対する刑罰

 第170条 同じく，誠実に取り扱いかつ保管すべく託された他人の財
物を，故意を以て委託者（glaubiger）の不利益に取り扱う[*1]者があるとき
は，かかる犯行は窃盗として処罰されなければならない[*2]。

 1 **横領** 窃盗が構成要件的記述を欠くのに対し，横領については構成
要件が記述されている。本条の行為は，「委託者の意図に反し，委託物を濫
りに又は違法に使用する」ことをいい，本条にいう財物は，受託者によって

返還されるべき財物，すなわち使用貸借物，抵当物がこれに当たる（Clasen, art. 170, (1)〔p. 725 et seq.〕）。

His, Teil 2, S. 217 f. によれば，中世ドイツにおいては，ザクセンシュピーゲル・ラント法3・22・1が，「誰かが他の者に馬または衣服を一定の期日まで貸与した場合，彼（借主）がそれをその〈翌〉日を超えても保持し，そして彼がそのゆえに訴えられるならば，彼はただちに返還し，そして，彼がそれを損傷しているならば，賠償すべきである」と定め，裁判官の命令に対する不服従がない限り委託物の横領を不可罰的としたのに対し，ローマ法の影響を受け，横領を窃盗として処罰する法域も存在した。

2　横領に対する刑罰　(1)　本条は，横領に対する刑罰を窃盗に準ずるものとする。Clasen, art. 170, (2)によれば，委託された櫃を破壊して内容物を自己のために用いたような場合は，（侵入盗に準じ）絞首とすべきだとする見解（この見解によれば，5グルデンを超える横領の場合は大窃盗に準じ死刑となろう）もあるが，「〔犯行の〕故意は契約に起因するものであるから，故意は契約により遮蔽される（tegi seu velari）」のであり，「管理という蔽い（velamen administrationis）及び契約という誘因（occasio contractus）が犯罪性をある程度軽減する」との理由から死刑を否定する見解が有力である。Clasen, art. 162〔p. 703〕は，後者の見解に立ち，「財物の管理という事実が犯罪性を軽減する。管理者は，所有者の意思に反し他人の財物を窃取するのではなく，自己の支配する財物を悪意を以て自己の物とする点で，窃盗を働くというよりは背信行為を働くのである。したがって，窃盗に対する正規刑ではなく，裁量刑を以て処罰される」と註解する。同様に，Kress, art. 170, §3〔p. 618〕は，通例本条解釈として横領に窃盗の正規刑は科されないが，ゲルマン法において窃盗は他人の占有下にある物を奪うことであり，自己の占有に委ねられた物を引き渡さない行為はこれに当たらないことがその理由であると述べる。

Carpzov, q. 85, n. 67, 69 は，横領に窃盗の刑を科すことは非常に苛酷であるという見解は，「それについて人は彼に窃盗や強盗の責を負わせることはできない，けだし彼（貸主）はそれを彼に貸与したのであるから」と定めるザクセンシュピーゲル・ラント法3・22・2との整合性が高いとする。

(2) なお，Clasen, art. 170, (1)〔p. 726〕は，物の管理を委託された官吏には適用されず，官吏が委託された金銭を私的に流用した場合であっても絞首刑を科されないと註解する。これに対し，Kress, art. 170, §1〔p. 615〕は，「委託者」は私人を意味するが，カール5世皇帝の立法意図に従うならば，「何びとかを財務に任命する領主」を含めて良い，と註解するが，他方，Kress, art. 170, §3〔p. 619〕は，官吏の横領について，公金を横領し計算書を偽造した場合は文書偽造の刑（112条），公金を横領し計算書が存在しないか隠滅した場合は公金横領に関するユリウス法に従い裁量刑を科されると註解する。

聖別された場所又は聖別されざる場所における聖なる物又は聖別された物の窃盗

第171条　同じく，聖別された物の窃盗又は聖別された場所における窃盗は*ᵃ，他の窃盗に比しより重大であり，3種の形態がある。第1に，ある者が，聖なる物又は聖別された物を聖別された場所において盗むとき，第2に，ある者が，聖別された物を聖別されざる場所において盗むとき，第3に，ある者が，聖別されざる物を聖別された場所において盗むときである*1。

1　聖物窃盗の類型　Clasen, art. 171〔p. 728 et seq.〕は，本条の聖物窃盗（sacrilegium）の第1類型は，「聖なる場所での聖なる物の窃取，すなわち，利得の意思を以て，神又は神への信仰のために聖別された物を聖なる場所から窃かに盗むこと」，第2類型は，「聖なる場所とされていない場所から聖なる物を窃取すること。〔聖餐式用の〕杯，皿，聖衣その他類似の物が司祭，堂守の住居に保管されている場合において，窃盗犯が，故意ないし利得の意思を以てこれらの聖なる物を窃取すること」，第3類型は，「聖物でない物ないし世俗的なる物を聖なる場所から窃取すること。たとえば，兵士による強奪から守るため私人の物が教会に委託された場合において，これらの物が窃盗犯により故意を以て奪われ持ち去られた場合」，と註解する。

刑事裁判令　第170-173条　*419*

前条に定める窃盗に対する刑罰について

第172条　同じく，ある者が，祭壇の聖秘蹟[*a]を納める聖体顕示台を盗むときは，焚刑を以て処罰されなければならない。さらに，ある者が，その中に聖遺物があるか否かを問わず，聖別された金器又は銀器，若しくは，聖餐式用杯若しくは皿を盗むときは，その場所が聖別された場所であるか聖別されざる場所であるかを問わず，これらの全ての窃盗を理由として[*1]，又は，ある者が盗みのため，聖別された教会，礼拝堂，聖具室に侵入し若しくは危険なる道具により解錠するときは，これらの窃盗犯は，法有識者の鑑定に従い，事件の態様に応じ死刑を以て処罰されなければならない[*2]。

　1　「これらの全ての窃盗を理由として」のテキストは，"vmb solch diebstall alle"である。

　Gobler, art. 172 は，"ob haec furta ominia"と直訳する。174条にも同じ表現が見えるが，冗句であろう。なお，Clasen, art. 172 は，この文言に特段の言及をしていない。

　2　**聖物窃盗に対する刑罰**　①聖体，すなわち，「教皇派（pontificii）がキリストの身体に聖変化したものと信ずる聖なるパン」を納める聖体顕示台に対する窃盗は焚刑である。D. 48, 13, 7, pr. が聖物窃盗に焚刑以下の刑を科しており，この点ではローマ法と異ならない。②神及び聖なる用途のために聖別された金器又は銀器に対する窃盗は，窃盗の場所が聖別された場所であるか否かにかかわらず死刑，③窃盗の目的を以て聖なる建物に侵入し，又は危険なる道具により解錠したときもまた死刑であるが，犯人の状況，性別及び年齢，窃取された物，窃盗の時刻及び態様を考慮し，犯行に相応しい刑が言い渡されなければならない。ザクセン法では，聖なる場所での聖物窃盗は破壊を伴わない場合であっても引裂刑である。他の法域の多くでは絞首刑である（貴族の場合は絞首ではなく斬首である）が，加重事由がある場合は，引裂刑とされるのが通例である（Clasen, art. 172〔p. 730 et seqq.〕）。

　第173条　同じく，ある者が，聖なる喜捨[*1]を入れる櫃を破壊，解錠し若しくは偽計を用いてその中から盗み，又は，何らかの道具を用いて盗みを

420

企てるときは（vndersteht）[*a]，法有識者の鑑定に従い，身体刑又は死刑を以て処罰されなければならない[*2]。

1　喜捨窃盗　　貧者の用に供し貧者を養うため，憐憫の情に基づき行われかつ集められた寄付である喜捨は，神に捧げられたものと看做され，その窃盗は聖物窃盗として罰せられる。喜捨窃盗及び未遂の要件は次の通りである。①櫃を破壊し又は偽造の鍵その他の方法を以て解錠し，故意を以て窃取すること。すなわち，利得の目的で取得すること。②少なくとも窃取に着手すること。すなわち，櫃の破壊，解錠中に又は喜捨を持ち去ろうとして発見されること（Clasen, art. 173〔p. 732 et seq.〕）。

2　喜捨窃盗に対する刑罰　　犯行及び犯人の状況に照らし，身体刑又は死刑を以て処罰される。ザクセン法では車輪刑である（Clasen, art. 173〔p. 733〕）。

第174条　　同じく，何びとかが，昼間，上に定める重要なる物に当たらざる蝋燭，燭台，祭壇用布のごとき安価なる聖別された物を教会から盗み，ただし，窃盗犯が盗みのための侵入，破壊若しくは危険なる道具による解錠を行わざるとき，又は，何びとかが，教会に保管中の世俗的なる物を盗み，ただし，窃盗犯が教会若しくは聖具室の破壊若しくは危険なる道具による解錠を行わざるときは[*1]，本条において定めるこれら全ての窃盗を理由とする窃盗犯に対する刑罰は，〔事件の〕全ての事情及び異同を考慮して決定され，かつ，上に世俗的窃盗につき明確に定めるところが遵守されなければならない。ただし，かかる教会略奪及び窃盗においては，世俗的窃盗の場合よりも大なる慈悲が与えられてはならない。

1　安価なる聖物の窃盗・教会における世俗的なる物の窃盗　　①客体が安価なる聖物又は教会に保管中の世俗的なる物であり，②教会の破壊・侵入，解錠を伴わず，③昼間に行われる場合は，世俗的窃盗に関し先に定めるところに従い，加重事由及び減軽事由を全て考慮の上処罰されなければならない。ただし，聖物窃盗は，信仰に対する侮辱を含む点で世俗的窃盗よりも

重く処罰される（Clasen, art. 174〔p. 734〕）。

Kress, art. 174, § 1〔p. 628〕は，昼間であるか夜間であるかは，重要とは考えられず，カール 5 世皇帝も夜間の聖物窃盗に特段の定めをおいていない，したがって，「昼間」という語は不要である，と註解する。

第 175 条　同じく，聖別された物の窃盗及び聖別された場所における窃盗の場合においても，飢餓による困窮，犯人の若年及び愚昧（thorheyt）のいずれかが適法に証明されるときは，これを考慮し，かつ，世俗的窃盗について定めるところに従い〔手続が〕行われなければならない[*a*1]。

1　①飢餓に迫られて聖物窃盗を行ったこと，②未成熟者であり聖物窃盗の重大性に思い至らなかったこと，③愚昧であり判断力未熟であることが，刑の減軽事由となる（Clasen, art. 175〔p. 735 et seq.〕）。これは，世俗的窃盗において減軽事由として考慮される飢餓は，緊急状態は法を廃棄するという意味において，また，若年及び愚昧は意思及び故意の不存在を示すという意味において，聖物窃盗においても考慮されなければならないという趣旨である（Meckbach, art. 175〔p. 353〕）。164 条（若年窃盗），166 条（飢餓窃盗），179 条（責任能力）参照。

証明された事由に基づき危害及び犯罪を行うことが危惧される者に対する刑罰又は処分

第 176 条　同じく，ある者が，死刑を科されざる犯罪〔を行うこと〕により，恣にかつ故意を以て[*a]不復讐宣誓に違背する場合[*b*1]，同じく，ある者が，既に宥恕され又は判決を経た以前の犯行があるにもかかわらず[*c]，口頭又は書面により他人に同種の害悪を加える旨の脅迫を加えるも，特段の加重事由を欠き，かつ，（以下の「同じく，何びとかが，犯行の完遂に資する云々」を以て始まる 178 条において未遂犯について定めるごとく）死刑を科しうる犯行に至らざる場合[*2]において，上に挙げる事由〔＝不復讐宣誓の違背，脅迫の行為〕又はその他の十分なる事由[*3]に照らし，ある者が，人々に対し暴力的行為による侵害及び害悪を加えることなく，法と衡平とを尊重する

であろうと信頼するに足らざるものである[d] ことが適法かつ十分に認定され，かつ，当該人物が，将来における違法の侵害及び害悪を防止するために必要なる担保，保証（caution, gewißheyt oder sicherheyt）を提供しえざるときは[4]，かかる信用に値せざる悪性の（boßhafftig）者は，当該裁判所により言い渡されるべき，将来の違法行為を防止するために十分なる担保，保証を提供するまでの間拘禁（gefengknuß）されるべきことを，参審人により言い渡されなければならない[5]。ただし，かかる刑罰（straff）[6]は，軽率に，又は（上に定めるごとき）将来において加害行為に及ぶべき顕著なる危険性[e] の存せざる場合には，行われてはならず[7]，また，法有識者の鑑定に従い行われなければならない。かかる被拘禁者は，その者が弾劾され有罪を証明されたる裁判区（gericht）において拘禁されなければならない。被拘禁者が，拘禁中の費用を自弁しえざるときは，被拘禁者の拘禁に関し獄吏に与えられるべき看守費用（wartgelt）は，裁判官の裁量に従い，弾劾人により支払われなければならない。弾劾人は，このために相当の担保を提供しなければならない[8]。弾劾人がかかる費用を負担しえざるときは，官憲においてかかる費用を負担しなければならない。当該被拘禁者が，当該又は他の裁判区に，その糧食費及び拘禁費用の全部又は一部を賄うに足る財を有するときは，〔他の裁判区の〕官憲による妨害を受けることなく[9]，当該拘禁のために用いられなければならない[10]。

1　不復讐宣誓違反　本条が定める保証提出の義務が生ずる第1の類型は，「拘禁から釈放されるとき又は追放刑を受けるときに行った，裁判官・弾劾人等に侵害を加えない旨又は追放期間満了前に帰来しない旨の不復讐宣誓を，死刑を科されない何らかの犯罪によって破る」場合である（Clasen, art. 176, I⑴）。不復讐宣誓違反に対する刑罰は手又は2本の指の切断であるが（108条），加えて，本条は再犯の虞がありながら犯行に及ばない保証をなしえない場合（註4参照）に対する予防拘禁を定める。

2　脅迫　保証提出の義務が生ずる第2の類型は，相手方が恐怖を感ずるような脅迫を加えることである。その要件は次の通りである。①先の犯行に関し宥恕又は判決を受けた後，すなわち，「契約若しくは端的な赦免に

より宥恕され，又は，犯行に関する判決により弾劾につき無罪とされ若しくは有罪とされ刑罰を受けもはや先の犯行につき責任を問われることがなくなった」後に，脅迫が行われること。②脅迫は，侵害する意図を明らかに表示するものであること。③口頭又は書面により，相手方に恐怖を与えるかたちでなされること。④脅迫が加害の告知にとどまり，フェーデ状を送る，脅迫を実行する意思のあることを確実に推認させる行為を行う等の加重事由がないこと。⑤脅迫行為を行ったが死刑相当の罪を犯さなかったこと。すなわち「脅迫を行ったのみで何ごとも実行しなかったか，実行したが死刑を科すことができない場合である」。⑥脅迫者が，脅迫を実行することを常とするような悪性の人物であること（Clasen, art. 176, I (2) et seqq.）。ちなみに，④のフェーデ状を送る行為は斬首刑であるから（129 条），予防拘禁の必要がなくなる場合である。

　このような事情がある場合は，脅迫を受けた者が自己の安全の保証を官憲に求める正当な根拠が生じる（Clasen, art. 176, I (6)）。

　Ritter, S. 20 f. は，以前に犯罪の被害者となった者が加害者に対し同種の加害を行う旨の脅迫を行う場合もまた包含するという。

3　虞犯性　　保証提出の義務が生ずる第 3 の類型として，Kress, art. 176, §1〔p. 636〕は，「これら〔不復讐宣誓違反及び脅迫〕以外の事由があり，ある者の著しい悪性又は暴力による害悪を市民が恐れなければならない場合」，Böhmer, art. 176, §1 は，「それまで犯罪について有罪とされたことがないが，凶暴な性格によって他人に不安を抱かせる場合」を挙げる。これは，「その他の十分なる事由に照らし，ある者が，人々に対し暴力的行為による侵害及び害悪を加えることなく，法と衡平とを尊重するであろうと信頼するに足らざるものである」と認定される場合を指している。第 3 類型については，註 5 参照。

4　保証提出及びこれに代わる拘禁　　(1)　脅迫を受け，脅迫が現に実行されることを懸念する者は，脅迫が現になされたこと，及び，脅迫者が実行行為に出るであろう悪性の人物であることを裁判官に確信させるような証明を行った場合は，脅迫者に対し，「不侵害の保証（cautio de non offendendo）」を要求することができる（Clasen, art. 176, II〔p. 738 et seq.〕）。

この手続は，裁判官の職権によっても可能である（Blumblacher, art. 176〔p. 381〕; Böhmer, art. 176, §4）。不復讐宣違反の場合に適用されよう。

(2)　保証提出は，保証人（fidejussor）を立てるのが通例であるが，今日においては担保物（pignus）の提供によることも認められる。保証人又は担保物を提供することができない場合，特に非行のある無産者は措信しがたいため，宣誓による保証が許容されるかは疑問である。脅迫行為が証明されたときは直ちに保証が提出されなければならず，その措置は裁判官が定める一定期間継続し，一定期間内に対立関係が消滅しないときは，裁判官は両当事者を出頭させ，対立の解消に努めなければならない（Clasen, art. 176, II(1) et seqq.）。

(3)　命じられた保証を提出しない場合は，その提出があるまで拘禁されなければならない。将来の加害行為の虞が十分に証明された場合に命ぜられる保証提出及びこれに代わる拘禁は，「外部的な影響から自由な法有識者」の鑑定に従って行われなければならない（Clasen, art. 176, II(4)）。

Clasen, art. 195, I〔p. 790〕は，「このような事例においては保証人を得ることははなはだ困難であるから，保証を提供することができないために，監置は結果的には永久拘禁刑ともなりうる」と述べ，保安処分としての拘禁が「永久拘禁刑」ともなりうるとする。

5　バンベルゲンシス202条との異同　(1)　本条のテキストは，不復讐宣誓に違背した者及び過去の犯罪を誇示して脅迫した者を対象とすると解される。しかし，本条に対応するバンベルゲンシス202条は，以下のような規定となっている。

　　同じく（item），ある者が，死刑を科されざる事件により不復讐宣誓に違背した場合，

　　同じく（item），ある者が，既に宥恕され又は判決を経た以前の犯行があることに加えて，専ら口頭又は書面により他人に同種の害悪を加える旨脅迫したが，特段の加重事由がなく，かつ，204条において未遂犯について定めるごとく，死刑を科しうる犯行をなさざる場合，

　　又は（oder），ある者が，その他同種の十分なる事由に照らし，人々に対し暴力的侵害及び害悪を加えることなく，法と衡平を尊重するであ

ろうと信頼するに足らず，かつ，この種の者が，将来その種の違法なる侵害及び害悪を行わない旨の保証をなしえざる場合は，

　　かかる信用に値せざる悪性の者は，参審人により適法に永久拘禁を言い渡されなければならない。ただし，かかる刑罰は，軽率に又は上に定めるごとき将来の加害行為を行う顕著なる危険性の存せざる場合に行われてはならず，また，法有識者の鑑定に従い行われなければならない。

　(2)　バンベルゲンシス 202 条は，①不復讐宣誓の違背の場合，②脅迫の場合，③不復讐宣誓の違背及び脅迫以外の事由から将来の加害行為が危惧され，かつ，加害行為を行わない旨の保証をなしえない場合という 3 類型について永久拘禁を定めると解される。

　(a)　Böhmer, art. 176, §1; Kress, art. 176, §1〔p. 636〕; Brunnenmeister, S. 202; Ritter, S. 11 f. は，本条はバンベルゲンシスが挙げる上記 3 種の類型を規定すると述べる。

　これらの論者は，条文上の根拠として，「上に挙げる理由〔= ①不復讐宣誓の違背，②脅迫の行為〕又は③その他の十分なる理由に照らし」という部分に着目するのであろう。しかし，テキストから 3 類型を読み取るためには，*Item so* einer eyn vrphed…verbrochen…*Item ob* einer…andern trohet…, *vnd* auß jetzgemelten oder andern genugsamen vrsachen, eyner person nit zu vertrwen oder zu glauben wer…"（「同じく，ある者が不復讐宣誓に違反する場合，同じく，ある者が脅迫を加えた場合であって，かつ，上に挙げる理由〔= 不復讐宣誓の違背，脅迫の行為〕又はその他の十分なる理由に照らし，ある者が…と信頼するに足らざるものである」）というテキストから，多少離れた解釈をする必要がある。テキストから直ちには読み取ることができるとは思われないが，これらの論者のいう第 3 の類型については註 3 において言及した。

　(b)　これらの論者は，法条のテキストの冒頭部分を，「ある者が…違背する場合，同じく，ある者が…犯行に至られざる場合，又は，その他の十分なる事由に照らし，ある者が，人々に対し暴力的行為による侵害及び害悪を加えることなく，法と衡平とを尊重するであろうと信頼するに足らざるものであることが適法かつ十分に認定される場合において，当該人物が，将来における違法の侵害及び害悪を防止するために必要なる担保，保証を提供しえざ

るときは」と読み替えるのであろう。

(3) これに対し，Gobler, art. 176; Remus. cap. 176; Vogel, art. 176; 塙176条は，不復讐宣誓の違背及び脅迫という2種の類型を定めると解釈し，Clasen, art. 176, II もかかる2種類の類型に言及するにとどまる。もっとも2類型と解する場合は，"vnd auß jetztgemelten *oder* andern genugsamen vrsachen"のイタリア部分が障碍となるが，"oder"を「及び」の意味に解すべき場合として，73条註2参照。

(4) 少なくとも，カロリーナ176条の規定がバンベルゲンシス202条と同趣旨であると解することは困難である。本条は，加害の虞があるにもかかわらず不侵害の保証を提供しない場合に永久拘禁を科すものであるのに対し，バンベルゲンシス202条は，上記①及び②の類型に該当する場合について，加害の虞及び保証を提供しないことを要件とせず，無条件の拘禁を認めるという顕著な差異が認められる（あるいは「かつ，この種の者が，将来その種の違法なる侵害及び害悪を行わない旨の保証をなしえざるとき」という要件は前2者にも及ぶと解すべきなのであろうか）。

6　保安処分としての拘禁　本条の拘禁は，「刑罰」と呼ばれているが，保証の提供によって免れうるのであるから，保安処分にほかならない。Clasen, art. 195, I〔p.789〕は，195条註解において，「脅迫者はこれまでのところ加害行為に及んでおらず，加害行為に及ぶであろうことを言葉で述べたにすぎないから，刑罰を科すことはできない」と明言している。なお，刑罰としての「永久拘禁」については，10条註2参照。

7　Brunnemann, cap. 10, n. 10〔上口訳287頁〕は，「ただし，かかる脅迫について，果敢な男であれば実行するであろうと危惧すべき理由があり，かつ，被告人がこれまで加えた脅迫を実行し，そして現に実行することのできる人物である場合に限る」と述べている。

8　拘禁の費用負担　Clasen, art. 176, II⑸は，①糧食費及び拘禁費用が，第1次的に，被拘禁者の負担とされる理由について，拘禁の原因を生じさせた者が費用負担の責めを負うべきだからである，②弾劾人が第2次的な費用負担者とされる理由について，「弾劾人の申立てにより，侵害行為を行わないことの担保を提供するまで脅迫者が拘禁されるからである。弾劾人

は，自身・子・財産の安全のためにこれを求めているのであるから，被拘禁者の糧食費及び支払いを要する費用の限度において負担することを拒むことはできない」，しかし，弾劾人が負担することができない場合は，「都市，管轄区又は地域の住人に安全を保障すべき義務のある」官憲が費用を負担しなければならないと註解する。

Böhmer, art. 176, §4によれば，告発により糺問手続が行われ，裁判官が職権により拘禁を命じた場合は国庫が費用を負担する。

9　Clasen, art. 176, II(5)によれば，被拘禁者の財産が所在する他の裁判区の官憲は，「本令の効力に基づき」，その財産を被告人の糧食費及び拘禁費用に充当することを禁止又は妨害してはならない義務を負うという趣旨である。

10　第3次草案は，被拘禁者が負担しえない場合において，弾劾人は，被拘禁者の糧食費として毎月1グルデン，看守費用として3か月ごと1グルデンを，拘禁期間に応じて支払うべきものと規定していた。

犯人に対する支援，幇助及び援助に対する刑罰

第177条　　同じく，何びとかが，知情の上かつ故意を以て，犯人が犯罪の実行に及ぶことに対し，それがいかなる名称を以て呼ばれるかを問わず，何らかの幇助，援助又は支援（hilff, beistand oder fürderung）を行うときは[1][2][3]，上に定めるごとく[4]，事件に応じ刑事罰を以て処罰されなければならない[5]。かかる事件においては，判決人は，上に定めるごとく，犯行に関する諸事情を提示の上，いかなる身体刑又は死刑を以て処罰されるべきか，鑑定を求めなければならない[6]。

1　**共犯**　　本条の意義は，すべての犯罪について共犯が問題となりうることを明確にした点にある（Schmidt, *Einführung*, S. 120）。

(1)　Clasen, art. 177, I(1) et seqq. は次のように註解する。①本条の犯罪は，「犯罪遂行のため行為及び助言を提供する」こと，すなわち，「知情の上故意を以て幇助する（auxilium praestare）ことである」。②幇助が可罰的となる要件は，「幇助しようとする他人が犯そうとする犯罪に関する諸事情を知

り」，「他人が犯意を実行し犯行を完遂しうるよう，これを援助する」ことである。③幇助の態様には，「犯行を推進する目的で，行為を共にする，道具を与える，又は，助言する」という態様があるが，「援助行為を行う（opem praestare）ことと，助言を与える（consilium dare）ことは区別されなければならない。行為によって援助するとは，犯罪が現に（reapse）実行されるために幇助することである。助言を与えるとは，何らかの犯罪を行うことを他人に説き勧めることである」。

(2) Kress, art. 177〔p. 641〕は，共犯（complex）には，「何びとかが，自ら何らかの程度において犯罪の原因となるようなかたちで，実際に行為に参加し，又は事前に犯罪の共同因（cocausa）となる」場合があり，本条もまた「犯行に先行する行為及び犯行と同時存在する行為（actus delictum antecedens & concomitans）」のみを対象とする（事後従犯を含まないという趣旨である），と註解する（v. Hippel, S. 207 f. は事後従犯を含むとする）。

(3) Böhmer, art. 177, §1によれば，①「広義で共犯は，真の犯罪原因となった者のほか，犯罪が行われた後何らかのかたちで参加する者を含む。この意味では，命令者，共謀者，教唆者（mandantes, conspirantes, instigantes）も，犯行に賛辞を呈し，犯行を是認し，褒賞を与え，盗品を売却，隠匿する等を行う者も含まれる」，②「正しくは共犯とは，当該犯罪を実行しなかったとしても，何らかの方法により，実際に犯罪を行った者とともに共通の原因を設定した者をいい」，「狭義の共犯は，犯罪の原因となり，何らかのかたちでその完遂をもたらす者をいい，行為を共にしないが，犯罪を契機として非難に値する何らかの所為に及ぶ者を含まない」。狭義の共犯は共同正犯，教唆及び幇助を，広義の共犯はさらに事後従犯を含むという趣旨である。

(4) クラーセン，クレスの註解によれば本条は共同正犯を含み，上のように，ベーマーにおいても狭義の共犯は共同正犯を含む。本条は共犯全般に関する規定と解される（註5(2)参照）。したがって，個々の事件に即してしかるべく刑罰を決定するには，本条が定めるように，法有識者に鑑定を求めることが不可欠となる。Clasen, art. 177, III〔p. 748〕は，本条が法有識者の鑑定を求めるべきことを定めた根拠を，「しばしば，些細な事情によって行為は異なるものとなり，かかる諸事情を厳密に考量しうるのは，法学の知識のな

い者ではなく，法有識者である」と註解する。

2　教唆と幇助の関係　　(1)　Carpzov, q. 82, n. 2 et seq. は，①「援助（ops）と助言（consilium）は区別されなければならない。窃盗犯が物を窃取することを幇助（auxilium）する者のように，窃盗を行うことを幇助する者は，窃盗犯を援助する者であり，窃盗を行うよう説き勧める者は助言を与えるものである」，②「幇助（auxilium）することなく助言（consilium）のみを与える者は，窃盗が実行された場合，裁量刑を科されるが，〔窃盗と同様の〕絞首刑を科されることはない」。③「ファリナキウスは，窃盗犯が助言を受けるまでもなく窃盗を犯す決意をしていたか否かを区別し，そうであった場合は，助言者は窃盗の正規刑を免除され，そうでなかった場合は，助言がなければ犯罪はなかったのであるから助言者は正規刑を免れないとするが，このような区別は根拠がない。むしろ一般的に，§ ope & consilio, Inst. de obligat. quae ex delict. nasc.〔=I. 4, 1, 11〕の法文によるのが妥当である」，④「ここでいう助言は，その他のあらゆる援助及び幇助を伴わない助言の意味に解されたい。もし，教唆（instigatio & instructio）に至った場合は，被告人は助言者ではなく幇助者と看做されなければならない」と註解する。なお，カルプツォフの援用する学説提要（I. 4, 1, 11）は，「窃盗を行うために〔窓の下に梯子を置き又は窓や門扉を破壊するような〕援助をすることなく，助言し窃盗を行うよう促したにとどまる者は，窃盗としての責めを負わない（qui nullam operam ad furtum faciendum adhibuit, sed tantum consilium dedit atque hortatus est ad furtum faciendum, non tenetur furti）」とする（「窃盗としての責めを負わない」というのは，窃盗に対する正規刑を科されないという趣旨であろう）。

Clasen, art. 177, I (5)〔p. 744〕もまた，助言には，「たんなる勧奨の言葉からなり，何かをなすべく勧奨するが，受容するか拒むかを他人の判断に委ねるたんなる助言（consilium nudum）」と，「たんなる助言にとどまらず，何らかの強要的な力を有する加重的な助言（consilium non-nudum）があり，助言するにとどまらず，拒む者に執拗に迫り何ごとかをなさしめることは助言の域を超える」と註解し，「〔加重的な助言の場合は，〕被告人は助言者ではなく，幇助者と看做されるべきである」というカルプツォフの所説を引用する。

(2)　カルプツォフ及びクラーセンの見解によれば，共犯は犯行に対する有

形的な幇助と犯行を促す助言に二分され，前者の刑事責任は後者の刑事責任より大きいが，助言の中でも強い助言（教唆）は幇助と看做されることになる。これは，助言は幇助よりも軽微な犯罪であるとするローマ法の原則（D. 50, 16, 53, 2 にも，I. 4, 1, 11 と同趣意の定義が見える）を維持しつつ，強い助言は幇助と看做すという分別を付加するものである。現代の教唆概念と同種のファリナキウスの見解が，幇助となる助言と幇助とならない助言を主観的基準によって区分するのに対し，カルプツォフの見解は客観的な基準によっていると解される。

3 幇助の態様　Clasen, art. 177, I (5)〔p. 745〕は，幇助の態様として次のように註解する。①犯行前の幇助。犯行の前に犯行用具を提供することをいう。近接幇助は，犯行に着手した際又は犯罪を行おうとする場所での幇助であり，離隔幇助とは，犯人が犯行に着手していないが，いずれ犯罪を行うことを決定している段階において，犯罪実行の方法を助言し，犯行完遂のため道具を提供することをいう。②犯行中の幇助。犯人が犯罪を行う際に，障碍を除去し，犯人を逮捕しようとする者を殺害し，財物窃取を助けるなど，犯行完遂を容易ならしめる全ての援助をいう。③犯行後の幇助。犯行後，犯人を蔵匿，保護し又は裁判官の命令による捕縛を阻止することをいう。

ただし，事後従犯を共犯に分類することについては異論もあるだけではなく（註1参照），本条の趣旨に合致するか疑問が残る。

4 共犯に関する各則規定　107条は偽誓の教唆，111条は通貨偽造の幇助，123条は売春及び姦通の幇助に関する刑罰を定め，148条は謀殺，喧嘩闘争の共同正犯を定める等，若干の各則規定がある。

なお，拷問要件を定める40条は強窃盗の幇助につき，「…又は，何人かがその他同様の方法により犯人に対し故意を以て支援，助言若しくは援助を行い，若しくは不正に犯人の犯行に関与したときもまた，拷問を行う徴憑となる」と定める。

5 共犯に対する刑罰　(1)「正犯（reus principalis）が犯罪を実行したことが確実でなければ，共犯を処罰することができない（l. 52. n. 19 ff. de furt.〔=D. 47, 2, 52, 19〕）」，正犯の実行行為がなければ，行為によって幇助す

ることも，助言を与えることも有害とはならないからである（Clasen, art. 177, II〔p. 746〕）。共犯の従属性の根拠とされる学説彙纂（D. 47, 2, 52, 19）には，「何びとも言葉又は文書を手段として窃盗を犯すことはできない。窃盗は奪取行為なしにはなしえないというのが我々の法だからである。したがって，援助し又は助言することは，奪取行為が後続する場合にのみ犯罪となる（Neque verbo neque scriptura quis furtum facit: hoc enim iure utimur, ut furtum sine contrectatione non fiat. Quare et opem ferre vel consilium dare tunc nocet, cum secuta contrectatio est）」というウルピアヌス法文が見える。

　（2）Kress, art. 177〔p. 641〕によれば，共犯（complex）は，加功した犯罪に応じて（pro ratione admissi & criminis ad quod cooperatus est）処罰される。しかし，Clasen, art. 177, II〔p. 746 et seq.〕は，本条は共犯に対し刑事罰すなわち死刑又は身体刑を法定刑（determinatio poenae generalis）としているが，共犯は正犯（delinquens principalis）と同じ刑を常に科されるべきものではない，として以下のように註解する。すなわち，①共犯に対する宣告刑は，「多様なる幇助の形態及び幇助者の悪意」に応じて決定される。②犯人を接着行為によって幇助するときは，犯罪に対し直接的原因を与えるのであるから，正犯と同じく正規刑を科される。なぜならば，この場合，「幇助者は『犯罪共同実行者（socius delicti）』，すなわち他人と共に同時に犯罪を行う者と看做されるからである」。③同様の理由から，犯罪行為そのものに援助加功したときは，犯罪に同意し，犯罪遂行に協力したのであるから，正規刑を科される。④犯罪実行後，犯人を蔵匿・隠避し，逮捕を免れさせることによって犯人を幇助したときは，犯罪の幇助に当たらず犯罪の犯罪共同実行者ではない。したがって，正規刑は科されず減軽された裁量刑を科される。

　③は端的に共同正犯であるが，②も現代の共同正犯概念によれば共同正犯となる場合である。His, I, S. 122 によれば，中世ゲルマン法では幇助と共同正犯との区別は明らかでなく，ともに"socius, particeps, geselle, kumpan"と呼ばれた。共同正犯を幇助の一種と位置づけるクラーセンの所説はこのような観点から理解しうる。

　6　鑑定の拘束力　裁判官は法有識者の鑑定に拘束され，鑑定に従い無罪とし，あるいは，鑑定通りの刑罰を以て処罰しなければならない（Clasen,

432

art. 177, III〔p. 748〕)。

未遂の犯行に対する刑罰

第178条　同じく，何びとかが，犯行の完遂に資する何らかの外部的に明白なる行為（etliche scheinliche wercke）により犯行に着手する場合において，〔自己の意思以外の〕他の原因により，その意思に反し当該犯行が妨げられるときは*¹，上〔=119条，173条〕に定めるごとく，行為の原因となるかかる悪しき意思は，事件の状況及び態様を考慮の上，事件に応じ軽重を定め*ᵃ，刑事罰を以て処罰されなければならない*²*³。判決人は，かかる場合の刑罰に関し，いかなる身体刑又は死刑が相応しかるべきかについて，以下に定めるごとく鑑定を求めなければならない。

1　障碍未遂・中止未遂　(1)　本条は障碍未遂の詳細な定義をおく。ゲルマン法が結果責任主義に立つものであったのに対し（v. Hippel, S. 206），本条は法継受の成果にほかならない（Schmidt, *Einführung*, S. 117）。ただし，His, I, S. 192 mit Fn. 3 によれば，14，15世紀の都市法には，行為者の意図を基準とする未遂概念が現れており，14世紀後半に成立した『ブリュン市参審人の書』には，ローマ・カノン法に倣い，被告人は悪しき行為のみならず悪しき意思についても責任を負わなければならないとした判決が記録されている。

イタリア法においては，Gandinus, De penis reorum in genere et de percussione et insultu, S. 208 [2-3] が，意思・行為・結果の関係について，「考え行為し完遂した場合，考え行為したが完遂しない場合，考え行為せず完遂しない場合，考えず行為し完遂した場合，考えず行為せず完遂しない場合」を区別し，「考え行為したが完遂しなかった場合」について，完遂を「意欲しなかったときは宥恕され」，完遂が「不可能であったときは罰せられる」として，中止未遂・障碍未遂の違いを指摘している。

(2)　Clasen, art. 178, I〔p. 751 et seq.〕は，犯罪の未遂（conatus delicti）の形態として，①「行われたことを嫌悪し取り消そうとする精神の働きとしての悔悟から生ずる内心的原因により，熟慮の上決定された犯行が完遂されな

い」場合と，②「偶然，より大なる力（vis major）又は人の行為により，危険なる未遂（conatus malignus）に留められ，犯行を意欲する者がその意図を妨げられ，犯罪を実行することができない」場合とを挙げる。

Clasen, art. 178, I〔p. 749 et seq.〕は，障碍未遂を「犯人の意思によらない態様及び方法により犯人の意思に反しその完遂が妨げられた，犯罪遂行を目的とした外部的に明らかなる行為（actus manifestus）」と定義し，次のように分析する。①行為がなされること。すなわち，犯罪を内心的に思い描くことではなく，外部的な行為に至ること。②犯罪が内心にとどまらず，外部に現れ，完遂に向けられること。すなわち犯人が，それまで内心において思い描いていた犯罪を実際に外部的に実行する態勢にあること。③犯罪の「作用因（causa efficiens）」としての，犯罪を意欲する犯人の意思のあること。犯罪は意思なしに行うことはできない。したがって，激怒する者，子供等健全なる理性を欠く者は犯罪を行うものではなく，未遂となることもない。④未遂の客体は，完遂されるならば犯罪と呼ばれるような違法なる行為である。

(3)　なお，v. Hippel, S. 206 は，「犯行の完遂に資する何らかの外部的に明白なる行為」という文言は，不能犯を除外する趣旨であるとする。

2　障碍未遂に対する刑罰　　(1)　Böhmer, art. 119, § 10; art. 178, § 12 によれば，「犯人の人物，暴力の程度及び接着未遂（conatus proximum）であるか離隔未遂（conatus remotus）であるかを考慮し裁量刑を科される」というのが未遂に関する一般法である。また，Clasen, art. 178, II , III〔p. 752〕によれば，未遂の刑罰は「犯行の諸事情及び犯人の人物」に応じ寛厳が定まり，「一言でいうならば未遂の刑罰は裁量刑であり」，考慮すべき事情が多様であるために法有識者の鑑定が必要的である。

(2)　未遂の処罰は，「罪を犯そうとするたんなる思想」を処罰するものではない。「このような思想は精神の内にとどまり何びとも知りえないのであるから，人間によって処罰されることはなく，また，処罰されることもありえない（l. 18. ff. de poen.〔＝D. 48, 19, 18〕）」（Clasen, art. 178, III〔p. 753〕）。D. 48, 19, 18 には，「何びとも思想について罰せられない（cogitationis poenam nemo patitur）」というウルピアヌス法文が見える。

(3)　未遂に対する刑罰については，①「それによっては直ちに被害が発生

することのない」離隔行為（actus remotus）に着手したが，障碍又は悔悟により計画を実現しなかった場合と，「それによっては直ちに犯罪が既遂となりうる」接着行為（actus proximum）を行った場合とを区別し，前者は裁量刑を以て処罰され，後者は，犯罪は既遂に至ったと看做し，既遂として処罰する見解（Clasen, art. 178, III〔p. 753〕が引用する Goldelmannus の所説）や，②「自然法及び市民法が否認する最重罪においては，結果が生じない場合においても，未遂及び意思が犯罪〔＝既遂〕として処罰される」とする見解（Stephani, art. 178）等があった。

これに対し，Carpzov, q. 17, n. 12; Clasen, art. 178, III〔p. 753〕は，最重罪（57条註6参照）であるか否かを問わず，また，「それによって直ちに犯罪が既遂となりうる」ような接着行為に至った場合においても，未遂に対し当該犯罪の正規刑は科されない，というのが慣習に基づく一般原則であるとする。ただし，Carpzov, q. 17, n. 13; Clasen, art. 178, III〔p. 754〕は，①法律が未遂に正規刑を定めている場合は，未遂が接着行為に至ったときは正規刑が科されるという例外を認める。カルプツォフは，さらに，②最重罪においては，裁判官は犯行の事情及び犯人の人物を考慮し正規刑又は裁量刑を科すことができるという例外を追加する。このようなカルプツォフ，クラーセンの見解に従うならば，本条が未遂に死刑を科しうると定めることは上の一般原則に対する障碍とはならない。

また，Carpzov, q. 21, n. 41 は，毒殺に関し「生命又は身体を害する」行為に車輪刑を科すと定める130条の「又は」は「及び」の意味に解しうるので（130条註1参照），130条は毒殺未遂に正規刑である車輪刑を科す趣旨ではなく，上の一般原則に対する障碍とはならないと述べる。

3　中止未遂に対する刑罰　(1) Kress, art. 178, §3 et seqq. は，本条は「中止者自身の悔悟により中止された企て（conatus propria conantis poenitentia suppressus）」，すなわち中止未遂に関する規定を欠くと註解した上で，中止未遂について，①悔悟により行為を中止するならば，結果が生じた場合においても正規刑を科されない，②法律に特段の定めがあり，かつ，被害が回復可能な非重罪の場合は刑を免除されることがありうる，③「外部的障碍によって中断された企て」，すなわち障碍未遂の場合でさえ刑が減軽される

本条の趣旨に照らすならば，中止未遂の場合は刑が減軽されなければならない，という規則を定立する（②は，犯罪が既遂に達した場合においても刑が減軽される例として，窃盗が既遂に達した後窃盗犯が捕縛又は弾劾される前に，悔悟の念から盗品を返還するか又は賠償した場合は刑を減軽すると定めるザクセンの勅法を挙げる Carpzov, q. 18, n. 24 を念頭においたものと思われる）。

(2) Carpzov, q. 18, n. 22 et seqq. は，悔悟から近親殺の行為を中止するならば結果が発生した場合においても刑が減軽されると述べ，嬰児殺を中止したが嬰児が死亡した事例について正規刑である溺死刑又は生埋め刑に代えて斬首刑を科すべきだとした 1625 年のライプツィッヒ参審人会鑑定を挙げる。また，Stephani, art. 178 は，悔悟の意義について，「行うことができないがために悔悟した場合は，犯罪が既遂となる前の悔悟であっても免責事由とならず，既遂と同様に処罰される。これに対し，欲しないがゆえに悔悟した場合，処罰されない」と註解する。

若年その他の理由により分別を欠く犯人について

第 179 条　　同じく，若年[*1]又はその他の精神的欠陥[*2]によりに明らかに分別（sinn）を欠く[*a]何びとかにより犯罪が行われるときは，事件はその全事情〔の記録〕とともに，本令の末尾に定めるところに送付され，その法有識者又はその他の法有識者の鑑定に従い[*b]，手続が行われ又は処罰されなければならない[*3]。

1　年少による責任無能力　　(1) 164 条註 1 において述べたように，ローマ法上，7 歳に満たない者が幼児（infans），14 歳に満たない者が未成熟者（impubes），25 歳に満たない者が成熟者（pubes）とされた。

Kress, art. 179, §1〔p. 671〕は，年齢と刑事責任との関係を示す基準として，①幼児には刑罰は科されない，②未成熟者には犯情により笞刑を科しうる，③幼児に近い未成熟者（infantiae proximus）と呼ばれる 10 歳半に満たない未成熟者には死刑は科されないが，故意があることを理由に 裁量刑が科される，④成熟者に近い未成熟者（pubertati proximus）と呼ばれる 10 歳半以上の未成熟者には，悪性が顕著で成熟者に近い年齢であり犯罪が重罪なら

ば，正規刑を科しうる，⑤成熟者は，年齢にかかわらず，考慮すべき事情が
ない限り原則として正規刑を科される，と註解する。Clasen, art. 179, II〔p.
757〕もまた，成熟者について，「裁判官は正当な理由に基づいて正規刑を減
軽することができるが，これは原則ではない」と註解する。

これに対し，Carpzov, q.143, n. 19 et seq. は，7歳未満の者についても，
悪性が認められ故意も有しうると裁判官が判断する場合は，拘禁刑又は笞刑
を科すことができるとし，口喧嘩から幼児が隣家の子供に投石し，こめかみ
に投石を受けた子供が即日死亡した事例について笞刑を科すべきだとした
1629年のライプツィヒ参審人会鑑定を挙げる。

なお，若年の窃盗犯に対する刑罰については，164条参照。

2　精神障碍による責任無能力　　Clasen, art. 179, II〔p. 758〕は，「分別
力について責任がないこと（consilii innocentia）が未成熟者を免責するよう
に，狂気の場合は，宿命としての不運（fati infelicitas）が狂者を免責する（l.
12 ff. ad L. Cornel. de sicar〔=D. 48, 8, 12〕）」，と註解する。D. 48, 8, 12 には，
クラーセンの引用文言とほぼ同一の法文が見える。

狂気が周期的なものであって，その時期に当たる行為は免責される。ある
者が狂気であることが明らかな場合は，寛解期にあったことが特に証明され
ない限り，行為は狂気の状態でなされたと推定されなければならないが，寛
解期の犯行はしかるべく処罰されなければならない（Clasen, art. 179, II〔p.
758〕）。

獄舎の典獄が被拘禁者の逃亡を幇助するとき

第180条　　同じく，刑事獄舎（peinliches gefengnuß）[*1]の典獄（hütter）
が，刑事罰に処せられた者の逃走を幇助するときは[*2]，逃走させた犯人に代
わり，犯人に対する刑罰と同一の刑罰を以て処罰されなければならない。典
獄の懈怠（vnfleiß）により被拘禁者が逃亡するときは，かかる懈怠は，事件
の態様に応じ，以下に定めるところに求められた鑑定に従い[*a]処罰されなけ
ればならない[*3]。

1　「刑事獄舎」という文言は，履行遅滞にある債務者を債権者が獄舎に

拘禁し，親族・友人による債務弁済を待つ制度としての非刑事的な債務者拘禁制度（Schuldhaft）を前提とし，これとの識別を図る趣旨であろうか。債務者拘禁は，典獄（緊急の場合は，裁判所の許可を経ることなく債権者自ら）が債務者を身柄拘束し獄舎に拘禁するが，糧食費及び看守費用は債権者がこれを負担する制度である。19世紀中葉まで存続した（A. Erler, *"Schuldhaft"*, in: HRG, Bd. IV, Sp. 1513）。

2　逃走幇助　(1) Clasen, art. 180〔p. 760〕によれば，本条の主体である"hütter"とは，「裁判官の権限に基づき，監獄の収容者を慎重に戒護することを委託された獄舎の管理者（custos）」としての「典獄（commentariensis）」を指す。典獄は，犯人の追捕，被告人の裁判所への押送，供述の録取を司るが，公務による不在時に職務を補助する下僚を有する。"commentariensis"の呼称は，典獄が収容者の氏名を記録することに由来する。

3　逃走幇助に対する刑罰　(1) 未決囚の逃走を故意を以て幇助した典獄に対し，逃走した犯人の受けるべきであった刑罰と同種の刑罰が科される。その根拠として，「収容された者の戒護は典獄の職務であり，被告人が何らかの方法により逃亡した場合において，典獄は軽輩たる下僚〔＝看守〕が裁判に付されるべきであると考えてはならない。朕は，典獄が逃亡者が受けるべきであったと判明するであろう刑罰と同じ刑罰に付されることを欲するからである（Ad commentariensem receptarum personarum custodia observatioque pertineat, nec putet hominem abiectum atque vilem obiciendum esse iudici, si reus modo aliquo fuerit elapsus. Nam ipsum volumus eiusmodi poena consumi, cui obnoxius docebitur fuisse qui fugerit）」と定める C. 9, 4, 4 が挙げられるが，これを苛酷すぎるとする見解もある。この規定は，確かに苛酷であるが，公的秩序の重要性が獄舎の安全性を要求しており，法の趣旨に合致するものと考えられている（Clasen, art. 180〔p. 761〕）。

(2) しかし，「法律は，特に刑事事件においては，慣習及び実務に基づき衡平（aequitas）の観点から解釈を受けるものであり，現在ではこの問題においてもより寛大な取り扱いが行われている」。すなわち，①典獄が故意又は買収により被告人の逃亡を許したときは笞刑，②典獄の過失により被告人が逃亡したときは，過失の程度に応じ追放刑，拘禁刑又は罰金刑を科される

(Clasen, art. 180〔p. 762 et seq.〕)。ただし，Carpzov, q. 111, n. 108 は，逃走を黙認したのではなく，武器を所持するなど暴力的に犯人を解放した典獄は，犯人の受けるべきであった刑罰と同じ刑罰を科されるとする（"außhillfet"（「逃走を幇助する」）という文言がこの趣旨であるとする）。

なお，Clasen, art. 180〔p. 761〕は，たとえば着衣を交換して被告人になりすます方法によって妻が夫を，息子が父親を逃亡させた場合は正規刑を科されないとするが，「敬すべき情愛の行為（gratiosum pietatis exemplum）」として全く不可罰的であるとする見解のあることに言及している。

裁判所書記はいかに刑事訴訟記録を完全かつ整然と記録すべきかに関する一般的説示。次条以下の数箇条に続く

第181条　同じく，全ての裁判所書記は〔宣誓に基づく〕義務として[*a]，刑事事件において刑事弾劾及び答弁に関して行われる全ての審理（handlung）を，正確，判明（vnterschiedlich）かつ整然と録取しなければならない[*1*2]。特に，弾劾人による弾劾〔事実〕は，被告人に対する保証〔12条参照〕がなされるに先立ち，又は，弾劾人が保証を行わず被告人とともに獄舎に拘禁されるときは被告人に対する拷問[*b]に先立ち，常に予め録取されなければならない[*3]。これら全ての録取は，少なくとも裁判官又はその代理及び2名の参審人の面前においてなされ，かつ，かかる録取は，当該裁判所の裁判所書記により整然かつ判明に行われなければならない。また，弾劾人が弾劾に関し朕の本令に従い適法に[*c]保証をなしたるか否か及びその内容，又は，弾劾人が保証をなしえざる場合において訴訟追行のため獄舎に拘禁されたか否か及びその状況が，記録されなければならない。

1　書記の職責　(1)　調書作成者たる書記は訴訟行為の記録に先立ち宣誓を行う。書記に対する信頼に基づいて，訴訟係属中（tempore durantis processus）全てが調書記載通りに適法に追行されたことが保障される（Clasen, art. 181〔p. 766〕）。したがって，訴訟行為の記録が書記以外の者によってなされた場合は，調書の証明力は失われる。

軽微なる先決事項（causa modici praejudicii）の場合及び領主裁判所におけ

るように慣習が許容する場合を除き，裁判官及び参審人が書記を兼務することはできない（Kress, art. 181〔p. 694〕）。

（2）　書記は記録に際し，①事件につきなされた認定及び決定に関連する全てを遺漏なく記録する慎重さを以て，②個々の事項を区別して記録し，他の事項との混同を避けるため，分別（distinctio）に留意し，③順序に従い整然と記録するよう努めなければならない（Clasen, art. 181〔p. 765〕）。

2　調書の作成　（1）　調書の記載事項は次の通りである。①訴訟行為の時，すなわち年月日及び時刻。②場所，すなわち裁判所内であるか裁判所外（たとえば裁判官の居宅）であるか。判決言渡しのように公の法廷（locus publicus judicii）外で行うことが認められていない訴訟行為の場合を除いて，裁判官の居宅での訴訟行為は裁判所において行われたものと看做される。③関与者，すなわち，弾劾人又は被告人，訴訟行為の命令及び執行に立ち会った裁判官及び参審人（Clasen, art. 181〔p. 765 et seq.〕）。

（2）　調書作成に立ち会うべき者は次の通りである。①書記の任命権を有する裁判官。②裁判官代理。裁判官に職務執行を妨げる事情がある場合において適法に一時的にこれを代理する者である。③裁判所参審人。重大事件における訴訟行為がより公正に追行されるために立ち会う（Clasen, art. 181〔p. 766〕）。

3　弾劾訴訟の場合の記載事項　（1）　特に弾劾訴訟に関する記録について定める本条について，Clasen, art. 181〔p. 767 et seq.〕は，①「12条が定める弾劾人による保証がなされるに先立ち弾劾〔事実〕それ自体を記録し」，②「弾劾人が保証をなさず，このため被告人とともに拘禁される場合は，拷問を考慮し又は拷問に及ぶに先立ち，これらの事情をすべて記録しなければならない」と註解する。また，Remus, cap. 181 は，「最初に，（弾劾人が訴訟追行に関し保証人を立てるに先立ち，又は，弾劾人が被告人とともに拘禁されることを申し立て，拷問が行われるか若しくは弾劾に関する審判が行われるに先立ち）弾劾〔事実〕が記録されなければならない」と意訳する。

本条のこの規定は，「弾劾人が，ある者を峻厳なる刑事訴訟に付し，拘禁すべきことを官憲又は裁判官に申し立てるときは，弾劾人が権利として被告人の拘禁を申し立てるか，又は，被告人と同じく拘禁されることを申し立て

るかに関わりなく，弾劾人は，まず以て，被告人に対し刑事罰を科す根拠となるべき犯行並びに犯行の適法なる疑惑及び嫌疑を陳述しなければならない」と定める11条を前提とする規定であるが，弾劾人自身が拘禁される前に，既に弾劾の趣旨について陳述がなされているはずであるから，クラーセンやレームスの理解を前提としても，保証提出又は被告人に対する拷問に先立ち弾劾人の陳述を記録せよという本条の趣旨は判然としない。

(2) 本条は，糺問訴訟においてまず記載されるべき事項について定めていないが，Böhmer, art. 181, §2は，「糺問訴訟における手続も〔弾劾訴訟の場合と〕大きく異なるところはない。糺問訴訟においてはまず以て〔糺問の〕根拠が確定している必要があり，したがって，6条について示したような趣旨において，その根拠は直ちに調書の冒頭に正確に記載されなければならない。しかし，その他被告人尋問，証人の対面，拷問，処分（acta）に関しては，糺問訴訟と弾劾訴訟の間に違いはなく，訴訟記録の作成は弾劾訴訟の場合と同様に行われなければならない」と註解する。6条に関し，Böhmer, art. 6, §3は，「糺問実行に必要となる根拠」として，風評及び告発を挙げ，「いずれかの根拠の存在が訴訟記録上確実であることを要し，糺問裁判官の関心はまず以て糺問原因の録取に向けられ，糺問原因は訴訟記録の冒頭に記載されなければならない」と註解する。

第182条 　同じく，さらに，まず始めに被告人が拷問を受けることなく弾劾〔事実〕につき尋問されるときは*1，弾劾〔事実〕に対する被告人の答弁は，弾劾〔事実〕の後に記録されなければならない*2。また，以上又は以下〔の条文〕に定める各審理が行われた年月日，時刻，各審理に立ち会った者〔の氏名〕が，裁判所書記により常に記録されなければならない。さらに，書記は，各審理を〔実際に〕聴取しかつ記録した旨，洗礼名及び姓を以て署名しなければならない。

1　被告人尋問 　被告人は，拷問されるに先立ち，真実を述べるべきことを厳粛に警告された上で，弾劾に対しいかなる答弁をなしうるか，懇切丁寧に尋問されなければならない（Clasen, art. 182〔p. 769〕）。また，被告人は，

「代弁人及び弁護人の立会いなく虚心に訴状又は糺問項目書に対し答弁しなければならない」。このような答弁を行った後初めて，書面による答弁，抗弁提出，その他の訴訟行為を行うために代弁人の援助を受けることが許される（Clasen, art. 88, II〔p. 348〕）。

　本条は，拷問判決前に，たとえば身柄拘束後に行われる被告人尋問を前提とする規定である（13条註1参照）。これに対し，184条は拷問判決後の被告人尋問を前提とする規定である。

　　2　尋問に関する記載事項　①弾劾事実の後に記載する。1個又は数個の被疑事実に対する弾劾が調書に記載されたときは，その後に，自白又は否認に当たり被告人が供述したところが詳細に，増減を加えることなく記載されなければならない。②訴訟行為が行われた年月日，時刻の記載。③訴訟行為に立ち会った者の氏名の記載。④書記の姓名，及び，調書に記載された事項の全てを聴取しかつ記録したものである旨の文言を記載しなければならない（Clasen, art. 182〔p. 769〕）。

　　第183条　被告人が答弁において弾劾〔事実〕を否認し，弾劾人が（適法なる徴憑について上に定めるごとく）弾劾に係る犯行に関する適法なる徴憑を提出すべき場合において，弾劾人が裁判所又は指名された参審人の面前において提出する徴憑又は疑惑[*a]，及び，提出に係る徴憑により本令〔=23条，30条〕に従い証明される事実は，上に定めるところに従い，全て正確に記録されなければならない[*1]。

　　1　徴憑に関する記載事項　Clasen, art. 183〔p. 771〕によれば，弾劾人は混同を避けるため，各個の徴憑を分別しかつ順序に従い列挙すべきであり，書記は，①弾劾人が提出する徴憑が，「一般的徴憑又は個別的徴憑であるか」，「離隔徴憑又は近接徴憑であるか」，②「徴憑が23条及び30条によれば適切に，すなわち2名の適格性のある証人により証明されているか否か」，「これらの徴憑により犯行の全部又は一部が証明されたか否か」を，③年月日，立会人，自己の姓名等とともに記録しなければならない。

　しかし，「これらの徴憑により犯行の全部又は一部が証明されたか」とい

う注解は，「自白又は証人による証明に基づき有罪とされるべく，推定又は徴憑に基づき有罪とされてはならない」と定める 22 条に照らし，紛らわしい。また，Clasen, art. 183〔p. 770〕は，「被告人の否認に対する弾劾人の証明は適法なる徴憑（indicia legitima），すなわち法に基づきかつ法有識者によって是認される徴憑により行われる」と述べている。8 条によれば「適法なる徴憑」は拷問の要件を示す用語であるから，この註解も紛らわしい。クラーセンの以上の註解は，"indicium"を「証拠」又は「証拠方法」の意味で使用しているのであろう。

第 184 条　　朕及び神聖帝国の本令に従い犯行に関する徴憑及び嫌疑が証明，認定され，引き続き，被拘禁者が，朕の本令に従い，拷問によらず拷問の威嚇を以て厳しく尋問され，無罪の証明を促されるべき場合において[*1]，尋問により促され，最終的に答弁された内容，これに基づき朕及び帝国の本令〔＝47 条〕に従い取り調べられた事実[*2]もまた全て，上に定めるごとく記録されなければならない[*3]。

1　被告人に対する警告　　弾劾人によって徴憑が証明される場合においても，被告人は直ちに拷問されるべきではなく，2 点について警告されなければならない。①まず，被告人は犯行を自白すべく警告される。警告の方法として，既に犯行の強い嫌疑がある以上拷問の苦痛を受けることなく自白すべきことを勧告する方法と，真実を隠蔽し犯行を否認するならば拷問を受けることを威嚇する方法とがある。②証明された徴憑に対し自己の無罪を証明する意思があるならば，これを行うべきことが警告される（Clasen, art. 184〔p. 772〕）。なお，拷問の威嚇については，46 条註 2 参照。

2　47 条は，「被拘禁者が，上に定める方法により又はその他有益なる根拠を挙げ無罪を陳述するときは，裁判官は，被告人又はその親族の費用負担において，主張に係る無罪につき速やかに取り調べなければならない」と定める。

3　警告に関する記載事項　　書記は，被告人に対する尋問及び被告人の答弁，並びに取調べにより明らかになった事項を上に述べた方式に従い録

刑事裁判令　第183-186条　*443*

取しなければならない（Clasen, art. 184〔p. 772〕)。

第185条　拷問が行われるときは，被告人が拷問に対し行った自白，自白に係る犯行に関し被告人が供述した（本令において定めるごとき）真実の解明に資する有益なる具体的諸事情（vnterschiedt)[*1]，さらに，これに基づき，朕の本令〔＝53条，54条〕に従い真実の解明のために行われた審理及び認定された事実，これら全てを漏らすことなく，裁判所書記は，分別の上（innsonderheyt），順序に従い整然かつ判明に記録しなければならない[*2]。

1　録取すべき自白　拷問の苦痛の下でなされた自白は録取されるべきではない。真実を供述するか否かという裁判官の尋問に対し拷問中の被告人が真実を供述する旨の答弁をするときは，拷問を中止し，しかる後犯行態様に関わる尋問項目についてなされた自白を録取しなければならない（Clasen, art. 185〔p. 773〕)。

2　自白に関する記載事項　①拷問に対する自白は，被告人の口からなされた通りに，何ごとも加減・変更することなく録取しなければならない。②自白に加えて，犯罪解明に資する供述も録取しなければならない。③自白に基づき直ちに有罪判決を行ってはならず，その真偽について取調べが行われなければならないが，その取調べ及び取調べの結果真実に合致することが判明した事実を録取しなければならない（Clasen, art. 185〔p. 774〕)。

第186条　被告人が弾劾〔事実〕を執拗に否認し，かつ，弾劾人が犯行の主要事実を本令に従い証明しようとするときは[*1]，これにつき当該裁判所においてしかるべく審理〔＝証人尋問等〕を行いうる範囲において[*2]，裁判所書記はこれを，上に定めるごとく入念に記録しなければならない。上にいう官憲が受任裁判官を任命するときは[*3]，受任裁判官は，その面前において行われる審理の全てをしかるべく記録させなければならない[*4]。

1　証明方法としての拷問の補充性　Clasen, art. 186〔p. 775〕は，①「拷問は，他の手段がない場合の補助的な証明方法（species probandi subsidiaria）であり，したがって，弾劾人は，被告人が拷問された後ではなく，拷問の前に証明の責任を引き受けなければならない」のが原則であり，したがって，拷問に耐えた被告人は無罪とされなければならない，②しかし，本条は，これに例外を設け，拷問により自白が得られない場合においても，「弾劾人が，拷問に先立ち確実なる徴憑〔＝有罪証拠〕を発見しえなかったが，被告人の否認にもかかわらず被告人の被疑事実を証明しうるような徴憑を発見した」ときの有罪立証を許容している，と註解する。もっとも，「弾劾人が拷問前に犯罪を証明しえたにもかかわらず，これを先送りし，その結果被告人が身体的苦痛を蒙った場合は事情が異なり，弾劾人の証明を許容するか否かは法有識者の鑑定に委ねるのが妥当である」という留保を付加する。弾劾人による有罪立証を許すことが，「拷問に耐えた被告人は無罪とされる」という原則を破ることに対する配慮であろう。

なお，拷問と弾劾人による有罪立証との間の優先関係について，11 条註4 参照。

2　管轄については，187 条註 1 参照。

3　受任裁判官については，70 条以下参照。

4　Clasen, art. 186〔p. 775〕は，受任裁判官の面前での訴訟行為は「宣誓し信頼しうる特別書記（juratus & fide dignus scriba peculiaris）」によって記録されなければならないと註解するので，受任裁判官が書記を任命し，記録に当たらせるという趣旨であろう（65 条註 1 参照）。

第187条　　犯行を自白する被告人が，犯行を免責しうる事由を主張する（anzeygen）ときは〔74 条，151 条参照〕，当該主張及びそれに関する文書，証言，証明，取調べ及び認定事実（urkundt, kundtschafft, weisung, erfahrung vnd erfindung）は，これにつき当該刑事裁判所においてしかるべく審理を行いうる範囲において[*1]，その他全てもまた，上に定めるごとく記録されなければならない。

1　**管轄違いと訴訟記録の無効**　　（1）　Clasen, art. 187 によれば，「刑事事件に関する裁判所の管轄（jurisdictio）に制限がある場合があり，これを超

えるときは，訴訟記録に録取された場合であっても，作成された書面は無効と看做される」。

(2)　管轄には事物管轄，裁判籍（forum competens）がある（カロリーナは上訴を認めていない。上訴の許容性については，94条註4参照）。①事物管轄は，死刑を科刑する権限を含む真正罰令権（merum imperium）ないし上級裁判権に基づく管轄と，拘禁刑，罰金刑，追放刑を科刑する権限に制限される混合罰令権（mixtum imperium）ないし下級裁判権に基づく管轄に分かれる。②裁判籍（土地管轄）は，居住地による裁判籍（forum domicilii），犯罪地による裁判籍（forum delicti），逮捕地による裁判籍（forum deprehensionis）に分かれる（Brunnemann, cap. 3, n. 1 et seqq.〔上口訳23頁以下〕）。

Carpzov, q. 110によれば，これら3種の裁判籍は次のような制限を受ける。①特権による制限。犯人が特別法により正規の管轄から免属される場合である。たとえば，聖職者，学生は世俗裁判権，君侯の官吏は君侯が法廷を開く都市の都市裁判権から免属される（n. 77 et seqq.）。②事件による制限。刑罰権が特定の裁判官に専属する場合である。異端，聖職売買は教会裁判所，反逆罪は皇帝の管轄に専属する（n. 88 et seq.）。③アジール（asylum; immunitas）による制限。教会に逃げ込んだ犯人（ただし重罪の犯人は除外される）は教会裁判官の許可がなければ逮捕することができない。また，犯人に衣服，食餌等を供与することを妨げる行為も許されない（n. 91 et seqq.）。④裁判籍の優先（forum ab alio praeventum）による制限。正規の管轄権を有する裁判官によって訴訟手続が開始された場合は，同じく正規の管轄権を有する他の裁判官は当該事件について訴訟手続を行うことができない（n. 98 et seqq.）。

第188条　弾劾（die klag）が職権によりなされ，特定の弾劾人によらざるときは，裁判官の許に〔国庫官等の弾劾官により〕弾劾がなされる[*1]に至る事情，弾劾に対する被告人の答弁，さらに朕の本法令に基づき行われるその他の審理に関する事項全てが，弾劾人のある〔＝弾劾訴訟の〕場合につき上に定めるところに従い，記録されなければならない[*2*3]。

1　本条の意義　　(1)　職権による弾劾を前提とする規定が他にもあるが（88条，89条，165条，201条，219条），本条が職権による弾劾に関する規定であるか否かについては見解の対立がある。本条のテキストは，“Ob aber *die klag vonn ampts wegen herkeme*, vnd nit von sonderlichen anklägern geschehe, *wie dann die klag an die Richter kommen*, auch was der beklagt darzu antwurt, vnd was fürther inn allen stücken, nach laut diser vnserer ordnung, deßhalb gehandelt würdt, soll wie oben inn anderm fall, des anklägers halben gemelt ist, beschriben werden”である。

　①Gobler, art. 188 は，「同じく，弾劾が職権によるものであり，特定の弾劾人によってなされたものではない（accusatio item si proueniret ex officio, neque à peculiaribus accusatoribus institueretur）」，Stephani, art. 188 は，「弾劾が職権により提起され，私人たる弾劾人が欠けるとき（si ex officio instituatur accusatio, neque privatus existat accusator）」，また，Vogel, art. 188 は，「職権によってなされた，特定の弾劾人が現れない弾劾（l'accusation qui sera faite d'office, & dans laquelle il ne se présentera point d'accusatuer spécial）」としており（Langbein, art. 188 も同趣旨である），いずれも“*die klag vonn ampts wegen herkeme*”を，「弾劾が職権によるものである」と解している。②Biener, S. 142; Radbruch/Kaufmann, S. 137 もまた，本条を「職権による弾劾訴訟（das Klagen von Amtswegen）」の規定と解している。③Clasen, art. 188〔p. 777 et seq.〕は，刑事訴訟には糺問訴訟及び国庫官又は私人による弾劾訴訟があるが，「いずれの方法によるにせよ裁判官の許に弾劾がなされ，被告人が糺問項目書又は証明項目書に対し何らかの供述を行った」ときは，書記は全てを既に述べた方法で録取しなければならないと註解するが，これは，本条が職権による弾劾に関する規定であることを前提とする。

　(2)　本条を糺問訴訟に関する規定と解するコンメンタールも存在する。①Kress, art. 188〔p. 706〕は，「刑事手続が弾劾人の訴状により開始されたのではなく，職権に基づいて裁判官により糺問が行われる（inquirere）場合，書記は，いかなる経路により犯罪が裁判官によって認知されたか…を記録しなければならない」と註解し，告発，風評，共犯者の自白などを糺問の端緒として挙げる。Remus, cap. 188 が，“die kalg”を，端的に“diffamatio”（「風

評」）と解しているのと同様の趣旨であろう。また，②Böhmer, art. 188, §
1 もまた，糾問訴訟に関する規定と解し，糾問訴訟における書記の公正性に
ついて特に注意を促した規定と位置づける。「糾問訴訟における書記及び裁
判所の職責は，以上の条文において弾劾人に関連して定められているところ
とは異ならない。しかし，〔職権による糾問訴訟においては〕書記及び裁判所の
側から問題が生ずる虞が大きい。申立てによるところが少なく，職権による
ところが大きいのであるから，記録作成に際しては，〔弾劾訴訟の場合と〕同
様の方法によるのではなく，より一層の慎重さが必要である。一層の慎重さ
があれば，どのような方法により入念なる糾問が行われたか，糾問の根拠は
何であったか，罪体確認，殺人における死体の発掘，解剖について何が行わ
れたか，拘禁，尋問，対面，拷問がどのような配慮の下に実施されたか，身
柄保障又は防禦に関し被告人からどのような求めがなされたか…が記録され
ることになる」。

(3) クレス及びベーマーのコンメンタールが糾問訴訟によって弾劾訴訟が
駆逐された 18 世紀の著作であり，本条を糾問訴訟に引きつけて解釈したと
解する余地がありうる。本条は職権による弾劾訴訟に関する規定であると解
しておきたい。

2 職権による弾劾訴訟　　(1) カルプツォフによれば，私人たる弾劾人
が現れないために犯罪が処罰を免れることを防止するため，犯罪の弾劾を行
う任務を公的に委託された弾劾官の職が設置された (q. 103, n. 19)。国庫官
(fisci advocatus sive fiscalis) のような弾劾官が弾劾を行う場合も，私人によ
る弾劾の場合と同様の手続が行われるが，これは，「同じ官憲が正規訴訟に
おいて弾劾人及び裁判官の職務を行っているように見られないため」であっ
た (q. 104, n. 4 et seqq.)。

Biener, S. 141 f.; His, Teil 1, S. 378 ff. によれば，中世においても，被害
者に弾劾義務を負わせる，弾劾を任務とする弾劾官を設置する等，犯罪訴追
を確保する制度が地方によっては生じつつあった。Biener, S. 158; Schoe-
tensack, S. 95 は，バンベルゲンシスにおいて糾問訴訟に関する規定が乏し
いのは，バンベルク司教領においては，バンベルゲンシスに先立つ一世紀前
から職権による弾劾訴訟が成功を収めてきており，糾問訴訟に対する必要性

が高くなかったためであるという。

(2) 国庫官（Fiskal）は，本来，国王や領邦君主の国庫（fiscus）の利益を擁護することを職務とする官吏をいう。Schmidt, *Fiskalat und Strafprozeß* によれば，罰金刑事件をはじめとして，刑事事件が国庫収入に関わることが少なくないため，刑事事件への関与を強めることになった。これにともない，犯罪の探知，裁判所への告発を行うほか（S. 34），裁判権者としての君主の命令により，罪体の確認，被告人及び証人の尋問，法有識者への鑑定依頼等，糺問手続全般を行い（S. 37 f.），訴訟遅延と裁判拒否を監視し，これを領邦君主に告発する（S. 53）等の任務をも行った。

(3) 職権による弾劾訴訟の手続について特段の定めがないが，その理由について，Biener, S. 142 は，職権による弾劾訴訟においても手続は「全面的に通例の弾劾訴訟の諸規則に従って行われるべきものとされた」からであるとする。また，Schoetensack, S. 27 は，カロリーナにおいて，職権による弾劾を行う者の資格について規則が設けられなかったのは，これを行う者は弾劾の職務を託された裁判官であったからだとする。職権による弾劾訴訟に職権主義的な変容を加えるまでもなく，必要ならば，端的に糺問訴訟による手続を行えば足りたからでもあろう。

3　職権による弾劾訴訟において弾劾官が敗訴した場合の民事責任の有無については，201 条註 5 参照。

第 189 条[*1]　　上にいう全ての審理は，職権によるか，弾劾人〔の申立て〕によるかを問わず，刑事裁判所の各裁判所書記により，上に定めるごとく，入念かつ判明に，順序に従い項目ごとに記録[*2]されなければならない。また，審理が行われるときは，常に審理ごとに年月日，時刻，審理の立会人が記録されなければならない。さらに，裁判所書記は，上に定めるところに従い，〔審理の〕全てを聴取し記録した旨，署名しなければならない。これは，適式かつ精密なる記録に基づき信頼に足る確実なる判決がなされ，また，その必要が生ずる場合において，この記録に基づき法有識者の鑑定を求めるためである[*3]。これらを行うに当たり，各裁判所書記は，上に定めるところに従い，義務としてあらゆる注意を尽くし，また，審理の内容を守秘しなけれ

ばならない*4。裁判所書記は，これら全てにつき，その義務として拘束されるものとする。訴訟記録（Gerichtsbuch oder Libel）は常に，裁判期日終了後，封印され保管されなければならない*5。

1　本条の意義　Clasen, art. 189〔p. 779 et seq.〕によれば，本条は，関連諸条文が書記の職責に関し個々的に定めるところを要約する条文と位置づけられる。クラーセンは，書記の職責は，信頼に足る確実な判決を行いあるいは必要に応じ上級官憲又は法有識者の鑑定を求めるためには適式かつ精密なる記録が不可欠であるという点において重大なるものであると註解し，「とりわけ困難なるかかる職務をしばしば学識経験を欠く者に委ねる多くの裁判官の無頓着，そしてこれほどの重要事に対する許されざる無関心に驚かされる」というブルネマン（Brunnemann, cap. 3, n. 60〔上口訳43頁〕）の所説を引用し賛意を表している。

2　テキストは，"*libelsweiß* geschrieben werden"である。文字通りには，「訴状のように記録される」である。Clasen, art. 189〔p. 779〕は，イタリック部分を"per modum libelli"（「訴状の形式に従って」）と羅訳し註解を加えていないが，Böhmer, art 189, §1は，これについて，「オエディプスのような謎解きが必要である。なぜなら，訴訟行為の記録が問題となっている場合に『訴状のように』というのは不可能だからである」，しかし，「皇帝は一連の訴訟行為が一目瞭然となるよう記録の体裁に意を用いた，といって大過なく」，結局この用語は「項目ごとに（stückweise）」というのと同じである，と註解する。Kress, art. 189〔p. 708〕も，この用語は謎だとしながら，書記は用紙を惜しまず，項目ごとに別の用紙にかつ十分の余白をとって記録すべきであるという意味だとしている。

3　書面主義　(1)　Clasen, art. 92, IIIは，「判決は，調書と整合したものでなければならない。裁判官は，調書において主張，提出かつ証明されたところに従い判決しなければならないからである。裁判官は，自己の知識又は確信（scientia vel conscientia）に従ってはならない。判決においては真実に従わなければならないからである。すなわち，調書に含まれるところが真実と看做され（illud pro vero aestimatur, quod in actis habetur），私的に（privatim）知るところは真実とは看做されないのである。裁判官は，有罪判決を受ける被告人が無実であると思料し又は知る場合においても，事件に関しその職責を果たすことが最善の途である。なぜならば，裁判官は，真実は反対であると知る場合においても，主張され証明されたところに従い（secundum acta & probata）判決しなければならない，というのが確立した法範だからである」と註解する。Clarus, q. 66, versi. Scias avtem が，「裁判官は，真実は逆であると知る場合においても，主張され証明されたところに従い判決しなければならない」という命題が「共通意見」であると述べるのは，このような趣旨である。

（2）クラーセンは，上のように，「裁判官は，自己の知識又は確信に従ってはならない」と註解する。しかし他方，①6条註3にも引用したように，Clasen, art. 19, II は，徴憑を「糺問，拘禁，拷問又は有罪判決を行う上で，端的に又は何らかのかたちでかつ蓋然的に，犯罪が行われたことを裁判官をして確信させる（certus reddere）ことのできる証拠」と定義し，②23条註1に引用したように，Clasen, art. 30, I〔p. 155 et seq.〕は，完全証明を「争点を決定するために十分なる心証（fides）を生じさせ，かつ争点の決定のために他の補強証拠を要しない証明」と定義する。したがって，クラーセンの上の註解は，裁判官は心証を取らない，裁判官の確信を要しないという趣旨ではなく，裁判官の心証，確信は記録に現れた当事者の主張及び証拠資料に拘束され，記録外の主張及び証拠資料，裁判官の私知（Privatwissen）を考慮してはならないという趣旨であると解される。

（3）中世イタリア都市国家において採用されたポデスタ制の下で，期間を限って都市外から採用された裁判官は，任期終了後その職務の適法性について都市側の査問手続に服し，職務執行に非違がある場合は民刑事の責任について追及を受けた（20条註3参照）。このような体制は，裁判官の職務執行の適法性を判定する基準となり，かつ事後的・客観的な検証を可能とする訴訟手続と証拠法の成立を促すことになった（Schmoeckel, S. 191 f.）。裁判官の職務執行を客観的な基準を通して覊束し統制するという観点から見るならば，書面主義は，事後的・客観的な検証を可能にするという積極的な意義を有し，統制を受ける裁判官から見ても，弁明と防禦のために必要不可欠な手

続方法であったと考えられる（カノン法における書面主義の意義については，解題II 2参照）。

なお，裁判官の職務執行は事後的・客観的な検証により統制されるべきだとする思想及び制度は，法定証拠主義の成立をも促したと考えられる。この点については，上口 361 頁参照。

4　書記の守秘義務　書記は裁判所において行われかつ自身によって録取された事項を守秘しなければならない。訴訟の経緯，証人の供述内容，訴訟手続の予定等が拘禁された被告人の友人，親族その他利害関係人に漏示されるならば多くの障碍が生じうるからである（Clasen, art. 189〔p. 781〕）。

5　訴訟記録の保管　訴訟が終結し，裁判官及び参審人が裁判所から退くに当たり，書記は，記録が何びとかによって窃取・切除・偽造・変造等されることのないよう，しかるべき場所に保管しなければならない（Clasen, art. 189〔p. 781〕）。

裁判所書記は死刑の最終判決をいかに作成すべきかに関する指示及び教示

第190条　同じく，朕及び帝国の本令に従い犯行の事実が真実に従い認定され又は有罪であることが証明され，これに基づき，上〔=81条〕に定めるごとく，朕の本令に従いしかるべく死刑の最終判決が評決されるに至るときは[*a*1]，裁判所書記は，判決を記録し，「同じく，上に定める参審人及び判決人による評決に基づき云々」を以て始まる94条において最終判決の宣告につき定めるごとく，最終裁判期日において裁判官の命令により公然と朗読するため，概ね以下のごとき方式に従い[*b]，書面を作成しなければならない[*2*3]。

1　判決作成の時期　「判決は，本裁判令に従い犯罪の取調べ及び証明が行われ，その犯罪につき被告人の有罪が適法に証明され，ゆえに，被告人において，有罪証明に対し反証をなしえず，有罪証明に服しかつ弾劾に係る犯行について有罪であることを自認せざるをえない段階において作成されなければならない」（Clasen, art. 190〔p. 782〕）。

2　判決作成の方式　「判決は，可能な限り簡潔なる文言から成り，訴訟記録に現れた全ての事項について判断を加え，無益又は不要なる事項を含むことなく，むしろ有罪判決の要点（vis condemnandi）を明示するものでなければならない」（Clasen, art. 190〔p. 782〕）。

「判決に判決理由を示すことが慣例となっている場合を除き，判決に判決理由を示す必要はない」（Clasen, art. 190〔p. 782〕）。判決に判決理由が表示されない場合においても，判決理由の開示が必要とされたことについては，94条註3参照。

3　判決作成の目的　「判決作成の目的は，有罪判決の言渡しのため，被告人が在廷する公開の法廷において公衆に対し朗読するためである」，「判決は，これを書面化した文書から読み上げられなければならないのである」（Clasen, art. 190〔p. 782 et seq.〕）。

第191条　同じく，裁判所書記は，判決の作成及び記録に際し，次条において文字Bとある箇所に犯人の氏名を挙げ，文字Cとある箇所に犯行の内容を簡潔に示さなければならない[*1]。

1　犯罪事実の摘示　犯罪事実の摘示の程度について，Meckbach, art. 190は，不完全ではあるが次のような具体例を挙げている（なお，192条註1参照）。①被告人が最終裁判期日において自白する場合は，「被糺問者は最終裁判期日において再び自白し，使者Zを納屋において殺害し，Zから所持金を強取したことを自認する。ゆえに被糺問者は，かかる謀殺及び強盗のゆえに車輪刑を以て生から死へと罰せられる」という判決が朗読される。②被糺問者が犯行を否認したが，参審人が被糺問者の自白を聴取した旨述べるときは，「最終裁判期日において参審人が被糺問者J. M. ベックマンの面前において，〔朗読に係る〕当該犯行に関する被糺問者の自白を聴取した旨を述べ，以て当該犯行につき有罪であることが証明された。ゆえに被糺問者J. M. ベックマンは，かかる犯行を理由に車輪刑を以て生から死へと罰せられる」という判決が朗読される（②においては犯罪事実の摘示が欠ける）。

死刑又は永久拘禁刑判決の前書き

第 192 条　「全てカール 5 世皇帝及び神聖帝国裁判令に従い行われたる弾劾，答弁，及び裁判所に対する全ての申立て（fürbringen），並びに，真実に関する必要なる取調べ及び認定に基づき，当裁判所の判決人及び参審人により，現に本裁判所の法廷にある B は犯行 C につき，等々と適法に判決される」[*1]。

各判決の以下のごとき結びに注意せよ

焚刑につき
§　「火を以て生から死へと罰せられるべし」

斬首刑につき
§　「剣を以て生から死へと罰せられるべし」

引裂刑につき
§　「身体の四裂きを以て，生から死へと罰せられるべし。引き裂かれた四肢は 4 本の公道に吊され釘付けされるべし」

車輪刑につき
§　「車輪を以て四肢を突き砕くことにより生から死へと罰せられるべし。さらに，公然と車輪の上に放置され，衆目に晒されるべし」

絞首刑につき
§　「絞首台上綱又は鎖を以て生から死へと罰せられるべし」[*2]

溺死刑につき
§　「水を以て生から死へと罰せられるべし」[*3]

生埋め刑につき
§　「生きながら埋められかつ杭刺しされるべし」

1　判決の記載事項　Clasen, art. 192〔p. 785〕は，判決に記載すべき事項として次の諸点を挙げる。すなわち，「①犯行が訴訟係属する契機となった弾劾。②犯行の否認又は何らかの抗弁を伴う自白から成る被告人の答弁。被告人の抗弁及び防禦が十分に聴取されたことを全ての者に明らかにするた

めに，答弁の記載がなされなければならない。③犯行に関する取調べ又は犯行に関する証明。④帝国等族の同意の下に成立したカロリーナの規定。この規定が犯行の取調べ及び証明において細心に遵守されたこと。⑤法の趣旨に則り，かつ訴訟記録において主張，提出及び証明されたところに従い判決を下した裁判官及び参審人〔の氏名〕。⑥刑事裁判所に出頭した犯人〔の氏名〕。⑦死刑判決の理由となった犯罪。⑧焚刑，斬首，引裂刑，溺死刑，車輪刑，絞首刑等，犯人に科される刑罰」。

Clasen, art. 192〔p. 785 et seq.〕は次のようなドイツ語の判決文の例を挙げるが，クラーセンが挙げる判決記載事項中②，③の記載が欠ける。「刑事弾劾に対しなされた答弁及び全ての訴訟上の申立て並びに犯行に関する所要の取調べ及び認定に基づき，我々裁判官及び参審人（又は，市長及び参事会員等々）は，法に関する有識者の鑑定に基づき，被糺問者センプロニウスを最終裁判期日に出頭させ，これに対し改めて本年 8 月 9 日付自白の読聞けを行い，再度これを維持する場合においては，死刑に相応しい罪を犯したものとし，被糺問者に対してはその犯せる謀殺（又は，窃盗等）に対するしかるべき刑罰として，またその余の者に対しては見せしめとして，カール 5 世皇帝及び神聖帝国刑事裁判所 137 条に基づき剣を以て（又は，162 条に基づき絞首架の綱を以て）生から死へと罰せられるべきことを判決する」。

2　死刑と偶然刑　　絞首刑が失敗した場合は，あたかも無罪であるとして放免すべきだとする見解に対し，Clasen, art. 162, I〔p. 696 et seq.〕は，①刑罰が実現されなければ，「絞首台上綱又は鎖を以て生から死へと罰せられるべし」という判決は行われたとはいえない，②一旦判決を以て死刑を科した裁判官は刑を免除することができないという理由を挙げ，再度の絞首を支持する。これに対し，Carpzov, q. 88, n. 41 et seq. は，瀆神に対する科刑は被告人の身分，状況，年齢，性差等を考慮し寛厳を定めるべきだとする D. 48, 13, 6 等を根拠に，裁判官は正当なる理由があるときは法の定める刑を免除又は減軽しうるのであり，死刑囚が直面した死の恐怖と絞首の苦痛は死刑を免除する理由として十分であると述べ，死刑執行の失敗に対する公衆の憤激を避けるために裁判官が追放刑を科そうとすることは是認しうるとする（1591 年のイエナ市の実例が挙げられている）。カルプツォフの所説は，被告人

刑事裁判令　第 192-194 条　　*455*

の死の結果を死刑の不可欠な要素と見ない偶然刑と呼ばれる思考様式の名残を留める。W. Sellert, *"Zufallsstrafe"*, in: HRG, Bd. 5, Sp. 1789 によれば，その起源を刑罰の宗教儀式的性格に求める見解，人間的な憐憫に求める見解（上のカルプツォフ説がその例である）等があるとする。

　　3　溺死刑は女子に対する刑罰として法定される例が多いが，Carpzov, q. 18, n. 38 は，袋に犬，鶏，蛇，及び猿に代わる猫と共に封じこめ水没させる溺死刑を男子に言い渡した 1615 年のライプツィッヒ参審人会鑑定を挙げる。

曳摺りについて

　第 193 条　同じく，ある者が，上に定める最終判決により死刑を言い渡され，犯人が刑場まで曳き摺られる（schleyffen）べきことが評決されるときは[*a]，上の判決に，以下のごとき，すなわち，「加えて心なき獣により刑場に曳き摺られるべし」，という数語が付加されなければならない[*b*1]。

　　1　死刑囚を橇・板・簀子又は牛皮の上に縛束し，判決が宣告された裁判所又は都市から刑場まで馬で曳かせることをいう。これにより，頭部が石に打ち付けられる等の苦痛が死刑囚に加えられた（Clasen, art. 130, I〔p. 541〕）。「無辜を無慈悲な方法で殺害する，あるいは，罪深き用心深さの現れとして灰とすることにより犯行を隠蔽するため被害者の住居に放火する」ごとき残虐なる犯行に対し（Kress, art. 193〔p. 717〕），また，近親殺・毒殺・強盗殺人等に対し（Clasen, art. 193〔p. 787〕），曳摺りが併科された。

焼けた鉗子による引裂き

　第 194 条　同じく，有罪判決を受けた者が死刑に先立ち焼けた鉗子により〔身体を〕引き裂かれるべきことが評決されるときは，判決にはさらに，以下のごとき，すなわち，「加えて最終的死刑に先立ち，荷車により引き回され衆目に晒され，かつ，焼けた鉗子により身体を N 回引き裂かれるべし」[*a]，という数語が含まれなければならない[*1]。

1　焼けた鉗子によって胸部，腕，脇腹を引き裂くことをいう（Clasen, art. 130, II〔p. 541〕）。対象犯罪は毒殺，嬰児殺，近親殺等であり，刑場への車上において2ないし4回鉗子が用いられた（Clasen, art. 194）。137条は，このような引裂き及び曳摺りを身体刑と呼ぶ。

危険なる者に対する拘禁判決の作成

第195条^{*1}　「将来において犯罪により〔他者に〕危害を加える虞の十分なる徴憑に関し適正に行われたる取調べ及び認定に基づき^{*a}，現に法廷にあるBは，領邦及び人民の安寧を保持すべく，十分かつしかるべき保証及び担保を提供するまで拘禁されるべきことを，法に基づき判決する」^{*2}。

1　本条の拘禁については176条が要件を定めている。
2　**拘禁判決の記載事項**　Clasen, art. 195〔p. 790〕は，拘禁判決に記載すべき事項として次の諸点を挙げる。すなわち，「①脅迫の事実が証明されたこと，又は，脅迫の徴憑が，悪意による侵害行為に対する不安及び懸念を生むに十分なる程度に証明されたこと。②判決を言い渡した裁判官の氏名。③判決が適法に作成されたこと。④脅迫の事実及びその内容。⑤拘禁される者の氏名。⑥不侵害の保証を提出するまで拘禁されるべきこと。⑦拘禁される理由」。

上のごとき死刑又は拘禁^{*1}に至らざる身体刑について

第196条　同じく，ある者が，（朕の本令に従い行われたる）疑いのない最終的有罪証明（überwindung）により，生命を害せざる身体刑を以て刑事罰に処せられるべき場合においては，裁判官は，事情を知悉せるその〔上級〕官憲及び法有識者による鑑定又は命令を得たる上で^{*2*3}，かつ，判決人又は参審人の中から裁判官が最も適任と判断し〔選任した〕，ゆえに裁判官〔の指示〕に従うべき^{*4}少なくとも4名の判決人又は参審人の立会いの下でなければ，かかる判決の評決を行ってはならない^{*5}。裁判官は，その職権に基づき，判決を裁判所において宣告し，かつ，裁判所書記をして公開の場所において朗読させなければならない^{*6*7}。かかる〔身体刑〕事件において，裁判官

は，刑罰が刑吏により執行され[*8]，以下に定めるように判決が書記による〔正確なる〕記録に基づき作成されるよう，配慮しなければならない[*9]。

§　以下に示す判決の作成に際し，裁判所書記は，当該条文において文字Bとある箇所に被告人の氏名を挙げ，文字Cの箇所には犯行の内容を簡潔に示さなければならない。

1　この「拘禁」は，刑罰としての「永久拘禁」（10条註1参照）を指し，前条の「拘禁」を指すものではないと解する。第1次草案においては，「永久拘禁」とされていた。

2　テキストは，"solch vrtheyl〔soll〕der Richter doch nit anderst, dann mit wissentlichem *radt oder beuelch seiner oberkeyt vnnd der rechtuerstendigen* zum wenigsten mit vier auß den vrtheylern oder schöffen, die er für die tüglichsten darzu erfordert, *die jm auch derhalb gehorsam sein sollen* beschliessen"である（亀甲括弧内―引用者）。

(1)　Güterbock, S. 246によれば，亀甲括弧内のような補足が必要である。

(2)　*"radt oder beuelch seiner oberkeyt vnnd der rechtuerstendigen"*は，「官憲及び法有識者の鑑定又は命令」と解されるが，法有識者の「命令」とは何かが問題となる。確かに，官憲の命令が鑑定と言い換えられる例はある。Gobler, art. 195〔=196〕の「官憲の了解の下，かつ官憲及び法有識者の鑑定を得て（presciente magistratu suo, habito'que eiusdem & Iurisperitorum consilio)」という羅訳，註3(3)に引いたバンベルゲンシス222条，註5に引いたベーマー注解がその例である。他方，法有識者の鑑定が命令と呼ばれる例はないようである。

ここでは，「官憲の命令（又は鑑定）」及び「法有識者の鑑定」について言及されているものと解しておく。

3　**身体刑事件における上級官憲の命令・法有識者の鑑定の関係**　前註に引いたテキストには，さらに，官憲の命令（又は鑑定）と法有識者の鑑定との関係が明確でないという問題がある。

(1)　前掲したゴブラー訳は両者を重畳的な要件と解している。Clasen, art. 196, argumentumもまた，「上級裁判官の命令に基づき有識者の鑑定に

従い（jussu magistratus superioris ex consilio prudentum）」と羅訳し，上級裁判官の命令と法有識者の鑑定を区別し，両者を重畳的要件と解している。Clasen, art. 196, (3)はさらに，裁判官は，「①上級官憲の指示及び命令に基づきかかる場合につき有罪判決を行うべく，裁判の職務を委託した上級官憲に有罪判決を行う事実を報告すること。②法有識者の鑑定を求めること。すなわち，事実を示していかなる刑罰を犯人に科すべきかを照会すること」が求められていると註解するが，①と②がいかなる関係に立つのか明らかでない。

(2)　他方，選択的な要件と解する見解もある。Remus. cap. 196 は，「事件に関し上級裁判官又は法有識者に照会を行った（ad Superiorem suum, Prudentes*ve* eà de re retulrît）」と羅訳する。レームス訳は，*"radt oder beuelch seiner oberkeyt vnnd der rechtuerstendigen"* の *"vnnd"* を *"oder"* の趣旨に解するのである（176 条訳註 c 参照）。

これに対し，註5に見るように，ベーマーは「かつ」及び「又は」の訳を与えており，趣旨が明らかでない。

特に身体刑について上級官憲の命令と法有識者の鑑定の双方を要求する趣旨が明らかでないが，カロリーナのテキスト通りの訳を掲げる。

(3)　本条には編纂上の過誤が指摘されている。Schoetensack, S. 83; Blankenhorn, S. 20 は，本条が，判決を裁判官と参審人の評議に委ね，疑問のある場合に法有識者への鑑定依頼を行うべきことを定める 81 条と矛盾することを指摘し，立法上の過誤がその原因であるとする。すなわち，身体刑を科す場合において裁判官は，「参審人と評決することなく，ただし〔司教領の〕世俗宮廷顧問官の鑑定又は命令に基づき判決しなければならない」旨を定めるバンベルゲンシス 222 条（"Sölche vrteyl solle vnser Panrichter, doch nit anderst, dann mit wissentlichem Rat oder bevelh vnser weltlicheb Hoffrete, ausserhalb der Schoepffen, beschliessen"）の一部が誤って草案に取り込まれ，カロリーナに残ったという事情を指摘する。

本条について他の点での誤りを指摘している Güterbock, S. 246 は上のような疑問点を特に指摘しておらず，Clasen, art. 196; Kress, art. 196 もまた，この点に言及していないが，指摘されるような過誤が存在すると解する

のが合理的である。

4 テキストは，*"die jm auch derhalb gehorsam sein sollen"* である。

「ゆえに裁判官に従うべき〔参審人〕」が何を意味するかは明らかでないが，以下のような註解を参照し本文の訳とした。すなわち，Clasen, art. 196, (3) は，裁判官による判決人の選任について，以下のように註解する。「①いかなる判決人が選任されるか。裁判官により知識があると判断され，かつ，これまでこの種の刑事事件について経験のある者である。②いかなる目的で選任されるのか。評決において，裁判官とともに，一定の有罪判決の作成に同意するためである（ut ipsi unà cum judice suis suffragiis in certam quandam sententiae condemnatoriae formulam consentiant）。かくして，その犯罪の処罰に適用される刑罰の種類が，最終的に全員一致で評決されるのである。③選任された者の義務。裁判官により召集された者は，出頭義務があり，この場合の職務を拒否することは許されない」。

5　身体刑事件と参審人の定足数　　本条の適用を求める規定として，10 条参照。死刑の有罪判決を行う場合の参審人の定足数については，84 条が 7 名ないし 8 名と定める。

なお，本条の規定内容の意義について，Böhmer, art. 196, §1 は，「第 1 の要件として，〔身体刑の〕判決作成に最低 4 名の参審人の立会いが必要である（これに対し，死刑判決の場合は，84 条によれば 8 名である）。第 2 の要件として，裁判官は，自己の権限ではなく，上級裁判官の命令に基づきかつ法有識者の鑑定に従い（iussu superioris, *et* ex consilio prudentum）判決を行うべきものとされる。率直に言うならば，私はこれらの要件の趣旨を理解することができない（haec, vt verum fatear, non capio）。上級裁判官又は外部者の鑑定に基づいて（ex consilio superiorum *vel* extraneorum）判決がなされるのであれば，召集されるべき参審人の数にこれほどこだわる必要があるのであろうか」という疑問を提起している（前註(3)参照）。

6　　この部分に関し，Clasen, art. 196, (5) は，「裁判官は，判決が裁判所において公然と宣告され，被告人及びその他の立会人の面前において書記により朗読されるように配慮しなければならない」と註解する。

7　　身体刑に関わる最終裁判期日の施行については，94 条註 2 参照。

8 判決作成に先立ち，刑の執行が挙げられるのは論理的に奇妙である。Clasen, art. 196, (5), (6)は，裁判官は，判決は法廷において朗読され，次いで刑吏に執行が委ねられるよう配慮しなければならないと註解する。

9 Kress, art. 196〔p. 722〕は，書記の職責として，評決された判決を適切に記録すること，当該裁判所の慣例の様式を遵守し，恣に変更を加えないこと，難解な表現を衒わないことを挙げている。法文のこの部分は，このような通弊の存在を念頭においたものであろう。

死刑に至らざる上のごとき身体刑の判決の前書きについて

第197条 「カール5世皇帝及び神聖帝国裁判令に従い行われたる入念かつ適正なる認定[*a]に基づき，現に本裁判官の法廷にあるBは，犯した犯罪的なる恥ずべき行為Cにつき，〔以下のように〕適法に判決される[*b]」[*1]。

1 判決の記載事項 Clasen, art. 197, Iは，判決に記載すべき事項として次の諸点を挙げる。すなわち，「①犯罪事実が慎重に取り調べられ，明らかにされたこと。②取調べ及び証明が，適法にすなわちカール5世皇帝及び神聖帝国裁判令に従い行われたこと。③判決書に示すごとく，判決され命じられたこと。④その一致した評決により本件の判決を下した裁判官及び参審人〔の氏名〕。⑤刑事裁判所に出頭した犯人〔の氏名〕。⑥身体刑判決の理由となった犯罪。⑦科されるべき身体刑の種類」。

各判決の以下のごとき結びに注意せよ

舌の切断

第198条[*1] 「公然と晒し台に晒され又は首輪を嵌められ，舌を切断され，加えて官憲による公許があるまで領邦から追放されるべし」[*2]

指の切断

§ 「公然と晒し台に晒され，しかる後，悪行を行い罪を犯せる2本の右指を切断され，加えて官憲による公許があるまで領邦から追放されるべし」[*3]

耳の切断

§ 「公然と晒し台に晒され，両耳を切断され，官憲による公許があるまで領邦から追放されるべし」[*4]

笞打ち

§ 「公然と晒し台に晒され，笞打たれ，加えて官憲による公許があるまで領邦から追放されるべし」[*5]

〔注意〕[*6]

§ 以下について注意せよ。〔①〕「同じく，裁判官又は裁判所の面前において云々」を以て始まる107条の偽誓，〔②〕「同じく，夫が，妻との姦通を理由として男を云々」を以て始まる120条の夫たる男が未婚の子女と犯せる淫行，さらに，「同じく，夫たる男が他の女を云々」を以て始まる121条の重婚という呪うべき罪[*7]等に対する若干の刑罰について定めるごとく，さらに，〔③〕上〔=157条，158条〕に定めるごとき若干の窃盗の場合，又は，〔④〕本令において明文を欠く事例において同様に行うべきことが適法に判決される場合のごとく，犯人が，適法なる身体刑に加えて，何びとかに財を返還し又はその財の一部を与えるべき刑を併科されるときは，かかる財の返還又は付与を行うべきことが，明確なる文言を以て判決にしかるべく付加，記載されかつ宣告されなければならない[*a][*8]。

1 理解しがたいが，「舌の切断」という見出しは，「第198条」の前におかれている。ちなみに，Clasen, art. 198 は，

第198条

判決の以下のごとき結びに注意せよ

舌の切断

……

指の切断

……

と表記する。

2 **舌の切断** 舌の切断は若干の地域において慣習として行われている。本条では晒しと併科されているが，これはどの地域においても行われて

いない（Clasen, art. 198, II）。

3 指の切断 指の切断は，偽誓を行った者及び不復讐宣誓を行いなが
ら追放期間満了前に帰来した追放者に科される。手の切断も本条の対象であ
る。断手刑はまだ廃止されていないが，通例，被告人の不便を避け利き腕で
ないほうの手を切断する。既に一方の手を失っている場合は，断手は行われ
ない。この場合，刑種を変更すべきである（Clasen, art. 198, II〔p. 795〕）。

4 耳の切断 被告人が既に両耳を失っている場合は他の刑種に変更
される。顔への烙印については，「判明せる犯行の性質に従い鉱山労働刑を
言い渡された者のあるときは，有罪判決に基づく刑罰は手及び腓への烙印に
より表示しうるがゆえに，顔に烙印されてはならない。美しき神を象りたる
顔貌は穢されてはならないのである（si quis in metallum fuerit pro criminum de-
prehensorum qualitate damnatus, minime in eius facie scribatur, cum et in manibus
et in suris possit poena damnationis una scriptione comprehendi, quo facies, quae ad
similitudinem pulchritudinis caelestis est figurata, minime maculetur)」と定める
コンスタンティヌス帝勅令（C. 9, 47, 17）を根拠に，これを苛酷であるとし
て，制定法に定めがある場合においても科されるべきではないとする論者が
いる。背又は腕に烙印しうることは実務の示す通りである。また，鼻削ぎが
姦通に対して科せられた例もある（Clasen, art. 198, II〔p. 796〕）。

5 笞刑 ローマ法では自由人に対する笞刑（fustigatio）は奴隷に対す
る鞭刑（flagellatio）よりも軽いものとされた。笞刑は，晒しの杭に縛され又
は都市・村落中引き回された上笞打たれるものであり，今日では最も普通の
刑罰である（Clasen, art. 198, II〔p. 796〕）。

6 以下のテキストは，「笞打ち」の項に見出しなしで続き，あたかも
「笞打ち」に関連する規定のようであるが，内容的に「笞打ち」に無関係で
ある。むしろ，有罪判決一般に関する通則である。Clasen, art. 198 が，こ
の部分に"admonitio"（「注意」）という標題を挿入しているのでこれに倣う。

7 この規定は，120 条及び 121 条が損害賠償に関する定めを含むことを
前提とするものであるが，120 条及び 121 条には損害賠償に関する定めがな
い。

Kress, art. 198, §6 は，「民事賠償（civilis satisfactio）に関して援用されて

いる 120 条及び 121 条には，民事賠償に関して定めるところがない」こと，さらに，姦通及び重婚に関するバンベルゲンシス 145 条及び 146 条が民事賠償について詳細な定めをおいていることを指摘した上で，「バンベルゲンシス 145 条，146 条の定める事項は，1495 年〔=1521 年〕カロリーナ第 1 次草案にも存在したが，その後の草案で削除された。その理由は私にはなお不明である」〔亀甲括弧内―引用者〕と註解している。Schroeder, S. 192 も本条の誤りを指摘する。

8　Schroeder, S. 192 は，本条において眼球摘出（159 条），拘禁（157 条），名誉喪失（107 条, 122 条），滞留（161 条）の刑が挙げられていないことを指摘する。

Kress, art. 198, §7 は，通例，拘禁刑 1 日は公労役刑 3 日に換刑されるが，公労役刑 1 日として換刑するのが妥当であるとする。

被告人に対する無罪判決の形式について

第 199 条　同じく，朕及び帝国の本令に従い，刑事罰〔を科すべき犯行〕につき拘禁され弾劾された者に対し，無罪の言渡しが評決されるときは，当該判決は，概ね以下のように記録され，かつ，「同じく，被告人が判決により無罪を云々」を以て始まる 99 条に定めるごとく，最終裁判期日において裁判官の命令により公然と朗読されなければならない[*1]。

1　**無罪判決の宣告と最終裁判期日**　Clasen, art. 199〔p. 798〕は，「被告人の無罪を万人に明らかにするため」，無罪判決は「最終裁判期日において，書記により公然と朗読されなければならない」と註解する。78 条は，最終裁判期日の実施を申し立てる権利を被告人に認めている。しかし，Clasen, art. 201, (1)〔p. 800〕は，201 条の無罪判決の様式に関連して，「この判決の方式では，あたかも被告人が刑事裁判所に出頭し無罪判決を受けなければならないように見える。しかし，我々の慣習ではこれは行われていない。訴えのあった被告人の犯行が証明されないときは，被告人は公開の刑事裁判所又は衆人環視の中の広場に出頭することなく，それまで事件の審判が行われてきた慣例の場所において無罪判決の言い渡しを受ける」と註解するほ

か，Kress, art. 199; Böhmer, art. 199; Meckbach, art. 199 は無罪判決の宣告それ自体に言及していない。死刑執行の場合とは異なり公衆への威嚇効果が問題とならないために，無罪判決宣告のための最終裁判期日は意味あるものとは考えられなかったのであろう。

身体刑の判決の宣告にも最終裁判期日の実施が不要とされたことについては，94条註2参照。

第200条　同じく，判決の頭書に関する次条において，裁判所書記は判決作成に際し，文字Aとある箇所に弾劾人の氏名，文字Bに代えて被告人の氏名，文字Cとある箇所に弾劾に係る犯行を示さなければならない。

1　本条に対応する規定はバンベルゲンシス及び第1次草案にはなく，第3次草案に初めて現れたものである。Stephani, art. 200 は，「同じ事柄は191条においても十分に定められている」と註解する。確かに，本条は201条とも重複し，あえて設ける趣旨が判然としない。

また，「判決の頭書に関する次条において，裁判所書記は…(inn nechstnachgesaztem artickel zu einfürung eyner vrteil, soll der gerichtschreiber...)」という文言も理解しにくい。Vogel, art. 200 が，「以下の条文において，この種の判決の作成において書記が遵守すべき方式について定めるものとする（Il sera marqué dans l'article qui suit, de quelle formule le Greffier doit se servir en dressant un pareil Jugement）」と仏訳するのは，テキストの直訳では趣旨が判然としないと考えたためであろう。

第201条　「全てカール5世皇帝及び帝国裁判令に従い行われた，現に法廷にあるBに対するCを理由とするAによる弾劾，被告人の答弁，及び必要なる全ての申立て，並びに，徹底的かつ入念なる取調べ及び認定に基づき，当該被告人は，最終判決により全ての刑事罰につき無罪である（aller peinlicher straff ledig)[*1]旨言い渡される」。ただし，弾劾人が弾劾を行う正当なる理由を有し，ゆえに，裁判官において，十分に根拠のある法律的原因に基づき費用及び損害〔の当事者間の負担割合〕を調整すべき余地がある場合を

除くものとする*2。さらに，当事者が損害又は賠償につき相互に訴えんとするときは，当事者は，本裁判令が上〔=12条〕に定めるところに従い，〔刑事事件を審判せる〕当該裁判所における最終民事訴訟*3を以て，また，弾劾が職権により行われた場合においては，職権により弾劾を行った裁判所*4の最寄りの正規の上級裁判所（nechstes ordentliches obergericht）の許における *a*5最終民事訴訟を以て，これを行わなければならない*6。

1　以下の但書きを考慮すると，「全ての刑罰につき無罪」というのは，「刑事及び民事の責任を免れる」という趣旨に解される。その意味では，「無罪判決」というよりは，「放免判決（sententia absolutoria）」という訳語がむしろ適切であるかもしれない。

また，この但書きは刑事判決の中で費用及び損害の負担割合が判示されることがあることを示唆する。

2　被告人による費用の負担　　弾劾人敗訴の場合は，被告人が損害賠償を請求しうるが（12条参照），犯罪を疑われるような行状があった場合は，被告人もまた費用，損害について応分の責任を負う場合があるという趣旨であろう（99条註5参照）。

3　「最終民事訴訟」については，99条註4参照。

4　「職権により弾劾を行った裁判所」という表現が用いられるのは，職権による弾劾は裁判所の意向を反映しているという事情によるのであろう。職権による弾劾については，188条註2参照。

5　職権に基づく弾劾に係る民事訴訟の管轄　　(1)　Clasen, art. 201, (2), (4), (5)は以下のように註解する。①「弾劾の手続によるにせよ，告発及び糺問による手続にせよ（sive per modum accusationis, sive denunciationis & inquisitionis），敗訴人（victus）は勝訴人（victor）に対し費用及び損害を支払うべく有責判決を受けなければならない」が，②無罪判決を受けた被告人は弾劾人の服する正規の裁判所又は無罪判決を下した刑事裁判所に対し民事の訴えを提起することができる（12条参照）。ただし例外があり，「弾劾が職権に基づく場合は，刑事裁判所に代えて上級官憲に訴えを提起しなければならない。職権による刑事訴追を受理した裁判官は〔自発的には〕費用を償還しな

いからである。下級裁判官に費用償還及び損害賠償を強制するため，上級裁判官の援助が必要になるのはそのためである」。

　したがって，少なくとも職権による弾劾訴訟の場合，担保提供の点はともかく，費用及び損害については，刑事裁判所が民事責任を負うことになる。①にいう「告発及び糺問による手続」が何を指すかは分明ではないが，①及び②の註解が正確に対応しているとすれば，これは②にいう「弾劾が職権に基づく場合」を意味しよう。

　(2)　なお，Schoetensack, S. 32 は，公益を代理する職権による弾劾訴訟の場合，弾劾人は担保提供の義務や被告人無罪の場合の民事責任を負担しないと註解するが，本条の管轄権規定の趣旨をクラーセンのように解する限り妥当であるまい。

　第202条　同じく，裁判所による全ての審理及び判決に関する記録作成〔の方法〕については，上に定める通りである。さらに，これらの記録全ては，訴訟終結後，裁判所に留め置かれ，（将来においてその必要が生ずる場合に）訴訟記録（gerichts handell）を裁判所において利用しうるよう[a]，裁判所によって特別の容器に保管されなければならない[1]。

　1　訴訟記録の保存　判決言渡し後，訴訟記録を廃棄することなく，判決書きとともに裁判官又は書記の居宅ではなく，裁判所内に，このため準備された書類保存筒中に保管しなければならない。公文書を保管する場所を書庫（archivum）という（Clasen, art. 202）。

　訴訟記録保存の目的は，①証明文書としてこれに代わるもののない訴訟記録の写し又はその抄本の交付が求められた場合にこれに応ずる，②類似事件に関する判決理由を調査する資料となるという点で裁判官の便宜ともなる，という2点にある（Clasen, art. 202）。

　仮放免判決の記録の保管については，99条註2参照。

　第203条　同じく，以上の指示に照らしてもなお，全ての訴訟記録又は判決を作成すべき方法につき，十分に理解しえざる裁判所書記のあるとき

は*a，まず以て，その所属する官憲に教示（erklerung）を求め*1，官憲もまたこれにつき十分なる理解を有せざる場合においては，官憲はその他の法有識者に鑑定を求めなければならない*2。

1 Clasen, art. 203 は，本条の趣旨について，書記の誤りは一旦犯されるならば事後的に訂正することが不可能であり，誤りを避けるべく最大の努力がなされなければならないと註解する。

2 219 条もまた，「疑義を生ずる場合においては全て，裁判官及び参審人のみならず，かかる官憲が刑事事件において何らかの鑑定を与え，審理を行うべき場合においても，…法有識者の鑑定を求めるべきことに留意しなければならない」と定める。

刑事裁判所における訴訟費用について

第 204 条　同じく，刑事裁判所の各〔上級〕官憲（eyn jede oberkeyt der peinlichen gericht*a）は，訴訟費用（gerichts kostung）*1 及び〔被告人の〕糧食費に関し，何びとも過剰なる負担を負うことなく，かつ，罪ありとされる犯人に相応しき刑罰が支障なく行われるよう，また，不当なる費用に対する懸念により法及び正義が妨げられることのないよう，しかるべく相当かつ適正なる規則を定めなければならない*2*3。特に，弾劾人は，被告人の糧食費及び属吏の看守費用として一昼夜につき 7 クロイツァーを超えて支払う責めを負わざるものとする。これより少額を徴収する慣例のあるときは，その例によらなければならない*4。その他の訴訟費用等，すなわち，裁判所の召集，参審人又は判決人の賄い料（kostgelt），裁判所書記，属吏，門衛，刑吏及びその徒弟のために要する費用は*b，弾劾人の不利益とならざるよう，裁判所*c又は当該裁判所の〔上級〕官憲において負担しなければならない*5。

1　訴訟費用の意義　（1）訴訟費用に関するカロリーナの規定は，弾劾人敗訴の場合において弾劾人が負担すべき費用に関する 12 条，被告人が防禦を行うための費用に関する 47 条，拷問に付された被告人が有罪とされない場合の費用配分を定める 61 条，保安処分としての拘禁が行われた場合の

費用負担を定める 176 条，法有識者の鑑定を求める場合の費用負担を定める 219 条等がある。

個々の訴訟行為や特殊事情のある場合の費用負担を定めるこれらの規定に対し，本条は，弾劾訴訟における費用負担に関し総則を定める関係にある。本条に関する各コンメンタールの註解には相当の開きがある。Böhmer, art. 204，§ 2 は，諸家による本条解釈の錯綜を指摘し，「訴訟費用に関し，非常に異なる様々なる議論がなされている。カロリーナ解釈者が陥っている混乱の原因は，費用に関し多くの場合不明確な規定をおき，費用の種類を十分に明確にしていないカロリーナ自体にある。加えて，不注意にも民事の規定を刑事事件に類推し，あるいは弾劾訴訟固有の事情を無視し，カロリーナが弾劾訴訟に関し定める費用規則を糺問訴訟にも適用しようとする法学者の見解が見られる」と註解する。

(2)　① Böhmer, art. 204，§ 1 は，「刑事訴訟費用（expensae processus criminalis）」（尋問項目書の作成，被告人の供述の録取，召喚・対面・証人尋問委託，証人尋問，検証費用，判決作成等に要する費用）と，「刑事費用（expensae criminales）」（拷問判決及び有罪判決を執行する刑吏，最終裁判期日実施等に要する費用）とを分別し，「前者は弾劾人又は被告人，補充的に裁判官によって支払われるが，後者は専ら裁判官の負担となり，弾劾人又は被告人の負担となることはない。なぜならば，本条が弾劾訴訟についても弾劾人の〔刑事費用の〕負担を免除しているからである」と註解する。ベーマーによる「刑事訴訟費用」（狭義における訴訟追行費用といえよう）と「刑事費用」の分別は，本条が「裁判所の召集，参審人又は判決人の賄い料，裁判所書記，属吏，門衛，刑吏及びその徒弟のために要する費用」を官憲の負担とすることを根拠とするものと思われるが，拷問判決の執行は証拠調べの一環でもあるから，死刑判決の執行と併せて「判決執行」として括ることができるか疑問が残る（ベーマー説の詳細は註 4 参照）。② Kress, art. 204，§ 15〔p. 748〕もまた，「本条の文言は費用全般ではなく，執行費用（expensa executionis），すなわち，最終裁判期日において生ずる刑吏報酬，執行費用を指している」として，弾劾人が負担する訴訟追行費用とは区別している。また，③ Clasen, art. 204, IV〔p. 806〕は，「弾劾人は，裁判所の召集費用，参審人に対する給与，法有

識者の報酬，さらに，書記，典獄，刑吏すなわち判決執行人及びその徒弟のため支払われる費用を負担する義務がない。これらは，弾劾人の負担とすることなく，裁判官が公費から支出しなければならない」と註解する。証人尋問等の取調べ費用に言及していないが，判決執行の費用に入らないと思われる「法有識者の報酬」を挙げ，これを刑吏の報酬と並列させている。

(3)　なお，以下のような註解は，たんに「刑事費用」を官憲の負担とする根拠を述べたにとどまるとも解されるが，本条のいう訴訟費用をベーマーのように執行費用に限定されると解することなく，官憲の負担を広く認めているように見える。

Clasen, art. 204, IV〔p. 807〕は官憲の財源について次のようにいう。すなわち，官憲に対し租税が支払われるのは，官憲が正当なる法に基づき統治を行い，裁治権（jurisdictio）すなわち真正罰令権を行使し，犯人をしかるべく処罰するために他ならない。加えて，相続人を欠く財産（bona vacantia）を取得する権限は本来収益高権（regalia）に帰属するが，多くの地域において，真正及び混合罰令権を行使する者がかかる財産を取得し，訴訟費用に充てることが可能である。また，城砦，管区，農村その他一定地区を上級裁治権と併せて賃借した者は，正当なる理由があるときは参審人の下した追放刑を罰金刑に換刑し裁治権の果実としてこれを取得することができる。

また，Stephani, art. 204 は，「司法の執行（executio justitiae）の費用は原則として国庫の負担となる。領邦から犯罪者を一掃することは官憲の職責であるから官憲は公費を以て裁判を行い，正義に合致するところを臣民に無償で与える義務がある」と註解する。

2　規則制定の意義　　Clasen, art. 204, II〔p. 805 et seq.〕によれば，訴訟費用（litis expensae）に関し規則を制定する意義は次の3点にある。①紛争の回避。「人は訴訟を起こすが費用負担は嫌う」ものであるから，費用規則の制定により紛争を解決することができる。②犯人処罰の便宜。費用が適正ならば，人は過大な費用を負担させられる場合よりも容易に犯人を弾劾することができる。③司法の推進。「費用の点から手続が中断される可能性があるために犯行を裁判官に告発する者がいないとすれば，まさに司法が妨げられることになる。司法が妨げられず，また，過大なる費用を恐れて犯行の弾

劾又は告発が抑止されるをことを避けるためには，負担金及び費用に関する規則が予め定まっているのが便宜である」。

3 規則制定権者 Stephani, art. 204 は，規則制定権の主体を「裁判を主宰する各官憲（unusquisque magistratus, qui praeest judicio)」であるとする。Clasen, art. 204, II〔p. 804 et seq.〕もまた，「刑事裁判を主宰すべき官憲（magistratus, qui judicio criminali praesit)」が訴訟費用制定権を有すると註解するが，さらに，「民事では負担金を定めるのは裁判官の職務である。…しかし刑事裁判における費用配分の規則制定は官憲に委ねられている」と述べ，裁判官と官憲を区別している。したがって，「刑事裁判を主宰する官憲」とは，219条にいう「当該刑事裁判所に対し特にかつ直接に，命令しかつこれを設置する権限を有する〔上級〕官憲」，たとえば領邦の裁判官の場合であれば上級官憲としての領邦君主を指すものと解される。

4 被告人及び弾劾人が負担すべき訴訟費用 (1) 註1において述べたように，本条は，刑の執行費用以外の訴訟費用を誰がどのように負担するかに関する規則制定を官憲に委ねている。したがって，本条の下では，かかる訴訟費用は原則として官憲が負担するという法制も，原則として官憲は負担せず弾劾人又は被告人が負担するという法制も可能であるが，訴訟費用を弾劾人及び被告人の負担とする傾向が一般的であったようである。

(2) Carpzov, q. 138 は，訴訟費用の負担について，「死刑又は身体刑の有罪判決を受けた被告人は刑事訴訟及び刑の執行において生じる費用を負担する義務がない」という第1規則 (n. 2) と，「原則として (regulariter) 刑事事件の訴訟費用は正規の官憲が負担する。被告人が訴訟費用の負担を免れる場合，費用は官憲が負担する」という第2規則 (n. 39) を定立する。そして，第2規則に対する例外として，弾劾訴訟においては，「訴訟費用 (litis expensae) は官憲の金庫から支出されるべきではなく，民事訴訟の場合と同様に弾劾人がこれを負担しなければならない」(n. 54)，ただし，無資力であるときは官憲が負担する (n. 58) と述べている。さらに，Carpzov, q. 138, n. 71 は，地方によっては臣民に訴訟費用を負担させる慣習が存在した点について，「かかる慣習は普通法から逸脱し，臣民に過大なる負担を課するものであり，理性に合致しないのである」から，臣民に有利となる解釈がとら

れるべきであると批判するが，以下に述べるように，被告人及び弾劾人が訴訟費用を負担すべき例外を広汎に認めている。

　(a)　被告人に関する例外について，Carpzov, q. 138 は次のよう述べる。①「有期又は永久の追放刑，拘禁刑，罰金刑のような民事罰」の有罪判決を受けた場合においては，正規訴訟であるか糺問訴訟であるかを問わず，訴訟費用を負担しなければならない」（n. 16）。②カロリーナ 47 条に定めるように，被告人が自己の無罪証明のために要した費用は，被告人に資力がある場合は被告人が負担する（n. 25）。③拷問に対し被告人が自白したが，減軽事由があり身体刑が追放刑に減軽された場合は，被告人が拷問費用を負担する（n. 28）。

　Carpzov, q. 138, n. 7 et seqq. は，死刑又は身体刑の有罪判決を受けた被告人は訴訟費用の負担を免ぜられるとするが，その根拠として，①「被告人に訴訟費用の負担を命ずるには，被告人が理由のない悪意の訴訟行為を行ったことが必要である」が，「被告人が刑事事件において全く不正の主張を行ったとしても，被告人は方法を問わず自己の血を防禦しうるのであり，その主張は理由のない悪意から行われたとは推定されない」，②「死刑又は身体刑の有罪判決を受けた被告人をして流血刑を自己の財産を以ていわば贖わせることは著しく不正かつ苛酷だからである」とする。これに対し，Böhmer, art. 204, § 6 は，「被告人が有罪とされた場合は，弾劾訴訟であるか糺問訴訟であるを問わず，被告人は費用を負担し，弾劾人はそれまで費やした費用を被告人に対し要求することができる」と註解し，カルプツォフの所説について，「費用は刑罰の意味があるという誤った前提に立つ」ザクセンの実務であり，「かかる前提が正当ならば，他の刑罰の場合も同じ法が適用されることになり，相続人に利益を与えることになろう」と批判する（Brunnemann, cap. 9, n. 3〔上口訳 252 頁〕もまた死刑判決を受けた被告人に対し費用負担の免除を認めない）。

　(b)　弾劾人に関する例外について，Carpzov, q. 138 は以下のように述べる。①民事訴訟の場合と同様に訴訟費用を負担するが，無資力であるときは官憲が負担する（n. 54, 58）。②被害者が弾劾訴訟の危険を避けるため告発（denuciatio）を行ったため糺問訴訟が行われた場合においても，告発人は弾

劾人の役割を果たしているのであるから，告発人は，12 条に定める保証を提供しかつ訴訟費用を負担しなければならない。ただし，告発人が自己の危険及び費用において糾問の手続が行われることを要求した場合に限る（n. 62 et seqq.）。③被告人の財産が没収された場合においても，弾劾人は訴訟費用を負担する（n. 67）。④殺人の被害者の相続人が犯人に対する弾劾訴訟を行わず，犯人の処罰を裁判官に委ねた場合，裁判官は糾問訴訟を行わなければならないが，財産を相続した相続人は訴訟費用を負担しなければならない（n. 68）。

　Carpzov, q. 138, n. 55 et seq. は，訴訟費用を弾劾人の負担とする根拠として，①弾劾人に保証提供を命ずる 12 条，被告人の糧食及び看守費用の負担を命ずる本条，法有識者の鑑定を求める場合の費用負担を命ずる 219 条，②弾劾訴訟において弾劾人の訴訟費用負担を定めるザクセンの法令を挙げる。

　(3)　Böhmer, art. 204, § 1 は，上述のように，「刑事訴訟費用」と「刑事費用」を分別し，「前者は弾劾人又は被告人，補充的に裁判官が負担するが，後者は専ら裁判官の負担となり，弾劾人又は被告人の負担となることはない」とし，被告人及び弾劾人の刑事訴訟費用負担について次のように註解する。

　(a)　Böhmer, art. 204, § 3 は，「何よりもまず個々の場合の判断の基準となるべき原則について意見が一致するならば，費用負担に関する論争の出口は容易に見出すことができる」と述べ，次のような原則を提示する。「弾劾人，被告人及び裁判官のいずれかが単独で費用全般を負担し，あるいは，複数の者が費用を分割して負担するには，しかるべき十分なる理由がなければならない。この点について実定法にこれと異なる定めがあるときは，上述の通り，それは刑事費用に限定して適用されなければならない。その他の費用については明確なる法の定めがある。この法によれば，費用負担の根拠を専ら故意行為又は過失行為の有無に求めなければならない。訴訟費用の問題は損害賠償の法理に関わり，自然法及び市民法の要求によれば，損害を与えた者がその原因となった範囲で損害を賠償すべきだからである」と述べている（「実定法」とは本条その他の規定をいう）。

（b）　かかる原則に従いつつ，被告人の費用負担について，Böhmer, art. 204 は，「被告人が有罪判決を受けた場合は，弾劾訴訟，糺問訴訟の区別なく費用を支払い，弾劾人はそれまでに支出した額を被告人に対し請求することができる」（§6）とする。被告人が放免判決を受けた場合は，弾劾訴訟においては弾劾人が訴訟費用を負担するが（以下参照），糺問訴訟においては，放免判決の理由によって区別されるとして，①「無罪が証明され（probata innocentia），放免判決を受けたときは，原則として費用の負担を免れ，国庫がこれを負担する。糺問から蒙る厄災を，費用負担を以ていよいよ重くすることは心痛むこと（luctuosus）だからである。しかし，糺問中に躊躇しあるいは供述を変遷させる被告人の態度が嫌疑を招き，一層の糺問を要する原因となることがありうる。かかる過失は，糺問開始前後を問わず，費用を負担せしめる十分の理由となる」，②拷問されたが自白せず被告人が無罪とされたときは，61条に従い官憲が費用を負担する，③雪冤宣誓又は拷問を経ることなく放免判決を受けた場合は，仮放免であるか終局的な無罪判決であるかによる。仮放免判決の場合は，「ただし，被告人は事情に鑑み生じたる糺問費用を支払うものとする」という文言が付加される。終局的無罪判決のときは，「手続無効のゆえに（ob nullitatem processus）無罪とされた被告人に対しいかなる費用も要求することはできない」（「手続の無効」とは，有罪の積極的証明がないという趣旨であろう）等の場合分けを行う（§7）。

（c）　弾劾人の費用負担について，Böhmer, art. 204, §3 は，①「弾劾人は，誣告（caluminia）を証明されたとき又は濫りに（temere）訴訟を行ったとき，たとえば，十分なる徴憑の不存在，弾劾人の不出頭（contumacia）又は訴追放棄（tergiversatio）を理由に被告人が無罪判決を受けたときは，被告人が弁護のため要した費用を含め全ての費用を負担しなければならない」，②「徴憑が存在するときはその限度で負担を免れ，費用全部を負担することはないが，被告人が雪冤宣誓を行い又は拷問に自白しないことにより放免判決を受けたときは，61条により費用の一部を負担しなければならない」，③「犯行を自白したが相当の理由のある抗弁を提起する被告人に対し濫りに反論し，反証することができなかった弾劾人の責任はより重くなる。この場合は，被告人には過失が全くなく，過失は挙げて弾劾人に存する」等の場合分

けを行う。

「濫訴（temeritas）」について，Kress, art. 204, §1は，「故意及び誣告の意図を欠くが，犯行，徴憑又は犯行の外形（species criminis）に関する証拠を有せず弾劾を行った者が濫訴者となる。抗弁が証明され被告人が無罪とされた場合，弾劾人は直ちに濫訴者とはならない。他方，善意又は正当なる憤激は濫訴となることを妨げないが，故意及び誣告の意図を阻却する」と註解する（「犯行の外形」とは犯罪の客観的・外形的事実を指すのであろう）。

裁判官が犯人の処罰に関し特段の報酬を取得すべからざる理由

第205条　同じく，朕は，若干の地方において，裁判官が，刑事罰を以て処罰される犯人ごとに，弾劾人に対し特段の報酬を求め，かつ受領するという職権の濫用が跋扈する旨の報告に接する。これは全て裁判官の職務及び尊厳に反し，法及びあらゆる衡平に悖り[*1]，職務行為ごとに（von jedem stuck）[*a]報酬を受領する裁判官は，よろしく刑吏に喩えられなければならない[*2]。ゆえに，朕は，向後かかる全ての裁判官が弾劾人に報酬を要求し又は受領せざることを欲する[*3]。

1　Clasen, art. 205, (1)は，本条の趣旨について次のように註解する。「法及び司法がもはや公正さ（integrum）に基づいて行われず，裁判官の精神が贈与により堕落し，他方当事者に軽微ならざる不正を加えるならば，公共の安寧を害する紛争を惹起するであろう。皇帝は，とりわけ裁判官が贈与を受領するにとどまらず，これを欲しかつ要求するという事実に鑑みかかる規定をおいたのであり」，「判決が贈与に左右され，判決が貪欲，不正，邪悪なる裁判官の手になるときは当然に無効である。贈与に基づきなされる判決は〔内容が〕正当なるものである場合においても当然に無効である」。

本条は，弾劾人からの収賄のみを対象とするようであるが，Clasen, art. 205, (2)は「収賄した者による正当なる判決は期待できないのであり，無辜が有罪とされ，犯人が無罪とされることになろう」と註解しており，被告人による贈賄をも対象とする。

2 職務行為ごとに報酬を受け取る裁判官が刑吏に喩えられるのは,「刑吏が各斬首ごとにそれぞれ手数料を要求する」からである (Clasen, art. 205, (3)〔p. 810〕)。

3 Kress, art. 205〔p. 755〕によれば,本条は報酬を求める裁判官に対する刑罰を定めず,処罰を上級裁判権者の裁量に委ねている。報酬を受け取った裁判官はこれを返還する義務があるか,また誰に返還すべきかが問題とされるが,①弾劾訴訟の開始時に弾劾人がこれを約束し又は提供した場合は,不正に (turpiter) 約束又は提供されたものとして国庫に帰属し,②弾劾訴訟終結後に,慣習上裁判官の副収入であるとの説明を受けて弾劾人が報酬を提供した場合は,その報酬は誤信し欺罔され又は恐喝された弾劾人に返還される。

これに対し,Clasen, art. 205, (3)〔p. 811〕は,報酬を要求した裁判官はこれを返還しなければならないが,今日ではこの返還義務は遵守されておらず,「脱法行為 (fraus legis) の場合においては,裁判官に提供されたものは返還しないことができる」等多数の口実が考案されている,と註解する。

逃亡中の犯人の財はいかに処置されるべきか

第 206 条　同じく,逃亡する犯人のあるときは[*1],裁判官は,逃亡者の親族中その2, 3名を召喚し,これらの者及び利害関係を有せざる2名の裁判所参審人の面前において[*a],当該裁判区 (gericht) 内にある逃亡者の全ての財産 (hab vnd gütter) を,宣誓せる裁判所書記をして精確に登録 (beschreiben vnnd auffzeychen) せしめ[*2],かつ,そのいかなる部分をも犯人の処分に委ねざるものとする[*b]。ただし,劣化し価値を減ずる財のあるときは,裁判官は,2名の参審人及び親族中上にいう者を立ち会わせこれを売却し,売却益を記録の上売却代金をその明細とともに裁判所に保管しなければならない。売却代金は,妻子又は次順位相続人の最も利益となるよう保管されなければならない。裁判所による保管開始の前後を問わず,逃亡者の親族が登録財産を自ら保管する意思を表示し,当該財産の管理,及び,逃亡者が和解せず又は事件が終決を見ざる間 (dieweil er vnuertragen oder die sach vnaußgefürt ist)[*3]登録財産のいかなる部分をも逃亡者の処分に委ねざることにつき,必

要なる保証及び義務引受けを行わんとするときは，これを許さなければならない。ただし，当該財産の上にいう〔親族たる〕保管者は，（行為者に妻子あるときは）行為者の妻子に当該財産の中より必要なる糧食を供与すべく，これは全て，裁判官及び上にいう官憲の指示及び了解の下に行わなければならない。また，裁判官及び官憲は逃亡者の財産の中から自己の利益のため何ものも取得してはならない[*4]。

1　財産登録　(1)　Clasen, art. 206, I〔p. 812 et seq.〕によれば，本条の財産登録制度（annotatio bonorum）は，被告人の出頭を確保するため，逃亡犯人を窮乏させることによって裁判区への帰来を間接強制する制度である（ただし，註4参照）。

　財産登録が行われるのは，①被告人が不在ならば刑の執行が不可能である死刑又は身体刑相当の罪を犯した者が，②裁判官の裁判権が及ばざる裁判区又は管区に潜伏するか，犯罪地の裁判官の逮捕要請がなければ身柄を拘束されない裁判区に逃亡した場合であり，③登録の対象は，当該裁判区に所在する被告人の動産及び不動産である。④財産登録は，被告人の出頭が不可欠となる死刑又は身体刑事件において被告人の出頭を確保するための方策であるから，追放刑のように被告人不在であっても判決を執行しうる場合は，財産登録は行われない。

　登録期間は，「逃亡者が和解せず又は事件が終決を見ざる間」（註3参照）ということになろう（ただし，註4参照）。

　(2)　カロリーナは本条以外に逃亡犯人に対する手続を定めていない。155条註1において述べたように，裁判への出頭強制方法として，慣習法としてのアハト訴訟がある。カロリーナはアハト訴訟に関し明文を欠くが，これはアハト訴訟を廃止ないし否定する趣旨ではなく，155条はモルト・アハトの制度を前提としかつその効果を緩和している。

2　Böhmer, art. 206, §4 は，「皇帝は，裁判官が親族を召喚の上，所有地の登録（conscriptio bonorum）を行うことを命じている。通例，加えて動産の封印（obsignatio mobilium）も行われる」と註解している。

3　Kress, art. 206〔p. 757〕は，「皇帝は，犯人の親族，家族に対しはな

はだ寛大にも，裁判官が財産の登録を適法に行なった後においても，親族の中に財産の管理を引き受ける者があるときは，事件に対する判決又は和解がなされる前に（ante causae decisionem vel compositionem）逃亡者に財産の中から何ものも与えない旨保証することを条件に，財産を引き渡し委ねることを裁判官に命じている」と註解する。本条の「和解」を，Kress, art. 206〔p. 758 et seq.〕は，「"vnuertragen"という語は，贖罪金（compositio）と呼ばれた古い時代の和解を指すもののように思われる」と註解しており，その趣旨は必ずしも分明ではなかったようである。これに対し，Clasen, art. 206, IV (4); Blumblacher, art. 155, n. 4 は，「裁判所との和解（gratia; Vertrag）」としているが，クレスと同趣旨なのであろうか。

4　逃亡犯人の財産の没収　(1)　ローマ法（D. 48, 17, 5, pr.）では，犯人が財産登録後1年を過ぎて帰来しない場合，登録財産は出頭拒否（contumacia）に対する刑罰として国庫に没収されるという法制がとられた。Clasen, art. 206, I〔p. 813〕は，本条はかかる財産没収を廃止する規定であると註解する。Böhmer, art. 206, §2 は，①裁判官及び官憲が逃亡犯人の財産から利益を得ることを禁じ，②逃走犯人の財産が妻子のために保全されることを命じていることを，その根拠として挙げる。確かに，一定要件の下で「逃亡者が和解せず又は事件が終決を見ざる間」親族が財産を保管しうるのであるから，本条は，ローマ法のような財産没収制度を予定していないと解される。

(2)　これに対し，ドイツの慣習法によれば，上述したアハト手続が行われ，アハトを宣告された者が1年と1日を過ぎて出頭しない場合は再度アハトを宣告され，この上級アハトを宣告された逃亡犯人の財産は没収されるものとされた（Carpzov, q. 140, n. 127; Brunnemann, cap. 8, memb. 6, n. 37〔上口訳244頁〕）。Meckbach, art. 206 は，反逆罪のように財産没収刑が併科される犯罪でない場合，又はアハト手続が行われていない場合は，財産没収は行われないと註解する。本条の下でも，慣習法上のアハト手続を履践するならば，財産没収は適法に行いうるという趣旨であろう。しかし，155条はアハトを宣告された被告人の無罪証明を許している以上，アハト手続に伴う財産没収と，一定要件の下で「逃亡者が和解せず又は事件が終決を見ざる間」親

族が財産を保管しうるとする本条との調整が問題となる可能性がある。な
お，アハト手続に伴う逃亡犯人の財産没収は，218条が禁止する一般死刑犯
罪に対する財産没収の併科とは異なるから，「選帝侯，諸侯及び諸等族の古
き伝来の適法かつ公正なる慣習」（序文参照）に当たるのであろう。

　(3)　アハト手続の下での財産没収を前提とするならば，Carpzov, q. 140,
n. 128 が，「慣習上，第1次アハトが宣告されるに先立ち，逃亡犯人の財は
裁判所によって登録，保管される。上級アハトを見込む国庫が出し抜かれ，
売却によって財の没収が妨げられないためである」と述べている通り，財産
登録は，出頭の間接強制の手段であるだけでなく，財産没収の前手続としての
意味を有したことになる。

裁判所にある窃取又は強取された財について

　第207条　　同じく，窃取又は強取された財が裁判所に引き渡され，犯
人がなお捕縛又は拘禁されざるときは，裁判官はこれを差し押さえ誠実に保
管しなければならない。また，何びとかが当該財の引渡しを求め，当該財を
強取又は窃取された事実を疑問の余地なく証明するときは，財はこの者に返
還されなければならない[*1]。若干の地におけるこれと異なる実情は，〔正当な
る〕慣習に当たらず（nicht eyn gewonheyt），悪弊であり，返還の妨げとはな
らない[*2]。ゆえに，争訟（irrung）が提起されるときは，裁判官は，適法かつ
迅速なる判決を原告（kleger）に与えなければならない[*a]。さらにまた，そ
の地〔＝争訟の生じたる地〕における官憲が，刑事及び民事の裁判権を有し，
かつ，刑事裁判所の参審人を簡便に召集しえざる（weitleufftig）ときは[*b]，
当該刑事〔裁判所の〕裁判官は，経費節減のため，当該事件をその〔裁判官が
所属する〕官憲の〔設営する〕民事裁判所に移送（verweisen）するものとす
る[*3]。〔財の返還について〕裁判所に訴えを提起しようとする者は，まず以て，
その裁判所に保証人を立て，又は少なくとも自己の宣誓を以て，当該事件に
敗訴する場合において相手方が蒙る損害を裁判官の裁量に従い賠償すること
を保証しなければならない。訴訟において当該財に対し権利を主張しようと
する被告（antwurter）についても同様である。

　　同じく，原告が，当該財が自己の所有に係り，強盗又は窃盗により奪われ

た旨を証明するときは，財は判決を以て原告に返還されなければならない。訴訟において被告が訴えに係る財に対し権利を主張しようとし，上に定めるごとく，費用及び損害に関わる義務を宣誓により引き受け，かつ当該財につき敗訴する場合において，当該財を取得するに際しその違法なる由来につき善意であったことを宣誓により確言しえざるとき，又は，違法なる由来に関する悪意を証明されるときは，当該被告は，（差し押さえられた財〔＝牛馬等〕につき必要なる飼料が費やされた場合においては，）しかるべき訴訟費用とあわせて全て〔の費用〕を裁判所の裁量に従い支払うべきことを，判決を以て命ぜられなければならない。ただし，被告が，権利を認められざる財の取得に際し違法なる由来について善意であったときは，各当事者は各自の訴訟費用を支払い，かつ，訴えに係る財を取得する原告は，それが牛であり相当の飼料を要した場合においては，裁判所の認定及び裁量に従い〔飼料代を〕支払わなければならない*4。上に定めるごとく宣誓により義務を引き受ける被告が存せざるときは，最終的に財を取得する原告が，（上のごとく飼料を要した場合においては，）しかるべき飼料代を改めて*5支払わなければならない。

1　所有者への財の返還　本条は，裁判所に保管されている窃取又は強取物に関する規定であるが，ある者が盗品は自己の財であると主張し，この主張について争いがない場合と争いがある場合とが区別されなければならない（Clasen, art. 207, I〔p. 818〕）。

(1)　盗品は自己のものであるという申立てに争いのない場合は，裁判官は申立人に盗品を返還しなければならないが，返還に先立ち申立人に対し，「盗品の所有者（dominus）ないし盗品の善意の占有者（possesor）」であることの証明を，少なくとも確実なる徴憑により行うことを命じなければならない（Clasen, art. 207, I〔p. 818〕）。これは，申立人の所有権主張に対し異議を申し立てる者がない場合においても，申立人が，所有者又は善意の占有者であることの確実なる徴憑を提出することができないときは，その財は裁判所に帰属することを含意する。

(2)　原告の申立てに争いがある場合は，申立人は窃取された物が自己の物

であること，すなわち，盗品が所有権（jus proprietatis）に基づき自己に帰属すること及びその財を窃取されたことを適法に証明しなければならない（Clasen, art. 207, I〔p. 820〕）。「適法に証明しなければならない」というのは，申立人による完全証明が必要となるという趣旨であろう。

2　盗品没収等の禁止　「悪弊」とされているのは，所有者による盗品の回復を認めない慣習を指し，Clasen, art. 207, I〔p. 818 et seq.〕は，かかる慣習として盗品の取得時効及び盗品の没収を挙げるが，前者は 209 条に，後者は 218 条に明文化されている。

3　盗品に関する管轄民事裁判所　Stephani, art. 207 は，「〔財の返還について紛争が生じた〕その地において，官憲により異なる裁判所が設営されており，〔その管轄につき〕民事事件と刑事事件との区別があるときは，裁判官は，費用節減のため，両当事者に民事裁判所に提訴すべきことを指示しなければならない」と註解する。費用節減の点について，Meckbach, art. 207 は，「法文は，財の返還に関する紛争が，刑事裁判権を有せず世俗的下級裁判権のみを有する下級裁判官（Unterrichter）の許で，迅速かつ少ない費用で処理されなければならないことを命じている。上級裁判官（Oberrichter）は，刑事事件において，判決人及び参審人抜きで開廷することはできず，常に自己の費用において判決人及び参審人を召集し開廷しなければならないからである」と註解する。

このような註解に照らすならば，テキストにおいて，「官憲が刑事及び民事裁判権を有する」というのは，権限を異にする数個の裁判所が官憲によって設置されていることを意味する。このような場合として考えられるのは，領邦君主の設営する裁判所の場合である。

4　保証の提供・費用の負担　(1)　所有権に基づいて盗品に対する権利を主張する申立人すなわち原告は，敗訴する場合の訴訟費用及び損害を賠償するため，裁判官の裁量に従い，保証人又は宣誓による保証を予め提出しなければならない。同様に，第三者が第 2 原告（secundus actor）として所有権を主張する場合は，原告すなわち第 1 原告（primus actor）と同様に，保証を予め提出し，第 1 原告が所有権を証明し，判決を以て盗品の返還を受ける場合においては，第 2 原告は費用を負担しなければならない（Clasen, art.

207, I〔p. 820〕)。

　クラーセンは，本条が「被告」とする者を「第2原告」と呼ぶ。係争物を裁判所が占有している場合であるから，原告と並んで所有権を主張する第三者を「被告」と呼ぶのは適切ではないためであろう。

　(2)　第2原告が費用を負担すべき場合について，本条は二つの類型を分別する。すなわち，「主張の根拠として占有及びその正当なる取得権原 (justus acquirendi titulus) を挙げる第2原告が，①善良かつ財の所有者又はその代理人と見える人物から財を購入したものであり，盗品と推測することが不可能であったため，盗品であることを知らずに取得した旨宣誓することができないか，若しくは，他人の財物である事実，特に他人から窃取された財である事実を知っていたことが証明される場合，又は，②財が他人の物であること，特に盗品であることを知らなかった旨宣誓しうる場合である」。

　①の場合，敗訴人 (succumbens) たる第2原告は訴訟費用及び財の管理費用を負担し，②の場合，第2原告が訴訟費用の半分，財の返還を受ける第1原告が，〔訴訟費用の半分に加え〕財が牛であるならばその飼料費を負担しなければならない (Clasen, art. 207, I〔p. 821〕)。

　5　テキストは，"abermals" である。Gobler, art. 207 も，"denuò"(「改めて」) とするが，趣旨が判然としない。この部分は，飼料代を全額原告に負担させるという法意であるので，「被告がある場合には敗訴する被告の負担となるべき飼料代を，原告が改めて負担する」という趣旨であろうか。

　第208条　上に定める場合において[*1]，原告が請求に係る財の所有権を十分に証明するも，強盗又は窃盗による奪取の事実を証明しえず，これに対し，被告が，訴えに係る原告の財が十分かつ適法なる権原に基づき原告の許から被告の所有に帰せること[*a]を，法の定めに従い十分に証明しえざるときは，(かかる財が強取又は窃取された旨の) 宣誓に基づく確言 (betewrung) を行う原告が措信されるべく[*2]，上に定めるところに従い，財は改めて原告に返還されなければならない。

　1　「上に定める場合」とは，裁判所に保管された盗品に関わる返還の訴

えがあった場合において，前条註4にいう第2原告が所有権を主張すると
きという趣旨である。前条が，所有者たる原告が要件を証明して勝訴する場
合を規定するの対し，本条は，原告が勝訴の要件を証明することができない
場合の処理を定める。

2 原告の宣誓による証明 (1) Clasen, art. 208 は，①原告が財の所
有権を証明しえたが，盗難の事実を証明しえない場合，「一般に他の証明方
法の補充として（in subsidium aliarum probationum）許容される宣誓」によっ
て盗難の事実を証明し，財の返還を受けることができるが，訴訟費用を負担
しなければならない，②被告（第2原告）が正当なる権限に基づいて財を取
得したことを証明しようとするときは，原告による宣誓に先だちこれを許さ
れなければならない，③「裁判官の命令により原告の宣誓が許されたとき
は，被告がさらなる証明を行うことは許されない。宣誓によって一旦決定さ
れた事件はもはや変更しえないからである」，と註解する。以上のクラーセ
ンの註解は，被告が権原に基づく取得を証明するならば財は被告に交付され
るが，被告がこの証明に失敗した場合は，原告の宣誓によって事を決するこ
とを示している。

この宣誓は，Lévy, p. 118 et seq., 139 〔上口訳・南山法学13巻1号135以下，
2・3号205頁〕のいう，「不完全証明を補充するために（in supplementum proba-
tionis imperfectae）」裁判官によって命ぜられる補充宣誓（sermont supplé-
toire）に当たる。

(2) Kress, art. 208 〔p. 764〕は，原告による宣誓を認める理由として，①
当該財を売却，交換等をしたことがないという消極的証明（probatio negati-
va）の責任を被害者に負わせることは公正ではない，②窃盗は一般に非公然
に，被害者の不知の間になされるのであるから，不知の事実を証明すること
はできない，という点を挙げる。

第209条 窃取又は強取された財の所有権は，時間の経過により時効
取得されない[*1]。ただし，原告が（上〔＝207条，208条〕に定めるごとき）し
かるべき証明をなしえざるときは，被告は放免判決を受け（ledig erkant），
蒙りし費用及び損害のしかるべき賠償とあわせて，訴えに係る財が被告に返

還されなければならない。証明に成功しえざる（vnbestendig）原告は，判決人の裁量に従い賠償につき判決を受けなければならない[*2]。

1　盗品の時効取得の廃止　(1)　Kress, art. 209, §1によれば，「成文普通法（jus commune scriptum）上，窃取又は強取された財の取得時効は善意の第三者についても認められていない。しかし他方では，第三者が善意で盗品を取得したときは，30年の経過を以て無条件で所有権を得るという慣習が存在する」。クレスのいう成文普通法として，「アティニウス法は，盗品は窃取された者の支配の下に返還されなければ使用取得されないと定めるが，これは，窃取された者の支配の下では足りず，所有者の支配の下に返還されなければならないという趣旨に解されてきている（Quod autem dicit lex Atinia, ut res furtiva non usucapiatur, nisi in potestatem eius, cui subrepta est, revertatur, sic acceptum est, ut in domini potestatem debeat reverti, non in eius utique, cui subreptum est）」と定める D. 41, 3, 4, 6 がある。

　本条は，盗品について30年の取得時効を認める慣習を廃止するものであるが，Clasen, art. 209, (1)は，その根拠について次のように註解する。「所有者が，盗まれた物がセンプロニウスの許にあることを知り返還を要求した場合，取得時効を以て抗弁とすることができない。その理由は，第1に，物の移転により所持者が変わる場合においても，物に内在する〔盗品であるという〕瑕疵は除去されないからであり，第2に，所有者は盗品の所在，盗品の所持者を直ちには知りえず，一般に時効原因とされる懈怠を以て所有者に対する抗弁とすることはできないからである。したがって，原告が所有権を証明するときは，時効の抗弁に関わらず当該財は所有者に返還されなければならない」。

2　原告敗訴の場合　「原告が証明せざるときは，被告は放免されなければならない（actore non probante reus sit absolvendus）」という法範に従い，原告が所有権を証明しないときは，訴訟費用を負担する。無意味なる訴訟により財の所持者を困惑させたからである（Clasen, art. 209, (2)）。クラーセンの援用する C. 2, 1, 4 は，「法及び衡平は，他人の文書に対する閲覧権を認めていない。したがって，原告となろうとする者には証拠がなければならな

い。なぜならば，原告が証明せざるときは，被告は何ら証明するまでもなく勝訴するからである（Qui accusare volunt, probationes habere debent, cum neque iuris neque aequitatis ratio permittat, ut alienorum instrumentorum inspiciendorum potestas fieri debeat. Actore enim non probante qui convenitur, etsi nihil ipse praestarit, obtineat）」と定める。

第210条　上〔＝207条〕の場合において，訴えに係る財が，飼料その他の理由により，予め定められた裁判期日の終了まで多額の費用を要することなく裁判所に留め置くことができず，当事者のいずれかが〔その財の保管を申し出〕，事件に関する証人尋問の行われるべき裁判期日に当該財を裁判所に提出すべきこと，当該裁判所において係争物又は費用のいずれについてにせよ敗訴するときは判決の命ずるところに直ちに従うべきこと[*a]，及び，当該財が訴訟の終結及び執行の前に紛失又は劣化する場合においては，かかる紛失又は劣化につき，裁判所の判決に従い賠償すべきことを約し，裁判所全員又は裁判官及び2名の参審人の裁量に従い，必要十分なる担保を提出するときは，費用節減のため，当該当事者に係争物[*b]を交付し[*c]，〔裁判所への〕提出のときまでその手に委ねなければならない[*1]。当事者の双方が，上に定めるごとく担保を提供しようとするときは，まず以て被告にこれが許されなければならない[*2]。この手続（handlung）につき疑義の生ずるときは，法有識者及び朕の本令の末尾に定めるところに鑑定が求められなければならない。

1　本条は，たとえば盗品の牛が発見され，被害者（＝原告）の申立てにより牛が裁判所に引き渡された場合を想定する規定である（Kress, art. 210）。係争物（res litigiosa）の当事者への交付が行われるのは，「訴訟が長引くことがありうる」からであり（Remus, cap. 213），「物〔＝家畜〕を裁判所において飼育するよりも費用が軽減され，あるいは物の管理が一層注意深くなされるであろう」からである（Clasen, art. 210, I〔p. 827〕）。管理を委ねられた者は果実を享受しえたのであろう。

2　**係争物の管理の委託**　(1)　Clasen, art. 210, II は，この規定の根拠は，「被告の地位がより優先される（rei partes sint favorabiliores）」という一

般則，さらに，「被告が訴訟において訴答した事実から，被告が物を占有していた事実が推定される。したがって，判決により被告に不利益な判断がなされるまで，物はその占有に委ねられるべきである」点にある，と註解する。これは，挙証責任は現状変更を求める原告に配分されるという，挙証責任の分配原則を想起させる註解である。クラーセンのいう一般則は，D. 50, 17, 125 に「被告は原告よりも優先されるべきものと看做される(favorabiliores rei potius quam actores habentur)」という法範として現れている。

(2) 条文上は，被告が本条の定める要件を充足するならば，係争物はこれに引き渡されると解される。しかし，「原告又は被告のいずれに保管を委ねるか疑問が生ずる場合は，裁判官は両当事者の証拠（rationes）を考量し，〔所有権の主張に関し〕より根拠があると思われる（evidentiori juris specie nititur）当事者に引き渡されなければならない」（Kress, art. 210)，あるいは，「事情によっては，法有識者が引渡しについて考量し，盗品の占有に関する争いを適切に決定すべき方法について適切なる助言を与えなければならない」（Clasen, art. 210, III）とされたようである。

第211条　信用を欠く不審なる者が，上にいう窃取又は強取された財の所持を理由に捕縛され[a]，弾劾人がこれに対し刑事訴訟を行おうとするとき[1]，又は，裁判官が職権によりかかる不審なる者に対し刑事訴訟を行おうとするときは，かかる嫌疑のある者に対する刑事訴訟において，同様の刑事手続（gleiches peinliches fürnemen vnd handlung)[2]について本令が上〔=6条，12条〕に定めるところ[3]が遵守され，手続が行われなければならない[4]。

1　Clasen. art. 211, I は，「弾劾人は，悪意の占有者に対し刑事訴訟を提起することができる。盗品の所有者は悪意の占有者に対し物の返還を求めるだけでなく，刑事訴追を行うことができるからである。したがって，一個の裁判により，民事的に窃盗犯に盗品の返還を命じ，かつ刑事的に身体刑を科すことも不当ではない」と註解する。

2　Gobler, art. 211 は，"similia publica & criminalia negotii"（「同様の公的訴訟及び刑事訴訟」）とする。「同様の」の趣旨が判然としないが，ゴブラー

訳が複数となっていることを考えると，弾劾訴訟及び糾問訴訟を指すのであろう。次註参照。

3　Clasen, art. 211, II は，裁判官が職権で糾問訴訟を行う場合の被糾問者の身柄拘禁を定める6条，弾劾人の申立てに基づく身柄拘禁を定める12条を指すと註解する。

4　本条のような規定を特に設ける趣旨は判然としないが，Kress, art. 211 は，211条及び212条について，「何びとかの許で盗品が発見された場合，弾劾訴訟及び糾問訴訟のいずれにおいても，その事実が，どの程度盗品所持者による窃盗又は強盗の証拠となるのか，どの程度拷問に十分なる理由となるのかが問題となる。これについては既に他の条文に定めがある」と註解し，本条は無意味な繰り返しであるとして法典編纂者に向けて「怒り（indignatio）」を表明する B. Zieriz, *Ad invictissimi imperatoris Caroli Quinti & sacri Romani imperii constitutionem criminalem notae et observationes nomicopoliticae*, 1622 の所論を引用している。

第212条　いかにしてかついかなる場合に，強取又は窃取された財に関し，何びとかに対し拷問に十分なる徴憑が認められるかは，「同じく，ある者が，強奪された財物云々」を以て始まる38条及びそれ以下の条文に定めるところである[*1]。

1　本条の意義については前条註4参照。

第213条　また，上に定める刑事手続により，窃取又は強取された動産（farende gütter）が裁判区において発見された場合において，これを失った者であり，かつ，上に定めるごとく，窃取又は強取された財が自己の所有に係ることを証明する（beweret）[*a]者があるときは，負担を課すことなく（ただし，飼料を必要とする牛であって相当の必要なる飼料が費消されたときは，その飼料代の実費を支払わなければならない[*1]），改めてこの者に返還されなければならない。何びとか[*2]が，費用の節減のため，上〔=207条〕に定める違法なる由来及び所有者が明確に認定されるに先立ち，担保提供の

上財の引渡しを求めるときは*b，窃取又は強取された財に関する民事上の責任及び訴え（burgerliche verhafftung vnd klag）*3 について上〔＝210条〕に定めるところに従い，手続が行われなければならない。

1　所有者の負担　　本条は，盗品の返還を受ける所有者の「負担」を免じているが，「負担」には二義があるようである。

(1)　占有者との関係で生じうる負担について，Clasen, art. 213, I (1)は，「盗品の買主は，善意であるか悪意であるかを問わず，返還訴訟に敗訴するときは，対価の支払いを受けることなく所有者に盗品を返還しなければならない」と註解する。勅法彙纂（C. 3, 32, 3 et 23）は，所有者は無償で（etiam non oblato pretio; solvendi pretii nulla necessitas），親族が無権限で売却した土地，略取者が売却した奴隷の引渡しを求めることができると定める。

ただし，反対の慣習もあったようであり，Clasen, art. 213, I (2)は，「少なくない地域において，盗品についてさえ〔窃盗犯に対し〕有利子の金銭消費貸借を行うことがユダヤ人に認められ，かつ，利子を含む全額を所有者が支払わなければ盗品を所有者に返還することを強制されないという慣習があるが，これは悪しき慣習である。かかる不合理な慣習に関する制定法（statutum）があるときは，それは無効である」と述べる。

(2)　官憲との関係で生じうる負担については，Clasen, art. 213, I (3)は，①盗品が牛である場合は，所有者は飼料代を支払わなければならない。②「所有者は，不審なる占有者の拘禁，拷問又は刑の執行に要した費用を支払う責めを負わない。かかる費用は〔飼料に関する〕例外に含まれないからである」，③「占有者も，盗品を善意で購入し，購入時において盗品であることを知らなかったことを証明しうるならば，訴訟費用を免除される。また，盗品のためやむなく又は改善のため要した費用を法律上請求しうる。また，その支払いがあるまで盗品の引渡しを留保することができる」，④「かかる〔占有者が善意である〕場合の，訴訟費用は官憲が負担しなければならない」と註解する。Stephani, art. 213 もまた，「所有者は，〔犯人の〕逮捕，拷問，看守及び判決の執行に要した費用を償還する義務を負わないか否かが問題となる。負わないとするのが，213条の法意である」と註解する。

上記②に関連し，Kress, art. 214, §1〔p. 770 et seq.〕は，「裁判官が窃盗犯に対する糺問を行うために要した費用は被害者によって償還されない。しかし，盗品発見のために要した費用，同じく，盗品の返還を求める被害者がたとえば善意の占有者に対し窃盗の事実及び所有権を証明するために裁判上要した費用は，所有者はこれを裁判官に償還しなければならない。原告は，少なくとも原告の利益のために行われた裁判官の労作に対ししかるべき金銭を以て補償すべきものだからである」と註解する。

なお，Kress, art. 214, §2は，民事及び刑事訴訟の費用は原告が負担するという見解もあることを指摘している。

2 所有者又は占有者のいずれかの趣旨である（Clasen, art. 213, II）。

3 塙213条は「民事上の義務」とする。グリム・ドイツ語辞典では，"verpflichtet sein, mit hervorkehrung einer moralischen nöthigung"（「義務を負うこと，特に道徳的強制の観点から」）と註解するが，法的義務の用例を挙げていない。他方，Gobler, art. 213は，"ciuilis apprehensio & actio"（「民事拘禁及び訴訟」），Vogel, art. 213は，"au sujet de la procedure civile, tant pour l'emprisonnement que pour l'accusation pour raison des biens volez"（「盗品に関わる拘禁及び訴えのための民事手続」）としている。疑問もあるが，とりあえず「民事責任」の訳を当てた。

なお，ゴブラー及びフォーゲル訳にいう「拘禁」が「債務者拘禁」の趣旨であるならば，180条註1参照。

第214条　同じく，被害者が，疑いもなくその所有に属し，かつ，窃盗犯又は強盗犯により奪われた財を，平穏かつ強制によることなく行為者から取り戻すときは[*1]，自己の物を上に定める方法により〔＝平穏かつ強制によることなく〕取り戻したかかる被害者は，これを理由に何びとかに対し責めを負うことなく，また，かかる場合又は類似の場合において，自己の意思に反し〔犯人を〕弾劾することを強制されないものとする[*2]。ただし，被害者が刑事弾劾を行わざる場合においても，官憲は，職権を以て行為者に対し訴訟手続を行い，行為者及び犯行の状況に応じ処罰することができる[*3]。

1 平穏なる被害回復の例として，Clasen, art. 214〔p. 834〕は，犯人が刑罰を恐れて所有者又は善意の占有者に盗品を返還したため，所有者又は善意の占有者が「裁判官の手によらず裁判外で盗品を回復した」場合を挙げる。

2 窃盗・強盗に対する弾劾義務　Clasen, art. 214, I; Remus, cap. 214 によれば，財物の所有者は財物の管理者・処分権者であるから，被害の事実について沈黙することが許され，かつ，公法上認められた不作為に関し何らの咎め（culpa）も受けないという趣旨である。

3 窃盗・強盗に対する糾問訴訟　Clasen, art. 214, II は，「犯罪に関する当事者の和解は裁判官〔の権限〕を害することなく，裁判官は和解の有無を問うことなく犯行の真相を糾問し，有罪とされた者を処罰することができる。…強盗殺人，強盗，窃盗及びその他の犯罪を職権により糾問することは官憲の責務であり，職務執行に際し，私人による援助を必要としないのである」と註解する。ただし，165 条は第 1 相続人による窃盗について糾問を禁止する。

職人は刑事裁判所に必要となる絞首架をいかに建設し補修すべきか

第 215 条　同じく，多くの地の刑事裁判所において，新たなる絞首架[*1]の建設又は古き絞首架の補修に当たり，当該裁判区に居住する全ての大工がこれに助力すべき慣習があり，これに多大かつ不適切なる費用を要し，はなはだ不当にも，かかる費用が時として犯人を刑事弾劾する者の負担とされる。かかる事態を避けるべく，朕は以下のように欲する。すなわち，向後，上にいう直近の刑事官憲[*a]により新たなる絞首架の建設が企てられるときは，当該官憲又はその代理は，当該刑事裁判所の属吏[*2]をして，大工仕事を稼業とし当該裁判区に居住する者全員を，慣例により刑事裁判を行うところとされる都市，市場又は村に指定された日に召集させ，かつ，属吏をして少なくとも 2 週間前にこれを告知させなければならない。また，住居において召集を受けた者，住居から 3 マイル以内において稼働する者[*3]は，定められた日に建設場所（malstatt）に出頭しなければならない。身体故障の抗弁を宣誓により確言せる場合を除き，何びとも出頭しなければならない[*4]。不出

頭には，10 グルデンの刑罰が科されなければならない。その地の刑事裁判官は，召集された大工の中から建設作業に必要と思料する員数を定め，次に，裁判官の定める員数の大工を，召集された大工の中から裁判官の用意する籤により選ばなければならない*5。選ばれた大工は，上に定める罰金を免れるため，弾劾人の負担とすることなく当該裁判権者（gerichtsherr）において〔公費から〕支払うべき慣例の日当*6と引換えに〔絞首架建設に〕従わなければならない*b。また，これ〔＝絞首架建設への従事〕を理由に，何びとも名誉を毀損されてはならない。これを理由に人の名誉を毀損*cする者のあるときは，罰金金貨1マルクを科され，しばしば行われるごとく，違反者に対し刑事裁判権を有する官憲に半マルク，名誉を毀損された者に他の半マルクを支払わなければならない*d。名誉を毀損された者は，上に定める官憲により訴訟上の援助を受ける〔＝速やかなる判決を受ける〕ものとする*e。かかる訴訟上の援助がなされる前後を問わず，誹毀行為が，名誉を毀損された者の名誉，良き世評及び職業を傷つけ害することがあってはならない*7。

　1　十字架による死刑執行は，コンスタンティヌス帝によって廃止された。キリストが十字架に架けられたこと，十字架がキリスト教の象徴であることが考慮された結果である。当初，木に吊す方法で執行されたが，後に刑事裁判権すなわち真正罰令権が封として付与されるようになるとともに，その象徴として絞首架が建設されるようになった（Clasen, art. 215, II〔p. 837〕）。

　2　Clasen, art. 215, II〔p. 839〕は，召喚の告知を職務とする属吏が告知を行うべきであり，通例軽蔑の対象となっている卑しい先駆けの者（lictor）を用いてはならない，大工組合員全員を侮辱していると受け取られかねないからである，と註解する。絞首架建設に従事すること自体，名誉との関係で微妙な問題であったという事情を反映するものであろう。

　3　当該裁判区に住居を有し，住居若しくはその近辺又は住居から3マイル以内の場所において大工業に従事する者である（Clasen, art. 215, II〔p. 838〕）。

　4　抗弁には，身体的故障と理由のある不在とがある。①身体的故障を抗弁する者に対し他の者が疑義を述べるときは，これを証明しなければならな

いが，他に方法がないときは宣誓で足りる。②住居から３マイルを超える場所におり，召喚を告知することができない場合である（Clasen, art. 215, II〔p. 839〕）。

5　籤を行う最も大きな理由は，「絞首架建設が名誉喪失につながるという謬見を，神による救済としての籤（sors tamquam divinum remedium）を用いて避ける」ためである，すなわち，「大工全員がこのような役務に従事する可能性があるが，実際には一定の者が選抜されて役務に従事すると考えさせる」ためである（Clasen, art. 215, II〔p. 840〕）。

6　絞首架建設は手慣れた一日仕事であるから，それに見合う通常の賃金が支払われる。絞首架建設という理由から割増しを支払われるわけではない（Clasen, art. 215, II〔p. 838〕）。裁判権の象徴としての絞首架を建設する裁判官は，自己の費用においてこれを行うべきであり，臣民や弾劾人の負担としてはならない。ただし，〔都市のような〕共同体が絞首架を所有するときは共同体の負担となる（Clasen, art. 215, II〔p. 840〕）。

7　Clasen, art. 215, III〔p. 841〕は，籤で選ばれた大工を「名誉喪失者」，「絞首架作り」と呼ぶなどの誹毀を加える例を挙げ，「皇帝は，かかる重要なる労作を行った大工が辱めを受け名誉を毀損され，親方組合から除名されることを禁ずる」と註解するが，「今日，絞首架，絞首刑用の綱，釘，車輪刑用車輪の修理に際し，裁判官の告示があるときは職人全員が集まり全員が仕事に従事するのが通例である。これは裁判所の仕事をすることが名誉喪失となり，親方組合（collegium opificum）の一員たる資格を失うことになるという根拠のない虞に由来する」とも述べており，絞首架建設等に対する嫌忌は存続したようである。これは，死刑を執行する刑吏に対する賤民視の問題と関連する。

第216条　かかる〔前条の禁止に対する〕違反者が，定められた罰金の支払いをなしえざるときは，被害者の名誉を意図的に毀損したものにあらざること，向後かかる誹毀を行わざることを誓約して，被害者に対し必要なる謝罪を行うまで[*1]，刑罰として獄舎（kercker）に拘禁されなければならない[*2]。かかる違反者〔の言動〕は，何びとによっても，被害者の不利益となる

ごとく擁護され，かつ扱われてはならない[*3]。その違反には，上に定める金貨1マルクの罰金が科されなければならない。

1　撤回と謝罪　Clasen, art. 216, II〔p. 843〕は，撤回（recantatio）と謝罪（deprecatio）とを区別し，次のように註解する。①撤回は，「侮辱的言辞を取り消し，自分が虚偽を述べたことを認める」ことをいう。裁判官の判決に基づいてなされるが，撤回を命ぜられた者がこれを拒否する場合は，これを強制する手段がなく，先駆けの者（lictor）が公開の裁判所において被告人及び聴衆の名において撤回を行う。撤回は名誉喪失を伴う。②謝罪は，「不法侵害の事実を認めこれを悔悟し，公開の裁判所において被害者の宥恕を懇願する」ことをいう。謝罪も，虚偽を述べ不法侵害を行ったことを暗黙に認める点で，撤回と異ならないが，公衆から見て，謝罪が名誉喪失を伴わない点でも撤回の方が重い償いの方法である。このため，「裁判官は，事件を良く知らない者等の間での被告の名誉を傷つけないために，判決において，原告の申立てに係る撤回を被告の名誉が維持される謝罪に減軽することができる」。

「撤回」としての謝罪は，たんなる心情吐露にとどまるものではなく，名誉喪失を伴う点で実質的な制裁を伴いえたようである。

2　Kress, art. 216〔p. 780〕は，「金のない者は身体を以て償う（qui non habet in aere, luat in corpore）」ことは，刑事事件における原則である，と註解する。

3　Clasen, art. 216, III は，違反者の言葉を強引に他の意味に解釈する，違反者に誤った解釈を指嗾する，違反者を称賛する，誹毀行為を是認するなどを，禁じられた行為として挙げる。

第217条　同じく，石を以て絞首架又は斬首場を建設する場合において，当該刑事裁判権を有する官憲の管轄区に居住する石工を必要とするときは，大工に関し上に定めるところが遵守されなければならない。

刑事裁判令　第216-218条　　*493*

若干の地になお残る悪弊及び悪しき不合理なる慣習について

第218条　　同じく，若干の地においてなお残る慣習[*1]によれば，犯人が窃取又は強取したる財とともに捕縛され拘禁される場合において，かかる窃取又は強取された財が，窃取又は強取の被害者の許に返還されず，官憲の没収するところとなる[*2]。同様に，水夫が航路を誤り難破する場合において，水夫が船，身体，積荷とともにその地の官憲の手に帰することも，多くの地に見られる悪弊である[*3]。また，御者が馬車を転倒させ，予期せずして人を死に至らしめる場合において，御者が馬車，馬及び積荷とともに官憲の手に帰すべきものとされることも，同様である。また，多くの刑事裁判所及び刑事裁判権を有する官憲[*a]の許においても，以下のごとき種々の悪弊が認められる。すなわち，獄舎は，拘禁を目的とするより，むしろ被拘禁者を苦悶せしめるものとなっている[*4]。同じく，悪評，風評及びその他の十分なる徴憑が予め存在せざるにもかかわらず，憐れむべき者等が官憲により捕縛，投獄され，捕縛に際し時として官憲により性急かつ無思慮に扱われ，ために名誉を損なわれている[*5]。同じく，判決の宣告が，裁判官又は判決人によることなく，刑吏により行われている[*6]。同じく，若干の地において，犯人が，反逆罪以外の罪，すなわち，身体刑〔＝死刑〕及び財産没収刑を科されざるその他の罪について死刑を以て処罰される場合において，妻子が物乞いとなり，〔犯人の〕財が官憲の手に帰すところとなっている[*7][*8]。朕は，各官憲が〔自ら〕これら及び同種[*9]の慣習を廃止し，これら及び同種の慣習が行われ用いられ又は維持されざるよう配慮すべきことを欲し，さらに，朕は皇帝としての権力に基づき，これを以てこれら及び同種の慣習を根絶し無効とし廃棄するものである。ゆえに，各官憲が向後これら及び同種の慣習が新たに導入されざるよう配慮すべきことを欲する[*b]。

1　良き慣習の意義　　Clasen, art. 218, I〔p. 847 et seq.〕は，「良き慣習であるためには，古来のものであることに加えて，合理性（rationabilitas）が必要とされる」と述べ，慣習の合理性について，「自然法及び神法に反しない慣習が合理的であると看做される」，「不合理なる（absurdus）内容を有

せず，犯罪の機会を与えることのないよう，良き目的のために生成したことが必要である。慣習の形態及び本質を考慮するならば，慣習は，法の一種（species juris）として，罪を犯す機会を与えることなく，むしろ正義及び衡平に適ったものでなければならないからである」と注解する。

2　盗品の没収　(1)　His, Teil 2, S. 191 は，盗品は所有者に全く返還されないか，盗品の一定割合又は一定金額が裁判官の所得となるのが慣例であったが，15 世に至ってこれを廃止する法令が現れ，バンベルゲンシスはこれに倣ったものであるとする。バンベルゲンシス 268 条 f の「上に定める刑事手続により，窃取又は強取に係る動産が我が裁判管轄区において発見されるときは，これを失った者に，負担を課すことなく改めて返還されなければならない」という規定がそれに当たる。

Kress, art. 207〔p. 762〕は，盗品を没収する慣習の例として，裁判官が盗品の保管を開始して後 1 年と 1 日経過しても返還を求める者がいない場合は，裁判官はこれを用益に振り向けることができると定めるザクセンシュピーゲル・ラント法 2・31・2 を挙げる。ちなみに，16 世後半ポルトガル人宣教師の手になった日本事情報告は，「われわれの間では見付かった盗品は裁判所によって，その所有者の手に戻される。日本では見付かったこのような盗品は遺失物として裁判所が没収する」と伝える（ルイス・フロイス（岡田章雄訳註）『ヨーロッパ文化と日本文化』（1991 年）180 頁）。

(2)　Clasen, art. 207, I〔p. 819〕は，官憲による盗品没収の慣習の廃止について次のように註解する。「かかる慣習は，罪なく不法に財を奪われた咎のない所有者が被害を受忍し，他方国庫が所有者の損害において利得するものであり，何ら根拠がなく不合理である。かかる慣習が古来のものであり正義に適うと推定されると説く若干の論者がいるにもかかわらず，皇帝がこれを廃止した理由は，この点にある」。また，「盗品の没収を，所有者が被害を避けるべく十全の注意を払わなかった過失に対する罰と見ることもできない。窃盗を防止しえなかった所有者は財物を国庫に引き渡すべきであるという主張は法律の根拠を欠く。市民社会においては，全ての市民に対し身体のみならず，財についても他からの侵害に対する安全が保障されるべきであり，したがって，官憲がより大なる配慮と努力を以て治安維持（disciplina publica）

を行わなかったならば，それは官憲の過失となるのである」。

3　難船等の積荷の没収　Clasen, art. 218, II〔p. 848 et seq.〕によれば，難船が海浜に漂着する場合は，その地の領主の所有に帰するとする慣習，あるいは，難船の積荷は一定金額を支払わなければ返却されないとする慣習があったようである。クラーセンは，難船の積荷は遺棄されたものとは看做されないのであるから，「かかる慣習は野蛮で何らの根拠もなく」，「他人の災害から利益を得ること以上に不当なることは考えられない」と註解する。Clasen, art. 218, II〔p. 850〕は，御者が不注意から馬車を転倒させ人を死に至らしめた場合は積荷が没収されるとする習慣は，他人の不注意から荷主が不利益を蒙る点で不合理であるとする。

なお，条文上は，「船，身体，積荷（schiff, *leib* vnd güttern）とともにその地の官憲の手に帰する」となっており，水夫の身柄も拘束されるようであるが，Clasen, art. 218, II〔p. 848〕は，「水夫の所有物とともに船及び商品が領主の手に帰す」と註解するにとどまる。

4　獄舎の設置　11条が，獄舎での身柄拘束が，懲罰ではなく身柄保全を目的とすべきことについて注意を促している。

5　理由なき身柄拘束　Clasen, art. 218, II〔p. 850〕は，ごく軽微なる嫌疑を理由として，しかるべき事実認定も経ることなく無辜を拘禁する悪しき慣習があるが，かかる拘禁によって名誉が毀損されてはならない，と註解する。もっとも，糾問及び弾劾による身柄拘束を定める6条及び11条は，身柄拘束について特段の要件及び手続を定めておらず，6条は身柄拘束された被告人を徴憑なしで拷問してはならないと定めるにとどまる。

6　刑吏による判決の宣告　Clasen, art. 218, II〔p. 851〕は，「書記又は裁判所属吏ではなく，刑吏又は先駆けの者により判決が読み上げられることは，裁判の品位（decor judicii）を損なうものである。有責判決を下す裁判官の職務と判決執行人の職務とは異なるからである」と註解する。

Malblank, S. 46によれば，死刑執行用具を保有しない裁判官が死刑執行を近隣の裁判所に委ねることや，やりやすい方法によって死刑を執行すべく刑吏に委ねることが行われたようである。この規定はこのような慣行を背景にしたものであろう。

7 テキストは, "Item an etlichen orten, so 〔=wenn〕 *eyn übelthetter außser-halb des lasters vnser beleidigten Majestet oder sunst in andern fellen, so der übel-thetter leib vnnd gut nit verwirckt* 〔,〕 *vom leben zum todt gestrafft,* werden weib vnd kinder an bettelstabe, vnnd das gut dem herren zugewiesen" である (亀甲括弧内─引用者)。この規定は,「悪名高い解釈者殺し (crux interpretum)」といわれ, 多くの論者を悩ませてきた規定である (Güterbock, S. 248)。

(1) ① Gobler, art. 218 は, "cùm facinorosus extra crimen laesae nostrae maiestatis, *aut* in aliis casibus quum nec in corpus suum, nec bona delinque-rit, seu delicto amiserit, capitali poena ad mortem plecititur" (「犯人が, 反逆罪以外の場合において, 又は, 身体及び財産に関わる罪を犯していないその他の場合において, 死刑を科されたときに」) という訳を示している。② Güter-bock, S. 252 f. は, イタリック部分にはテキスト上の問題があることを指摘した上で,「犯人が反逆罪以外の罪, より正確にいうならば, 身体刑及び財産没収刑を併科されない事件について死刑を以て処罰される場合において, 犯人の妻子が物乞いとなり, 財産が官憲の手に帰する」という趣旨に解すべきだとする。ギュータボックは, *"oder sunst"* は,「前述の事項の説明及び精密化, 特に一般化 (die Erklärung und Rectification, namentlich eine Verallgemei-nerung des eben Gesagten)」の趣旨に解されるべきだとするのである。③ Radbruch/Kaufmann, S. 145 も, ギュータボックによる訂正を支持するほか, ④ Langbein, art. 218 も同趣旨の英訳を示す。上のゴブラー訳も, 実質的にはギュータボックの解釈と一致する。

これに対し, Carpzov, q. 135, n. 30 は,「この法文を熟考するならば, "vel 〔=oder〕"という語を消去しない限り, この法文の完全なる理解と解釈は不可能であり, この語を消去するならば, 反逆罪以外の犯罪について財産没収は廃止される, という趣旨となる。これは, レームスがそのように解釈している通りである」と述べる。結論の妥当性はともかく, "oder"を消去するのみでテキストがカルプツォフの説くように解釈可能であるか疑問である (レームス訳は次註(2)参照)。

(2) 上のゴブラー, ギュータボック等のテキスト解釈は,「身体刑及び財産没収刑を併科されない事件」とするが,「身体刑及び財産没収刑を併科さ

れない事件」とは，どのような場合が想定されているのか理解が容易ではない。特に，「犯人が反逆罪以外の罪，より正確にいうならば，身体刑及び財産没収刑を併科されない事件」というギュータボックの解釈については，「反逆罪以外の罪」の性質を「一般化」するのであれば，「死刑及び財産没収刑を併科されない」とすべきではないかという疑問が残る。現に，註8(2)に引く論者の訳及び解釈は「身体刑」を「死刑」と読み替えている。135条註1において述べたように，135条と同様財産没収に関わる本条の「身体刑及び財産没収刑」という文言は「身体刑〔＝死刑〕及び財産没収刑」と読み替えるのが妥当であろう（なお，Carpzov, q. 135, n. 9が，財産没収刑の廃止は135条において確認される，と述べていることも考慮すべきであろう）。

(3) 以上のように，テキスト解釈は分かれるが，いずれについても次註に述べるような疑問が残る。規定の趣旨は必ずしも分明ではないが，本文の訳は，以上のような事情を念頭においた上で，次註(2)のレームス，フォーゲルによる訳解に従うものである。

8 財産没収 (1) 当初ローマ法では，死刑判決を受けた者の財産は没収されたが（D. 48, 20, 1, pr.），後に，「反逆罪の場合は除き（excepta sola maiestatis quaestione）」，「何びとかが死刑又は流刑の有罪判決を受けた場合において，子なくして死亡するときは，その財産は国庫に帰属する。しかし，子又は死亡した子による孫があるときは，財産の半分は国庫の権利に属し，半分は子等のために留保される（Quando quis quolibet crimine damnatus capitalem poenam vel deportationem sustineat, si quidem sine liberis mortuus sit, bona eius ad fiscum perveniant: si vero filii vel nepotes ex defunctis filiis relicti erunt, dimidia parte aerario vindicata alia eis reservetur）」という皇帝法（C. 9, 49, 10）が成立した。しかし後に，新勅法彙纂（Nov. 134, cap. 13, 2 et seq.）は，反逆罪の場合を除き，死刑又は追放刑の有罪判決を受けた者の財産を裁判官が取得し又は国庫のために没収することを禁じ，卑属又は卑属が欠けるときは尊属に帰属するものとした。

イタリア法について，Clarus, q. 78, versi. Nunc deは，「異なる規定の条令又は異なる趣旨の慣習がない限り，異端罪及び反逆罪の場合を除いて財産没収は行われないというのが普通法であり，このような一般的な慣習が確認

される」，と述べている。

ドイツにおいても，Böhmer, art. 219, §6によれば，「かつては，死刑の本質に基づき裁判官は有罪とされた者の財産を没収する権限があると考えられた」。バンベルゲンシス160条は死刑判決を恐れて自殺した者の財産の国庫没収を定めているが，これは，死刑判決には財産没取が当然に併科される法制を前提とするものであった（Güterbock, S. 251）。

(2) 本条は，財産没収刑を廃止した普通法の原則を確認する規定である（Carpzov, q. 135, n. 9; Blankenhorn, S. 18）。本条の趣旨が，①死刑に財産没収を併科する領邦の慣習又は立法を許容する趣旨であるのか，②反逆罪以外に死刑に財産没収を併科することをおよそ認めないという趣旨であるのか，争いがあった（Kress, art. 218, §3〔p. 798〕）。①説が一般的であったようである。

たとえば，① Carpzov, q. 135, n. 31は，ザクセン法においては反逆罪のほか上級アハトの場合に財産没収が併科されるとする。② Böhmer, art. 219, §5は，「良き慣習であるか，悪しき慣習であるかの判断は，法律が財産没収を明示することなく漠然と死刑を科しているか，又は，反逆罪の場合と同様に明示的に財産没収が併科されているかに従うべきであり，前者の場合は〔財産没収を科すことは〕悪習であり，後者の場合は〔財産没収を科すこと〕正当なる慣習である」と註解する。③上のテキストを，Remus, cap. 218は，"iudices grauissimè delinquunt: cum（extra laesae maiestatis crimen, quod tam perfectum, quam affectatum perpetuò sanguinis poenam, bonis omnibus rei fisco principis addictis irrogat）*ob delicta alia capitali supplicio, non autem bonorum confiscatione plectenda*, fontes puniunt, damnatorum'que bona in aerarium redigunt"（「（完全かつ典型的な犯罪として，国庫への全財産の没収と併せて死刑を科されることを常例とする反逆罪の場合以外に）財産没収を併科されない他の死刑犯罪に関し，犯人を〔死刑を以て〕罰し，かつ，有罪判決を受けた者に財産没収を併科する裁判官は，重大なる誤りを犯している」）と羅訳する。④ Vogel, 218は，"il en est ainsi…aussi de ceux qui hors le crime de leze-Majesté en condamnant un Criminel à la mort, & même *dans d'autres cas où la peine de mort, & la perte du bien n'a pas lieu*, prononcent la confiscation envers le Seigneur"（「反逆罪以外の犯人に対し死刑を科すに際し，死刑及び財産没収刑が併科されない事件においてさえ，君主のために没収を判決する裁判官の場合も同様である」）と仏訳し，死刑及び財産没収刑を併科する法制を予定する。

このほか，① Stephani, art. 218 は，「反逆罪以外の場合においても，当該犯罪を根拠として，犯人が死刑を理由に財産も同時に没収されるという処罰を受けており，裁判官等は重大な罪を犯している」，② Clasen, art. 218, VII は，「反逆罪以外の犯罪について死刑を以て処罰される場合に，同時に財産が国庫に没収されることがあるが，かかる制度は合理性を欠いている」と註解するが，いずれも，「特に財産没収の併科を認める特段の規定がない場合を除いて」という，黙示的な留保が付されていると解される。

9　同種の不合理なる慣習　　Clasen, art. 218, VIII は，「同種の慣習」という文言により黙示的に禁止される不合理なる慣習として，①法律が認めていない区別を設け，ユダヤ人死刑囚を犬とともに足から吊す慣習，②公費から報酬を支払われている刑吏が死刑囚の衣服を取得する慣習（裁判官がこれを取得し訴訟費用に充当すべきである），③刑吏が絞首綱の切断，死体の片付けに報酬を得る慣習，④旅舎や他人の住居において自殺する者があるとき，〔死体の片付けを行う〕刑吏が死体の傍らの立って抜剣が届く範囲にある財を取得する慣習を挙げる（135 条註 4 参照）。

何びとの許に，かつ，いかなるところに鑑定を求めるべきかに関する説示

第 219 条　　朕及び神聖帝国の本刑事裁判令において，鑑定依頼[*1][*2][*3]に関し繰り返し上に定めるところに従い，〔①〕裁判所は，刑事訴訟，法廷慣行（gerichts übungen）及び判決について疑義が生ずる場合においては，教示を求める長年にわたる古き慣習のある上級裁判所（oberhofe）[*4]の許に鑑定を求めなければならない[*5]。〔②〕ただし，裁判所が上級裁判所を有せず，かつ，刑事弾劾人の申立てに基づき訴訟手続が行われる場合において，上のごとき疑義を生ずるときは，当該刑事裁判所に対し特に（fürnemlich）[*a]かつ直接に命令し，かつこれを設置する[*b]権限を有する〔上級〕官憲に鑑定を求めなければならない[*6]。〔③〕官憲が職権に基づき犯人に対し刑事の弾劾又は手続（peinliche anklag oder handlung）を行う場合において疑義を生ずるときは，裁判官は，最少の費用により教示を受けうると思料する，直近の大学，都市，自治都市又はその他の法有識者に鑑定を求めなければならない[*7]。〔④〕またさらに，疑義を生ずる場合においては全て，裁判官及び参審人のみならず，かかる各官憲が刑事事件において何らかの鑑定を与え，審理を行う[*8]べき場合においても[*c*9]，刑事弾劾人がその刑事訴訟，審理及び手続に関し法有識者の鑑定を求めることを裁判官に申し立てるときを除き[*d]，当事者の費用負担とすることなく，法有識者の鑑定を求めるべきことに留意しなければならない[*10]。当事者の申立てに基づき鑑定を求めるときは，申立てを行う当事者の費用負担において行われなければならない。被拘禁者の主，親族又は補佐人が被拘禁者の利益のため鑑定を裁判官に申し立てるときは[*11]，裁判官は被拘禁者の親族又は補佐人の費用においてこれを許さなければならない。ただし，当該被拘禁者の親族が貧困により上に定める費用を負担しえざる場合において，鑑定依頼が裁判の延引，費用の増加[*12]を意図せざるものと思料するときは，裁判官は官憲の費用においてかかる鑑定を入手しなければならない。上に定める親族及び補佐人は，かかる意図によらざることを宣誓を以て確言しなければならない。全てにおいて，何びとに対しても不法が行われざるよう，能う限り慎重に行われなければならない。〔刑事事件という〕これら重大なる事件においては，より一層の慎重さが相応しいからである[*13]。ゆえに，過誤が生じる場合において，当然知りおくべき事柄に関する無知は，免責されてはならない[*14]。この点につき，裁判官，参審人及び官憲はこれを以て警告されるものとする。

1　一件記録送付制度　(1)　**一件記録送付制度の意義**　たとえば7条は，拷問の適法性に関し疑義がある場合に行うべき上級官憲等への求鑑定について，「鑑定を求めるに際しては，官憲に対し，嫌疑に関して知りえた全ての事情及び状況を書面により正確に報告しなければならない」と定める。一件記録送付制度（Aktenversendung）と呼ばれる求鑑定制度である。

　皇帝が裁判官に対し法有識者の鑑定を求めることを命じた理由として，Carpzov, q. 116, n. 11 は，「ほとんどの裁判官が法の求めるような適格を有

していないことは良く知られた事実だからである」と述べ，また，Clasen, art. 219, IV〔p. 855 et seq.〕は，①裁判官は，称賛を受けることを狙い，ときには大いなる慈悲深さ，ときには大いなる厳格さを示すことがある，②生命・身体にかかわる重大なる刑事事件がしばしば法律的素養を欠く者の手に委ねられている，③生命・身体にかかわる困難な問題を，法律的素養がある場合においても1名の者の判断に委ねることは危険であり，陪席が付されたとしても，合議において問題を検討し判断する法学部教授がするように正確にすべての事情を検討することは不可能である，という事情を挙げる。

　ちなみに，17世紀初頭のザクセンには，ライプツィッヒ参審人会（Schöppenstühl）をはじめとする法有識者団に鑑定を求める，約2000の第1審裁判所があったといわれる（Boehm, S. 388）。ザクセンの法学者カルプツォフは，カロリーナ制定から約1世紀後，「今日，一般に都市では下層民と職人が，農村では国庫官，刑法学者（criminalista）を気取るが法律と刑事事件に無知な書記や差配（praefetus）が，真正罰令権を行使している」と述べ（Carpzov, q, 116, n. 18），ザクセンの隣国ブランデンブルクの法学者ブルネマンもほぼ同じ頃，「第1条がどの程度適切に遵守されているかは，遺憾ながら経験の示す通りであり，都市では学問も刑事裁判についての知識もない者によって，農村では農民その他刑事裁判の経験のない者によって刑事事件が取り扱われているのが実情である」と述べている（Brunnemann, cap. 3, 47〔上口訳39頁〕）。

　(2)　助言依頼制度と一件記録送付制度　　Kleinheyer, *Die Regensburger peinliche Gerichtsordnung*, S. 301 は，「助言依頼制度が，法学部及び参審人会への一件記録送付制度へと発展を遂げる」が，カロリーナは一件記録送付ではなく助言依頼（Rateinholung）を定めるにすぎない，とする。これは，カロリーナは個々の論点について法有識者の鑑定を求めるべきことを定めているが，訴訟記録全体を送付した上で判決形式での鑑定，助言を求めることは定めていないという趣旨と解される。しかし，カロリーナにおいては，証言聴取者が選任された場合において上級官憲が受訴裁判官に判決を指示することを定める73条，明文のない刑事事件に関し鑑定に従い判決すべきことを定める105条，上級官憲に判決の指示を求めるべきことを定める106条

等が存在する。これらの規定は典型的な一件記録送付制度に当たる。

既にカロリーナにも現れている判決依頼としての一件記録送付は，その後ほぼ全ての領邦の実務において原則化した（Böhmer, *Elementa,* sect. 1, cap. 16, §273）。これは，領邦立法によって，判決作成に際し一件記録送付を行うことが義務づけられたためである（Hegler, S. 2）。他方では，法有識者による助言活動は被告人又は弁護人の請求のある場合に限られることになった（Hegler, S. 7）。Langbein, *Die Carolina*, S. 272, Fn. 137 は，判決依頼が原則化する実質的な理由として，①法有識者が判断の理由や典拠を挙示したとしても，鑑定を依頼した裁判所にはほとんど理解されなかった，②かかる事情の下では，鑑定を判決形式で起草する方式が鑑定を依頼した裁判所に好都合であり，判決形式の鑑定という方式は，16世紀に書面主義的なローマ・カノン法訴訟手続が急速に普及したことによって一層拍車がかかった，③さらに，求鑑定を行う裁判所は，鑑定を要する法律問題を定式化し明示する労作を避け，端的に一件記録を送付する傾向をますます強めた，と述べる。

Carpzov, q. 116, n. 1; Clasen, art. 7, 2 (2); Kress, art. 219, §3; Brunnemann, cap. 8, memb. 4, n. 2〔上口訳187頁〕は，「一件記録送付（protocolli & actorum transmissio)」という術語を用いているほか，Schmidt, *Einführung*, S. 135; G. Buchda, *"Aktenversendung"*, in: HRG, Bd. 1, Sp. 84 は，カロリーナの制度を一件記録送付制度と呼ぶ。助言依頼と一件記録送付の以上のような関係を念頭においた上で，クラインハイヤーのいう「助言依頼制度」を含む趣旨で，カロリーナの求鑑定制度を一件記録送付制度と呼ぶことは可能であろう（一件記録送付制度一般について，Brunnemann, cap. 8, memb. 4〔上口訳187頁以下〕，上口350頁以下参照）。

(3) 一件記録送付制度の起源　一件記録送付は，カロリーナ序文が述べるように，「大多数の刑事裁判所が朕の皇帝法を学ばず，知らず，又は習熟せざる者により構成され（る)」という当時の実情下において，ローマ・カノン法を基礎とする新たな実体法及び手続法に即した刑事司法の実現に不可欠となった制度であるが，判決裁判所が法有識者に鑑定を依頼する慣行自体は，母都市法を継受した娘法都市の裁判所が母法都市の裁判所に法の教示を求めるというかたちで，ドイツ中世から存在したゲルマン法的な制度である

（註 4 参照）。

「上級裁判所」への鑑定依頼と並んで，ローマ・カノン法の継受者としての大学への鑑定依頼が定められている点で，一件記録送付制度は，ゲルマン法的な制度とイタリアのポデスタ制下で盛行した法学者に対する「助言依頼（requisitio concilii）」制度との融合を意味した（Schoetensack, S. 18）。

(4)　求鑑定に関する規定　　カロリーナは，多くの箇所において，法有識者による鑑定を求めることを命じている（Oldekop, *Observationes*, tit. 1, obs. 7, n. 11 によれば，求鑑定に言及する箇所は 57 に上る）。求鑑定には概ね二つの類型がある。すなわち，①証拠法関係の規定は 219 条中 47 条を下らないとされ（Ignor, S. 62），非学識法曹による証拠評価・事実認定に指針を与えることがカロリーナの大きな関心事であった。第 1 の類型は，非学識法曹にとって証拠評価・事実認定が困難な場合に命じられる求鑑定である（たとえば，徴憑の十分性に関する 7 条，正当防衛に関する 142 条，143 条）。②カロリーナは刑法及び刑事訴訟法の今日的意義における包括的な法典化を実現しえなかった。第 2 の類型は，法源の教示を目的とした求鑑定である（たとえば，明文のない犯罪に関する 105 条，近親相姦に関する 117 条）。

Schoetensack, S. 101 は，広汎な求鑑定を定めるカロリーナにおいて，事実上多くの場合，「糾問裁判官」は判決作成から除外されていたという。

(5)　一件記録送付制度の長所　　Ignor, S. 108 は，①困難な事件において法有識者の助言が得られる点で裁判官，②学説を実務に伝達しうる点で法有識者，③裁判官が種々の影響に曝されている裁判地から離れている場所において，法有識者が下す判断が自己に有利なものとなりうる可能性がある点で被告人，④鑑定を与えうる判決機関の権限及び構成の決定を通して刑事司法に影響力を行使しうる点で領邦君主，それぞれの利益に適った制度であったとする。もっとも，Blankenhorn, S. 54 によれば，判決機関の鑑定活動はドイツ刑法学の形成に寄与するところが大であったが，後には時として衒学趣味・骨董趣味の批判を招き訴訟遅延をもたらしたようである。

(6)　鑑定依頼書　　Oldekop, *Decades*, decas 1, q. 9, n. 13 は，鑑定依頼書として，「A 対 B 事件の訴訟記録をこの書面に添えて送付いたします。しかるべく精査，検討され，合議の上，法及び訴訟記録に照らし適切なる判決を

当裁判所名義において作成され，訴訟記録同封の上，費用若しくは報酬の支払いと引換えに返戻いただきたく願い上げます」という例を挙げる。

2　求鑑定事項　Böhmer, *Elementa,* sect. 1, cap. 16, § 276 によれば，①重大な刑罰，拷問及び拷問の威嚇，又は雪冤宣誓を言い渡す場合，②被告人が防禦を行った場合は一件記録送付が必要的である。これに対し，①一般糺問，②逮捕拘禁，③身柄保障の付与，④糺問項目に対する答弁に関する場合は，刑罰・拷問に関する判決が求められているわけではないので，一件記録送付は任意的である。また，Carpzov, q. 116, n. 27 によれば，ザクセンにおいては領邦立法によって，一件記録送付は死刑及び身体刑に当たる重罪に限られたが，実務上は軽罪に関しても一件記録送付が行われた。

3　鑑定の拘束力　(1)　Clasen, art. 7, (2)〔p. 63〕は，「民事訴訟においては，訴訟当事者の申立てに係る法有識者の鑑定はそれほど尊重されないのが通例であるが，刑事事件においては法有識者の意見を尊重し執行するのが正しい」，Clasen, art. 105, I〔p. 384〕は，法に刑罰の定めのない場合に法有識者の行った鑑定に関し，「裁判官は，法有識者の鑑定を尊重し執行する義務を負う。裁判官が恩赦権（jus aggratiandi）を有する場合を除いて，かかる鑑定に従うべきものである」，Clasen, art. 161〔p. 690〕は，「裁判官は得られた鑑定に従って判決を作成する義務がある」が，「裁判官又は当事者が教示を得るために（pro informatione）求めた鑑定の場合は，裁判官はこれに従う義務がない」と註解する（共犯に対する判決の場合の拘束力については，177 条註 6 参照）。Clasen, art. 104, V によれば，恩赦権を有するのは上級裁判官すなわち領邦君主であるから，領邦君主以外の裁判官は鑑定に従う義務があったことになろう（Hegler, S. 6 は，被告人の申立てに基づき一件記録送付が行われた場合は，判決の変更はできなかったとする）。買収され鑑定内容と異なる判決を行った裁判官が偽罪として処罰された事例として，112 条註 5 参照。

他方，Oldekop, *Observationes,* tit. 1, obs. 7, n. 8 は，「場合によっては，誤った判決をした裁判官は，法有識者の鑑定に従ったというだけでは免責されない。特に，経験者，参事会員が陪席し，鑑定に従うことも，従わないことも可能であった場合は，そうである。しかし，法律又は当事者の同意に基づき，鑑定に従って判決した場合は，これらによって拘束される裁判官が査

問手続に付される（syndicare）ことはない」と述べている。

(2) Clasen, art. 7, (1)は，鑑定を領邦君主に求める場合については「決定（decisio）」，「大学の教授団又は他の都市の法有識者」に求める場合については「鑑定（consilium）」，という用語の使い分けをしている。鑑定の拘束力の違いを示唆する趣旨であろうか。もっとも，Clasen, art. 28, (4)は，「法有識者に鑑定を求め，その鑑定又は判決（consilium aut sententia）に従い手続を行う」と述べている。

(3) いずれにせよ，鑑定の拘束力は領邦国家の整備と相俟って強化された。17世紀前半の著作である Carpzov, *Peinlicher Sächsischer Inquisition-und Achtsprocess*, S. 126 は，ザクセン選帝侯領に関し，「裁判官は自らの判断で犯人を処罰する権限を有せず，法有識者に一件記録を送付の上，返戻される判決を宣告し執行しなければならない」と述べる。18世紀後半の著作である Böhmer, art. 196, §1 は，「かつては外部者の鑑定は判決の効力を有せず，参審人がこれを基準（norma）として判決を作成したにとどまる。しかし，今日かかる法は用いられておらず，一件記録送付を行うことが決定されると，外部者が自己又は記録送付者名義の判決を作成し，裁判官は判決をそのまま言い渡すことを義務づけられ，判決主文（tenor）を変更することは一切認められない」と註解する。また，17, 18世紀には，重刑を科す法学部による判決提案の執行は領邦君主の允許が必要とされるに至った（Hegler, S. 6）。

4　上級裁判所　(1)　"oberhof"の意義について，Blankenhorn, S. 48 f.; Schroeder, S. 197 は，「母法都市裁判所」と註解している。これは，都市法の継受に由来する「母都市・娘都市」関係を前提として，「娘都市」裁判所が法律上の疑義に関する教示あるいは判決作成を求めた「母都市」裁判所をいう（D. Werkmüller, *"Oberhof"*, in: HRG, Bd. 3, Sp. 1136）。

(2)　Blankenhorn, S. 48 ff. によれば，①生成途上の領邦国家は，伝統的な上級裁判所への鑑定依頼を制限又は禁止するだけでなく，領邦君主又はその顧問官，官房への鑑定依頼を制度化した。この結果，領邦国家の官吏が関与する裁判所は，領邦君主又はその顧問官に，官吏の関与しない裁判所は伝統的な上級裁判所に鑑定を求めることになった。②領邦国家体制の整備を目指

すバンベルクの法令であるバンベルゲンシス226条, 277条が官吏たる裁判官に対し宮廷顧問官に鑑定依頼すべきことを定め, カロリーナ第1次草案223条が同じく上級官憲への鑑定依頼を定め, 上級裁判所への鑑定依頼を認めていなかったのに対し, 本条は, まず上級裁判所への鑑定依頼を定め, 上級裁判所を有しない場合について上級官憲への鑑定依頼を定める。

　本条は, 帝国法としてのカロリーナが, 領邦君主の裁判権力を抑制しようとしたことを示している。これは, 領邦君主の権力を抑制しようとする帝国権力, 帝国から自立した権力を拡大しようとする領邦君主, 及び, それまで領邦君主の支配を免れてきた都市・領主裁判権者という三者間の利害関係を調整する意味を持つものであった (J. P. Dawson, *The Oracles of the Law*, 1968, p. 198)。

　(3)　ゲルマン法に起源を有し非学識法曹によって構成される上級裁判所は, ローマ・カノン法の継受とともにその活動範囲を縮小した (Blankenhorn, S. 51)。上級裁判所の中でも学識法曹を受け入れたものが法学部と並ぶ判決機関 (Urteilskolleg; dicasterium) へと成長を遂げ, その後も鑑定活動を継続することが可能となった (Wieacker, S. 112 ff., 179 ff.)。上級裁判所の淘汰は, さらに, 領邦国家の生成とともに, 領邦国家外の上級裁判所への求鑑定を禁止する立法によっても推し進められることになった (Blankenhorn, S. 49)。

　5　弾劾訴訟と求鑑定先　　上級裁判所を有しない場合に関して定める以下の法文と比較するならば, 上級裁判所を有する場合は, 私人による弾劾訴訟, 職権による弾劾訴訟及び糺問訴訟のいずれの場合も, 上級裁判所に鑑定を求めなければならないという趣旨に解される。

　6　以上の規定を, Böhmer, art. 219, §3 は, 裁判権者の代理として裁判権を行う, したがって, 「自己の判断に基づき判決することが許されず, 裁判権者の指令に厳格に従う義務のある」裁判官 (領邦君主の官吏としての裁判官が主として考えられよう) に関する規定であると解した上で, ①裁判権を家産的権利として, かつ自己のものとして行使する裁判権者が疑問を抱いた場合, いかなるところに鑑定を求めるべきか明らかでない, ②弾劾訴訟又は糺問訴訟という訴訟手続の違いによって, 鑑定を求めるべき場所が異なるべき

合理的な理由がない，と註解している。

①の点について，Hegler, S. 3; Schoetensack, S. 18; Blankenhorn, S. 16, 50 は，家産裁判所の場合は常に上級裁判所又は法学部が判決機関の役割を果たしたとする。②の点については，次註参照。

7 職権手続と求鑑定先 (1) Clasen, art. 219, III〔p. 854〕は，「官憲が職権により，自ら任命した裁判官の許で刑事弾劾訴訟を行わせる場合において，これに関し疑義が生ずるときは，裁判官は任命者である官憲に鑑定を求めてはならない。この場合，官憲が弾劾人の役割を果たしており，〔同一人が〕弾劾し，鑑定し，判決を下すことは許されないからである。最寄りの法学部に鑑定を求め，又は他の都市裁判官その他の法有識者に…鑑定を求めなければならない」と註解する。Remus, cap. 219 の訳も同様の補足を加えている。

このような理解によれば，①「職権に基づく刑事の弾劾又は手続（peinliche anklag oder handlung）」は，専ら職権による弾劾（188 条参照）を指し，この法文は，職権による弾劾に関し公正・衡平の観点から求鑑定先に制限を加える趣旨となる。②他方，糾問訴訟については，本条には直接の定めがないが，反対解釈として，上級官憲に鑑定を求めることになろう。7 条が糾問訴訟における拷問との関係で上級官憲に鑑定を依頼することを許容していることが，このような解釈の根拠となる（なお，106 条参照）。

クラーセン，レームスの見解は，当事者と審判者との峻別に立脚する弾劾訴訟の場合と異なり，糾問訴訟において裁判官が任命権者によって付与された判断権の行使に際し，任命権者たる上級官憲の判断を仰ぐことは糾問訴訟の職権手続性に抵触しない，というものであろう（Böhmer, art. 219, §3 は，上に引用したように，糾問訴訟のみならず弾劾訴訟においても上級官憲の許に求鑑定を行うべきであると主張する）。

(2) これに対し，Kress, art. 219, §2〔p. 811〕は，刑事裁判所が上級裁判所を有しない場合，裁判官は，①弾劾訴訟においては，その上級官憲たる裁判所に，②職権による糾問訴訟においては，近隣の大学，都市，自治都市，その他の法有識者に鑑定を求めなければならないと註解する（Kress, art. 7, §2 は，拷問の可否に関し，弾劾訴訟の場合は上級官憲に，糾問訴訟の場合は大学

等に求鑑定を行うとする）。Radburuch/Kaufmann, S. 137, 146 もまた，私人による弾劾訴訟における官憲への求鑑定を許すが，官憲が当事者となる糺問訴訟及び職権による弾劾訴訟においてはこれを許さない 219 条と，糺問訴訟において官憲の許に拷問の可否につき鑑定を求めることを認める 7 条等との間には齟齬があるとし（ただし，7 条及び 106 条を例外的規定と位置づける），Schoetensack, S. 18 も同様の理解を示す。このような理解によれば，「職権に基づく刑事の弾劾又は手続（peinliche anklag oder handlung）」は，職権による弾劾訴訟及び糺問訴訟を指すことになろう（Blankenhorn, S. 53 は，糺問訴訟の場合に限って大学等への求鑑定が定められているとする）。

Vogel, art. 219 の"au cas que le Magistrat lui-méme *poursuivît d'office un Criminel, et conduisît l'instruction de son procès avec une accusation criminelle*"（「官憲自ら職権によって犯人を訴追し，及び，刑事弾劾を受けて犯人に対する訴訟を審理する場合」）という仏訳は上にような理解を前提とするものであろう。これに対し，Langbein art. 219 の"the authorities *ex officio bring criminal complaint or proceedings* against a criminal"という英訳の趣旨は明らかでない。

8　7 条，72 条，73 条，106 条の場合がこれに該当する。

9　上級官憲による求鑑定　　Clasen, art. 219, IV〔p. 855〕は，裁判官から鑑定を依頼された領邦君主の顧問官自身，必要があるときは法学部等の法有識者に鑑定を求めるべきことを定める一般則であるとする。72 条は，証人尋問に関し官憲に不明の点がある場合について，203 条は，訴訟記録作成について裁判所書記から照会を受けた官憲が回答することができない場合について，法有識者に鑑定を求めるべきものとしている。

F. Hartung, *Deutsche Verfassungsgeschichte*, 9. Aufl., 1950, S. 73 によれば，15 世紀末から 16 世紀にかけて，法学修了者が領邦君主の顧問官として任命され，顧問官が常設合議体を構成するに至り，上級官憲自身が法有識者としての役割を担った。

10　Kress, art. 219, §3 は，裁判官が「自己の負担〔= 時間・費用〕を節減するため（in proprium laboris compendium）」一件記録送付を必要であると判断した場合は，当事者に費用を請求することができないと註解する。

11　被告人側にも求鑑定請求権が認められているが，さらに，鑑定機関を忌避する被告人の権利（facultas eximendi）もまた認められたようである（Brunnmemann, cap. 8, memb. 4, n. 10〔上口訳191頁〕; Böhmer, *Elementa,* sect. 1, cap. 16, §278）。

12　Clasen, art. 219, VII〔p. 857〕　は，"quaesitum majorum expensarum dispendium"「（多額の費用支出を狙う意図）」と註解する。裁判官の費用負担を重くする悪意という趣旨であろうか。

13　Clasen, art. 219, VIII は，「しばしば人の名声及び生命について生ずるように」，「刑事事件において一旦誤りが犯されるならば，これを匡すことは不可能であるか，少なくとも困難である」と註解する。

14　Clasen, art. 219, X〔p. 858〕によれば，裁判官が不知を理由に免責されないのは，皇帝が裁判官に鑑定依頼を命じており，「法有識者に鑑定を求めることができる以上，避けることが可能であった誤りを犯した裁判官は法律の不知を理由に免責されることはない」からである。

刑事裁判〔令〕終わる

訳 注

序文

*a Clasen, ad prooemium II〔p. 28〕は，"stattlich"の語が，条文にいう報告が「厳粛，かつ，挙げられた全事情に照らし真実を写す詳細なもの」であったことを示していると註解する。

*b "gepeinigt"の意義については解釈の対立がある。Remus, prooemium; Vogel, p. 2 は「拷問」，Gobler, praefatio; Langbein, preamble は「処罰」と解している。

カロリーナにおいて，"peinigen"が「拷問」の趣旨で使用される例はあるが（11条，20条，218条），「処罰」の意味で使用される例はない。また，Malblank, S. 82 には"grausame Peinigungsarten"（「残酷な拷問の種類」という用例が見えるほか，Malblank, S. 173 は，帝室裁判所に対し，「多くの犯人がしかるべき刑罰を免れ，少なくない無辜が拷問され処刑されている（gemartert und hingerichtet）」という趣旨の陳情がなされ，カロリーナ制定の契機となったとしており，「拷問」と解するのが妥当であろう。

*c テキストは，"*nach gelegenheyt Teutscher land in disen allen, altem langwirigem gebrauch vnnd herkommen nach*, die peinlichen gerichte an manchen orten mit rechtvestendigen erfarn geübten personen nit besetzt werden mögen"である。

Gobler, praefatio は，"iuxta conditionem & qualitatem Teuthonicae nationis, in his omnibus ex longo usu & diutina consuetudine criminalia iudicia passim cum iureperitis & exercitatis uiris constitui non posse"（「ドイツ国の現状においては，これら全てに関わる古き長き慣習のゆえに，広く刑事裁判所に法の知識を有し経験を備えかつ法に習熟せる者を充当することができない」）とほぼ逐語的な羅訳を示す。他方，Langbein, Preamble は，"*according to long-established usage in German territory in these matters*, the criminal courts in many places cannot be staffed with legally knowledgeable, experienced and practiced persons"（「この点に関わるドイツ国の長き慣習に従い，多くの地の刑事裁判所に法律的知識，経験，習熟を備えた者を充当することができない」），Vogel, p. 1 は，"tant que *les Provinces d'Allemagne resteroient dans cet abus, que la durée du tems avoit fortifié*, on ne pouvoit point esperer de voir les Tribunaux Criminels dans plusieurs endroits pourvûs de personnes instruites & experimentées dans les Loix"（「ドイツの諸領邦が積年の悪弊に陥っているがゆえに，多くの地の刑事裁判所が法の知識経験のある者により構成されることを期待することができない」）とする。いずれの訳によっても，イタリック部分の趣旨が必ずしも明快ではないが，基本的にはゴブラー訳に従った。

第 1 条

*a　テキストは，"jtem erstlich"である。

"jtem"は，前後の文をつなぐ趣旨の語であるから，第 1 条の冒頭において"jtem erstlich"というのは適切ではない。"jtem"は，以下の各条の冒頭におかれるのが原則である。このような様式は，北ゲルマンの諸部族法が口頭の「法講話」として生成したという事情に由来するようである（エーベル 20 頁参照）。

*b　テキストは，"alle peinlich gericht mit Richtern, vrtheylern vnd gerichtßschreibern, versehen vnd besetzt werden sollen, *von frommen, erbarn, verstendigen vnd verfarnen personen, so tugentlichst vnd best die selbigen nach gelegenheyt jedes orts gehabt und zubekommen sein*"である。

これに対し第 1 次草案は，"alle peinlich gerichtt, mit tuglichenn Richtern, vnnd vrtheylern versehen vnnd besetzt werden, *so tugenlichst vnnd best, dieselben nach gelegenheytt jedes ortts mögen bekomen vnnd gehabtt werdenn*"，第 3 次草案は，"alle peinliche gericht mit Richtern, vrteilern vnd gerichtsschreibern versehenn vnd besetzt werden sollen...*so tuglichst vnnd best dieselben nach gelegennheit Jedes orths, bekomen vnnd gehabt werdenn mogen*"となっている。

カロリーナと第 1 次及び第 3 次草案とを比較すると，テキストのイタリック部分には語の脱落によって統語上の問題が生じていると考えられる。Gobler, art. 1 は，イタリック部分を，"iudicia ominia publica & poenalia Praetoribus, iudicibus & scribis prouideri atque constitui, tam integris, probis, honestis & prudentibus uiris, aptis atque idoneis, quam loci cuiusque occasio & commoditas subministrare possit"（「全ての公的刑事裁判所は，その地の事情及び便宜に照らし，求めうる廉潔，有能，名誉あるかつ賢明なる，すなわち，適切かつ相当なる裁判官，判決人及び書記により構成される」）とする。また，Clasen, art. 1, I は，本条の趣意として，「カール 5 世皇帝は，それぞれの地及び時を考慮し，得ることのできる最善の者が〔裁判官として〕任命されるべきことを付言する」と註解する。これらを参酌し，統語上

の疑義も残るが本文の訳とする。

なお，Langbein, art. 1 は，"all criminal courts shall be staffed and provided with judges, judge-givers and court scribes—persons of piety, honor, knowledge, and expierience—the best and most upright to be got and had according to the circumstances of each place"と直訳する。

*c　当該テキストは，"etlich vom adel, vnd andere, den solche gericht *eygner Person* ampts halber vnd sunst zu besitzen gebürt"である。

イタリック部分を，Gobler, art. 1 は，"nobiles quidam, seu ingenui, quos eiusmodi iudicia *coràm* exercere ex officio aliis'que de causis decebat"（「職務上又はその他の事由に基づき，かかる裁判を自ら行うべき若干の貴族すなわち身分ある者」），Vogel, art. 1 は，"doivent assister *en personne* à ce Tribunal"（「かかる裁判所に自ら臨席すべき」）とする。

*d　テキストは，"dieweil...solch gerichtbesitzung...den selben vom adel vnd ampter zu ehren reychen, und dienen ist"である。Vogel, art. 1; Langbein, art. 1 は本文とほぼ同趣旨である。Gobler, art. 1 は，"quod è re atque officio nobilium, adeo que ex diginitate eorum esse censendum est（「〔犯罪者を処罰することは〕貴族の権限及び職務に属し，さらには貴族の名誉に属するものと看做される」）とする。

第3条

*a　テキストは，"Des Richters eyde *über das blut zurichten*"である。

Gobler, art. 3 は，"ivramentum praetoris, seu *iudicis in criminalibus*"（「裁判官の宣誓又は刑事事件に関する宣誓」）とする。

第6条

*a　Gobler, art. 6 は，"uulgo diffamatus"（「人々の間に風評のある」）とする。

*b　テキストは，"inn disen grossen sachen"である。

「これら」という修飾の意義が判然としないが，官憲が糾問を行うような事件という趣旨か。

第7条

*a　テキストは，"des *fürbrachten* argwons vnd verdachts"である。

イタリック部分は，「裁判官以外の第三者（＝弾劾人）によって提出された」という趣旨に解されるが（Vogel, art. 7 は，"les soupçons et indices allegués"と直訳する），弾劾人による徴憑の陳述に関し最初の言及がなされるのは 11 条であるか

ら，このような表現は条文関係上理解しにくい。

これに対し，Gobler, art. 7 は "suspiciones eiusmodi ac praesumptiones"（「その種の疑惑及び推定根拠」と羅訳するにとどまり，Clasen, art. 7 はイタリック部分について特に言及していない。前条が定める職権による徴憑探知との関係では，このような理解が整合的であろう。

*b　テキストは，"inn *bestimpter* erkanntnuß" である。

グリム・ドイツ語辞典によれば，"erkanntnuß" は "sententia judicis" の語義がある。「所定の判決」ではその趣旨が判然としないので，たんに「判決」とした。Gobler, art. 7 は "in declaratione sua"（「その判決において」）と羅訳し，Vogel, art. 7 は，"en prenant connoissance de l'affaire"（「問題につき判決を下すに当たり」）と仏訳する。

*c　テキストは，"die oberkeyt; so der ende one mittel die peinlichen oberkeyt der straff hat" である。

セミコロンは不要であり，"der ende" は「その地に対し」という趣旨であろう。Gobeler, art. 8 は，"superiores sui"（「上級官憲」），Clasen, art. 7 は，"immediatus magistratus"（「直上官憲」），Vogel, art. 7 は，"le magistrat superieur"（「上級官憲」）と，いずれも意訳している。

第8条

*a　テキストは，"Item so die missethat eyner todtstraff halben kündtlich, oder aber deßhalb redlich anzeygung, wie dauon vor berürt ist, erfunden wirdt, So soll *es* der peinlichen frag vnd aller erkundigung halben, so zu erfindung der warheyt dinstlich ist, auch mit rechtfertigung auff das thetters bekennen, *gehalten werden, wie* klerlich hernach von den jehnen die auff ankleger einbracht werden, geschriben vnd geordnet ist" である。

日英仏羅訳はそれぞれ異なる。

(1)　"So soll *es*" 以下を，塙8条は，「拷問，および，真実の確定に役立つすべての調査あるによりて，原告人によりて収牢せらるる者どもに関し明瞭にのちに記述せられ規定せられいるごとくに，行為者の自白に基づく有責判決もまた，許さるべし」とするほか，Langbein, art. 8 は，"When the crime obviously merits the death penalty, or when legally sufficient indication (as before mentioned) is produced in such a case, *it shall be examined into—under torture, if useful to establish the truth—*

and the judicial proceedings shall be held upon the culprit's confession in the manner below prescribed and ordered for those who are brought before the court upon private complaint"(「私人の弾劾により被告人となった者について以下に定め命ぜられている方式に従い，事実が―真相解明に資するならば拷問を以て―取り調べられ，かつ，被告人の自白に基づき手続が行われなければならない」）と英訳し，Vogel, art. 8 は，"*on doit verifier le délit sur la confession du déliquant par la question & recherche, servante à faire découvrir la vérité, ainsi qu'il sera marqué clairement & ordonné ci-aprés, au sujet de ceux qui sont chargez par des accusateurs*"(「犯罪事実は，弾劾人により訴えられた者に関し以下に明確に定められ命ぜられるところに従い，真実発見に資する拷問及び取調べに基づく犯人の自白により，確認されなければならない」）と仏訳する。しかし，いずれの訳解も疑問である。

(2) Remus, cap. 8 は，"Si de delicto, quod capitis supplicum mereatur, constet, &（vt loquuntur）notorium sit, aut eius indubitata indicia probata sunt: *is modus in quaestionibus, & aliarum rerum, quae ad inustigandam facti veritatem, & conuincendum reum spectabunt, seruari debet, qui verò ordo, & progressus in iis, qui accusatorem inscriptum nacti sunt, seruandus, paulò post adnotabitur*"(「拷問その他真実発見及び被告人の有罪判決に関わる事柄は，訴追登録した弾劾人によって弾劾された被告人に関し遵守されるべく以下に定める方式及び手続の下に行われなければならない」）とする。Gobler, art. 8 は，"Quod si maleficium capitali poena constat, eiusque legitima indicia, uti meminimus, comperta habentur, *quaestio & inquistio pro exploranda ueritate, iustificatio item super rei confessione habeatur, ita quemadmodum in sequintibus de iis qui ex delatione apprehenduntur, notatum est & constitutum*"(「拷問及び真実発見のための糾問，並びに被告人の自白に基づく判決を行うについては，訴えに基づき拘禁された者に関し以下に明示され定められる方式が遵守されなければならない」）とする。レームス訳には疑問の点もあるが，いずれの羅訳もテキスト構造については忠実なものと思われる。

第10条

*a テキストは，"mit erkanntnuß solcher straff soll es sonderlich auch gehalten werden, als imm *hundert vnd sechs vnnd neuntzigsten artikel anfahend. Item so ein person etc.* angezeygt, erfunden wird"である。

イタリック部分は，「"*Item so ein person etc.*"という文言を以て始まる 196 条」と

いう意味である。このような条文引用の場合は，当該条文の日本語訳の冒頭を引用する。したがって本条の場合は，「同じく，ある者が，（朕の本令に従い行われたる）云々」となる。

Langbein, art. 10 は，テキストを，"the sentencing to this penalty shall be in accord with Article 196; and the same applies when someone has been *caught in the act*"とするが，カロリーナにおける条文引用法を誤解したものである（イタリック部分の英訳も，現行犯逮捕を指すようであるが趣旨不明である）。

第11条

*a　テキストは，"vnangesehen ob der ankleger den angeklagten *auf sein recht gefengklich einzulegen,* oder sich bei dem beklagten zusetzen, *begeren vnd erbieten würde*"である。

このテキスト全体は，バンベルゲンシス17条，第1次及び第3次草案には現れない。イタリック部分について，Gobler, art. 11 は，"etiamsi reum actor *pro suo iure* comprehendi & includi in carcerem postulauerit"（「被告人を拘禁すべきことを弾劾人が権利として申し立てた場合であっても」）とするが，「権利」が何を意味するか不明である。なお，Remus, cap. 11 は，"accusator, qui...alterum quempiam publicis constringi vinculis petit"（「何びとかの公的拘禁を申し立てる弾劾人は」）としており，「権利」への言及はない。Langbein, art. 11 も同様である。担保を提出せず弾劾人が被告人と同じく拘禁される場合に言及する後続のテキストと対比すると，弾劾人が担保を提供し自ら拘禁される余地を封じた上で被告人の拘禁を申し立てる場合を指すのであろうか。

第12条

*a　210条では，"caution, bestandt oder sicherug"となっている。

堝12条は「保証，保障，引当てまたは担保」とし，Langbein, art. 12 は"surety"の一語を当てる。Schoetensack, S. 30 は，このような同義語の並列は，各ラントにおける用語の違いに配慮したものであろうとする。以下では，原則として「保証」の一語を当てる。

*b　テキストは，"daß er der kläger, wo er *die peinliche rechtfertigung nit außfüren,* oder dem rechtem verfolgen würd"である。

イタリック部分は，修辞法の一つ「二詞一意（Hendiadyoin）」であろう。Gobler, art. 12 は，イタリック部分を端的に，"quod accusator (sicubi poenale iudicium

訳 注 *517*

non prosequeretur...)"(「弾劾人が（刑事訴訟を追行せず…ときは)」）とする。

*c　テキストは，"ohne weither appellation vnd suchung"である。

「上訴及び〔上訴審での〕審問を許すことなく」となるのであろうが，Gobler,
art. 12 は，端的に"absque ulla appellatione"(「上訴を許すことなく」）とする。

第 13 条

*a　テキストは，"*soll* der ankläger inn solchem fall, dannocht auch nach gelegen-
heyt der person vnd sachen, vnd erkantnuß des richters, sampt vier gerichts
personen, oder schöpffen, nach notturfft *verpürgen*,〔①〕wo der beklagt solch
entschuldigung also außfüren würd, daß er der beklagten that halb nit peinlich straff
verwürckt hett,〔②〕jm alßdann vmb solch gefengklich einbringen, schmach vnd
scheden, vor gericht wie obgemelt, *entlichs burgerlichen rechtens zupflegen*,〔③〕
vnnd darzu alle gerichts scheden *außzurichten*, nach erkenntnuß desselbigen
gerichts *schuldig sein*"である（亀甲括弧内数字─引用者)。

　(1)　テキスト全体の構造は，弾劾人は，①の要件が充たされる場合には②及び③
の責めを負うことを保証する，という趣旨に解される。この趣旨を前提にすると，
"*entlichs burgerlichen rechtens zupflegen*"の解釈が問題になる。

　　Schroeder, S. 151 は，"rechtens zupflegen"を"Prozeß zu füren"とする。Gobler,
art. 13 は，"se reo...ac ceu in negotiis ciuilibus...recompensaturum esse"(「民事訴
訟における場合と同様に，被告人に対し…賠償する」）と羅訳する。Langbein, art.
13 は，"according to the civil law"と英訳する（ただし，99 条に関しては，"entlichs
burgerlichen rechtens "を，"the final civil process"と英訳する)。仏訳は，"il y
sera procédé civilement jusqu'à jugement définitif"(「終局判決まで民事訴訟が追行
される」），塙13条は，「終局的なる民事裁判によりて，なす」とする。

　(2)　このように解釈が分かれるのは，テキスト自体に問題があるためであろう。
Clasen, art. 13 は，「被告人が，死刑を免れる免責事由を証明した場合は，被告人
が受けた損害，拘禁による恥辱，費用その他の不利益の賠償を当該〔刑事〕裁判所
において請求しうることを，弾劾人は保証しなければならない」と註解する。これ
が本条の趣旨であると解するのが妥当であろうが，"*entlichs burgerlichen rechtens
zupflegen*"のテキスト解釈として，そのような趣旨を読み取りうるかという疑問は
残る。

　(3)　以上のような事情を踏まえ，また，グリム・ドイツ語辞典によれば，"pfle-

gen"には"geben, zu geben verpflichtet sein, gewähren, widmen"の語義があること
を考慮し，疑問もあるが本文のように解する。

*b　テキストは，"mit *außfürung* der entschudigten thatt…gehalten vnd gehanndelt
werden"である。訳註 a に引用したテキスト中には，"solch entschuldigung also
außfüren"というかたちで現れる。

　"*außfürung*"を「証明」と解することについては，43 条訳註 a 参照。

第 14 条

*a　テキストは，"gemeiner"である。

Güterbock, S. 221 は，"Gemeinden"の誤植とする。Kress, art. 14 も，同様に訂
正された表記をする。

第 15 条

*a　Gobler, art. 15 は，"maleficium constat（「犯行が確認される」）"と羅訳し，
Clasen, art. 15, I は，「犯行が公知，すなわち多数人に知られている」と註解する。
これに対し，Böhmer, art. 15, §1 は，「被告人が犯行を自白する」と註解する。以
下の本文において，「犯行が否定しがたい」と言い換えられていることを考慮する
ならば，ベーマー註解は適切ではあるまい。

第 16 条

*a　テキストは，"so eyner one recht messig vnnd getrungen vrsach eyn offentli-
cher mutwilliger feindt oder friedbrecher wer"である。

Remus, cap. 16 は，"quis pacem publicam, consultò, sciens prudens violet,
hostémve se aliquius palàm dictis, factis profiteatur & gerat"（「熟慮及び知情の上故
意を以て公の平安を害する者，又は，言葉，行為を以て公然と何びとかの敵である
と称しかつそのように振る舞う者」）と意訳する。

*b　テキストは，"das mit keynem grundt widersprechen, oder rechtlichen verur-
sachen oder verlegen möge"である。

　構造が判然としないが，テキストを，Gobler, art. 15 は，"id'que nulla ratione in-
ficiari aut legitimè causari seu excusare posset"（「理由を挙げ否認し若しくは適法に
責めを免れることができない」），Vogel, art. 16 は，"ne peut fournir aucune rai-
son ni défense légitime pour s'excuser"（「責を免れうる適法なる理由又は抗弁を提
出することができない」），Langbein, art. 16 は，"cannot on any groud explain it
away or legally justify it or deny it"とする。これらの訳は前後のテキストと整合的

であり，これらに従うならば，テキストは，たとえば，"das mit keynem grundt widersprechen, oder *mit* keinen rechtlichen verursachen verlegen möge"と訂正されなければならない。

*c　テキストは，"eyn mißthatt ausserhalb redlicher ursach die von peinlicher straff rechtlich entschuldigt, *offenlich vnd vnzweiffenlich ist oder gemacht würde*"である。

　Gobler, art. 16 もまた，"manifestum & indubitatum fuerit, ac ita constiterit"（「公然かつ疑いのない場合ないし公然かつ疑いのないものとなった場合」）とするが，差異の趣旨が判然としない。

第 17 条

*a　テキストは，"Wie der ankleger nach verhefftung des beklagten *nit* abscheyden soll, er hab *dann* zu förderst eyn nemlich statt wohin man jm gerichtlich verkünden soll benant"である。

　イタリック部分の"*dann*"は，グリム・ドイツ語辞典に従い，"es sei denn"，"nisi"の趣旨と解した。

第 18 条

*a　グリム・ドイツ語辞典によれば，"dester"は"desto"，"bas"は"melius"の趣旨であり，「より良く」の意味である。

第 20 条

*a　テキストは，"Es soll auch keyn oberkeyt oder richter inn diesem fall, keyn vrphede helffen, schützen oder schirmen, daß der gepeinigt sein schmach, schmertzen, kosten vnd schaden *mit recht*, doch alle thetliche handlung außgeschlossen, *wie recht* nit suchen möge"である

　(1)　Schletter, S. 16; Güterbock, S. 222 は，"*wie rech*t" は，"*mit rech*t（=jure, auf gerichtlichem Weg)"と重複し，削除されるべきだとする。これに従う。

　(2)　Gobler, art. 20 は，"Non etiam quisquam magistratus seu iudex *se cautione illa de non uindicando*（quam Germani urpfed appellamus）*tueri aut defendere* potest, quo minus suam iniuriam, dolorem, impensam, & id quod interest, iure & legitima actione（vi tamen omini exclusa）requirere & experiri possit ac debeat"（「いかなる官憲，裁判官も，法及び適法なる訴えにより（いかなる暴力も用いることなく）恥辱，苦痛，費用及び損害の賠償を請求することのない旨の不復讐宣誓（我々ドイツ人は"urpfed"と呼ぶ）を楯として，責めを免れてはならない」）とする。ゴブラー

訳は，テキストの"keyn vrphede helffen, schützen oder schirmen"という部分に，イタリック部分のような訳を与えている。Vogel, art. 20 の，"Nul Magistrat ne pourra *être à couvert par aucune garantie*, pour que le questioné dans ce cas n'exerce son recours en demande de réparation de dommages & intérêt, à l'exclusion néamoin de toutes voïes de fait"という仏訳もゴブラー訳と同趣旨である。法文の趣旨に照らし，これらの訳が妥当と思われる。上のテキストの趣旨がこのようなものであるならば，テキストの主語は"keyn vrphede"，目的語は（表記に疑問があるが）"keyn oberkeyt oder richter"となる。

Langbein, art. 20 は，"No authority or judge in this situation shall support, protect, or uphold any recognizance (*urphede*) such that the tortured person cannot legally recover for his injury, pain, costs, and damage—quite excluding his own wrongful acts"とするが，主客が転倒していると思われる。

第22条

*a　テキストは，"niemant auff eynicherley anzeigung…entlich zu peinlicher straff soll verurtheylt werden, sonder alleyn peinlich mag man darauff fragen, *so die anzeygung (als hernach funden wirdet) genugsam ist, dann soll jemant entlich zu peinlicher straff verurteylt werden, das muß auß eygen bekennen, oder beweisung (wie an andern enden inn diser ordnung klerlich funden wirdt) beschehen*, vnd nit auff vermutung oder anzeygung"である。

(1)　Langbein, art. 22 は，イタリック部分を"*when* the indications are sufficient (as will be found below), *then* the person shall be finally condemned to penal sanction"とする（塙22条訳も同趣旨である）。しかし，6条が「十分なる徴憑」を拷問の適法要件と位置づけ，本条が「何びとも，何らかの徴憑，疑惑，指標又は嫌疑に基づき刑事罰の最終有罪判決を受けることがあってはならない」と定めているのであるから，「徴憑が十分なるときは，刑事罰を科すべきである」という解釈は妥当ではない。これは，以下に述べるように，イタリック部分の"so（=wenn）"と"dann"とが対応関係にあると解した結果生じた誤りと思われる。

(2)　グリム・ドイツ語辞典によれば，"dann"は文頭において"denn"の語義を有する。Kress, art. 22 は，テキストを"…genugsam ist. *Denn* soll jemand endlich…"と表記し，Gobler, art. 22 は，"*dann*"以下を，"Damnare *enim* aliquem capitis, seu turpi iudicio conuincere, ex propria cofessione, ac testimoniis…oportet"（「なぜなら

ば，何びとも死刑又は忌むべき刑の判決を以て有罪とするときは，自白又は証言によらなければならないからである」）と羅訳する。

*b　テキスト"in unum conspirantem concordantemque *rei finem* convictus sit"のイタリック部分の語義が不明である。

H. Blume, *The Annoted Justinian Code*（http://www.uwyo.edu/lawlib/blume-justinian/ajc-edition-1/）（未公刊手稿をデジタル化したものである）及びその他の文献を参照し，「供述」と解した。

第25条

*a　テキストは，"ob eyn thetter in der thatt, oder die weil er auff dem wegdarzu oder dauon *gewest, gesehen worden*..."である（"wegdarzu"は"weg darzu"の趣旨であろう）。

Gobler, art. 25 はイタリック部分を，"an ipso maleficio, aut in itinere delicti uel patrandi uel patrati *uisus aut conspectus*"（「〔行為者が〕犯行中，又は，犯行現場への往還において目撃されたか否か」）と羅訳する。"gewest"は「存在した」の趣旨であるが，"gewest, gesehen worden"は「居たところを目撃された」の趣旨であろう。

*b　Clasen, art. 25, V〔p. 138〕は，"vorgehende Traue（＝Drohe）"と表記し，"praecedentes minae"（「先行する脅迫」）と羅訳する。

第26条

*a　テキストは，"so eyner mit dem andern umb groß gut rechtet, *daß darzu der*〔＝das den〕merertheyl seiner narung, habe, vnd vermögens antrifft, der wirt für *eynen mißganner vnd grossen feindt* seins widertheils geacht"である。

（1）Güterbock, S. 223 は，最初のイタリック部分を亀甲括弧内のように表記する写本を根拠に，同様に訂正すべきだとする。文脈に照らし妥当であろう。

（2）テキストを，Gobler, art. 25〔＝26〕は，"si quis cum aliis ratione facultatum ...in iudicio...litigat..., is censebitur *infestus atque infensus inimicus* sui collitigatoris"（「財をめぐって他人と訴訟を行い…であるときは，その者は反対当事者の不倶戴天の敵と看做される」）と羅訳し，Vogel, art. 26 は，"celui qui sera en procès avec un autre...sera censé être un grand ennemi de sa partie adverse"（「他人と…となるような訴訟を行う者は，反対当事者の大敵と看做される」）と仏訳する。"*mißganner*〔＝mißgönner〕"（バンベルゲンシス 41 条は"myssgönner"，カロリーナ

第 1 次草案は"missgonner"と表記する）を塙 26 条は「吝嗇者」，Langbein, art. 26
は，"grudge-holder"（「恨みを抱く者」）とする。グリム・ドイツ語辞典によれば，
"gönner"は"anhänger, guter freund"の意義があり，羅訳，仏訳のように「大敵」
と解して良いであろう。

第 27 条

*a　テキストは，"samentlich oder sonderlich"である。

　Gobler, art. 26〔=27〕は，文字通り"simul aut sigillatim"（"sigillatim"は"sin-
gillatim"の誤植であろう）と羅訳する。

*b　テキストは，"als die nachuolgenden artikel, *der* eyn jeder alleyn, eyn redlich
anzeygung macht"である。

　Gobler, art. 26〔=27〕は，"quemadmodum sequentes articuli, *quorum* singuli ac
quilibet ipsi legitimum indicium ad torturam sufficiens constituunt"（「そのいずれも
が，単独で拷問に十分なる徴憑を構成する以下の条文のように」）と羅訳する。
Langbein 訳も趣旨においてほぼ同じである。いずれも，"der"を"deren"と解する
のであろう。

第 28 条

*a　テキストは，"*das* alweg *zweyerley* gar eben war genommen werden soll"である。

　イタリック部分を，Gobler, art. 27〔=28〕は"ad *haec duo quae sequuntur* aduer-
tamus"（「以下のこれらの 2 点」）とするので，これを参照した。

*b　テキストは，"*was* die verdacht person, *gutter vermuttung*, die sie von der mis-
sethat entschuldigen mögen, für sich hab"である。

　Gobler, art. 27〔=28〕は，イタリック部分を，"*quid, quantumque* suspecta per-
sona *iustarum praesumtionum,* quae à delicto excusare ipsam possit, pro se habeat"
（「被疑者が，犯行を免責するに十分なる推定根拠として，何をどの程度有するか」）
とする。"*gutter vermutung*"は"*gutte vermutung*"の誤りであろう。

*c　テキストは，"die jhnen so peinlicher frag halber zuerkennen vnd zu handeln ge-
bürt"である。

　塙 28 条は，「拷問につき承認をなし，かつ，審理をなすに相当なる人びと」と
するが，Gobler, art. 27〔=28〕は，"ii ad quos torturae cognitio negociumque spec-
tat"（「拷問判決及びその執行を職責とする者等」）とする。グリム・ドイツ語辞典
によれば，"erkennen"は"sententiam pronuntiare"の語義がある。

訳 注　*523*

第 29 条

*a　テキストは, "man hernachmals *finden*〔=findet〕vnd ermessen mag daß es des thetters gewesen ist"である。

Güterbock, S. 223 の指摘に従い, イタリック部分は亀甲括弧内のように訂正した。

第 30 条

*a　テキストは, "Item *eyn halbe beweisung*, als so eyner inn der hauptsach die missethat grüntlich mit eynem eyntzigen guten tugentlichen zeuge（als hernach von guten zeugen und weisungen gesagt ist）beweist, *das heyst vnd ist eyn halb beweisung*"である。

"als so eyner…beweist"の前後のイタリック部分に重複があるようである。Gobler, art. 29〔=30〕は, このテキストを端的に, "Semiplena probatio ea appellatur, quum quis in principiali negocio delichtum seu maleficium unico, integro ac fide digno teste（ueluti infrà de sufficientibus & idoneis testibus attestationibus'que decemus）confirmat"（「ある者が,（以下に十分かつ適格なる証人について定めるごとく）瑕疵のない信用すべき 1 名の証人により, 犯罪又は悪行の主たる部分を確証するときは, それは半完全証明と呼ばれる」）とする。Vogel, art. 30 もまた, "Une demi-preuve se forme sur la déposition d'un seul témoin digne de fois & irréprochable, qui dépose du fait méme et du fond du délit"（「半完全証明は, 犯行それ自体かつ犯罪の重要部分について供述する, 信用すべき瑕疵のない 1 名の証人により行われる」）とし, ゴブラーと同趣旨の訳解を示す。

第 31 条

*a　テキストは, "sofern bei solcher besagung nachuolegende vmstende vnd ding gehalten vnd erfunden werden"である。

Gobler, art. 30〔=31〕は, "saltem ubi sequentes circumstantiae & particulae isti denunciationi conformes fuerint"（「少なくとも, 以下のような諸事情がこの告発について当てはまるときは」）とするほか, Langbein, art. 31 もゴブラー訳に同趣旨である。

*b　テキストは, "dem sager, die *beklagt*〔=besagt〕person, inn der marter mit namen nit fürgehalten"である。

イタリック部分を誤記とする Güterbock, S. 223 の指摘に従い, 亀甲括弧内のよ

うに読み替えた。

*c テキストは，"inn eyner gemeyn gefraget"である。

Gobler, art. 30〔=31〕は，"in genere interpellatus"（「一般的に問われ」）とする。Schletter は，第1次草案 32 条にあるように，"in einer gemein frag"と読み替えるべきだとするが，趣旨はゴブラー訳と一致する。

*d テキストは，"sonder"であるが，Gobler, art. 30〔=31〕は，"priuatus"（「個人的」）とする。

*e テキストは，"…so wer dem sager, solche sag, wider den besagten *nit zuglauben, er zeygt dann, deßhalb sunst, so glaublich redlich vrsach vnd warzeychen an…"*である。

グリム・ドイツ語辞典に従い，"*dann*"は"*er zeygt*"以下全体に係る"nisi"の趣旨と解する。イタリック部分を，Gobler, art. 30〔=31〕は，"…nequaquam adhibenda fides, praesertim ubi non probabiles alioqui legitimas'que rationes & argumenta propterea adduceret"（「特に，それに関し一般に蓋然的かつ適法なる理由及び根拠を提示しないときは，信用されてはならない」）とする。

*f テキストは，"*wann*〔=weil〕*niemant gezimpt*, wider eynen gemeynen nutz den übelthättern jre boßheyt decken zuhelffen, die den vnschuldigen menschen zu nachtheyl kommen mag"である（亀甲括弧内—引用者）。

イタリック部分を，Gobler, art. 30〔=31〕は，"quum nemini leceat"（「何びとにも許されていないからである」），Vogel, art. 31 も同じく，"parce qu'il n'est permis à personne"とする。

*g "versagung"を「名指し，告発」と解するのはラングビーン訳であり，同じく，Schroeder, S. 154 も"versager"を"Bennener"と註解する。これに対し，ゴブラー及びフォーゲル訳は「名指しの撤回（revocatio, révocation）」とする。グリム・ドイツ語辞典によれば，"versagen"は"böswillig anklagen"の語義があり，これに従うのが文脈上適切であろう。

第 34 条

*a テキストは，"offenbare schlahen oder rumoren"である。

Schroeder, S. 155 は，これを「二詞一意」であり，"Schlägereien"の趣旨とする。

*b テキストは，"*todtschleg, so inn offenbaren schlahen oder rumoren beschehen, des niemant thetter sein will. Ist dann der verdacht bei dem schlahen…*"である。

イタリック部分（全体として名詞句であり，完結していない）と次のセンテンスの繋がりが判然としない。Kress, art. 34; Clasen, art. 34 は，ピリオドをコロンに変更し，"*todtschleg, so inn offenbaren schlagen oder rumoren beschehen, des niemant thätter sein wil*: Ist dann der verdacht bei dem schlagen…"とする。Langbein, art. 34 も同様の処理を行っている。

*c　Gobler, art. 33〔=34〕は，"fortuito casu"（「偶然に」），Schroeder, S. 155 は，"unabsichtlich", Langbein, art. 34 は，"in a harmless manner"とする。

第 37 条

*a　テキストは，"das macht eyn redlich *anzeygung, der mißthat* er kündt dann mit glaublichem schein anzeygen, daß…"である。

イタリック部分のカンマの位置が理解困難である。Clasen, art. 37; Kress, art. 37 は，"das macht eyn redlich *anzeygung der mißthat,* er kündt dann mit glaublichem schein anzeygen, daß…"と表記する。これに従う。

また，"dann"は"nisi"の趣旨と解する。

第 40 条

*a　テキストは，"wissentlich *geuerlicher weiß*"である。

イタリック部分を，Schroeder, S. 156 は，「故意を以て」と解し，Gobler, art. 39〔=40〕は，"malitiosè & fraudulenter"（「悪意及び詐術を以て」）とする。

*b　テキストは，"inn jren thatten vnzimlich gemeynschafft mit jn hette"である。

Gobler, art. 39〔=40〕は，"factis eorum illegitimè communicauerit"（「彼らの犯行に不正に関与する」）とし，Vogel, art. 40 は，"aura avec eux des liaisons suspectes au sujet leurs vols"（「彼らの窃盗に関し彼らと不審なる関係を持つ」）と解している。

*c　テキストは，"mehr so eyn verdechtlicher〔,〕den *man inn der sach nit vil guts vertrawet*, aber partheilig vnd auff der thetter seitten, auß guten vrsachen *helt, one vorwissen des gefangen oberkeyt* vertreg vmb schatzung macht, vnd die schatzung innimpt oder bürg darüber wirdet"である（亀甲括弧内—引用者）。

イタリック部分の"*man inn…helt*"を，Gobler, art. 39〔=40〕は，"cui parum boni in causa fidendum esset"（「善良さの点で信頼のおけない」），Vogel, art. 40 は，「窃盗の共犯となりうる人物と信じられている」，Langbein, art. 40 は，「その点について（in the matter）信頼のおけない」と訳出する。

イタリック部分の*"one vorwissen des gefangen oberkeyt"*を，Gobler, art. 39〔＝40〕
は，"ignorante captivo, & praeter cogintionem & scientiam magistartus"（「被拘禁
者の不知のまま，かつ，官憲の認識のないまま」），Remus, cap. 40 は，"inscio ma-
gistratu"（「官憲の不知のまま」）とするが，疑問である。Carpzov, q. 121, n. 67 は，
"inscio magistratu captivi"（「被拘禁者を拘禁する官憲の不知のまま」），Clasen, art.
40 argumentum は，"absque praescitu istius judicis, qui raptorem detinet"（「強盗犯
を身柄拘束する裁判官の不知のまま」）とするが，これが妥当であろう。

なお，別解のあることについては，本条註 5 参照。

*d テキストは，"samentlich vnd sunderlich"である。

Gobler, art. 39〔＝40〕は"coniunctim & diuisim"と直訳するが，Remus, cap. 40;
Stephani, art. 40 は"seu coniunctim, seu disiunctim"，Clasen, art. 40, argumentum
は"sive separatim, sive conjunctim"とし，"vnd"を選言的な意味に解している。ゴ
ブラー訳は「全体としてまた単独でも」という趣旨であろうか。

第 43 条

*a テキストは，"außfüren"である。

Remus, cap. 43 は，"probare"（「証明する」），Gobler, art. 42（＝43）は，"ex-
plicat"（「明らかにする」），Vogel, art. 43 は，"fait voir"（「示す」），Langbein, art.
43 は，"establish"（「証明する」）とする。なお，154 条訳註 a，156 条訳註 a 参照。

*b テキストは，"ander gut vrsachen"である。

「他の十分なる理由」という趣旨は理解しにくい。Gobler, art. 42〔＝43〕は，
"iustae rationes"，Remus, cap. 43 は，"idoneae causae"とし，"ander"を特に訳出
していないので，これに従う。

第 45 条

*a テキストは，"als vorsteht erfunden vnd für bewisen angenommen oder bewi-
sen erkant würd"である。

やや冗長と思われるが，Gobler, art. 44〔＝45〕は，"(ut superius ponitur) com-
perta, & ceu probata fuerit"（「（上に定めるように）認定され，いわば証明される」）
とするほか，Vogel, art. 45 は，"la preuve en aura été reconnuë"（「その証明があっ
たものと認められる」）とする。以上の点を考慮し，本文の訳とした。

第 47 条

*a テキストは，"die angezogen übelthat"である。

Schroeder, S. 157 は，"angezogen"を"vor Gericht gebracht"と註解するので，これに従う。

*b　当該テキストは，"mancher auß eynfalt oder schrecken, nit fürzuschlagen *weist* 〔=weiss〕, ob er gleich vnschuldig ist, wie er sich des entschuldigen vnd außfüren soll"である。

Güterbock, S. 224 の指摘に従い，イタリック部分を亀甲括弧内のように読み替える。

*c　テキストは，"Vnd so der gefangen berürter massen oder mit andern dienstlichen vrsachen, sein vnschuldt anzeygt solcher angezeygten entschuldigung, soll sich alßdann der Richter...auff das fürderlich erkundigen"である。

カンマの位置に変更を加え，"so der gefangen berürter massen oder mit andern dienstlichen vrsachen sein vnschuldt anzeygt, solcher angezeygten entschuldigung soll sich alßdann der Richter...auff das fürderlich erkundigen"とするほうが理解しやすい。Gobler, art. 46 〔=47〕, "Quod si captiuus preadicto modo, aut aliis consentaneis rationibus suam innocentiam adstruxerit, eius excusationis seu purgationis maturam inquisitionem explorationemque iudex...facere debet"（「被拘禁者が，上に定める方法により又はその他一致する理由を挙げ無罪を主張するときは，裁判官は，…迅速なる糺問及び取調べを行わなければならない」）とする。

*d　テキストは，"oder aber *auff zulassung des Richters die zeugen so der gefangen oder seine freund deßhalb stellen wolten*, wie sich gebürt, vnd hernach von weisung an dem zwen vnd sechtzigsten artickel anfahendt. Item wo der beklagt nichts bekennen etc. vnd inn etlichen artickeln darnach gesatzt ist, *auff jr beger verhört werden* 〔sollen〕*, solche obgemelte kundtschafft stellung, auch den gefangen, oder seinen freundten auff jr begern on gut rechtmessig vrsach nit abgeschlagen, oder aberkant werden soll*"である（亀甲括弧内—引用者）。

Langbein, art. 47 は，イタリック部分を，"when, with the approval of the judge, *the witnesses* which the prisoner or his friends wish in proper manner proffer...*want on their own request to be examined*, then *the aforementioned hearing of the witnesses, also of the prisoner and of his friends on their demand, shall not be denied or disallowed without good and lawaful ground*"と英訳する。しかし，「証人が自ら尋問を受けることを欲する場合」，あるいは「証人，同様に被拘禁者及び親族に対する上

記の尋問が…却下されてはならない」とは，いかなる状況を想定するものか理解しがたい。

　Gobler, art. 46〔= 47〕の，"si ex concessione ac permissione iudicis testes captiuus aut propinqui eius producere uolunt, ut decet,…ad eorum petitionem audiendi〔sunt testes〕: nec deneganda est captiuo suis'que propinquis ad ipsorum petitionem huiusmodi productio testium, absque legitimis causis & rationibus"（「被告人又はその親族が裁判官の許可を得て証人を提出しようとする場合においては，その申立てに基づき証人はしかるべく…尋問されなければならない。被告人及びその親族のかかる申立てに基づく証人の提出は正当なる理由なく拒まれてはならない」）という羅訳は（亀甲括弧内—引用者），テキスト構文と符合しないが，趣旨において一致する。

*e　テキストは，"damit…der vnschuldig wider recht nit *übereilt* werde"である。

　イタリック部分について，グリム・ドイツ語辞典が"übervorteilen, schädigen"の語義を与え，Gobler, art. 46〔=47〕が，"quo…infons contra aequitatem & iustitiam non *damnetur*"（「無辜が公平と正義に反し有罪とされることのないよう」）とする。文脈を考慮しゴブラー訳に従う。

*f　テキストは，"verzogen oder verhalten werden"である。

　Gobler, art. 46〔=47〕は，"ommitti, aut celari"とするのでこれに従う。

　第 48 条

*a　Gobler, art. 47〔=48〕は，"tortus"（「被拷問者」）とする。

　第 52 条

*a　テキストは，"wer aber solchs *mit andern dingen*, durch wort oder werk gethan"である。

　Gobler, art. 51〔=52〕は，"quis id cum aliis rebus uerbo uel facto effecerit"（「ある者が，その他の物を以て言葉又は行為により魔術を行った」），Vogel, art. 52 は，"le délit ait été commis autrement, par des paroles ou des actions"（「魔術がその他の方法を用いて言葉又は行為により行われた」）とする。Clasen, art. 52 は，「言葉にせよ行為にせよ，その他不審なることが行われたときは（quod si alia adfuerint, sive dictis sive factis constent, quae sint suspecta)」と註解する。

　第 53 条

*a　テキストは，"gemeyne vnbenannte fragstucken"である。

「各犯罪に共通するが，本法令において特に定められていない尋問事項」の趣旨と解される。

第 54 条

*a テキストは，"Von nachfrag vnd erkundung der bösen bekanten vmstenden"である。

Gobler, art. 53〔＝54〕は，"De investigandis et explorandis circumstantiis in maleficiis confessatis"（「自白に係る犯行に関して調査かつ解明されるべき諸事情」），Vogel, art. 54 は，"De la recherche que l'on doit faire des circonstances avoüées d'un crime"（「自白に係る犯行の諸事情に関し行うべき取調べについて」）とする。ニュアンスの違いがあるが，後者がテキストに近いように思われる。

*b テキストは，"bekantnuß, die *auß oder on mater* geschicht"である。

イタリック部分に関する解釈は分かれる。

(1) Clasen, art. 54, argumentum は，"quando inquisitus unum aut alterum *sub tortura* confessus est"（「被告人が拷問の下であれこれの事実を自白したときは」）と要約し，Böhmer, art. 54 §1 は，"lex nostra iubet, vt in veritatem circumstantiarum *sub tormentis* allegatarum...inquirat"（「本条は，拷問の下で述べられた諸事情の真実性を取り調べることを命ずる」）と註解する。しかし，このような註解は，バンベルゲンシス 66 条の"Jtem so obgemelte fragstuck auff *bekentnuss, die auss mater geschiht*, gebraucht werden"というテキストに，本条では"*oder on*"という文言が追加されている点を反映していないように思われる。

これに対し，Gobler, art 53〔＝54〕の"quum praedictis interrogatoriis super confessionibus quae *extra torturam* fiunt utamur"（「拷問によることなく行われた自白に関する，上記の尋問項目を用いるときは」），Vogel, art. 54 の"lorsqu'on aura interrogé...ensuite de une confession faite *hors de la question*"（「拷問によらずなされた自白に引き続き…尋問が行われたときは」），墻54 条の「拷問を受けざる状態にて行われた自白の後に」という訳は，"*auß*"を"außerhalb"の趣旨と解し，"*on*"をその言換えと解するのであろう。しかし，グリム・ドイツ語辞典によれば，"*auß*"は"auserhalb"ないし"ohne"に類した語義を有しない。また，"*auß mater*"という表現は 56 条にも見え，これは明らかに「拷問により」を意味する。

(2) Remus. cap. 54 は，"cum reus ad interrogationes propositas, *seu tortus, seu vltroneus* conuenienter responderit"（「被告人が尋問事項に対し，拷問を受け又は自

発的にしかるべく答弁した後は」），Langbein, art. 54 は，"when there is employed
the aforementioned questioning of a confession secured *with or without torture*"（「拷
問により又は拷問によらず得られた自白に関する尋問事項を用いるときは」）とす
る。これは，拷問による自白についてのみ検認を定めたものと解されているバンベ
ルゲンシス 66 条（Brunnenmeister, S. 235）との対比においても妥当と思われる。

第 55 条

*a　テキストは，"so *die* erkundigung nit wahr erfunden"である。

　Schletter, S. 23 は，バンベルゲンシス 68 条に倣い，"so die *in* erkundigung nit
wahr erfunden"（「取調べの結果，〔犯行の諸事情が〕真実でないことが判明するな
らば」）と読み替えるべきだとする。本条の見出しは，"Wo die bekanten vmstende
der missethatt *inn* erkundigung nit wahr erfunden würden"となっており，これと同
趣旨であろう。

第 56 条

*a　テキストは，"anderwert"である。

　Güterbock, S. 225 は，文脈上，"anderweid"〔＝anderweit〕と解すべきだとする。

第 57 条

*a　当該テキストは，"Item wo der gefangen der vorbekanten missethat laugnet,
vnnd doch der argkwon, als　vorsteht, vor augen wer, so soll man jn wider inn ge-
fengknuß füren, vnd weiter mit peinlicher frage gegen jm handeln, vnd doch mit
erfarung der vmbstende, als vorsteht, inn al weg fleissig sein *nach dem der grundt
peinlicher frage, darauff steht*"である。

　(1)　イタリック部分の句読法には疑問がある。Clasen, art. 57; Kress, art. 57 は，
"nachdem der grundt peinlicher frage darauff steht"と表記する。

　(2)　Gobler, art. 56〔＝57〕は，上記テキスト全体を，"Si capitiuus confessatum
delictum inficiatus fuerit, ac recantauerit, & suscipio tamen（ut suprà ponitur）prae
oculis quasi extiterit, reducatur in carcerem, ac torqueatur: *ita tamen ut cir-
cumstantiarum（queadmodum antea diximus）diligens habeatur ratio, quandoquidem
fundamentum torturae desuper extruitur*"（「被拘禁者が自白に係る犯罪を否認する
が，（上に定めるように）疑いが明白であるときは，獄房に差し戻し拷問しなけれ
ばならない。ただし，（上に定める）諸事情は，拷問を行う理由となるものである
から，慎重に考量されなければならない」）とする。Clasen, art. 57, argumentum

が，"Reus confessionem suam revocans in locum torturae reduci, & iterum, habitâ tamen rationem circumstantiarum, prout supra dictum est, torqueri debet"（「自白を撤回する被告人は，上に定めるように，諸事情を考慮の上再度拷問されなければならない」）とするのも，同趣旨である。

これに対し，Vogel, art. 57 は，Gobler 訳のイタリック部分を，"en continuant avec soin dans la recherche des circonstances, ainsi qu'il a été marqué, parce qu'elles font tout le fondement pour la question"（「上に定めるように，〔犯行に関わる〕諸事情は拷問を行う根拠となるものであるから，かかる諸事情の取調べを慎重に継続しつつ」）とする。Langbein, art. 57 もフォーゲル訳と同趣旨である。

(2) 再拷問のためには，54 条にいう自白を裏づける諸事情と自白との一致・不一致を考慮すべきことを命ずるのが本条の趣旨であると解し，ゴブラー，クラーセンの理解に従う。

b テキストは，"laugnes"である。

Güterbock, S. 225 は，"laugnens"の誤記とする。

第 58 条

*a テキストは，"so er von der marter gelassen ist"である。

Clasen, art. 58, argumentum は，"quando tortura est remissa, vel tormentis relaxatus est"（「拷問が中止され又は拷問から解放されたとき」）とする。

第 61 条

*a テキストは，"Item so der beklagt, auff eynen solchen argkwon vnd verdacht der zu peinlicher frag, (als vorsteht) gnugsam erfunden, *peinlich einbracht, mit marter gefragt, vnd doch durch eygen bekentnuß oder beweisung der beklagten missethat nit überwunden wirdt*"である。

イタリック部分の，「拘禁，拷問されたにもかかわらず，自らの自白又は〔証人による〕証明により弾劾に係る犯行につき有罪を証明されざる場合において」という規定は，Remus. cap. 61 の"cum verò accusatus, ad indicia legitima, (quibus habitis quaestiones haberi permittunt iura) in carcerem coniectus, *neque accusatoris probatione, neque à se confesione extorta criminis intentati coargui possit*"（「適法なる徴憑（諸法によれば，これがあるときは拷問が可能となる）に基づき拘禁されたる被告人が，弾劾人による証明によるも，強制された自白によるも，弾劾に係る犯罪につき有罪を証明されえない場合において」）という趣旨であると解する。

*b　v. Weber, S. 174 によれば，「普通法に従い」の意味である。

*c　テキストは，"Vnd sollen darumb nach gestalt vmd gelegenheyt der überfarung, *wie recht ist*, straff vnd abtrag leiden, vnd mögen darumb von jrem nechsten ordentlichen obergericht gerechtfertigt werden"である。

　　Gobler, art. 60〔=61〕は，"erunt'que propterea iuxta conditionem & qualitaem transgressionis atque excessus, *ut aequum est*, puniendi: ac coram proximiori ordinario iudice iustificandi"とする。テキストのイタリック部分の解釈はこれに従う。

第 62 条

*a　前条訳註 b の"wie recht ist"と同趣旨と解されよう。

第 63 条

*a　Clasen, art. 63, argumentum は，"probare"の訳語を与える。

第 65 条

*a　テキストは，"von irem selbs eygen waren wissen"である。

　　Gobler, art. 64〔=65〕は，"de suamet propria scientia"(「自ら得た彼自身の知識に基づき」) とする。

第 67 条

*a　テキストは，"mit peinlichen rechten *volnfarn*"である。

　　"volnfarn"を，Kress, art. 67 は"vollnfahren"，Clasen, art. 67 は"vollfahren"と表記するが，レクサー・中高ドイツ語辞典によれば，"volvarn, vollenvarn"の別綴りであり，"bis zum ende fahren"の語義がある。Gobler, art. 66〔=67〕は，"publico & poenali iudicio procedi"(「刑事訴訟が執り行われる)」，また，Vogel, art. 67 は，"la procedure criminelle aura son cours"(「刑事訴訟が進行される」) とするので，これに従う。

第 68 条

*a　テキストは，"zeugen…, die haben die straff verwürckt, inn welche sie den vnschuldigen, als obsteht, haben bezeugen wöllen"である。

　　Gobler, art. 67〔=68〕は，"testes falsi…in poenam incurrunt eam, in quam innocentem (ut suprà positum est) conicere uoluerunt"(「偽証する証人は……(上に定めるように) 無辜を陥れようとした刑罰と同じ刑罰を受ける」) とする。

第 70 条

*a　テキストは，"eyns beklagten missethat verborgen wer"である。

Gobler, art. 69〔＝70〕は，"cuius accusati delictum obscrum & clàm fuerit"（「被告人の犯行が隠蔽され密行されたものであった」）とする。

*b　テキストは，"er der ankleger seine artickel, die er weisen will ordenlich auffzeichnen lasse"である。

　"Gobler, art. 69〔＝70〕は，"accusator articulos suos probatiuos ordine describat"（「弾劾人は，証明項目書をしかるべく作成し」）とする。イタリック部分は，「その者すなわち弾劾人」の趣旨であろう。

第71条

*a　Schroeder, S. 161 は，"Verfahrensniederschrift"と註解する。

*b　テキストは，"so soll der richter…solch vmstende, vnd wie er den zeugen inn eusserlichen geberde vermekt zu dem handel auffschreiben"である。

　録取の主体が裁判官となっているが，訴訟記録の作成は裁判所書記の役割である（181条以下）。

第72条

*a　テキストは，"nach vermöge gemeyner rechten"（「普通法の効力によれば」）である。

　Gobler, art. 71〔＝72〕は，たんに"de jure communi"（「普通法上」）とする。

*b　テキストは，"wiewol dann sunst nach vermöge gemeyner rechten inn peinlichen sachen, ausserhalb der selben gerichts personen, nit kundtschafft verhörer, oder Commissarien gegeben werden sollen"である。

　テキストは，「普通法によれば，刑事事件においては，上のような裁判所構成員以外に〔＝以外から〕，証人尋問者又は受任裁判官があって〔＝任命されて〕はならないにもかかわらず」となろう。Gobler, art. 71〔＝72〕が，"etiamsi de jure communi in criminalibus praeter tales iudicii personas nulli attestationum auditores seu commmissarii dari debeant"とするのは直訳である。本条の趣旨に鑑み，本文のような訳とした。

*c　テキストは，"Dieweil aber an verstendigen kundtschafft verhörern vil gelegen ist, darmit dann auß vnuerstandt dieser kumdtschafft verhörer keyn verkürtzung geschehe. So ordnen vnnd wöllem wir wo obgemelter mangel erscheindt, daß…"である。

　"dieweil"（＝weil, quoniam）の語義に照らし，"geschehe. So ordnen"のピリオド

は，カンマと読み替えるのが妥当であろう。

*d　テキストは，"auff ansuchung *des der* kundtschafft füren will"である。

　　Schroeder, S. 162 は，"Ersuchen *desjenigen, der* den Zeugenbeweis führen will"
と註解し，Gobler, art. 71 〔=72〕は，"ad requitionem *eius qui* testes producere
intendit"（「証人を提出しようとする者の申立てに基づき」）とする。

*e　テキストは，"Vnd soll demnach gemelte oberkeyt（souil an jr ist）allen fleis
thun, vnd *wes sie selbs nit verstündt, bei rechtuerstendigen radts pflegen,* damit solche
kundtschafft dem rechten gemeß verhort werde, doch auch on der partheien kosten
vnd nachtheyl"である。

　　"*wes*"を，Blumblacher, art. 72 は，"was"と表記する（このような表記の例につ
いては，219 条訳註 c (3)参照）。グリム・ドイツ語辞典によれば，"was"は"siquid
〔=wenn etwa〕"の意義を有する。

　　Gobler, art. 71 〔=72〕は，イタリック部分を，"debetque propterea dictus magi-
stratus quantum potest omnem adhibere diligentiam, ac *quicquid horum ipse non
intelligit, aliunde à Iuresconsultis haurire ac petere*, quo eiusmodi examina testium,
prout de iure par est, citra tamen partiumu damna & impensas rectè legitimèque
fiant & expediantur"（「したがって，上にいう官憲は，可能な限りあらゆる注意を払
い，かつ，このような証人尋問が法に従い正しく適法に行われるよう，これらに関
し不明の点があるときは全て，当事者に費用及び不利益を及ぼすことなく，法有識
者に教示を求めなければならない」）とする。また，Vogel, art. 72 の該当部分は，
"Ladite Jurisdiction y apportera tous les soins qui dépendront d'elle, & *dans les
difficultés qui se rencontreron, elle cherchera conseil auprés des gens de Loy*, afin de
rendre la procedure réguliere, & sans que les frais en retombent sur les parties"
（「上にいう官憲は能う限り注意を払い，かつ，問題のある場合においては，手続が
適法に行われるよう，当事者の費用とすることなく，法有識者の鑑定を求めなけれ
ばならない」）とする。

第 73 条

*a　"oder"の訳については本条註 2 参照。

*b　テキストは，"（darinn sie alle jr behelff vnd notturfft fürbringen vnnd damit *be-
schliessen* sollen）"である。

　　"behelff vnd nottufft"について，Schroeder, S. 162 は，"Einwendungen und An-

träge"と註解する。また，Remus, cap. 73 は，イタリック部分を"in causa conclu-
dent"(「事件につき弁論を行う」) とする。

第 76 条

*a　テキストは，"Item soll keyn parthei noch zeug vor dem Ritern oder Commis-
sarien *vor peinlicher rechtfertigung* vergleyt werden, Aber für gewalt mögen die
partheien vnnd zeugen für gericht vergleyt werden"である。

(1)　Gobler, art. 76 は，"Neutra partium, nullus'que testium coram iudicibus aut
commissariis *aduersus publicum iudicium,* saluum conductum obtineat. Ast ne eis
uis fiat, poterunt & partes & testes ad iudicium coduci"(「いずれの当事者及び証人
も，裁判官又は受任裁判官の面前において，刑事訴訟からの身柄保障を与えられな
い。しかし，当事者及び証人に暴力が加えられないよう，当事者及び証人に対し，
裁判所出頭について身柄保障を付与することができる」) とする。Clasen, art. 76,
(2)〔p. 325〕も，"uno verbò: salvus condctus concedi potest *contra* violentiam facti,
non verò concedi *contra* violentiam juris"(76 条註 1 (2)参照) と註解する。

(2)　これに対し，イタリック部分を含む前段を，Vogel, art. 76 は，"On n'accor-
dera point de sauf-conduit à aucune partie ni au témoin, pour se présenter devant
les Juges ou devant les Commissaires *avant la procedure Criminelle*"と仏訳する。ま
た，Langbein, art. 76 は，"Neither party nor witness shall be given safe-conduct
before the judges or delegates *for the criminal proceeding*"と英訳する（ともに，ど
のような事態を想定するもであるか，趣旨を判読しがたい）。塙 76 条は，「刑事訴
訟手続開始前には，裁判官たちまたは証言聴取委員たちの面前に護送せられ行くこ
とは，なさるべからず」である。"*vor peinlicher rechtfertigung*"中の"vor"及び"für
gewalt"中の"für"は，「防護，対抗」を意味する"aduersus"，"contre"，"against"
と解すべきであり，"avant"あるいは"for"という訳語は適切ではない。

第 78 条

*a　テキストは，"*auff…eingebrachte vnnd volnfurte kundtschafft vnd beschluß*"であ
る。

Remus, cap. 78 は，イタリック部分を，"ad plenam absolutam'que per testimonia
deductum probationem"(「証言によってなされ十分かつ完結した証明に基づいて」)
として，"*beschluß*"を" absolutam"と羅訳する。Langbein, art. 78 は，"upon the
basis…of witness-testimony presented and adduced and completed"，Vogel, art. 78

は，"sur les dépositions complettes & concluantes des témoins"と解しており，レームス訳と同趣旨の解釈だと思われる。これに対し，Clasen, art. 78 は，「弾劾人が被告人の自白又は証言によって弾劾事実を十分に証明し，かつ事件について弁論を行った（in causa conclusit）とき」とする。Gobler, art. 78 が，"ad producta testimonia, & conclusionem"と直訳するのも同趣旨であろう。Schroeder, S. 163 は，"beschluß"はドイツ刑事訴訟法 258 条 1 項の証拠調べ終了後の最終弁論（Schlußvortrag）に対応すると註解しており，"beschluß"は最終弁論の趣旨と解される（92条訳註 a 参照）。

*b グリム・ドイツ語辞典によれば，"rechtstag"は，"tag für ein rechtsverfahren, dies juridicus"の語義がある。Gobler, art. 78 は，"iudicialis & peremptorius terminus"（「裁判と死の日」）とする。

第 80 条

*a テキストは，"Item zum gericht soll verkündigt werden"である。

Remus, cap. 80 は，「死刑事件について最終判決がなされるときは，裁判所に属する者全員が，各地の定まった慣行に従い，伝令又は鐘により召集されなければならない」と要約し，Clasen, art. 80 は，本条の趣旨について，「最終裁判期日のために参審人の召集（convocatio Judicum）が行われなければならない」とする。

第 81 条

*a テキストは，"die beschlossen vrtheil zu dem *andern gerichts handel* auch auffschreiben lassen"である。

Langbein, art. 81 は，"have the concluded judgement written down for *the other court proceeding*"とするが，「評決された判決を他の訴訟手続のために記録させる」とは，最終裁判期日における朗読のために記録させるという趣旨であろうか。グリム・ドイツ語辞典によれば，"handlung"は，"schrift, beschrybung"の語義があることを考慮すると，"*gerichts handel*"は訴訟記録の趣旨とも解しうる。また，Remus, cap. 81 は，"andern"を訳出せず，"Si quid decreuerint, adscribi *actis* curabunt"（「何事かを評決したときは，訴訟記録に録取させなければならない」）とする。この点は，Gobler, art. 81; Vogel, art. 81 も同趣旨である。後者に従う。

第 83 条

*a テキストは，"also darmit sie durch vnwissenheyt derselbigen〔nit〕verkürtzt oder geuerdt werden"である。

訳 注 *537*

Zoepfl, art. 83 の表記に従い亀甲括弧内を補充した。文意の通達にはこのような
補充が必要である。

第 88 条

*a テキストは、"der selbig schöpff der also des anklägers fürsprech gewest, *sich
hinfürter schliessen der*〔=im〕*vrtheyl enthalt*" である。

Güterbok, S. 228 は、亀甲括弧内のような訂正が必要とする。これに対し、
Clasen, art. 88, argumentum は、"sich hinfürter *schliessens* der vrtheyl enthalt" と
表記するが、趣旨は同じである（ただし、冠詞は正しくない）。

*b テキストは、"allwegen inn eyner jeden solchen klag *zu sampt dem namen des
anklagers*, soll also gesetzt werden, Klag von der oberkeyt vnd ampts wegen" であ
る。

Gobler, art. 88 は、"ubi accusatio ex officio instituta fuerit, ita sempre in qualibet
istiusmodi actione *unà cum actoris nomine* ponatur, uidelicet, actio magistratus &
officii nomine"（「弾劾が職権に基づいてなされたときは、この種の弾劾においては、
常に弾劾人の氏名とともに、弾劾が官憲及び職権の名によるものである旨を明示し
なければならない」）とする。Langbein, art. 88 は、"there shall be said *in place of
the name of the complainant*: Complaint of the authorities ex officio" とするが疑問で
ある。

第 89 条

*a テキストは、"*Bitt des fürsprechen* der von ampts wegen oder sunst klagt" であ
る。

Gobler, art. 89 は、イタリック部分を "Petitio procvratoris"（「代弁人の申立て」）
と羅訳する。Clasen, art. 89, argumentum も、"Petitio procuratoris, qui ex officio,
vel ab accusatore datus, accusat"（「職権に基づき又は弾劾人による選任を受けて、
弾劾を行う代弁人の申立て」）とする。"*fürsprechen*" を "fürsprecher" と解するので
あろう。

*b テキストは、"Herr der richter A. der anklager, klagt zu B. dem übelthetter,
so gegenwirtig vor gericht steht *der missethat halb so er mit C. geübt*, wie solch klag
vormals vor euch fürbracht ist" である。

イタリック部分を、Gobler, art. 89 は、"Domine iudex, A actor seu accusator,
impetit B malefactorem praesentem in iudicio, *ob delictum facinus'que quod C*

patrauit, iuxta eam actionem seu accusationem antea coram uobis institutam ac propositam"(「裁判官殿，原告又は弾劾人Ａは，既に貴官の許に提起された訴えないし弾劾に基づき，犯行Ｃを理由に現に裁判所に引致されている犯人Ｂを弾劾いたします」)とする。"*der missethat halb so er mit C. geübt*"の解釈は，Langbein, art. 89もゴブラー訳と同趣旨であるが，Vogel, art. 89は「〔共犯者〕Ｃとともに犯した犯罪」と仏訳する。次条訳註ａのテキストも考慮するならば，前者が妥当であろう。

第90条

*a　テキストは，"Item wo imm nechsten nachuolgenden artickel eyn B. steht, soll der beklagt, bei dem A. der klager, vnnd bei dem C. die beklagt übelthat, kurtz gemelt vnd *verstanden* werden"である。

　Schroeder, S. 165は，イタリック部分を，"Einwendungen vorgebracht"と註解する。しかし，Gobler, art. 90のように，"intelligi debet"(「解されるべきである」)と理解するのが妥当であろう。

*b　テキストは，"Herr Richter, B. der beklagt antwurt zu der beklagten missethat, so durch A. als klager, wider jn geschehen ist, die er mit C. geübt haben soll, inn aller massen wie er vormals geantwurt hat, vnd *gnugsam fürbracht ist*"である。

　イタリック部分について，Gobler, art. 90は，"B reus ad nefas seu crimen per A tanquam accustorem insimulatum, quod C. perpetrasset, respondet omnimodo ut suprà respondit, & *sufficienter propositum est*"(「被告人Ｂは，弾劾人Ａによって，Ｃを行ったとして弾劾されている犯罪について，既に答弁し，かつ十分に明らかになったところに従い答弁いたします」)，Remus, cap. 90は，"Clariss. iudex, Caius contra accustionem Titii, qua hoc vel illud ei delictum intentatur, repétendo excipit, quae antè excepit, & *vera esse liquidò probauit*"(「英明なる裁判官殿，〔被告人〕カイウスは，しかじかの罪を犯したとするティティウスの弾劾に対し，既に抗弁し，真実であることを明確に証明したところを反復し，答弁しております」)と解している。

*c　この部分に"als ob angezeygt"(「上に定めるごとく」)という句が挿入されている。代弁人の申立て中に現れる文言としては不適当である。Gobler, art. 90は"ut predictum est"と訳出するが(Langbein, art. 90も同趣旨)，Vogel, art. 90はこの句を訳出していない。後者が妥当である。

訳注　*539*

第92条

*a　テキストは，"Wie der Richter vnd schöffen oder vrtheyler *nach beyder theyl, vnd allem fürbringen auch entlichem beschluß* die vrtheyl fassen"である。

(1)　", vnd"があるため理解困難である。Gobler, art. 92 は，"postquam omnia ambarum partium in iudicio exhibita & reproducta sunt, causa'que conclusa est"（「両当事者がなすべき全て〔の主張立証〕が訴訟に提出され，かつ，事件に関する弁論がなされた後」）とする。テキストの", vnd"を削除すべきものと解する訳であろう。

(2)　イタリック部分を，Langbein, art. 92 は，"following their submission of the both sides and everything else and also following final decision"とし，"*entlichem beschluß*"を「（裁判所による）最終決定」と解する（塙92条も「最終評決」とする）。Vogel, art. 93 は，"De la maniere dont les Juges & Assesseurs sur ce qui est produit de part & d'autre, doivent former leur jugement"とし，イタリック部分の一部を訳出していない）。これに対し，Gobler, art. 92 は，イタリック部分を，"post ambarum partium exhibita, post'que finalem conclusionem"（「両当事者の主張立証及び最終弁論の後」）と羅訳する。また，Clasen, art. 92, argumentum は，「弾劾人による犯罪の弾劾及びその立証，並びに被告人による防御が十分に行われ，かつ，両当事者による弁論が行われた後に（post ab utroque parte factam conclusionem）」と註解する。

"conclusio"について，Fournier, p. 205 は，カノン法訴訟手続において「両当事者の代理人がその主張立証（arguments）を尽くしたときは，裁判官は，事件に関する主張立証を終結し最終弁論を行うべき期日（un jour pour renoncer à la discussion et conclure, *ad renunciandum allegationibus et concludendum in causa*）を指定する」と述べており，当事者による最終弁論と解するのが妥当である。78条訳註 a 参照。

第93条

*a　テキストは，"Herr Richter ich sprich *es* geschicht billich auff alles gerichtlich einbringen vnd handlung, *was* nach des gerichts ordnung recht, vnd auff gnugsame alles fürtrags besichtigung in schrifften zu vrtheyl verfasset ist"である。

(1)　"nach des gerichts ordnung recht"は，"nach recht des gerichts ordnung"の趣旨と解する。

(2)　前後のイタリック部分は対応すると解した。同様の構文と思われるのは8条

である。8条訳註a参照。

(3) 各種訳は帰一するところがない。たとえば，Langbein, art. 93 は，"Lord judge: It is my judgement which has been formulated in writing as judgement, upon the ground of all which has been brought before the court and dealt with there (lawfully according to the court ordinance) and upon the ground of sufficient consideration of all that which has been asserted"と英訳し，Vogel, art. 93 は，"M. le Juge, mon sentiment est, que tout s'est paßé légitimement sur l'instruction juridique & procedure, & que l'on s'est conformé à l'Ordonnance, après avoir siffisamment examiné tout ce qui a été proposé par écrit en jugement"(「裁判官殿，私の意見によれば，裁判所の取調べ及び手続はすべて適法に行われ，書面により判決として提案されたところを十分に考慮したものであり，本裁判令に従ったものであります」)と仏訳する。いずれも，テキストとは相当程度相違する。

Gobler, art. 93 は，"Domine iudex, dico iure factum esse, quod super omnibus exhibitis & produtis actis & actitatis, ut ex iudicii ordninatione, & ex sufficienti exhibitione constat, scripto sententia concepta atque rogata sit"(「裁判官殿，主張かつ提出された全ての書面及び訴訟行為に基づき，裁判令及び十分なる主張から明らかになるところに従い，判決が書面として作成され，かつ〔現に私に対し〕求められております。ゆえに私は適法になされていると言明いたします」)とする。これは，構文の理解について違いがあるが，本文の訳と趣旨はほぼ同じである。なお，本条註1参照。

第100条

*a　テキストは，"zu keyner erfarumg der warheyt oder gerechtigkeyt not sein"である。

Clasen, art. 100, argumentum は，"ad veritatis indagationem & Justitiae administrationem nihil faciunt"(「真実の発見及び正義の実現に何ら益しない」)とする。

*b　テキストは，"Vnd wo an die oberkeyt gelangt, daß darwider gehandelt wirt, soll sie das ernstlich abschaffen vnnd straffen, *so offt das zu schulden kompt*"である。

(1) イタリック部分の訳として，Langbein, art. 100 は，"as often as it wrongfully appears"(「違法があると考えられるときは」)，Vogel, art. 100 は，"toutes les fois qu'elles arriveront"(「違反が行われるときは」)，Gobler, art. 100 は，"*quotiesqunque*

in eo peccatum fuerit"（「それについて誤りが犯されるときは」）とする。Clasen, art. 100, III は，「かかる禁止条項に不当にも違反するときは（quotis contingit, ut contra talem Sanctionem prohibitoriam peccetur temerè）」と註解する。

　⑵　146 条に現れる，"so es vor jn zu schulden kompt"という類似の法文を「参審人及び裁判官が判決をなすべきときは」と解したが（146 条訳註 a 参照），本条についても同趣旨と解する。

第101条

*a　テキストは，"Item *wie* straff an leib oder glidern die nit zum todt oder ewiger gefengknus sein, vnnd offentlicher thatt halb von ampts wegen geschehen, durch den Richter erkant mogen werden, dauon wirt die form des vrtheyls hernach inn dem hundertsten vnd sechs vnd neuntzigsten artickel funden anfahendt, Item so eyn person etc."である。

　"*wie*"は，以下のレームス訳のように，字義通りに解することも可能であるが，レクサー・中高ドイツ語辞典によれば，"wie"は"swie〔=wenn, wenn irgend〕"の語義がある。本文の訳はこれに従ったものである。

　Gobler, art. 101 は，"vbi, & quemadmodum poena corpori aut membris, non tamen capitalis, aut perpetuum carcerem inferens, & ob publicum delictum ex officio imponenda per iudicem declaretur..."（「死刑又は永久拘禁を科すものではない身体刑が，公的犯罪を理由に職権に基づき裁判官によって言い渡されるべき場合において，身体刑がどのように科されるべきかは…）とする。"Remus, cap. 101 は，"Quemadmodum autem（quod in ordine sequitur）poenae corporales, hoc est, corporibus, ut membri amputatione illatae, quae morti, aut perennibus vinculis non mancipant, ex officio decernantur, & infligantur, id reseruabimus in commodiorem locum, & cap. 196 explicabimus"（「身体刑，すなわち，四肢を切断するような身体に対する刑罰であって，死刑又は永久拘禁に付すものではない刑罰が，（それが適法に行われる場合において）職権によりどのように科されるかについては，朕はより適切なる箇所に留保し，196 条において定めるものとする」）とする。

第102条

*a　テキストは，"anderweyde beichten"である。

　グリム・ドイツ語辞典によれば，"anderweyde"は，"altera vice, iterum"である。ただし，Kress, art. 102 は"anderwerts"と表記するが，"anderwärts"（「他の場

542

所において」）の趣旨であろう。Vogel, art. 102 も，"dans un autre endroit"（「他の
場所において」）と仏訳するが，「他の場所」の趣旨が判然としない。Gobler, art.
108 は，"permitti debet ut is tandem sacerdoti confiteatur"（「被告人は最後に司祭
に対し悔悛することを許されなければならない」）と羅訳するが，「最後に」という
のは，既に官憲に自白すなわち悔悛をしているという趣旨と解される。

第104条

*a　Gobler, art. 104 は，"conditio et scandalum delicti"（「犯罪の状況及び犯罪が引
き起こす公衆の憤激」），Clasen, art. 104, I〔p. 379〕は，"ratio & atrocitas crimi-
nis"（「犯罪の状況及び重大性」）とする。ここでは，後者に従う。

*b　Gobler, art. 104 は，"arbitratus"（「裁量」）の訳語を当てる。

*c　テキストは，"Aber inn fellen darumb（oder derselben gleichen）vnser Keyser-
lich recht nit setzen oder zulassen, jemandt zum todt zu straffen, haben wir inn diser
vnser vnnd des Reichs ordnung auch keynerley todtstraff gesetzet, *aber inn etlichen
mißthatten, lassen die recht peinlich straff am leib, oder glidern zu,* damit dannoch
die gestrafften bei dem leben bleiben. Die selben straff mag man auch erkennen vnd
gebrauchen, nach guter gewonheyt eyns jeden lands, oder aber nach ermessung
eyns jeden guten verstendigen richters, als oben vom todten geschriben steht"であ
る。

　(1)　Clasen, art. 104, II, III は，①皇帝法が死刑を定めていない罪については本
裁判令においても死刑を科さない，②皇帝法は若干の罪について身体刑を許容して
いるが，これは地方の慣習又は賢明なる裁判官の裁量に従い科されなければならな
い，と註解していることを勘案し，本文のような訳とした。

　(2)　イタリック部分を，Gobler, art. 104 は，"sed in aliquibus maleficiis conce-
dunt atque permittunt jura poenam corporis & membrorum"（「諸法は，若干の犯罪
について身体刑を許容している」）とする。これに対し，Langbein, art. 104 は，イ
タリック部分を，"for some crimes we have authorised the law to punish upon body
or member"とする。

　(3)　Schroeder, S. 169 は，*"die recht"*を"die Partikularrechte"（「領国法」）と註
解するが，文脈上疑問があり，ここでも「諸法」すなわち「皇帝法」の趣旨に解す
る。

*d　当該テキストは，"Wann vnser Keyserlich recht, etlich peinlich straff setzen, die nach gelegenheyt diser zeit vnd land vnbequem, vnd eyns theyls nach dem buchstaben nit wol müglich zu gebrauchen weren, *darzu auch* 〔Wann〕 dieselben recht die form vnd *maß, eyner* jeglichen peinlichen straff nit anzeygen, sonder auch guter gewonheyt oder erkantnuß verstendiger Richter beuelhen, vnd inn der selben wilküre setzen, *die straff* 〔sind〕 *nach gelegenheyt vnd ergernuß der übelthatt, auß lieb der gerechtigkeyt, vnd vmb gemeynes nutz willen zu ordnen vnd zu machen"* である。

(1) Schroeder, S. 169 は，*"darzu auch"* の後には *" Wann"* が補充されなければならないとする。

(2) *"die form vnd maß, eyner* jeglichen peinlichen straff" のイタリック部分のカンマは不要である。

(3) *"die straff"* 以下のイタリック部分は主動詞を欠いており，亀甲括弧内のような挿入が必要であろう。Gobler, art. 104 が，*"poena utique ex qualitate & offensione delicti propter iustitiae dilectionem, Rei'que publicae utilitatem ordinanda est ac decernenda"* と羅訳するのは，この趣旨である。

e テキストは，"Vnd damit richter vnd vrtheyler die solcher rechten nit gelert sein, mit erkantnuß solcher straff destoweniger wider die gemelten rechten, oder gute zulessig gewonheytem handeln, so wirt hernach vonn etlichen peinlichen straffen, wann vnnd wie die gedachten recht guter gewonheyt, vnd vernunfft nach geschehen sollen, gesatzt"* である。

イタリック部分の *"die gedachten recht"* は「皇帝法」を指すと解する。Langbein, art. 104 も，*"the said law"* とする。しかし，Gobler, art. 104 は，イタリック部分を *"infrà quidem de quibusdam poenis, quando nimirum hae ex recta bona'que consuetudine ac ratione inferendae sunt, statuemus"*（「すなわち，若干の刑事罰について，いかなる場合に良き慣習及び理性に従い適用されるべきかを，以下に定める」）とする。Clasen, art. 104, VI もまた，*"die gedachten recht"* を刑罰の趣旨に解しているが，「皇帝法の定める刑罰」という趣旨なのであろうか。「皇帝法」と解しても支障がないと思われるので，「皇帝法」とする。

第 105 条

a テキストは，"inn war peinlichen fellen oder verklagungen, die peinlichen straff inn disen nachuolgendem artickeln nit gesetzt oder gnugsam erklert oder verstendig wer"* である。

(1) "*war*"を，Clasen, art. 105; Kress, art. 105; Böhmer, art. 105 はいずれも "was"と表記するほか，"Schroeder, S. 169 は，ケルン写本では"welchen"となっていることを指摘している。また，"*die* peinlichen straff"のイタリック部分にも問題がある。以下の諸家の訳及び註解が指摘するように，"peinlichen fellen oder verklagungen"に対する"peinlichen straff"であるという趣旨ならば，イタリック部分は"deren"でなければならない。

(2) ① Remus. cap. 105 の"*quorum delictorum maleficiorum'que* sequentibus capitibus poenae nominatim expressae, constitutae, aut declaratae non sunt, de *iis* iudices consulere debere"(「以下の条文においてそれに対する刑罰が表示され，定められ又は明示されていない犯罪に関し，裁判官は鑑定を求めなければならない」)，Vogel, art. 105 の"dans *les cas Criminel*s, *pour lesquels* les articles suivans ne statuënt point de punition, ou *sur lesquels* ils ne s'expliquent & ne s'entendent pas suffisamment"(「以下の条文が刑罰を定めていない，又は，以下の条文が分明かつ了解可能な定めをおいていない刑事事件では」) という訳があるほか，② Clasen, art. 105, I〔p. 384〕の「以下の条文においてその刑罰が全く定められていないか，又は，その刑罰が十分明確でない若干の犯罪が行われたときは (si quaedam *delicta* perpetrantur, *quorum poena* in sequentibus articulis vel non est definita, vel non satis declarata)」という註解，Kress, art. 105〔p. 271〕の「犯罪が，カロリーナにおいて全く定められていないか，又は，その刑罰が十分に明確に定められ明示されていないときは (quod si *crimen* in Carolina vel *plane non occurrat* vel *illius poena* non satis certo determinata aut explicita sit")」) という註解がある。統語上不明の点があるが，これらを参酌し本文の訳とした。

*b テキストは，"so es zu schulden kompt"である。

与えられる訳は多様である。Schroeder, S. 169 は，"die dazu verpflichtet sind" ("so"を"wenn"ではなく関係代名詞と解している)，Gobler, art. 105 は，"si crimen expostulat"(「犯罪がそれを要求するとき」。なお，crimen は，「訴追」の意味も有するので,「訴追がそれを要求するとき」の趣旨か)，Vogel, art. 105 は，"lorsqu'il s'agira de punir"(「処罰すべきとき」)，Langbein, art. 105 は，"when guilt is apparent"，塙 105 条は，「そのことが有責とせらるるに至る場合」とする。なお，Carpzov, q. 20, n. 34 は，"so er zu schulden kombt"と表記する。

本文の訳とする根拠については，146 条訳註 a 参照。

訳 注　*545*

*c　テキストは, "inn solchen zufelligen oder vnuerstendtlichen fellen"である。

　Gobler, art. 105 は, "in huiusmodi casibus ignotis & raris"(「かかる未知かつ稀な
る事件」), Vogel, art. 105 は, "dans les cas criminels…sur lequels ils ne s'expli-
quent & ne s'entendent pas suffisamment"(「十分に説明し理解することができない
事件」) とする。グリム・ドイツ語辞典によれば, "zufellig"は"selten"を意味する。

第106条

*a　テキストは, "*der* almechtigkeyt gottes, sein heylige mutter die jungkfrauw
Maria schendet"である。

　Güterbock, S. 227 は, イタリック部分は"die"と解すべきだとするが, Schletter.
S. 24 は, "*der* almechtigkeyt gottes *widerspricht*"(「神の全能であることに異を唱
え」) と動詞を挿入すべきだとする。一応前者に従う。

*b　テキストは, "das soll an die oberkeyt *mit nottürfftiger vnderrichtung aller vmb-
stende gelangen, die darauff Richter vnnd vrtheylern bescheydt geben, wie solche
lesterung* den gemeynen vnsern Keyserlichen rechten gemeß, vnnd sonderlich nach
innhalt besonderer artickeln vnser Reichs ordnung *gestrafft werden sollen*"である。

　官憲への報告に際し, 「瀆神がいかに処罰されるべきかについて, 裁判官及び判
決人に〔教示するための〕手掛かりを与える諸事情に関する不可欠なる報告」を行
う必要があるという規定の趣旨は理解しにくいが, 本条註4に引用したクラーセン
註解を参照し, 本文の訳とした。

第107条

*a　テキストは, "Straff *der jhenen so* eynen gelerten eydt vor Richter vnd gericht
meyneydig schwern"である。

　Gobler, art. 107 は, "poena eorum qui concepto seu praescripto iuramento coram
iudice, ac iuridicio periurium committunt"(「方式に従った又は定められた宣誓を行
うことにより偽誓を犯す者に対する刑罰」) と羅訳するので, イタリック部分は,
"derjenigen, die"の趣旨と解される。

*b　Schroeder, S. 170 は, "anstiften", グリム・ドイツ語辞典は, "instruo"とす
る。

第108条

*a　テキストは, "Item bricht eyner eyn geschworne vrphede *mit sachen vnnd that-
ten*, darumb er vnser Keyserlichen recht vnd diser ordnung nach, zum todt *on das*

mocht gestrafft werden, der selben todtstraff soll volg geschehen"である。

(1) イタリック部分の前者は，「事件及び行為」が直訳であり，Gobler, art. 108 も，"causae & facti"と直訳するが，「事件となるような行為」と解した。Clasen, art. 108, I〔p. 400〕は，"maleficium, ob quod capitalis poena poterat affici"（「死刑を科されうる犯罪」）とする。また，本条には，"mit sachen darumb er das leben nit verwürckt hat"（「死刑に当たらない事件〕により」）という表現も見える。

(2) イタリック部分の後者について，Schroeder, S. 170 は，"ohne das（urphede）"と註解する。「不復讐宣誓がなくとも（死刑を科されうる）」という趣旨であろうか。グリム・ドイツ語辞典によれば，"ohnehin"の語義があり，Gobler, art. 108 は，"alioquin"の訳語を与え，Vogel, art. 108 も，"d'ailleurs"という同義の訳語を与える。

*b　テキストは，"So aber eyner eyn vrphede *mit sachen darumb er das leben nit verwürckt hat*, fürsetzlich vnd freuenlich verbrech"である。

イタリック部分は，「生命を失うに至らなかった事件により」が直訳である。Gobler, art. 108 が，"ex causis mortem non inferentibus"（「死刑を科されない事件により」）と羅訳するように，「非死刑事件」の趣旨である。

第 110 条

*a　"libellus famosus"の趣旨であろう。

*b　テキストは，"vnrechtlicher vnschuldiger weiß"である。

"vnschuldig"は，グリム・ドイツ語辞典によれば，"'unberechtigt, ohne competenz"の語義がある。

*c　テキストは，"nach erfindung solcher übelthat als die recht sagen"である。

Gobler, art. 110 は，"post tale compertum maleficium（ut ius canunt）"（「（諸法の命ずるように）このような犯行が明らかになった後に」）とする。なお，"als die recht sagen"の趣旨は判然としない。Vogel, art. 110 は，この文言を訳出していない。

*d　テキストは，"die auffgelegt schmach der zu gemessen that"である。

グリム・ドイツ語辞典によれば，"zumessen"には"einem etwas als schuld anrechnen, zur last legen"の語義がある。

第 111 条

*a　テキストは，"*dero so* on habende freiheyt müntzen"である。

訳　注　　*547*

Gobler, art. 111 は，*"eorum qui* absque priuilegio monetam signant, seu cudunt"（「特権なくして通貨を刻印し，鋳造する者の」）とする。Schroeder, S. 171 の註解も同趣旨である。

*b　テキストは，"eyns andern zeychen darauff schlecht"である。

"darauff"は，「その上に」の「その」が何を指すか判然としない。本条註 3（3）のクラーセンの註解に従い，「偽貨」と解した。グリム・ドイツ語辞典によれば，"schlecht"は"levigare, planare"（「平にする」）の語義がある。

*c　テキストは，"die selbigem falsch müntz *auffwechßlet*"である。

Güterbock, S. 228 は，イタリック部分は編纂上の誤りで，"auffwechseln"と解すべきだとする。

*d　テキストは，"Wo aber jrgent eyner eyns andern müntz vmbreget, *oder* widerumb in tiegel brecht vnd geringe müntz darauß mecht"である。

Gobler, art. 111 は，イタリック部分を"aut"と羅訳する。これに対し，Vogel, art. 111 は，"celui qui pour alterer la monnoye d'un autre, la refondra & la fera moindre"とする。これは，Clasen, art. 111, V が，専ら，混ぜ物をして劣貨を作出する行為を記述していることと対応する。グリム・ドイツ語辞典によれば，"oder"には，"dasselbe erweiternd oder einschrankend, berichtigend oder verdeutlichend und näher bestimmend"という多様な語義もあることを勘案し，フォーゲルの解釈に従う。

第 113 条

*a　テキストは，"soll zu peinlicher straff angenommen"である。

Gobler, art. 113 は，"ad capitalem poenam de se sumendam prehendatur"（「死刑に処すため拘禁されなければならない」）とするが，Schroeder, S. 171 は，「（その者に対し）手続が開始されなければならない」の趣旨であるとする。

*b　テキストは，"es *möcht* solcher falsch *als*〔=so〕*offt größlich vnd boßhafftig geschehen, daß* der thätter zum todt gestrafft werden soll"である（亀甲括弧内—引用者）。

イタリック部分は，「〔死刑が相当となるほど〕しばしば重大なかたちで故意を以て行われうる」という趣旨に解される。Carpzov, q. 93. n. 97 は，本条について，「その文言は明白であり，重大又は反復される偽罪を根拠に裁判官が安んじて死刑を科しうることを示している（quae verba certè clarissima sunt, ac sufficienter probant, ob falsum atrox, saepisiusvè iteratum, judicem ad poenam mortis tutò pervenire posse)」と註解している。テキストを"saepisiusvè"と解してよいか疑問があるが，この註解は本文の訳と対応している。

第114条

*a　テキストは，"nach geuerlicheyt groß gestalt vnnd gelegenheyt der sachen vnd der person"である。

Gobler, art. 114 は，"iuxta enormitatem, quantitatem, & qualitatem rei & personae"(「事件及び人物の非道，程度，性質に応じ」)とする。これは，イタリック部分を，"nach groß geuerlicheyt, gestalt"と解するのであろう。構文解釈はこれに従う。

第118条

*a　テキストは，"eyner vnehrlichen weiß"である。

直訳は，「恥ずべき態様で」であろう。Clasen, art. 118, (5)は，"ob turpem libidinem cum ea expendam"(「女に対し恥ずべき情欲を充たす目的で」)と註解する。

第119条

*a　テキストは，"auff beklagung der benöttigten inn außfürung der mißthat"である。

Clasen, art. 119, argumentum は，"propter hoc delictum accusatur, nec non de ejus perpetratione legitimè convincitur"(「この罪について弾劾され，しかも犯行について適法に有罪を立証される」)という要旨をあげるほか，Schroeder, S. 173 は，"inn außfürung"について「立証があった場合」と註解する。これに対して，Gobler, art. 119 は，"ex accusatione compressarum in prosequtione maleficii"(「犯罪訴追のための，強姦された者による弾劾に基づき」)とする。

第120条

*a　テキストは，"so eyn eheweib jren mann, oder die person, damit der ehebruch volnbracht hett, beklagen will"である。

Güterbock, S. 229 は，イタリック部分は能動態と受動態の混用に由来する誤りであり，"damit er den ehebruch volnbracht hett"でなければならないとする。

第121条

*a　テキストは，"So wollen wir doch 〔,〕 welcher solchs lasters betrüglicher weiß, mit wissen vnd willen vrsach gibt vnnd volnbringt, daß die nit weniger dann die ehebrüchigen peinlich gestrafft werden sollen"である（亀甲括弧内—引用者）。

統語法が難解であり名詞の単複にも疑問があるが，レクサー・中高ドイツ語辞典に従い，イタリック部分は"swelcher（=wenn irgend welcher）"の趣旨と解し，本文の訳とした。Gobler, art. 121 は，"statuimus tamen, eos quicunque tali crimini …occasionem dederint, illud'que perpetrarint…capitali poena plectendos esse"（「かかる犯罪の機会を設け実行した者が刑事罰を以て処罰されるべきことを定める」）と羅訳する。

第 122 条

*a　テキストは，"vmb eynicherley genieß willen, *wie der namen hett*"である。

Gobler, art. 122 は，"turpis lucri gratia, quocunque nomine id appelletur"（「どのような名称で呼ばれるにせよ，恥ずべき利得のために」）とする。

第 127 条

*a　テキストは，"geuerlich fürsetzlich vnd boßhafftig"である。

"Schroeder, S. 175 は，端的に"vorsätzlich"と註解する。

第 128 条

*a　テキストは，"wo die selben an verdechtliche end, als obsteht, außtretten, die leut bei zimlichem rechten vnd billicheyt nit bleiben lassen, sonder mit bemelten außtretten, von dem rechten vnd billicheyt zu bedrohen oder schrecken vnderstehn"である。

Gobler, art. 128 は，"si quidem ad loca suspecta, ut suprà dictum est, profugiant, nemini aequum ius'que concedentes, sed in memorata fuga à iure & aequitate abhorrentes, minis terrere〔=aut terrore〕pergant"（「上にいうように，不審なる場所に遁走し，脅迫又は威嚇を加え，何びとに対しても衡平と法を拒み，法と衡平を行わせないときは」）とする。

*b　テキストは，"*die selben wo sie inn gefengknuß kemen*, mit dem schwert als land-tzwinger vom leben zum todt gericht werden, vnangesehen, *ob sie sunst nit anderst mit der that gehandlet hetten*"である。

前のイタリック部分は，Güterbock, S. 229 によれば，第 1 次及び第 2 次草案に照らし，"*die selben sollen, wo sie inn gefengknuß kemen*"でなければならない。Gobler, art. 128 も，テキストを訂正し，"ii ubi in carcerem uenirent,..gladio …feriendi sunt"（「これらの者が拘禁されるときは…斬首されなければならない」）とする。

後のイタリック部分について，Gobler, art. 128 は，"etiam si de facto nihil per-
petrarint"（「行為として何ごとも行わなかった場合においても」）とする。

*c　テキストは，"Wo aber jemandt auß forcht eyns gewalts, vnd *nit der meynung
gemeynt vom rechten zu dringen*, an vnuerdechtlich ende entwich, der hat dardurch
diese vorgemelte straff nit verwürckt"である。

Güterbock, S. 230 は，第 1 次及び第 2 次草案に倣い，イタリック部分を，"nit
der meynung, yemant vom rechten zu dringen"と訂正すべきだとする。Gobler, art.
128 が，"non aliquem à iure suo deturbandi opinione...profugiat"とするのは，テキ
ストに訂正を加えた訳である。

第 129 条

*a　Gobler, art. 129 は，"dominium"（「領地」）　とする。

*b　Böhmer, art. 129, § 2 は，"der jren feindt wer"を「同盟者（socius, confederatus）
の敵」の趣旨であるとする。

第 131 条

*a　テキストは，"auch deshalb zu weither suchung, *antzeygung* geschicht"である。

(1)　Remus, cap. 131 は，"ita tamen vt inquisitio exactissima fiat"（峻厳なる糾問
が行われるために」），Vogel, art. 131 は，"pour cet effet on procedera à une plus
ample perquisition"（「かかる目的のため，さらなる取調べが行われる」）と訳出し，
Clasen, art. 131, II は，この部分について，裁判官に対し，「被告人が無罪を主張
しこれを貫徹しようとする場合は，主張された理由の真実性を正確に糾明する」こ
とを命ずる規定であると註解する。いずれの訳，註解もイタリック部分を反映する
ようには解されないが，次の法文との整合性はある。

Gobler, art. 13 は，"Ac *si quod ad ulteriorem inustigationem inquisitionem'que
iudicium*〔＝indicium〕*fit*"（「また，さらなる取調べ及び糾問により何らかの徴憑が
生ずるならば」）と羅訳する。イタリック部分はテキストの訳としては適切なよう
であるが，条件文となりうるか疑問であり，かつ，前後との関係も判然としない。

(2)　塙 131 条は，「このためにも，さらなる探査と〔諸事由の〕申立てが行なわ
るるものなり」とする。

グリム・ドイツ語辞典によれば，"anzeigen"には"indicare, melden, ankündigen"
の語義があり，疑問があるが，本文の訳とした。

*b　テキストは，"Doch so eyn weibsbild eyn lebendig glidtmessig kindtlein also

訳注　*551*

heymlich tregt, auch mit willen alleyn, vnd on hilff anderer weiber gebürt, welche on hilfliche geburt, *mit tödtlicher verdechtlicheyt* geschehen muß"である。

塙131条は，イタリック部分を「殺害の嫌疑がともな〔う〕」と邦訳する。しかし，Schletter, S. 27; Güterbock, S. 230 は，イタリック部分を，バンベルゲンシス156条に現れる"mit tödtlicher verdlichkeit"の誤記であるとし，このように訂正してはじめて，「意図的に独り出産すること自体，生命を危険に曝すものであり，ゆえに嬰児殺の徴憑たりうる」と註解する。グリム・ドイツ語辞典は，"fährde"に"fahr, gefahr, gefährde"の語義を与える。

第 132 条

*a　テキストは，"so eyn weib jre kind, *vmb das sie des abkumm von jr legt*, vnd das kind wirt funden vnd ernert〔,〕die selbig mutter soll, wo sie des *überwunden vnd bedretten wirt*"である（亀甲括弧内—引用者）。

Gobler, art. 132 は，"Si mulier infantem suum, *propterea ut à se abdicet alienet'que, exponit*, & infans seu partus sic quidem fuerit inuentus, atque nutritus, ea ipsa mater utique si *conuictua conquisita'que fuerit*"（「女が子を遺棄するために放置したが，子が拾われ養われた場合において，この母親が有罪を証明され捕縛されるときは」）とする。また，Clasen, art. 132, argumentum は，最初のイタリック部分をより明確に，"animo alienandi, ne eum alere teneatur, exponens"（「養育の責めを免れるため遺棄する意図で放置する」）と註解する。

なお，「有罪を証明され捕縛される」は，「捕縛され有罪を証明される」の趣旨であろう。

第 134 条

*a　テキストは，"sich vngegründter vnzulessiger artzenei, die *jm nit gezimbt hat*〔,〕vnderstanden"である（亀甲括弧内—引用者）。

Gobler, art. 134 は，"improba prohibita'que medicina seu pharmaco, quod non decuit, usum fuisse"（「〔医師にとって〕相応しくない，不適切かつ禁止された薬物を用いたこと」）とする。

第 135 条

*a　テキストは，"Item wann jemandt beklagt vnd inn recht erfordert oder bracht würde, *von sachen wegen, so er der überwunden sein leib vnd gut verwürckt hett*"である。

イタリック部分の"der"は，"sachen"の属格であり，"der überwunden"は「その事件につき有罪を証明される場合は」の趣旨と解する。Gobler, art. 135 がイタリック部分を，"ob *causa, qua conuictus* corpus uita'que perditurus esset"（「それに関し有罪を証明される場合は身体刑及び死刑を受けるような事件について」），Vogel, art. 135 が，"pour des *faites, où en cas de conviction*, elle seroit punie en son corps & en ses biens"（「有罪が証明される場合は身体刑及び財産刑を受けるような犯罪について」）とするのも同趣意である（なお，羅仏訳については，本条註 1 参照）。

*b　テキストは，"solch erb vnd gütter〔soll〕der oberkeyt〔,〕der die peinlichen straff, buß, vnd fell zustehn, heymgefallen sein"である（亀甲括弧内―引用者）。

　亀甲括弧内のような補足を要しよう。Gobler, art. 135 は，"eam haereditam illius & bona magistratui, cuius & poena corporalis seu punitio est, debere"（「その者の遺産及び財産は，身体刑ないし刑罰を科すべき官憲に帰属する」），Vogel, art. 135 は，"elle sera confisquée au profit du Seigneur à qui appartiennent les droits de Jurisdiction, d'amendes & de confiscation"（「それは，管轄，罰金及び没収の権限を有する官憲のために没収される」）とする。

*c　テキストは，"Wo sich aber eyn person ausserhalb obgemelter offenbaren vrsachen *auch* inn fellen da er sein leib alleyn verwirckt, oder sunst auß kranckheyten des leibs〔,〕melancolei, gebrechlicheyt jrer sinn oder ander dergleichen blödigkeyten selbst tödtet"である（亀甲括弧内―引用者）。

　(1)　イタリック部分については，レクサー・中高ドイツ語辞典が，"um den vorhergehenden satz zu verstärken, zu bestätigen od. zu erklären"という語義を挙げるので，これに従う。

　(2)　亀甲括弧内の読点は，Vogel, art. 135 の，"mais si une personne qui se tuëroit elle-même, n'avoit point agi par les motifs connus dont il vient d'être parlé, ou que ce fût seulement dans le cas d'avoir mérité une punition corporelle, ou que ce fût d'ailleurs l'effet d'*une maladie du corps, de la mélancholie, de la foiblesse de l'esprit, ou de quelque autre infirmité semblable*"の仏訳に倣った。

第137条

*a　テキストは，"der gewonheyt nach, ein fürsetzlicher mutwilliger mörder mit dem rade, *vnnd eynander der*〔=*ein ander, der*〕*eyn todtschlag, oder auß gecheyt vnd zorn gethan, vnd sunst auch gemelte entschuldigung nit hat*, mit dem schwer vom leben zum todt gestrafft werden sollen"である（亀甲括弧内—引用者）。

Gobler, art. 137 は，イタリック部分を，"alius verò qui homicidium uel ex impetu, praecipitatione, uel ira perpetrauit, nec praedictam excustionem habet"（「これに対し，あるいは衝動，衝撃，あるいは憤怒から殺人を犯し，上に定める免責事由を有しない他の者」）とする。また，Schroeder, S. 178 は，"oder"は編纂上の過誤であり，削除されるべきだとする。

第138条

*a　テキストは，"werden doch die jhenen, so solch entleibung thun, auß guten vrsachen *als etlich alleyn von peinlicher vnd burgerlicher straff* entschuldigt"である。

Güterbock, S. 240 は，テキストには編纂上の過誤があり，イタリック部分はバンベルゲンシス 163 条のテキストと同様でなければならないとする。バンベルゲンシス 163 条は，"werden doch die jhenen, so sölche entleybung thun, auss guten vrsachen, *als etlich alleyn von peinlicher, vnd dann etlich andere von peinlicher und Burgerlicher straff,* entschuldigt"となっている。本文は訂正されたテキストを前提にするものである。

第139条

*a　テキストは，"ihenen, der jn also *benöttigt*"である。

イタリック部分を，Schroeder, S. 178 は，"angreifen"，Vogel, art. 139 は，"attaquer"の訳語を与えるので，これに従う。

第142条

*a　テキストは，"*tödtliche* anfechtung oder benötigung"である。

Schletter, S. 29; Güterbock, S. 240 は，バンベルゲンシス，第 1 次及び第 2 次草案を根拠に，"*tätliche* anfechtung oder benötigung"の誤記であるとするので，これに従う。

*b　Gobler, art. 142 は，"allegatus fasssus'que impetus atque insultus"（「〔被告人により〕主張されかつ〔弾劾人により〕争われていない襲撃すなわち攻撃〔の事実〕」）とする。

*c　当該テキストは，"dem entleibten hett gebürt den verklagten todtschläger, von ampts wegen zu fahen"である。

"es hett dem entleibten gebürt, den verklagten todtschläger von ampts wegen zu fahen"の趣旨と解される。Gobler, art. 142 は，"caeso licuisset accusatum homicidam ex officio comprehendere"(「殺害された者が被告人たる殺人者を職権により逮捕することが許されていた」）と羅訳するが，同趣旨である。

d テキストは，"der angezogen todtschleger"である。

Gobler, art. 142 は，たんに"homicida"(「殺人犯」）とする。

*e テキストは，"wo er des geniessen will"である。

Gobler, art 142 は，"si eo uti uult"(「弾劾人がこれを援用しようとするときは」）と羅訳する。

*f テキストは，"vnd soll doch gemelte kundtschafft beyder theyl mit eynander zugelassen vnd gestelt werden. Nemlich ist *hierinn* zu mercken..."である。

Gobler, art. 143 は，"& nihilominus praedicta *testimonia* utriusque partis pariter admitti ac produci debent. Praecipué ueró in *his* notandum est..."(「そして，それにもかかわらず，両当事者により既に申し立てられている証言は，許容され，かつ提出されなければならない。証言については，特に〔次の点について〕留意されなければならない」）とする。

*g テキストは，"buß vnd *besserung*"である。

"*besserung*"は，グリム・ドイツ語辞典によれば，"satisfactio, mulcta, busze vor gericht"の語義がある。v. Hippel, S. 178, Fn. 1 の理解も同様である。

h テキストは，"Nemlich ist hierinn zu mercken, so eyner der ersten benötigung halb redlich vrsach zur notweer gehabt, vnd doch inn der that nit alle vmbstende, die zu eyner gantzen entschuldigten notweer gehören, gehalten hett, ist not gar eben zu ermessen, wie vil oder wenig der thätter zur thatt vrsach gehabt hab, *vnnd daß fürther die straff an leib leben oder aber zu buß vnd besserung erkant werd*"である。

(1) グリム・ドイツ語辞典によれば，"daß"は結果を示す語義がある。Gobler, art. 142 は，"Praecipuè ueró in his notandum est, si quis primae coactionis seu impetus causa legitimam rationem occasionem'que inculpatae tutelae habuerit, nec tamen in facinore omnes circumstantias quae ad plenam inculpatae tutelae purgationem excusationem'que pertinent, tenuerit: diligenter expendendum esse quot causas rationes'que patrator seu facinorosus ad delictum habuisset, & *propterea poena corporis, vitae, aut mulcta, & emendatio, correctio'que declarata fuerit*"(「証言については，特に〔以下の点について〕留意しなければならない。すなわち，ある者が，最初の強制又は攻撃に対し正当防衛を行う正当な理由，事情を有していたが，

行為に際して，正当防衛による完全な免責に必要なる全ての事情を充たしていなかった場合は，犯人が犯行に至るどの程度の理由，根拠を有し，身体刑，死刑あるいは罰金刑及び損害賠償〔のいずれ〕が言い渡されるべきであるかが慎重に考量されなければならない」）とする。

(2) Vogel, art. 142 は，"en quoi il faut particulierement prendre garde, que lorsque celui qui a eu des raisons légitimes pour une défence nécessaire dans le cas d'une premiere attaque, n'a point observé durant l'action toutes les circonstances requises pour une défence nécessaire & parfaitement excusable; les Juges doivent soigneusement pezer le plus ou le moins de raison qu'il a eû pour commettre l'action, *afin de dicerner, s'il mérite un châtiment corporel, la peine de mort ou autre correction*"とする。フォーゲル訳は，どのような刑罰が相当であるかを「判断するために」，行為時の事情を裁判官は考慮しなければならないと解するものであるが，グリム・ドイツ語辞典が，"daß"に目的を示すラテン語"ut"の語義を与えることに対応する。

第143条

*a　テキストは，"aber der thätter mocht wider den entleibten souil böser, vnd sein selbs halb souil guter starcker vermutung darbringen, *jm wer der notweer zu glauben*"である。

(1) イタリック部分を，①テキスト通り表記する Böhmer, art. 143 のほか，②"ihm wäre der Nothwehr zu glauben"と表記する Blumblacher, art. 143, ③"ihm wegen der Nothwehr zu glauben"と表記する Stephani, art. 143; Clasen, art. 143; Kress, art. 143; Meckbach, art.143 がある。①と②の違いはたんに綴りの違いにすぎず，「正当防衛〔の主張〕に関し，殺害者を措信すべきであるとすれば」という趣旨であろうか。また，③は，「正当防衛に関し，殺害者を措信するために」と解されるが，主文節との論理的関係に疑問がある。

(2) Gobler, art. 143 は，"Posset autem facinorosus aduersus caesum tot tantas'que se tuendi praesumtiones adducere, ut sibi iure ac merito inculpatae tutelae fides haberetur"（「犯人は，自己の正当防衛の主張につき正当なる信を得るため，殺害された者に対し不利益かつ自己に有利なる多数の推定根拠を提出することができる」）とする。①及び②の表記に通ずる訳である。

Vogel, art. 143 は，"Les présomption établies par l'homicide pour sa justification

& au désavantage du mort, pourront être assez bonnes & fortes pour que sa défense nécessaire devienne croyable"(「殺人者により証明された，自己を正当化し死者に不利となる推定根拠は，正当防衛に関するその主張が措信される上で十分かつ有効なものとなりえよう」)とする。

構文上の疑義はあるが，訳としてはとりあえずゴブラー訳に従う。

第144条

*a　塙144条は「危険なる防衛」とするが，レクサー・中高ドイツ語辞典によれば"weer"には"was zur verteidigung dient: waffe"の語義がある。グリム・ドイツ語辞典もまた本条を用例として挙げ，"sorgliche〔=gefährliche〕Waffe"(「危険なる武器」)とする。Gobler, art. 144 の"noxium telum"も同趣旨である。

*b　グリム・ドイツ語辞典によれば，"einfach, gewöhnlich, gering, geringfügig, unbedeutend"の語義がある。

第146条

*a　テキストは，"sollen die vrtheiler bei den verstendigen〔,〕*so es vor jn*〔=ihnen〕*zu schulden kompt*, der straff halb radts pflegen"である（亀甲括弧内—引用者）。

(1)　グリム・ドイツ語辞典によれば，"schuld"の字義には，"anschuldigung, klage, das jemand zur last gelegte verbrechen"の意味があるので，テキストは，「判決人の面前において訴訟となる」の趣旨か。加えて Schroeder, S. 181 も，イタリック部分について，"wenn es von ihnen (den Urteilern) *zu entscheiden ist*"と註解し，さらに Vogel, art. 146 もまた，テキストを，"Les Juges *qui seront obligez de prononcer dans ces occasions* consulteront les Gens de Loy sur la peine à infliger"と仏訳する（塙146条は「その事件が責を負わすべく彼らの面前にもたらさるるとき」とする）。また，150条には，"so diser sach eyne für den Richter vnnd vrtheiler kompt"(「これらの事件の一つについて裁判官及び判決人が判決を行うべきときは」)という文言が見える。以上の理由から，本文の訳とする。

もっとも，Gobler, art. 146 は，"quum patratum delictum fuerit"(「犯罪が行われたため」)"とする。

(2)　本条には，さらに"nach dem *dise fell offt zu schulden kommen*, vnd durch die vnuerstendigen darinnen etwo gar vngleich gericht wirdet"という表現が見える。これは，「かかる事例はしばしば訴訟となり…」と解した。

*b　テキストは，"hierumb sollen die vrtheyler inn disen obgemelten fellen allen

訳 注　557

（wann es zu schulden kompt）*angezeygter erklerung halb, der vorgemelter verstendiger leut radt nit verachten, sonder gebrauchen*"である。

　Gobler, art. 146 は，イタリック部分を，"*memoratae declarationis ergò peritorum (ut diximus) consilia non contemnere, sed illis ipsis uti debent*"（「（上に定めるごとく）法有識者による，上に示した説明に関する鑑定を無視することなく，これを用いなければならない」）とする。

第148条

*a　テキストは，"Aber *der ander beistender, helffer und vrsacher straff halber*, von welchs handt obbestimbter massen der entleibt nit tödtlich verletzt worden ist, *auch so* eyner inn eyner auffrur oder schlagen entleibt würd, vnd man mocht keinen wissen dauon er als vorsteht verletzt worden wer"である。

　前のイタリック部分を，Vogel, art. 148 は，"*à l'égard de la punition des autres assistans, aides & auteurs*"とする。

　後のイタリック部分"*auch so*"の前後の文節の関係が判然としない。Clasen, art. 148 III が，①「幇助者又は加功者が，殺害された者に対し攻撃を加えたが，しかし命に危険をもたらすような傷害を負わせていない場合」，②「又は，何びとかが騒擾の中で殺害されたが，殺害した者若しくは傷害した者が全く不明の場合」は，法有識者の鑑定が求められている，と註解していることを参照し本文の訳とした（Gobler, art. 148 は，"dauon"を"à quo"とする）。

*b　テキストは，"wann〔=denn〕inn solchen fellen nach ermessigung mancherley vmstende, daß〔=die〕nit alles zu schreiben〔sein,〕vnderschiedlich zu vrtheylen ist"である。

　本文は，亀甲括弧のように読替え又は補充した訳である。Gobler, art. 148 は，"qum in talibus casibus ex consideratione omnium circumstantiarum, et qualitatum, quae scribi singulae atque uniuersae nequerunt, aequo discrimine distinctione'que iudicandum erit"（「かかる事件においては，個別的にも全体的にもここに記述することのできない事情及び性状を全て考慮の上，それぞれに応じしかるべく判決されなければならないのである」）と羅訳するが，同様に解するものである。

第149条

*a　テキストは，"so man die gehaben vnd solchs geschehen kan"である。

　Gobler, art. 149; Clasen, art. 149 は，端的に"si haberi possunt"とするので，こ

558

れに従う。

第 150 条

*a　テキストは，"Hernach werden etliche entleibung inn gemeyn berürt, die auch entschuldigung auff jnn tragen mögen, *so darinn ordenlicher weiß gehandelt wirdt*"である。

(1)　イタリック部分の訳解は多様である。① Clasen, art. 150, argumentum は，"dummodò occidens modum observaverit"（「殺人者が節度を遵守する場合に限り」），Remus, cap. 150 は，"si modus quidem non excedatur"（「節度が超えられない限り」），Stephani, art. 150 は，"si modo modus adhibeatur"（「そもそも節度が遵守される限り」）とする。② Gobler, art. 150 は，"si debito ordine in iis procedatur"（「それらについてしかるべく手続が行われるならば」），③塙 150 条は，「正規の方法によりて審理せらるる〔若干の殺人〕」，④ Vogel, art. 150 は，"lorsqu'elle est établie dans les regles"（「規則に定めがあるときは」），⑤ Langbein, art. 150 は，"in order that they may be properly handled"（それらが適切に扱われるために」）とする。

(2)　"handlung"が手続を意味するので，②，③のような解釈もありうる。しかし，本条が掲げる事例に照らすならば，①のように，"so"を"wenn"と解し，イタリック部分を殺人者の行為態様に関する限定と解するのが妥当である。もっとも，弁識力のない者の行為や家畜による加害について「節度」ないし「適切性」の概念を用いるテキスト表記は疑問である。

*b　Schroeder, S. 182 は"in böser Absicht"と註解する。これに対し，Kress, art. 150 § 12 は，①この部分が，発見された侵入者ではなく，発見した家人に掛かるのであるから，発見者である家人について「悪しき意図」を想定することはできない，②「危険な」という語は「恐怖」や「危険」について述べる場合に使用されており，イディオムとも合致するという理由を挙げ，"metum incutere"（「恐怖を惹き起こす」）と解すべきであるとする。クレスの理解に従う。

*c　このテキストは，"Hierumb so diser sach eyne für den Richter vnnd vrtheyler kompt, sollen sie bei den rechtuerstendigen vnd an enden vnnd orten wie zu end diser vnser ordnung angezeygt radts gebrauchen, vnd *jn nicht eygen vnuernünfftige regel vnd gewonheyt darinn zu sprechen machen, die dem rechten widerwertig sein*"である。

(1)　イタリック部分の"jn"の意味が明らかでないが，その点を措くならば，「こ

れらの事件において言い渡すべく，法に反する独自の不合理な規則又は慣習を創出してはならない」となろう。

なお，Zoepfl, S. 128によれば，第1次草案では，"jn"は"inen"と表記されている。また，"jn"を"ihnen"と表記するものとして，Blumblacher, art. 150; Clasen, art. 150がある。

(2) Gobler, art. 150は，イタリック部分を，"nec *ipsi sibi* singulares aut proprias nullius legitimae rationis regulas seu consuetudines in his decernendis statuant"（「これらの事件について判決するに際し，自ら，適法なる根拠を欠く独自若しくは固有の規則又は慣習を定めてはならない」）とする。ゴブラー訳のイタリック部分が"jn"（＝"inen"）に対応するが，"jn"を"sich selbst"の意味に解するのであろう。また，Vogel, art. 150は，"se donneront bien de garde dans les jugements qu'ils auront à rendre, de se *former eux-même* des regles & des usages peu raisonnable & contraires aux Loix"（「下すべき判決において，不合理で諸法に反する規則及び慣習を自ら案出せざるよう自戒する」）とするが，ゴブラー訳と同趣旨である。これらの訳解に従う。

*d　テキストは，"jre handlung darauff richten, wie sie *jn das recht zu gut verlengen*"である。

Schroeder, S. 182は，"zu ihren Gunsten den Prozeß in die Länge ziehen"と註解する。

第151条

*a　Kress, art. 151は，"erbietig"，Clasen, art. 151は，"urbietig"と表記するが，レクサー・中高ドイツ語辞典及びグリム・ドイツ語辞典によれば，その語義は，"promptus, paratus"である。

*b　テキストは，"*wes* sie für entschuldigung solcher thatt halb weisen wolten"である。

Blumblacher, art. 151は，"*wes*"を"was"と表記する。端的に"was"と解することもできるが，グリム・ドイツ語辞典によれば，"was"には"was auch immer"の語義もある。いずれにせよ，文意は通達する。

ちなみに，Remus, cap. 151は"quae alia pro se sui'que facti defensione allegans in medium afferre poterit"（「他方，自己かつ行為に関する防禦のため提出しうる事柄」），Gobler, art. 151は"tale quodcumque ad excusandun delictum adduxerit"（「犯

行の免責のために提出したことは何ごとにせよ」）と羅訳する。

　法文の一部削除にともない主語，動詞が単数とされるべきであったことについては，Schroeder, S. 182 参照。

*c　テキストは，"So dann der richter mit gehabtem radt der rechtuerstendigen die selben weisung artickel dafür erkent, *wo die bewiesen würden*, daß dieselben angezeigten vrsachen, die beklagten vnd bekannten thatt von peinlicher straff entschuldigen"であるが，イタリック部分は，論理的に見て，"daß"以下の副文節中に位置すべきであろう。Gobler, art. 151 もこの点を考慮し，"sicubi iuderx habito Iurisperitorum consilio eiusmodi probationis articulos existimat tales, *ut ubi probati fuerint*, accusatum & confessum delictum à publica seu criminali poena excusarent"と羅訳する。

*d　テキストは，"auch *wes* der ankläger dienstlichs darwieder weisen wolt"である。

　"*wes*"については，本条訳註 b 参照。Gobler, art. 151 は，"aut *si quid* etiam contrà accusator intenderet"（「弾劾人が反証として何を〔証明しようと〕意図しようとも」）とする。Remus, cap. 151 も同じく，"*si quid* replicare habeat"とする。

*e　テキストは，"so es zu schulden kompt"である。

　146 条訳註 a 参照。

*f　テキストは，"auch durch dieselben oberkeyt deshalb 〔①〕 *kundtschafft verhörer vnd anders verordnet gehalten vnd gehandelt werden*, wie vor imm zwen vnnd sechtzigsten artickel anfahend, Item wo der beklagt etc. vnd etlichen artickeln darnach von form vnd maß der weisung gesatzt ist,〔②〕 *sampt etlichen hernachuolgenden artickeln*, so es zu schulden kompt 〔,〕 *angesehen vnd darnach gehandelt*"である（亀甲括弧内―引用者）。

　(1)　Gobler, art. 151 は，"Et ab ipso magistratu *commissarii & examinatores ordinentur, alia'que omnia fiant*, quemadmodum suprà in sexagesimosecundo, & aliis sequentibus Articulis de forma & modo probandi statuimus, *pariter'que iuxta sequentes aliquot Articulos*（sicubi delictum patratum sit）*agatur*"（「上の 62 条及びそれに続く数箇条において証明の形式及び方法について定めるところに従い，当該官憲により受任裁判官及び尋問者が任命され，かつ，全て〔の手続〕が行われなければならない。同様に，（犯罪が行われる場合は,）本条に続く数箇条に従って手続が行われなければならない」）とする（むろん，"（sicubi delictum patratum sit）"という羅訳は

訳　注　*561*

疑問である。145 条訳注 a 参照）。

Remus. cap. 151 は，"à magistratu loci audiendis testimoniis, quae partes pro-
ducent, commissarii constitui debent, & iis omnibus prospicere, quae eam ad rem
requirentur: non aliter quàm cap. 62. et sequentibus praescripsimus, & haec quidem
pro normâ seruabuntur"（「当事者が提出する〔証人の〕証言を聴取すべく，その地
の官憲によって受任裁判官が任命されなければならない。受任裁判官は，証言聴取
に関し必要とされる事項について配慮しなければならない。これに当たり，62 条
以下に定めるところに従い，これらの条文は規範として遵守されなければならな
い」）と羅訳する。

Vogel, art. 151 は，"à cette effet la Jurisdiction qui connoîtra de cette affaire,
fera proceder à la déposition de témoins, & ce qui en dépend, ainsi qu'il a été mar-
qué cy-dessus dans l'article LXI.〔＝LXII.〕& quelques autres suivans, où il est
traité de la form & de la mesure requise dans les preuves, & de quelle maniere on
doit se conduire dans l'examen criminel"（「このため，当該事件を審判すべき裁判所
は，証明に必要なる形式及び範囲について定める上の 61〔＝62〕条以下に示され
るところに従い，証言及びその関連事項につき手続を行い，かつ，刑事の証人尋問
の実施においても同様に手続を行わなければならない」）とする（ただし，テキス
トのイタリック部分②は正確には訳出されていない）。

(2)　イタリック部分①の"*kundtschafft verhörer vnd anders verordnet*〔, vnd es〕*ge-
halten vnd gehandelt werden*"には，亀甲括弧内の語句を挿入することが考えられ
る。本文は，そのような挿入を前提とする訳である。前掲ゴブラー訳，レームス訳
もこれに類する訳解である。

(3)　イタリック部分②は，ラテン語の絶対奪格句に相当するものと解される。ゴ
ブラー訳も，このような理解を前提にするものであろう。本文の訳では独立のセン
テンスとした。

(4)　本条の上のテキストに対応するバンベルゲンシス 176 条のテキストは，
"Auch söllen etlich artickel nechst hernachvolgent desshalb angesehen, vnd so
dieselben fell zu schulden komen, darnach gehandelt werden"（「この点に関し以下の
数簡条が遵守されなければならず，この種の事件が訴訟となるときは，以下の数簡
条に従って手続が行われなければならない」）であり，本条よりも明確な規定振り
となっている。この点を捉えて，Schletter, S. 31 は，本条のこの箇所はバンベル

ゲンシス 176 条の上記部分を歪曲しており，"gesatzt ist, *sampt etlichen hernachuolgenden artickeln*, so es zu schulden kompt *angesehen vnd darnach gehandelt*"全体が無意味であり削除すべきだとする Kress, art. 151 §1〔p. 536〕に賛意を表している。クレスが削除すべきだとする部分は確かに贅言ともいえるが，上記テキストは迂遠であるものの趣旨において了解しえないわけではないという点を考慮し，テキストに即し本文のような訳とした。

第 152 条

*a　テキストは，"weisung artickeln nit beschliessen"である。

　Clasen, art. 152, I は，これを"articuli non-concludentes"と羅訳し，「それに関し真実解明のため証人が供述したとしても，被告人が証明しようとしたことが明らかにならない」ような証明項目である，と註解する。趣旨に即して意訳した。

第 154 条

*a　テキストは，"sich außfüren"である。

　Schroeder, S. 183 は，"den Entlastungbeweis führen"と註解する。ただし，Clasen, art. 154; Kress, art. 154; Stephani, art. 154; Meckbach, art. 154 のような 17 世紀，18 世紀の文献は，"defendiren"（「防禦する」）と表記しており，テキストの表記が既に理解困難になっていたとも考えられる。なお，43 条訳註 a，156 条訳註 a 参照。

第 156 条

*a　テキストは，"Item so *sich* eyner ehe er inn gefengknus kompt, eyner peinlichen übelthatt, *mit recht außfüren* will"である。

　イタリック部分を，Schroeder, S. 183 は，"den Entlastungsbeweis führen"，Gobler, art. 156 は，"iure excusare"とする。本条見出しは"außfürung beschuldigter peinlicher übelthat"となっている。グリム・ドイツ語辞典によれば，"*außfüren*"について，「免責証明」の語義は確認されないが，レクサー・中高ドイツ語辞典によれば，"sich seiner haft od. eingegangenen verbindung entledigen, sich frei machen"を意味する"uzvarn"の語がある。"*außfüren*"はこれに相当するのであろう。43 条訳註 a，154 条訳註 a 参照。

*b　テキストは，"rechtmessige verkündung"である。

　Schroeder, S. 183 は，"angemessene Brücksichtigung zuteil werden"（「適切な配慮を与える」）とするが，グリム・ドイツ語辞典によれば，「召喚」の語義もあり，

訳 注　　563

ゴブラーも「召喚」の訳語を当てるので，これに従う。

第157条

*a　テキストは，"ehe er damit inn sein gewarsam kompt"である。

グリム・ドイツ語辞典によれば，"gewarsam"は，「安全な状態」を意味する。

*b　テキストは，"nochmals"である。

Schroeder, S.184 が，"nachmals"の誤りとするほか，Gobler, art. 157 は，"deinceps"（「その後）」とする。

*c　グリム・ドイツ語辞典によれば，"anders"は"alioquin（=überhaupt)"の語義がある。

第158条

*a　テキストは，"der dieb...eyn geschrey oder nachtheyl〔=nacheil〕 *machte*"である（亀甲括弧内—引用者）。

Gobler, art. 158 は，"fur...uociferationem seu tumultum *excitaret*"（「窃盗犯が…喧噪あるいは騒動を惹き起こした」），Remus, cap. 158 は，"*quis* ad comprehendum furem *procurrerit,* vel *proclamarit*"（「何びとかが窃盗犯を捕縛するため，追跡し又は叫喚した」）と羅訳する。亀甲括弧内の訂正は，Schroeder, S. 184 の指摘に従う。

*b　テキストは，"beschwerdt jn die gemelt auffrur und berüchtigung *die that*"である。

Clasen, art. 158; Kress, art. 158 は，"beschwerdt ihn die gemelte Auffruhr und Berüchtigung *der that*"と表記するので，これに従う。Vogel, art. 158 もまた，"son délit accompagné d'éclat & de rumeur, le chargera assez"（「騒動や叫喚を伴う犯行は加重理由となる」）と仏訳する。

*c　テキストは，"vor allen dingen"である。

Gobler, art. 158 は，"cum primis"（「特に」）とするが，ここにこの語句が挿入される趣旨は必ずしも判然としない。

*d　テキストは，"ansehnliche person"である。

Clasen, art. 158〔p. 681〕は，「名誉ある家門に生まれた者」とする。

第164条

*a　テキストは，"vnder vierzehen jaren"である。

Gobler, art. 164 は，"decimumquartum annum non excesserit"（「14 歳を超えない」）とする。

*b　テキストは，"on sonder vrsach"である。

本条註2(2)に引用したクラーセンの註解に照らし，「特段の〔加重〕事由がない
ものとして」という趣旨に解する。

*c　テキストは，"*der diebstall groß oder obbestimpt beschwerlich vmbstende, so geuer-
lich dabei gefunden würden*, also daß die boßheyt das alter erfüllen möcht"である。

(1)　Gobler, art. 164 は，テキストを，"furtum insigne adeò grave'que ex suprà
memoratis circumstantiis esse constaret, ut malicia aetatem aequaret"(「上に定める
事情から，窃盗が顕著であり，悪性が年齢を補う程度に重大であることが判明す
る」）と羅訳する。

(2)　これに対し Clasen, art. 164, argumentum は，テキストのイタリック部分
を，"*der diebstall groß, oder obbestimpte beschwerliche vmbstende so geuerlich dabei
gefunden würden*"と表記し，テキスト全体に，「窃盗が大窃盗であったか，住居の
侵入又は破壊によって行われたため，悪性が年齢を補いうる」と註解している
(Stephani, art. 164 の註解も同趣旨である）。Vogel, art. 164 は，"que le vol fût
considérable, ou que l'on y trouvát des sudites circonstances aggravantes, ac-
compagnées de danger, ensorte que la malice eût suppléé à la force de l'âge"と仏訳
する。これはクラーセン等の註解と趣旨が一致する。ここでは，クラーセンの註解
に即した訳をとる。

*d　Schroeder, S. 185 は，「犯罪的意思」と解している。

第166条

*a　テキストは，"*Oder* aber der selbigen dieb einer vnsträfflich erlassen würd"で
ある。

バンベルゲンシス 192 条，第1次草案，第3次草案のテキストは，"*Ob* 〔=wenn
auch〕aber der selbigen dieb einer vnsträfflich erlassen würd"となっており，編纂
又は印刷上の過誤であろう。Schroeder, S. 186 は，ウイーン写本が"Ob"であるこ
とに言及する。

第167条

*a　テキストは，"*wer* bei nächtlicher weil *jemandt sein frücht oder auff dem feld sein
nutzung*, wie das alles namen hat, heymlicher vnd geuerlicher weiß *nimpt*"である。

Gobler, art. 167 は，イタリック部分を，"si aliquis...è campo surriperet, au-
ferret, aut deueheret"(「何びとかが…田園から盗み，持ち去り又は運び去る」）と

羅訳し，Clasen, art. 167 は，"alterius fructus ex agro aufert"（「他人の果実を田園から運び去る」）と要約するので，これに従う。なお，"sein frücht" 及び "sein nutzung" の "sein" は不要である（168 条訳註 a 参照）。

なお，グリム・ドイツ語辞典に従い，"wer" は，"siquis（＝wenn irgend wer）" の趣旨と解した。

(2) "frücht"，"nutzung" に対し，Remus, cap. 167 は，glans（核果），messis（穀物），frux（作物），fructus（産物），pomum（果実）を列挙する。

*b このテキストは，"wo eyner bei tag jemandts an *seinen* berürten früchten, die er heymlich nem vnd hinweg trüg, grossen mercklichen vnd geuerlichen schaden thett" である。

Gobler, art. 167 は，"si quis in die aliqui *insigne & nefarium in frugibus seu fructibus suis inferret damnum*, eos clàm auferendo aut subtrahendo"（「ある者が，昼間何びとかの農作物又は果実を密かに持ち去ることにより，その農作物又は果実に顕著かつ悪質なる損害を加えるときは」）とするが，Clasen, art. 167〔p. 718〕は，"magnum damnum domino rei sit datum"（「所有者に大きな損害が生ずる」）とする。なお，テキストの "seinen" は不要であり（168 条訳註 a 参照），したがってゴブラー訳の "suis" も不要である。

第 168 条

*a テキストは，"so jemandt *sein* gehawen holtz dem andern heymlich hinweg füret" である。

Güterbock, S. 244; Schroeder, S. 186 によれば，イタリック部分は誤って削除されなかった部分である。Clasen, art. 168, argumentum は，"qui alterius ligna jam tum caesa clam abducit"（「そのとき既に伐採されていた他人の樹木を持ち去る）」）とする。

第 171 条

*a テキストは，"stelen von geweichten dingen oder〔an〕stetten" である（亀甲括弧内―引用者）。

亀甲括弧内のような補足が必要であろう。なお，175 条には，"die diebstall, so *an* geweichten dingen vnd stetten begangen" という表現が見える。

第 172 条

*a テキストは，"das heylig Sacrament des alters" である。

Clasen, art. 173 は，キリストの身体を化体する聖なるパンと註解する。

第 173 条

*a　テキストは，"so eyner eyn stock, darinn man das heylig almusen samlet auff-bricht, sperret, *oder wie er* argklistig darauß stilt, oder solchs mit etlichen wercken zuthun vndersteht"である。

　グリム・ドイツ語辞典によれば，"wie"は"wenn, wenn irgend"の語義がある。Gobler, art. 173 は，"si quis arculum, in qua sacra eleemosyna emendicatur, con-gregatur'que, effringit, aperit, *aut* dololosè fraudulenter'que ex ea furatur"とするが，同趣旨の訳解である。

第 175 条

*a　テキストは，"Item es sollen auch〔in〕die diebstall, so an geweichten dingen vnd stetten begangen, die hungers nott, auch jugent vnd thorheyt der personen, wo der eyns mit grundt angezeygt würde, auch angesehen, vnd wie von weltlichen diebstalen deßhalb gesetzt ist, darinn gehandelt werden"である（亀甲括弧内―引用者）。

　Güterbock, S. 245 によれば，立案上の過誤がある。バンベルゲンシス 201 条は，"Jtem Doch sol *in geystlichen diebstalen* die hungernot, auch jugendt vnd Torheyt der person... "となっている（第 1 次草案も同様である）。イタリック部分の表記の変更にともない，"in"が欠落したようである。

第 176 条

*a　テキストは，"freuenlich *oder* fürsetzlich"である。

　108 条では"fürsetzlich *vnd* freuenlich"となっており，Schroeder, S. 187 は，108 条の表記が正しいであろうとするので，これに従う。

*b　テキストは，"so eyner eyn vrphed freuenlich oder fürsetzlich verbrochen, *sa-chen halben*, darumb er das leben nit verwirckt hat"である。

　Schroeder, S. 187 は，イタリック部分に，"in Streitsachen"（「訴訟事件において」）と註解する。しかし，「それを理由に死刑を科されなかった」というイタリック部分に後続するテキストとの整合性に疑問がある。これに対し Clasen, art. 176 は，「不復讐宣誓の違背。すなわち，ある者が，まさに拘禁から釈放される時点又は釈放後追放される時点において〔将来〕危害を加えない旨の宣誓を行ったが，しかし，後に，非死刑事件を犯すことによりこれに違背した場合である」と註解す

る。

本条とも密接な関連のある 108 条は，"So aber eyner eyn vrphede *mit* sachen darumb er das leben nit verwürckt hat, fürsetzlich vnd freuenlich verbrech"となっており，上のテキストは，クラーセンのように，「犯罪」の趣旨に解するのが妥当であろう。

*c　テキストは，"*über* vorgeübte nachgelassene *vnd* gerichte missethat"である。

(1)　"*über*"について，Gobler, art. 176 は，"*praeter* commissum, sed remmissum & iudicatum facinus"（犯したが，宥恕されかつ裁判を経た犯罪のほかに」），Remus. cap. 176 は，"*ultra* vim antèfactam...de quo satisfecerit, vel transegerit, vel punitus sit"（「それについて賠償若しくは和解し，又は，処罰を受けた以前の暴力に加えて」）とする。これに対し，グリム・ドイツ語辞典によれば，"ungeachtet, trotz, gegen, wider"の語義があり，これに従うならば，「既に宥恕され又は判決を経た以前の犯行があるにもかかわらず」となる。

(2)　また，"*vnd*"については，Gobler, art. 176 は，"praeter commissum, sed remmissum & iudicatum facinus"（犯したが，宥恕されかつ裁判を経た犯罪のほかに」）とする。

これに対し，Remus. cap. 176 は，"ultra vim antèfactam...de quo satisfecerit, *vel* transegerit, *vel* punitus sit"と羅訳するほか，Clasen, art. 176, (I) は，脅迫の要件の一つは，「犯罪が宥恕されるか，又は判決を受けた後で脅迫がなされることである。すなわち，以前の犯罪についてもはや責めを負わないこと，すなわち，犯罪が合意若しくは端的に赦免により宥恕されているか，又は，その犯罪について判決がなされ，被告人が弾劾から放免されているか若しくは有罪を言い渡されていることである」と註解する。また，グリム・ドイツ語辞典によれば，"vnd"には"ve, vel, sive"の語義もある。したがって，"vnd"は「又は」の意味に解する。

*d　テキストは，"auß jetztgemelten oder andern gnugsamen vrsachen, eyner person nit zu vertrawen oder zu glauben wer, *daß sie die leut gewaltsamer thätlicher beschedigung vnd übels vertrüge, vnd bei recht vnd billicheyt bleiben ließ*"である。

墻 176 条は，イタリック部分を「暴力的なる非行による加害および不法を人びとになさんこと」とする。しかし，グリム・ドイツ語辞典によれば，"vertragen"には，"einen einer sache überheben"（「免ずる」）の語義がある。Gobler, art. 176 もまた，"quòd à noxa, uiolentia, damno inferendo desiteret, iuris & aequitatis habita ratione"（「法及び衡平を尊重し，侵害，暴力，損害を加えることを思いとどまる」）と羅訳するが，妥当であろう。

*e　テキストは，"on merklich *verdechtlichkeyt* künfftigs übels"である。

Güterbock, S. 246 は，131 条の場合と同様，"on merklich *verdlichkeyt* künfftigs übels"の誤りであるとする。

第 178 条

*a　テキストは，"*inn eynem fall herter dann*〔=härter denn〕*inn dem andern*〔,〕angesehen gelegenheit vnd gestalt der sach"である（亀甲括弧内—引用者）。

イタリック部分を，Gobler, art. 178 は，"in alio casu seuerius quàm in alio"（「ある場合は他の場合よりも重く」）とするが，Clasen, art. 178 は，イタリック部分を"in uno casu durius, in altro levius"（ある場合はより重く，他の場合はより軽く」）とするので，これに従う。

また，"angesehen gelegenheit vnd gestalt der sach"は，ラテン語の絶対奪格句的な表現である。Gobler, art. 178 が，"ex respectu & qualitate causarum"（「事件を考慮し事件の性質に応じ」）とするのはその趣旨であろう。

第 179 条

*a　テキストは，"wissentlich *seiner* synn nit hettt"である。

イタリック部分は"seinen"誤りであろう。

*b　テキストは，"nach radt der selben vnd anderer verstendigen"である。

Gobler, art. 179 は，"ex consilio istorum, aut aliorum peritorum"（「その法有識者又はその他の法有識者の鑑定に基づいて」）とする。

第 180 条

*a　テキストは，"solcher vnfleiß ist nach gestalt der sachen vnnd *radt so an den orten, als hernach gemelt wirdet*, zu straffen"である。

イタリック部分の構文は不完全と考えられるが，ギュータボック及びシュレーダーはこの点について言及していない。しかし，Kress, art. 180; Clasen, art. 180; Stephani, art. 180; Meckbach, art. 180 はいずれも，このテキストに若干の補足を加え，"solcher vnfleis ist nach gestalt der sachen vnnd *radt so an den orten, als hernach folgt, gepflogen wirdet*, zu straffen"と表記するので，これに従う。

第 181 条

*a　テキストは，"bei seiner pflicht"である。

Gobler, art. 181 は, "mediante suo iuramento"（「その宣誓に基づき」）とするが, 書記による宣誓（5条参照）を念頭においたものであろう。

*b　テキストは, "peinlich frag oder *peinlich handlung*"である。

イタリック部分は「拷問による審理」の趣旨であろう。Gobler, art. 181 も, 端的に"quaestio *tortura*'que"とする。ただし, Remus, cap. 181 は, 「拷問又は申立てに関する審判（quaestiones vel deliberatio de supplicio）」, Langbein, art. 181 は, 「拷問又は刑事手続（examination under torture or criminal process）」とする。

*c　テキストは, "zum rechten"である。

Schroeder, S. 189 は, "für den Prozeß"（「訴訟のため」）とするが, Gobler, art. 181 は, "prout de jure"（「法の定めるように」）とする。とりあえず後者に従う。

第183条

*a　テキストは, "*was dann der anklager der selben antzeygung oder argwonung halber vor dem gericht oder verordenten schöpffen fürbring*t, auch *was solcher fürbrachten antzeygung halb noch laut diser ordenung bewisen wir*t, soll alles eygentlich, wie vor gemelt ist, beschriben werden"である。

前のイタリック部分は, 「弾劾人がかかる徴憑又は疑惑に関し裁判所又は指名された参審人の面前において提出するもの」が直訳であるが, 本文のような訳とした。

後のイタリック部分を, Gobler, art. 183 は, "quicquid etiam talium reproductione & exhibitione iuxta formam huius Constitutionis probatum fuerit"（「かかる徴憑又は疑惑の提出により本令に従い証明された事項」）とする。

第190条

*a　テキストは, "*so* nach laut diser vnser vnnd des heyligen Reichs ordnung eyn übelthat wahrhafftiglich erfunden oder überwunden, *vnd deßhalb so weit kommen ist, daß die entlich vrtheyl derhalb zum todt, wie die vorgemelter massen, nach laut diser vnser ordnung, geschehen sollen, beschlossen ist*"である。

Gobler, art. 190 は, イタリック部分を, "sicubi...eo'que sic processum esset, ut propterea sententia diffinitiua capitaliter, quemadmodum antè dicto modo iuxta hanc nostram Constitutionem fieri debet, feratur, & pronuncietur"（「かくして, 上に定めるごとく朕の本令に従いしかるべく, 死刑の最終判決が下され言い渡されるに至るときは」）とする。"*wie die*"の"*die*"は"*die entlich vrtheyl*"の趣意であろう。

*b テキストは，"vngeuerlich nachuolgender meynung"である。

グリム・ドイツ語辞典には，"auf die mainung"が"auf diese weise, in der art"を意味する用例が見える。テキストは前置詞を欠くが，Gobler, art. 190 は"sequenti modo"（「以下のような方法により」）とする。これに従う。

第193条

*a テキストは，"Item wo *durch die vorgemelten entlichen vrtheyl eyner zum todt erkent*, beschlossen würde, daß der übelthätter an die richtstatt geschleyfft werden soll"である。

イタリック部分は，絶対奪格句的表現と解される（判決の複数形は編纂上の過誤であろう）。

*b 当該テキストは，"So sollen die nachuolgenden wörtlin *an der ander vrtheyl*, wie obsteht, auch *hangen*, also lautend, Vnd soll darzu auff die richtstatt durch die vnuernünfftigen thier geschleyfft werden"である。

イタリック部分は「他の判決の末尾に加えられる」の意味であるが，「他の判決」の趣旨が明らかでない。Clasen, art. 193〔p. 787〕は，"quando haec raptatio condemnati ad locum supplicii decernitur, tum illa verbis *sententiae in fine* annectenda est"（「有罪判決を受けた者にこのような刑場への曳摺りが言い渡されるときは，その旨の文言が判決の末尾に付け加えられなければならない」）と註解しており，「他の判決」への言及はない。フォーゲル訳もまた同様に，"l'exprimer *à la fin de la sentence*"とするのみであるので，本文の訳とした。

第194条

*a テキストは，"mit N. griffen"である。

Schroeder, S. 191 によれば，"N."は，"nominatur"（「指示される〔回数〕」）の趣旨である。

第195条

*a テキストは，"Avff warhafftige erfarung vnd befindung gnugsamer anzeygung zu bösem glauben, künfftiger übelthettiger beschedigung halber"である。

Gobler, art. 194〔=195〕は，"vera inquisitione exploratione'que facta sufficientium indiciorum malae fidei propter futuram & maliciosam lesionem"（「将来における犯罪による危害に関し信頼しえないことを示す十分なる徴憑について適正なる糾明及び認定がなされたときは」）とする。なお，"warhafftig"の語義については，197

条訳註 a 参照。

第 197 条

*a　テキストは，"nach *fleissiger warhafftiger erfindung*"である。

イタリック部分について，Vogel, art. 197 は，"Vû la verité de l'enquête"(「取調べにより明らかになった真実に照らし)」と仏訳し，Schroeder, S. 190 は，"erforderliche Erforschung und Feststellung der Wahrheit"と註解する。しかし，グリム・ドイツ語辞典によれば，"wahrhafftig"には"zuverlässig, auf wahrheit begründet'"の語義があり，また，Gobler, art. 197 が"verus (=recht und billig)"と羅訳していることを考慮し，「適正」の訳語を与えた。

*b　このテキストは，"ist zu recht erkant, daß B. so gegenwirtig vor dem Richter steht, *der missethätigen vnehrlichen handlung halb mit C. geübt*"である。

テキストの構造には問題がある。192 条の"ist...zu recht erkant, daß B. so gegenwirtig vor disem gericht steht, *der übelthat halben, so er mit C. geübt hat etc.*"というテキストと同趣旨の規定と解した。Langbein, art. 197 もまた同様に解しているようである。

第 198 条

*a　テキストは，"So soll solch widerkerung oder dargebung des guts mit lautern worten an die vrtheyl *wie das geschehen solt*, gehangen, beschriben vnd geoffnent werden"である。

Gobler, art. 197〔=198〕は，イタリック部分を，"ceu istud fieri aequum est ac debet"(「それがしかるべく行われるがごとく」)とする。

第 201 条

*a　テキストは，"so von ampts wegen geklagt wirdt〔,〕*von*〔=vor〕derselben *so*〔=die〕von ampts wegen klagten, nechsten ordenlichen oberkeyt である (亀甲括弧内—引用者)。

(1)　Kress, art. 201 は，"*von*"を"*vor*"と表記するので，これに従う。Remus, art. 201 も，"*apud* magitratum principemve superiorem"(「上級官憲又は領邦君主の許において」)と解している

(2)　"*von*"以下のテキストを，Gobler, art. 200〔=201〕は，"coram eorum qui ex officio accusarunt ordinario magistratu"(「職権を以て弾劾を行った裁判官に対する正規官憲の許において」)，Vogel, art. 201 は，"pardevant les Juges compétents, les plus prochains de ceux qui ont formé d'office ladite accusation"(「職権を以て弾劾を行った裁判官に対する直近の管轄裁判官の許において」)とする。

第202条

*a　テキストは，"darmit（wo es künfftiglich not thun würde）*solcher gerichts handell* daselbst zufinden wer"である。

Gobler, art. 201〔=202〕は，"quo si qua ingrueret necessitas, *eadem acta* ibi haberi ac reperiri possent"(「何らかの必要が生じた場合に，その訴訟記録を裁判所において利用し調査することができるように」)とする。

第203条

*a　テキストは，"Item welcher gerichtsschreiber auß diser vorigen anzeygung *mit*〔=nit〕genugsamen verstandt vernemen möcht, wie er darauß eyn jeden gantzen gerichts händel oder vrtheyl formen solt"である（亀甲括弧内—引用者）。

Kress, art. 203; Clasen, art. 203は，イタリック部分を亀甲括弧内のように表記する。カロリーナ203条に対応するバンベルゲンシス228条からの転記ミスであろう。Vgl. Schroeder, S. 193.

第204条

*a　テキストは，"eyn jede oberkeyt der peinlichen gericht"である。

本条註3に引いた文献の本条解釈を根拠に，「刑事裁判所に対する各〔上級〕官憲」と解した。

*b　テキストは，"was aber sunst gerichts vnd ander kosten, auff besetzung des gerichts, *der scheffen oder vrtheylen*〔=vrtheyler〕*kostgelt*, auch gerichtsschreibern, bütteln, thürhütter, nachrichter vnd seinem knecht aufflauffen würde"である（亀甲括弧内—引用者）。

(1)　Güterbock, S. 247は亀甲括弧内のような修正が必要であるとする。

(2)　イタリック部分は，"*kostgelt der scheffen oder vrtheyler*"(「参審人又は判決人の賄い料」)の趣旨と解されるが，Gobler, art. 203〔=204〕は，"Caeterae expensae iudiciariae constituendi iudicis, scabinorum, aut sententiariorum, item scribarum, uiatorum seu appariatorum, custodum, carnificum, & sociorum eius factae & insumptae"(「裁判官，参審人又は判決人，同じく書記，属吏，看守，刑吏及びその徒弟の配置（constituendum）のために支出されたその他の費用」)，Vogel, art. 204は，"pour ce qui regarde les autres frais de Justice pour la séance du Tribunal, la dépense des Juges & Assesseurs, celle du Greffier, le payment des Geoliers, de l'Executeur & de son Valet"(「法廷の開廷，判決人及び参審人の費用，書記の費用，看守，刑吏及びその徒弟の報酬のためのその他の裁判費用に関しては」）としており，"kostgelt"（「賄い料」）を訳出していない。

*c　テキストは，"des Gericht"である。

　Güterbock, S. 247; Schroeder, S. 193 によれば，"das Gericht"の誤りである。

第205条

*a　Schroeder, S. 193 は"Fall"とする。Clasen, art. 205（3）は，"pro singulis actibus"（「個々の行為ごとに」）とする。

第206条

*a　テキストは，"in gegenwirtigkeyt...zweier Schöppenn des Gerichtes *der Sache unverdacht*"である。

　Remus, cap. 206 は，"duobus'que adssessoribus, qui *suspecti non sint*, praesentibus",（〔疑わしくない2名の参審人の立ち会いの下で」），Gobler, art. 205 〔=206〕は，"in eorum praesentia, pariter'que duorum scabinorum iudicii *non suspectorum*"（「これらの者及び疑わしくない裁判所参審人の立ち会いの下で」）と羅訳しており，"der Sache"を特に訳出していない。被告人の財産の処理に関わる参審人について，「事件について疑いのない」という要件を設けるのは理解しがたく，「事柄に利害関係のない」の趣旨と解する。もっとも，Langbein, art. 206 は，「事件に利害関係のない（disinterested in the case）参審人」とする。

*b　テキストは，"dem übelthetter, nichts dauon *volgen zulassen*"である。

　グリム・ドイツ語辞典によれば，"volgen"には"ausgehändigt, ausgefolgt, verabfolgt werden"の語義があるほか，Gobler, art. 205 〔=206〕は，"nec facinoroso quicquid de illis concedat"（「犯人にその中から何ものも与えることなく」），Clasen, art. 206, argumentum は，"ut nihil ex iis profugiente subministretur"（「その中から何をも逃亡者に与えられることのないよう」）と羅訳する。

　Langbein, art. 206 は，"he shall let the criminal *succeed to* none of it"とする。「財へのアクセスを犯人に許さない」という趣旨であろうか。

第207条

*a　テキストは，"So sich aber derhalb irrung hielt, soll der richter *solchem kleger gebürlichs schleunigs rechtens verhelffen*"である。

Gobler, art. 206 〔=207〕は，イタリック部分を，"actori legitimo ac breui iusti-
tiae supplemento subueniat"（「判決を適法かつ迅速に与え原告を援助しなければな
らない」），Vogel, art. 207 は，"le Juge fera avoir sur le champ satisfaction à la par-
tie plaignante"（「裁判官は直ちに原告の主張を認めなければならない」）とする。

*b　テキストは，"so an eynem solchen ort eyn oberkeyt peinlich vnd bürgerlich ge-
richtbarkeyt hette, vnd *die schöffen des peinlichen gerichts weitleufftig zusammen
zubringen weren*"である。

　グリム・ドイツ語辞典によれば，"weitleufftig"は，"vielfältig, umfangreich, mit
aufwand von zeit und mühe verbunden"の語義がある。Clasen, art. 207, III〔p. 821〕
は，イタリック部分について，「必ずしも容易に参審人を召集することができない
（scabini aut assessores istius tam facilè convocari nequeant）」と註解する。

第 208 条

*a　テキストは，"die antwurter möchten dargegen zu recht gnug nit darbringen,
daß die selbig kriegisch habe, *mit gutem rechtmessigem tittel, von dem kleger bracht
vnd an sie kommen wer*"である。

　Gobler, art. 208 は，イタリック部分を，"ea ipsa litigiosa actoris bona iusto et
legitimo titulo sibi acquisita esse"（「係争中の原告の財を正当かつ適法なる権原に基
づき取得した」），Vogel, art. 208 は，"ledit bien possedé par le demandeur est venu
en leur mains à juste title"（「原告所有の当該財が正当なる権限に基づき被告らの取
得するところとなった」）としており，"*von dem kleger bracht*"という部分は訳出さ
れていない。これに対し，Clasen, art. 208 は，「以前にその物が所有者により〔何
びとかに〕譲渡され，その後，〔被告が〕正当かつ適法なる権原に基づきこれを取
得した」と註解する。クラーセンの註解に従うならば，"*von dem kleger bracht*"は
「原告の手元から離れて」という趣旨に解される。疑問をとどめつつ本文の訳とす
る。

第 210 条

*a　テキストは，"*wes* er inn dem selbigen gericht derhalb verlüstig würde, Es wer
vmb die hauptsach, oder schaden vngeweygert volg zuthun"である。

　(1)　Schroeder, S. 195 は，イタリック部分に"soweit"の訳語を与える。このよ
うな語義はレクサー・中高ドイツ語辞典やグリム・ドイツ語辞典では確認できない
が，Remus. cap. 210 による"impensas litis, si ita sententia ferat, vt in eas se damnari

contingeret, refundi（「判決により自己が訴訟費用を命ぜられるときは訴訟費用を支払う〔ことの保証を行う〕」）という訳は，シュレーダーの註解と同趣旨と解される。

　(2)　イタリック部分を，Stephani, art. 210; Blumblacher, art. 210 は "wessen" と表記する。属格を要求する "verlüstig" を承けたものであろう。Gobler, art. 210 は，"quicquid in eodem iudicio propterea damni, periculi, aut noxae ferendum esset, uel in causa principali uel in expensis citra recusationem praestandi"（「本案，費用のいずれに関するにせよ，裁判所において言い渡されるべきいかなる不利益，被害，損失も，異議申立てをすることなく引き受ける」），Vogel, art. 210 は，"d'acquitter de gré tous les dépens ausquels il pourroit succomber en Justice, tant pour le fond que pour les dommages"（「本案，損害のいずれに関するにせよ，裁判所において敗訴し命ぜられる費用を速やかに支払うこと」）とするが，同趣旨である。

*b　テキストは，"die *auß brüchig* hab" である。

　Güterbock, S. 247; Schroeder, S. 195 によれば，イタリック部分は，"ansprüchig" の誤りであり，クレス，クラーセンも同様の表記をする。テキストの誤植であろう。

*c　テキストは，"auß betagt" である。

　レクサー・中高ドイツ語辞典及びグリム・ドイツ語辞典では語義を確認できないが，Gobler, art. 210 が，"permittantur concedantur'que"（「委ねられる」）と羅訳し，"Schroeder, S. 195 が，"ausgehändigt"（「交付される」）と註解する。文脈を考慮しこれに従う。

第 211 条

*a　テキストは，"Wvrde aber obgemelter angezogner gestolner oder geraubten gütter halb, jemandt mit bösem glauben vnd verdacht darbei betretten" である。

　Vogel, art. 211 は，"Lorsque quelqu'un devenu suspect par son mauvais renom aura été arrêté à l'occasion des susdits bien appropriez ou volez"（「悪評により疑いのある何びとかが，上にいう盗品を理由に捕縛されるときは」）と仏訳するほか，Clasen, art. 211, I は，「窃取又は強取された物がある者のところで発見されたが，所持していた者が，風評がある，窃盗犯，強盗犯との交流がある，あるいは贓物故買，寄蔵の常習者であるなどの理由から，その物を窃取又は強取した嫌疑がある」場合の規定であると註解する。

第213条

*a Clasen, art. 213; Kress, art. 213によれば，"bewehret"であるが，"bewähret"の趣旨であろう。Gobler, art. 212〔=213〕は"probare"，Remus. cap. 213は"ostendere"と羅訳する。

*b テキストは，"Wo aber jemandt die gemelten hab, vmb weniger vnkostens vnd schadens willen, vor *kündtlicher erfindung* gemelts vnrechten herkommens; vnd *wem die zustünde*, auß zubürgen, vnd zu betagen begert"である。

(1) 前後のイタリック部分の関係が判然としない。構文上疑問があるが，「当該財が何びとに帰属するかが明確に認定されること」の趣旨と解する。Gobler, art. 213が，"si quis autem memorata bona ob minores impensas ante *manifestam inuestigationem explorationem'que* praedicti mali tituli, *cui ill attinerent*, satisdatione oblata..."と羅訳するのも同趣旨であろう。

(2) "auß zubürgen, vnd zu betagen begert"について，Gobler, art. 213は，"memorata bona...satisdatione oblata...postulauerit"（「担保を提供し上に定める財〔の引渡し〕を申し立てた」）と羅訳する。Schroeder, S. 195が，"gegen Sicherheit freizugeben und auszuhändigen beantragt"とするのも同趣旨である。210条訳註c参照。

第215条

*a テキストは，"vorgemelt nechster peinliche oberkeyt"である。

「直近」とは，「絞首架のある場所に対し裁判権を直接的に行使する」という趣旨と考えられる（なお，Clasen, art. 215, argumentum の表記に照らし，"*nechster*"は"nechste"の誤りである）。

*b テキストは，"die bei vermeidung obgedachter peen *vmb eyn gewönlichen taglon, daß jne*〔=das ihnen〕*der selbig gerichtsherr, on der klager schaden bezalen*, volg zuthun schuldig vnd pflichtig sein"である（亀甲括弧内—引用者）。

Clasen, art. 215, II (2)が，裁判官は日当を自らの負担において支払うべきであり，弾劾人に要求すべきものではないと註解していることを考慮し，イタリック部分は本文のような訳とした。

*c テキストは，"*verklagen*, verachten oder verkleinen"である。

Gobler, art. 215は，イタリック部分に，"insimulare"（「誣告」）の訳語を与えるが，Güterbock, S. 247は，"verachten"と読み替えてよいとする。

訳 注 577

*d テキストは，"So aber eyner von jemandts derhalb verklagt, verschmecht oder verkleinet würde, *der soll eyn marck goldts*, als offt das beschicht, halb der oberkeyt, inn des〔=deren〕peinlichen gerichts zwang der überfarer sitzt, vnd den andern halben theyl dem geschmechten *verfallen sein*"である（亀甲括弧内—引用者）。

イタリック部分を，Gobler, art. 215 は，"si quis uerò a quoquam propterea insimularetur, is *poenam marcae auri*, quoties contingeret, medietatem quidem potestati seu magistratui sub quo delinquens residet, residuam medietatem iniuriato praestandam *incidit*"（「それを理由に，ある者が何びとかによって名誉を毀損されるときは，その者は，金貨 1 マルクの罰金を科され，しばしば行われるように，その半分を犯人が居住する裁判区の官憲に，その他の半分を名誉を毀損された者に支払わなければならない」）と羅訳する。

*e テキストは，"darzu jm auch von gemelter oberkeyt soll *mit recht verholffen* werden"である。

Clasen, art. 215, II は，名誉を毀損した者は「金貨 1 マルクの有罪判決を受けなければならない」，「名誉を毀損された者の訴えを受けた裁判官は，職権により援助を与えなければならない」と註解する。これに対し，Stephani, art. 215 は，「〔名誉を毀損された者への〕罰金の支払いに関し，裁判官はその職務を拒んではならない」と註解する。イタリック部分は「訴訟上の援助を行う」と解した。

第 218 条

*a テキストは，"So werden auch an vilen peinlichen gerichten vnd *der selben* mancherley mißbreuch erfunden,"である。

Güterbock, S. 248 は，イタリック部分の後に，"oberkeyten"を補充するのが適当であるとする。

*b テキストは，"vnd *die vnd dergleichen gewonheyt, Wollen wir, daß eyn jede oberkeyt abschaffen* vnd daran sein soll, daß sie hinfürther nit geübt, gebraucht oder gehalten werden, als wir dann auß Keyserlicher macht die selben hiemit auffheben, vernichtigen vnnd abthun, vnd hinfürter nit eingefürt werden sollen"である。

イタリック部分は破格な構文と思われる。副文章の動詞"*abschaffen*"の目的語が文頭におかれている。Gobler, art. 218 は，"quas quidem consuetudines, seu abusus potius, & his similes, tanquam vanas & inutiles, uolumus atque facimus à quolibet magistratu tolli, antiquari, & abrogari"（「朕は，これらの慣習あるいはむしろ

悪習及びこれに類した同じく根拠のない無益なる慣習がむしろ各官憲により廃絶，廃棄，廃止されることを欲しかつ命ず」）とする。この羅訳は上のような理解を前提とするものである。

第219条

*a 趣旨が判然としない。ゴブラー，フォーゲル訳では特に訳出されていない。

*b テキストは，"bannen vnd hegen"である。

"bannen"は「罰令権を行使する」であるが，ここでは「命令する」とした。E. Kaufmann, *"Bann"* in: HRG, Bd. 1, Sp. 308によれば，"Bann"は，「刑罰の制裁の下に発せられた公権的な命令又は禁止」を指し，中世後期においては，「支配又は高権」を意味する一般的な概念となった。Schroeder, S. 197は，「その裁判所に対し裁判高権を有する」と註解する。

*c 当該テキストは，"inn allen zweiuelichen fellen, nit alleyn richter vnd schöffen, sonder auch *wes* eyner jeden solchen oberkeyt inn peinlichen straffen zu rathen vnd zu handeln gebürt, derhalb rechtuerstendiger...radt gebrauchen sollen"である。

(1) Gobler, art. 219は，"in omnibus dubiis casibus non solùm iudices & scabini, uerum etiam ominis in uniuersum mgistratus, quicquid in eiusmodi casibus criminalium poenarum deliberandum, consulendum, statuendum, agendum'que sit, Iureperitos...in consilium uocent"（「疑問のあるときは常に，裁判官及び参審人のみならず，全ての官憲に属するいずれの者も，何ごとにせよかかる刑事事件において考量し，鑑定し，定めかつ行うべきことがあるときは，法有識者の鑑定を求めなければならない」）とする。また，Remus, cap. 219は，"Obseruandum aut est, non capitales solùm iudices, sed & ipsos magistratus, quoties nodus, qui non nisi consilio à Prudentibus expetito, dissolui possit, inciderit, eos consulere...de iure obligatos intelligi"（「さらに，刑事裁判官のみならず，官憲自身もまた，法有識者の鑑定を受けることなく解決することができない難問が生ずるときは，法有識者の鑑定を求める法律上の義務があると解されることに注意しなければならない」）とする。以上の羅訳は，鑑定依頼を受ける官憲自身，疑問があるときは鑑定を依頼すべき趣旨を示している。

(2) Langbein, art. 219は，"in all doubtful cases not merely Schöffen and judgement-givers themselves, but also anyone who is supposed to deal with and to advise such authorities in criminal matters, shall take the advice of the legally knowledge-

able"とする（塙 219 条同趣旨）。しかし、「官憲（oberkeyt）」は刑事裁判所又は刑事裁判官に対する上位官庁を意味するというカロリーナにおける用語法に照らし、「官憲に教示すべき者」が法有識者に鑑定を求めるという訳解がいかなる状況を想定するものであるのか分明でない。

（3）テキストのイタリック部分は、Kress, art. 219; Meckbach, art. 219 が"was"と表記しており、グリム・ドイツ語辞典によれば、"was"は"siquid〔＝wenn et-wa〕"の語義を有する。さらに、上に引いたゴブラー及びレームス訳、本条註 9 に引いたクラーセン注解を考慮し、本文の訳とした。

*d　テキストは、"*es begeb sich dann, daß* eyn peinlicher ankleger den richter ersuchte inn seinen peinlichen processen, handlungen vnd übungen der rechtuerstendigen radt zu suchen"である。

　グリム・ドイツ語辞典によれば、"sich begeben"は"ergibt sich, geht vor, geschieht, trägt sich zu"を意味するので、"*es begeb sich dann*"は"es sei denn, daß"の趣旨と解する。Gobler, art. 219 が、"*nisi* ipse criminalis actor siue accusator iudicem interpellaret ac requireret, ut in criminalibus suis processibus, actis, actitatis Iuriconsultorum consilium capiat"（「刑事弾劾人がその刑事訴訟、訴訟行為及び手続に関し法有識者の鑑定を求めることを裁判官に申し立てた場合を除き」）、Vogel, art. 219 が、"*à moins que* l'accusatuer criminel ne requierre lui-même le juge de faire dresser une consultation pour diriger la procedure criminelle"（「刑事弾劾人が自ら、訴訟指揮に関し鑑定を行わせることを申し立てる場合を除いて」）とするのは同様の訳解である。

文　献　*581*

文　献[1]

1　底本及び訂正資料として，以下の文献を使用した。

(1)　カール5世刑事裁判令（カロリーナ）

Fr.-Chr. Schroeder (Hrsg.), *Die Peinliche Gerichtsordnung Kaiser Karls V. und des Heiligen Römischen Reichs von 1532*, 2000[2]（著者名のみで引用）

(2)　テキストの誤りについては，以下の文献を参照したほか，コンメンタールによる指摘も参照した。

H. Schletter, *Zur Textkritik der Calorina*, 1854

C. Güterbock, *Die Entstehungsgeschichte der Carolina*, 1876

(3)　カロリーナ第1次草案及び第3次草案[3]

H. Zoepfl, *Die Peinliche Gerichtsordnubg Kaiser Karl's V. nebst Bamberger und Brandenburger Halsgerichtsordnung sämtlich nach den ältersten Drucken und mit den Projecten der peinlichen Gerichtsordnung Kaiser Karl's V. von den Jahren 1521 und 1529*, 2. Aufl., 1876

2　他の法令等については，以下を参照した。

(1)　バンベルク刑事裁判令（バンベルゲンシス）

---

[1]　文献引用は，同一著者による著作が単一である場合は，著者名のみによる。同一著者による著作が複数ある場合等は，著者名及び著作名の一部によって引用した（ただし，カルプツォフ，ベーマーのコンメンタール及び底本に付されたシュレーダーによる語釈等は著者名のみで引用する）。

[2]　1533年のカロリーナ初版（editio princeps）を基礎とし，J. Chr. Koch, *Institutiones iuris criminalis*, 2. Teil, 1769 の校訂版を考慮したテキストである。編纂上の過誤や統語上の過誤に関する指摘はほとんどないが，巻末の語釈が有益である。

　　初版本のファクシミリ版として，*pro*Libris Verlagsgesellschaft (Hrsg.), *Constitutio Criminalis Carolina*, 2015 がある。

[3]　ツェップル版は，1521年ウォルムス草案を第1次草案，1529年シュパイエル草案を第2次草案としている。しかし，解題に述べたように，ギュータボックによって，1524年ニュールンベルク帝国議会に提出された第2次草案，1530年アウグスブルグ帝国議会に提出された第4次草案が発見されており，シュパイエル草案は第3次草案とするのが正しい。したがって，ツェップル版において第2次草案とされている草案は第3次草案として引用する。なお，第2次草案及び第4次草案は刊行されておらず参看することができなかった。

582

J. Kohler/W. Scheel, *Die Carolina und ihre Vergängerinnen*, Bd. 2, 1902[4]

(2) ローマ法

H. Hulot et al., *Corps de droit civil romain en latin et francais*, 14 tomes, 1803-11[5]

Th. Mommsen et al., *Corpus iuris civilis*, 3 Bde. 1877-1895

（引用法は，X. Ochoa et A. Dietz, *Indices titulorum et legum corporis iuris civilis*, 1965 による）

(3) カノン法

Corpus iuris canonici, editio Lipsiensis secunda, pars prior: *Decretum Magistri Gratiani*, 1879; pars secunda: *Decretalium collectiones*, 1881

（引用法は，X. Ochoa et A. Dietz, *Indices canonum, titulorum et capitulorum corporis iuris canonici*, 1964 による）

(4) 第4回ラテラノ公会議決議（Constitutiones Concilii quarti Lateranentis）

Conciliorum Oecumenicorum Decreta, curantibus J. Alberigo, J. A. Dossetti, P. P. Joannou, C. Leonardi, P. Prodi, consultante H. Jedin, 1973[6]

(5) ザクセンシュピーゲル・ラント法

久保正幡・石川武・直居淳訳『ザクセンシュピーゲル・ラント法』（1977 年）

(6) ウォルムス改革法典

G. Köbler, *Reformation der Statt Wormbs*, 2. Aufl., 2008[7]

(7) 旧新約聖書

日本聖書協会『舊新約聖書』（1981 年）

3　カロリーナの他国語訳[8]

塙浩訳「カルル5世刑事裁判令（カロリナ）」神戸法学雑誌 18 巻 2 号（1968 年）

J. Gobler, *Avgvstissimi Imperatoris Caroli Quinti de capitalibus judiciis constitutio*, 1543[9]

J. H. Langbein, *Prosecuting Crime in the Renaissance*, 1974[10]

4　邦訳として，塙浩訳「バンベルク刑事裁判令（バンベルゲンシス）(1)-(4・完)」神戸法学雑誌 19 巻 1・2 号 -22 巻 1 号（1969-72 年）。

5　羅仏対訳版であるが，訳は必ずしも逐語的ではない。

6　デジタル版を使用した（http://www.internetsv.info/Archive/CLateranense4.pdf）。

7　デジタル版を使用した（http://www.koeblergerhard.de/Fontes/ReformationderStattWormbs1499.htm）。

G. Remus, *Nemesis Karulina*, 1594[11]

F. A. Vogel, *Code criminel de l'Empereur Charles V. vulgairement appellé la Caroline*, 1734[12]

---

8 ドイツ語解釈上，M. Lexer, *Mittelhochdeutsches Taschenwörterbuch*, 63. Aufl., 1981; Jacob und Wilhelm Grimm, *Deutsches Wörterbuch*, 33 Bde., Neudruck der Erstausgabe 1854-1960, 1984 が有益であった。後者のインターネット版（http://woerterbuchnetz.de/cgi-bin/WBNetz/wbgui_py?sigle=DWB&mode）が至便である。M. Lexer, *Mittelhochdeutsches Handwörterbuch*, 3 Bde., 1872-1878 のインターネット版も使用した (http://woerterbuchnetz.de/cgi-bin/WBNetz/wbgui_py?sigle=Lexer&lemid=LA00001&mode=%20Vernetzung&hitlist=%20&patternlist=&mainmode=)。いずれのインターネット版も，トリア大学デジタル人文学センターによる提供に係る。気宇壮大なプロジェクトに感嘆の念を禁じえない。

C. T. Lewis/Ch. Short, *A Latin Dictionary*, 1975 等の古典ラテン語辞典によってカヴァーされない中世ラテン語については，J. F. Niermeyer, *Mediae Latinitatis Lexicon Minus*, 1976, ローマ法については，H. Heumann/E. Seckel, *Handlexikon zu den Quellen des römischen Rechts*, 11. Aufl. 1971 が有益であった。

9 カロリーナの最初の他言語訳である。逐語的なラテン語訳に簡単な註解を付す。ただし，条文数の表記に底本としたテキストとのずれがある場合は，亀甲括弧で底本の条文数を表示した。

Stintzing/Landsberg, 1. Abt., S. 633 は，本書を「この翻訳は，不正確で信頼性に欠け，解釈の補助手段としても無価値である」と酷評する。Kantorowicz, *Goblers Karolinen-Kommentar*, S. 38 によれば，カロリーナ校訂版である J. Chr. Koch, *Institutiones iuris criminalis*, 2. Teil, 1769, S. 56 がゴブラー訳に言及し，「幾ばくかの讃辞に値するが，レームス訳の方が優れる」と評し，これが後の研究者に影響を与えたようである。ゴブラー訳は，非常に入手困難であったため未見の研究者が多く（Kantorowicz, *Goblers Karolinen-Kommentar*, S. 26, 35f.)，コッホのゴブラー評が一般化する背景となった。たとえば，Mahlblank, S. 217 は，ゴブラー訳は未見であるとしながら，「コッホによれば，ゴブラー訳は非常にできが悪いということである」と述べる（Clasen, Ad prooemium, V〔p. 35〕は，クラーセン自身ゴブラー訳を未見であることを述べている）。

これに対し，Kantorowicz, *Goblers Karolinen-Kommentar*, S. 39 f. は，C. F. Walch, *Glossarium germanicum interpretationi constitutionis criminalis carolinae inserviens*, 1790, S. 63 による，「規定の個々の文言を忠実にラテン語訳することに努力しており，ゴブラーは称賛するほかない。我々は，何よりまずゴブラーを読まなければならない」という評言や，C. F. Roßhirt, *Entwicklung der Grundsätze des Strafrechts*, 1828, S. 82 による，「多くの点でゴブラー訳はレームス訳よりも優れており，コッホの一般的評価は誤っている」という論評を挙げ，現にゴブラー訳を披見した論者はこれを高く評価したという事実を指摘する。Kantorowicz, *Goblers Karolinen-Kommentar*, S. 47 f. もまた，ゴブラー訳を，「カロリーナ解釈の上で最も重要な資料」と評価し，スティンツィング・ランズベルクが下した酷評を，研究不足に由来する事実誤認にすぎないと評する。ゴブラー訳を参看する限り，肯定的に評価するのが妥当である。

10 手続法に関する 1 条 -105 条，180 条-206 条，218 条，219 条（条文数で全体の 60%）が英訳され，実体法関係条文は訳出されていない。

11 必ずしも逐語的ではない，ときにパラフレーズを交えたラテン語訳である。Stephani, art. 1 は，「本コンメンタールでは，レームスの優れたパラフレーズ（elegans paraphrasis）を常に用いる」と述べ，条文によってはレームス訳を掲げるにとどめている。

12 フランス王国スイス連隊の軍法としてフランス語訳されたものである。意訳に傾く仏訳に簡単な註解が付されている。

584

4　主要参考文献

(1)　1800 年以前の文献[13]

C. Blumblacher, *Commentarius im Kayser Carl deß Fünfften und deß Heil. Röm. Reichs Peinliche Halsgerichts-Ordnung*, 1670

S. F. Böhmer, *Elementa iurisprudentiae criminalis*, editio quarta, 1749

S. F. Böhmer, *Meditationes in constitntionem criminalem Carolinam*, 1770（著者名のみで引用)[14]

J. Brunnemann, *Tractatus juridicus de inquisitionis processu*, editio quarta, 1666[15]

B. Carpzov, *Practica nova imperialis saxonica rerum criminalium*, tres partes, editio prima, 1635（著者名のみで引用)[16]

B. Carpzov, *Peinlicher Sächsischer Inquisitions-und Achtsprocess*, 1638

J. Clarus, *Sententiarum receptarum liber quintus*, 1568

D. Clasen, *Commentarius in constitutiones criminales Carli V. Imperatoris*, 1685[17]

13　1800 年以前の文献の刊行年は，参看した文献の刊行年であり，必ずしも初版のものではない。初版年の詳細については，Rüping, S. 163 ff. 参照。

14　最も浩瀚なカロリーナ・コンメンタールである。代表的なコンメンタールとして他に，以下に掲げるクラーセン，クレスによる著書がある。判型は異なるが，いずれも 800 頁を超える大著である。これに対し，ブルムブラッハー，メックバッハ，シュテファーニによるものは，小型のコンメンタールであり，情報量は上記 3 著に比べ相当程度少ない。条文によっては条文内容をラテン語で反復するにとどまることがある。

　　J. Chr. F. de Frölichsburg, *Commentarius in Kayser Carl des Fünften Peinliche Hals-Gerichts-Ordnung*, 1741; N. Vigelius, *Constitutiones Carolinae publicorum iudiciorum, in ordine redactae, cumque Iure communi collatae*, 1583 は，「コンメンタール」と称し又は称されるが，刑事手続の種類，管轄等の記述から始まり，逐条解説の形式をとっていない。

15　訳書として，上口裕訳『近世ドイツの刑事訴訟』(2012 年)。

16　第 1 巻設問 1 から設問 32 までのドイツ語訳として，D. Oehler, *Practica nova von Benedikt Carpzov*, 2000 がある。カルプツォフは，ライプツィッヒ大学教授であったほか，38 年間ライプツィッヒ参審人会参審人として鑑定活動を行ったが，啓蒙主義時代以降，2 万の死刑判決鑑定を出し（Malblank, S. 222 は 2 万説があることを伝える），狂信的な魔女狩りを行ったと広く信じられる人物となった。ベッカリーアの著書の冒頭においても，イタリアのクラールス及びファリナキウスと並ぶ悪しき法律家として弾劾されている（チェザーレ・ベッカリーア〔小谷眞男訳〕『犯罪と刑罰』〔2011 年〕3 頁）。しかし，1940 年代ライプツィッヒ参審人会の記録を詳細に検討したベームは，死刑判決 2 万説（3 万説もあった）は誇張であること，また，カルプツォフが参審人であった時期にライプツィッヒ又はその周辺で起きた魔女事件は 2 件であり（カルプツォフはその中の 1 件の事件担当者であった），拷問判決が出されたが被告人 2 名は拷問に耐え，参審人会が無罪としたことを明らかにして，カルプツォフ像の変更を迫った（Boehm, S. 394 ff.）。上口裕「ベネディクト・カルプツォフ」勝田有恒・山内進編『近世・近代ヨーロッパの法学者たち』(2008 年) 136 以下参照。

A. Gandinus, *Tractatus de maleficiis*, 1301[18]

J. P. Kress, *Commentatio succincta in Constitutionem Criminalem Caroli V. Imperatoris*, 1736

J. F. Malblank, *Geschichte der peinlichen Gerichtsordnung Kaiser Karls V.*, 1782

A. Matthaeus, *De criminibus, Commentarius ad lib. XLVII et XLVIII. Dig.*, duo tomi, edtio prima Ticinensis, 1803 (editio prima, 1644)

H. Chr. Meckbach, *Anmerkungen über Kayser Carl des V. und des H. R. Reichs Peinliche Halsgeichts-Ordnung*, 1756

J. Oldekop, *Decades quinque quaestionum ad processum criminalem necessariarum (alter duorum tractuum contra B. Carpzovium J. C.)*, 1691

J. Oldekop, *Observationes criminales practicae*, 1685

M. Stephani, *Caroli Quinti Imperatoris Constitutiones publicorum judiciorum*, 1702

J. Zanger, *Tractatus de quaestionibus seu torturis reorum*, 1592

(2) 1800 年以後の文献

J. M. Allmann, *Außerordentliche Strafe und Instanzentbindung im Inquisitionsprozesse*, 1903

L. v. Bar, *Geschichte des deutschen Strafrechts und der Strafrechtstheorien*, 1882

A. Berger, *Encyclopedic Dictionary of Roman Law*, Transactions of the American Philosophical Society, New Series, vol, 43, part 2, 1953

F. A. Biener, *Beiträge zur Geschichte des Inquisitionsprozesses*, 1827

R. Blankenhorn, *Die Gerichtsverfassung der Carolina*, 1939

---

17 Kantorowicz, *Goblers Karolinen-Kommentar*, S. 32 f. は，クラーセンをクレス，ベーマーと並ぶ少数の優れたカロリーナ研究者の一人であると評し，Rüping, S. 173 は，本書を「学術的と称しうる最初のコンメンタール」であり，「カロリーナ註解としてクラーセンを過小評価することは許されない」と述べる。Schletter. S. 5 は，テキスト校訂に当たって，「ほとんど注目されていないクラーセン」を利用した旨を指摘している。

　クラーセン註解は，条文に即しかつ体系的に註解を加える点で，今日の時点から見ても，コンメンタールとしての利用し易さは際立っている。ただし，註解のナンバリングは不統一で，註解箇所を特定して表示することが難しい場合があるほか，註解のナンバリングを欠く条文もある。他の文献をも含め，引用箇所の特定に困難がある場合は頁数を亀甲括弧内に示した。

18 H. Kantorowicz, *Albertus Gandinus und das Strafrecht der Scholastik*, Bd. 2: *Die Theorie*, *Kritische Ausgabe des Tractatus de maleficiis nebst textkritischer Einleitung*, 1926 として公刊された。ガンディヌス『犯罪論』には 7 種の手稿があるが，ガンディヌス自身の手による最後の手稿が，最も完成されたかつ真正の手稿として，刊本の底本とされている。

E. Boehm, *Der Schöppenstuhl zu Leipzig und der sächsische Inquisitionsprozeß im Barockzeitalter*, ZStW, Bd. 59, 1940, S. 371

E. Brunnenmeister, *Die Quellen der Bambergensis, 1879*

G. Burret, *Der Inquisitionsprozess im Laienspiegel des Ulrich Tenglers—Rezeption des gelehrten Rechts in der städtischen Rechtspraxis*, 2010

R. C. van Caenegem, *La preuve dans le droit du moyen-âge occidental*, Recueils de la société Jean Bodin, t. 17, 1965, p. 691

R. C. van Caenegem, *The Birth of the English Common Law*, 1973

E. Döhring, *Geschichte der deutschen Rechtspflege seit 1500*, 1953

W. Döring, *Der Anklage-und Inquisitionsprozeß bei Carpzov*, 1935

R. van Dülmen, *Theater des Schreckens*, 5. Aufl., 2010

A. Erler/E. Kaufmann (Hrsg.), *Handwörterbuch zur deutschen Rechtsgeschichte* (=HRG), 5 Bde., 1971-1998

A. Esmein, *Histoire de la procédure criminelle en France*, 1882

P. Fiorelli, *La tortura giudiziaria nel diritto commune*, 2 volumi., 1953-54

P. Fournier, *Les officialités au moyen âge—étude sur l'organisation, la compétence et la procédure des tribunaux ecclésiastiques ordinaires en France de 1180 à 1328*, 1880[19]

R. M. Fraher, *The Theoretical Justification for the New Criminal Law of the High Middle Ages: "Rei Publicae Interest, Ne Crimina Remaneant Impunita"*, 1984 Univ. of Illinois Law Rev., p. 577

R. M. Fraher, *IV Lateran's Revolution in Criminal Procedure: The Birth of Inquisitio, the End of Ordeals, and Innocent III' Vision of Ecclesiastical Politics*, Rosalio Iosepho Card. Castillo Lara, ed., Studia in honorem eminentissimi cardinalis Alphonsi M. Stickler, Stuidia et textus historiae canonici, vol.7, 1993, p. 97

E. Geus, *Mörder, Diebe, Räuber—Historische Betrachtung des deutschen Strafrechts von der Carolina bis zum Reichsstrafgesetzbuch*, 2002

C. Groß, *Die Beweistheorie im canonischen Prozeß*, 1. Teil, 1867, 2. Teil, 1880

C. Güterbock, *Die Entstehungsgeschichte der Carolina*, 1876

---

19 邦訳として, フールニエ (塙浩訳)「フランス中世カノン法訴訟制度要説(1)-(4・完)」神戸法学雑誌 22 巻 3・4 号 -24 巻 1 号 (1973-74 年)。

K. A. Hall, *Die Lehre vom Corpus Delicti—Eine dogmatische Quellenexgese zur Thorie des gemeinen deutschen Inquistionsprozesses*, 1933

A. Hegler, *Die praktische Thätigkeit der Juristenfakulitäten des 17. und 18. Jahrhunderts*, 1899

B. Heitsch, *Beweis und Verurteilung im Inquisitionsprozess Benedikt Carpzov's*, 1964

F. Helbing/M. Bauer, *Die Folter*, 2. Aufl., 1926

R. v. Hippel, *Deutsches Strafrecht*, Bd. 1, 1925

H. Hirsch, *Die hohe Gerichtsbarkeit im deutschen Mittelalter*, 1958

M. Hirte, *Papst Innozenz III., das IV. Lateranum und die Strafverfahren gegen Kleriker—Eine registergestützte Untersuchung zur Entwicklung der Verfahrensarten zwischen 1198 und 1216*, 2005

R. His, *Das Strafrecht des deutschen Mittelalters*, Teil 1, 1920; Teil 2, 1935

P. Holtappels, *Die Entwicklungsgeschichte des Grundsatzes "in dubio pro reo"*, 1965

M. Hornung-Grove, *Beweisregeln im Inquisitionsprozeß Johann Brunnemanns, Johann Paul Kress' und Johann Samuel Friedrich Boemhers*, 1974

A. Ignor, *Geschichte des Strafprozesses in Deutschland 1532–1846*, 2002

E. Jacobi, *Der Prozeß im Decretum Gratiani und bei den ältesten Decretisten*, ZRG, Bd. 34, Kan. Abt. 1913, S. 223

G. Jerouschek, *Die Herausbildung des peinlichen Inquisitionsprozesses im Spätmittelalter und in der frühen Neuzeit*, ZStW 104, 1992, S. 328

H. Kantorowicz, *Goblers Karolinen-Kommentar und seiner Nachfolger—Geschichte eines Buches*, 1904

H. Kantorowicz, *Albertus Gandinus und das Strafrecht der Scholastik*, Bd. 1: Die Praxis, 1907

G. Kleinheyer, *Zur Rechtsgestalt von Akkusationsprozeß und peinlicher Frage im frühen 17. Jahrhundert*, 1971

G. Kleinheyer, *Zur Rolle des Geständnisses im Strafverfahren des späten Mittelalters und frühen Neuzeit, Gedänisschrift für H. Conrad*, 1979

G. Kleinheyer, *Tradition und Reform in der Constitutio Criminalis Carolina*, in: P. Landau/F.-Chr. Schroeder (Hrsg.), Strafrecht, Strafprozess und Rezeption, 1984

588

G. Kleinheyer, *Die Regensburger peinliche Gerichtsordnung*, in : Fr.-Chr. Schroeder
  (Hrsg.), Die Carolina, 1986

G. Köbler, *Bilder aus der deutschen Rechtsgeschichte*, 1988

A. v. Kries, *Der Beweis im Strafprozeß des Mittelalters*, 1878

J. F. Langbein, *The Origins of Adversary Criminal Trial*, 2003

J. F. Langbein, *Die Carolina*, in : Fr.-Chr. Schroeder (Hrsg.), Die Carolina, 1986

A. Laufs, *Rechtsentwicklungen in Deutschland*, 6. Aufl. 2006

J. Ph. Lévy, *La hiérarchie des preuves dans le droit savant du moyen-âge depuis la
  Renaissance du droit romain jusqu'à la fin du XIV siécle*, 1939[20]

R. Loening, *Der Reinigungseid bei Ungerichtsklagen im deutschen Mittelalter*, 1880

Th. Mommsen, *Römisches Strafrecht*, 1899

D. Oehler, *Zur Entstehung des strafrechtlichen Inquisitionsprozesses*, Gedächtnis-
  schrift für H. Kaufmann, 1986, S. 847

J. Poetsch, *Die Reichsacht im Mittelalter und besonders in der neueren Zeit*, 1911

J. Pölönen, *Plebeians and Repression of Crime in the Roman Empire: From Torture of
  Convicts to Torture of Suspects*, Revue Internationale des Droits de l'Antiquité,
  LI, 2004, p. 147

G. Radbruch, *Der Raub in der Carolina*, in: Fr.-Chr. Schroeder (Hrsg.), Die Caro-
  lina, 1986

G. Radbruch/A. Kaufmann (Hrsg.), *Die Peinliche Gerichtsordnung Kaiser Karls V.
  von 1532 (Carolina)*, 4. Aufl. 1975

R. Ritter, *Die Behandlung schädlicher Leute in der Carolina*, 1930

H. Rüping, *Die Carolina in der strafrechtlichen Kommentarliteratur*, in: P. Landau/
  Fr.-Chr. Schroeder (Hrsg.), Strafrecht, Strafprozess und Rezeption, 1984

H. Rüping/G. Jerouschek, *Grundriss der Strafrechtsgeschichte*, 5. Aufl., 2007

F. Schaffstein, *Abhandlungen zur Strafrechtsgeschichte*, 1986

W. Schild, *Der "endliche Rechtstag" als das Theater des Rechts*, in: P. Landau/Fr.-
  Chr. Schroeder (Hrsg.), Strafrecht, Strafprozess und Rezeption, 1984

E. Schmidt, *Einführung in die Geschichte der deutschen Strafrechtspflege*, 3. Aufl.,

---

20　邦訳として，ジャン・フィリップ・レヴィ（上口裕訳）「中世学識法における証明の序列(1)－
　　(5・完)」南山法学 12 巻 1 号 -13 巻 2・3 号（1988-89 年）。

文　献　*589*

1965

E. Schmidt, *Die Carolina*, in: Fr.-Chr. Schroeder (Hrsg.), Die Carolina, 1986

E. Schmidt, *Strafrechtspflege und Rezeption*, in: Fr.-Chr. Schroeder (Hrsg.), Die Carolina, 1986

E. Schmidt, *Inquisitionsprozess und Rezeption*, Festschrift der Leipziger Juristenfakultät für H. Siber 1941

E. Schmidt, *Fiskalat und Strafprozeß: Archivalische Studien zur Geschichte der Behördenorganization und des Strafprozeßrechtes in Brandenburg-Preußen*, 1921

G. Schmidt, *Sinn und Bedeutung der Constitutio Criminalis Carolina als Ordnung des materiellen und prozessualen Rechts*, in: Fr.-Chr. Schroeder (Hrsg.), Die Carolina, 1986

R. Schmidt, *Die Herkunft des Inquisitionsprozesses*, 1902

M. Schmoeckel, *Humanität und Staatsraison: Die Abschaffung der Folter in Europa und die Entwicklung des gemeinen Strafprozeß-und Beweisrechts seit dem hohen Mittelalter*, 2000

A. Schoetensack, *Der Strafprozess der Carolina*, 1904

Fr.-Chr. Schroeder, *Die peinliche Gerichtsordnung Kaiser Karls V. (Carolina) von 1532*, in: Fr.-Chr. Schroeder (Hrsg.), Die Carolina, 1986

W. Schünke, *Die Folter im deutschen Strafverfahren des 13. bis 16. Jahrhunderts*, 1952

W. Sellert/H. Rüping, *Studien-und Quellenbuch zur Geschichte der deutschen Strafrechtspflege*, Bd, 1, 1989

R. v. Stintzing/E. Landsberg, *Geschichte der deutschen Rechtswissenschaft*, 1. Abt., 1880, 2. Abt., 1884

O. Stobbe, *Geschichte der deutschen Rechtsquellen*, Bd. 2, 1864

W. Trusen, *Strafprozeß und Rezeption—Zu den Entwicklungen im Spätmittelalter und den Grundlagen der Carolina*, in: P. Landau/F.-Chr. Schroeder (Hrsg.), Strafrecht, Strafprozess und Rezeption, 1984

W. Trusen, *Der Inquisitionsprozeß—Seine historischen Grundlagen und frühen Formen*, ZRG, Bd. 105, Kan. Abt. 1988, S. 168

W. Ullman, *Reflections on Medieval Torture*, Juridical Review, LVI, 1944, p. 123

K. G. von Wächter, *Beiträge zur deutschen Geschichte*, 1845

H. v. Weber, *Die peinliche Halsgerichtsordnung Kaiser Karls V.*, in: Fr.-Chr. Schroeder (Hrsg.), Die Carolina, 1986

F. Wieacker, *Privatrechtsgeschichte der Neuzeit*, 2. Aufl., 1967

O. Zallinger, *Das Verfahren gegen die landschädlichen Leute in Süddeutschenland*, 1895

K. Zeumer, *Quellensammlung zur Geschichte der deutschen Reichsverfassung im Mittelalter und Neuzeit*, 2. Teil , 2. Aufl., 1912

O. Zwengel, *Das Strafverfahren im Deutschland von der Zeit der Carolina bis zum Beginn der Reformbwegung des 19. Jahrhunderts*, 1963

W. エーベル（西川洋一訳）『ドイツ立法史』（1985 年）

上口裕「糺問訴訟成立小史」（ヨハン・ブルネマン〔上口裕訳〕『近世ドイツの刑事訴訟』〔2012 年〕所収）

S. ビルクナー（佐藤正樹訳）『ある子殺しの女の記録』（1990 年）

ミッタイス・リーベリッヒ（世良晃志郎訳）『ドイツ法制史概説』（改訂版, 1971 年）

米山耕二「カロリーナの刑事手続—近代的刑事司法の礎」一橋大学研究年報, 法学研究 9 号（1975 年）159 頁

若曽根健治「中世後期・近世初期刑事手続における自白の一問題—ゲルト・クラインハイヤーの命題をめぐって」熊本法学 49（1986 年）193 頁

若曽根健治「告訴手続と糺問手続—継受立法の時代における」熊本法学 71 号（1992 年）73 頁

事項索引

あ

悪しき慣習の廃止　*493*

アハト→モルト・アハト

遺棄　*333*

一件記録送付　*85,500*

一般糺問　*77*

ウォルムス改革法典　*22*

疑わしきは被告人の利益に→利益原則

永久拘禁　*88,271*

嬰児殺　*329*

横領　*416*

か

学識法曹　*55*

過失による殺人　*369*

過剰防衛　*358*

仮放免　*267*

カロリーナ　*28*

　──の構成　*36*

　──の制定　*25*

　──の文体　*44*

　──の法的性格　*31*

管轄　*445*

慣習法　*56*

完全証明・半完全証明　*133*

姦通　*306*

鑑定　*500*

　──依頼→一件記録送付

　──の拘束力　*400,504*

関連性　*208,380*

偽罪　*293*

偽誓　*281*

求鑑定→一件記録送付

求鑑定先　*506*

糺問訴訟　*4,77*

　──的諸要素　*5*

　──と職権による弾劾訴訟　*82*

　カノン法における──　*11*

糺問の端緒　*78*

教唆と幇助　*429*

共犯　*427*

共犯者

　──の自由　*148*

　──に関する尋問　*146*

共謀による殺人　*372*

挙証責任　*204*

　弾劾人の──　*357*

　被告人の──　*332*

疑惑を生ずる断片的事実　*135,141*

近親相姦　*299*

刑事罰　*70*

刑吏

　──の晩餐　*240*

　──の平和　*264*

嫌疑刑　*128*

検視　*375*

強姦　*305*

公知犯　*108*

強盗　*319*

拷問　*10,169*

　──後の尋問　*180*

　──対象犯罪　*86*

　──と弾劾訴訟　*173*

——に関する免責 201

——に先立つ防禦 177

——に自白しない被告人に対する判決 196

——の威嚇 175

——の違法と裁判官の責任 118

——の違法と自白 117

——の証明方法としての補充性 87,92,443

——の程度 193

——の反復 190,195

——判決に対する不服申立て 171

有罪証明後の—— 218

さ

財産没収 338,497

最終裁判期日 239,243,259

——における自白の撤回 253

最終弁論 234

罪体 81

——確認 81,200

裁判官 70

——の真実解明義務 179

裁量刑 130,275

査問手続 118

参審人 72,221

死刑 453

——の加重 455

——の制限 274

自殺に対する財産没収 338

事実上の有罪・法律上の有罪 201

実体的真実主義 7

重婚 309

十分なる証言 212

十分なる証人 211

十分なる徴憑→適法なる徴憑

受任裁判官 223

上級裁判所 505

情況証拠 362

証言聴取者 223

証拠開示 226

証拠保全 212

上訴の許容性 260

証人

——尋問 207,219

——適格 211

——と被告人の対面 210

——に対する抗弁 233

——に対する拷問 210

——による証明の証明方法としての補充性 203

偽証する—— 214

不適格—— 211

報酬を受ける—— 206

身許不詳の—— 205

証明水準 204

証明の意義 122

職権主義 7

自白 216

——後の否認と拷問の反復 190

——しない被告人に対する拷問の反復 195

——と明白犯 111

——の検認 186,199

——の撤回と拷問の反復 190

——の認証 189

——の録取 195,443

法廷外—— 150

有罪証明後の——の勧奨 215

事項索引　　593

自由刑　393
書面主義　449
身体刑の種類　460
神判　18
正規訴訟→弾劾訴訟
正義の尊重及び公益の配慮　275
正当防衛　347
　——と錯誤　366
　——の挙証責任　352,357
　——の情況証拠による証明　362
　——の要件　349
責任能力　435
雪冤宣誓　130
接見交通　105,233
窃盗　389
　——の個数　401
騒擾　321
訴訟記録の作成　438
訴訟費用　467
ソドミア　298

た

代弁人　249
　——による申立て　251
対面　210
堕胎　335
タリオ刑　99
弾劾訴訟　90,94,100
　——における弾劾人の関与　112
　——の職権による補完　98
　職権による——　447
弾劾人
　——の賠償責任　98,268
　——の保証提出・代替留置
　　97,104,106

徴憑　79,114
　——と拷問　117,121
　——の証明　80,133,135,144
　——の証明力　121
　適法なる——　86,143,151
通貨偽造　289
通謀行為　297
伝聞証言　209
盗品の返還請求　479
逃亡犯人の財産登録　476
逃亡幇助　437
毒殺　328
瀆神　279
特別糺問　77

な

7名断罪手続　8
　——の廃止　128
2名証人の原則　213

は

売春周旋　311
背叛　314
判決
　——の作成　241,257,451
　——理由の開示　260
犯人蔵匿　160
バンベルゲンシス　23
誹毀文書　287
被告人
　——尋問　102
　——による免責事由の主張　380
必罰原則　178
秘密の暴露　184
風評　12,136

風評手続
  カノン法における―― 12
  ドイツ法における―― 9,128
フェーデ予告 325
誣告 214
不復讐宣誓 119
  ――の違背 282
不服従罰 95
平和令 7
弁護人→代弁人
保安処分としての拘禁 422,456
放火 317
防禦の優位 142
法源 58
謀殺・故殺 342
法廷外自白 149
法定証拠主義 122
  ――の例外 124
法有識者 55,501
ポデスタ制 118,450

ま

魔術・魔女行為 283
身柄保障 236
未遂 432

無罪証明 235
無罪判決 265,463
  ――の既判力 197
  ――の場合の費用負担 202
明白犯 108
  ――・現行犯と有罪証明 111
免責事由 377
  ――の挙証責任 380
  ――の主張 103,383
モルト・アハト 385,477

や

有罪証明後の否認 215
誘導尋問 188

ら

ラテラノ公会議 15
ラント強要 323
ラント有害者 8
利益原則 374
立証趣旨 207
留保条項 57
略取 301
領主裁判権 74
類推処罰 277

著者紹介

上口　裕（かみぐち　ゆたか）
　仙台市生まれ（1946 年）
　中央大学法学部卒業（1970 年）
　一橋大学大学院法学研究科博士課程単位取得
　　退学（1975 年）
　ゲッティンゲン大学法学部客員研究員
　　（1982-83 年）
　南山大学法学部・法務研究科教授（1988-2015 年）
　博士（法学，一橋大学）

著書
　『刑事司法における取材・報道の自由』（成文堂，
　　1989 年）
　『基礎演習刑事訴訟法』（有斐閣，共著，1996 年）
　『近世ドイツの刑事訴訟』（成文堂，翻訳，2012年）
　『刑事訴訟法』第 5 版（有斐閣，共著，2013年）
　『刑事訴訟法』第 4 版（成文堂，2015 年）

カロリーナ刑事法典の研究

2019 年 11 月 10 日　初　版第 1 刷発行

著　者　上　口　　　裕

発 行 者　阿　部　成　一

〒 162-0041　東京都新宿区早稲田鶴巻町514番地
発 行 所　株式会社　成　文　堂
電話 03（3203）9201　FAX 03（3203）9206
http://www.seibundoh.co.jp

製版・印刷　藤原印刷　　　　　製本　弘伸製本
©2019 Y. Kamiguchi　　Printed in Japan
☆落丁本・乱丁本はおとりかえいたします☆
ISBN978-4-7923-5285-1 C3032　　検印省略
定価（本体 13,000 円＋税）